LE
ROMANCÉRO POPULAIRE
DE LA FRANCE

CHOIX DE CHANSONS POPULAIRES FRANÇAISES

TEXTES CRITIQUES

PAR

GEORGE DONCIEUX

AVEC UN AVANT-PROPOS ET UN INDEX MUSICAL

PAR

JULIEN TIERSOT

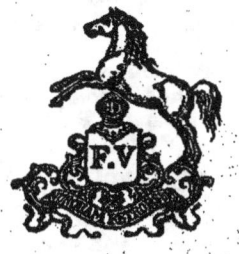

PARIS (2ᵉ)
LIBRAIRIE ÉMILE BOUILLON, ÉDITEUR
67, RUE DE RICHELIEU, 67, AU 1ᵉʳ
MDCCCCIV

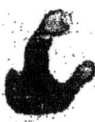

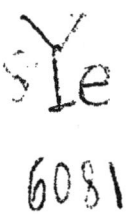

LE

ROMANCÉRO POPULAIRE

DE LA FRANCE

CHOIX DE CHANSONS POPULAIRES

MÂCON, PROTAT FRÈRES, IMPRIMEURS

LE

ROMANCÉRO POPULAIRE

DE LA FRANCE

CHOIX DE CHANSONS POPULAIRES FRANÇAISES

TEXTES CRITIQUES

PAR

GEORGE DONCIEUX

AVEC UN AVANT-PROPOS ET UN INDEX MUSICAL

PAR

JULIEN TIERSOT

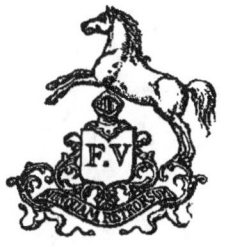

PARIS (2ᵉ)

LIBRAIRIE ÉMILE BOUILLON, ÉDITEUR

67, RUE DE RICHELIEU, 67, AU Iᵉʳ

MDCCCCIV

AVANT-PROPOS

L'auteur n'est plus de ce monde pour présenter son livre au public. George Doncieux est mort en pleine force de l'âge, à quarante-six ans, le 21 mars 1903, emportant dans la tombe bien des projets et des idées de tout genre que, dans les années précédentes, il aimait à développer devant ses amis. Œuvres d'imagination et œuvres d'érudition, drames et poèmes, travaux de philologie et d'histoire, son esprit embrassait tout cela, et presque rien n'en reste, qu'un vague souvenir. Un seul ouvrage, auquel il travaillait depuis plusieurs années avec une sorte de passion, était à peu près achevé : c'est ce Romancéro populaire de la France, *dont une moitié déjà était imprimée de son vivant et dont la fin du manuscrit a été retrouvée dans ses notes. Des mains pieuses ont heureusement recueilli ce legs; la mémoire de George Doncieux survivra donc au moins par un écrit, le plus sérieux et le plus important sans doute de tous ceux qu'il avait projetés. On y verra, traité avec une remarquable hauteur de vues, un sujet encore presque neuf, et dont le véritable intérêt, révélé il y a peu d'années seulement, apparaît aujourd'hui comme primordial.*

George Doncieux est né à Louhans, le 18 septembre 1856. Licencié en droit en 1876, licencié ès lettres en 1877, il vint de Lyon, où il avait subi les épreuves de ces divers examens, à Paris, et se lança sans tarder dans la mêlée littéraire. De 1880 à 1884 il collabora au Paris-Journal, *au* Monde, *au* Contemporain, *auxquels il donna de nombreux articles de critique littéraire et théâtrale. Il publia dans divers recueils et revues des poésies, qui seront réunies prochainement en un volume. En même temps, il préparait ses thèses de doctorat ès lettres, qu'il soutint brillamment en Sorbonne, en 1887, sur les sujets suivants :*

Le P. Bouhours, un jésuite homme de lettres au XVIIe siècle.
De Tibulli amoribus.

*Presque aussitôt après, il fut attiré par le charme archaïque et toujours vivace de la poésie du moyen âge et des légendes populaires : elles devinrent l'objet de sa préoccupation presque exclusive. Je l'ai vu tracer le plan d'un drame qui devait avoir pour sujet le beau conte français d'*Amis et Amiles, *un des joyaux de la littérature du* XIIIe *siècle ; et l'on a retrouvé, entièrement rédigé, scénario d'une pantomime mystique sur* Marie-Madeleine, *dont une chanson populaire, charmante et subtile en sa naïveté, lui avait fourni l'idée.*

Les observations que sa curiosité, toujours en éveil, lui avaient suggérées sur les patois de la province à laquelle le rattachaient d'intimes souvenirs de famille, le Dauphiné, donnèrent lieu à ses premiers écrits sur les chansons populaires. C'est ainsi qu'en 1888 la Revue des patois Gallo-romans *publia une série de chansons de cette région recueillies et commentées par lui :* La Saint Jean, la Chanson du curé, le Mai. *Bientôt il étendit le champ de ses recherches. Soutenu par la bienveillance et les encouragements d'un conseiller et d'un maître tel que M. Gaston Paris, il donna à la* Romania, *en 1891, son étude sur* La Pernette, origine, histoire et restitution critique d'une chanson populaire romane. *Cet écrit fut le point de départ du présent* Romancéro. *La voie était trouvée : il poursuivit ; étudiant dans le même esprit un certain nombre de poésies de nos plus belles chansons populaires françaises, il publia le résultat de ses diverses investigations dans des périodiques spéciaux,* Mélusine *et la* Revue des traditions populaires, *songeant bien, dès le commencement de son entreprise, à réunir en un volume ces articles d'abord épars.*

L'impression en fut commencée en 1900. Elle fut interrompue à deux reprises, par la maladie, puis par la mort de l'auteur.

Dans sa pensée, le livre devait comprendre cinquante chansons. On en a retrouvé dans ses papiers quarante-cinq entièrement rédigées (sauf deux dont le commentaire est incomplet). Pour les cinq autres, les seules traces qui soient restées consistaient en de simples notes bibliographiques, qui permettent seulement d'en indiquer les titres :

Le Trépas de Monsieur de Néville.

Le Supplice de Biron.

La Fille en page et l'Amant sauvé.

La Fille assassinée.

La Cane de Montfort.

Mais ces dernières chansons ne comptent pas au nombre des plus intéressantes que la tradition populaire française ait conservées (sauf peut-être La Cane de Montfort, *à laquelle se rattachent des souvenirs rapportés par Chateaubriand), et le livre renferme d'autre part des éléments plus que suffisants pour qu'on doive le considérer comme complet.*

Il paraît aujourd'hui, grâce aux soins fraternels de M. René Doncieux, qu'ont aidé dans sa tâche les conseils dévoués de MM. Henry Gaidoz et Eugène Rolland, qui furent, eux aussi, les confidents de George Doncieux pendant la longue élaboration de son œuvre d'érudition, de critique et de poésie.

Gaston Paris aussi n'est plus là ! Hélas ! funèbre fut pour les amis des études traditionnistes cet hiver de 1902-1903, qui, quelques semaines avant la mort de George Doncieux, avait commencé par celle du maître dont le vaste esprit, en même temps qu'il était occupé de tant d'autres sujets, avait si bien vu — et su faire voir — ce qu'il y a d'éminemment instructif dans la connaissance et l'étude de la chanson populaire française. Un troisième encore — de la mort duquel il a peu été parlé — les a bientôt suivis tous les deux : M. Anatole Loquin, passionnément attaché, et depuis très longtemps, à la recherche des vieilles chansons (populaires et autres), et qui a dû laisser aussi des manuscrits auxquels nous souhaitons la même chance qu'à celui de George Doncieux, à savoir qu'ils trouvent quelque ami dévoué pour les sauver et les conserver au public.

Et voici précisément que nous retrouvons dans un numéro de Mélusine (Mars 1893) un article que cet écrivain avait consacré à l'un des chapitres de notre ami. Nous y lisons des éloges tels que ceux-ci :

« Tous ceux qui, par goût, s'occupent spécialement de cette partie si importante du Folk-lore que constituent les chants populaires, doivent une sérieuse reconnaissance à M. G. Doncieux pour les beaux travaux dont, depuis déjà un certain nombre d'années, il enrichit leur branche favorite d'études. Lors même que les découvertes les plus inespérées viendraient à avoir lieu, quand bien même, à force de chercher, l'on finirait par découvrir les textes anciens, authentiquement imprimés aux bonnes époques, des pièces dont M. Doncieux s'est le plus spécialement occupé : les recherches de ce dernier, si scrupuleusement consciencieuses, si positivement exactes, si méritoires enfin, commanderaient toujours par leur valeur intrinsèque, je n'en fais pas le moindre doute, respect et juste gratitude aux folk-loristes de l'avenir : édifiés sur granit, ses travaux continueraient à former assises solides.

« *Plus on s'est instruit, en effet, et plus on apprécie à leur juste et haute valeur, dans n'importe quelle science, les résultats qui, à une époque déterminée, sont venus constituer un progrès réel et décisif sur tout ce que l'on connaissait auparavant.*

« *Les systèmes* a priori *ont fait leur temps. La théorie métaphysique de Champfleury, d'Ampère et de Rathery a vécu, elle est dépassée. Immédiatement après M. Gaston Paris, qui a enfin envisagé la question générale en maître, en la plaçant sous son vrai jour, c'est M. Doncieux qui a porté, de fait, à l'ancien système les plus rudes coups. Sans le dire expressément nulle part, M. Doncieux admet, en effet, — car cela ressort de tous ses travaux, — qu'* « *un chant populaire possède toujours* : une date, un auteur, une patrie. »

A dire vrai, il ne nous semble pas qu'il eût été nécessaire de faire de si grands efforts de logique pour arriver à la constatation d'un fait aussi évident que celui qu'énoncent ces derniers mots. Personne, apparemment, n'a jamais douté qu'un chant, populaire ou non, ait toujours eu une date, un auteur, une patrie. C'est seulement quand il s'agit de déterminer quels sont cet auteur, cette patrie, cette date, que la difficulté commence. Soit dit en passant, je pense que l'auteur de la citation précédente faisait fausse route quand, par une préoccupation qui était sienne, et dont nous retrouvons les traces dans cet extrait même, il s'opiniâtrait à chercher aux sources imprimées les renseignements concernant les origines de chants qui, par leur conception première aussi bien que par leur transmission, sont de nature essentiellement orale et traditionnelle.

George Doncieux n'a pas eu de ces espoirs chimériques. Aussi, grâce à la méthode plus sûre qu'il a suivie, il avait de plus grandes chances de se rapprocher du but, pourtant encore bien éloigné. Ce n'est pas à nous qu'il convient d'apprécier les résultats auxquels il a atteint dans son œuvre. La critique dira si les conclusions particu-

lières qu'il a posées, et qui ne tombent jamais dans le défaut d'une
généralisation excessive et prématurée, doivent toujours être admises,
ou si quelques-unes peuvent être encore discutées. Mais tout le monde
au moins sera d'accord pour louer la haute conscience du travailleur,
la probité de son effort, l'ingéniosité de ses vues, et pour l'applaudir
d'avoir, sur un sujet si obscur, apporté plus de lumière.

JULIEN TIERSOT.

Paris, 15 décembre 1903.

INTRODUCTION

L'objet de ce livre est double : offrir au public un choix des chansons populaires de France les plus répandues et les plus caractéristiques, en la forme rétablie de leur texte primitif ; présenter, en même temps, l'étude de leur thème, de leur origine, de leurs développements, de leurs transformations, de leur degré de parenté et de leurs rapports avec les chants traditionnels des différents peuples d'Europe.

J'ai cru utile de faire précéder cet ouvrage de quelques notions et observations générales sur l'ancienne poésie populaire française, ses éléments, ses caractères distinctifs, sa langue et ses particularités ; et d'expliquer la méthode critique qui découle logiquement de cet exposé, et que j'ai employée pour l'établissement des textes.

Le vers populaire des nations romanes, de même que leur vers savant, est essentiellement fondé sur le syllabisme, sur l'accentuation rythmique simple ou double [1], et sur l'assonance. L'ensemble des vers romans mesurés de la première syllabe à la tonique finale qui porte l'accent [2], forme une série complète depuis une syllabe jusqu'à seize (le nombre quinze excepté, dont je ne connais point d'exemple) et l'on verra plus loin le détail de ceux qu'emploie chez nous l'art du peuple.

Pour beaucoup de ces vers, l'accent tonique final n'est pas le seul : c'est un fait d'expérience que passé sept ou huit syllabes, l'oreille romane perd la faculté de sentir le rythme du vers; il faut donc que les vers plus longs soient coupés en deux membres, égaux ou non, plus souvent pairs, quelquefois impairs, par un accent intérieur qui produit cette sorte de pause appelée césure : pause extrêmement marquée dans la versification populaire, comme dans celle du moyen âge. Un phénomène de transition notable est fourni par l'octosyllabe, qui placé à la limite des vers courts, n'a jamais de césure, et que pourtant les chansonniers, à l'instar des anciens

---

1. Le vers tripartit n'a jamais existé.

2. Contrairement à la prosodie italienne, nous ne comptons pas dans la mesure du vers les syllabes atones qui peuvent terminer soit le vers, soit, s'il y a césure, le 1er hémistiche ; et nous disons simplement que le décasyllabe, par exemple, qui finit par un e muet, est un décasyllabe à chute féminine tandis que les Italiens l'appellent hendécasyllabe. Le système français est plus conforme à la vérité prosodique; il est évident que c'est la tonique accentuée qui clôt la mesure, à la rime ou à l'hémistiche.

trouvères[1], ont une tendance à accentuer sur la quatrième syllabe.

En général, dans notre poésie épique, la césure était à volonté oxytonique ou paroxytonique, c'est-à-dire que le premier hémistiche pouvait se terminer facultativement par une atone qui ne compte pas dans le mètre. Mais cette liberté que se donnaient les trouvères est devenue pour le chansonnier, sans doute sous l'influence des types mélodiques, une règle constante que l'on peut appeler la loi des césures inverses : la chute du premier hémistiche est paroxytonique ou, comme nous disons, féminine, si celle du vers est oxytonique ou masculine, et réciproquement. Cette loi remarquable, d'abord constatée par Milà pour le catalan, puis par Arbaud pour le provençal, est aussi bien valable pour le piémontais et pour les parlers d'oïl ; et, d'ailleurs étrangère à l'espagnol et à l'italien, elle régit sans exception tout le domaine gallo-roman. Je n'ai jamais trouvé, dans aucun de ces dialectes, un seul vers populaire où elle fut enfreinte ; tellement que si on la voit apparemment faillir dans quelque version particulière, c'est un signe indubitable que cette version est corrompue, et qu'il faut chercher ailleurs la véritable leçon.

Le vers, ainsi construit et organisé, reçoit d'ordinaire une espèce d'ornement sonore, qui est l'homophonie de la tonique finale entre deux ou plusieurs vers ; en un mot, l'assonance. Sur le déclin du moyen âge, ajou- *Assonance.*

---

1. Voyez aussi l'octosyllabe manié par les lyriques provençaux modernes, notamment par Mistral.

tant à l'identité de la tonique celle de la consonne qui
suit, on a fait de l'assonance la rime : les rimeurs de la
Renaissance, et de nouveau les romantiques raffi-
nèrent davantage en recherchant aussi l'identité de la
consonne p.écédente (consonne d'appui); mais les trouvères de la plus belle époque se contentaient de l'assonance et naturellement le peuple en est resté à cette
conception rudimentaire. Il assonne et ne rime pas[1].

En pratique, dans les chansons françaises en vers
masculins, l'assonance paraît souvent se confondre avec
une rime qui ne serait pas pour l'œil, cela à cause de la
rareté des oxytons, où les parlers du Nord font sentir
la consonne finale[2]; mais à considérer les vers féminins, leur assonance ne fait pas doute : les quelques
pièces où l'on observe un effort vers la rime parfaite
appartiennent toutes à une époque relativement moderne.

Quant au groupement des rimes, il est aussi simple
que possible. Souvent tous les vers sont sur une assonance uniforme : c'est la chanson monorime, le type le

---

1. Quand il m'arrivera, pour la commodité du discours, d'employer les
mots *rime, rimer*, il est entendu que c'est au sens de rime imparfaite, ou
assonance.

2. Dans le français actuel, outre les finales *s, t* ou *d, p*, disparues depuis
longtemps de la prononciation, *r* final est émoussé, dans les infinitifs de la
1re conjugaison : *aime(r)*; dans les noms en *ier, er* (= *arium*) : *verge[r], san-
glie[r]*, et dans plusieurs noms en *eur* (= *atorem*) qui sont d'usage populaire :
piqueu[r], vielleu[r], faucheu[r] (= araignée), *monsieu[r]*; *c* ou *g* final, après
une nasale : *ban[c], blan[c]. san[g], sein[g], lon[g]*. Quant à la plupart des
parlers provinciaux d'oïl, *r* final ne se prononce pas davantage dans les infinitifs de la 2e et de la 4e conjugaison : *avoi[r], fini[r]*, ni dans les noms en
eur ou en *our* : *menteu[r], amou[r]*; *f* et *l* final après *eu* : *bœu[f], linceu[l]*.

plus commun de la ronde. Souvent aussi ils assonnent deux par deux, quelquefois trois par trois : l'alternance régulière des rimes masculines et féminines est inconnue du poète populaire, hormis dans quelques spécimens modernes; généralement la pièce est en soi ou oxytonique ou paroxytonique.

Seulement, dans le tercet du type *abb*, le vers isolé est toujours d'un sexe contraire à celui du couple assonant.

Espèces de vers populaires.

La poésie populaire gallo-romane connaît quatorze vers dont quelques-uns lui sont particuliers, et la plupart communs avec la poésie savante; c'est, à savoir : cinq petits vers qui n'ont pas de pause intérieure, et neuf grands vers pourvus d'une césure [1].

Les petits vers sont :

1º Le vers de 4 syllabes (doublant en écho, un vers plus long) : il est très rare (*voy.* nº XXIV).

2º Le vers de 5 syllabes (*voy.* nº XXXVIII).

3º Le vers de 6 syllabes : rare.

4º Le vers de 7 syllabes : rare.

---

1. La plupart des éditeurs de chants populaires ont pris l'habitude d'imprimer les grands vers, surtout à membres égaux, sur deux lignes, en les cassant par le milieu. Si c'est pour la commodité typographique, il n'y a rien à dire, mais au moins convient-il de ne pas commencer le second demi-vers par une majuscule afin que le lecteur voie bien qu'il a sous les yeux un vers, et non pas un distique. Il va sans dire que le plus ou moins de longueur du vers ne fait rien à la chose : si un alexandrin, coupé à la 6e syllabe, ne forme qu'un vers, il n'y a pas de raison pour ne pas écrire sur une seule ligne, le vers de 16 syllabes, coupé à la 8e, auquel notre œil est moins accoutumé.

5° Le vers de 8 syllabes, le plus usité et le plus beau, qui souvent reçoit un accent rythmique sur la 4ᵉ syllabe (*voy.* nᵒˢ VI, VII, XV, *etc.*).

Et les vers à césure :

6° Le vers de 10 syllabes   à 5 + 5 (*voy.* nᵒ III).

7°   —   à 4 + 6, qui est le décasyllabe classique (*voy.* nᵒˢ XXXV, XL). [1]

8° Le vers de 12 syllabes   à 6 + 6, qui est l'alexandrin, très usité en Provence.

9°   —   à 4 + 8 (*voy.* nᵒ XII).

10°   —   à 8 + 4 (*voy.* nᵒ XI).

11° Le vers de 13 syllabes à 8 + 5 (*voy.* nᵒ (XXVII) déjà familier aux trouvères, et repris chez les modernes, par Scarron, Banville et Clair Tisseur, qui renversent seulement le rapport des hémistiches en le coupant à 5 + 8.

12° Le vers de 14 syllabes   à 7 + 7, c'est le vers classique des romances espagnols (*voy.* nᵒˢ IX X, *etc.*).

13°   —   à 8 + 6 (*voy.* nᵒ XXIII).

14° Le vers de 16 syllabes à 8 + 8 (*voy.* nᵒˢ IV, XVIII, XLI, *etc.*).

La strophe.   La strophe, intimement liée à la mélodie, système de vers qui forme un couplet, comporte peu de variété :

_____

1. Employé par les poètes populaires, mais d'une époque plus récente. Je n'ai jamais rencontré le joli décasyllabe à 6 + 4 employé par les trouvères.

elle va d'un vers unique (on expliquera en quel sens)
à six vers, qu'elle ne dépasse point.

1° Le type le plus fréquent de la chanson de danse
consiste dans une suite de vers uniformément assonancés (ou quelquefois assonant deux par deux) dont chacun forme une strophe complète, souvent d'apparence
assez compliquée à cause des répétitions du vers ou des
hémistiches combinés avec le refrain. En voyant dans
les recueils une chanson de danse monorime, on songe
d'abord à une laisse de chanson de geste; mais cette
ressemblance est illusoire, car la laisse, strophe dégénérée, et qui comprenait à l'origine un certain nombre de
vers, est positivement une unité rythmique; mais dans
la chanson monorime, l'unité est le vers lui-même qui
équivaut à une strophe.

Le vers, par exemple, qu'on écrit :

> La Pernette se lève trois heures devant jour

se chante en réalité de cette manière :

> La Pernette se lève,
> *La tra, la la..... la tra la,*
> La Pernette se lève trois heures devant jour,
> Trois heures devant jour (*bis*)

En somme, la chanson de danse monorime peut se
définir comme une ballette, dont chaque couplet est
construit sur une même assonance.

2° La strophe de deux vers associés par la rime, et la
même rime peut quelquefois régner tout le long de la
pièce. Dans ce cas-ci, l'accouplement des vers en distiques peut donner lieu à une disposition particulière :

au lieu de former les couplets normalement du premier
et du deuxième vers, puis du troisième et du quatrième
et ainsi de suite, les chanteurs commençaient le second
distique par le deuxième vers répété, en y joignant le
quatrième, et ainsi de tous les distiques, jusqu'à la fin.

3° Le tercet, composé tantôt de trois vers égaux sur
une seule rime (*aaa*), tantôt de trois vers dont le premier
est sans rime, et les deux suivants, de sexe contraire,
riment ensemble (*abb*). Dans ce cas-ci, les vers peuvent
être tous trois égaux, ou bien le premier plus long
(*Abb*) ou plus court (*aBB*) que les deux autres.

4° Le quatrain, composé de vers égaux, à rimes plates
généralement masculines (*aabb*). La chaîne régulière des
couplets masculins et féminins se rencontre aussi dans
des pièces de date plus récente. Le quatrain d'octosyllabes masculins, assonant deux à deux, avec tendance à
l'accentuation de la 4ᵉ syllabe, constitue la plus ancienne
des formes strophiques connues de la poésie française
(poème de Clermont, du IXᵉ siècle). Elle s'est maintenue
jusqu'aux temps modernes dans la rythmique populaire.

5° Il n'y a pas d'exemple de strophes de cinq vers. Le
sixain, exceptionnel, est représenté ici par deux spécimens de forme différente ; l'un (*aabbcc*) à base octosyl-
labique et à rimes plates masculines, l'autre (*aabccb*) en
vers de 5 syllabes, *bb* masculin, l'autre couple féminin ;
mais celle-ci a pris modèle sur une œuvre littéraire.

Le poème : chan-   On ne s'étonnera pas que la poésie populaire ignore
son à danser et   ces poèmes à forme fixe tels que le rondel, ou la bal-
complainte.   lade villonique, le triolet ou le sonnet, d'un artifice

trop subtil et qui réclament une main savante. La
longueur de la chanson n'est jamais mesurée par une
règle; et ses couplets se succèdent en nombre indéfini,
au gré du chansonnier-poète. En somme, parmi cette
foule de pièces qui ne se diversifient que par la structure
individuelle de leur strophe, une seule distinction, au
point de vue de la forme, est à faire ; distinction d'une
importance capitale, qui partage tous les chants traditionnels, les lyrico-épiques aussi bien que ceux d'un
autre genre, en deux groupes affectés à des destinations
différentes : ou bien le chant est fait pour accompagner
la danse, et c'est alors une ronde ou chanson à danser
(ballade « *ballata* », a étymologiquement le même sens);
ou bien il doit simplement être dit par la fileuse à la
veillée, par le soldat pendant la marche, par le chemineau sur un seuil de porte, par le laboureur en plein
champ, et nous lui réservons le nom de complainte. Une
chanson à danser se reconnaît du premier coup d'œil à
un signe infaillible : c'est le refrain, cet élément fixe,
qui traverse et relie ensemble, tel qu'un fil continu, la
série variée des couplets. Partout où un refrain apparaît
il y a danse; et réciproquement, si le refrain manque,
la chanson est une complainte, réserve faite d'un très
petit nombre de rondes monorimes, où le refrain absent
est suppléé par un redoublement du vers.

Sans aborder ici l'historique complexe du refrain
dans la lyrique du moyen âge [1], il suffit d'en énumérer

Le refrain.

---

1. Voyez, sur ce point, JEANROY, *Les origines de la poésie lyrique en France,
au moyen âge.*

les modes adoptés par la chanson traditionnelle. Le refrain populaire consiste soit en un vers de même assonance et souvent de même mesure que les vers, consécutif au couplet, soit en une petite phrase, diversement rythmée et coupée, laquelle est parfois un débris de chanson fort ancienne, soit en une onomatopée, imitant le son d'un instrument de musique (*rataplan, tire-lire, tralala, deri, dera, tontaine, tonton*, etc.). Les refrains des deux derniers modes sont tantôt extérieurs à la strophe (comme le sont aussi les vers refrains), tantôt intérieurs, c'est-à-dire qu'ils y peuvent être accolés en façon de cadence finale, ou bien incorporés par une combinaison plus intime.

Thèmes de la chanson. Étant donné le moule rythmique de la romance gallo-romane, il importe de savoir quelle sorte de métal l'artisan a coutume d'y couler. Le caractère objectif de la chanson lyrico-épique veut qu'elle ait pour thème une action exposée en un récit impersonnel ; quel que soit d'ailleurs le thème, depuis le fait positif contemporain, qui s'est passé sous ses yeux, jusqu'à la fable chimérique où la fantaisie de son imagination s'amuse.

Tout d'abord donc, il peut lui arriver de choisir un événement historique ou anecdotique, et de travailler sur sa réalité même ; telle du moins qu'elle peut lui apparaître, réfractée par le milieu populaire. En ce cas, la pièce porte toujours une date précise, et M. Nigra a émis cette idée, que toute chanson composée sur un fait historique en est sensiblement contemporaine. Nul événement, s'il n'est incrusté dans un monument durable, ou cristallisé pour ainsi dire par la vertu du rythme, ne traverse les générations, et la mémoire s'en dissipe en peu de jours. Rien n'est plus vrai, à condition que l'on distingue, — ce dont M. Nigra ne semble point s'être toujours assez soucié, — la chanson « d'actualité » comme nous disons, faite directement sur le vif des choses, de celle inspirée par un fait réel, mais conservé et transmis par un document quelconque. L'histoire recueillie ressemble assez, dans ce cas, à ces organismes reviviscents, qui desséchés et inertes pendant des années, se raniment subitement au contact d'une goutte d'eau, et c'est ainsi que, déposée et enfouie pendant des siècles dans une chronique savante, elle revoit un jour la lumière, en servant d'un de ces *exempla* dont les moines du moyen âge farcissaient leur prédication, et circule de nouveau dans la tradition, mais, cette fois, sous forme de légende plutôt que d'histoire véridique. Le chansonnier ne lui conserve pas son caractère historique, car il ne se sert en réalité que de ce qu'il a à portée de sa main, récit, sermon, qu'il a entendus, et il ne va pas, et pour cause, chercher ses sujets dans les livres; mais d'autres le font pour lui. La distinction, encore que délicate, est d'ailleurs facilement praticable pour un critique : d'un côté, le récit historique n'a fourni au poète que la charpente de sa chanson; parmi les circonstances et les particularités des faits, un seul sujet souvent a frappé son esprit, mais les acteurs sont devenus anonymes ou désignés d'un banal prénom, ils sont vides de leur personnalité, l'action s'est dépaysée, la couleur locale a disparu. Dans l'autre, au contraire, à travers les erreurs, les quipro-

quos, les étranges simplifications et déformations que
l'on peut attendre de l'esprit du peuple, la précision des
noms ou des surnoms, l'observation exacte de menus
détails, nous avertissent que nous entendons quelqu'un
du temps et qui parle de choses vues (voy. *la Prison
du Roi François, la Marquise empoisonnée, le Mariage
Anglais*).

A côté de l'événement historique, un autre sujet qui
n'avait pas pour le commun moins de réalité, c'est les
miracles et les mystères religieux dont les sources se
trouvent dans les Évangiles [1] et les Vies des Saints
(voy. *la Passion, Jésus-Christ en pauvre, la Pénitence* et *les
Atours de Marie-Madeleine*).

D'autres encore lui sont fournis, traduits ou dérivés,
par des légendes de peuples étrangers (voy. *La Blanche
Biche, Renaud le Tueur de femmes*).

Les autres enfin sont des fables romanesques ou de
pures fictions poétiques : vaste champ qui s'ouvre à
l'imagination du chansonnier. Ce sont, en de vagues
situations, tendres, badines ou mélancoliques, des ser-
ments d'éternelle fidélité, d'amoureuses déclarations, de
timides aveux qu'il faut encourager, des regrets d'amours
passées ou d'unions contrariées, des duperies de soupi-
rants ou de jouvencelles, des ruses d'amants ou
d'amantes pour arriver à l'objet de leur désir; c'est,
en tableaux plus saisissants, une amante séparée de son
amant et qui veut mourir, une fiancée trahie par un

---

1. L'Ancien Testament n'a rien fourni à la chanson française.

infidèle pour une rivale plus riche et qui se tue, une
veuve qui s'engloutit dans la tombe de son époux, un
tendre ami qui expire sur le cercueil de sa mie, un
galant hardi noyé sous les yeux de sa belle, une fille perdue qui fuit sa famille, un mari longtemps absent qui
retrouve sa femme remariée; vengeances, enlèvements,
meurtres d'innocents, châtiments de coupables, supplices
de femmes martyrisées par leurs époux ou leurs parents,
suicides de vierges outragées, autant de situations
tristes, poignantes et tragiques, dignes de figurer dans
le théâtre de Shakespeare ou la Comédie humaine de
Balzac, et qu'ont traitées les poètes populaires. Ainsi la
chanson populaire est, à sa façon, un miroir de l'humanité aimante et souffrante : elle nous montre que c'est
souvent par l'image de ses douleurs que l'homme
s'amuse et se distrait!

Jetons maintenant un coup d'œil sur les formes du
style du chansonnier populaire. La forme narrative est
rare et toujours limitée à l'indispensable exposition des
faits, et l'emploi du dialogue entre les personnages mis
en scène est prédominant : quelquefois viennent s'y
ajouter, en guise de moralité ou de conclusion, les propos de quelque comparse ou du public, ce qui rappelle
l'usage du chœur antique.

Les descriptions sont actives, présentent des images
simples, mais vivantes, et sont, en quelque sorte, des
notations scéniques; ce ne sont pas les aspects chan-
geants et momentanés, les nuances fugitives des êtres
et des choses qu'elles nous dépeignent, mais bien plutôt leurs caractères immuables et dominants. Il est à

Formes du style et Figures.

remarquer que les sensations d'ordre visuel sont presque
les seules que perçoivent ces âmes rustiques, que le
monde des sons et des parfums leur reste pour ainsi
dire clos, et qu'elles n'ont point recours aux enseigne-
ments du toucher pour définir le monde extérieur; c'est
donc de nature visuelle que sont presque toutes les
épithètes descriptives : un « vert » pré, une « claire »
fontaine, un rosier « blanc », un cheval « grison »; une
belle a toujours la « main blanche ». Le fauve éclat de
l'or est la couleur luxueuse qui accompagne toujours
la beauté : la belle Barbière demande, pour servir ses
pratiques, son « plat d'or »; le beau Déon, tire son
« couteau d'or fin »; la fille du roi d'Espagne, lavandière à ses heures, a un « battoir doré »; Madeleine a
un « peigne d'or », un « manteau d'or » et un « bijou
d'or fin »; Marianson porte à ses doigts des « anneaux
d'or fin »; le capitaine habille sa belle en « or et en
argent »; l'amante délaissée par son galant se fait faire
une robe de « drap d'or ». Dans deux seules épithètes tient la description des aspects les plus divers :
les ondes bleues, fleuries d'écume, scintillent sous le
rayonnement du soleil : c'est la « mer jolie »; que la
tempête soit déchaînée, que l'ouragan soulève l'océan,
et que les lames déferlent sur les rochers, c'est la « mer
farouche »! .

Pour les épithètes psychologiques ou morales, qui
définissent un personnage, elles sont des plus simples
et des plus générales : un amant séduisant, c'est le
« beau » Déon, le « brave » capitaine, le « joli » tambour.

La métaphore, figure de littérature avancée, est trop
subtile pour leur esprit : envelopper deux objets que
l'on compare dans la même expression symbolique est
un effort trop grand pour leur fruste cerveau, et l'appa-
reil logique de la comparaison, par une intuition simple,
y supplée. Cette comparaison est toujours formellement
exprimée; ils ne parleront jamais de cheveux « d'or »,
d'yeux « célestes », de teint « de neige », de beauté
« éblouissante », de course « orageuse »; mais ils
diront : jaune « comme l'or », bleu « comme le ciel »,
blanche « comme la neige », belle « comme le jour »,[1]
aller « comme poudre et vent ».

Les nombres consacrés se retrouvent dans la tradi-   Nombres.
tion de la plupart des peuples européens : il en est
plusieurs qui reviennent à toute occasion.

Et d'abord *trois* s'emploie constamment pour le signe
de la pluralité : c'est que ce nombre est le premier et le
plus élémentaire des nombres pluriels (hormis celui de
deux, quantité différente de la multitude autant que de
l'unité)[2], comme le triangle est le plus simple des poly-
gones. Pour marquer une action itérative, déjà les poètes
latins classiques usaient de l'adverbe numéral *ter ;* le
poète populaire ne procède pas autrement : le chasseur
qui court la fille-biche, sonne trois fois du cor, avant
que ses chiens l'aient prise ; le gentilhomme rasé par
la belle barbière, change trois fois de couleur ; le galant

---

1. Cette délicate expression est fréquemment employée dans les contes des
fées de PERRAULT.
2. Aussi les langues riches en nuances ont-elles le duel, outre le singulier et le pluriel.

de la fille du roi d'Espagne plonge trois fois dans la mer; Jésus, prêchant, dit trois paroles, et à la troisième, Madeleine se pâme, touchée de la grâce; la belle Hélène fait trois tours de danse sur le pont qui s'effondre; le grand prévôt, volant au secours de ses frères, donne à son cheval trois coups d'éperon.

Le nombre *trois* est d'un usage encore plus fréquent s'il s'agit de représenter un groupe d'objets et surtout de personnes : la casaque du Roi François est marquée de trois fleurs de lis; Marianson porte aux doigts trois anneaux; le cruel époux de la Maumariée a trois chiens blancs; la fille du roi de Babylone donne à manger à trois pigeons ; la belle abandonnée de son galant se fait faire trois robes; saint Nicolas pose trois doigts sur le bord du saloir, pour ressusciter les enfants; le joli tambour a pour dot trois vaisseaux. Il y a trois princesses au pied du pommier doux; trois frères à la poursuite de la Péronnelle; trois frères vengeurs de la Maumariée; trois écoliers pendus; trois capitaines ravisseurs; trois petits enfants occis par le boucher et mis au saloir; trois bergereaux vont chuchotant sur le passage de la veuve de Renaud; trois lavandières sont rencontrées par le mari de l'Escrivette; trois tambours s'en reviennent de guerre; trois anges chantent alleluia à la mort de Catherine; trois dames vont marchander le beau bateau de blé; trois gentilshommes courtisent la belle barbière ; la Samaritaine vit avec trois galants.....

Que s'il est nécessaire de figurer une foule plus nombreuse, le nombre *sept*, est quelquefois employé : la robe de Madeleine a sept aunes de velours; la Porcheronne a sept fuseaux à filer ; Renaud emmène sa femme à sept lieues.

Mais l'on a des exemples assez fréquents de *trente* (qui revient justement à trois dizaines) : trente oranges sont vendues au fils du Roi ; trente dames accompagnent le convoi de la mie de Pierre, et trente abbés celui de la fille du roi Loÿs ; trente mariniers montent le bateau où s'aventure imprudemment la belle aux chansons. On trouve moins souvent l'exemple de *trente-six*[1] (trois douzaines) : le devantier de Madeleine a trente-six couleurs ; et de *quatre-vingts* : la ceinture de Madeleine fait quatre-vingts tours (!) ; quatre-vingts prêtres accompagnent le convoi de la fille du roi Loÿs.

Le nombre *quatre*, rarement employé, est amené forcément par la symétrie usitée dans la représentation de certaines scènes ou dans certaines cérémomonies : quatre anges entourent le Christ pour recueillir son sang ; quatre archers viennent chercher le prisonnier Pierre pour le conduire à l'échafaud, et quatre officiers encadrent le cercueil de Marlbrough.

Enfin le nombre *treize*, en rapport avec le caractère sombre et fatal de l'histoire, s'applique une fois à des cadavres de femmes assassinées.

Pour indiquer un laps de temps, la *triade* de jours est aussi usitée ; le sommeil léthargique de la fausse morte dure trois jours ; et trois jours et trois nuits, l'accès de fureur convulsive du mari de Marianson ; c'est dans trois jours que doit mourir la dame qui accueille charitablement le Christ mendiant.

---

1. Encore usité dans l'expression populaire : « voir trente-six chandelles. »

Mais pour les périodes plus étendues, c'est le *septé-naire*, qui est invariablement employé. Les absences de maris et de fiancés partis pour la guerre, les péni-tences des âmes saintes, l'emprisonnement d'une princesse amoureuse, la navigation du petit navire, les amours secrètes de deux jeunes gens, le temps écoulé entre le meurtre des petits enfants au saloir et leur résurrection, tout cela dure sept ans, ni plus, ni moins. La popularité de ce nombre *sept*, aussi irréductible que *trois* et plus riche, employé à la mesure du temps, est de l'antiquité la plus reculée, et remonte aux premières races sémitiques : la division du temps en semaines en est la preuve et la consécration la plus absolue.

La langue de la chanson populaire.

Enfin la chanson populaire a des particularités lin-guistiques, dont quelques-unes lui sont tout à fait propres, et dont la plupart se réduisent à des archaïsmes où survit le langage des xve et xvie siècles. La tendance commune à simplifier la prononciation se traduit par une série d'aphérèses, d'apocopes et de contractions. Il ne faudrait pas croire cependant que nos chansonniers se permissent cette profusion d'élisions qui fait ressem-bler le français d'aujourd'hui, parlé par une bouche plébéienne, à l'ossature décharnée d'une langue : ces suppressions sont par eux réglementées, et se pra-tiquent dans un certain nombre de cas, et qui sont tels :

L'*i* et . *u* du pronom relatif *qui* et du pronom person-nel *tu*, en hiatus avec la voyelle initiale du mot suivant, s'élident à volonté : *qu'est, qu'a* pour « *qui est, qui a* » ; *t'en as menti* pour « *tu en as...* » — L'*a* des pronoms possessifs féminins *ma, ta, sa*, précédant le mot *amie* ou *amour* s'élide constamment : « *m'amie, s'amie*[1], *m'a-mour* ». L'explétif *y* lié au verbe *avoir* pris neutralement se contracte à volonté avec la voyelle initiale suivante : « *il—y a, y en—a* » en deux syllabes, aussi bien que « *il—y—a, y—en—a* », en trois syllabes. L'*i* initial de l'adverbe *ici*, peut tomber non seulement comme le veut notre usage moderne, lorsque cet adverbe dépend d'un pronom ou adjectif démonstratif (*celui-ci, cet homme-ci*), mais, en n'importe quelle occurrence : « *Êtes-vous ci?.. Que pleurent nos servantes ci?* »

Le futur et le conditionnel des verbes romans sont, comme on sait, formés de l'infinitif agglutiné au présent ou à l'imparfait de l'auxiliaire *avoir* : dans tous les verbes français de la 2ᵉ conjugaison (*oir = ère*) et dans quelques-uns de la 1ʳᵉ (*ier, yer = are*), la tonique de l'infinitif est absorbée entre le radical verbal et l'*r* final[2]; or les chansonniers populaires étendent, conformément à l'usage du xvᵉ siècle, la même contraction, à plu-sieurs autres futurs de la 1ʳᵉ et de la 4ᵉ conjugaisons (*er = are; ir = ire*) , *lairrai, donrai, menrai, demeurrai,* pour *laisserai, donnerai, mènerai, demeurerai; orrai* pour

---

1. Le mot *mie*, formé par aphérèse de *amie*, existe aussi dans le langage populaire; on pourrait donc hésiter entre ces deux graphies homophones : *m'amie, s'amie* et *ma mie, sa mie*, mais la première doit être, en général, préférée comme plus ancienne.

2. Les futurs de la 2ᵉ conjugaison, tels que *aurai (avrai), saurai (savrai), pourrai (povrai), voudrai (voldrai), siérai, verrai, devrai, mouvrai...* sont pour *avoir-ai, savoir-ai, povoir-ai, voloir-ai, seoir-ai, veoir-ai*, etc., de même selon la prononciation : *prirai, marirai, ploirai, pairai* et autres futurs de verbes en *ier, yer* sont pour *prier-ai, marier-ai, ployer-ai, payer-ai*.

ouïrai. Il arrive aussi, quand les deuxièmes personnes plurielles de l'indicatif présent ou du futur sont suivies du pronom *vous*, que la désinence verbale *ez* et le *v* initial tombent ensemble, de façon à éliminer la syllabe médiane : *Av'-ous? Voul'-ous? Oy'-ous?* pour *Avez-vous? Voulez-vous? Oyez-vous?* L'*e* muet final, immédiatement consécutif à une voyelle ou séparé d'elle par *l* mouillé, se supprime à volonté : *ami', épé', fill', dépouill'*, pour *amie, épée, fille, dépouille*. Je considère les formes abrégées *p(e)r', m(e)r'*, qu'on rencontre quelquefois, comme rentrant dans cette loi générale, par l'intermédiaire de types, *pée, mée*, etc., propres à certains dialectes. Le pronom *le*, enclitique, s'il s'appuie à une voyelle atone, et notamment à la négative *ne*, perd aussi son *e* muet : *faites-l'moi*, pour *faites-le moi ; ne l'mettez*, pour *ne le mettez* (déjà dans la versification médiévale, *nel = ne le*). Enfin, dans l'usage des trouvères aussi bien que des troubadours, le pronom féminin *ele*, quand il est proclitique, se présente souvent sous la forme monosyllabique *el* ; cette forme-ci est absolument la seule admise par la poésie populaire : preuve que le peuple a toujours prononcé comme il fait maintenant : *el dit, el fut* et non pas *è-le dit, è-le fut*. Mais *elle*, enclitique, demeure dissyllabe : *pour elle, dit-elle*.

Au rebours de ces particularités qui ont sur le discours un effet abréviatif, voici une licence qui vise un but contraire. S'il est besoin à la rime ou à la césure d'un paroxyton, les vocables oxytoniques finissant en *r* ou *l*, peuvent recevoir un *e* muet additionnel : *mere, voire, ore, cœure, chevale* pour *mer, voir, or, cœur, cheval* : pro-

nonciation où du reste conduit naturellement l'articula-
tion accusée de la consonne finale.

Quelques remarques sont à présenter sur la phoné-
tique.   Phonétique.

A tonique latin = *é* français, normalement; cet *é*,
dans quelques mots comme *père*, *mère*, *mer*, *clair* est
devenu ouvert aujourd'hui, mais il s'y prononçait fermé
jusqu'au XVIIIᵉ siècle. Aussi faut-il lire, dans les chansons plus récentes excepté, *péré*, *méré* et non *père*, *mère*.
La désinence des mots en *ier* (latin *arium*) est réguliè-
rement monosyllabique; mais dans une série de ces
noms, par le groupement antécédent d'une muette et
d'une liquide, avec *c*, *g*, *d*, *t*, la diphtongue *ié* s'est dis-
sociée; cette dissociation est inconnue à la vieille
langue ¹, et conséquemment à la langue populaire qui
prononce toujours *bou-clier*, *san-glier*, *mé-né-trier*, *cou-drier*
et non *bou-cli-er*, *san-gli-er*, *mé-né-tri-er*, *cou-dri-er*.

Ē tonique latin, qui persiste sous la forme *é* ou *i*,
dans les dialectes d'oc, les franco-provençaux, le catalan
et le piémontais, a subi en oïl des modifications très
diverses selon les temps et les lieux : en français, *é* = *oi*,
prononcé par la société polie aux XVIᵉ et XVIIᵉ siècles ²,
tout en évoluant dès le XVᵉ, dans le parler de la plèbe
parisienne, en *oua* ³, *a* qui est la prononciation moderne
(la même évolution s'est d'ailleurs accomplie dans plu-

---

1. Régnier (1613) et La Fontaine, qui archaïse volontiers, font encore
sanglier de deux syllabes (*Poème d'Adonis*, 1669).

2. La graphie *mirouër* est courante dans les livres du XVIIᵉ siècle.

3. Cela résulte d'un vers d'une pièce en « jobelin » de François Villon
où le verbe *poire* (*pēdere*) rime en *are*.

sieurs régions de l'Est ou de l'Ouest); enfin, en normand *è = ei*, d'où *é*, sur plusieurs points de la Normandie, de la Bretagne, du Poitou. « Roi » peut donc se
prononcer *roué, ra, ré*, selon les régions, ce qui explique
le triple système d'assonances *oi : oi, oi : a, oi : é*.

Ŏŭ, tonique latin, qui dans le français proprement
dit s'affaiblit en *eu*, se maintient à l'état de *ou* dans le
parler gallo et dans ceux de l'Est (Comté, Champagne)
aussi bien que chez toutes les populations d'oc; on doit
donc écrire, suivant la patrie de la chanson : *fleur* ou
flour, amoureus ou *amourous, deus* ou *dous*.

Morphologie
et syntaxe.

L'oxytonisme des adjectifs féminins de la 3ᵉ déclinaison latine y a laissé plus de traces que dans le français
littéraire : *grand guerre, gentil dame, quel nouvelle?* au lieu
de *grande guerre, gentille dame, quelle nouvelle?*

Un phénomène analogique, qu'on observe dans les
chansons de l'Ile-de-France et de la Normandie, aussi
bien que dans la langue écrite du xvıᵉ siècle, c'est que
le prétérit indicatif et l'imparfait subjonctif des verbes
de la 1ʳᵉ conjugaison, y sont souvent en *i*, comme si
ces verbes appartenaient à la 3ᵉ ou à la 4ᵉ. *Je tuis, il
tuit, qu'il pleurit* pour *je tuai, il tua, qu'il pleurât*.

Et nous relèverons, pour terminer cette analyse gram-
maticale de la chanson française, deux emprunts faits
par elle à la syntaxe archaïque. 1º Le régime d'un substantif correspondant au génitif latin se construit avec la
préposition *à* de préférence à la préposition *de*; on dit
« la Fille *au* Roi » plutôt que « la Fille *du* Roi ».
— 2º Les pronoms sujets de la 1ʳᵉ et de la 3ᵉ per-

sonne se sous-entendent volontiers devant le verbe :
L'aimerai, pour *Je l'aimerai*; *A dit, ont dit*, pour *Il a
dit, ils ont dit*. De même dans l'expression plurielle
ce sont, l'explétif *ce* peut être omis : *Sont trois tambours*, pour *ce sont trois tambours*, *N'est pas mon vin que je
regrette*, pour *ce n'est pas mon vin*, etc... On remarque aussi
souvent les inversions du sujet : *A ajouté le plus petit,
ce dit la plus jeune*.

L'aire géographique de notre chanson française 'com-   Aire
prend la France d'oïl, la France d'oc, la Catalogne et le   géographique
Piémont, ces quatre grands départements d'un domaine
unique : — la France, dans ses limites linguistiques et
non politiques, c'est-à-dire avec la Belgique wallonne, la
Suisse romande et le Canada français qu'on peut considérer comme un prolongement colonial de nos provinces
de l'Ouest; il faut en excepter, par contre, dans le
Nord, une petite enclave flamande autour d'Haze-
brouck ; la Bretagne celtique, située à l'ouest d'une
ligne tracée de la baie de Cancale à l'embouchure de la
Loire; les pays basques occupant l'angle sud-ouest et
s'étendant par delà les Pyrénées; le Roussillon, dépendance de la Catalogne, et la Corse au dialecte italien, —
la Catalogne, avec les îles Baléares, — le Piémont, comprenant le Piémont proprement dit, le Canavais et la
Ligurie.
Dans les différentes parties de ce domaine, non seulement on retrouve les mêmes chansons, mais le
rythme, les rimes, les vocables n'en sont souvent pas
modifiés, en sont une traduction fidèle, qui se teinte

seulement au passage des nuances dialectales du pays où elle circule. Si bien que, pour reconstituer une chanson d'origine française, les versions catalanes ou piémontaises ne sont souvent pas moins utiles que les versions indigènes. La raison de cette identité n'est pas d'ordre ethnique mais linguistique : M. Nigra l'a fait consister dans le *substratum* celtique des pays romans où se produisent ces concordances, mais G. Paris a fait observer que les limites de ce *substratum* celtique ne recouvrent point celles de tout le domaine de la poésie lyrico-épique romane; et la véritable explication réside dans l'oxytonisme commun aux dialectes d'oïl, d'oc, de la Catalogne et du Piémont, et dont la conséquence directe est que, sur une base rythmique, les paroles d'un translateur ou d'un adaptateur peuvent passer d'un bout à l'autre du territoire, y voyager et s'y fixer avec la plus grande facilité.

Tradition orale de la chanson. Mais par quelles voies et par qui se sont opérées ces transmissions?

Ce n'est, pour la plupart des chansons, que bien après leur naissance que l'on a songé à les recueillir par écrit, et c'est de bouche en bouche qu'elles se sont transmises : de là les nombreuses variations des paroles, et quelquefois du sujet lui-même.

Si, d'une façon générale, les montagnes arrêtent et séparent, elles sont aussi un obstacle à la tradition, et c'est pour celle-ci, au contraire, un merveilleux véhicule que les fleuves et que la mer. On suit de l'œil les chansons côtoyant, au gré du cabotage, les côtes de la Manche et de l'Atlantique, passant du golfe de Gascogne

aux ports de la Ligurie; on les voit descendre le Rhône
et la Loire ou remonter le Rhin, la Seine ou la Garonne.

O bon peuple de France, depuis tes matelots bretons
luttant contre les houles et les tempêtes, sur la mer
grise qui bat les granitiques falaises de l'Armorique,
jusqu'à tes pêcheurs de Provence voguant sur les flots
bleus de la Méditerranée, ce sont tes enfants, — soldats
gais et pimpants, aux loisirs des corps de garde, pendant
l'étape ou marchant à la bataille, bateliers sur leurs
péniches suivant lentement le fil de l'eau, compagnons
et chemineaux faisant leur tour de France, colporteurs
ambulants arrêtés au seuil des portes, écoliers, pèlerins
parcourant sans hâte les routes, laboureurs à leurs sil-
lons, moissonneurs au milieu des blés, bouviers rentrant
à l'étable, vieilles fileuses penchées sur le rouet près de
l'âtre à la veillée, rieuses lavandières au bord du ruisseau,
fillettes dans les couvents, — qui répétant ces chants aux
vives ou lentes mélodies, les ont transmis et perpétués
sur toutes les parties de ton sol, leur en ont fait franchir
les frontières, et y ont ainsi fait flotter une part de ton
âme simple et naïve !

Anonymes sacrés, inconnus pour jamais, qui comme
l'oiseau dans les airs, voliez librement de vos propres
ailes, n'est-ce point une profanation de vouloir découvrir les secrets de votre naissance, et d'étudier votre
substance dans les pages régulières d'un livre, comme
le botaniste fait des plantes entre les feuilles de son
herbier?. . . . .

. . . .

Il reste un mot à dire au lecteur sur la méthode uniforme qu'on a cru devoir employer dans l'étude des pièces de ce recueil. En tête de chaque article est dressé d'abord un état complet des sources des versions recueillies ; versions désignées, comme il convient, géographiquement (noms de la province ou district[1], du département, de la ville ou du village) et rangés chronologiquement (date de la publication, et s'il se peut, de la rédaction[2] du texte) : en sorte qu'on peut, d'un premier coup d'œil, se faire une idée de l'âge relatif de ces textes, aussi bien que de leur distribution régionale. Le nom de l'éditeur, et quand il y a lieu de distinguer, du collecteur, est toujours mentionné avec soin, étant juste de laisser à chacun le mérite comme la responsabilité des documents fournis avec des degrés divers d'exactitude et de sincérité ; par endroits, la collaboration d'un Chateaubriand, d'un Balzac, d'un Sainte-Beuve ou d'un Gérard de Nerval n'est pas indifférente à noter. A cette nomenclature des sources succèdent la définition rythmique de la chanson, puis le texte même de celle-ci établi critiquement, vers par vers, avec un système continu de notes, spécifiant les versions dont s'autorise la leçon adoptée et marquant, d'autre part, les variantes importantes ou curieuses, qui ne font point partie du texte original ; plusieurs noms réunis par le signe + indiquent la combinaison de deux versions ou

1. Les versions, publiées en un dialecte local, sont marquées d'un astérisque.

2. Indiquée par l'abréviation *réd.* ou *r.* suivie du millésime de l'année.

séries de versions dans une leçon unique ; quand les versions à citer sont en nombre, leur énumération est abrégée par le signe *etc.* ; enfin, l'abréviation *cf.* affecte des versions, qui bien que différant en quelque point de l'original, confirment essentiellement la leçon adoptée.

Ce texte, élaboré par les procédés de la critique verbale, prétend exposer la représentation scripturale de la chanson, telle qu'elle sortit pour la première fois de la bouche du chansonnier : mais à cette chanson, à ces vers composés par l'auteur et transmis par les chanteurs successifs sans le secours de l'écriture, quelle orthographe sied davantage ? Pour les pièces dialectales (oc, Piémont, Catalogne) la question ne soulève aucune difficulté, les graphies de ces parlers, admises par tous les lettrés et les philologues, réalisant un accord parfait avec leur phonétique ; mais pour celles d'oïl, qui sont en pur français, il y avait à opter entre plusieurs partis. Écartant tout d'abord la barbarie de l'orthographe strictement phonétique, bonne seulement pour des notations qui relèvent davantage de l'acoustique que de la philologie, j'ai regardé comme aussi impossible d'assujettir des poésies orales, comprises pour la plupart dans les limites du xve au xvie siècle, à l'orthographe classique moderne, qui fausserait la prononciation jadis en vigueur ; ainsi ne pourrait-on sans faute écrire : *père, mère,* là où il est avéré que le rimeur disait : *pére, mére* ; non plus que : *paraître, connaît, avais, français, monnaie* (d'autant que le son *ai* = *è* correspond ici à une altération récente de la diphtongue *oi*) que le Dictionnaire de l'Académie édite encore maintenant *paroître, connoît, avois, françois, monnoie.* D'un autre côté, suivre sans réserve l'orthographe pédantesque des écrivains du temps, hérissée de consonnes étymologiques (et parfois faussement étymologiques), qui n'ont jamais existé ou n'existent plus pour l'oreille française, n'aurait pas été d'un meilleur parti. Au contraire on n'hésitera pas à orthographier : *domter, doit, pois, savoir,* les mots *dompter, doigt, poids, sçavoir* parce que ces mots (du bas-latin *domire, ditum, pesum, sapere*) n'ont jamais contenu ni *p*, ni *g*, ni *d*, ni *c*; *tems, piés, grans, parens, tu prens,* les mots *temps, pieds, grands, parents, tu prends,* parce que les pénultièmes *p, d, t,* tout en faisant partie des prototypes latins, ont disparu dans la dérivation française; bien plus, les formes telles que *être, connoître, pâtoureau, château, brûler, épée, écrit* seront préférées aux formes primitivement exactes *estre, connoistre, pastoureau, chasteau, brusler, espée, escrit,* parce que dès le xvie siècle, l's interne, en contact avec une autre consonne, s'était émoussée déjà en produisant l'allongement de la présente voyelle, marqué par l'accent circonflexe. On a rétabli le *t* final à toutes les 3mes personnes du singulier des verbes de la 3e conjugaison, à l'indicatif présent : *il prent, il pert, il vaint,* au lieu de *il prend, il perd, il vainc.* On a supprimé l's parasite de la 1re personne singulière de l'indicatif présent : *je croi, je voi, je sai, je vai, je vien* au lieu de *je crois, je vois, etc...* Enfin, on a substitué l's qu'il a indûment supplantée, à l'*x* final, basé en réalité sur une grosse erreur : *beaus, bijous, dous, sis* au lieu de *beaux, bijoux, doux, six.*

En somme, on a employé l'orthographe contemporaine en l'inclinant aux graphies simples et claires du moyen âge.

Le texte critique constitué, on a tenu, au moyen des critères internes et externes, à lui donner un acte de naissance au double point de vue de la date et de la localité. Enfin, suivent le commentaire, l'analyse et l'étude du thème, fait historique ou tradition légendaire, la généalogie et les ramifications de ses diverses formes jusqu'au germe primitif, autant qu'on peut l'atteindre; ses rapports avec les gwerz, lieds, vises, romances ou ballades, ceux-ci cités ou traduits intégralement quand ils en valent la peine.

J'ai établi, au début, une bibliographie très complète de tous les ouvrages où j'ai puisé mes textes.

J'ai ajouté, en appendice, une chanson fort belle, la *Claire Fontaine*; ce poème étant une chanson de femme, je n'avais pas le droit de la comprendre dans le *Romancéro*, mais j'ai tenu à l'y joindre tant pour son charme singulier que parce que c'est quasi le chant national du Canada français.

Un Index musical, qui forme un second appendice, m'est une occasion d'expliquer pourquoi un répertoire mélodique complet n'a pas été publié dans cet ouvrage; car la chanson a une nature double, son corps étant dans la substance des mots, et la musique étant son âme elle-même : mais il s'en faut qu'on puisse arriver à un résultat satisfaisant.

D'abord un certain nombre de chansons n'ont jamais été notées, soit que les auteurs n'aient fait que les réciter, soit que les collecteurs n'aient pas été capables d'en écrire l'air chanté. D'autres sont sur des mélodies plates et insignifiantes; d'autres sur plusieurs airs disparates, dont on on ne saurait dire quel est le bon. Il faut enfin être un musicien ayant le goût et l'expérience des chants populaires, pour pouvoir, au milieu de variantes nombreuses, dégager la ligne mélodique la plus originale et la plus répandue. C'est ainsi que M. J. Tiersot a donné d'excellentes éditions des airs...............

George DONCIEUX.

Le manuscrit laissé par notre ami s'achève sur ces lignes interrompues. Je n'ai pas besoin d'insister pour faire comprendre combien cette pensée dernière sur laquelle il s'est arrêté au moment de conclure son étude doit me toucher. Nous avions parlé souvent de ces questions; il m'avait prié de rédiger l'appendice musical par lequel il voulait terminer son livre : il attendait sans doute un nouvel entretien qui eût précisé ses idées sur ce côté particulier du sujet avant d'écrire sa conclusion. C'est donc à moi que revient la mission de compléter son œuvre en y ajoutant les quelques éclaircissements encore nécessaires.

Sur les origines musicales des chansons populaires nous sommes peut-être moins renseignés encore que sur les origines littéraires. C'est devenu un lieu commun de dire que musique et poésie sont nées d'une même inspiration, et, comme la plupart des lieux communs, celui-ci est faux dans une large mesure. L'usage constant de la chanson française a toujours été que des paroles nouvelles fussent composées sur des airs connus : il est vraisemblable que la chanson populaire n'y a pas

dérogé. Pourtant, certaines chansons ont des airs si bien
appropriés, et qui semblent leur appartenir si spécialement, qu'il vient tout naturellement à la pensée qu'ils
font corps avec la poésie et ont été composés expressément pour elle. Cela peut être, — à moins encore qu'un
air ait paru si bien convenir à une poésie particulière
que, bien que non composé pour elle, il lui soit resté
définitivement attaché, à l'exclusion de toute autre.
Enfin, il n'est peut-être pas une seule chanson qui ne
se chante sur plusieurs airs, souvent très différents, suivant le temps, les régions, et parfois même, simplement
le caprice individuel des interprètes.

Il s'agit donc tout d'abord de se reconnaître dans
ce fouillis, parfois inextricable, et cela même n'est pas une
mince affaire.

Il faut ajouter que la tâche n'a pas été facilitée par la
manière dont sont conçus la plupart des recueils parus
dans la seconde moitié du xixe siècle. Les premiers,
surtout, n'ont fait que troubler les idées sur le caractère
musical de la chanson populaire française. Conçus sous
l'influence des hommes de lettres, qui ont compris l'intérêt du sujet longtemps avant que les musiciens s'en
fussent rendu compte, ou ils ont négligé complètement
la partie musicale (ce qui valait mieux sans doute que
de la mal traiter), ou ils l'ont traitée avec une incom-
pétence qui décelait l'inexpérience absolue des auteurs.
Sur tout le fouillis de papiers réunis à la Bibliothèque
nationale, à la suite de l'enquête de 1851, combien
peu y a-t-il de notations musicales qui puissent être
consultées de façon vraiment utile ? Il n'en pouvait

pas être autrement, cela est évident, quand ces communications émanaient de personnes qui, n'ayant que des notions très restreintes en musique, se trouvaient pour la première fois aux prises avec les difficultés, très grandes, de la notation des mélodies populaires, aux intonations si souvent incertaines, aux rythmes libres, aux tonalités inconnues des profanes. Tels livres, que l'on a beaucoup loués, valent plus par leurs bonnes intentions que par les résultats obtenus : il en est ainsi de celui de Bujeaud, qui eut le mérite d'être le premier à faire à la musique la part à laquelle elle a droit, mais qui n'en donne parfois qu'une idée bien affaiblie. Bladé, de Puymaigre, de la Villemarqué présentent à peine quelques airs en appendice de leurs copieux recueils ; Tarbé, Max Buchon, de Beaurepaire, Luzel, ainsi que les correspondants des revues savantes, paraissent ignorer que la musique existe dans les chansons.

Par un juste retour, ce mouvement inauguré par des gens de lettres et des savants a été, en ces dernières années, continué surtout par des musiciens : il suffit de mentionner MM. Gevaert, Bourgault-Ducoudray, Wekerlin, Vincent d'Indy, Ch. Bordes, ainsi que l'auteur de ces lignes, pour faire comprendre que les lacunes des premières études ont été enfin comblées. Encore la collection de nos mélodies populaires est-elle loin d'être complète et définitive : on ne s'en apercevra que trop en lisant certains articles de notre Index musical.

Aussi ne prétendons-nous aucunement présenter les observations qui y sont contenues comme apportant des résultats complets et définitifs.

Nous n'avons d'ailleurs pas cherché, pour établir cet index, à nous conformer aux principes qu'a suivis l'auteur des restitutions littéraires, ni à suivre la même méthode. Outre que la matière documentaire est moins riche, nous eussions été retenus ici par cette considération que la mélodie populaire, très concise en ses formules incessamment répétées, ne comporte pas les développements qui permettent de suivre, à travers ses déductions successives, le sens logique d'une poésie, et, s'il le faut, d'en rectifier les détails. La mélodie, elle, est ou n'est pas. Son thème, c'est le motif lui-même. Notre contrôle doit donc se borner à constater si, parmi les variantes qui nous sont présentées, il s'en trouve ayant le caractère d'un type, et, celui-ci étant reconnu, à l'accepter sans y rien toucher. Tout au plus sera-t-il permis parfois, par la comparaison des variantes d'une même mélodie, de rectifier un détail de rythme, ou d'éliminer un élément parasite : encore ces légères retouches doivent-elles être exécutées avec la plus extrême prudence et nous les avons le plus possible évitées.

A vrai dire, c'est chose déjà fort difficile, le plus souvent, de reconnaître ce type. Il est de certaines mélodies dont les analogies sont si lointaines qu'on ne songerait pas à trouver rien de commun entre elles si on ne les voyait associées aux mêmes paroles. Les tonalités sont changées incessamment par la diversité du sentiment des chanteurs populaires. Il est certaines mélodies dont nous connaissons un nombre égal d'échantillons en majeur et en mineur : quel n'est donc pas notre embarras quand il faut dire lequel des deux modes doit être adopté! Et

les altérations qui modifient les échelles anciennes, ou au contraire introduisent dans des mélodies modernes des intonations étrangères à leur esprit! Même entre les variantes les plus proches des mélodies le plus purement conservées, on trouve toujours, si minimes soient-elles, des différences d'inflexion ou de rythme. Il en est enfin entre lesquelles on ne peut reconnaître une parenté que par la forme générale, le rythme restant semblable, les cadences mélodiques tombant aux mêmes places, mais la ligne du chant différant d'une façon complète. Car le peuple est un symphoniste instinctif; il sait varier de mille façons le même thème : mais ce thème, c'est à nous qu'il appartient de le découvrir et le reconnaître sous ses variations capricieuses.

C'est donc à ce travail de confrontation que nous avons borné notre rôle, cherchant simplement à déterminer, parmi les mélodies des chansons populaires dont George Doncieux a restitué les formes poétiques, celles qui constituent de véritables types musicaux, et qui, sans doute, ont dû être associées aux paroles dès la composition première de chaque chanson.

Julien TIERSOT.

BIBLIOGRAPHIE

On s'est servi, pour l'étude des chansons populaires de France des sources suivantes :

A. PÉRIODIQUES

Romania, I et suiv., 1872-
·*Mélusine*, I, et suiv., 1877. 1884-1900.
. *Revue des Traditions populaires*, I et suiv., 1886-
.*La Tradition*, I-VIII, 1887-1895.
. *Revue des langues romanes*, Montpellier, I et suiv., 1870-
.*Bulletin de Folklore*, Liége, I et suiv., 1891-
Wallonia, Liége, I et suiv., 1893-

B. RECUEILS GÉNÉRAUX

G. PARIS, *Chansons du XVe siècle*, 1865 (principalement d'après le ms. fr. 12,744 de la B. N.).

Kr. BARTSCH, *Französische Volkslieder*, in *Zeitschrift für romanische Philologie*, V, 1881 (d'après un ms. du comm^t du XVIIe siècle)[1].

WEKERLIN, *L'ancienne Chanson populaire de France*, 1887. (Ce livre consiste principalement dans la réimpression de vieux chanson- niers des XVIe et XVIIe siècles.)

[J.-J AMPÈRE], *Poésies populaires de la France. Instructions*, dans le *Bulletin du Comité de la langue*, I, 1853.

---

1. Le petit recueil de M. HAUPT, *Französische Volkslieder*, Leipzig, 1877. est négligeable étant tout entier de seconde main.

CHAMPFLEURY-WEKERLIN, *Chansons populaires des provinces de France*, 1860.

LE ROUX DE LINCY, *Recueil de chants historiques français*, t. II, 1842. — Ce 2e tome renferme plusieurs chansons populaires intéressantes (règnes de François Ier, Henri II, François II, Charles IX, Henri III), le 1er ne donne rien.

E. ROLLAND, *Recueil de Chansons populaires*, 1883-1890, 6 vol.

Poésies populaires de la France, 6 vol. in-f°; mss. fr. nouv. acq. 3338-3343, B. N. (la rédaction des documents recueillis va de 1853 à 1865 environ).

C. RECUEILS LOCAUX

FRANCE ROMANE

[Le catalogue ci-dessous énumère les recueils par groupement régional, en partant, vers le Jura, de la frontière de l'est, se dirigeant au nord, et suivant les contours de la France jusqu'à Bugey : Franche-Comté[1], Suisse romande; — Lorraine, Champagne et Valois; — Flandre; — Normandie, Maine et Bretagne; — Poitou, Angoumois, Aunis et Saintonge; — Guyenne, Béarn et Gascogne; — Languedoc, Velay et Forez; — Provence, Dauphiné, Savoie, Bresse et Bugey] :

MAX BUCHON, *Noëls et Chants populaires de la Franche-Comté*, 1863.

CH. BEAUQUIER, *Chansons populaires recueillies en Franche-Comté*, 1894.

BLAVIGNAC, *L'Emprô genevois*, Genève, 1865 ; 2e édit., 1875.

A. GODET, 1° *Les Chansons de nos grand'mères*, 2° *Échos du bon vieux temps*, Neuchâtel et Genève[2], 1879, 1881.

TH. DE PUYMAIGRE, *Chants populaires recueillis dans le pays messin*, 1865.

---

1. Un recueil de chants populaires du Nivernais est préparé depuis longtemps par M. A. MILLIEN. Beaucoup de ses textes ont d'ailleurs paru dans la *Revue du Nivernais* (1896-1899) ou dans d'autres publications locales; et j'ai pu ainsi les utiliser.

2. Cette première édition, en deux cahiers autographiés, est rarissime. Il a été fait du même recueil, en un volume et sous un titre unique, une réédition imprimée, 1885.

N. Quépat [= Poquet], *Chants populaires messins*, 1878.

P. Tarbé, *Romancéro de Champagne*, I et II, 1863.

A. Meyrac, *Traditions des Ardennes*, 1890.

Gérard de Nerval, *Les vieilles Ballades françaises* [1], dans la *Sylphide* (périodique), VI, 1842 ; puis, sous le titre de « *Chansons du Valois* », dans *Les Filles du feu* et *La Bohême galante* du même auteur.

A. Durieux - A. Bruyelle, *Chants et Chansons populaires du Cambrésis*, 1864-68, 2 vol. [2].

A. Gasté, *Chansons normandes du XVe siècle*, 1866, (d'après le ms. de Bayeux [B. N. fr. 9346] et le ms. de Vire).

E. de Beaurepaire, *Étude sur la Poésie populaire en Normandie, spécialement dans l'Avranchin*, 1856.

Nicole, *Sur la plage*, Étretat, 1861.

E. Legrand, *Chansons populaires recueillies à Fontenay-le-Marmion (Calvados) en 1876*, dans *Romania*, X.

J. Fleury, *Littérature orale de la Basse-Normandie*, 1883.

Ed. le Héricher, *Littérature populaire de la Normandie*, dans les *Mémoires de la Soc. d'archéologie d'Avranches et de Mortain*, VII, 1885.

J. Couraye du Parc, *Chants populaires de la Basse-Normandie*, dans les *Études romanes dédiées à G. Paris*, 1890.

Chants populaires de la Mayenne (recueil factice), ms. de la Bibl. de Laval.

P. Sébillot, *Littérature orale de la Haute-Bretagne*, 1881.

E. Rolland, *Chansons de Bretagne*, dans l'*Almanach des Traditions populaires pour l'année 1882*.

L. Decombe, *Chansons populaires recueillies dans le département d'Ille-et-Vilaine*, 1884.

[Pavec], *Chants populaires de la Haute-Bretagne recueillis par un Guérandais, etc.*, 1884.

---

1. Prenez le mot au sens étroit : ballades de l'Ile-de-France.
2. Le recueil de H. Carnoy, *Littérature orale de la Picardie*, 1884, contient un très petit nombre de chansons, dont trois seulement d'un caractère lyrico-épique ; il ne m'a rien fourni.

AD. ORAIN, *Chansons populaires*, à la suite du *Glossaire patois du département d'Ille-et-Vilaine*, 1886.

— *Chansons populaires recueillies dans le département d'Ille-et-Vilaine*, 1887. (C'est le t. V du recueil ROLLAND.)

F. DUINE, *Les Chansons populaires du pays de Dol*, dans les *Annales de Bretagne*, XII-XIV, 1897-1898.

J. BUJEAUD, *Chants et Chansons populaires des provinces de l'Ouest* [*Poitou, Angoumois, Aunis et Saintonge*], 1865, 1866, 2 vol.

L. DESAIVRE, *Les Chants populaires des Rois en Poitou*, 1888.

L. PINEAU, *Le Folk-Lore du Poitou*, 1892.

S. TRÉBUCQ, *La Chanson populaire en Vendée*, 1896.

E. GAGNON, *Chansons populaires du Canada*, 1865[1].

LAMARQUE DE PLAISANCE, *Usages et Chansons populaires de l'ancien Bazadais*, 1845.

CÉNAC MONCAUT, *Littérature populaire de la Gascogne*, 1868.

TH. DE PUYMAIGRE, *Chants populaires recueillis dans la vallée d'Ossau*, dans la *Romania*, III, 1874.

J.-F. BLADÉ, *Poésies populaires en langue française recueillies dans l'Armagnac et l'Agenais*, 1879.

— *Poésies populaires de la Gascogne*, 1881-1882, 3 vol.

J. DAYMARD, *Vieux Chants populaires recueillis en Quercy*, 1889.

EM. SOLEVILLE, *Chants populaires du Bas-Quercy*, 1889.

FROMENT DE BEAUREPAIRE, *Chansons populaires du Quercy*, dans *la Tradition*, V-VIII, 1891-1895.

[V. FOIX], *Poésie populaire landaise*, 1890.

L. DARDY, *Anthologie populaire de l'Albret*, I, 1891.

A. COMBES, *Chants populaires du pays castrais*, 1862.

A. ATGER, *Poésies populaires* [*en langue d'oc*], dans la *Revue des Langues romanes*, VI, 1874.

FR. NOËLAS, *Essai d'un Romancéro forézien*, dans les *Annales de la Soc. d'agriculture,... et belles-lettres du dépt de la Loire*, 1865.

VICTOR SMITH, *Chansons populaires du Velay et du Forez*, dans la *Romania*, I, II, III, IV, VI, VII, VIII, IX et X, 1872-1881.

---

1. Le Canada, colonie française, peut être considéré comme un prolongement transatlantique de nos provinces du nord-ouest.

V. D'INDY, *Chansons populaires du Vivarais*, 1890.

DAMASE ARBAUD, *Chants populaires de la Provence*, 1862, 1864, 2 vol.

J. TIERSOT, *Chansons populaires recueillies dans les Alpes françaises (Savoie et Dauphiné)*, 1903.

J. RITZ, *Chansons populaires de la Haute-Savoie*, 1899 [1].

CH. GUILLON, *Chansons populaires de l'Ain*, 1883.

PIÉMONT

O. MARCOALDI, *Canti popolari inediti, etc...*, 1855.

G. FERRARO, *Canti popolari monferrini*, 1870.

— *Canti popolari del Basso-Monferrato*, 1888.

C. NIGRA, *Canti popolari del Piemonte*, 1888. — C'est une 2e édition refondue et fort enrichie, d'une série de pièces publiées, principalement dans la *Rivista contemporanea*, à partir de 1853. Par le commentaire critique autant que par l'abondance des textes, ce recueil est des plus beaux qui aient été exécutés dans le domaine galloroman.

C. BRAGGIO, *I Canti popolari del Piemonte*, in *Giornale ligustico*, 1889.

CATALOGNE

F. PELAY BRIZ, *Cansons de la Terra*, 1866-1877, 5 vol.

M. MILÁ Y FONTANALS, *Romancerillo catalan*, 1882. — C'est une 2e édition, très augmentée, d'un recueil paru en 1853; travail de premier ordre.

J. SEGURA, *Cansons catalanas aplegadas en la comarca d'Urgell*, in *Miscelanea folklorica*, 1887.

M. AGUILÓ Y FUSTER, *Romancer popular de la Terra catalana*, 1893.

Pour les chants lyrico-épiques similaires, recueillis soit chez les populations de langue non romane (Bas-Bretons et Basques) qui font enclave dans le territoire de France, soit chez les autres peuples européens, on trouvera toute la documentation nécessaire dans les recueils suivants, groupés par ordre de nationalité.

---

1. Quelques pièces intéressantes ont été aussi publiées par A. DESPINE, *Recherches sur les poésies en dialecte savoyard*, dans la *Revue savoisienne*, 1864-66.

BRETAGNE CELTIQUE

HERSART DE LA VILLEMARQUÉ, *Barza-Breiz*, 1839 [1], 2 vol.

F. M. LUZEL, *Gwerziou Breiz-Izel*, 1868, 1874, 2 vol. — Travail excellent, aussi recommandable par la sincérité que par l'étendue de l'information.

DE PENGUERN (collection ms.), fond celtique, n°s 89-95, mss. B. N. (en cours de publication dans les *Annales de Bretagne*, I et suiv.). La plupart des pièces ont été recueillies aux environs de 1850.

E. ERNAULT, *Chansons populaires de la Basse-Bretagne*, dans *Mélusine*, I et suiv., 1877-

N. QUELLEN, *Chansons et danses des Bretons*, 1889 [2].

PAYS BASQUE

Mme DE LA VILLÉHÉLIO, *Souvenir des Pyrénées, 12 airs basques*, [1870].

J. D. SALLABERRY, *Chants populaires du Pays basque*, Bayonne, 1870 [3].

---

1. On sait toutes les réserves qu'il convient de faire au sujet de ce recueil, habilement agencé au point de vue littéraire, mais dans lequel, sans parler de plusieurs pièces complètement apocryphes, la plupart des gwerz d'origine populaire ont subi, de la main de l'éditeur, de continuelles retouches de forme et quant au fond des altérations considérables. La question du *Barzaz-Breiz*, après l'examen critique de celtisants tels que d'Arbois de Jubainville, Luzel, Loth et Gaidoz, est aujourd'hui tirée au clair, et l'on ne trouverait plus un philosophe pour en défendre la sincérité. Néanmoins, si les textes de La Villemarqué ne méritent dans le détail aucun crédit, ces textes, pour l'étude générale des thèmes, et contrôlés par les rédactions parallèles des autres collecteurs, peuvent encore fournir à la critique des éléments qui ne sont pas à négliger.

H. de La Villemarqué passe pour le révélateur de la poésie populaire armoricaine, et c'est justice ; mais, avant lui, un modeste érudit breton, Dufilhol, qui fut le professeur de Jules Simon, avait rassemblé un certain nombre de versions manuscrites de chants bas-bretons, qu'il laissa inédites. Elles sont d'ailleurs implicitement comprises dans ce dénombrement : M. Gaidoz, possesseur actuel des papiers Dufilhol, les ayant communiqués à M. Ernault, qui en a extrait plusieurs pièces insérées dans sa série de chansons de Basse-Bretagne.

2. Ce recueil comprend plusieurs gwerz recueillis dans la tradition orale, mais aucun que j'aie eu lieu de citer.

3. M. CH. BORDES prépare un recueil d'une centaine de chansons euskariennes, avec la traduction française, qui ne peut manquer d'exciter un vif

HAUTE-ITALIE [1]

A. Dalmedico, *Canti del popolo veneziano*, 1848.

E. S. Righi, *Saggio di Canti popolari veronesi*, 1863.

A. Wolf- G.Widter, *Volkslieder aus Venetien [Venise]*, in *Sitzungs-berichte d. k. Academie d. Wissenschaften, philosoph.-histor. Classe*, Wien, 1864.

G. B. Bolza, *Canzoni pop. comasche*, Vienne, 1867.

D. G. Bernoni, *Canti pop. veneziani*, 1872-74.

A. Gianandrea, *Canti pop. marchigiani*, 1875.

A. Ive, *Canti pop. istriani*, 1877.

Fr. Corrazini, *I componimenti minori della letteratura pop. italiana*, 1877-78.

G. Ferraro, *Canti pop. di Ferrara, Cento e Pontelagoscuro*, 1877.

ESPAGNE [2] ET PORTUGAL

F. J. Wolf-C.Hofmann, *Primavera y flor de romances*, 1866, Berlin, 2 vol.

J. Menéndez Pidal, *Poesia popular. Collección de los viejos romances que se cantan por los Asturianos*, Madrid, 1885.

El Folk-Lore bético-extremeño (périodique interrompu), 1883-84.

J. B. de Almeida Garrett, *Romanceiro*, Lisbonne, 1843-51, 3 vol.

Th. Braga, *Romanceiro geral*, Coimbre, 1867.

—— *Cancioneiro popular*, Coimbre 1867.

—— *Cantos populares do Archipelego açoriano*, Porto, 1869.

---

intérêt au point de vue tant poétique que musical; il en a déjà publié, outre deux séries de cantiques et noëls, un fascicule-spécimen que j'ai utilisé. Au reste, la poésie populaire profane des Basques consiste presque entièrement, soit en odelettes ou élégies amoureuses, soit en couplets satiriques : les chansons d'histoire, quoique assez belles, y sont infiniment rares, et peut-être en tout n'en compterait-on pas plus d'une demi-douzaine.

1. A part le Piémont (ensemble le Montferrat et la Ligurie), auquel se rapportent les recueils de Marcoaldi, Ferraro et Nigra, énoncés précédemment à la suite des recueils français.

2. A part la Catalogne, à laquelle se rapportent les recueils de Briz, Mila, Segura et Aguiló.

GRANDE-BRETAGNE

J.-F. CHILD, *The english and scottish popular Ballads*, Boston, 1882-1897, 10 tomes in-4°, formant par la pagination 5 vol. [1]. — Cet admirable recueil contient, ordonne et complète, en y ajoutant des textes inédits, toutes les précédentes collections imprimées ou manuscrites de PERCY, HERD, WALTER SCOTT, etc.

ALLEMAGNE

G. FORSTER, *Ein Auszug guter alter und newer Teutscher Liedlein....*, Nuremberg, 1539-56, 5 vol.—Réédition, très augmentée, du t. II en 1549.

F. M. BŒHME, *Altdeutsches Liederbuch*, 1877.

BÖSCHING - V. DEN HAGEN, *Sammlung deutscher Volkslieder*, 1807.

J. G. MEINERT, *Alte teutsche Volkslieder i. d. Mundart des Kuhlændchens*, 1817.

L. ERK, *Die deutschen Volkslieder*, 1838-41; 2ᵉ série, 1841-45 ; 3ᵉ série, 1845.

A. KRETZSCHMER, *Deustche Volkslieder*, 1838-40, 2 vol. [2].

HOFFMANN V. FALLERSBEBEN - RICHTER, *Schlesische Volkslieder*, 1842.

J. M. FIRMENICH, *Germaniens Völkerstimmen*, 1844-66, 4 vol.

L. UHLAND, *Alte hoch- und niederdeutsche Volkslieder*, 1844-45, 2 vol.

ED. FIEDLER, *Volksreime und Volkslieder in Anhalt-Dessau*, 1847.

K. SIMROCK, *Die deutschen Volkslieder*, 1851.

F. L. MITTLER, *Deutsche Volkslieder*, 1855.

A. REIFFERSCHEID, *Westfælische Volkslieder*, 1879.

L. ERK-F. M. BŒHME, *Deutscher Liederhort*, Leipzig, 1893-1895, 3 vol. — Cette encyclopédie du lied allemand, exécutée par BŒHME à l'aide des papiers posthumes de L. ERK, est une refonte, en des proportions monumentales, du joli recueil *Deutscher Liederhort*, publié par celui-ci dès 1656. La documentation de l'éditeur est de premier ordre, et supérieure à sa critique [3].

---

1. On suivra ci-après, pour les références, la division en 10 parties.

2. Achevé et publié par A. W. V. ZUCCALMAGLIO.

3. Les recueils allemands, tant généraux que locaux, sont très nombreux. On n'indique ici que les principaux, et dont on s'est plus spécialement

PAYS-BAS

HOFFMANN v. FALLERSLEBEN, *Hollændische Volkslieder*, 1833 ; — 2ᵉ éd., augmentée, sous le titre de *Niederlændische Volkslieder*, 1856.

J. F. WILLEMS, *Oude vlamsche Liederen*, Gand, 1848.

E. DE COUSSEMAKER, *Chants pop. des Flamands de France*, Gand, 1856.

F. A. SNELLAERT, *Oude en nieuwe Liedjes* (2ᵉ édit.), Gand, 1864.

A. LOOTENS-J. M. FEYS, *Chants pop. flamands recueillis à Bruges*, Bruges, 1879.

SCANDINAVIE

a) *Danemark*

ABRAHAMSON-NYERUP-RAHBEK, *Udvalgte danske Viser fra middelalderen*, Copenhague, 1812-1814, 5 vol.

NYERUP-RASMUSSEN, *Udvalg af danske Viser*, 1821, 2 vol. — C'est une suite au précédent recueil.

SV. GRUNDTVIG, *Danmarks gamle Folkeviser*, Copenhague, 1853-1890, 5 vol. ; auxquels A. OLRIK en a ajouté un 6ᵉ, *Ridderviser*, 1896. Recueil d'une valeur exceptionnelle, et par la grande quantité de textes réunis, et par l'importance des aperçus critiques.

E. T. KRISTENSEN, *Jydske Folkeviser og Toner*, Copenhague, 1871 ; autres séries, sous des titres un peu différents, en 1876, 1889, 1891. Pour abréger, ces quatre volumes seront désignés par le titre commun de *Jyske Folkeviser*, I, II, III et IV.

b) *Norvége*

M. B. LANDSTAD, *Norske Folkeviser*, Christiania, 1853.

S. BUGGE, *Gamle norske Folkeviser*, Christiania, 1858.

c) *Islande*

SV. GRUNDTVIG-J. SIGURDHSSON, *Íslenzk Fornkvædhi*, Copenhague, I, 1854-58 ; II, 1859-85.

---

servi. Consulter, pour le surplus, la bibliographie dressée par Bœhme en tête du *Liederhort* (pp. XXXVI-XLVIII), laquelle est tout à fait complète.

d) *Iles Faeræ*

V. U. HAMMERSCHAIMB, *Faröiske Kvæder*, Copenhague, 1851-55, 2 vol.
————— *Færæsk Anthologi*, 1886-91, 2 vol.

e) *Suède*

E.G.GEIJER - A. A. AFZELIUS, *Svenska Folk-Visor*, Stockholm, 1814-1817, 3 vol. — N^{elle} édit. procurée par BERGSTRÖM-HÖIJER, 1880, 3 vol.
A. I. ARWIDSSON, *Svenska Fornsånger*, Stockholm, 1834-1842, 3 vol.
G. DJURKLOU, *Ur nerikes Folkspråk och Folklif*, Örebro, 1860.
EVA WIGSTRÖM, *Folkdiktning*, *Visor*, etc..., Copenhague, 1880; — autre recueil, Göteborg, 1881.
E. LAGUS, *Nyländska Folkviser*, 1887 [1].

HONGRIE

ARANY L. - GYULAI P., *Magyar népköltési Gyüjtemény*, Pesth, 1872-82, 3 vol. [2].

PAYS SLAVES

F. L. ČELAKOWSKÝ, *Slovanské národni Pisně*, Prague, 1822-27 [3], 3 vol.
F. SUŠIL, *Moravské národni Pisně*, Brünn, 1835 ; autre série, 1840.
————— *Pisně národné moravské s nápevy*, 1868-75.
[E. KORITKO], *Slovenské Pesmi krainskiga naroda*, Prague, 1839-1844, Laibach, 5 vol. [4]
L. HAUPT - J. E. SCHMALER, *Volkslieder der Wenden in der Ober- und*

---

1. Plusieurs chansons danoises, færœennes et suédoises ont été traduites en français par X. MARMIER, *Chants populaires du Nord*, 1842.
2. En partie traduit en français par J. DE NÉTHY, *Ballades et Chansons pop. de la Hongrie*, 1890.
3. Traduction allemande, par WENZIG, *Slawische Volkslieder*, 1830; anglaise, par BOWRING, *Cheskian Anthology*, 1832.
4. En partie traduit en vers allemands par ANASTASIUS GRÜN [= v. AUERSPERG], *Volkslieder aus Krain*, 1850.

Nieder-Lausilz, Grimma, 1841, 1843, 2 vol. (avec trad. allemande).
Vuk St. Karadžić, *Sprеske narodnè pjеsme*, Vienne, 1833-65. 5 vol. [1].
K. J. Erben, *Pisně nàrodni v Čecàch*, Prague, 1842-45, 3 vol.
O. Kolberg, *Piésni ludu polskiego*, Varsovie, 1857 ; — *Lud, etc...*,
1865-89, vol. II-XXII (suite du 1er recueil).
Troudy etnografičesto statistиeskoj expedicii v zapadno russkij Krai...,
Saint-Pétersbourg, 1872-77, 7 vol.

LITHUANIE

G. H. F. Nesselmann, *Littauische Volkslieder*, 1853.

PAYS FINNOIS

E. Lönnrot, *Kanteletar taikka Suomen kansan wanhoja lauluja ja
wirsiä,a* 2e édit., Helsingfors, 1864.

GRÈCE

A. Passow, *Carmina popularia Græciæ recentioris*, Leipzig, 1860. — Ce
recueil, qui de même que celui de Child pour les ballades anglo-
écossaises, renferme, ordonne et complète tous les précédents
(Fauriel, *Chants pop. de la Grèce moderne*, 1824-28), rend ceux-ci
superflus [2].

---

1. En partie traduit en allemand par Talvj [Mme Robinson], *Volkslieder
der Serben*, 1835-53, 2 vol.
2. Le Cte de Marcellus, ministre plénipotentiare de France à Athènes
sous la Restauration, publia sous le titre de *Chants populaires de la Grèce
moderne*, 1832, les traductions françaises de diverses chansons helléniques-
mais il n'y a pas joint les textes originaux. Fauriel donne les textes, accom,
pagnès de la traduction française.
Dans leur *Folk-Lore de Lesbos*, 1894, G. Georgeakis et L. Pineau ont
publié une intéressante série de chansons recueillies dans cette île grecque,
traduites en français, mais sans les textes originaux.

LE
ROMANCÉRO POPULAIRE
DE LA FRANCE

I

LA PERNETTE

CATALOGUE DES VERSIONS

France (oïl et oc)

Namur (N¹) : J. Taillefièr, *ms. de Namur (Registres aux transports de la Haute-Cour)*, milieu du xvᵉ siècle [1]. — Publié par Borgnet dans le *Messager des sciences historiques*, Gand, 1851 ; puis dans *Mélusine*, V.

N² : *Ms. de Bayeux* (Bibl. Nat. fr. 9346), fin du xvᵉ siècle ; publié par A. Gasté, *Chans. normandes du XVᵉ s.*, 1866.

N³ : A. del Abbate [édit.], *La Couronne et Fleur des Chansons à trois*, Venise, 1536.

N⁴ : Le Roy-Ballard [édit.], *Le quart livre des Chansons à 4 parties*, Paris, 1561.

N⁵ : A. de Launay [édit.], *La Fleur des Chansons amoureuses...*, Rouen, 1600.

N⁶ : Le Fèvre, *Meslanges de musique de J. Le Fèvre*, Paris, 1613.

---

1. Taillefier était greffier de l'échevinage de Namur. Beaucoup de ses annotations ont trait à des événements qui se passaient aux entours de 1430, les dernières datent de 1467 : ainsi, la rédaction de la chanson portée par lui aux registres se place assez exactement dans le deuxième tiers du xvᵉ siècle.

N⁷ : *Ms. d'Aix-en-Provence* (*Livre des vers du lut*), XVII⁰ s. — Reproduit dans les *Poés. pop. de la France*, III, mss. B. N.

* Bazadais : LAMARQUE DE PLAISANCE, *Usages et Chans. pop. de l'anc. Bazadais*, 1845.

Lyonnais : J.-J. AMPÈRE, d'après DE CORCELLE, *Poésies pop. de la France. Instructions*, dans le *Bulletin du Comité de la langue*, I, 1853.

Ardèche : F. FERTIAULT, *Poés. pop. de la France*, III, mss. B. N., réd. 1854. — Publ. dans la *Rev. des Trad. pop.*, VII.

* Uzès (Gard) : AUTRAN, *ibid.*, III, r. 1855. — Publ. par ROLLAND, *Rec. de Chans. pop.*, IV.

Dauphiné : CHAMPFLEURY-WEKERLIN, *Chans. pop. des prov. de France*, 1860 [1].

Albi (Tarn) : Feuille volante portant l'estampille de la préfecture d'Albi, 1862.

* Provence :   , ARBAUD, *Chants pop. de la Provence*, I,
* Fragm. Prov. 1 et 2 : | 1862.

Savoie : DESPINE, *Rev. savoisienne*, 1865.

Bas-Poitou : BUJEAUD, *Chants pop. des prov. de l'Ouest*, II, 1866.

* Forez septentrional : V. DE LAPRADE, *Pernette* (note 1), 1869 [2].

Mornant (Rhône) : MONIN, *Étude sur la genèse des Patois...*, 1873, (version contaminée).

* Vivarais : TIERSOT, d'après CHAUSSINAND, *Rev. des Trad. pop.*, VII, réd. 1874.

* Puygiron (Drôme) : M. VIEL, *Au bord du Jabron*, 1875.

Fontenay-le-Marmion (Calvados) : LEGRAND, *Romania*, X, r. 1876.

Marlhes (Loire) : SMITH, *Romania*, VII, 1878.

* Castera-Lectourois (Gers) : BLADÉ, *Poés. pop. de la Gascogne*, II, 1882.

Lorient (Morbihan) : ROLLAND, *Almanach des Trad. pop. pour l'an. 1882*.

Ceyzériat : GUILᵀ ᶜ, *Chans. pop. de l'Ain*, 1883.

* Jujurieux (Aiⁿ) : PHILIPON, *Annales de la Soc. d'émulation de l'Ain*, 1885.

Mozas (Isère) : G. DONCIEUX, *inédit*, réd. 1888.

---

1. Cette version est très semblable à la lyonnaise d'Ampère précitée.
2. Version originairement patoise, comme l'indiquent plusieurs mots conservés dans le texte français et marqués en italiques.

Bourgoin (id.) : ⎰
Rochetoirin (id.) : ⎱ PAUL DONCIEUX, *inédits*, réd. 1889.

*Andelat (Cantal): FARGES, *inédit*, réd. 1889.

Les Bouchoux (Jura) : TIERSOT, *inédit*, réd. 1889.

Chabeuil (Drôme) : C. TISSEUR, *inédit*, réd. 1889.

*Fragm. Lyon: ID., *inédit*, réd. 1889. — Publ. en partie dans son *Dict. du Patois lyonnais* (vᵒ pendoula).

Saint-Pierre-du-Regard (Orne) : Mˡˡᵉ L. COLAS, *inédit*, réd. 1889.

* Sérignac (Lot) : DAYMARD, *Vieux chants pop. rec. en Quercy*, 1889.

Indéterminé : DE COLLEVILLE, *la Tradition*, VI, 1892.

Quercy : FROMENT DE BEAUREPAIRE, *ibid.*, VIII, 1894.

Franche-Comté : BEAUQUIER, *Chans. pop. rec. en Franche-Comté*, 1894.

Montpellier : A. ROQUE-FERRIER, *Armanac mount-pelieireuc*, 1895.

Vallée d'Aoste : J. FAVRE, *inédit*, réd. 1895.

Séez (Savoie) : ID. *inédit*, réd. 1896.

Sevrier : ⎰
Annecy [fragm.] : ⎱ RITZ, *Les Chans. pop. de la Haute-Savoie*, 1899.

Piémont

Haut-Montferrat : FERRARO, *Canti pop. monferrini* (nᵒ 29), 1870.

Bas-Montferrat : ID., *Canti pop. del Basso-Monferrato*, 1888.

A Turinois, [*A'*] Graglia, *B* Villa-Castelnuovo, *C* Cintano, *D* Saluces, *E* Turin, *F* Carbonara, *G* Bra : NIGRA, *Canti pop. del Piemonte* (nᵒ 19), 1888 [1].

Pontelagoscuro [2] : FERRARO, *Canti pop. di Ferrara*, 1877.

Catalogne

Catalogne (*H*) : PELAY BRIZ, *Cans. de la Terra*, I, 1866.

Catalogne (*A*, *A'*, *B*, *B'*, *C*, *D*, *E*, *G*), Roussillon *A"* *A'''*), Majorque (*F*) : MILÁ Y FONTANALS, *Romancerillo catalan* (nᵒ 209), 1882.

Majorque (*F'*) : ⎰
Catalogne (*I*) : ⎱ AGUILÓ, *Romancer pop. d. l. Terra catalana*, 1893.

1. Il n'y a pas à tenir compte des versions *H* et *I*, qui n'ont de rapport réel à *la Pernette*, ni pour le rythme, ni pour le sujet.

2. Cette localité appartient à l'Émilie; c'est par extension que je range la version émilienne à la suite des piémontaises, dont elle est un résidu.

FORMULE RYTHMIQUE

Chanson à danser. Vers de 12 syl. $= 6 + 6$, masculins, uniformément assonancés en *ó* (*ou*), chaque vers, muni d'un refrain intérieur, forme couplet.

Mettant à part les versions de la Catalogne, — celles du Piémont, y compris *Vallée-d'Aoste*, qui n'est qu'une piémontaise francisée, — et celles de la France du Nord-Ouest (*N¹ N⁷*, *Bas-Poitou*, *Fontenay-le-Marmion*, *Lorient*), l'on n'usera, pour établir le texte de *la Pernette*, que des trente-une versions recueillies dans la France méridionale, en y joignant *Indéterminé* et *Saint-Pierre-du-Regard* (celle-ci normande, mais étrangère à la commune tradition régionale) : il suffira de montrer ensuite comment les trois autres familles se rattachent au type original et le présupposent.

La Pernette, ainsi qu'il est spécifié plus loin, fut composée au XVᵉ siècle, dans l'extrême nord du Forez; il convient donc d'en ramener la teneur aux formes dialectales propres à la région et au temps : formes que des documents du moyen âge (voy. les extraits de chartes de Saint-Bonnet-le-Château du XIIIᵉ siècle, et des comptes du comté de Forez pour l'an 1321, cités par Steyert *ap.* GRAS, *Dict. du patois forézien*), combinés avec l'usage des patois actuels, nous mettent à même de restituer avec une approximation satisfaisante[1].

---

1. Cette double analyse conduit aux résultats suivants. En ce qui concerne les voyelles toniques : *a* latin persiste ; *ē*, *ĭ* $=$ *ei*; *ĕ* $=$ *ie*; *ō*, *ŭ*, $=$ *ō* (*ou*) constamment, sans affaiblissement ni nasalisation (cela est établi, ici même, par les rimes); *ŏ* $=$ *uo* (plutôt que *ue* ?); *au* $=$ *ó*. — Pour les posttoniques, doit-on les différencier, ainsi qu'il est habituel dans le domaine franco-provençal, en *a*, *e*, *i* et *o*, selon qu'elles correspondent à un *a*, un *e*, un *i* ou un *u* latin, ou bien s'affaiblissent-elles indistinctement ⸗n *e*, conformément à la phonétique d'oïl ? Cela, à la limite extrême où nous nous plaçons, peut faire question : mais comme l'oreille ne perçoit souvent entre cet *e* et toute autre posttonique qu'une nuance à peine sensible, et que dans les textes il arrive

TEXTE CRITIQUE

La Pernete se lieve,
la tra, la la,..... latrala,
1 La Pernete se lieve   treis ores davant jor,
Treis ores davant jor (*bis*).

2 El prent sa colognete   avoi son petit tor.

3 A chascun tor qu'el vire,   fait un sospir d'amor.

4 Sa mare li vient dire :   « Pernete, qu'avés-vos ?

---

1. *Uzès, Savoie, Vivarais* (...Perlette...), *Bourgoin* et *Sevrier·* (... av. le j.), *Lyonnais, etc.* (...deux h. av. le j.) ; *Dauphiné* et *Ardèche* (...deux h. dav. j.). — Le nom de « Pernette » se trouve dans la plupart des versions, appuyé par les variantes « Pérette », « Pierrette », « Perlette », « Périnette », « Bernette », « Ternette », aussi « Fanfarnette » (*Provence*)[1]. « Pernette » est la forme féminine de « Pernet », diminutif de « Piere » > « Peron » > « Peronet ». Le nom de « Marguerite » est spécial à *fragm. Provence* 2, *Lectourois* et *Bazadais.*
   Le refrain résulte de l'accord presque unanime des versions.
   2. *Ceyzériat, Puygiron, Provence, Bourgoin* (L'a pris...) ; *Lyonnais* (... et s. joli p. t.), *Comté, etc.* (id.).
   3. *Vivarais, Puygiron, Marlhes, Provence + Comté* et *Lyonnais* (A ch.); cf. *Sevrier, Forez, Uzès, Bouchoux, etc.*
   4. *Forez, Marlhes, Savoie, Lyonnais* et *Sevrier* (...v. lui d...); cf. *Chabeuil, Ardèche, Sérignac, Provence, etc.*

---

aux scribes de mêler les deux notations, il n'y a pas d'inconvénient à faire prévaloir ici le phonétisme d'oïl et résoudre en *e* muet la variété des atones finales. — Pour le traitement des consonnes, je me bornerai à noter le *c* initial + *a* = *ch* (*chemi*); le maintien de la dentale intervocale (*maridar*); le maintien du *t* final après *n*; et la vocalisation de *l* final consécutif à une voyelle (*mau* = mal *quauque* = quelque, *dóus* = de[l]s). — Enfin, plusieurs vocables sont assurés directement : *per* = pour, *avoi* = avec, etc.
   1. Influence probable du substantif « fanfarineto », qui désigne en provençal la houppe de certaines graines volantes.

5   Av'-os lo mau de teste,   o bien lo mau d'amor ? »

6   — « N'ai pas lo mau de teste,   mais bien lo mau d'amor. »

7   — « No ploras pas, Pernete,   nos vos maridaron,

8   Vos donaron un prince   o lo fi d'un baron. »

9   — « Jo no vuolh pas un prince   ne lo fi d'un baron,

10   Jo vuolh mon ami Piere,   qu'est dedens la prison. »

11   — « Tu n'auras *mie* Piere,   nos lo pendolaron ! »

---

5. *Provence, Vivarais, Sevrier* + *Lyonnais* et *Comté* (Av'-ous) ; cf. *Forez, Bourgoin, Puygiron, Ardèche*, etc.

6. *Provence, Puygiron, Vivarais*, etc. + *Forez* (mais bien), *Lyonnais*, etc. (id.).

7. *Albi, Puygiron, Forez* (N. pleure... n. te m.), *Lyonnais*, etc. (id.) ; cf. *Provence, Comté*, etc.

8. *Marlhes, Provence, Forez* et *Lyonnais* (Te...) ; cf. *Vivarais*, aussi *Uzès, Albi, Bourgoin*, etc.

9. *Marlhes, Provence, Albi* (... ton pr...), *Lyonnais* (... ce pr...), *Annecy* (...de pr...) ; cf. *Comté, Forez, Bourgoin*, etc.

10. *Forez, Comté, Mozas, Marlhes* (... qui est dans...), *Lyonnais*, etc. (id.) ; cf. *Montpellier, Provence, Vivarais*, etc.

11. *Lyonnais, Forez, Comté, Bourgoin*, etc. Toutes ces versions donnent « Tu n'a. pas ton P. » ; mais *Provence, Marlhes, Ceyzériat, Sevrier* « ton ami P. », et *Vivarais* « l'ami P. ». On peut conjecturer que l'original portait « Tu n'auras mie P. », d'où la leçon « l'ami P. » serait dérivée par homophonie : en effet, le possessif d'affection ou d'ironie, devant un nom propre, est un latinisme dont je ne sais point d'exemple dans la langue avant le XVIᵉ siècle. — La mère, précédemment, disait vous à sa fille ; mais ici le tutoiement est constant.

Dans *Andelat, Lectourois* et *Bazadais*, le v. 11 est dédoublé, et le verbe actif « pendoler » remplacé par la locution passive « jugé à pendre » :

            ....Pierre n'est pas pour vous,
    Pierre est jugé à pendre demain au point du jour.

12 — « Se vos pendolas Piere,   pendolas-mei itot.

13 Au chemin de Saint-Jaque   enteras-nos tos dos.

14 Cuvrés Piere de roses   e mei de mileflors ;

15 Los pelerins que passent   en prendront quauque brot,

16 Diront : Dio aye l'ame   dóus povres amoros !

17 L'un per l'amor de l'autre   il sont morts tos los dos. »

12. *Lyonnais, Ceyzérial, Bourgoin, Ardèche, etc.* + *fr. Lyon* et *Mozas* (itout), *Saint-Pierre* (y donc = itout *mal entendu*). Au vieil adverbe « itot » la plupart des chanteurs ont substitué le synonyme « aussi », qui ne rime pas. Mais le catalan, comme on verra tout à l'heure, répète exactement : « ...penjeume á mi y tot. »
Dans *Comté*, suit ce vers gracieux, mais de facture littéraire :
Et sur la même branche nos deux corps s'uniront.
Dans *Provence, Rochetoirin* et *Ceyzérial*, un autre vers parasite, sans intérêt.
13. *Marlhes, Provence, Forez, Lyonnais, etc...* ; cf. *Andelat, etc...* — Les routes de France qui allaient vers l'Espagne étaient dites « chemins de Saint-Jacques » [de Compostelle].
14. *Lyonnais, Comté, Rochetoirin, Forez* (Pierre *et* moi *intervertis*) ; cf. *Bourgoin, Chabeuil, Ardèche, etc.*, où le mot « millefleurs », mal compris, est devenu « toutes fleurs ». — « Millefleur » est, dans le midi, le nom populaire d'une espèce de viorne à fleurs blanches touffues, qui s'appelle aussi boule-de-neige (v. MISTRAL, *Tresor dou Felibrige*, II).
15. *Marlhes* + *Provence* (brout) ; cf., pour le premier hémistiche, *Lyonnais, Forez, Comté, etc.* ; et pour le 2me, *Bourgoin. Rochetoirin, Ardèche, etc.* — « Brout », plus rare en français, se dit dans les parlers méridionaux des arbres, des fleurs ou des fruits : c'est proprement l'ensemble des parties terminales issues d'une même tige.
16. *Provence* ; cf. *Andelat, Marlhes, Savoie, Vivarais, etc...*
17. *Marlhes* ; cf. *Provence* et *Andelat*.

TRADUCTION

La Pernette se lève trois heures devant jour.
2 El prend sa quenouillette avec son petit tour.

A chaque tour qu'el vire, fait un soupir d'amour.

4 Sa mère lui vient dire : « Pernette, qu'avez-vous ?
Av'-ous le mal de tête, ou bien le mal d'amour ? »

6 — « N'ai pas le mal de tête, mais bien le mal d'amour. »
— « Ne pleurez pas, Pernette, nous vous marierons,

8 Vous donnerons un prince, ou le fils d'un baron. »
— « Je ne veux pas un prince, ni le fils d'un baron,

10 Je veux mon ami Pierre, qu'est dedans la prison. »
— « Tu n'auras mie Pierre, nous le pendolerons ! »

12 — « Si vous pendolez Pierre, pendolez-moi itout.
Au chemin de Saint-Jacques enterrez-nous tous deux.

14 Couvrez Pierre de roses et moi de millefleurs.
Les pèlerins qui passent en prendront quelque brout,

16 Diront : Dieu ait l'âme des pauvres amoureux !
L'un pour l'amour de l'autre ils sont morts tous les deux. »

*
* *

Entre les différentes versions qui ont servi à l'établissement de ce texte, trois — *Andelat*, *Lectourois* et *Bazadais* — forment une famille à part, d'une importance capitale pour l'histoire de *la Pernette*. Cette famille, que j'appellerai, pour abréger, famille sud-ouest, est caractérisée essentiellement :

1° Par la chute du début narratif de la chanson (vv. 1-3) et de la partie du dialogue relative au mal de tête (vv. 5 et 6), en sorte que la chanson commence au v. 7, contracté avec le v. 4, (le nom de Pernette a aussi disparu);

2° Par ce fait que l'interlocuteur de la fille est son père (ou du moins un homme), au lieu de sa mère;

3° Par le dédoublement du v. 11, le verbe « pendolerons » étant remplacé par la locution « est jugé à pendre ».

En tenant compte des cinq vers tombés, des deux vers contractés et du vers 11 dédoublé, on voit que le prototype de la tradition sud-ouest comprenait douze vers ; au demeurant, il ne devait pas différer sensiblement du texte normal. Or, c'est de cette version tronquée, et point d'une autre, que sont issues, soit par des séries intermédiaires, soit directement, toutes les versions de la France septentrionale, — du Piémont — et de la Catalogne, qu'il nous reste à examiner.

VERSIONS FRANÇAISES DU NORD-OUEST

Elle se subdivisent en deux branches, l'une poitevine et bretonne, l'autre normande.

A. Branche poitevine-bretonne

Deux versions la représentent : une du Bas-Poitou (*P*), publiée par BUJEAUD, une des environs de Lorient (*B*), publiée par ROLLAND, toutes deux fort semblables, comme on en va juger :

	P. O mon père, ò mon père, vous m'avez bien promis... [1]
	B. Mariez-moi, mon père, car voici la saison :
	P. Et quand je serais grande, de m'donner un mari.
	B. Si la saison se passe, les amants s'en iront.
(7 + 8)	*P.* — Mais, ma fille, ò ma fille ! quel mari voulez-vous ? [2]
	B. — Qui aurez-vous, ma fille, un prince ou un baron ?
(9)	*P.* — Je n'veux ni roi, ni prince, ni baron de la cour,
	B. — Je n'en veux pas de prince, ni prince ni baron.
(10)	*P.* Je veux mon ami Pierre, qui est là-haut dans la tour.
	B. Je veux mon ami Pierre, qu(i) est là-haut dans c'te tour.
(11 *a*)	*P.* — Mais, ma fille, ò ma fille, Pierre n'est point pour vous :
	B. — Trop tard parler, ma fille ! Pierre n'est pas pour vous :
(11 *b*)	*P.* Pierr' s'ra pendu en branche, demain au point du jour.
	B. Pierre est jugé à pendre, mardi au point du jour,
(12 + 13)	*P.* — S'il est pendu en branche, qu'on me pende dessous !
	B. — Si vous allez l'voir pendre,... enterrez-moi dessous !

---

1. Le sens de ce vers se lie avec le refrain : *l'amour de mon berger*.
2. Les chiffres entre parenthèses réfèrent le lecteur aux vers correspondants du texte critique.

(14 *a*) { *P.* Vous mettrez sur sa fosse un beau livre d'amour,
          { *B.* Vous mettrez sur sa tombe un beau drap de velours,

(14 *b*) { *P.* Vous mettrez sur la mienne un beau chap'let d'amour.
          { *B.* Vous mettrez sur la mienne quat'beaux pommiers d'amour.

(15)   { *P.* Tous les pél'rins qui passent diront l'chap'let pour nous :
          { *B.* Si les gens du roi passent, goût'ront de ce fruit doux.

(16 + 17) { *P.* V'là un garçon, un' fille, sont morts dans leurs amours !
          { *B.* Diront : La belle est morte, est mort' pour ses amours !

Et en guise de refrain, *P* met à la suite de chaque vers :

> *Dondaine — l'amour de mon berger — dondé !*

B coupe le second hémistiche en cette sorte :

> .....car voici — *la la, lira la* — car voici la saison.

Le groupe *PB* a pour traits distinctifs le changement du mot « prison » (v. 10) au mot « tour », amené par la nasalisation de *on*, qui détruit l'assonance ; et la contraction des vers (12) et (13) en un seul, d'où une altération du sens (la fille veut être enterrée sous la potence de Pierre). Le début aussi et la fin y offrent des interpolations caractéristiques. Quelque chanteur, estimant un peu brusque la façon dont l'entretien s'engage dans les versions sud-ouest, a mis en tête une couple de vers prononcés par la fille : ces vers sont empruntés à une chansonnette dialoguée, fort répandue en France, et qui s'intitulerait bien *la Fille à marier* : « Mariez-moi, mon père ! » ou « ma mère !... », supplie une jeune fille, qui meurt d'envie d'entrer en ménage. Là-dessus, le père lui fait une série d'objections dilatoires, mais à chacune elle trouve réponse[1]. Cette phrase initiale de la belle, exactement rapportée dans *B*, se trouve dans *P* en substance. Les vv. (14-17) n'ont pas été oubliés par les chanteurs de *PB*, qui en ont gardé le

---

1. *Provence : ARBAUD, II. — *Forez : GRAS, *Dict. du Patois forézien.* — *Gascogne : CÉNAC-MONCAUT. — *Id. : BLADÉ, III. — Comté : BUCHON. — Angoumois : BUJEAUD, I. — Haute-Bretagne : SÉBILLOT.

dessin, mais changé totalement la couleur : au lieu des fleurs sépulcrales cueillies par les pèlerins, l'un (*B*) met sur la tombe de Pierre « un drap de velours », sur celle de la jeune fille « quatre pommiers d'amour », au fruit desquels « les gens du roi goûteront » en passant ; l'autre (*P*), plus dévot, place sur la fosse respective des deux amants « un livre d'amour » et « un chapelet d'amour » à l'usage des pèlerins. C'est bien toujours l'idée méridionale, mais rhabillée au goût des gens du Nord.

B. *Branche normande*

Elle comprend huit versions, savoir : celles du ms. de Namur $= N^1$, du ms. de Bayeux $= N^2$, du chansonnier imprimé de del Abbate $= N^3$, du chansonnier Ballard $= N^4$, du texte Le Fèvre $= N^5$, du ms. d'Aix-en-Provence $= N^6$, du chansonnier de Launay $= N^7$, de la collection Legrand $= F$, lesquelles, à considérer les variantes individuelles, se distinguent en quatre groupes : N^1, N^2, N^3 (presque identiques), — N^4, N^5, N^6, — N^7, — F.

La branche normande offre un intérêt exceptionnel : c'est que depuis le xve siècle, où fut rédigé le manuscrit de Namur, jusqu'à l'année 1876, que M. Legrand recueillit sa version de la bouche d'une personne de Fontenay-le-Marmion, elle nous fournit une tradition suivie et bien authentique de quatre siècles.

Voici, en négligeant N^2 et N^3 (qui reproduisent sensiblement N^1), ainsi que N^5 et N^6 (qui se réfèrent à N^4), le tableau synoptique des quatre versions principales :

> N^1 La belle se siet au piet de la tour,
> N^4 La fille du roy est au pied de la tour,
> N^7 C'est la fille du roy qui est au pied de la tour,
> F Dans la cour à ma tante n'y a un pommier doux,

> N^1 Qui pleure et sospir[e] et maine grant dolour.
> N^4 Qui pleure et souspire, meine grand doulour.
> N^7 Qui ploure et soupire et moine grand doulour.
> F La fille du roi d'Espagne est qui pleure dessous.

(4)
> N¹ Son pere li demande : Fille, que voleis-vous ?
> N⁴ Son pere luy demande : Fille, qu'avés-vous ?
> N⁷ Sa mere lui demande : Fille, qu'avez-vous ?
> F Son pèr' qui la va voir : O ma fill', qu'avez-vous ?

(8)
> N¹ Voleis-vous marit, ou voleis-vous seingnour ?
> N⁴ Voulés-vous un mari, mari ou seignour ?
> N⁷ Y voulez-vous un comte, baron ou seignour ?
> F ....

(9)
> N¹ — Je ne vuelhe marit, ne (je) ne vuelhe seingnour,
> N⁴ — Je ne veux un mari, mari ni seignour,
> N⁷ — ....
> F — ....

(10)
> N¹ Je vuelh(e) le mien ami qui paurist en la tour.
> N⁴ Je veux le mien amy qui est en la tour.
> N⁷ Je veux mon ami Pierre, qui est dedans la tour
> F Je pleur' mon ami Pierre, qu(i) est là-haut dans la tour.

(11 a)
> N¹ — Par Dieu, ma belle fille, à celi faurcis-vous.
> N⁴ — ....
> N⁷ — Taisez-vous, ma fille, ce n'est pas pour vous.
> F — Ah ! ne pleurez pas Pierre, Pierr' ça n'est pas pour vous.

(11 b)
> N¹ Car il sera pendut demain au point do jour.
> N⁴ ....
> N⁷ Il y sera pendu demain au point du jour.
> F Demain on l'pend en l'air, demain au point du jour.

(12 + 13)
> N — Mon pere, s'on le pent, se m'ensouyeis dessous.
> N⁴ — ....
> N⁷ — Si on le fait mourir, enterrez-moi dessous.
> F — Ah! si on l'pend en l'air, qu'on m'enterre dessous !

(14)
> N¹ ....
> N⁴ ....
> N⁷ ....
> F On mettra sur ma tombe un blanc rosier d'amour.

(15 + 16)
> N¹ Ensi diront les gens : Ce sont loyals amours.
> N⁴ ....
> N⁷ Tous ceux qui passeront diront : Voilà doulour,
> F ....

(17)
$\left\{\begin{array}{l}N^1 \dots\dots\dots\dots\dots\dots\dots\dots\dots \\ N^+ \dots\dots\dots\dots\dots\dots\dots\dots\dots \\ N^7 \text{ Las! qu'une fille meure pour la trop grand amour.} \\ F \dots\dots\dots\dots\dots\dots\dots\dots\dots\end{array}\right.$

La plupart des versions normandes ont un vers-refrain, de même facture et assonance que les autres ; N^3, N^4, N^5, N^6, N^7 :

> Hélas! il n'a nul mal, qui n'a le mal d'amour.

et F :

> Tandis que nous som' jeunes, ah! divertissons-nous!

L'assonance en *ou* est partout observée exactement; mais, sauf dans la version orale, très supérieure aux plus anciennes, le rythme est fort maltraité : la notion de la césure féminine s'est perdue, et les hémistiches vont flottant de 5 à 6 syllabes, avec, dans plusieurs versions, une tendance nette au décasyllabe à membres égaux.

Pour le sens, des particularités communes à *PB* et à la branche normande (« la tour » au lieu de « la prison » à la fin du v. (10); la contraction des vv. (12) et (13) en un seul, terminé par le mot « dessous »), attestent une parenté étroite entre les deux familles, quoique aucune des deux ne soit issue de l'autre, car le type normand a conservé à peu près intact le v. (4), qui manque dans *PB*; et, d'autre part, au v. (8), il a substitué, pour la rime, « seignour » à « baron », que *PB* n'ont pas encore modifié. Le motif des fleurs funéraires a d'ailleurs disparu de N^1 - N^7, ou n'a laissé, dans F, qu'un faible vestige. Enfin le type normand possède en propre un début narratif, d'après quoi l'héroïne est une belle ou fille de roi éplorée, assise au pied d'une tour [1]. Rapprochant cette belle « au pied

---

1. DE BEAUREPAIRE, *Étude sur la Poésie pop. en Normandie*, cite une petite ronde normande (deux couples d'octosyllabes, qui se répètent indéfiniment avec une ritournelle) :

> Madame est au pied de la tour, — Triste, songeant à ses amours.
> Beau chevalier est dans la tour, — Pleurant sa belle et nuit et jour.

laquelle n'est peut-être qu'un vestige de ce début narratif.

de la *tour*, qui pleure et *soupire* », de la Pernette qui prend
« son petit *tour* » et « fait un *soupir* d'amour », faut-il supposer,
avec M. Nigra, qu'un chanteur ait passé de l'une à l'autre leçon
par l'effet d'une confusion entre la tour = *turrem* et le tour
= *tornum*? Cela est ingénieux, mais sans nulle apparence : le
chanteur normand, qui travaillait sur une version tronquée du
type sud-ouest, n'a pas dû connaître les premiers vers de *la
Pernette* ; et l'emploi, ici et là, du même mot « tour » dans un
double sens s'explique suffisamment bien par une coïncidence
fortuite.

En tout cas, nonobstant l'avis contraire de l'éminent philologue, à qui l'antiquité des rédactions normandes paraît en
avoir imposé, la priorité de *la Pernette* méridionale ne peut pas
faire question ; et une analyse de détail en fournirait de sura-
bondantes preuves : on se rend compte, par exemple, que les
mots « tour », « seignour » aient remplacé à la rime les synonymes « prison », « baron », qui, dans la bouche d'un Français
d'oïl, n'assonaient plus, mais la réciproque se comprendrait
mal ; entre la fin du 3ᵉ vers selon la tradition normande : « Ma
fille, qu'avez-vous ? » et le commencement du 4ᵉ : « Voulez-vous
un mari ?», il y a un hiatus évident, que comblent justement les
vv. 5-7 de *la Pernette* ; le 9ᵉ, de même, ne se conçoit que par
une contraction vicieuse des vv. 12 et 13 ; et enfin, les deux ou
trois derniers ne sauraient passer que pour une variante incomplète et décolorée de la finale méridionale. Pour tout dire d'un
mot, que l'on combine ensemble tous les exemplaires connus
de la tradition normande aussi bien que poitevine ou bretonne, et que le type ainsi obtenu soit confronté avec notre
texte critique de *la Pernette* : pour la justesse du rythme, pour
la suite et la richesse des idées, pour la pureté de l'expression,
celle-ci apparaît tellement supérieure, qu'elle est, pourrait-on
dire, à *la Belle à la tour* ce qu'est à un vieux marbre tout
fruste et mutilé le pur galbe de la statue neuve.

VERSIONS PIÉMONTAISES.

Sous le titre de *Fior di tomba*, NIGRA donne huit versions de la chanson : *A*, [*A'*], *D*, *E*, *F* (Piémont), *B*, *C* (Canavais), *G* (Montferrat)[1]. A quoi il faut joindre deux montferrines (*M'*, *M''*), publiées par FERRARO, *Canti monferrini* et *C. del Basso-Monferrato*, et celle de la Vallée-d'Aoste (*V*), cataloguée plus haut parmi les versions françaises, mais qui n'est en fait qu'une piémontaise francisée. Ces onze rédactions se subdivisent en trois groupes : *A B M''* — *C D E V* — *F G A' M'*.

Voici le texte de *A*, que M. Nigra a choisi pour type :

Di là da cui boscage na bela fia a j'è.
(4 + 7) So pare e sua mare la vôlo maridé,
(8) A vôlo dè-i-l'a ûn prinsi, fiôl d'imperadur.
(9) — Mi vôi nè re, nè prinsi, fiôl d'imperadur.
(10) Dèi-me col giuvinoto, ch'a j'è 'n cula pèrzun.
(11 *a*) — O fia, dla mia fia, l'è pa 'n parti da ti.
(11 *b*) — Duman a ûndes ure a lo faran mûri
(12) — S'a fun mûri cul giuve, ch'a m' fasso mûri mi !
(13) Ch' a m' fasso fè na tumba ch'a i sia d'post për tri :
Ch'a i stago pare e mare, l' m'amur an brass a mi.
(14) An sima a cula tumba piantran dle rôze e fiur.
(15) Tûta la gent ch'a i passa a sentiran l' odur.
(16 + 17) Diran : J' è mort' la bela, l'è morta për l'amur !

On voit que les versions piémontaises ont gardé de l'original français, avec le mètre dodécasyllabique, l'assonance fonda- mentale en *u = ou* (mélangée d'ailleurs avec d'autres en *é* et *i*). L'onomatopée *tiri-ta-lalena* (cf. *la tra, lala*...) est indiquée comme refrain de *C*.

Pour le sens, *A*, et conjointement *B M''*, est aussi semblable que possible au type français du sud-ouest, duquel il procède en

---

[1]. Il faut écarter, chez NIGRA, les deux versions de Novare (*H*) et Venise (*I*), qui n'ont rien de commun avec *la Pernette*, sauf la finale, qu'on y a rajustée très maladroitement à une chanson de *la fausse Morte*.

droite ligne; sauf quelques particularités, imputables pour la plupart aux chanteurs d'outre-monts, et qui se réduisent à ceci. Le premier vers est une formule banale d'introduction, rajoutée; et dans les deux vers suivants, la même idée que le français exprime en dialogue est présentée sous forme narrative, de façon que l'entretien commence au refus de la fille : « Je ne veux ni roi, ni prince... » Le nom de Pierre est tombé; le verbe « pendre » est remplacé par « faire mourir »; les « roses » et les « fleurs » tombales sont restées, mais non la distinction que le français fait entre les unes et les autres; au lieu d'en cueillir un brin, on en respire l'odeur [1]; enfin toute la couleur religieuse du poème (pèlerins de Saint-Jacques, prière pour le repos de l'âme) s'est effacée [2].

Encore que ces altérations, communes à l'ensemble des versions piémontaises, les constituent en une même famille, plusieurs de ces versions se réfèrent néanmoins à d'autres types français que le groupe $A B M''$. Qu'une version normande ait influencé $C D E V$, cela ressort des premiers vers de D, dont voici la traduction littérale :

> Sur cette montage il y a une belle tour.
> Dessous il y a une fille qui pleure nuit et jour.
> Son père la va voir : Pourquoi pleurez-vous?

Et l'on s'assure que $F G A' M'$ sont dans un rapport non moins étroit avec la famille poitevine-bretonne, en confrontant le début de la version de Lorient avec celui de G :

> O mère, mariez-moi! [voici] que passe la saison,
> Les prunes sont mûres, les pêches sont déjà bon[ne]s.

---

1. Cette leçon en particulier est d'origine française, car on la trouve aussi dans les versions catalanes, citées plus loin. L'accord des deux familles étrangères suppose une version sud-ouest qui portait :
> Toute la gent qui passe en sentira l'odeur.

2. Ajoutez que, selon beaucoup de versions piémontaises. l'héroïne est désignée, mais dans la finale seulement, par le nom de « Rosina ».

En somme, la propre famille sud-ouest a produit d'abord le groupe *A B M″*; et, la chanson une fois implantée en Piémont, certaines versions ont été modifiées par le contact ultérieur, soit d'un type normand (*C D E I*), soit d'un type poitevin (*F G A′ M′*).

Une singularité caractéristique de la famille piémontaise est encore à signaler. Dans toutes les versions, *G M′ M″ V* exceptées, le v. 13 de l'original est altéré et surchargé de la façon la plus bizarre : il ne s'agit plus de faire une tombe pour les deux amants, mais bien pour trois ou quatre personnes, afin. que la belle y soit enterrée avec « son père, sa mère et son amoureux entre ses bras ». Il faut croire que cette sépulture de famille, tout absurde qu'en soit l'idée, a plu beaucoup aux chanteurs piémontais; car l'interpolation a presque partout supplanté chez eux la leçon légitime.

Quant à la version émilienne (FERRARO, *C. pop. di Ferrara*), l'on n'y trouve qu'un résidu informe de *la Pernette* : le sujet n'est même plus compris (ce n'est pas l'amant qui est en prison, c'est la fille que sa mère menace d'y mettre), et la finale seule est demeurée intacte.

VERSIONS CATALANES

Le *Romancerillo* de MILÁ (n° 209) contient une chanson intitulée *los Presos*, et représentée par onze versions : *A, A′, B′, B, C, D, E, G*, de la Catalogne proprement dite; *A″, A‴*, du Roussillon; *F*, de l'île Majorque. Une douzième (*H*) se lit au recueil de BRIZ; deux autres (*I, F′*), dont la dernière majorquine, en celui d'AGUILÓ. Or, cette chanson n'est rien autre chose que *la Pernette* tronquée, et amalgamée à une autre chanson française répandue dans l'Ouest (*les Prisonniers sauvés par une chanson*)[1] : outre

---

1. Vendée: *Poés. pop. de la France*, VI, mss. B. N. (publ. par ROLLAND, I). — Moncontour (Côtes-du-Nord) : *Ibid.*, IV, (publ. par ROLLAND, I). — Savenay (Loire-Inf^{re}) : PAVEC. · Velay : SMITH, *Rev. des Langues romanes*, XVI.

quelque rapport de sujet, l'identité du mètre et de l'assonance (dodécasyllabes assonants en *ó*[1]) explique bien la confusion qui s'est ici produite.

Les quatorze versions de *los Presos* se diversifient en trois ou quatre groupes, dont *A A' A" B F F'* représente la forme la plus voisine de la tradition française. Le thème est le suivant :

Dans la prison d'une ville (Lleyde *A E G H*, Figuières *A'*, Nápols *F F'*), il y a une troupe de prisonniers (nombre variable) qui chantent une chanson. Une dame (Marguerite généralement, la fille du Roi *A"*, la Reine *B*) les écoute de sa fenêtre. A sa vue, les prisonniers — entre lesquels se trouve le chéri de la dame — se taisent; interrogés, ils déclarent qu'ils ne sauraient chanter, n'ayant mangé ni bu depuis plusieurs jours. « Chantez! dit-elle alors, je vous ferai sortir de prison. » Elle s'en va vers son père, lui demande les clés de la prison. C'est à partir de la réponse du père qu'on reconnaît avec netteté le thème et les vers mêmes de *la Pernette*; voici la suite d'après *A* :

> : . . . .
> (11 *a*) — Ay filla Margarida, aixó n' ho faré yo.
> (11 *b*) Demá sera dissapte els penjarem á tots.
>   — Ay pare, lo meu pare, no penjeu l'aymadó !
> . . . .
>   — Ay filla Margarida, será 'l primé de tots.
> (12) — Ay pare, lo meu pare, penjeume á mi y tot!
> . . . .
> (14) A cada cap de forca poseu-hi un ram de flos.
> (15) La gent quant passaran sentiran gran oló.
> (16) Diran un pare-nostre per el pobre aymadó !

Dans *A"*, le v. (12) offre cette variante précieuse :

> Si penjan á don Perris, penjeume á mi y tot !

où l'on retrouve en « don Perris » l' « ami Pierre » de la chan-

---

1. *O* nasalisé : mais on sait que la nasalisation ne se fait pas sentir dans le catalan, ainsi les assonances en *ó* et en *on* s'y confondent.

son française; ce nom, remplacé dans *B* « par don Fernand », est tombé dans les autres versions.

Plusieurs versions ont pour refrain : *la vida mia,* — *la vida amor!,* ou, à peu près comme en français, l'onomatopée *lireta, liró!*

En somme, des 12 ou 11 vers du type français sud-ouest, 6 ont passé dans la chanson catalane, savoir les derniers, auxquels manque seulement le v. (13) relatif à la sépulture des amants; par suite de cette omission, les fleurs ne sont plus posées sur la tombe, mais aux bouts des fourches patibulaires; comme dans la leçon piémontaise, les gens qui passent respirent le parfum de ces fleurs. Le nom de « Marguerite », employé par la plupart des chanteurs, et dans le dialogue exclusivement, est à remarquer : c'est le même qu'on a relevé déjà dans les versions dialoguées de *Bazadais* et *Lectourois*; d'où il suit que le modèle de la pièce catalane faisait partie de ce groupe (cf. aussi l'hémistiche final de *A* « ...per el pobre aymadó » avec celui de *Bazadais* « ...per praoubes amourous »).

*
* *

La Belle à la tour, qui est une forme abâtardie de *la Pernette,* fut écrite de la main du greffier Taillefier, sur un registre de Namur, pendant le second tiers du xve siècle [1]; *la Pernette* devait donc exister dès le premier tiers en son pays d'origine. Et d'autre part, elle n'est pas antérieure à ce même siècle : l'invention du rouet à filer (vv. 2 et 3), que mentionne pour la première fois, à ma connaissance, *le Ménager de Paris* (1393), datant du xive très avancé.

Les versions de *la Pernette* originale, partagées par moitié en françaises et en dialectales, occupent une aire étendue, qui

---

1. L'histoire musicale fournit une donnée concordante avec celle-ci. Nous savons que l'air de *la Belle à la tour* servit de thème à une messe polyphonique du musicien De Orto (Dujardin), lequel vivait dans la seconde moitié du xve siècle.

comprend la France d'oc avec le domaine franco-provençal :
quel est, dans cet espace, le point précis où la chanson a pris
naissance ? l'analyse linguistique nous permet de le dire. Tout
d'abord, on observe que *la Pernette*, écrite en français, donne
à côté des finales régulières en *ou* des groupes d'assonances en
en (*fleurs, amoureux*) et en *on* (*baron, marierons*), qui semblent en
briser l'unité rythmique : mais ce n'est là qu'une apparence, si
l'on prend garde que ces divers sons représentent en définitive
un *ó* tonique latin, maintenu intact dans le français primitif
(voy., par exemple, la *Chanson de Roland*), mais qui s'y diver-
sifia de bonne heure en *ou*, *en*, *on*, tandis qu'il persistait jusqu'à
nos jours, à l'état de *ou*, dans tous les dialectes d'oc. Pour les
autres parlers d'oïl, beaucoup, à la vérité, ne connaissent, non
plus que ceux du midi, l'affaiblissement de l'*ó* en *eu* (ils disent :
seignour, amourous), mais tous obéissent à la même loi que le
français pour ce qui est de la nasalisation de *ón* : en sorte qu'il
est légitime d'affirmer qu'un système d'assonances tel que *jor :
baron : amoros* n'est possible, depuis une époque très reculée,
ni en français, ni dans aucun autre dialecte d'oïl. Et ces déductions d'ordre phonétique sont confirmées par l'étude du vocabulaire : le verbe *pendolar* (vv. 11 et 12), fait sur un type bas-
latin *pendulare*[1], et synonyme de « pendre » au sens actif, est
fréquent en Provence et dans la région franco-provençale ; mais
il manque en oïl, ou du moins n'y dépasse pas les provinces
du centre (voy. JAUBERT, *Glossaire du Centre de la France,* v°
pendoler) ; le nom de « tour » (v. 2), pour signifier la machine à
filer, est aussi d'usage méridional, les gens du nord employant
constamment à cette fin les diminutifs « rouet » ou « touret ».
On pourrait enfin, si la série des précédentes preuves ne rendait
l'insistance superflue, relever certains détails, tels que les
« roses » et « millefleurs » funéraires, le « chemin de Saint-Jacques
[de Compostelle] », qui sont à coup sûr d'une couleur moins

---

1. Comp. l'italien *penzolare*, le portugais *pendurar*, le roumain *spânzura*.

septentrionale. D'un autre côté, nous avons la certitude que *la Pernette* n'appartient pas davantage à un dialecte méridional proprement dit, cela à cause des formes verbales *maridaron(s)*, *pendolaron(s)*, placées à la rime : car les 1res pers. plur. en *on* sont tout à fait inconnues des Français d'oc, qui diraient ici *maridaren*, *pendolaren*. Ainsi, il faut de nécessité que la chanson ait été composée dans une région mitoyenne, à la limite française de ce territoire franco-provençal où se rencontrent et se mêlent les caractères des parlers d'oc et d'oïl, plus particulièrement dans l'extrême nord du Lyonnais ou du Forez. Ce pays-ci convient d'autant mieux, que les versions foréziennes de *la Pernette* sont remarquablement pures, et que la chanson, au témoignage de V. Smith et de V. de Laprade[1], y a conservé jusqu'à nos jours une vitalité singulière. Enfin c'est, paraît-il, une ancienne tradition locale, que le prisonnier Pierre fut « un paysan pris et pendu à Montbrison, pour rébellion contre le fisc et la gabelle du roi Philippe le Bel »[2]; et quoiqu'il n'y ait à faire aucun fond sur de telles localisations de légendes, il n'en reste pas moins que le seul Forez nous montre les amours de Pernette et de Pierre ainsi liées à l'histoire de la région.

De son terroir natal, *la Pernette* dut promptement atteindre la ville de Lyon, s'y accommoder au langage français ; et soit sous cette nouvelle forme, soit en glissant insensiblement d'un patois à l'autre, elle occupa jusqu'à la Méditerranée tout le bassin du Rhône, qui est demeuré son foyer principal. Cependant une version particulière, tronquée et manquant du nom de Pernette, se détachait vers l'ouest, gagnait à travers l'Auvergne la vallée de la Garonne, et aboutissait, vraisembla-

---

1. « Que de haltes n'avons-nous pas faites pour mieux entendre les bouviers qui, lentement et à pleine voix, se lançaient l'un à l'autre ce mélancolique refrain! Il nous semble voir encore, le long des chemins accoutumés, ces vastes labourages où six charrues marchaient de front au chant de Pernette, où six fortes voix s'interrompaient aux mêmes intervalles pour exciter les bœufs en les appelant par leur nom. » (V. DE LAPRADE, *Pernette*, note I).

2. DE MEAUX, *Eloge de Victor de Laprade*, 1884.

blement, à Bordeaux. Que si l'on considère l'immense expansion maritime et commerciale par où cette ville se distingua dès le moyen âge, on ne saurait manquer d'établir un rapport entre les voyages de sa marine marchande et les multiples migrations du type occidental de *la Pernette*. Quoi qu'il en soit, c'est les rejetons de cette famille sud-ouest que nous voyons se propager en Poitou, Bretagne et Normandie, sur tout le littoral atlantique ; c'est eux qui, adultérés, mais faciles à reconnaître, envahissent la Catalogne ; c'est eux que l'on retrouve en Piémont, où ils n'ont point pénétré par la frontière des Alpes[1], mais bien par la côte ligurienne, apportés qu'ils y étaient par nos mariniers de l'Ouest.

Par les racines de son thème, *la Pernette* plonge profondément dans notre lyrique du moyen âge ; et l'on ne citerait point chez nous d'autre poésie populaire aussi approchante de ces « romances » ou « chansons de toile », qui abondaient en France vers le xiie siècle, et que M. G. Paris[2] a définies excellemment « des chansons de peu d'étendue, qui nous exposent en un petit tableau une aventure ou, souvent, une simple situation d'amour ». Tout de même que dans *la Pernette*, les trouvères mettent volontiers en présence une mère sévère et une fille amoureuse ; et la fille est assise à un travail de femme, quand s'engage l'entretien[3]. Qu'on ouvre le recueil

---

1. Si la communication s'était faite par les Alpes, on trouverait en Piémont des versions de *la Pernette* analogues à celles qui ont cours dans le bassin du Rhône : mais c'est de quoi l'on n'a aucun exemple, tous les spécimens piémontais connus de la chanson se référant à des types gascons, poitevins ou normands. D'une manière générale, en fait de chants populaires, les montagnes séparent, la mer et les cours d'eau rapprochent.

2. *Manuel de l'hist. de la Litt. franc. au moyen âge*, 1re part., § 118.

3. De même, dans la poésie populaire d'autres peuples. La vise danoise de *Redselille og Medelvold* (GRUNDTVIG, n° 271, V) commence ainsi : « Redselille et sa chère mère, elles tissent au dur métier d'or... »
Et une chanson catalane, publiée par MILÁ, n° 229, et par BRIZ, III :

La mare y la filla á la porta s'estan,
La filla broda seda, la mare broda estam...

de Bartsch [1], on verra, dans la 14e romance, la fille et la mère qui « se siéent à l'orfroi » ; dans la 2e (*Belle Aiglentine*), la fille coud, sa mère l'aperçoit ; dans la 6e (*Belle Yoland*), elle coud, sa mère la « chastoie » ; mais *Belle Amelot* surtout, qui est la 8e, évoque *la Pernette* par une saisissante ressemblance. Amelot file seule en chambre, sa mère l'écoute, puis elle entre : « Fille, prenez mari le duc Girard ou le comte Henri. — Par Dieu ! mère, moult mieux aime vivre ainsi » (et le refrain, lié qu'il est par le sens aux vers de la romance, achève la pensée : *Donez m'à mari Garin, mon dous amin !*). N'est-ce pas là, sous des noms plus nobles, les personnages mêmes et les propos de *la Pernette* ? « Te donnerons un prince ou le fils d'un baron. — Je veux mon ami Pierre !... » Ainsi *la Pernette* se pourrait concevoir comme une vieille chanson courtoise, repensée par un poète paysan.

Cette fleur des champs fut transplantée, à son tour, dans la littérature savante ; et sur ce même sol forézien, où quelque chanteur inconnu l'a semée il y a près de cinq siècles, un grave et noble poète de nos jours la fit épanouir en une sorte de grande idylle tragique. Victor de Laprade explique ainsi la genèse du poème de *Pernette*, qui était son œuvre de prédilection : « Nos premiers souvenirs poétiques se rattachent à l'amour malheureux de Pernette et de Pierre, à la douce mélodie de cette ballade.... La vieille chanson n'offrait pas au moderne poème un sujet bien déterminé... Mais en empruntant à la légende le nom de Pernette et cette vague histoire d'une amante dévouée jusqu'au tombeau, l'auteur gagnait bien autre chose qu'un canevas heureux. Tous les chers et pieux souvenirs attachés pour lui à ce chant rustique..., mille impressions de son enfance et de sa jeunesse, réveillés et groupés autour de *Pernette*, devenaient une source intarissable d'inspirations vivantes et personnelles. » Pierre est devenu, chez Laprade, un réfractaire, puis un franc chasseur de 1814, qui s'arme contre

---

1. K. BARTSCH, *Romances et Pastourelles françaises des XIIe et XIIIe siècles*, liv. I.

l'invasion étrangère, comme il a d'abord résisté aux recruteurs impériaux; surpris par la fusillade de Pierre et de ses Foréziens, l'ennemi lâche pied, mais dans sa retraite il crible les bois d'une dernière décharge; et Pierre est blessé à mort. A la place même où il expire, le curé le marie à Pernette; et c'est là que sa tombe est creusée, à l'ombre de la vieille forêt consacrée par son sang. Pernette survit de longues années, vierge et veuve; et quand elle part à son tour, on rouvre pour elle cette fosse, moins funèbre encore que nuptiale, où les deux époux reposeront dans l'éternité. Les linéaments de la chanson primitive se laissent deviner à peine, ainsi recouverts d'un dessin plus riche et d'une couleur toute moderne; mais, par un rappel délicat, le poète en a voulu perpétuer le trait final dans ces vers de son épilogue :

> Leur humble *monument*, dressé sur la bruyère,
> Ne manquera jamais de *fleurs*, ni de *prière* ;
> Il reçoit chaque été nombre de *pèlerins*,
> Il entend leurs secrets, il guérit leurs chagrins.
> Une antique légende ici se renouvelle :
> Pierre et Pernette auront leur mémoire immortelle...

*
* *

La romance de *Pernette*, si populaire, et à si bon droit, dans toute la terre gallo-romane, repose sur un thème trop peu substantiel pour donner une solide prise à un traducteur. Mais si de fait aucun peuple étranger ne se l'est positivement assimilée, il est arrivé du moins que les cinq derniers vers, détachés du contexte et rajustés à d'autres fables, ont passé d'idiome en idiome avec un succès extraordinaire; tellement que cette façon de discours testamentaire à l'usage des désespérées d'amour est devenue, pour les chansonniers de tous pays, un véritable lieu commun élégiaque. On dira qu'une telle imagination, naturelle autant que poétique, a pu surgir spontanément de plusieurs côtés à la fois; et cela serait vrai, s'il s'agissait d'une affinité toute simple ; mais comme c'est une similitude rigoureuse que l'on constate, portant sur le nombre des couplets, l'ordre des idées, le choix des images et des expressions, il s'ensuit que le hasard ne peut être ici en cause, et que la finale des fleurs funéraires dérive partout d'une même source [1]. Or, que cette source première soit la chanson de *Pernette*, qui nous donne le motif sous une forme parfaite et logiquement amené, plutôt que les pièces étrangères où il n'apparaît qu'accidentellement, joint par une soudure visible et souvent grossière, cela ne saurait faire question.

Entre plusieurs exemples qu'on peut fournir de cette sorte de greffe poétique, voici, je crois, le plus frappant : je l'emprunte à une chanson des Wendes de Lusace, relative au thème de Héro et Léandre, et dont on a deux textes peu différents (HAUPT-SCHMALER, *Volkslieder d. Wenden in d. Lausitz* II. — ROLLAND, d'après W. v. SCHULENBURG, *Rec. de Chans. pop.*, IV) [2]. La belle du poème wende, voyant son amant noyé, et prête à se donner la mort, tient le discours suivant (la traduction, faite sur les deux rédactions combinées, est placée en regard des derniers vers de *la Pernette*) :

---

1. Il faut se garder de faire confusion entre la finale ainsi définie et un autre motif, assez fréquent aussi dans la poésie populaire, et qui n'est pas avec le premier sans quelque analogie extérieure : c'est à savoir ces plantes ou ces arbres, qui, venant à pousser sur les tombes voisines de deux amants, mêlent leurs fleurs et leurs rameaux (voy. l'enquête faite à ce sujet dans *Mélusine*, II). Dans *la Pernette*, il s'agit simplement de fleurs commémoratives, répandues sur la sépulture du couple amoureux, et tout à fait comparables aux bouquets dont nous avons coutume d'orner les cercueils et les tombeaux de nos morts. Mais le second motif est un développement de cette croyance animiste, assez familière aux esprits simples et chère à l'imagination des poètes, que l'être humain, une fois dissous, peut se perpétuer en quelque façon dans le règne végétal : ainsi, par ces arbres, enracinés dans leur fosse même et nourris de leur substance, les amants continuent de vivre, et leurs âmes cherchent encore à s'unir dans le mélange des aromes et dans l'entrelacement des branches.

2. Voy., plus loin, la chanson du *Flambeau d'amour*.

CHANSON WENDE	LA PERNETTE
Enterrez-nous-tous deux près du chemin, Où tout le monde passe.	Au chemin de Saint-Jacques enterrez-nous tous deux.
Plantez au-dessous de nous un lys, Un lys blanc, un rouge.	Couvrez Pierre de roses et moi de millefleurs.
Le premier qui passera près de nous	Les pèlerins qui passent en prendront quelque brout ;
Celui-là dira ainsi : Ci gisent deux jeunes gens.	Diront : Dieu aye l'âme des pauvres amoureux !
Qui sont morts l'un pour l'autre A cause de leur fidèle amour !	L'un pour l'amour de l'autre ils sont morts tous les deux.

Et ce thème ayant été assimilé par les chanteurs magyars (*La petite Julia*, dans le recueil d'ARANY-GYULAI), on ne s'étonnera pas de trouver à la fin de la ballade hongroise ce vestige de la leçon slave :

Et l'un près de l'autre on les enterra. — Sur l'un on planta — une tulipe blanche rayée, — sur l'autre on planta — une tulipe toute rouge.

La variante piémontaise de la finale circule aussi par toute l'Italie, tantôt isolée, à l'état de tronçon vivant, soudée plus souvent à des chansons très diverses. On la rencontre en Lombardie, dans la Vénétie et l'Istrie, à Rome, jusqu'à Naples [1] : ici, concluant le thème de la fausse Morte ; là, celui du Plongeur noyé ; une fois même, entrelacée bizarrement aux couplets de notre *Malbrough* [2].

Transformée par suite de l'absolue différence des thèmes,

---

1. Voy. pour la Lombardie, BOLZA, *Canzoni pop. comasche*, et CORRAZINI, *I componimenti m. d. lett. pop. ital.* ; pour la Vénétie, WIDTER-WOLF, DAL-MEDICO, BERNONI, et incidemment NIGRA ; pour l'Istrie, IVE ; pour Rome et Naples, les textes cités encore par NIGRA sous le n° 19 de son recueil.
2. FERRARO, *C. pop. del Basso-Monferrato*, n° 10 *b*.

mais toutefois reconnaissable, la finale des fleurs funéraires
termine une vieille chanson italienne, extraite par Büsching [1]
d'un chansonnier imprimé à Florence dans le cours du
xvɪᵉ siècle : la seconde moitié de cette pièce, dont les vers ont
d'ailleurs même mesure (dodécasyllabique) et même assonance
(ɔ) [2] que ceux de *la Pernette*, consiste dans les adieux d'un
chevalier, qui s'en va faire la guerre en Avignon, et de là en
France. Si je meurs, dit-il, à la bataille,

> *Diran* le maritate : Morto è il nostro *amadore* !
> Diran le pulzellete : *Morto è per* nostro *amore* !
> Dove il *sotterraremo* ? *In Santa Maria* del Fiore.
> Di che lo *copriremo* ? *Di rose e di viole.*

Comme on voit par les mots marqués en italiques, ces vers
font un écho manifeste, les deux premiers aux vers 16 et 17, les
deux autres aux vers 13 et 14 de *la Pernette* française : notez
que les « *rose* » et les « *viole* » (giroflées blanches) sont l'équivalent exac⁺ des roses et des millefleurs (blancs) du français, et
que les verbes « *sotterrare* », « *coprire* » résultent d'un emprunt
littéral.

Enfin, la même finale s'est jointe à un son breton, duquel on
connaît plusieurs versions (une vannetaise, de LA VILLEMARQUÉ,
Barzaz-Breiz, II ; une léonoise, de la collection PENGUERN, mss.
B. N., publ. dans la *Mélusine*, IV ; une lannionaise, de LUZEL,
Sôniou Breiz-Izel, I [3] ; et trois trégorroises, d'ERNAULT, *Mélusine*,
III et IV). Il s'agit de ce thème de la Fille à marier, précédem-
ment signalé, et qui, traité d'une façon joviale dans la France du
midi, s'est métamorphosé par le génie mélancolique de la
Bretagne en une fort touchante élégie. La fille qu'on ne marie

---

1. Au nᵒ 50 des *Wöchentliche Nachrichten f. Freunde d. Geschichte d. Mittel-
allers*, Breslau, 1816. -- Repr. dans *Mélusine*, VI.

2. Elle est devenue nécessairement féminine, les vocables oxytoniques du
français correspondant en général à des paroxytons italiens.

3. Une 2ᵉ version de Luzel est identique à la vannetaise du *Barzaz-Breiz*.

pas pleure son inutile beauté; et, pressentant sa mort prochaine, elle termine sa plainte en ces mots :

SÔN ARMORICAIN	LA PERNETTE
Quand je serai morte, enterrez-moi, Mettez ma tombe au milieu du cimetière.	Au chemin de Saint-Jacques enterrez-nous tous deux.
Placez sur ma tombe deux bouquets, Un de roses rouges, un de blanches.	Couvrez Pierre de roses et moi de millefleurs.
Quand les jeunes clercs passeront par là, Ils prendront chacun une fleur.	Les pèlerins qui passent en prendront quelque brout.
Et ils se diront l'un à l'autre : Voici la tombe d'une jeune fille,	Diront : Dieu aye l'âme des pauvres amoureux !
Voici la tombe d'une fille jolie, Qui est morte du chagrin d'amour.	L'un pour l'amour de l'autre ils sont morts tous les deux.

S'agissant ici d'une fille amoureuse de l'amour, et qui n'a pas
d'amant, le dualisme de *la Pernette* n'aurait plus de sens : on
voit comment, par quelques retouches légères, le Bas-Breton
a su appliquer à une personne unique ce que le chansonnier
primitif avait dit d'un couple. Le sôn ayant été traduit en
français [1] sur les confins de la Bretagne celtique, la finale
ainsi modifiée est entrée derechef dans notre poésie populaire.

L'instinct du peuple ne se trompe guère. Si tant de chanteurs, à tous les bouts de l'Europe, furent touchés de ces
vers au point de les mêler en leurs chansons, c'est qu'il y a
là en effet quelque chose d'unique dans la poésie traditionnelle.
Nul doute qu'avec un peu d'apprêt littéraire, on les verrait
s'étaler dans nos anthologies comme un joyau lyrique du

---

1. Orne : J.-J. AMPÈRE, d'après DE CORCELLE. — Avranchin : DE BEAU-
REPAIRE. — Messin : DE PUYMAIGRE. — Savenay : PAVEC. — Quercy :
DAYMARD. — Etc.

plus haut prix. Ils laissent à l'âme cette impression de douceur
ensemble et de tristesse, qui fait le charme suprême d'un
Tibulle ou d'un Lamartine. Cette tombe au bord du grand
chemin, où deux amants reposent sous une jonchée blanche et
vermeille, où des pèlerins s'arrêtent afin d'y prendre une
corolle et d'y déposer une prière, quel plus joli tableau d'élégie ? et ce double souhait d'une jeune fille, rêvant une mort
embellie de fleurs et sanctifiée d'oraisons, n'est-ce pas le
Sparge rosas, viator des sépulcres antiques et le *Priez pour eux !*
des funérailles chrétiennes, unis dans le plus délicieux accord
final ?

Après ces vers-là, toute la fable de *la Pernette* va s'effaçant
presque du souvenir : on dirait qu'elle ne fut inventée que pour
leur servir de support. Et cette fable même, sous la charmante
limpidité de l'expression, n'est au fond qu'un tissu d'énigmes.
Qu'est-ce que cette belle fileuse de Pernette ? une fille de roi,
comme l'a entendu la tradition normande, ou bien quelque
paysanne, à qui sa mère promet des époux princiers par
une de ces hyperboles naïves où se plaît la poésie du peuple ? Et
Pierre, pourquoi est-il en prison ? condamné à mort ? et d'où
vient aux parents de Pernette le pouvoir qu'ils ont sur sa vie ?
Tout cela nous demeure obscur, et sans doute ne l'était guère
moins pour l'auteur de la chanson. Bien plus, l'histoire, si tant
est qu'elle ait commencé, ne finit pas : car nous ignorons le
sort des amants, et si les menaces de la mère, si le désespoir de
la fille auront leur effet. Au vrai, l'auteur ne se préoccupait guère
du dénoûment, parce qu'il faut bien qu'un drame se dénoue,
mais non pas de même une élégie. Or, les trois vers narratifs
qui posent la scène, l'intervention de la mère qui constitue un
dialogue, ont beau classer *la Pernette* parmi les chansons lyrico-
épiques : elle se résout aisément, si l'on isole les discours de
l'héroïne, en une rêverie élégiaque du genre de *la Claire
Fontaine*. Aussi bien, l'âme de Pernette est claire, sinon son aventure ; et c'est l'essentiel. Qui nous montre un sentiment développé
en perfection, il ne faut pas lui demander davantage. Bien d'autres

chansons amuseront notre curiosité d'une action fortement
nouée, de surprenantes péripéties; c'est assez, pour la gloire du
chantre innomé de *la Pernette*, d'avoir associé en un symbole
exquis ces deux choses, où tout l'œuvre de l'art se résume et
tout le jeu de la nature : l'Amour et la Mort.

II

LA PÉRONNELLE

CATALOGUE DES VERSIONS

France d'oïl

A : *Chansonnier ms. de Paris* (B. N. mss. fr. 12,744), fin du xve siècle ; publié par G. Paris, *Chansons du XVe siècle*, 1865.

B' [fragm.] : *Farce de Calbain*, 1548.

C [fragm.] : A. DE LAUNAY [édit.], *La Fleur des Chans. amoureuses...* Rouen, 1600.

D [fragm.] : LE FÈVRE, *Meslanges de musique de Jacques Le Fèvre*, Paris, 1613.

B" [fragm.] : *Comédie des Chansons*, 1640.

Mayenne : *Chants pop. de la Mayenne*, ms. de la Bibl. de Laval, (recueil factice ; la pièce en question fut rédigée vers 1825).

== Version identique dans les *Poés. pop. de la France*, VI, mss. B. N., r. 1856. — Publ. dans la *Mélusine*, VII.

Piémont

Canavais : NIGRA, *Canti pop. del Piemonte* (n° 102), 1888, (version avec variante).

Catalogne

Catalogne : MILÁ, *Romancerillo catalan* (n° 236), 1882.

FORMULE RYTHMIQUE

Chanson à danser [1]. Vers de 16 syl. = 8 + 8, masculins, uniformément assonancés en *é*; chaque vers forme couplet. Il n'y a pas de refrain indiqué; d'après *D* (cf. *Mayenne*), le redoublement des hémistiches en tient lieu.

Dans la version catalane, le vers est ramené au type de 14 syl. = 7 + 7; dans les piémontaises, au décasyllabe, et sans rime constante.

––––––––

TEXTE CRITIQUE

1 Av'-ous point vu la Péronnelle,   que les gens d'arm' ont emmené' ?

(*bis*)

2 Ils l'ont habillé' comme un page : c'est pour passer le Dauphiné.

3 El avoit trois mignons de fréres   qui la sont allés pourchasser.

4 Tant l'ont cherché' que l'ont trouvée   à la fontaine d'un vert pré.

1. *A*, *B'*, *B''*, *D* ; *C* (N'av... amenée ?); *Mayenne* (N'as-tu... q. nos gend. o. tant cherchée ?), *Canavais* (Bundì, la bela Peroneta.... S'a l'àn meinà-la via). « Peronnelle » est l'ancienne forme française du latin *Petronilla*; le nom a subsisté, légèrement altéré, dans les versions piémontaises; il a disparu de la catalane.

2. *A*, *B'*, *B''* (... en page..).

3. *A* ; cf. *Catalogne* (De tres germans qu'en tenìa nit y dia la fan *cerqué*), *Canavais* (S'a l'è lo so pare e la sua mare Ch'a j'è tre giurn ch'a la van cercand).

4. *A* ; *Mayenne* (L'ont t. ch. qu'ils ... des v. pr.); *Canavais* (Di t. cerchè a l'àn ritruvà-la Riva na funtana an mes d'ün prà); *Catalogne* (... à l'ombra d'un *orangé*).

––––––––

1. Cela ressort du rythme même de la chanson monorime; et d'ailleurs Rabelais l'a mise en sa liste de chansons de danse, au l. V du *Pantagruel*.

5 « Et Dieu vous gart, la Péronnelle !   vous en voulez point retourner ? »

6 — « Et nenni vraiment, mes beaus frères,   jamais en France n'entrerai.

7 Recommandez-moi à mon père   et à ma mère, s'il vous plaît. »

5. *A*; *Mayenne* (Ah ! bonjour donc, l. P., v. plairait-il v. en venir ?); *Catalogne* (... Margarideta, vost en venir en *France* ?); *Canavais* (Bundi... la bela Peroneta, Voli-ve rit. al vost pais ?).

6. *A*; *Mayenne* (Oh ! non, non, non, ce leur dit-elle, j. e. Flandre je n'irai), « Flandre », pour « France » mal entendu. *Catalogne* traduit exactement «...á Fransa no hi vaig *torné* »; *Canavais* « Al me pais mai pi che na riturna ».

7. *A*; cf. *Mayenne* (Ah ! dites-le bien à m. p. et à m. sœur la plus aîné,· *Canavais* (Mandè l'bundi a vost pare e v. mare...), où la phrase est prise à contre-sens, les paroles étant dites à la fille, et non par elle.

Dans *Canavais* et *Catalogne*, suivent quelques vers interpolés. *Mayenne* ajoute une longue suite de vers, qui proviennent d'une autre chanson de fille coupable.

————

L'on voit que notre texte critique coïncide absolument avec le manuscrit de Paris : les leçons des autres versions, quand elles sont bonnes, confirmant celles de ce document et, chaque fois qu'elles s'en éloignent, étant manifestement fautives. Ce fait insolite porte à croire qu'il n'y eut entre le manuscrit et la tradition originale que peu ou point d'intermédiaires, et partant, que l'œuvre du chansonnier est contemporaine de la rédaction du copiste. Si l'on considère, en outre, que la langue donne bien l'impression du même temps, et que la mention d'hommes d'armes français « passant le Dauphiné » ne se peut guère qu'entendre des expéditions d'Italie, qui commencèrent sous le règne de Charles VIII, on datera sûrement *la Péronnelle* des dernières années du xve siècle; ce qui s'accorde avec l'assertion de La Monnoye, lequel (je ne sais sur quel fondement) lui assignait l'époque de Louis XII. L'auteur, sans qu'il soit possible de préciser davantage, était un Français d'oïl.

A la vérité, cette chanson de fille dérobée est chose bien menue, et d'un fond tout à fait pauvre ; la langue seulement, qui est nette et saine, s'en pourrait louer. Et pourtant elle a joui, deux siècles durant, d'une fortune extraordinaire, soit que sa brièveté même et sa simplicité banale aient plutôt aidé à sa diffusion, soit que nos aïeux aient trouvé un charme singulier à la mélodie qui l'accompagnait [1]. Rabelais la catalogue dans son *Pantagruel*. Des faiseurs de farces, au XVIᵉ siècle (*Calbain*), puis au XVIIᵉ (*Comédie des chansons*), la mettent sur les treteaux. Elle entre aussi dans ces pots-pourris, dont les musiciens Fresneau (*Parangon des chansons, tiers livre,* 1538) ou Le Fèvre (*Meslanges de musique,* 1613) régalaient déjà l'oreille des Français contemporains. Enfin le terme familier de « péronnelle », dont le sens ne paraît pas près de se perdre, aussi bien que la locution proverbiale « chanter la Péronnelle [2] » qui avait cours au XVIIᵉ siècle (voy. OUDIN, *Curiositez françoises*), « cantar la Peirounelo », qui se dit encore en Provence (voy. MISTRAL, *Tresor dou Felibrige,* II) nous attestent jusque dans la langue cette grande popularité passée.

Si l'antique *Péronnelle* est à peu près abolie de la mémoire des chanteurs modernes, une autre chanson sur le même thème s'y est beaucoup mieux conservée : c'est *la Fille aux trois dragons* (tercets composés d'un vers de 12 syl., masculin, qui ne rime pas, et de deux vers de 14 syl. $= 8 + 6$, féminins, assonant ensemble) [3]. En voici le sujet. Une fille s'étant fait enlever par

---

1. Voy. l'étude de M. Tiersot sur *la Péronnelle* au point de vue musical, *Mélusine*, VII, c. 268 suiv.

2. Comp. l'expression analogue « chanter *Femme sensible* », qui date du commencement de ce siècle-ci : la jolie romance de Méhul, « *Femme sensible, etc...* », ayant joui d'une grande vogue dans les salons de nos arrière-grand' mères. L'un comme l'autre signifie : parler en l'air, niaiser.

3. Angoumois : BUJEAUD, I. — Poitou : PINEAU. — Lorient : ROLLAND, I. — Lozère : ID., ibid. — Ain : GUILLON. — Haute-Savoie : RITZ. — Montferrat : FERRARO, *Canti monferrini*.

trois dragons [1], ses père et mère se mettent à sa poursuite : ils la rencontrent le long d'une rivière, l'exhortent à revenir à la maison. La fille refuse net, et se félicite de la jolie vie qu'elle mène : un des dragons lui fait son lit, l'autre la coiffe ou lui donne sa chemise, le troisième couche avec elle, etc.

Le rapport de cette chanson avec *la Péronnelle* est évident. Les « dragons » sont l'équivalent plus moderne des « gendarmes » du xve siècle ; la principale différence est qu'ici les parents de la dérobée la poursuivent, et non plus ses frères ; au reste, le chiffre trois semble avoir passé des frères aux dragons. Non seulement il y a entre les deux chansons communauté de thème, mais l'auteur de la plus récente devait avoir en l'esprit quelque vestige de l'ancienne, d'autant qu'il a mis dans un sien couplet le demi-vers caractéristique « L'ont tant cherchée qu'ils l'ont trouvée », emprunté mot pour mot à *la Péronnelle*. En somme, *la Fille aux trois dragons* constitue un simple *rifacimento* de la chanson du temps de Louis XII.

---

1. *Lorient*, par une amusante adaptation locale : « quatre jolis *soudeux* d'haricots *vères* » (= soudeurs de boîtes en fer blanc, pour les conserves de haricots verts).

III

LES PRINCESSES AU POMMIER DOUX

CATALOGUE DES VERSIONS

France d'oïl

Troyes (?) : V^ce OUDOT [édit.], *Rec. des plus belles Chansons et Airs de court*, Troyes et Paris, 1715 [1]. — Repr. par ROLLAND, IV.

Franche-Comté 1 : X. MARMIER, *Chants pop. du Nord* (Introd.), 1841 [date de la dédicace] [2].

Franche-Comté 2 : LEROUX DE LINCY, d'après BRIZEUX, *Recueil de Chants histor. français*, II (Introd.), 1842. — Repr. par CHAMPFLEURY-WEKERLIN, *Chans. pop. des prov. de France*.

= Version identique, donnée, comme provenant de Mézières, par NOZOT, *Poés. pop. de la France*, VI, mss. B. N. — Publ. par TARBÉ, *Romancéro de Champagne*, II ; et par MEYRAC, *Tradit. des Ardennes*. —

Valois [fragm.] : GÉRARD DE NERVAL, *la Sylphide* (périodique), VI,

---

1. Je désigne hypothétiquement cette version par le nom de Troyes, à cause de la ville où fut édité le chansonnier.

2. Cette version comtoise ne peut être employée dans l'établissement du texte. Bien que la première en date de publication, et malgré la mise en scène romantique que l'éditeur lui compose, il y a de sûrs indices qu'elle n'est pas sincère : Marmier l'a copiée, avec une ou deux retouches, sur le texte de Brizeux, imprimé seulement quelques mois plus tard, mais qu'il devait connaître en manuscrit.

1842. — De nouveau dans *Les Filles du Feu* et *La Bohème galante*, du même.

Indéterminé : *Poés. pop. de la France*, IV, mss. B. N., réd. 1854.

Côtes-du-Nord : MARRE, *ibid.*, IV, r. 1854.

Givry (Ardennes) : NOZOT, *ibid.*, IV, r. 1856. — Publ. par TARBÉ, *Romancéro de Champagne*, II ; et par ROLLAND, IV.

Étretat (Seine-Inf^re) : NICOLE, *Sur la plage, Étretat*, 1861.

Franche-Comté 3 : BUCHON, *Noëls et Chants pop. de la Franche-Comté*, 1863. — Inséré d'abord dans la *Rev. des Deux Mondes* de 1854.

Canada : GAGNON, *Chans. pop. du Canada*, 1865.

Audun-le-Roman : DE PUYMAIGRE, *Chants pop. rec. dans le pays messin*, 1865.

Châteauneuf : DECOMBE, *Chans. pop. d'Ille-et-Vilaine*, 1884.

*Andelat (Cantal), [fragment] : G. DONCIEUX, d'après FARGUES, *la Pernette*, dans la *Romania*, XX, 1891. (Ce fragment sert de début à une version contaminée de *la Pernette*.)

Poitou : PINEAU, *Le Folk-Lor du Poitou*, 1892.

Franche-Comté 4 : BEAUQUIER, *Chans. pop. rec. en Franche-Comté*, 1894.

Nivernais : MILLIEN, *Rev. du Nivernais*, 1896.

FORMULE RYTHMIQUE

Chanson à danser. Vers de 10 syl. $= 5 + 5$, masculins, uniformément assonancés en *ou*; chaque vers, muni d'un refrain intérieur bipartit, forme couplet.

TEXTE CRITIQUE

Derrier chez mon père,
Vole, mon cœur, vole !
1 Derrier chez mon père   y a un pommier dous,
Tout dous !
Y a un pommier dous. (*bis*)

2 Trois jeunes princesses   sont couché's dessous.

3 Ce dit la plus jeune : « Je croi qu'il est jour. »

4 Ce dit la seconde :   « J'entens le tambour. »

5 Ce dit la troisième :   « C'est mon ami dous ! »

6 — « Il va à la guerre   combattre pour nous. »

1. *Comté* 2, 3 et 4, *Nivernais, Audun* et *Canada* (Par derrier...); cf. *Troyes, Châteauneuf, Givry,* etc. ; *Andelat* (un aubre en flour). — « Pommier doux », c'est-à-dire pommier cultivé, par opposition au pommier sauvage dont le fruit est aigre.
Le refrain résulte de *Comté, Valois, Poitou, Nivernais, Côtes-du-Nord, Canada.*

2. *Comté* 2, *Valois* + *Troyes, Châteauneuf* et *Comté* 4 (jeunes); cf. *Givry, Andelat, Nivernais,* Indét.. *Étretat.*

3. *Troyes, Comté* 2 (Çal d. 1. première... fait j.), *Comté* 4 (Sœurs, d...); cf. *Comté* 3, *Givry, Chât-auneuf, Audun, Nivernais,* etc.

4. *Troyes* + *Comté* 2, 3 et 4.

5. *Troyes, Comté* 2 et 3 (Çal d...); cf. *Comté* 4, *Audun, Givry.*

6. *Comté* 2 ; cf. *Comté* 4, *Troyes, Châteauneuf, Canada, Nivernais, Étretat,* etc.

7 — « S'il gagne bataille, aura mes amours. »

8 — « Qu'il perde ou qu'il gagne, les aura toujours! »

7. *Comté* 2 et *Troyes* (il aura...), *Côtes-du-Nord* (id.), *Comté* 4 (auront...) ; cf. *Canada, Givry, Châteauneuf, Audun, Poitou.*

8. *Comté* 2 et *Troyes* (il l. a...), *Côtes-du-Nord* (id.) *Comté* 4 (l. auront...) ; *Comté* 3 (Q. gagne o. non g., il ...); cf. *Canada, Châteauneuf, Audun, Poitou, Nivernais.*

Cette chanson, plutôt sporadique dans le reste de la France, a pour foyer certain la partie orientale d'oïl : Lorraine, Champagne, Franche-Comté, et particulièrement cette dernière province, où elle est très répandue et très purement conservée : on peut donc, en toute vraisemblance, la réputer native de la Franche-Comté ou de l'une des deux provinces limitrophes.

Elle est à coup sûr des plus anciennes que nous ayons. Si elle ne se lit dans aucun de nos vieux recueils, encore ne peut-on manquer de la rapprocher de certaines chansons contenues en des manuscrits de l'extrême xvᵉ siècle, et que leur style déclare sensiblement contemporaines de ces manuscrits. L'une, tirée du ms. fr. 12,744 de la B. N. (publié par G. PARIS, *Chansons du XVᵉ siècle*) débute par ces vers :

> Au jardin de mon père   il y croist un rosier,
> Trois jeunes demoiselles   sy s'i vont umbraigier...

L'autre se réduit à ce fragment, extrait par M. Tiersot d'un ms. de la Bibliothèque de Dijon :

> Nous étions trois dames   couchées sous un saulx,
> Disions l'une à l'autre :   Compaigne, tu dors[1].

Ainsi ce motif initial, de trois femmes couchées sous un arbrisseau et qui devisent ensemble, est une espèce de lieu com-

---

1. Observez encore que le vers est pareil à celui de notre chanson : décasyllabe à membres égaux, masculin, à césure féminine.

mun familier aux faiseurs de chansons du xve siècle, et qu'on
ne trouverait guère chez les poètes plus récents. Nos princesses
au pommier doux, proches parentes qu'elles sont des trois
demoiselles au rosier et des trois dames au saule, ne sauraient
être d'un âge bien différent; et la chanson se date ainsi des
dernières années du xve ou des premières du xvie siècle.

Que dire du thème, aérien vraiment et impalpable? Cela,
comme on dit, est fait avec rien, et cela est d'un charme d'autant
plus subtil. Vous n'y voyez nulle histoire, tout juste une situation, un sentiment, éclairé d'un rapide et vif rayon de poésie.
Elles sont là trois vagues princesses qui sommeillent, dans le
plus chimérique des jardins. Le jour point, le tambour bat, le
bel ami part en campagne ; c'est lui le champion des princesses.
Je l'aimerai vainqueur, dit l'une : et cela, c'est ce que trouverait
la première venue. Mais la troisième, celle qui aime, dit le vrai
mot de l'amour : Vainqueur ou non, je l'aimerai toujours ! Et
ce mot tout simple, pour définir le mystère d'aimer, ne vaut-il
pas bien la plus profonde maxime de La Rochefoucault, la plus
délicate analyse de Stendhal ?

IV

LA PRISON DU ROI FRANÇOIS

CATALOGUE DES VERSIONS

France (oïl et oc)

Parisis (?) : *Chansonnier Maurepas*, I (fr. 12,616), mss. B. N., 1ʳᵉ moitié du XVIIIᵉ siècle [1]. — Publ. par LEROUX DE LINCY, *Rec. de Chants historiques français*, II.

*Ossau : MAZURE, *Histoire du Béarn*, 1839. — Repr. par SALLES, *Poés. pop. de la France*, II, mss. B. N. ; et par DE PUYMAIGRE, *Rev. de l'Est*, VI.

⸗ *Ossau : DE PUYMAIGRE, *Romania*, III, 1874 [2].

Bretagne : H. DE LA VILLEMARQUÉ [3], *Poés. pop. de la France*, II, mss. B. N., réd. vers 1854. — La même version, sauf quelques variantes, publiée dans la *Rev. de l'Est*, VI ; de nouveau, avec la mélodie, dans la *Rev. des Trad. pop.*, III.

Indéterminé : *Poés. pop. de la France*, II, mss. B. N., [s. d.].

---

1. Ce chansonnier n'est en général qu'une copie, soigneusement exécutée par les ordres du ministre Maurepas, du recueil Gaignières-Clairambault, lequel est aussi conservé aux mss. de la Bibl. nat. Toutefois, le chant de la captivité de François Iᵉʳ manque dans celui-ci.

2. De P. ne s'est pas aperçu de l'identité de ces deux versions, fournies à Mazure et à lui, à bien des années de distance, par le même chanteur ossalais, nommé Sacaze : l'une transmise oralement, l'autre copiée sur le cahier du chanteur, ce qui explique quelques variantes insignifiantes.

3. Qui déclarait tenir la chanson de son illustre parent Châteaubriand (vers 1835).

Pévèle (Nord) :   } DE PUYMAIGRE, d'après FAVIER, *Romania*, III,
L'Ostrevent (id.) : } 1874.
Moncontour (Côtes-du-Nord) : J. CARLO, *Rev. des Trad. pop.*, IV,
1889.

Piémont

Alba : NIGRA, *Canti pop. del Piemonte* (n° 5), 1888.

Catalogne

Catalogne (*E*) : BRIZ, *Cans. de la Terra*, IV, 1874.
Cat. *A, B, C, D* : MILÁ, *Romancerillo catalan* (n° 80), 1882.

FORMULE RYTHMIQUE

Chanson à danser. Vers de 16 syl. $=8+8$, masculins, uniformément assonancés en *i*; chaque vers, muni d'un refrain bipartit, forme couplet.

Dans les versions catalanes, hormis la seconde moitié de *C*, où il est intact, le vers a été ramené au type de 14 syl. $=7+7$.

TEXTE CRITIQUE

1 Quand le Roi départit de France.
          Vive le Roi !
                    à la male heure il départit.
          Vive Loys !

2 Il départit jour de dimanche   et jour de lundi il fut pris.

3 « Rens-toi, rens-toi, grand roi de France,   rens-toi donc, car te voilà
                                              [pris ! »

4 — « Je ne suis pas le roi de France,   vous ne savez mi' qui je suis.

5 Je suis un povre gentilhomme,   qui va de pays en pays. »

1. *Bretagne, Parisis* (...partit...) ; cf. *Ossau, Indét., Catalogne B.*
Le refrain, qui n'est pas marqué ailleurs, résulte de *Bretagne, Moncontour, Pévèle* [1], confirmés par *Ossau* (Vive la rose ! — Vive la fleur de lys !), par *Catalogne A* (Viva Lluis !) et par *Cat. C,* qui donne en guise de vers-refrain :
          Rendit es *lo rey* de Fransa, es rendit *lo rey Lluis!*

2. *Bretagne;* cf. *Parisis, Indét., Pévèle, Ostrevent, Cat. B.*

3. *Parisis* + *Bretagne* (grand roi), *Pévèle* et *Ostrevent* (grand roi..... te voilà pr.) ; cf. *Indét., Ossau, Moncontour, Cat. B.*

4. *Bretagne* et *Pévèle* (... v. n. sav. pas q. j. s.), *Ostrevent* (Je n. s. mie...), *Moncontour* et *Parisis* (... point r. d. F., v. n. sav. q. j. s.), *Indét.* (id.) ; cf. *Ossau, Cat. B.*

5. *Bretagne, Pévèle, Moncontour* (... u. brave g...) ; *Ostrevent* et *Indét.* (... qui roule...), *Parisis* (.....q. s'en v. par le p.).

1. Ajoutez que ce même refrain a passé, avec la mélodie, dans une chanson politique du xviie siècle : *Monsieur d'Uzès, capitaine...,* qui se lit dans *la Clef des Chansonniers,* Ballard, 1717.

6 Regardèrent à sa casaque,   avisèrent trois fleurs de lys.

7 Regardèrent à son épée,   François ils [y] virent écrit.

8 Ils le prirent, ils l'emmenèrent   tout droit au château de Madrid.

9 Ils le mirent dans une chambre   où l'on ne voyoit jour ni nuit,

10 Sinon par une fenestrelle   qui étoit au chevet du lit.

11 Regardant par la fenestrelle,   a vu un postillon venir :

Bretagne, Indét. et *Pévèle* ajoutent ici :

En demandant la *caristade*, un petit morceau de pain bis

vers parasite, à ce qu'il semble, et qui s'appliquerait mieux à un chemineau qu'à un chevalier errant.

6. *Parisis, Bretagne* (A mis la main sous s. c., découvre les tr. fl...); cf. *Moncontour, Ossau, Indét., Catalogne* B, C, D, aussi *Pévèle* et *Ostrevent*, où le vers est contracté avec le suivant.

7. *Parisis ;* cf. *Indét.* (où le nom est : François Valois), *Pévèle* et *Ostrevent* (Louis Bourbon), *Moncontour* (roi de France), *Catalogne* B, C, D (pas de nom).

8. *Parisis, Moncontour* + *Bretagne* (tout dr.); cf. *Ostrevent* et *Pévèle, Cat.* C, D, etc. — Dans *Pévèle* « le ch. de M. » est devenu la « grand'tour de Maëstrick », dans *Alba* ; la « t. de Paris », dans *Cat.* B un « moustier » ; dans *Ossau* le nom de la ville est tombé.

9. *Parisis, Moncontour* + *Bretagne* ; cf. *Indét.* (tour), *Ossau* (tour obscure), *Catalogne* A, B, C, D (presó oscura *ou* fosca).

10. *Ossau, Parisis, Moncontour* ; cf. *Bretagne, Catalogne* A, B, C, *Alba.* — *Bretagne, Moncontour, Parisis* mettent « u. petite fenêtre », qui est trop long pour la mesure du vers; mais *Ossau* et *Alba* donnent les formes diminutives dialectales « frinestote », « fenestrinho », d'où l'on doit induire la leçon française « fenestrelle » ; les versions catalanes ont ou « finestra », ou le diminutif « reixeta ».

Suivent, dans *Bretagne*, deux vers parasites (le prisonnier n'a que de la paille pour lit, — de l'eau de puits pour breuvage).

11. *Parisis* (fenêtre) + *Bretagne, Ossau* ; cf. *Pévèle* et *Ostrevent, Catalogne* A, B, C, D. — *Bretagne, Ostrevent, Ossau, Catalogne* B, *Alba* s'accordent à

12 « Beau postillon qui portes lettres,   que dit-on du Roi dans Paris ? »

13 — « [Ah]! par ma foi, mon gentilhomme,   on ne sait s'il est mort
|ou vif. »

14 — « Beau postillon qui portes lettres,   retourne-t'en vite à Paris.

15 « Va dire à la Reine ma mère   et va dire à Montmorency,

16 « Qu[e l']on fasse battre monnoie   [tout] aus quatre coins de Paris ;

dire « postillon », qui est la vraie leçon ; ailleurs, « courrier », « messager »,
« soldat »; *Cat. C* travestit « postillon » en « Petit Non » (!).

12. *Bretagne*, *Ostrevent* (O p..... à Paris), *Parisis* (Courrier ... à P.); cf.
Indét., *Moncontour*, *Pévèle*, *Ossau*, *Cat. A, B, C, D, Alba*.

13. *Parisis*, *Bretagne*; cf. *Indét.*, *Ostrevent*, *Ossau*, *Pévèle*, *Catalogne A, C*. —
Parisis, *Bretagne* et *Ostrevent* donnent « mort ou vif » (et non « mort ou
pris »), qui est la vraie leçon. On sait en effet que le roi, grièvement malade
pendant sa captivité, fut un instant si bas que le bruit de sa mort courut à
Paris. *Alba*, pensant à la mort de Louis XVI, dit qu' « on veut faire pendre
le roi de Paris ».

Suit, dans *Bretagne*, *Pévèle* et *Moncontour*, un vers parasite.

14. *Bretagne*, *Ostrevent* (O p.....), *Parisis* (Courrier,... r. t'en à P.);
cf. *Moncontour*, *Ossau*, *Cat. A* et *D*.

15. *Parisis* + *Pévèle*, *Ostrevent*, *Moncontour*, *Indét.*, *Ossau* et *Alba* (à la
reine), *Cat. C* (a la reyna Arena); cf. *Cat. A, B*. — La leçon propre à *Parisis*,
« à ma mère », est juste pour le sens (il s'agit de Louise de Savoie, régente),
mais elle fait l'hémistiche trop court; les autres versions, qui portent « à la
Reine », fournissent une correction facile : les deux leçons se combinant bien
dans l'expression « la Reine mère », dont un chanteur catalan a fait ensuite
l'inintelligible « la reyna *Arena* ». « Et », initial dans *Parisis*, transféré à l'hémistiche. — Le « Montmorency » du 2e hémist. est tombé partout, sauf dans
Parisis. *Alba* remplit cet hémistiche avec le v. 16; *Cat. A* avec le v. 20;
Pévèle et *Ostrevent*, *Moncontour*, *Ossau*, *Cat. B, C* et *Indét.* avec le v. 19
(voy. plus loin).

16. *Parisis*; cf. *Indét.*, *Ossau*, *Cat. B, Alba*.

17 « S'il n'y a de l'or [assez] en France,   que[c l]'on en prenne à Saint
[Denis.

18 « Que l'on fonde crois et lanternes,   jusqu'aus dorures du lambris ;

19 « [Et] que le Dauphin on amène,   aussi mon petit fils Henri.

20 Va dire à mon cousin de Guise   qu'il vienne ici me requérir. »

    17. *Parisis* ; cf. *Bretagne*, *Cat. A* et *B*, *Alba* (où le 2ᵉ hémistiche est tombé),
et *Ostrevent* (où il est devenu : « qu'on coupe un bras à Saint Denis » (!),
Alba et *Cat. B* donnent les équivalents de [assez] : « bastansa », « abasta ».

    18. *Bretagne* ; cf. *Indét.*, *Ostrevent*, *Catalogne A*.

    19. *Parisis* + *Pévèle* (aussi) ; cf. *Indét.*, *Bretagne* et *Moncoutour* ; *Ostrevent*
et *Catalogne B,C* (mon fils Louis), *Ossau* (mes enfants petits) ; *Pévèle* dit
« mon f. George ».

    20. *Parisis* + *Bretagne* (Va dire...) ; cf. *Cat. A*. D'après *Bretagne*, « mon
cousin Guillaume », au lieu de quoi La Villemarqué a conjecturé « m. c.
Vendôme ».

    Parisis conclut par un vers narratif, fort plat, que je ne crois pas original :

        Pas plus tôt dit[e] la parole   que monsieur de Guise arrivit.

La Villemarqué, dans une variante de *Bretagne*, termine le discours du Roi
par cette phrase chevaleresque :

        Quant à mon bon peuple de France,   point ne veux de charge sur lui !

vers assurément fabriqué, d'autant qu'il est en contradiction avec le ton satirique de toute la pièce : on y sent une main lettrée et royaliste, disons celle
de l'auteur du *Barzaz-Breiz*.

————

La Prison du roi François est un de ces rares monuments de
la littérature populaire qu'on peut dater avec une entière précision. Cette chanson, faite à propos de la captivité de François Iᵉʳ, est nécessairement antérieure à sa rentrée dans le
royaume, qui eut lieu le 17 mars 1526 ; d'autre part, elle dut
précéder de peu le traité de Madrid, dont le vers 19 énonce
par anticipation l'un des principaux articles, savoir la livraison

en otage des deux fils de France ; or le traité, signé le 14 janvier, fut publié dans Paris à la mi-février ; mais déjà avant cette date, la population y était au courant des conditions de la paix, par les rapports des magistrats du Parlement qui la négociaient en Espagne. Ainsi la naissance de la chanson paraît tomber dans les dernières semaines de l'an 1525. Il n'y a pas de doute qu'elle soit parisienne (le postillon vient de Paris ; le roi demande ce qu'on dit de lui à Paris ; il veut qu'on prenne de l'or à Saint-Denis...), et, ce semble, d'un Parisien assez bien instruit des choses et des personnes de la Cour.

La mention de la Reine mère, régente du royaume, d'Anne de Montmorency, l'homme de confiance du Roi [1], de Claude de Guise, son cousin par les femmes et l'un des plus importants personnages du conseil de régence, celle du Dauphin et de son frère cadet Henri (d'Orléans) [2], tout cela est historiquement exact. Et maint autre détail de même. Il paraît bien que François Ier, à Pavie, pensa d'abord n'être point reconnu, sous la visière baissée de son casque, par les Impériaux qui le pressaient. Il est vrai encore que la chambre où il fut incarcéré, dans une tour du château de Madrid, était fort étroite, éclairée par une seule fenêtre. L'ordre qu'on feint qu'il donne, de lui amener le Dauphin et le petit Henri, traduit fidèlement une des clauses réelles du traité de paix. S'il enjoint, dans la chanson, de battre monnaie aux quatre coins de Paris, c'est là une façon de parler ; mais nous savons qu'avant la fin de 1525, en réponse aux exigences de Charles-Quint, qui prétendait obstinément la cession de la Bourgogne, le Roi lui fit offrir plusieurs fois par ses négociateurs l'énorme rançon de trois millions d'écus d'or [3].

1. Fait prisonnier à Pavie ; mais relâché ensuite contre rançon, il était rentré en France pendant la captivité du roi, et s'employait aux négociations de la paix.

2. Henri II, qui, par le prédécès de l'aîné, succéda à François Ier.

3. Cette indemnité, réduite à 2 millions, fut effectivement stipulée, et, pour la plus grande part, payée à l'Empereur en espèces d'or ; mais trois ans plus tard, après de nouvelles hostilités provoquées par l'inexécution des con-

Enfin, l'histoire est ici partout reconnaissable, quoique tra-
vestie à la guise populaire, et avec un évident parti pris de
dénigrement. Car notre chanson est bien, selon l'intitulé du
chansonnier Maurepas, une pièce satirique. Toute l'infortune
de François Ier y est prise au burlesque : nul respect de la bra-
voure qu'il déploya dans la bataille, nulle compassion pour les
grandes souffrances qu'il endura. Ce prince qui part le dimanche
pour se faire prendre le lundi, qui joue, afin d'échapper, le personnage d'un pauvre gentilhomme vagabond, qui ne songe au
royaume de France que pour lui faire suer tout l'or de sa
rançon, apparaît là comme un monarque dérisoire, un misérable
étourdi, de cœur vain et de piteuse mine. Le refrain même
semble accentuer la moquerie. « Vive Louis ! », en 1525, ne pouvait s'entendre que du cousin et prédécesseur de François Ier,
le populaire Louis XII, le Père du peuple : il est possible qu'un
tel refrain soit emprunté tout simplement à quelque chanson
du précédent règne ; mais qui sait si dans l'invention ou
dans le choix de ce vivat, il n'est pas entré aussi une intention
sarcastique ? « Vive Louis ! » sonnerait ici comme «. A bas
François ! » On sait, au surplus, qu'après le désastre de Pavie
Paris demeura fort hostile au roi. En somme, le Parisien qui
composa, l'an 1525, cette chanson que des paysans répètent
encore aujourd'hui, sans la comprendre, à tous les bouts de la
France, c'était un opposant, un « Bourbonnais » ; un aïeul des
faiseurs de mazarinades ; un ancêtre de Béranger.

---

ditions du traité de Madrid, et en vertu du traité de Cambrai (5 août, 1529)
qui y mit fin.

V

LA PASSION DE JÉSUS-CHRIST

CATALOGUE DES VERSIONS

France (oïl et oc)

Indéterminé 1 : V⁰ VALLEYRE [édit.], *Nouveaux Cantiques...*, Paris, av. permission de réimprimer en date de 1748.

= Une version, berrichonne, rec. en 1857 par R. DE LAUGARDIÈRE, *Poés. pop. de la France*, I, mss. B. N., n'est rien de plus qu'une copie de ce texte [1].

Indéterminé 2 : *Poés. pop. de la France*, I, mss. B. N., réd. 1855, (version presque identique à la précédente). — Publ. par M. SEPET, *Bibl. de l'École des Chartes*, XXXX.

Limousin : *Ibid.*, I, r. 1855. — Publ. par DUMUYS, *Le Chant de la Passion dans la Sologne orléanaise*.

Anjou : Jos. PINEAU, *ibid.*, IV, r. 1855.

Preuilly (Cher) : R. DE LAUGARDIÈRE, *ibid.*, I, r. 1857. — Publ. par DUMUYS, *Le Chant de la Passion*, etc.

*Provence : ARBAUD, *Chants pop. de la Provence*, II, 1864.

Bourgogne [fragm.] : CH. NISARD, *Des Chansons populaires*, I, 1867.

Sainte-Eulalie (Ardèche) : SMITH, *Romania*, II, 1873.

Lorraine : ESTRE, *Lo pia Ermonèk loûrain po 1879*.

Saint-Dié (Vosges) : LOOTENS-FEYS, *Chants pop. flamands* (notes), 1879.

------

1. *Indéterminé 1* (ensemble *Indét. 2*, qui dérive d'un texte similaire) est une version remaniée par une main cléricale : la complainte populaire, devenue « cantique spirituel », a été expurgée de plusieurs traits naïfs jugés hétérodoxes, et notablement amplifiée : outre la Passion proprement dite, il y est parlé de la descente de croix, de la mise au tombeau et de la résurrection.

Ligny-le-Ribault : } Dumuys, *Le Chant de la Passion dans la Sologne*
Anais (Charente) : {   *orléanaise*, 1881.
La Hague [fragm.] : Fleury, *Litt. orale de la Basse-Normandie*, 1883.
Argentré : Decombe, *Chans. pop. d'Ille-et-Vilaine*, 1884.
Coutances [fragm.] : Le Héricher, *Litt. pop. de la Normandie*, 1885.
Hte-Bretagne : Sébillot, *Coutumes pop. de la Haute-Bretagne*, 1886.
Loutehel (Ille-et-Vilaine) : Orain, *Glossaire patois du département d'Ille-et-Vilaine*, 1886.
Bain (id.), fragm. : Id., *Mélusine*, III, 1886.
Niort (Deux-Sèvres) : Desaivre, *Les Chants pop. des Rois en Poitou*, 1888.
*Sérignac (Lot) : Daymard, *Vieux Chants pop. rec. en Quercy*, 1889.
*Chalosse (Landes) : [Foix], *Poésie pop. landaise*, 1890.
Herve (Belgique) : Doutrepont, *Mélusine*, V, 1890.
Lierneux (id.) : Id., d'après Lemaire, *ibid.*, V, 1890, (en variante de la version précédente).
*Albret : Dardy, *Anthologie pop. de l'Albret*, I, 1891.
Corrèze : Plantadis, *Écho de la Corrèze*, 1893 (traduction française d'un texte dialectal).
*Lubersac (Corrèze), fragm. : Lemovix (pseudonyme), *ibid.*, 1893.
Boin : Trébucq, *La Chanson pop. en Vendée*, 1896.
Chamonix (Hte-Savoie) : J. Favre, *inédit*, r. 1896.
Dol (Ille-et-Vilaine) : Duine, *Ann. de Bretagne*, XIV, 1898.

Piémont

Montferrat : Ferraro, *Canti pop. monferrini* (n° 108), 1870.
Turin [fragm.] : Nigra, *Canti pop. del Piemonte* (n° 153), 1888 [1].

FORMULE RYTHMIQUE

Complainte. Vers de 14 syl. = 8 + 6, féminins, uniformément assonancés en *an* + *e*; généralement groupés deux à deux par la mélodie.

---

1. Ces morceaux sont quasi informes quant au rythme, et d'un sens très confus; on y reconnaît néanmoins une dizaine d'hémistiches empruntés à la complainte française.

TEXTE CRITIQUE

1 La Passion du dous Jésus, qu'est moult triste et dolente,
Ecoutez-la, petits et grans, s'il vous plaît de l'entendre !

3 Il a marché sept ans déchaus, pour faire pénitence.
Il a jeûné quarante jours sans prendre soutenance ;

5 Au bout de ces quarante jours, il a bien voulu prendre
Du pain bénit, deux doits de vin, une pomme d'orange :

7 Encore n'a-t-il pas tout pris, en fit part à ses anges.
Il entra dans Jérusalem par un jour de dimanche ;

1. *Indét.* 2, *Lorraine, Herve, Anais, Bretagne, Dol, Loutehel, Coutances, Bourgogne* + *Chalosse* (qu'e. bien tr. et d.), *Sérignac* (qu'e. tant tr. et d.), *Niort* (bien tr. et bien d.), *Anais* (... est moult d.); cf. *Limousin, Hague, Albret,* etc.

2. *Chalosse, Limousin, Lubersac, Bretagne,* etc. + *Herve, Sainte-Eulalie, Lorraine, Indét.* 1 ; cf. *Hague, Provence, Loutehel,* etc.

2. *Lorraine, Saint-Dié* (... a été...), *Lierneux* (... est allé...), *Chaloss,* (... piés nus ...p. notre p.); cf. pour le 1er hémistiche, *Limousin, Niort, Bourgogne* et *Anais* ; pour le 2e, *Anjou, Chamonix,* etc.

4. *Indét.* 1 et 2, *Provence, Montferrat,* etc. ; *Hague,* etc. (... de substance), *Herve* (...aucun' subst.), *Chalosse* (...s. jamais pr. subst.); cf. *Anjou, Argentré, Bain, Bourgogne,* etc.

5. *Chamonix, Boin* + *Anjou, Bretagne, Hague* ; cf. *Provence.*

6. *Limousin* ; cf. *Provence* et *Albret* (d. pain bénit); *Bretagne, Dol, Anjou* (deux doigts de vin, u. p. d'orange); *Preuilly, Argentré, Loutehel, Bain* (u. pomme d'orange).

7. *Anjou* + *Loutehel, Dol, Boin, Albret* ; cf. *Bain, Argentré, Limousin, Bretagne,* etc. — Suit, dans quelques versions, un vers parasite.

8. *Hague, Indét.* 1 et 2 (les hémistiches sont disjoints) ; cf. *Herve, Lorraine, Saint-Dié.*

9 Rencontra quantité de Juifs,   lui ont fait révérence
De leurs chapeaus, de leurs rameaus,   de toute leur puissance.

11 Si a dit Saint Pierre à Saint Jean :   « Voilà grand révérence ! »
A répondu le dous Jésus :   « C'est trahison bien grande !

13 » Avant qu'il soit vendredi nuit,   vous verrez mon cors pendre ;
» Vous verrez mes bras étendus   sur une crois si grande.

15 » Vous verrez mon chef coronné   d'une aubépine blanche.
» Vous verrez mes deux mains cloué's   et mes deux piés ensemble.

9. *Indét. 1* et *2 + Herve* et *Lierneux, Chamonix, Provence* ; cf. *Anjou* ; *Hague, Montferrat, etc.*

10. *Herve* et *Lierneux, Provence* ; cf. *Chamonix, Sainte-Eulalie, Hague, Montferrat.*

11. *Herve, Lorraine* et *Saint-Dié* (Ce d... aussi s. J...) ; cf. *Indét. 1* et *2* ; *Sainte-Eulalie, Bretagne, Preuilly, Anjou, Loutebel.*

12. *Herve, Loutebel + Indét. 1* et *2, Anjou, Lierneux, Lorraine* ; cf. *Provence, Montferrat.*

13. *Anjou, Argentré, Saint-Dié, Sainte-Eulalie, Herve* (A. q. s. trois jours d'ici...) ; cf. *Provence, Corrèze* ; *Indét. 1* et *2, etc.*

14. *Anjou, Albret, Boin, Argentré + Herve* et *Lierneux* ; cf. *Chamonix, Provence, Limousin* ; *Indét. 1* et *2, Preuilly.* — « Croix blanche » (*Chamonix, Limousin*) est là par réminiscence du v. 15 ; « croix dolente » (*Provence, Albret*) par réminiscence du v. 20 ; « croix sanglante » (*Indét. 1* et 2) est littéraire ; « croix si grande » (*Herve* et *Lierneux* ; cf. *Albret* et *Chamonix*, qui mettent « grand'croix... ») est la vraie leçon, vu la hauteur démesurée que les artistes primitifs donnaient à la croix du Christ.

15. *Lorraine, Indét. 1* et *2, Chalosse, Herve* et *Lierneux* (... ma tête c...) ; cf. *Provence, Bretagne, Anjou, Sainte-Eulalie, Turin, etc.* — Les leçons « de noble épine bl. » (*Indét. 1*), « d'ignoble ép. bl. » (*Indét. 2*), «dab nâu esp. bl. » (*Chalosse*) sont issues par homophonie de la leçon originale « d'une aubépine bl. », ou, selon la forme populaire de *Herve* et *Lierneux*, « d'une arbépine bl. ». — La vieille forme « coronné » est dans *Indét. 1* et *Sainte-Eulalie.*

16. *Lorraine, Corrèze, Provence + Chamonix* (m. mains), *Sainte-Eulalie* (id.), *Herve* (id.) ; cf. *Anjou, Indét. 1, Boin, Albret, etc.*

17 » Vous verrez mon côté percé   par un grand coup de lance.
  » Vous verrez mon sang découler   tout le long de mes membres.

19 » Vous verrez mon sang ramassé   par quatre petits anges.
  » Vous verrez ma mère à mes piés,   bien triste et bien dolente.

21 » Vous verrez la terre trembler   et les pierres se fendre,
  » Vous verrez la mer flamboyer   comme un tison qui flambe.

23 » Les étoiles qui sont au ciel,   vous les verrez descendre,
  Verrez la lune et le soleil   qui combattront ensemble. »

17. *Albret, Hervé* (... d'un si gr...), *Saint-Dié* (... d'un tr. gr...), *Chamonix* (... d'un gr...), *Indét.* 2 (... p. le bout d'une l.), *Indét.* 1 (... du dur fer d'une l.), *Corrèze* (... p. une gr. l.), *Lorraine* (... d'u. cruelle l.); cf. *Niort, Boin, Turin, etc.*

18. *Lorraine, Sainte-Eulalie, Anjou* (... s'écouler...), *Chamonix* et *Corrèze* (... couler...), *Preuilly* (... rioler...), *Loutchel* (... ruisseler...), *Limousin* (... river ...); cf. *Hervé, Bretagne, Anais, Provence.*

19. *Lorraine, Chamonix, Corrèze, Indét.* 2 et *Hervé* (... recueilli...); *Indét.* 1, *Anjou*, etc. (...p. q. de mes a.); *Preuilly* et *Anais* (... p. trois p. a.); cf. *Sainte-Eulalie, Boin.* — Quoique le mot « recueilli », donné par *Hervé* et *Indét.* 2, semble littérairement l'expression propre, tant de versions, d'ailleurs différentes, conviennent sur le mot « ramassé », qu'on doit sans conteste le tenir pour original.

20. *Indét.* 1 et 2, *Hervé, Niort, Anjou, Chamonix, Provence, Bretagne*, etc.

21. *Hervé, Chamonix, Sainte-Eulalie, Provence, Lorraine* (... toutes p...), *Loutchel* (... l. rochers...), *Indét.* 1 (... aussi les p. f.); cf. *Niort, Boin, Turin, Albret*, etc.

22. *Provence, Loutchel* (... un flambeau q. f.), *Limousin* (... l. m. brûler...); cf. *Boin, Sainte-Eulalie, Bretagne.*

23. *Corrèze*; cf. *Chamonix, Turin*, et, pour le 2e hémistiche, *Sainte-Eulalie, Boin.*

24. *Lorraine, Provence, Niort* et *Montferrat* (... se combattant...), *Indét.* 1 et 2 (.. se combattre...), *Hervé* et *Chamonix* (.. l. soleil e. l. lune...); cf. *Sainte-Eulalie, Limousin, Boin.*

25 La Passion du dous Jésus,   qu'est moult triste et dolente,
    Qui la saura, qui la dira,   gagnera l'indulgence.

25. *Indél.* 2, *Saint-Dié* (corrigés à l'aide du v. 1 d'*Anais*) ; cf. *Hervé*.
26. *Corrèze, Sainte-Eulalie* (... quarante jours d'ind.), *Chamonix* (Ceux q.
d. cette oraison gagneront...) ; cf. *Chalosse*.
Il y a d'autres formules finales dans *Boin, Bretagne, Argentré, Indél.1.*

Cette complainte, qui a passé aussi dans les dialectes d'oc, est
évidemment originaire d'une province d'oïl, d'ailleurs impossible à préciser. Quant à son âge, les vocables qu'on a cités
comme archaïques (*moult,* — *si* initial et explétif, — *déchaux,*
— *dolent,* etc.) appartiennent sans doute à la vieille langue,
mais ils étaient encore dans l'usage au commencement du
XVIIᵉ siècle, et même ont survécu jusqu'à présent dans certains
parlers provinciaux. Une phrase de César de Nostredame, en
son *Histoire et Chronique de Provence* (1614), fournit un meilleur
élément critique : « Quel plaisir est-ce, dit-il, d'ouïr réciter aux
pauvres demandant l'aumône aux portes *la Passion du fils de
Dieu* ¹,...et mille autres belles et vieilles choses de diverse taille
et mesure de vers ! » Si ce passage, comme il semble bien, fait
allusion à notre complainte, qui est certainement de tous les
chants connus de la Passion le plus antique, le plus considérable
et le plus répandu, il montre qu'à l'estime de Nostredame, la
pièce était plus vieille que lui, qui naquit l'an 1555 : ainsi
elle existait au milieu du XVIᵉ siècle. Depuis combien d'années ?
Arbaud la veut reculer jusqu'au siècle précédent, alléguant ces
deux vers du *Ludus Sᵗⁱ Jacobi,* moralité provençale du XVᵉ siècle :

    Ay vist lo soler e la luna — que ce conbattian ensenble,

1. Notez que le titre que lui donne Nostredame : *la Passion du Fils de
Dieu,* coïncide justement avec le premier hémistiche de notre complainte, ou
du moins avec une variante très plausible de cet hémistiche (comp. la leçon
d'*Albret* : « La Passion du joli Dieu... »).

lesquels se retrouvent à peu près textuellement dans le v. 24 de la complainte. Mais s'il est en effet possible que le dramaturge ait emprunté ce vers à une complainte préexistante, il l'est tout autant que le chansonnier populaire se soit ressouvenu d'un mystère entendu par lui ; et il se pourrait bien encore que l'un et l'autre eussent puisé à une source commune. Ainsi, la date de la moralité n'est rien moins que décisive pour l'âge de la complainte : on assignerait à celle-ci, avec assez de vraisemblance, la première moitié du xvie siècle.

Dans l'Ouest, *la Passion* est usitée comme chant de quête ; et des troupes d'enfant de chœur s'en vont la réciter dans les villages et les châteaux, pendant la période dite de la Passion, c'est-à-dire du deuxième dimanche avant Pâques jusqu'au vendredi saint.

*
* *

Le thème de la complainte se réduit à un tableau détaillé de la Passion, ou plutôt de la crucifixion, encadré avec une exactitude relative en d'autres récits évangéliques. On sait en effet que, selon Mathieu, xx, 18 sq., et Luc, xviii, 31 sq., Jésus, en approchant de Jérusalem, prédit sa passion aux disciples qui l'accompagnaient : l'auteur suit cette tradition, en l'altérant d'un léger anachronisme, puiqu'il place la prédiction du Christ, non point aux abords de Jérusalem et pendant la route, mais dans la ville même, après l'entrée triomphale. Il joint aussi bout à bout, et sans se soucier d'un laps de trois années, cette entrée à Jérusalem, qui marque le dernier acte du drame de Jésus incarné, avec le jeûne dans le désert, par où il inaugura sa vie publique : induit peut-être à cette contraction violente par l'idée du carême liturgique, qui, symbolisant le jeûne quadragésimal du Sauveur, aboutit à la semaine sainte, commémorative des événements de sa Passion. Quant aux sept ans que Jésus marche nu-pieds — un trait de pénitence qui fait pendant aux quarante jours de son jeûne, — c'est là une imagination populaire toute pure ; on se la peut expliquer par les peintures anciennes où Notre-Seigneur est traditionnellement figuré en robe et pieds nus, tandis que les autres personnages portent le costume et la chaussure de bourgeois contemporains : le poète, songeant aux moines déchaux qu'il voyait, aura interprété cela comme un signe de mortification. Ces jolies naïvetés populaires : les coups de chapeau des Juifs, le pain bénit et la pomme d'orange dont Jésus fait sa collation, n'ont pas besoin de commentaire. Mais il est curieux d'observer avec quelle fidélité parfois la complainte se moule, soit dans la narration, soit dans la description, sur le texte canonique.

Les vv. 4 et 5 reproduisent sensiblement Mathieu, IV, 2 (*Cum iejunasset quadraginta diebus et quadraginta noctibus...*) et Luc, IV, 2 (*... et nihil manducavit in diebus illis, et consummatis illis esuriit*) ; de même que les anges du v. 7 rappellent Mathieu, VI, § 11 (*ecce angeli accesserunt, et ministrabant ei*). Aux vv. 9 et 10 correspond Mathieu, XXI, 8 (*Plurima autem turba... cædebant ramos de arboribus et sternebant in via.*). Enfin, dans l'énoncé prophétique de la Passion, le v. 11 se réfère à Mathieu, XX, 19 (*Et tradent eum gentibus...*) ou à Luc, XVIII, 32 (*Tradetur enim gentibus...*) ; le v. 15 à Mathieu, XXVII, 29 (*...coronam de spinis posuerunt super caput ejus*) ou à Jean, XIX, 3 (*id.*) ; le v. 17 à Jean, XIX, 34 (*... unus militum lancea latus ejus aperuit...*) ; le v. 20 à Jean, XIX, 25, et surtout à la prose du *Stabat* (*Stabat mater... juxta crucem..., quæ mærebat et dolebat*) ; le v. 21 à Mathieu, XXVII, § 1 (*... et terra mota est, et petræ scissæ sunt*) ; les vv. 23 et 24 à Marc, XIII, 24 sq. (*... sol contenebrabitur, et luna non dabit splendorem suum*[1]. *Et stellæ cœli erunt decidentes...*) ou Mathieu, XXIV, 29 (*id.*) : passage qui, chez ces deux synoptiques, fait partie, non de la Passion, mais de la petite apocalypse de Jésus, et qui a trait, non aux signes célestes de la mort, mais à ceux de l'avènement final du Fils de l'homme ; au

---

1. Pour le sens exact de la phrase « la lune et le soleil combattaient ensemble », cette métaphore populaire paraît signifier une éclipse.

reste, il était d'autant plus facile de confondre les uns avec les autres, qu'un phénomène commun fait trait d'union entre les deux morceaux, le « *obscuratus est sol* » de la Passion selon Luc, XXIII, 45, répétant le « *sol obscurabitur* » de l'apocalypse selon Mathieu, XXIV, 29.

Est-ce à dire que le poète populaire ait lui-même opéré sur les évangiles ce travail de sélection et de synthèse? Rien moins. Cet illettré eût été fort empêché de lire le Nouveau Testament, même traduit. Mais tous ces textes-là alimentèrent de tout temps la prédication chrétienne ; c'est donc à l'église, par quelque sermon de la Passion, qu'ils ont dû lui parvenir. L'auteur, outre ces notions reçues par l'oreille, avait encore, pour composer son tableau, des images visuelles dont il est aisé de déterminer l'origine. La « croix si grande » (v. 14), les « deux pieds cloués ensemble » (v. 16), le « sang découlant tout le long des membres » (v. 18), sont choses vues en peinture : car les primitifs avaient coutume de placer le Christ sur une croix colossale, hors de proportion avec celles des deux larrons ; les Christs en croix de Dünweg et de maint autre ont tout le corps lacéré et strié de sang ; et c'est jusqu'à nos jours un usage constant de représenter les pieds du Crucifié posés l'un sur l'autre et percés d'un seul clou. Mais c'est le vers 19 qui fournit l'exemple le plus significatif de cette projection de l'œuvre plastique dans l'imagination du poète : l'art du moyen âge, ou l'art populaire qui le continue dans les temps modernes, groupe volontiers autour du crucifix des anges minuscules, recueillant en des calices les jets du sang divin ; et ces angelots sont ordinairement au nombre de quatre, un sous chaque main et deux aux pieds [1], comme on peut voir dans les tableaux des vieilles écoles italiennes ou allemandes, dans les retables en relief du XVe siècle, dans les calvaires bretons, en granit sculpté, des XVIe et XVIIe siècles (notamment, ceux de

---

1. D'autres fois, il y a un seul ange aux pieds, et le quatrième est en l'air, à portée du sein percé par la lance.

Saint-Herbot et de Plougastel, où j'ai moi-même relevé ce détail). Le chansonnier populaire a donc ramassé naïvement, dans une vingtaine de vers, plusieurs choses de la Passion qu'il avait ouï dire, et d'autres encore qu'il avait vues en image. Il a fait, en somme, à un degré très humble ce que fait le poète de l'art le plus raffiné et du plus puissant génie : assembler et combiner, selon la loi d'une sensibilité particulière, les innombrables reflets du monde extérieur, n'est-ce point là justement tout le secret de l'invention poétique ?

VI

LA FILLE DU ROI LOYS

CATALOGUE DES VERSIONS

France (oïl et oc)

Valois : G. DE NERVAL, *La Sylphide* (périodique), VI, 1842. — De nouveau dans *Les Filles du Feu* et *La Bohême galante* du même.

Auvergne : J.-J. AMPÈRE, d'après MÉRIMÉE, *Poés. pop. de la France. Instructions*, 1853.

Berry : A. VITU, *Poés. pop. de la France*, III, mss. B. N., réd. 1853.

Canouville (Seine-Inf^re) : JOUBIN, d'après HARDY, *ibid.*, III, r. 1854.

Chartres : *Ibid.*, III, r. 1855.

Pamiers (Ariège) : MOUTON, *ibid.*, III, r. 1855.

Orléanais : *Ibid.*, II, r. 1855.

Maubeuge (Nord) : TISSERAND, *ibid.*, III, r. 1857.

Moulins-s.-Yèvre (Cher) : R. DE LAUGARDIÈRE, *ibid.*, III, r. 1857.

Franche-Comté 1 : BUCHON, *Noëls et Chants pop. de la Franche-Comté*, 1863.

Messin : DE PUYMAIGRE, d'après AURICOSTE, *Chants pop. rec. dans le Pays messin*, 1865.

Cherbourg : TIERSOT, d'après V. D'INDY, *Rev. des Trad. pop.*, X, réd. avant 1875.

Velay :
Roannais : } SMITH, *Romania*, VII, 1878.

Armagnac : BLADÉ, *Poés. pop. franç. rec. dans l'Armagnac et l'Agenais*, 1879.

Ceyzériat : GUILLON, *Chans. pop. de l'Ain*, 1883.

La Hague (Cotentin) : LE HÉRICHER, *Litt. pop. de la Normandie*, 1885.

Quercy : DAYMARD, *Vieux Chants pop. rec. en Quercy*, 1889.

Boulonnais : G. DONCIEUX, d'après D'HÉRICAULT, *Rev. des Trad. pop.*, VI, 1891.

Poitou 1 et 2 : L. PINEAU, *Le Folk-Lore du Poitou*, 1892.

A Liège, *B* Huy, *C* Saint-Gilles, *D* Indéterminé, *E* Verviers, *F* Walcourt, *G* Fosses : M. WILMOTTE, *Bulletin de Folklore*, II, 1893.

Franche-Comté 2 : } BEAUQUIER, *Chans. pop. rec. en Franche-Comté*,
Fragment comtois : } 1894.

Séez (Savoie) : TIERSOT, d'après J. FAVRE, *Rev. des Trad. pop.*, X, 1895.

Nivernais : A. MILLIEN, *Rev. du Nivernais*, 1897.

Piémont

Valfenera : NIGRA, *Canti pop. del Piemonte* (n° 45), 1881 [1].

FORMULE RYTHMIQUE

Complainte. Quatrains de vers octosyllabiques, masculins, rimant deux par deux.

---

1. Il n'y a pas trace de ce chant en Catalogne : les chansons catalanes citées par Nigra se rapportent à d'autres thèmes.

TEXTE CRITIQUE

I

Le roi Loys est sur son pont,
Tenant sa fille en son giron ;
El se voudroit bien marier
Au beau Déon, franc chevalier.

2

« Ma fill', n'aimez jamais Déon,
Car c'est un chevalier félon :
C'est le plus povre chevalier,
Qui n'a pas vaillant sis deniers. »

3

— « J'aime Déon, je l'aimerai,
J'aime Déon pour sa beauté,

1. ab) *Cherbourg, Valois, Liège* (Il tient...); cf. *Auvergne, Chartres, Berry, Séez, Nivernais.* — « Sur son pont » : c'est-à-dire devant la porte du château, où le seigneur, entouré de sa famille, avait coutume le soir de recevoir ses vassaux. — c) *Quercy, Velay* + *Ceyzériat* (bien). J'ai mis le verbe au conditionnel. — d) *Berry* (Le b...) + *Chartres* (Déon); cf. *Valois, Cherbourg.* — Il est constant que le franc chevalier, ici et plus loin, est désigné nommément, et par un nom dissyllabique, qui peut être « Léon » (*Berry*), « Déon » (*Chartres*), ou « Dion » (*Auvergne*), que *Nivernais* prononce « Dijon »; deux autres versions, retenant la désinence, donnent, *Comté 2* « Guyon », *Valfenera* « Suzon » (!). « Léon » n'est pas dans l'usage des Français du nord ; la forme originale doit être « Déon » (ce nom propre existe toujours en France), dont la corruption explique également bien les formes divergentes « Léon » et « Dion ». Ce beau Déon est devenu dans *Maubeuge, Huy, etc.* « le prince de Guise »; dans une variante de *Velay*, « comte d'Estaing ».

2. a) *Auvergne, Chartres* + *Berry* (jamais). — b) *Auvergne.* Ce vers, un peu littéraire, et qui ne se trouve nulle part ailleurs, me laisse un doute. — c) *Auvergne, Chartres*; cf. *Berry.* — d) *Valois, Cherbourg*; cf. *Nivernais, Auvergne, Chartres.*

3. a) *Chartres, Auvergne, Berry, Nivernais.* — b) *Chartres, Nivernais,*

Plus que ma mére et mes parens
Et vous, mon pér', qui m'aimez tant. »

4

— « [Et] vite, où sont mes estafiers,
Mes geoliers, mes guichetiers ?
Qu'on mette ma fille en la tour,
El n'y verra jamais le jour ! »

5

El y fut bien sept ans passés,
Sans que person' la pût trouver.
Au bout de la septième anné',
Son pére l'alla visiter :

6

« Bonjour, ma fill', comment vous va ? »
— « Hélas ! mon pére, il va bien mal.

Armagnac. — c) *Chartres, Berry, Auvergne, Armagnac, Nivernais* + *Orléa-nais, Valois, Cherbourg.* — d) *Orléanais, Cherbourg, Valois* et *Nivernais* (..que j'aime t.); cf. *Chartres, Berry, Auvergne.* « Pér' », ou plutôt « pé' », d'une forme *pé(r)e*, où l'élision de l'*e* devient normale.

4. a) *Valois*; cf. *Liège, Cherbourg, Valfenera* (sivalié ═ chevaliers). Je sup-plée « Et » (l'expression « Et vite ! » est courante dans la poésie popu-laire). — b) *Cherbourg*; cf. *Valois, Liège*, et d'autre part *Auvergne, Velay*, etc. Prononcez « ge-o-lier », selon l'étymologie. — cd) *Cherbourg* (...dans l. t.), *Liège* (Q. la m. dans...), *Valois* (Q. mène... à l. t.); cf. *Berry* (... en prison), *Nivernais, Velay, Valfenera*, etc.

5. a) *Chartres, Auvergne*; cf. *Valois, Cherbourg, Séez*, etc. — b) *Valois* et *Messin* (... p. la t.); cf. *Séez, Velay*, etc. Il sied de rétablir, d'après l'ancienne syntaxe, « la pût tr. » (comp. le vers d). La forme oxytonique « person' » est établie par maints textes populaires. — cd) *Valois, Liège, Comté* 1 (... alla la v.), *Cherbourg*, etc. (...vint la v.), *Maubeuge* (... fut la v.), etc.

6. a) *Maubeuge, Walcourt, Huy* (...tu v.), *Comté* 1 et 2 (... ça v.), *Roannais* et *Velay* (id.); cf. *Valois, Cherbourg*, etc. — b) *Saint-Gilles, Canouville* (... ça

J'ai un côté mangé des vers
Et les deus piés pourris es fers.

7

» Mon pére, avez-vous de l'argent,
Cinq à sis sous tant seulement?
C'est pour donner au geolier,
Qu'il me desserre un peu les piés. »

8

— « Oui-da, ma fill', nous en avons,
Et des mille et des millions,
Nous en avons à vous donner,
Si vos amours voulez changer. »

9

— « Avant que changer mes amours,
J'aime mieus mourir dans la tour. »

---

v...), *Auvergne* (ça v. fort m.), *Maubeuge* (b. m. il va), *Huy* (b. m. me va);
cf. *Fosses, Valois, Velay, etc.* — c) *Velay, Hague, Comté 1* et 2 (... rongé...),
Ceyzériat, etc. (id.); cf. *Valois, Cherbourg, etc.* — d) *Berry, Saint-Gilles, Ver-*
viers, Armagnac etc. + *Poitou 2* et *Roannais* (dans les fers), *Orléanais* (par
les f.), *Comté 1* (des fers), *Valfenera* (ai fer), *etc.* Il faut rétablir l'ancienne
forme « es fers » = en les f., qui convient à la mesure du vers.

7. ab) *Canouville*; cf. *Hague, Maubeuge, Chartres, etc.* Généralement, « cinq
à six sous », non « c. ou s. ». — c) *Canouville, Séez* (... à ce g.), *Messin*
(... à mon g.); cf. *Comté 2, Maubeuge, etc.* — d) *Maubeuge, Velay, Comté 2,*
Nivernais; cf. *Canouville, Orléanais, Chartres, etc.*

8. a) *Canouville, Orléanais, Saint-Gilles, Walcourt, etc.* — b) *Poitou 2,*
Saint-Gilles (E. d. cent m...), *Canouville* (... par m. e͏ par m.); cf. *Velay,*
Messin, etc. — c) *Poitou 2, Orléanais, Saint-Gilles, Verviers, etc.* — d) *Roannais,*
Nivernais, Quercy, etc., + *Saint-Gilles* et *Séez* (voulez); cf. *Boulonnais, Valois,*
etc.

9. a) *Velay, Saint-Gilles, Quercy* (...quitter...) + *Ceyzériat* (av. que); cf.
Valois, Cherbourg, etc. — b) *Valois, Velay, Roannais, etc.* — c) *Séez, Indét.*;

— « Hé bien ! ma fill', vous y mourrez,
De guérison point vous n'aurez ! »

10

Le beau Déon, passant par là,
Un mot de lettre lui jeta.
Il y avoit dessus écrit :
« Belle, ne[l'] mettez en oubli.

11

» Faites-vous morte ensevelir,
Que l'on vous porte à Saint-Denis.
En terre laissez-vous porter,
Point enterrer ne vous lairrai. »

12

La belle n'y a pas manqué,
Dans le moment a trépassé;
El s'est laissée ensevelir,
On l'a portée à Saint-Denis.

ct. *Quercy, Canouville, etc.* — d) *Chartres, Orléanais* + *Séez* et *Hague* (point);
cf. *Messin, Velay.*

10. ab) *Chartres, Auvergne, Huy, Saint-Gilles* (Trois m...), *Nivernais* et
Comté 2 (Un m. d' écrit...); cf. *Poitou* 1, *Velay, etc.* — c) *Chartres, Ceyzériat*
(...s. ce mot...), *Auvergne* (Où il y a...); cf. *Velay, Saint-Gilles, Pamiers,
Armagnac.* — d) *Chartres* (...mets point...); il faut « mettez », conformément au contexte.

11. a) *Auvergne, Moulins, Hague, Verviers, etc...* — b) *Roannais, Nivernais,
Orléanais* (Et qu'o...) *Indét.* et *Maubeuge* (Qu'on v. transp...); cf. *Comté* 2,
Armagnac, etc. — cd) *Chartres*; cf. *Hague* et *fragm. comtois.*

12. a) *Auvergne, Nivernais, Pamiers* (Et l. b. n'a...), *Poitou* 1 (L. b. fille
n'a point...). — b) *Pamiers* + *Orléanais* et *Messin* (trépassé); cf. *Walcourt,
Comté* 1 et 2, *etc.* — c) *Chartres, Canouville, Comté* 2 (Et se laissa...); cf.
Comté 1, *etc.* — d) *Roannais, Saint-Gilles* et *Verviers* (O. la porta...); *Maubeuge*
(O. la transp..), *Comté* 1 (Pour la p...).

13

Le Roi va derrière pleurant,
Les prêtres vont devant chantant :
Quatre-vint prêtres, trente abbés,
Autant d'évêques couronnés.

14

Le beau Déon, passant par là :
« Arrêtez, prêtres, halte-là !
Vous portez m'amie enterrer,
Ma patenôtre lui dirai. »

15

Il tira son couteau d'or fin
Et décousit le drap de lin ;
En l'embrassant fit un soupir,
La belle lui fit un souris.

---

13. a) *Chartres*; cf. *Séez, Auvergne, Pamiers, Valfenera.* — b) *Chartres, Auvergne, Séez* (Le pr. va...) ; cf. *Pamiers, Valfenera.* — c) *Canouville, Messin, Comté 1* et *2, etc.* (quatre-v. pr.) + *Velay* (trente ab.); cf. *Nivernais, etc.* — d) *Armagnac, Chartres* (...d. moines c.); cf. *Maubeuge.*

14. ab) *Chartres, Berry, Maubeuge, etc.* + *Quercy* (halte-là); cf. *Comté 1* et *2.* — c) *Boulonnais, Walcourt, Poitou 1, Comté 1* et *2* ; cf. *Berry, Moulins, etc.* — d) *Canouville* ; cf. *Chartres, Berry.* Ici *Maubeuge, Comté 1* et *2, etc.*, donnent :

Permettez-moi de l'embrasser !

Messin et *Armagnac* :

Ah ! laissez-moi la regarder !

15. a) *Armagnac* ; cf. *Walcourt, Huy, Séez, Roannais, etc.* — b) *Chartres, Auvergne, Walcourt, etc.* — cd) *Chartres* + *Auvergne* et *Moulins* (lui); cf. *Canouville, Armagnac, Séez, Valfenera, etc..* « Souris », à la rime, non pas « sourire ».

16

« Ah! voyez quelle trahison
De ma fille et du beau Déon!
Il les faut pourtant marier,
Et qu'il n'en soit jamais parlé!

17

» Sonnez, trompettes et violons!
Ma fille aura le beau Déon.
Fillette qu'a envi' d'aimer,
Pére ne l'en peut empêcher. »

16. ab) *Orléanais* + *Chartres* et *Nivernais*. — c) *Chartres, Canouville*
(Ensemble i. l. f...); cf. *Roannais, Comté* 1 et 2, *Auvergne*, etc. — d) *Orléa-*
nais, Canouville, Chartres (Afin q... plus p.); cf. *Nivernais*.

17. ab) *Chartres, Berry* (Allez, tr...); cf. *Hague*. « Violon », dissyllabe
selon la prononciation primitive et populaire; cf. les mots de même racine
« viula » (provençal), « viola » (italien), dissyllabiques. — cd) *Chartres*
+ *Berry*; cf. *Nivernais, Quercy, Séez*. Les deux premières versions donnent :
« Père et mère ne peuvent... », qui est trop long; mais *Séez*, simplement,
« Un père ...», et *Nivernais* « Personne...».

Un vieux chansonnier, *Airs de cour, comprenans le tresor des*
tresors, la fleur des fleurs et eslite des Chansons amoureuses...,
Poitiers, Pierre Brossart, 1607, contient, sous le titre de *Belle*
Isambourg, une romance [1] qui n'est proprement qu'un *rifaci-*
mento, par quelque rimeur lettré, de *la Fille du roi Loys* : je n'en
ai pas fait état pour l'établissement du texte, parce que ces deux
pièces sont rythmiquement distinctes. Le remanieur, tout en
substituant au quatrain sur deux rimes le tercet monorime, a

---

1. Réimprimée par A. LOQUIN dans *Mélusine*, II. De nouveau dans la *Rev.*
des Trad. pop., III.

d'ailleurs conservé le mètre (octosyllabes masculins) et parfois les rimes de la complainte populaire; et souvent le détail même de l'expression demeure identique, quoiqu'il y ait à noter aussi des altérations considérables, et qui pour la plupart ne font pas grand honneur à son goût. Le début de la complainte — un petit tableau enlevé d'une touche si vive — est remplacé par un assez insipide délayage; la visite du roi à la prisonnière et le curieux dialogue qui s'ensuit (str. 5-9) manquent totalement (le rimeur s'est-il offusqué de l'invraisemblance des « sept ans » de prison, du piteux état de cette captive aux « pieds pourris », au « côté mangé des vers » ?); au lieu d'être prévenue par une lettre de son chevalier, c'est la belle qui spontanément lui propose de faire la morte; enfin la description des funérailles est autre, et moins pittoresque. En somme, nous avons dans *Belle Isambourg* l'œuvre d'un poète courtois qui prétendait ennoblir, qui a en effet gâté les couplets naïfs, et de qualité bien supérieure, qu'il tenait de la tradition.

Du millésime du chansonnier de Brossart il résulte que *Belle Isambourg*, et à fortiori la chanson populaire dont elle est issue, existait vers la fin du xvi⁰ siècle. D'autre part, les mots « estafier », « violon » (str. 4 et 17, tous deux à la rime), de provenance italienne, furent introduits en France au cours du même siècle [1]; ainsi la composition de *la Fille du roi Loys* se place entre les limites de ce siècle-là, plutôt, je pense, dans la première moitié. La mention de Saint-Denis comme lieu de sépulture royale indique un auteur familier avec les environs de Paris, un Français de l'Ile-de-France : et ce mélange de pathétique et d'enjoûment, cette plaisante conclusion donnée à la plus lamentable histoire sont d'ailleurs assez bien dans le génie d'un compatriote de Villon.

Le père de l'héroïne, le « roi Loys », n'est-il qu'un personnage en l'air ? ou bien si le chansonnier avait dans l'idée un

---

1. Le mot « million » (str. 8), aussi de provenance italienne, apparaît dans la langue dès le xiv⁰ siècle.

véritable Capet, un hôte actuel ou futur des caveaux de Saint-Denis? En ce cas, vu l'époque, ce roi ne pourrait être que Louis XII, ou bien encore Louis XI : après tout, ce père peu commode, flanqué de ses geôliers et guichetiers, et qui tient sa fille sept années durant dans un cul de basse fosse, parce qu'elle a le cœur trop tendre, n'est pas sans une certaine ressemblance avec le terrible sire de Plessis-lez-Tours. Quoi qu'il en soit, l'on perdrait son temps à chercher ici l'ombre même d'une réalité historique. *La Fille du roi Loys* est, au vrai, une excellente adaptation populaire d'un thème familier à la lyrique française du moyen âge, celui de l'amante emprisonnée par son père, finalement réunie à son amant; et que le chansonnier a combiné avec une autre fable, moins ancienne et plus fameuse.

L'on a du trouvère Audefroi le Bâtard [1], qui vivait dans la première moitié du XIIIᵉ siècle, une romance étendue, *Belle Ydoine*, en strophes de 5 alexandrins monorimes, et dont voici le sujet. Ydoine, fille de roi, languit d'amour pour le beau chevalier Garsile : de quoi son père étant avisé, il commence par la battre jusqu'au sang, puis la fait enfermer dans une « tour hautaine ». Elle y passe trois ans (trois, nombre traditionnel aussi bien que sept), au bout desquels le roi la vient voir et la presse d'épouser quelque puissant seigneur. Mais la fidèle Ydoine ne veut rien entendre. Le roi se résout alors de donner un tournoi, dont la main de sa fille sera le prix. Garsile y paraît, accomplit mainte prouesse, et, l'ayant ainsi conquise, emmène joyeusement la belle Ydoine en sa terre. Tout cela est fort longuement déduit et d'un détail compliqué : comme Audefroi, poète assez faible, mais d'un art laborieux et érudit, a coutume d'amplifier dans ses romances des thèmes connus, l'on peut présumer que l'aventure de *Belle Ydoine* avait été traitée avant lui sous une forme plus simple. Or, il est évident

---

1. Voy. K. BARTSCH, *Romances et Pastourelles françaises des XIIᵉ et XIIIᵉ siècles*, liv. I.

que cette donnée première de *Belle Ydoine* se confond avec celle
de *la Fille du roi Loys*; sauf l'épisode du tournoi, qui manque
en celle-ci, la réunion finale des amants s'y opérant par un
tout autre moyen.

Ce moyen, le chansonnier l'a demandé à un second thème
épique, *la fausse Morte amoureuse* [1], d'origine, à ce qu'il semble,
italienne : car il abonde chez les conteurs d'outre-monts, généralement tourné au tragique, et c'est de chez eux qu'il a passé
aux autres littératures européennes. Nous le trouvons d'abord,
au xvᵉ siècle, mis en œuvre par Masaccio de Salerne dans sa
nouvelle de Mariotto et Gianetta ; puis dans celle de Roméo
et Giulietta, par Luigi da Porto, et par son imitateur Ban-
dello ; dans celle de Gonsalvo et Agata, par Giraldi Cinthio ;
aussi dans la légende locale, que mentionne *l'Osservatore fioren-
tino* [2], d'Antonio Rondinelli et Ginevra degl' Almieri. Chez
nous, Nostradamus dans la vie du trouvère Guillaume Durand,
le Breton Pierre Boistuau avec sa *troisième histoire tragique*,
Florian avec sa *Valérie, nouvelle italienne*, suivirent plus ou
moins librement les *novellieri* de delà les monts. Enfin, c'est,
comme on sait, le plus beau de ces contes italiens, c'est les
infortunées amours de Roméo et Juliette, que Lope de Vega,
dans ses *Castelvins et Montèses*, porta sur la scène espagnole, et
que le génie de Shakspeare a promues à l'éternité.

La combinaison de ce thème accessoire avec le thème fondamental de l'amante incarcérée par son père a donc produit
chez nous la romance de *la Fille du roi Loys*. Et celle-ci, répandue
hors de ses frontières natales, un jour a passé la Manche.
Rencontre singulière ! Tandis que l'histoire de la fausse morte
amoureuse, traitée d'abord par les prosateurs italiens, aboutis-

---

1. Ne pas confondre avec le thème approchant, mais distinct, de « la fille
qui fait la morte pour sauver son honneur ». Ce dernier sera étudié plus loin,
à propos d'une autre chanson non moins célèbre.

2. Cité par DE PUYMAIGRE, *De la ressemblance de quelques fictions*, dans
l'Austrasie (revue lorraine), 1862.

sait, par l'intermédiaire du traducteur français Boistuau, au
théâtre de Shakspeare : parallèlement la même histoire, tombée
dans le peuple et habillée de rimes françaises, arrivait aussi à
la poésie populaire de la Grande-Bretagne. En effet, une ballade
intitulée *The gay Goshawk* (le gentil Épervier), publiée d'abord
par WALTER SCOTT en son *Minstrelsy*, II, et dont CHILD, *The
engl. and scott. pop. Ballads*, nº 96, IV, a réuni sept versions,
présente avec notre *Fille du roi Loys* des coïncidences verbales
qui impliquent une parenté directe entre les poèmes. Non pas
cependant que l'un soit calqué servilement sur l'autre. D'abord
les neuf premiers couplets de la complainte française et la première moitié de la ballade ne concordent pas, attendu que dans
celle-ci le thème initial de l'amante emprisonnée a cédé la
place à une variation, fort gracieuse, sur le motif connu de
l'oiseau messager. La belle n'est point captive, elle habite
simplement chez son père, avec ses frères et ses sœurs : lorsque
son galant, lord William, « l'Écossais hautain » que le père
a refusé pour gendre, lui dépêche un fidèle épervier, qui
parle et qui chante à merveille ; cet épervier est porteur d'une
missive attendrissante, par où lord William proteste qu'il ne
peut plus vivre sans son amante (comp., str. 10 de la complainte, la lettre du beau Déon à la fille du roi). C'est ici proprement que la similitude s'accuse : « Allez ! dites-lui de cuire
le pain des noces. Je le retrouverai à l'église Sainte-Marie »
(cf. str. 11 : ... *Que l'on vous porte à Saint-Denis*) ; ainsi répond,
en s'adressant à l'oiseau, la belle Anglaise. La mort feinte, que
le Français se borne à énoncer succinctement (str. 12 : *Dans
le moment a trépassé, El s'est laissée ensevelir...*), est contée ici
et décrite avec un grand luxe de détails : la belle avale un
narcotique, tombe inanimée ; sa marâtre, pour s'assurer du
décès, lui verse du plomb fondu sur la peau ; ses sept frères
clouent la bière ; ses sept sœurs cousent le linceul. Célébration
des funérailles. On présente le corps à trois églises : à la première, on fait sonner les cloches ; à la seconde, on fait chanter
messe ; soudain, à l'église Sainte-Marie, paraît lord William au

milieu de ses soldats : « Déposez, déposez la bière, et laissez-
moi la regarder ! » (cf. str. 14 : « *Arrêtez, prêtres, halte-là ! Vous
portez m'amie enterrer, Ah ! laissez-moi la regarder ! »*). La belle, à
ces mots, « s'est ranimée, et ses lèvres ont souri à son ami »
(cf. str. 15 : *La belle lui fit un souris*). Suit un petit discours
de la ressuscitée, qui engage ironiquement ses frères à aller
« sonner du cor », trait qui est dans une relation évidente avec
le « *Sonnez, trompettes..! »* de la strophe 17.

L'état respectif du thème dans la ballade du *Gentil Epervier*
et dans la complainte de *la Fille du roi Loys* fait assez voir que
celle-ci est l'œuvre originale, ensuite imitée par un Écossais.
Quant à la façon dont une vieille chanson française, et spécialement parisienne, a pu passer en Écosse[1], les rapports assidus
des deux nations au cours des xve et xvie siècles, la présence
d'une garde écossaise à la cour de France, expliquent cela très
suffisamment.

---

1. Cf., plus loin, la chanson des *Écoliers pendus* et celle des *Tristes Noces*,
pareillement translatées en des ballades anglo-écossaises.

VII

LE ROI RENAUD

CATALOGUE DES VERSIONS

France (oïl et oc)

Bretagne 1 [fragment] : H. DE LA VILLEMARQUÉ, *Barzaz-Breiz*, I (notes), 1839. — Réimprimé dans la *Romania*, XI.

Valois : G. DE NERVAL, *la Sylphide* (périodique), VI, 1842. — De nouveau dans *Les Filles du feu* et *La Bohème galante*, du même. Repr. par HAUPT, *Französische Volkslieder*.

= Version pareille (Vermandois) dans TARBÉ, *Romancéro de Champagne*, II.

Vendée : B. FILLON, *Histoire véridique des fraudes et exécrables voleries et subtilités de Guillery...*, Fontenay, 1848. — Recopié 3 fois dans les *Poésies pop. de la France*, III, mss. B. N.; et réimpr. dans *Poitou et Vendée* (art. Nalliers), dans la *Rev. des prov. de l'Ouest*, IX, la *Mélusine*, II, et la *Romania*, XI.

Blésois : J.-J. AMPÈRE, d'après DE LA SAUSSAIE, *Poésies pop. de la France. Instructions*, 1853. — Repr. par ROLLAND, III.

Rouen : JUE, *Poés. pop. de la France*, III, ms. réd. 1853. — Publié dans la *Romania*, XI; par ROLLAND, III; dans la *Rev. des Trad. pop.*, I; et par TIERSOT, *Hist. de la Chanson pop. en France*.

Indéterminé 1 : DE CUERS, *Poés. pop. de la France*, III, ms., r. 1853. — Publ. dans la *Romania*, XI.

Auvergne [fragment] : TRICOTTET, *ibid.*, III, r. 1853. — Publ. dans la *Romania*, XI.

Orléans [fragment] : BOUCHER D'ARGIS, *ibid.*, III, r. 1853. — Publ. dans la *Romania*, XI.

Jura : TOUBIN, *Revue des Deux Mondes*, août 1854. — Le 1er couplet recopié dans les *Poés. pop. de la France*, III, mss. B. N.; et repr. dans la *Romania*, XI.

Languedoc [fragment] : GERMAIN, *Poés. pop. de la France*, III, mss. B. N., r. 1854. — Publ. par ROLLAND, III.

Vendôme : GENDRON, *ibid.*, IV, r. 1854. — Publ. par ROLLAND, III.

Bourbonnais : *Ibid.*, III, r. 1854. — Publ. dans la *Romania*, XI.

Loudéac (Côtes-du-Nord) : ROUSSELOT, *ibid.*, III, r. 1855. — Publ. dans la *Romania*, XI.

Charente : BEAUVALET, *ibid.*, III, r. 1855. — Publ. dans la *Romania*, XI, et par ROLLAND, III.

*Vence (Alpes-Maritimes) : TISSERAND, *ibid.*, III, r. 1857. — Publ. dans la *Romania*, XI, et par ROLLAND, III.

Retz (Vendée) : NOBLET, *ibid.*, III. — Publ. dans la *Romania*, XI, et par ROLLAND, III.

Parisis : CHÉRON, *ibid.*, III. — Publ. dans la *Romania*, XI.

Bretagne 2 : ROULIN, *ibid.*, III. — Publ. dans la *Romania*, XI.

*Limousin 1 : LAFOREST, d'après D'AIGUEPERSE, *Limoges au XVIIe siècle*, 1862. — Recopié dans les *Poés. pop. de la France*, III, ms. B. N.; et réimprimé dans la *Romania*, XI, et par ROLLAND, III.

⸗ C'est encore cette version que l'abbé ROUX a publiée et « restaurée » dans l'*Écho de la Corrèze* de 1893.

Boulonnais : HAMY, *Almanach de Boulogne-sur-mer pour l'an. 1863*. — Repr. dans la *Revue des Trad. pop.*, III.

Franche-Comté 1 : BUCHON, *Noëls et Chants pop. de la Franche-Comté*, 1863.

Flévy (Lorraine) :   ⎰ DE PUYMAIGRE, *Chants pop. rec. dans le pays*
Chesny (id.) [fragm.] : ⎱   *messin*, 1865.

Forez 1 : NOËLAS, *Essai d'un Romancéro forézien*, 1865.

Angoumois, etc. : BUJEAUD, *Chants pop. des prov. de l'Ouest*, II, 1866.

Touraine 1 et 2 : BRACHET, d'après PROUST, *Rev. critique*, II, 1866.

Fontenay-le-Marmion (Calvados) : LEGRAND, *Romania*, X, r. 1876.

Saint-Maixent (Deux-Sèvres) : G. DONCIEUX, d'après LACUVE, *Rev. de philologie française et provençale*, VI, r. 1876.

Vagney (Vosges) :   ⎰ THIRIAT, *Mélusine*, I, 1877.
Seine-et-Oise [fragm.] : ⎱

Forez 2 :   ⎰ SMITH, *Romania*, X, 1881.
Velay 1 et 2 : ⎱

*Bivès (Gers) : BLADÉ, *Poés. pop. de la Gascogne*, II, 1882.

Fontanes (Lot) : ⎫ DAYMARD, *Romania*, XI, 1882 ; puis dans les
*Sérignac (id.) : ⎭   *Vieux Chants pop. rec. en Quercy*, du même.

Dinan (Côtes-du-Nord) : G. PARIS, d'après SÉBILLOT, *Romania*, XII, 1883.

• Cambes (Lot-et-Garonne) 1 et 2 : ID., d'après BRISSAUD, *ibid.*, XII, 1883.

Bretagne 3 et 4 : DECOMBE, *Chans. pop. d'Ille-et-Vilaine*, 1884.

Limousin 2 : ROLLAND, d'après DE L'EPINAY, *Mélusine*, II, 1885.

Loiret : ID., d'après POQUET, *ibid.*, 1885.

Indéterminé 2 : DE SIVRY, *Rev. des Trad. pop.*, II, 1887.

Bretagne 5 : SÉBILLOT, *ibid.*, III, 1888.

*Bas-Quercy : SOLEVILLE, *Chants pop. du Bas-Quercy*, 1889.

Felletin (Creuse) : G. DONCIEUX, d'après DE L'EPINAY, *la Tradition*, V, 1891.

Poitou : L. PINEAU, *Le Folk-Lore du Poitou*, 1892.

Frans (Ain) :   ⎫
Fareins (id.) [fragm.] : ⎭ TIERSOT, *Rev. des Trad. pop.*, VII, 1892.

Lize-Seraing (Belgique) : COLSON, *Wallonia*, I, 1893.

Franche-Comté 2 : BEAUQUIER, *Chans. pop. rec. en Franche-Comté*, 1894.

Nivernais 1, 2 et 3 : MILLIEN, *Journal de la Nièvre*, nos 85 et 87, 1894.

Cervières (Hautes-Alpes) : TIERSOT, *inédit*, r. 1895.

Auverné (Loire-Infre) : PITRE DE LISLE, *Rev. des Trad. pop.*, XII, 1897.

Vivarais : V. D'INDY, *ibid.*, XV, 1900.

Piémont

Montferrat : FERRARO, *Canti pop. monferrini* (n° 26), 1870.

A Canavais, *BCD* Turin, *E* Mondovi, *F* Valfenera, *G* Altare : NIGRA, *Canti pop. del Piemonte* (n° 21). — Premièrement dans la *Romania*, XI, 1882.

FORMULE RYTHMIQUE

Complainte. Quatrains de vers octosyllabiques, masculins, rimant deux par deux.

TEXTE CRITIQUE

I

Le roi Renaud de guerre vint,
Portant ses tripes en sa main.
Sa mère étoit sur le créneau,
Qui vit venir son fils Renaud.

1 a). *Flévy, Mondovi, Valfenera* + *Saint-Maixent* et *Vendée* (d. g. vint),
Charente (d. la g. v.), *Vendôme* (id.), *Blésois* (id.), *Cambes* 1 et 2 (id.), *l'elay 1*,
etc. (id.) — b) *Vendôme* et *Charente* (... dans s. m.), *Blésois* (...dans ses m.),
Saint-Maixent (Apportait... dans...), *Angoumois* et *Jura* (Tenait... dans...),
Languedoc (...à la m.), *Vendée* (Oque [= avec]... en sa m.); cf. *Rouen, etc.*
(ses boyaux), *Frans* (ses entrailles), *Cambes* 1 et 2 (son ventre), *Forez 1, etc.*
(son cœur). — c) *Forez 1, Charente* (... ses cr.), *Vendée* et *Saint-Maixent*
(... qu'ét. au cr.); cf. *Jura, Vendôme* et *Blésois, Languedoc, Vivarais, Quercy,*
etc. — d) *Charente, Fontanes, Vagney; Jura* (Vit...), *Vagney* et *Chesny* (Voit...),
Forez 1 (L'a vu...), *Languedoc* (Voyant...); cf. *Vivarais, Vendôme, etc...*
Le nom du héros est assuré par l'immense majorité des versions, qui le
donnent, soit exactement, soit sous les formes équivalentes ou corrompues
de « Ernaut », « Arnaud », « Raynau », « Rinald », « Renon », « Redor ».
Une série de versions mettent, par un pléonasme fautif, « Jean Renaud »;
quelques-unes, de l'Ouest, ont « Louis »; quelques piémontaises « Carlin ».
D'après la leçon originale, conservée dans *Flévy* et dans les piémontaises, il
est titré « roi »; ailleurs « comte » (*Auvernè, Quercy, Bivès*), « infant »
(*Limousin 1, etc.*), ou qualifié « le grand » (*Vagney*). Il revient de guerre,
blessé au ventre, tellement qu'il porte ses tripes (cœur, ventre, boyaux,
entrailles) en sa main (au singulier : le chevalier contenant d'une main sa
blessure, tandis qu'il mène de l'autre son cheval). Quelques versions corrompues (*Fontenay, Orléans, Nivernais 3, Mondovi*) le font revenir de la
chasse, où il a été blessé par des accidents divers. — « Être sur le créneau »
ou « seoir au créneau » est une locution traditionnelle (cf., dans la traduction
de Guillaume de Tyr : « ... sur chascun crenel avoit deus homes »).
Il y a deux séries de versions de l'Ouest, qui commencent par des interpolations. Le début des premières (*Loudéac, Bretagne 2 et 3*) est contaminé
avec le gwerz historique du *Comte des Chapelles* (voy. LA VILLEMARQUÉ,
Barzaz-Breiz, II, nº 3; et LUZEL, *Gwerziou Breiz-Izel*, I); celui des autres
(*Auvernè* et *Retz*) est traduit de la première partie du gwerz du *Comte Nann*,

2

« Renaud, Renaud, réjouis-toi !
Ta femme est accouché' d'un roi. »
— « Ni de la femme, ni du fils
Je ne saurois me réjouir.

3

» Allez, ma mère, allez devant;
Faites-moi faire un beau lit blanc :
Guère de tens n'y demorrai,
A la minuit trépasserai.

4

» Mais faites-l' moi faire ici bas,
Que l'accouché' n'entende pas. »
Et quand ce vint sur la minuit,
Le roi Renaud rendit l'esprit.

auquel on reviendra tout à l'heure, sauf que, dans les couplets français, la Mort personnifiée remplace la fée homicide. La provenance desdites versions explique ces interpolations, dues à des Bretons bilingues.

2. a) *Blésois, Vagney, Loiret, Felletin*; *Charente, etc.* (Mon fils R...); cf. *Parisis, Retz, Vendée, etc.* — b) *Blésois, Charente, Flévy, etc.*; *Vendée, etc.* (... d'un fils), *Saint-Maixent, etc.* (... d'un p'tit). — c) *Forez 1, Frans, Charente* (N. d. ma..... de mon f.), *Flévy, etc.* (id.); cf. *Saint-Maixent, etc.* — d) *Loudéac, Rouen, Orléans, Jura, etc.*; *Fontanes, etc.* (J. n. puis pas...); cf. *Charente, Blésois, etc.*

3. a b) *Valois, Angoumois, Parisis* + *Touraine 1* (faire), *Velay 1* (id.), *Felletin* (id.); cf. *Rouen, Blésois, Jura, Saint-Maixent, etc.* — c) *Bivès, Quercy* + *Limousin 2*; cf. *Limousin 1* et *Cervières* (J. n'y resterai...). — d) *Velay 2, Gervières, Vivarais*; *Felletin* (... je mourrai), *Sérignac* et *Forez 2* (... serai mort); cf. *Vendée, Bivès, Limousin 1, etc.*

4 a) *Parisis, Valois, Angoumois, Loiret* (ici bas) + *Flévy* (f.-l. moi), *Touraine 1* (f.-l. moi faire). — b) *Loiret, Charente* et *Flévy* (... n'en sache rien), *Frans* (... ne m'y voie point); *Saint-Maixent, Valois, etc.* (Q. ma femme...); *Vendée, etc.* (Q. m'amie...); cf. *Jura, etc.* — c) *Saint-Maixent, Rouen, Touraine 1, Velay 1* (... à l. m.), *Bourbonnais* et *Vendée* (... c. fut...), *Parisis,*

5

Il ne fut pas le matin jour,
Que les valets ploroient tretous;
Il *ne* fut tens de déjeûner,
Que les servantes ont ploré.

6

« Dites-moi, ma mére m'ami',
Que plourent nos valets ici ? »
— « Ma fille, en baignant nos chevaus,
Ont laissé noyer le plus beau. »

etc. (... c. fut vers...). — d) *Felletin* (L'enfant...), *Velay* 1 (Le fils...), *Vagney* (Le grand...), *Rouen* (Le beau...), *Forez* 2, *etc.* (Monsieur R...), *etc.* Corriger « Le roi R. », d'après la strophe 1.

Il est clair que le moribond demande que son lit soit fait au rez-de-chaussée, de peur que l'épouse, dont la chambre est au premier étage, ne s'aperçoive à quelque bruit de son arrivée, puis de sa mort. C'est ce qu'indiquent bien la leçon de *Loiret* « ici bas », ou celle de *Limousin* 2 « en bas » ; mais plusieurs chanteurs ont compris, et presque tous les rédacteurs ont écrit, que le lit devait être fait « si bas » que, etc..., comme si le plus ou moins de hauteur de la couche avait ici quelque chose à faire.

5. a) *Saint-Maixent* + *Vendée*; cf. *Canavais*, cf. *Auverné.* — b) *Saint-Maixent*, *Vendée* (... criaient trejou); cf. *Charente, Bourbonnais, Boulonnais, Forez* 2, *etc.* — c) *Saint-Maixent* (Quand o sit [= il fut]...); cf. *Auverné.* Je rétablis la construction négative, en conformité avec *a.* — d) *Vagney* + *Saint-Maixent* et *Auverné* (pleurer); cf. *Bourbonnais, Limousin* 1, *etc.*

Cette strophe de transition est tombée de la plupart des versions ; dans les autres, elle a été resserrée en un distique ; seuls *Saint-Maixent* et *Auverné* donnent les quatre vers, mais scindés en deux tronçons, que sépare un intervalle de plusieurs couplets.

6. a) *Touraine* 1 et 2, *Rouen, Boulonnais, Flévy, Chesny; Bretagne* 1, *etc.* (Oh ! d.-m...), *Bretagne* 5, *etc.* (Ah ! d.-m...), *Parisis* (Mais d.-m...); *etc.* — b) *Auverné, Loudéac, Dinan, Forez* 2, *Velay* 2 + *Retz* (ici), *Charente* (id.), *Touraine* 1 (id.), *etc.* ; cf. *Fontenay, Bretagne* 2, *Saint-Maixent, Vivarais, etc.* « Plourent » (o tonique non affaibli), en conformité avec « seignour » qu'on trouvera plus loin à la rime. — c) *Fontenay, Frans, Fareins, etc.* + *Altare* (baignant); cf. *Canavais, Valfenera, Mondovi.* — d) *Altare, Canavais,*

7

— « Et pourquoi, ma mére m'ami',
Pour un cheval plorer ainsi ?
Quand le roi Renaud reviendra,
Plus beaus chevaus amènera. »

8

« Dites-moi, ma mére m'ami',
Que plourent nos servantes ci ? »
— « Ma fille, en lavant nos linceuls,
Ont laissé aller le plus neuf. »

Mondovi + *Poitou* (le pl. b.), *Nivernais 2*, etc. (id.); cf. *Bretagne 5*, *Vivarais*, *Seraing*, *Turin C D*, *Montferrat*, etc.

Le v. *a* est un vers-formule, qui se répète identiquement aux stroph.e suivantes. Les locutions vocatives telles que « ma mère m'amie », « ma nièce m'amie », ou « mon frère mon ami », « mon fils mon ami » (le redoublement du possessif est de règle) sont courantes au XVIe siècle : voy. *le Loyal Serviteur*, les *Lettres* de Montaigne, etc. — Le chagrin des valets se motive constamment par la perte d'un cheval, échappé, — ou mort, — ou étranglé au râtelier, — ou enfin noyé ; ce dernier accident est à la fois le mieux circonstancié et le plus naturel, outre qu'il fait un parallélisme exact avec l'accident marqué à la str. 8 : cette leçon originale est conservée par quatre versions françaises (*Bretagne 5*, *Nivernais 2*, *Vivarais*, *Seraing*) et par toutes les piémontaises ; elle résulte aussi du gwerz de *Nann*.

Plusieurs versions contractent en un seul quatrain les strophes 6 et 8, relatives au pleur des domestiques, et suppriment les str. 7 et 9.

7. a) *Flévy* ; cf. *Dinan*. — b) *Loudéac, Bretagne 5, Flévy, Felletin, Canavais* + *Parisis* (ainsi, à la str. 9) ; cf. *Turin C* et *D, Altare* ; *Fontenay, Cervières*, etc. — c) *Flévy, Felletin* (Q. l'enfant R...), *Vendée* (Q. Jean R. arriv.), *Mondovi* (L. r... a venira) ; cf. *Altare* (Le r. Carlin), *Turin D* (L. r. Louis) ; et, d'autre part, *Vivarais, Frans.* — d) *Flévy, Vivarais, Touraine 1, Frans*, etc. + *Charente* (pl. b. chevaux) ; cf. *Turin D, Mondovi* ; *Vendée, Cervières, Fontenay*, etc.

8. a) Comme précédemmt (str. 6). — b) *Loudéac, Auverné, Forez 2, Velay* + *Forez 1* (ci) ; cf. *Fontenay, Poitou, Vivarais, Turin B, C, D*, etc. — cd) *Fontenay* + *Bretagne 2* et *4* (...nos linceuls... d. plus neufs), *Poitou* (...le plus b. d. nos linceuls...) *Valfenera* (... li pi. b. linsö...), *Vendée* (... un b. linceul...) ; cf. *Saint-Maixent, Velay 2, Turin B, Canavais* (linges perdus) ;

9

— « Et pourquoi, ma mére m'ami',
Pour un linceul plorer ainsi ?
Quand le roi Renaud reviendra,
Plus beaus linceuls achètera. »

10

— « Dites-moi, ma mére m'ami',
Pourquoi j'entens cogner ici ? »
— « Ma fill', ce sont les charpentiers
Qui raccommodent le planchier. »

Forez 2 (draps tachés); *Turin* C, D, *Mondovi*, *Altare* (chemises brûlées); aussi *Loudéac*, *Dinan*, *etc.* (plat d'or ou d'argent, perdu ou cassé).

9. a) Comme précédemm^t (str. 7). — b) *Loudéac* (P. u. plat d'or...), *Canavais* (P. i mantij...), *Parisis* (P. u. couvert... ainsi). Rétablir « linceul », à l'aide du v. *d* de la str. 8; cf. *Fontenay*, *Forez* 1. — c) *Mondovi*, *Vendée* (Q. Jean R. arr...); cf. *Altare*, *Turin* D; *Vivarais*, *Forez* 1, *etc.* Voy. d'ailleurs le v. *c* de la str. 7, qui est identique. — d) *Forez* 1, *Velay* 1, *Mondovi* et *Turin* C (... comprara = achètera) : rétablir « linceuls », au lieu de « draps » (*Forez* 1); cf. *Vendée*, *Vivarais*, *Altare*, *Turin* D; *Fontenay*.

10. a) Comme précédemm^t (str. 6). — b) *Loiret*, *Rouen*, *Blésois*, *etc.* + *Parisis* (Pourquoi); cf. *Valois*, *Fareins*, *etc.* — c) *Parisis*, *Velay* 2, *Sérignac*; *Velay* 1, *etc.* (... c'est le ch.); cf. *Retz*, *etc.* (... les maçons). — d) *Valois*, *Angoumois*, *Velay* 1 (... nos pl.); cf. *Parisis*, *etc.* (... l'escalier); *Charente*, *etc.* (... nos greniers); *Retz*, *etc.* (... la maison).

« Cogner » est le mot propre; d'autres versions portent les synonymes « clouer », « frapper », « taper », « piquer », « marteler », etc. Il ne peut s'agir, à la nature du bruit perçu, que d'ouvriers en bois, de « charpentiers » (« les maçons qui réparent la maison » constituent une mauvaise variante). En *d*, les versions se partagent entre « planchier » et « greniers » (« escalier » est rare); mais « greniers » ne saurait être la bonne leçon : le lit de mort de Renaud ayant été dressé au rez-de-chaussée (str. 4), c'est là que se fait la mise en bière, et le bruit des coups de marteau ne peut pas venir du toit. Une variante propre aux versions piémontaises porte que les menuisiers travaillent au « berceau de l'enfant ».

11

— « Dites-moi, ma mére m'ami',
Pourquoi les seins sonnent ici ? »
— « Ma fill', c'est la procession
Qui sort pour les Rogations. »

12

— « Dites-moi, ma mére m'ami',
Que chantent les prêtres ici ? »
— « Ma fill', c'est la procession
Qui fait le tour de la maison. »

13

Or, quand ce fut pour relever,
A la messe el voulut aller ;

11. a) Comme précédemm* (str. 6). — b) *Bretagne 1, Bretagne 5* (P. l.
cloches...), *Parisis* (id.), *Vivarais* (id.), *Canavais, etc.* (id.), + *Rouen* (ici),
Blésois, etc. (id.) ; cf. *Saint-Maixent, etc.* « Sein » (de *signum*) = cloche. —
cd) *Rouen* et *Blésois* (... les pr. q. sortent...) : il faut évidemment le singulier,
que donne d'ailleurs la str. suivante ; cf. *Forez 1, Seraing, Canavais, Mondovi,
etc.* (on sonne pour les obsèques d'un défunt). *Auverné, Charente, Indét. 1,*
corroborés par *Loiret, Limousin 2, etc.*, présentent une interpolation remarquable : on sonne pour « le roi Henry (rajeuni en « roi Louis » dans *Vivarais*)
qui fait son entrée dans Paris ». Mais la leçon originale est très certainement
celle que donnent *Blésois* et *Rouen*. Car le son des cloches doit être ici en
rapport avec les chants du clergé : or, ces chants sont expliqués à la strophe
suivante par une procession, et, d'après le rituel, les cloches sonnent effectivement au moment où la procession sort de l'église. Que cette procession soit
en particulier celle des Rogations, l'une des cérémonies les plus antiques et
les plus populaires de la chrétienté, cela résulte aussi de la str. 12, où l'on
voit le cortège faire en chantant « le tour de la maison ».
  12. a) Comme précédemm* (str. 6). — b) *Vivarais* et *Canavais* + *Fléuy*
(Que... ici), *Blésois* (...ici), *Valois* (id.), *Forez 1, etc.* (id.) ; cf. *Quercy.* —
cd) *Charente, Fontenay, Parisis, Jura, Forez 1, Limousin 2, etc.*
  13. a) *Vendôme, Loiret* (Lorsqu'el f...) ; cf. *Valfenera.* — b) *Bretagne 2 et 3,
Vivarais, Auverné* (...il lui faut a.), *Seraing* (...il fallut a.) ; cf. *Saint-Maixent,*

Or, quand ce fut passé huit jours,
El voulut faire ses atours :

14

« Dites-moi, ma mére m'ami',
Quel habit prendrai-je aujourd'hui ? »
— « Prenez le vert, prenez le gris,
Prenez le noir, pour mieus choisir. »

15

— « Dites-moi, ma mére m'ami',
Ce que ce noir-là signifi' ? »
— « Femme qui relève d'enfant,
Le noir lui est bien plus séant. »

Fontenay, Loudéac, Turin D, Altare. — c) *Bretagne* 2 et 3, *Auverné* + *Touraine* 1 ; cf *Fontenay, Vivarais.* — d) *Touraine* 1 + *Bretagne* 2 (El voulut).

14. a) Comme précédemm^t (str. 6). —b) *Bretagne* 5, *Velay* 1 et 2, *Forez* 2 ; *Retz, etc.* (... mettrai-j...), *Charente, etc.* (... robe pr.-j...) ; *Rouen, etc.* (... robe mettrai-j...) ; cf. *Saint-Maixent, Fontenay, etc...* — c) *Vendôme, Bourbonnais, Forez* 1, *Velay* 2 ; *Touraine* 1, *etc.* (P. l. blanc...) ; *Rouen, etc.* (Mettez l. blanc...) ; cf. *Flévy* (le vert), *Frans* (id.), *Limousin* 1 (id.), *etc.* — d) *Charente, Blésois, Rouen, Cervières, Nivernais* 1, *Vendôme* (... c'est m. ch.) ; cf. *Retz, Saint-Maixent, etc.* — La couleur du deuxième habit est imposée par la rime, « gris » ; pour celle du premier, il faut préférer le vert au blanc : car, outre que la leçon « vert » est appuyée par un grand nombre de versions, « le vert et le gris », en fait d'étoffes, est une alliance de mots traditionnelle (on la trouve dans la farce de *Pathelin*) : la teinture verte était jadis celle des draps de luxe.

15. a) Comme précédemm^t (str. 6). — b) *Rouen, Seraing, Nivernais* 1 (... c't habit n. s.), *Auverné* (...q. sign. Le n... ici) ; cf. *Bretagne* 5, *Loiret, etc.* — (c *Loiret, Vivarais, Auverné, Bretagne* 5 (Toute f...) ; cf. *Quercy, etc.* — d) *Vendôme, Flévy, Loiret, Vivarais* + *Bretagne* 4 et 5 et *Loudéac* (lui) ; cf. *Touraine* 2, *Rouen, Limousin* 1, *Quercy, etc.*

16

Mais quand el fut emmi les chans,
Trois pâtoureaus alloient disant :
« Voilà la femme du seignour
Que l'on enterra l'autre jour. »

17

« Dites-moi, ma mére m'ami',
Que dient ces pâtoureaus ici ? »
— « Ils nous dient d'avancer le pas,
Ou que la messe n'aurons pas. »

18

Quand el fut dans l'église entré',
Le cierge on lui a présenté ;
Aperçut, *en s'agenouillant*,
La terre fraîche sous son banc :

16. a) *Vagney* (...parmi...), *Vendée* (...allit dans...), *Nivernais 2* (Q. e. furent emmi...) et *Saint-Maixent* (parmi...); cf. *Forez 2, Boulonnais, Rouen, Touraine 2, etc.* — b) *Vagney, Touraine 2, Flévy + Rouen* (Trois...), *Boulonnais* (id.), *Velay 2* et *Forez 1* (id.), *Mondovi* (id.); cf. *Bretagne 3, Nivernais 1, 2* et *3, etc.* — c) *Rouen, Jura, etc.*; *Touraine 2* et *Auvergne* (... de ce s.), *Vendôme* et *Limousin 2* (C'est... de not. s.), *Cambes 2* (... d'un grand s.); cf. *Velay 2, Frans, Flévy, etc.* (de ce roi *ou* d. notre roi); *etc.* — d) *Vendôme* et *Cambes 2* (Qu'o. a ent...), *Auvergne* et *Limousin 2* (Qu'ils enterrèrent...), *Velay 1* (...questo j. = ce j.); cf. *Vendée, Flévy, etc.* (...ent. hier au soir), *Rouen, etc.* (... hier à trois heures), *Touraine 1* (... hier au tantôt), *Cervières* (Q. l'on vient d'enterrer).

17. a) Comme précédemm^t (str. 6). — b) *Bretagne 3, Velay 1* (...c. bergers...), *Vagney* (...c. p. nous dient), *Flévy* et *Jura* (...c. p. ont dit); cf. *Poitou, Touraine 1, Quercy, tic.* — c) *Forez 2, Auvergne, Velay 2 + Vagney* (dient); cf. *Limousin 1, Velay 1, Touraine 1, etc.* — d) *Auvergne, Forez 2, Velay 2 + Nivernais 1* (Qu); cf. *Velay 1, Limousin 1, Quercy, Montferrat, Mondovi.*

18 a) *Touraine 1* et *2, Saint-Maixent, Rouen, etc.*; *Flévy* (... el est...), *Vagney* (... à l'égl...); cf. *Cambes 1, etc.* — b) *Flévy, Rouen* (L'eau bénite...), *Tou-*

19

« Dites-moi, ma mère m'ami',
Pourquoi la terre est rafraîchi' ? »
— « Ma fill', ne l' vous puis plus celer,
Renaud est mort et enterré. »

20

— « Puisque le roi Renaud est mort,
Voici les clés de mon trésor.
Prenez mes bagues et joyaus,
Nourrissez bien le fils Renaud. »

raine 1, etc. (id.), *Vagney* et *Boulonnais* (L'asperges...), *Nivernais 2* et *3* (id.). — cd) *Rouen, Fontenay* + *Canavais, Turin B, C, D, Valfenera, Montferrat* ; cf. *Altare, Mondovi* ; aussi *Saint-Maixent, Vivarais,* etc.

Quoique, dans toutes les autres versions, il soit parlé d'une présentation d'eau bénite, *Flévy* conserve en *b* la leçon originale, « le cierge » : ce cierge tenu par l'accouchée fait, en effet, partie du cérémonial des relevailles. Les vers *cd* sont d'une restitution délicate : ce distique narratif est tombé de la plupart des versions, et dans les cas rares où il a subsisté, c'est sous une forme altérée (il ne s'agit plus de terre fraîchement remuée — trait primitif que présuppose le dialogue de la strophe suivante, — mais d'un beau tombeau récemment construit); toutefois, le dernier vers, *d*, est fourni littéralement par les versions piémontaises, qui l'ont laissé glisser dans la strophe suivante (dialoguée) ; et *c*, dont le verbe initial se déduit de quelques versions françaises, doit finir par un mot en *au*, probablement par un participe : la leçon que je propose, « en s'agenouillant », n'est au reste que la traduction du passage correspondant du gwerz.

19. a) Comme précédemm^t (str. 6). — b) *Bretagne 1, Retz, Bretagne 5* (...nos tombes sont r.); cf. *Bretagne 3, Loudéac* (...tombeaux rafr.), *Parisis* (... tombe fraîchie); aussi *Rouen, Vivarais,* etc. — c) *Bretagne 2, Loudéac, Touraine 1, Vivarais* + *Bretagne 3* et *4,* etc. (p. plus); cf. *Blésois, Vendôme, Rouen,* etc. — d) *Charente, Angoumois, Blésois, Vendôme, Touraine 1, Forez 1,* etc.

20. a) *Vagney, Frans, Loiret* + *Auverné* (le comte R., corrigé en « le roi » conformément aux str. 1, 7 et 9); cf. *Fontanes*; aussi *Rouen, Touraine 2, Mondovi, Limousin 1.* — b) *Vendée, Limousin 1, Bivès,* etc. + *Felletin* et *Loiret*; cf. *Forez 1, Poitou, Turin C, D,* etc. — c) *Flévy* (... e mes j.), *Touraine 1* (... mes anneaux : mais, plus haut, le mot « joyaux » transposé),

21

» Terre, ouvre-toi, terre, fens-toi,
Que j'aille avec Renaud mon roi ! »
Terre s'ouvrit, terre fendit,
Et *si* fut la belle englouti'.

Vagney (Tirez... mes anneaux), *Nivernais 2* (Voilà... ..m. ann.); cf. *Jura*.
Il faut supprimer le second possessif : « bagues et joyaux » est une expression
toute faite. — d) *Vagney, Poitou* + *Fléry* (fils R.), *Fontanes* et *Velay 1*
(id.); cf. *Saint-Maixent, Vendée, Touraine 2, Fraus, etc.*

21. a) *Charente, Blésois, Loiret* ; cf. *Retz, Bretagne 4* et *5, Fontenay, Saint-
Maixent, Limousin 1, Vence, etc.* — b) *Charente* et *Blésois* + *Loiret* (Q. j'aille),
Retz et *Bretagne 5* (Avec... j'veux aller), *Cambes 1* (Av. R. je m'en vas) ; cf.
Jura, Touraine 2 et *Vence, Bretagne 4, Montferrat, etc.* — c) *Blésois, Indét. 2,
Bourbonnais, Charente* (... se f.); cf. *Loiret, Felletin, Vence, etc.* — d) *Charente,
Blésois* ; cf. *Vence, Nivernais 1, Indét. 2, Felletin, Loudéac, Vendée.* Les deux ver-
sions donnent ce vers avec la construction logique : « Et la belle fut... »;
mais il n'est pas prosodiquement possible que la 4e syllabe tombe sur une
posttonique : d'où la correction que je propose.

Les versions abrégées, *Parisis, Angoumois, Valois, etc.*, aussi *Seraing*,
placent, immédiatement après la strophe 19 altérée, celle-ci qui sert de
conclusion :

> Ma mère, dit' au fossoyeux
> Qu'il fasse la fosse pour deux,
> Et que l'espace y soit si grand
> Que l'on y mette aussi l'enfant !

Ce quatrain a été fort admiré ; et, de fait, il ne manque pas d'une certaine
grandeur tragique : mais avec cela, combien il est inférieur à la leçon originale,
d'après quoi l'épouse prête à mourir confie à l'aïeule le sang de Renaud,
l'héritier de la race ! L'interpolateur était un « romantique », visant à l'effet,
et qui l'a trouvé ; l'auteur, à la manière classique, ne cherchait de beauté que
dans la vraie et simple nature.

―――――

Le texte original du poème, fondé sur cinquante-neuf versions françaises et huit piémontaises, étant tel, il reste à en
déterminer la date et la provenance. D'une variante connue
de la strophe 11, qui mentionne un des événements les plus
populaires de notre histoire, l'entrée à Paris du roi Henri

(Henri IV), il appert que la chanson se chantait dès l'an 1594 ; et, d'autre part, le verbe « entendre », suivi de l'infinitif, et le mot savant « raccommoder » (strophe 10) n'apparaissent point dans la langue avant le xvi° siècle : c'est donc dans le cours et plutôt, je pense, environ le milieu de ce siècle-là, que vivait l'auteur du *Roi Renaud* : conclusion qui s'accorde bien, au surplus, avec le caractère général de son style [1]. Quant au lieu d'origine, écartant d'abord les versions secondaires du pays d'oc et du Piémont, l'on observe qu'entre les provinces d'oïl, c'est la Bretagne ou les régions limitrophes qui fournissent du *Roi Renaud* les plus nombreux spécimens et les plus complets ; la forme « seignour » (strophe 16), certifiée par la rime, convient aussi à cette contrée ; et s'il est vrai, comme on essaiera de le montrer tout à l'heure, que la complainte du *Roi Renaud* soit translatée d'un gwerz armoricain, il n'y a point de doute que le poète bilingue à qui nous la devons était né sur les confins des Bretagnes celtique et française.

*
* *

Il existe, soit dans le domaine roman, soit dans les pays non romans qui font enclave en terre française (Basques, Bas-Bretons), cinq chants étroitement apparentés au *Roi Renaud* : un gwerz armoricain, une chanson basque, une canzone vénitienne, une chanson proprement catalane et un romance espagnol commun à toute la péninsule. Je donne ci-après, en l'abrégeant un peu par endroits, la traduction de chacun de ces poèmes, rétablis autant que possible en leur teneur originale par la confrontation des différentes versions existantes ; une série de chiffres entre parenthèses indiquent, pour chaque partie du

---

1. Notez, par exemple, la locution « ma mère m'amie » ; les « seins » = les cloches ; « hardes » — hardes ; (la terre) « fendit » = se fendit.

texte, le couplet français qui correspond : en sorte que, saisissant d'un coup d'œil tout le détail des similitudes, on pourra aisément définir les relations respectives du *Roi Renaud* et des cinq chants précités.

GWERZ ARMORICAIN

Vers octosyllabiques, rimant deux par deux. Ce gwerz est représenté par 18 versions :

Cornouaille 1 : DUFILHOL, *Mélusine*, IV, réd. avant 1835. — Une partie de ce texte, avec traduction, avait paru dans le roman de *Guionvac'h* par KÉRARDVEN (= DUFILHOL), 1836 [1].

Cornouaille 2 : H. DE LA VILLEMARQUÉ, *Barzaz-Breiz*, I, 1839. — Version recueillie d'une chanteuse cornouaillaise, mais transcrite artificiellement en dialecte de Léon.

Plouaret :
Keramborgne : } LUZEL, *Gwerziou Breiz-Izel*, I, { r. 1844.
Duault :   r. 1848.
                                                      [s. d. = avant 1867].

Indéterminé (traduct. française) : ID., *Poës. pop. de la France*, V, mss. B. N., [s. d. = avant 1860].

P. 1,2,3,4,5,6,7,8,9 : PENGUERN, fd celtique, mss. B. N., r. vers 1850.

Lorient (traduct. française, un peu abrégée) : ROLLAND, *Romania*, XII, 1883.

Plougouver :
Trévérec : } ERNAULT, *Rev. des Trad. pop.*, XIV, 1899.

Il appert d'une variante de *P 2* que le gwerz se chantait déjà en Bretagne dans le second tiers du XVIᵉ siècle ; car cette version mentionne la mort du « roi François », ou plus littéralement de « François roi » ; or, il ne peut s'agir que de François II († 1560), chose peu probable, vu la brièveté du règne et l'insignifiance du roi, ou bien de François Iᵉʳ († 1547), qui demeura toujours, dans le parler du peuple, « le roi François ».

---

1. Le texte intégral a été extrait des papiers posthumes de D. par M. Gaidoz, qui les a en sa possession.

TEXTE TRADUIT

Le seigneur comte (sans nom dans la plupart des versions,
nommé « Tudor » dans *P. 1, 2, 3, 9*, « Jean » dans *Trévérec*, « Nann »[1]
dans *Cornouaille 2, Keramborgne, Indét.*) et sa femme ont été mariés
tout jeunes, l'une à treize ans, l'autre à quatorze ; au bout de neuf
mois, la dame est accouchée. Le comte demandait un jour à sa
femme : « Puisque vous m'avez donné un fils, dites ce que vous
désirez de moi : chair de perdrix, ou chair de bécasse ? » — « Chair
de lièvre me ferait plaisir. » Le comte Nann a pris sa trompe d'argent (*Cornouaille 1*), ou son fusil (*Plouaret, Keramborgne, Duault,
Lorient, P. 4* et *6*), ou il a dit de détacher ses chiens de chasse et
lévriers (*P. 1, 2, 5, 7, 8*) ; et il est allé chasser au bois[2]. Dans le
bois il rencontre une fée : « Salut à toi, seigneur comte, je te cher-
chais depuis si longtemps ! Maintenant il faut que tu m'épouses. »
— « Vous épouser, je ne le puis : car je suis marié nouvellement,
et ma femme vient d'accoucher. » — « Choisis ou de m'épouser, ou
de mourir dans trois jours, ou de languir sept ans au lit. » —
« J'aime mieux mourir dans trois jours que de languir au lit sept
ans, car ma femme est bien jeune pour avoir avec moi tant de
peine. »

---

1. « Nann » est un diminutif de « Ronan », « Renan » (homme fort), nom
fréquent dans la Bretagne celtique. On a remarqué la ressemblance de ce
« [Ro]nan » avec le « Renaud » français : mais peut-être n'est-ce là qu'une
rencontre fortuite.

2. La discussion des variantes est ici de conséquence. Cinq versions
omettent les apprêts de la chasse du comte. Des treize autres, une (*Cornouaille 1*) porte qu'il prend « sa trompe d'argent » : c'est un ἅπαξ εἰ-
ρημένον, qu'il serait hasardeux d'identifier avec l'original ; six mentionnent
« son fusil », et même sept, si l'on considère que la version *Cornouaille 2*,
d'après quoi il prend « sa lance de chêne » pour chasser le chevreuil, est due
à La Villemarqué, et que celui-ci, étant données ses habitudes d'arrangeur
archaïsant, devait immanquablement substituer l'antique et noble lance au
vulgaire fusil de la tradition populaire. Reste cinq versions suivant lesquelles
le comte ordonne de « détacher ses chiens de chasse et lévriers ». Adopter la
leçon du fusil, qui a pour elle la pluralité des chanteurs, serait imposer aux
gwerz une date bien trop moderne, le fusil n'ayant été employé comme arme
de chasse que dans le cours du XVIIIe siècle ; la question est donc tranchée
en faveur des « lévriers détachés ».

(3) Le comte disait à sa mère en arrivant : « Ma mère, faites-moi vite mon lit, car mon cœur est mal à l'aise. Je ne m'en relèverai plus que pour mourir (*Plouaret, Keramborgne, Duault, Indét.,* etc.)....... (4) Ma mère, si vous m'aimez, vous ne direz rien à ma femme jusqu'au jour de ses relevailles. » (*Cornouaille 1* et 2, *Keramborgne, Duault, Plouaret, Indét.,* etc.). (6) La jeune comtesse demandait à sa belle-mère ce jour-là : « Qu'y a-t-il que les valets pleurent ainsi? » — « En allant baigner les chevaux, ils ont noyé le plus beau. » (*Plouaret, Indét.*; cf. *P. 4, P. 5, Duault, Keramborgne, Lorient, Plougouver,* etc.). — (7) « Dites-leur de ne pas pleurer : on trouvera des chevaux à souhait. » (*Plouaret, Duault, Lorient*; cf. *Indét., Keramborgne, Plougouver, Trévérec,* etc.). (8) « Qu'y a-t-il, que les servantes pleurent ainsi? » — « En faisant la lessive, elles ont perdu le plus beau linceul. » (*P. 5, Cornouaille 1, Indét., Duault, Trévérec, Plouaret*; cf. *Lorient*). — (9) « Dites-leur de ne pas pleurer : on trouvera des linceuls à souhait. » (*Cornouaille 1, Duault*; cf. *Lorient, Indét., Plouaret, Trévérec*). — (11) « Qu'y a-t-il que les cloches sonnent ainsi? » — « C'est pour le fils du Roi qui est mort. » *Cornouaille 1* et 2, *Indét., P. 8*). — (12) « Qu'y a-t-il, que les prêtres chantent ainsi? » — « Un pauvre avait été logé ici, et il est décédé dans la nuit. » (*Cornouaille 1* et 2, *Trévérec, Plouaret, Keramborgne, Duault, P. 1,* etc., cf. *Indét., Plougouver*). (14 et 15) La comtesse demandait à sa belle-mère ce jour-là : « Quelle robe mettrai-je aujourd'hui : rouge ou grise (*Cornouaille 1*), — blanche ou grise (*Indét.*), — rouge ou bleue (*Cornouaille 2, P. 8*), — blanche, ou *broget* [1], ou violette (*Keramborgne*) ? » — « La coutume est aux jeunes femmes d'aller en noir à l'église » (*Plouaret, Duault, Lorient, Cornouaille 1, Plougouver, Trévérec,* etc.; cf. *P. 2, 3, 4*) [2]. (18) La comtesse demandait, en entrant à l'église (*Plouaret, Trévérec, P. 1,* etc.), — en s'agenouillant dans son banc (*Keramborgne*; cf. *Plouaret, Trévérec, Duault,* etc.), — en

---

1. Luzel n'entend pas ce mot, et propose de lire à la place le substantif *breget*, qui signifie « robe de femme ». Mais il existe d'autre part un adjectif danois *broget* = chatoyant, irisé (*versicolor*), d'une étymologie peut-être celtique, et qui, en tout cas, pourrait avoir été importé accidentellement dans l'idiome armoricain.

2. *Trévérec* place ici l'épisode des bergereaux, altéré : mais je ne vois dans ces huit vers qu'une infiltration ultérieure du *Renaud* français.

passant l'échalier: (19) « Qui a été enterré ici, que la terre est frai-
chement remuée? » (*Cornouaille 1 et 2, Plouaret, Lorient, P. 8*; cf.
Plougouver, etc.) — « Hélas! je ne puis plus vous le cacher, c'est
votre mari qui est enterré là. » (*Keramborgne, Plouaret, Lorient, Cornouaille 1 et 2, Trévérec, etc.*). — (20 et 21) « Tenez, ma mère, voilà
les clés! Veillez sur mes biens, prenez bien soin de mon fils (*Keramborgne, Duault, Trévérec, Plougouver, etc.*). Moi je reste ici avec son
père. » (*Keramborgne, Duault, etc.*). (21) La comtesse est tombée à
terre et elle est morte (*Plouaret, Cornouaille, P. 8*; cf. *Trévérec, P. 5,
P. 6*).

CHANSON BASQUE

Octosyllabes, groupés en quatrains. La chanson est représentée par 2 versions :

Indéterminé : Mme DE LA VILLÉHÉLIO, *Souvenir des Pyrénées, Douze airs
basques*, [1870]. — Repr. dans la *Rev. des Trad. pop.*, III.

Tardets: CH. BORDES, *Cent Chans. pop. basques* (fascicule-spécimen), r. 1890.

TEXTE TRADUIT

(1) Le roi Jean, blessé, est revenu des armées. Dame sa mère est
restée à la maison, joyeuse : (2) « Roi Jean, réjouissez-vous et ayez
courage! Votre femme d'un petit roi est accouchée hier soir! —
Ni pour ma femme, ni pour un petit roi, moi, je ne saurais me
réjouir. (4 et 5) Sans que ceux-ci le sachent, mère, [donnez-moi]
un lit pour mourir. » (6) « Ma mère, dites-moi, qu'ont ces valets,
avec tant de pleurs et gémissements? » — « Ma fille, ce n'est rien :
ils ont perdu un cheval gris. » (8) — « Ma mère, dites-moi qu'ont
ces servantes, avec tant de pleurs et gémissements? » — « Ma fille,
ce n'est rien : elles ont cassé un plat d'argent. » — (7 et 9) « Ni
pour cheval gris, ni pour plat d'argent, je vous en prie, pas de
larmes! Le roi Jean de la guerre or et argent rapportera. » — (12)
« Ma mère, dites-moi pourquoi ces chants si hauts? » — « Ma fille,
ce n'est rien : c'est la procession qui passe. » — (14) « Ma mère,
dites-moi, quelle robe faut-il mettre? » — « Ma fille, la blanche, la
rouge; la plus belle sera la noire. » — (19) « Ma mère, dites-moi,
quel est ce tombeau si élevé? » — « Ma fille, impossible de le celer,

c'est le roi Jean qui est enterré là. » — (20) « Ma mère, prenez ces clés, celles de l'or et de l'argent ; et ce petit roi, élevez-le avec grand soin. (21) Terre sainte, ouvre-toi, que j'entre dans ton sein ! » La terre sainte s'est ouverte, et moi, j'ai embrassé le roi Jean [1].

CANZONE VÉNITIENNE

Quatrains en décasyllabes rimant deux par deux. La canzone est représentée par 4 versions :

Venise : L. CARRER, *Prose e Poesie*, IV, 1838, (version résumée en prose, et très inexactement).
Vicence : WOLF, d'après WIDTER, *Volkslieder aus Venetien*, 1864.
Pontelagoscuro : FERRARO, *Canti pop. di Ferrara*, 1877.
Rovigno : IVE, *Canti pop. istriani*, 1877.

TEXTE TRADUIT

(1) Le comte Anzolin (*Venise, Vicence, Rovigno* ; d'où « Cagnolino » dans *Pontelagoscuro*) est allé à la chasse, et il a été mordu par un chien (*Vicence*). (2) [Sa mère lui dit :] « Je me réjouis pour vous, comte Anzolin : ta femme a fait un enfant. » — « Si elle a un enfant, fais-le baptiser (*Vicence, Rovigno*). (3 et 4) Dans mon cœur, je me sens mal... (*Vicence, Rovigno*). Si je vais mal, ne le lui fais pas savoir : car en ce lit je la verrais mourir. » (*Rovigno*, leçon corrompue ; variante de *Vicence* : « ... Éloigne-la, qu'elle n'entende pas le son de la cloche ! »). (6) « O ma chère belle-mère, qui m'es plus que mère ! pourquoi les serviteurs lamentent-ils ainsi ? » — « O ma chère belle-fille, qui m'es plus que fille ! c'est qu'il est mort le plus beau cheval de l'écurie. » (*Vicence, Pontelagoscuro*). — (7) « De cela, je n'en ai cure, pourvu qu'Anzolin soit en santé. » (*Vicence, Pontelagoscuro, Rovigno*)........(11) « O ma chère belle-mère, pourquoi les cloches sonnent-elles ? » — « O ma chère belle-fille, c'est pour un pèlerin de Rome. » (*Venise, Vicence, Rovigno*)..............
— (13) « O ma chère belle-mère, quel jour relèverai-je ? » — « Le

---

1. L'épouse parle ici à la 1re personne : leçon corrompue.

jour de saint Marc (*Pontelagoscuro*), le samedi saint. » (*Rovigno*). —
(14 et 15) « O ma chère belle-mère, quel habit mettrai-je ? » —
« Le rouge ou le blanc, ou bien le noir selon l'usage. » (*Vicence,
Portelagoscuro, Rovigno*). — (17) « Pourquoi ces gens me regardent-
ils ? » — « C'est l'usage de regarder celles qui relèvent d'enfant. »
(*Vicence, Pontelagoscuro*). — (19) « Pourquoi ce tombeau fraîchement
ouvert ? » — « Ma fille, je ne puis déguiser davantage : le comte
Anzolin est là-dedans. » (*Venise, Vicence*). — (20) « Avec ma dot
élevez bien l'enfant (*Vicence, Pontelagoscuro*). (21) O tombeau,
ouvre tes portes ! Je veux aller dans les bras de mon amour ! »
(*Venise, Vicence, Pontelagoscuro*).

CHANSON CATALANE

Vers de 14 syl. = 7 + 7, féminins, uniformément assonancés en *a* + atone. La chanson est représentée par 24 versions :

Majorque : QUADRADO, d'après T. AGUILÓ, *la Palma* (périodique), 1842.
— Repr. (en castillan) par PIFERRER, *Recuerdos y Bellezas de España* ; par
BRIZ, III ; par LIEBRECHT, *Die Balearen in Wort und Bild geschildert*, II,
Leipzig, 1873.
== Version majorquine très approchante dans M. AGUILÓ, *Romancer pop.*,
(n° 1).
Catalogne 1 et 2 : PELAY BRIZ, *Cans. de la Terra*, III, 1871.
Catalogne *A, B, C, D, E, F, B', C', D', E', F', G', A''*, Majorque *A'* : MILÁ Y
FONTANALS, *Romancerillo catalan* (n° 210), 1882.
Catalogne, Minorque, Iviça, Monclar, Valence [1], Espills : AGUILÓ, *Romancer
pop. de la Terra catalana* (n° 1, et notes), 1893.
Canavais : NIGRA, *Canti pop. del Piemonte* (n° 22), 1888.
Massat (Ariège) : PASQUIER, d'après RUFFIÉ, *Massat. Chansons, danses,
usages*, 1889 [2].

1. Cette version de Valence est parodique.
2. Ces deux dernières versions, recueillies, l'une en Piémont, l'autre en
Gascogne, sont d'importation catalane ; et c'est pourquoi je les range à la
suite des versions transpyrénéennes similaires.

TEXTE TRADUIT

(1)... Don Ramon revient de bataille (*var.* : de la chasse). Sa mère, pour le voir venir, était à la fenêtre... (2) « Montez, montez, mon fils, à la chambre haute... Vous y verrez votre femme, qui a accouché d'un infant (*ou* d'une infante). » — « Je n'ai point de joie de ma femme, pas davantage de mon enfant ! (3 et 4) Ma mère, faites-moi mon lit à la place accoutumée ; mettez-moi des draps et des coussins blancs. Je n'y reposerai guère : je mourrai à la minuit, et mon cheval au point du jour..... Si l'on demande pourquoi les cloches sonnent, vous répondrez : Pour don Ramon, mort en bataille. »

Cette chanson, qu'elle soit native de l'île Majorque, ou qu'elle y ait été importée de Catalogne, est devenue par excellence le chant populaire des Baléares. Piferrer estime, pour des raisons grammaticales, que la version majorquine remonte au XVIᵉ siècle. Dans le nom de « Ramon », il est tentant de reconnaître une forme approchée du « Renaud » français (variante de corruption, « Renon »).

ROMANCE ESPAGNOL

Il est, originairement, en vers de 14 syl. $= 7 + 7$, assonancés uniformément en $i +$ atone (*Asturies, Portugal, Catalogne A'*) ; mais dans certains groupes de versions (celles d'Estramadure et la plupart des catalanes), le vers a été accourci en décasyllabe à $5 + 5$, l'assonance restant d'ailleurs intacte. Le romance est représenté par 19 versions :

Catalogne (*K*) : PELAY BRIZ, *Caus. de la Terra*, III, 1871.
Cat. *A, B, C, D, E, F, G, H* :⎫ MILÁ Y FONTANALS, *Romancerillo catalan*
Catalogne *A'* :   ⎭ (nᵒˢ 204 et 204'), 1882 [1].
Portugal : L. DE VASCONCELLOS, *Romania*, XI, 1882.

---

1. Toutes ces versions catalanes sont pleines de mots castillans, qui en décèlent la provenance. — On désignera par *Catalogne A'* la rédaction de Milá qui porte le nᵒ 204' ; par *Catalogne*, simplement, l'ensemble des autres.

Estramadure 1,2,3 et 4 : MACHADO Y ALVAREZ, *El Folk-Lore bético-extremeño*, 1883.

Asturies 1 et 2 : MENÉNDEZ PIDAL. *Collección de los viejos romances q. s. cantan por l. Asturianos* (nos 46, 47), 1885.

Catalogne (*I* et *J*) : AGUILÓ, *Romancer pop. d. l. Terra catalana* (n° 11), 1893.

TEXTE TRADUIT

Le héros se nomme « don Pedre » (*Asturies, Portugal, Estramadure*; — noms divers dans les versions catalanes), et il porte le titre de « roi » (*Asturies, Estramadure*). (1) Don Pedre revient de guerre blessé (*Estramadure*; — d'après *Asturies, Portugal* et *Catalogne II*, il est allé à la chasse, où il a pris le mal de la mort; — d'après plusieurs catalanes, il est allé en pèlerinage [*romeria*]). (2) [Sa mère lui apprend que] Doña Alda — c'est le nom de sa femme dans l'original (*Asturies*); elle est devenue ensuite « Leonarda » (*Portugal*), « doña Anna, Mariana, Helena » (*Cat. A', Catalogne*), « doña Teresa » (*Estramadure*) — vient d'accoucher d'un enfant mâle. — « Si elle est accouchée, le fils sera sans père (*Asturies, Portugal*). (3) Ma mère, préparez-moi un lit (*Asturies, Portugal*), car je mourrai tout à l'heure (*Asturies*). (4) Ne dites rien à doña Alda; qu'elle ne sache pas ma mort avant quarante jours. » (*Asturies*). Au seuil de la cour, don Pedre tombe mort (*Asturies, Catalogn cK*. — D'après *Estramadure* et la plupart des catalanes, il converse avec sa femme, et c'est en sortant de la chambre qu'il meurt).

(6 et 8) [Ici et plus loin, la formule vocative, telle qu'on peut l'induire de la confrontation des versions, était dans l'original :

O diga me, la mi madre, diga, la mi siempre amiga !

ce qui correspond exactement au vers français « Dites-moi, ma mère m'amie »]. « Qu'est-ce que ce bruit que j'entends ? » — « Ce sont les servantes et valets qui rient. » (*Catalogne*). — (11) « Pourquoi les cloches sonnent-elles ? » — « C'est pour une messe dans la cathédrale (*Asturies*); pour une fête (*Portugal*); pou. la mort d'un grand de la ville (*Catalogne*); pour toi, à cause de tes couches (*Estramadure*). » — (12) « Pourquoi chante-t-on ? » — « C'est pour la châsse du patron qu'on porte en procession (*Asturies*); pour les obsèques d'un grand de la ville (*Catalogne*). » — (13) « Quel jour irai-je à la messe [de relevailles] ? » — « A Pâques fleuries (*Asturies* et qq. vers. catalanes);

dans un an et un jour. » (*Portugal, Catalogne A'*) — (14 et 15)
« Quel habit prendrai-je pour relever ? » — « C'est le noir qui sied
le mieux, parce que tu es blanche et délicate (*Asturies*); que tu es
noble (*Portugal*) ; que tu es la belle doña Ana (*Catalogne A'*). » (16)
A la sortie de la maison, un berger dit (*ou les gens disent*) : « Voici
la jolie veuve ! » (*Asturies, Estramadure, Catalogne, Catalogne A'*).
— (17) « Qu'est-ce que [ce berger] dit ? » — « Il dit que nous
manquerons la messe. » (*Asturies*). (18) A l'entrée de l'église, elle
prend de l'eau bénite ; elle voit une tombe couverte de noir (*Catalogne A'*) : (19) « Ma mère, pourquoi cela ?... » — « Ma fille, il faut
que je te le dise, don Pedre est mort et enterré. » (*Asturies, Estramadure, Catalogne*). — (20) « Si don Pedre est mort, ce n'est raison
que je vive (*Estramadure*). Mère, je te recommande le fils (*Catalogne*). (21) Moi, je m'en vais au ciel avec mon mari ! (*Catalogne*).
La tombe s'ouvre, elle tombe morte (*Catalogne I*).

———————

Hormis le gwerz armoricain, qui mérite un examen particulier, il apparaît à première vue que tous ces poèmes se réduisent
à des formes secondaires et incomplètes de l'original français.
La chanson basque n'en est qu'une traduction littérale, avec des
lacunes; la chanson vénitienne, qu'un *rifacimento* en décasyllabes, d'après quelque version piémontaise. L'auteur de la
chanson catalane développe abondamment les trois premiers
couplets, sans plus, — dialogue du chevalier mourant avec
sa mère, — et ne sait rien du reste; celui du romance espagnol,
au contraire, imite de fort près, et jusqu'au bout, son modèle.

La question, pour le gwerz, n'est pas aussi simple. La première partie de cette pièce n'a aucun rapport avec le début du
Roi Renaud : ici, deux vers d'introduction, qui montrent un
chevalier revenant de guerre, blessé ; là, toute une histoire
merveilleuse, d'un seigneur qui va chasser au bois pour apporter du gibier à sa femme, d'une fée amoureuse qu'il y rencontre
et qui veut l'épouser, du sort mortel que la fée lui jette en
punition de son refus. Mais tel est, dans la suite du poème, le
parallélisme des deux chants, que certains vers celtiques, traduits

mot pour mot, coïncident d'une façon rigoureuse avec les octosyllabes français, et réciproquement. A la vérité, notre chanson,
outre quelques parties dialoguées qui manquent au gwerz, offre
des transitions narratives d'une étoffe beaucoup plus riche. Mais
cela est sans conséquence pour la priorité de l'un ou de l'autre
poème : car il y a d'égales chances que le dérivé diffère de l'original par des additions ou par des omissions ; et si la narration
embryonnaire du gwerz peut bien avoir été développée ultérieurement par le chansonnier français, il n'est pas moins vraisemblable que le récit plus complet du *Roi Renaud* se soit
atrophié en passant à la poésie armoricaine. En fait, la priorité
du *Comte Nann* est assurée, mais par une seule raison, qui est
le caractère fantastique du début. Supposé que l'auteur du
gwerz ait travaillé sur un modèle français, on voit mal comment
cet imitateur, si fidèle en tout le reste, aurait substitué à l'exposition fort simple du *Roi Renaud* une histoire étrange et compliquée, qui n'a point de rapport nécessaire au sujet ; mais,
dans l'hypothèse contraire, il est naturel que le poète français,
peu enclin au fantastique et touché seulement par le côté
humain du drame, ait laissé tomber l'espèce de féerie qui en
forme le prologue. Aussi bien, ce thème féerique n'est point
particulier au gwerz ; on le retrouve, et traité d'une façon identique, dans cette chanson du *Chevalier Olaf*, qui est justement
à la tradition orale des Scandinaves ce que *le Comte Nann*
est à celle de l'Armorique et *le Roi Renaud* à celle de la France.
Le gwerz, dans la série de ces trois chants, ayant une moitié
commune avec la complainte française et tenant par l'autre à
la vise danoise, forme le chaînon intermédiaire. Et c'est, en
définitive, à cette vise que notre étude critique du *Roi Renaud*
vient présentement aboutir.

*
* *

La vise du *Chevalier Olaf*, ou, selon le titre danois, d'*Elves-kud* (Frappé par l'elfe), est des plus belles et des plus universel-lement populaires qui soient en Scandinavie. Grundtvig, dans sa monographie d'*Elveskud* [1], en a réuni 69 versions, qui se décom-posent en cette sorte : 26 danoises [2] (GRUNDTVIG, *Danmarks gamle Folkeviser*, n° 47, II et IV), — 4 des îles Færœ (ID., *ibid.*, IV), — 12 islandaises (ID., *Íslenzk Fornkvædhi*, I), — 18 norvégiennes (LANDSTAD, *Norske Folkeviser*, 2 versions ; les autres, manuscrites, communiquées à Grundtvig par BUGGE), — et 9 suédoises (AFZELIUS, *Svenska Folkvisor*, III ; ARWIDSSON, *Svenska Fornsånger*, II [3] et III ; GRUNDTVIG, IV ; DJURKLOU, *Ur Nerikes Folkspråk* ; AFZELIUS, *Sagahäfder*, II). La plupart des versions sont de tra-dition contemporaine, mais certaines ont été conservées en de vieux manuscrits : la plus ancienne de toutes, une danoise (*A*), date de 1550 ; une autre danoise (*B*), de 1695 ; trois islandaises, de 1665 et 1700 ; une suédoise, du XVIIe siècle.

Voici la traduction de cette vise. L'on a pris pour base les deux vieilles rédactions danoises *A* et *B*, celle-là plus antique, celle-ci parfois préférable ; quelques vers intéressants, emprun-tés à une version jutlandaise contemporaine, *D*, mais qui ne doivent pas être attribués au poème original, sont enfermés entre crochets.

---

1. Sv. GRUNDTVIG, *Elveskud, dansk, svensk, norsk, færæsk, islandsk, skotsk, vendisk, bœmisk, tysk, fransk, italiensk, katalonsk, spansk, bretonsk Folkevise.* Copenhague, 1881. — Nonobstant des lacunes et des erreurs, cet opuscule demeure peut-être l'essai de littérature populaire comparée le plus méri-toire qu'on ait encore exécuté jusqu'à présent.

2. Il y faudrait ajouter aujourd'hui trois autres versions jutlandaises publiées par KRISTENSEN, *Jyske Folkeviser*, III, (n° 5), en 1889.

3. Quoique Grundtvig ne compte qu'une version au t. II d'Arwidsson, il y en a bien deux sous le n° 148 : au total, neuf versions suédoises.

Sire Olaf chevauche à l'aube ; mais il lui semble qu'il fait grand jour [1].

Sire Olaf chevauche le long des collines : il y avait là des elfes qui dansaient [2].

Alors la fille du roi des elfes sortit de la danse, elle mit son bras au cou de sire Olaf :

« Écoute-moi, doux sire Olaf, où donc vas-tu chevauchant ? »

— « Je m'en vais chevauchant là-bas, pour causer avec ma fiancée. »

L'elfe avança la main : « Il faut d'abord, sire Olaf, que tu danses avec moi. »

— « Je ne l'ose, ni ne le peux : demain se feront mes noces. »

— « Écoute, sire Olaf, viens danser avec moi ! je te donnerai une paire de bottes en peau de bouc.

» Une paire de bottes en peau de bouc sied bien aux jambes qui portent l'éperon doré. »

— « Une paire de bottes en peau de bouc, je veux bien l'accepter, mais je ne puis pas danser avec toi. »

— « Écoute, sire Olaf, viens danser avec moi ! je te donnerai une chemise de soie,

» Une chemise de soie si blanche et fine, que ma mère a blanchie au clair de lune. »

— « Une chemise de soie, je veux bien l'accepter, mais je ne puis pas danser avec toi. »

— « Écoute, sire Olaf, viens danser avec moi ! Je te donnerai un casque d'or ».

---

1. L'heure est crépusculaire : s'il fait grand jour, aux yeux du chevalier, c'est à cause de la lumière surnaturelle qui émane des elfes. Ce beau début est dans A, aussi dans quelques versions norvégiennes et suédoises; B et le commun des danoises portent simplement que le chevalier est sorti pour inviter le monde à ses noces; d'autres, qu'il est allé chasser. — Dans la tradition des îles Færœ, il y a un préambule rajouté (dialogue du chevalier et de sa mère), dont on retrouve la trace dans les chants écossais et tchèque dérivés de la vise d'Olaf.

2. A parle ici, à tort, d'une danse de « nains »; et au couplet suivant, il introduit, contradictoirement, une « vierge » qui invite le chevalier à danser. En fait, il s'agit d'une danse d'elfes, et c'est l'une d'elles, « la fille du roi des elfes », selon B et mainte autre version, qui s'approche du chevalier. Le nombre des elfes est marqué dans plusieurs versions : trois, sept, neuf, etc.

— « Un casque d'or, je veux bien l'accepter ; mais je ne puis pas danser avec toi [1] ».

— « Si tu ne veux pas danser avec moi, plaies et maladie seront sur toi. »

[« Veux-tu mourir demain, ou veux-tu être malade pendant sept ans ? »

— « J'aime mieux mourir demain, que d'être malade pendant sept ans ! »] [2]

Elle frappa sire Olaf sur sa joue blanche, le sang sauta sur sa pelisse d'écarlate.

Elle le frappa entre les épaules, et il s'abattit sur le sol [3].

« Lève-toi, sire Olaf ! et va-t-en chez toi ! Tu n'as plus qu'un jour à vivre. »

Sire Olaf fit tourner son cheval, et dolent s'en alla chez lui.

Comme il arrivait à la barrière du château, sa chère mère était devant :

« Écoute, sire Olaf, mon cher fils, pourquoi as-tu la joue si pâle ? »

— « Je puis bien avoir la joue pâle : j'ai été au jeu des elfes.

[« Écoute, sire Olaf, mon cher fils, pourquoi le sang coule-t-il de ta selle ?

— « Mon coursier n'a pas le pied ferme, il a buté contre une souche. »] [4].

« Mon cher père, prenez mon cheval ; mon cher frère, va quérir un prêtre.

---

1. Voilà le dénombrement des présents de l'elfe, d'après *B*, appuyé par mainte autre version : et c'est là, je pense, la leçon originale. Dans *A* aussi, il y a une énumération analogue, mais les objets diffèrent.

2. Les anciennes versions ne portent pas trace de ce choix laissé entre la maladie lente et la mort subite. C'est assurément là une interpolation ; importante d'ailleurs, en ce qu'elle a passé dans le gwerz armoricain.

3. Tel est le châtiment du chevalier, d'après la leçon originale (*A*, *B*, etc.). Ailleurs, l'elfe lui perce le cœur d'un coup de couteau ; dans la tradition færœenne et islandaise, elle lui donne un baiser funeste (quelquefois précédé d'un breuvage empoisonné). Enfin, selon 16 versions récentes (15 danoises, 1 suédoise), elle l'entraîne dans une danse terrible, dont il ne sort que moribond ; cette variante, inconnue des anciens chanteurs, est une interpolation évidente : Olaf n'a pas dû entrer dans la danse, puisque c'est à cause de son refus de danser qu'il est frappé par l'elfe.

4. L'image est saisissante ; mais ces vers ne faisaient point partie de la vise originale : l'aveu d'Olaf, qu'il a été à la danse des elfes, exclut la réponse apprêtée qui lui est attribuée ici.

Ma chère sœur, va faire mon lit; ma chère mère, au lit menez-moi. »

— « Écoute, sire Olaf, mon noble fils, que répondrai-je à ta fiancée ? »

— « Vous lui direz que je suis au bois, à dresser mon cheval et mes chiens. »

Le lendemain, au point du jour, la fiancée arriva avec le cortège nuptial.

Comme ils approchaient de la ville, toutes les cloches sonnaient à toutes volées.

« Pourquoi toutes les cloches sonnent-elles ainsi ? Je ne sache pas que personne ici soit malade. »

— « C'est la coutume en ce pays, de faire sonner pour sa belle. C'est la coutume en cette île, de faire sonner pour sa fiancée. » [1]

Comme la fiancée entrait dans la cour, toutes les femmes pleuraient très fort.

« Pourquoi toutes ces femmes pleurent-elles ainsi, je voudrais bien le savoir ? »

Il n'y avait personne autour d'elle, qui osât lui répondre un mot.

On conduisit la fiancée dans la salle, le cœur en peine et la joue rose.

On assit la fiancée sur le banc nuptial; il y avait devant des chevaliers, qui lui versaient à boire.

Alors la fiancée s'écria par-dessus la table, elle dit ces mots pleins d'angoisse :

« Je vois bien des chevaliers entrer et sortir : mais je ne vois pas sire Olaf, mon cher seigneur ! »

Alors la mère de sire Olaf répondit, elle était triste et dolente :

« Sire Olaf est allé au bois, dresser son cheval [2] et ses chiens. »

— « Est-ce qu'il aime mieux son cheval et ses chiens, qu'il ne fait sa chère fiancée ? »

— « Je ne puis plus te le cacher, sire Olaf gît mort dans la salle haute. » [3]

---

1. Ce couplet, qui n'est que la répétition du précédent avec une autre rime, pourrait avoir été ajouté après coup.

2. Dans *A* seulement, il est question de « faucon » au lieu de cheval.

3. *B* a ici une lacune. *A* présente les choses d'une façon particulière : le soir venu, on mène la fiancée à l'appartement nuptial, puis au lit nuptial;

Alors elle demanda à toutes les femmes de lui faire voir le corps.

On poussa la porte de la salle haute, le lit de parade se dressait en face.

La fiancée courut vers le lit, elle souleva le linceul blanc [1].

Elle toucha le corps si tendrement : son cœur battit avec violence.

Elle baisa le corps si ardemment : son cœur se brisa en morceaux.

Le lendemain, au point du jour, il y avait trois cadavres dans le château :

Le premier était sire Olaf, l'autre sa fiancée, le troisième sa chère mère, morte de douleur.

Cette vise, née en Danemark, à une époque très antérieure au milieu du xvie siècle, s'est propagée naturellement par toute la Scandinavie, occupant d'abord les royaumes voisins de Norvège et de Suède, importée aussi par les émigrants norvégiens dans les îles Færœ et en Islande. Mais son expansion ne s'est pas limitée aux pays de langue scandinave.

De l'archipel norvégien des Færœ, par l'archipel écossais des Shetland, elle pénétra en Écosse, et y donna naissance à une ballade, *Clerk Colvill*, dont CHILD, *The english and scott. pop. Ballads*, n° 42, II, a publié trois versions fort mutilées (la 2e, B, mise au jour par HERD, dès 1769) [2]. Le nom même de clerc Colvill paraît issu par corruption de celui du sire Olaf en dialecte færœen : [clerk C]olvill = *Ólavur*. Et dans la *mermaid* écossaise, une de ces fées, telles que les sirènes de la fable antique ou les nixes des légendes allemandes, qui symbolisent la puis-

---

c'est alors seul ment qu'elle apprend la mort de sire Olaf, et cela, non point de la bou he de sa belle-mère, mais de celle d'un page : variante bien inférieure. *D*, appuyé par un grand nombre d'autres versions, fournit la vraie leçon, savoir l'aveu de la mère.

1. Dans *B*, « le linceul écarlate », qui pourrait être la leçon originale.

2. Le texte publié par LEWIS, *Tales of Wonder*, 1801, n'est qu'un arrangement très libre de la 1re version manuscrite (*A*), et partant manque de valeur documentaire.

sance insidieuse et meurtrière des eaux, l'on retrouve, un peu
changée, l'elfe des bois scandinaves. Clerc Colvill est marié. Sa
femme lui recommande, et il promet à sa femme, de ne pas se
laisser gagner aux prestiges de ces dangereuses belles qui hantent
les sources (comp. le début des versions færœennes de la vise).
Ce qui ne l'empêche pas, aussitôt sorti, d'entrer en propos avec
une jolie lavandière, qui lave au ruisseau sa chemise de soie.
La mermaid — car c'en est une — adresse à Colvill des paroles
flatteuses; il la prend par la main, il la prend par la manche,
et fait tant qu'il oublie sa femme avec elle. Mais soudain il
éprouve une terrible douleur de tête. La mermaid, sous prétexte
de guérison, l'engage à couper un morceau de la chemise de
soie et à s'en envelopper la face. Sur quoi le mal redouble.
Colvill jette les hauts cris; la mermaid éclate de rire : « Vous
irez de mal en pis, jusqu'à ce que vous soyez mort! » Et, mena-
cée de son épée, elle se change tout à coup en poisson et plonge
dans le ruisseau. Colvill remonte à cheval, arrive chez lui, et
sentant venir la mort, il prie sa mère de lui faire son lit, sa
femme de l'y coucher, son frère de débander l'arc qu'il ne
tendra jamais plus. — La ballade, qui se termine là, répond
exclusivement à la première moitié de la vise, soit que le poète
écossais n'ait pas connu l'autre, ou qu'il ait négligé de parti pris
la suite humaine de l'aventure. Même il semble que dans son
idée le thème féerique a changé de signification : Colvill est
puni, non point, comme sire Olaf, pour avoir résisté, mais
bien parce qu'il a cédé à la tentation; et la tentatrice ressemble beaucoup moins à une amante jalouse et vindicative,
qu'à un méchant génie, cruel par plaisir, et qui attire ses
victimes à l'appât de voluptés mortelles.

Tombée du Jutland chez les Slaves de la Lusace et de la
Bohême, la vise y a produit une chanson connue par un type
wende (HAUPT-SCHMALER, *Volkslieder d. Wenden in d. Lausitz*, I.
n° 3; et *ibid.*, II, n° 182, variante fragmentaire et contaminée)
et par un tchèque (ČELAKOWSKÝ, *Slovanské národní písně*, I, 2

versions[1]; SUŠIL, *Moravské národní Písně*, 2 versions; ERBEN, *Písně národní v Čechách*, 2 versions). Au rebours de ce qui s'est passé pour la ballade écossaise, l'élément merveilleux est absolument éliminé de la chanson slave, tandis que la partie naturelle de l'histoire (l'arrivée de la fiancée à la maison nuptiale et ses interrogations dramatiques) en forment le noyau, plus ou moins altéré, mais résistant. Un jeune homme qui se marie — Hermann, dans les versions tchèques, — monte à cheval, avec les garçons de la noce, pour aller quérir sa fiancée. Mais il part sous des auspices funestes : des corbeaux tournoient sur sa tête avec des croassements de mort (leçon wende), ou bien sa mère l'a maudit, parce qu'il est sorti à cheval malgré sa défense (leçon tchèque); et en effet, pendant la route, il tombe de cheval et se casse le cou. D'après la tradition tchèque, les gens du cortège n'en continuent pas moins, musique en tête, leur marche vers la maison de la fiancée; et, sans lui rien dire de l'accident, ils la mettent en voiture et l'emmènent. Mais la jeune fille a des soupçons; elle demande pourquoi le fiancé n'est pas venu avec les autres? — Il apprête la table du banquet. — Si ce n'est pas son sang qu'elle voit répandu sur le sol? — C'est celui d'une bête qu'il a tuée à la chasse... Elle arrive chez les parents d'Hermann; et là, au milieu du souper, elle entend par trois fois un glas de cloche. A ses questions on répond, les deux premières fois, que c'est le glas d'un enfant mort; la troisième, que c'est le glas d'Hermann. Elle s'élance de table, et se plonge un couteau dans le cœur. — La version wende, fort laconique et probablement tronquée, fait succéder, sans transition, à la chute mortelle du fiancé le triple tintement d'une cloche. A chaque son de cloche, la jeune fille demande où est son fiancé. Deux fois, on élude sa question par des réponses feintes; à la troisième, on

---

1. La 1re version, traduite en allemand par WALDAU, *Bœmische Granaten*. La 2e, traduite en anglais par BOWRING, *Cheskian Anthology*; en allemand par HAUPT-SCHMALER, *loc. cit.*, I (note 3).

lui avoue qu'il s'est rompu le cou. Alors elle prend le deuil du défunt, et déclare qu'elle ne l'oubliera jamais.

Que la vise, mère des chants slave et écossais, le soit pareillement du gwerz armoricain, cela, nonobstant l'opinion de Grundtvig, qui renverse la filiation, ne saurait faire aucun doute, pour peu que l'on compare les états divers du thème initial dans l'un et dans l'autre poème. La généralité des versions du gwerz nous montre au début le seigneur s'en allant à la chasse; puis la fée jalouse, dont il a fait rencontre, lui donnant le choix entre une maladie de sept ans et une mort immédiate. Or, ces deux traits se retrouvent bien dans plusieurs versions danoises de la vise, mais toutes assez récentes et visiblement interpolées : il s'ensuit que l'auteur du gwerz original connaissait la vise qu'il imitait par une version danoise issue à la fois de deux groupes déjà altérés, et que les données constantes du poème breton ne sont à l'origine que des interpolations particulières de la vise scandinave : par où la priorité de celle-ci est manifeste. De plus, le gwerz fait du héros un jeune homme marié depuis neuf mois, et que sa femme vient de rendre père, — circonstance qui modifie d'ailleurs toute la suite de l'histoire —; selon la vise, il n'est encore qu'un fiancé prêt à célébrer ses noces. Mais, relativement à la leçon scandinave, la bretonne a je ne sais quoi de gauche : il est peu naturel que la fée attende, pour se poser en rivale, que la fiancée de l'homme qu'elle désire soit devenue épouse et mère; c'est plutôt quand ce seigneur n'est pas irrévocablement lié, c'est quand il lui reste le pouvoir de choisir, c'est, par une précision dramatique, la veille même de ses noces, qu'il convient que la fée se déclare et, refusée, se venge : et tel doit être le thème à son origine. Cette conclusion-là, aussi bien, n'est pas une simple vue de l'esprit; et nous avons des textes où la fonder. Le thème, qu'on pourrait définir « la Vengeance de la Fée amoureuse et offensée », se rencontre ailleurs que dans la poésie traditionnelle des Scandinaves; on voit qu'il était fort répandu, au moyen âge, parmi les populations germaniques. Dans ses

Otia imperialia (environ 1211), — source des plus précieuses pour le folklore médiéval, — Gervais de Tilbury le signale comme faisant partie de la croyance populaire de son temps : « Nous avons ouï dire que certains hommes avaient fait l'amour avec des fées, et que, s'étant mariés ensuite à d'autres femmes, ils étaient morts avant d'avoir connu celles-ci charnellement »[1] ; et, lié à une légende badoise, un Allemand du commencement du xiv⁰ siècle l'a développé dans un poème, *Der Ritter von Staufenberg*, qui nous est connu par un ms. du xv⁰ siècle et par un incunable de 1480[2]. Or, en tous ces cas, la vengeance de la fée précède immédiatement le mariage de son favori. Ainsi l'état du thème, plus pur dans la vise que dans le gwerz, témoigne que celui-ci n'a pu en aucune manière engendrer celle-là, et partant que c'est la réciproque qui est vraie.

La légende versifiée du chevalier de Staufenberg relate une aventure tout à fait distincte de celle du chevalier Olaf, en sorte qu'il ne peut être question, entre la vise danoise et le vieux poème allemand, d'une parenté positive ; toutefois, ce poème touche à la vise d'assez près, par la communauté du thème fondamental, pour qu'il soit à propos d'en donner ici une idée sommaire.

Pierre de Staufenberg, s'en allant un matin à l'église de Nussbach, rencontre en son chemin une femme très belle et richement habillée. Il descend de cheval, lui prend la main, et,

---

1. « Hoc scimus…, quod quosdam hujusmodi larvarum quas *fadas* nominant amatores [fuisse] audivimus, et, cum ad aliarum feminarum matrimonia se transtulerunt (*sic*), ante mortuos quam cum superinductis carnali se copula immiscuerint (*sic*). »

2. Le ms. a été publié par C. M. Engelhardt (*Der Ritter v. Stauffenberg, ein altdeutsches Gedicht*, Strasbourg, 1823), réédité critiquement par O. Jænicke dans les *Altdeutsche Studien* de Jænicke, Steinmeyer et Wilmanns, Berlin, 1871 ; en dernier lieu par Ed. Schröder, *Zwei Rittermären, Moriz v. Craon, Peder v. Staufenberg*, Berlin 1894). — Une réimpression de luxe de l'édition princeps a été faite par les soins de Culemann : *Die Legende vom Ritter Peder v. Stauffenberg*, Hanovre 1849.

s'étant assis à son côté, lui demande qui elle est et ce qu'elle fait là. --- « Je suis ici pour t'attendre; invisible, je t'ai suivi sans cesse dans les orages et les batailles, aux lieux saints et par tous pays. » Le chevalier la prie de ne le point quitter; l'inconnue promet qu'elle le visitera corporellement, toutes les fois qu'étant seul il voudra bien penser à elle ; mais il faut que lui-même s'engage à ne se marier jamais : s'il manque à sa parole, il mourra dans les trois jours. Le chevalier promet avec joie. Trois ans se passent; et, tout ce temps, il court victorieusement combats et tournois, et chaque fois qu'il est seul et pense à la belle, il la voit apparaître devant lui. Cependant, la famille du chevalier le presse, et toujours vainement, de prendre femme ; tant qu'enfin, se trouvant à la diète de Francfort, le nouvel empereur lui offre la main d'une demoiselle de sa maison, l'héritière de Carinthie. Il refuse longtemps, sous des prétextes, mais finit par avouer le commerce qu'il entretient avec la personne mystérieuse, et à quelles conditions. Un évêque lui déclare que c'est là une embûche de l'enfer, qu'il faut déjouer sous peine de damnation. Le chevalier se laisse persuader. Mais la femme lui apparaît encore; et renouvelant sa prédiction, elle ajoute qu'il en aura pour signe, le jour même qu'il se mariera, son pied nu visible à tous les yeux. Les noces ont lieu. Et voici qu'en présence de l'assemblée, un pied de femme, merveilleusement beau, sort du plafond. L'on ne découvre, à l'étage supérieur, ni être vivant, ni trou dans le plancher. Le chevalier comprend que sa dernière heure est venue. Il se met au lit, reçoit les sacrements, recommande sa fiancée à ses frères. La fiancée entre dans un couvent. Trois jours après, le chevalier meurt.

Il est à remarquer que cette même légende se transmet oralement à Staufenberg-sur-le-Rhin, où Engelhardt témoigne l'avoir recueillie dans le premier quart du dernier siècle : seulement, la femme mystérieuse est devenue là, de même que dans la ballade écossaise, une fée des eaux. Quant à savoir si le poème savant s'est résolu en un conte populaire, ou bien si c'est la tradition locale qui a donné naissance au poème, ce sont là deux hypothèses également plausibles, entre lesquelles nous n'avons aucune raison de décider.

J'ai montré tout à l'heure que le thème de la Vengeance de la Fée était plus pur dans la vise que dans le gwerz. Est-ce à dire que la vise l'ait conservé intact ? Le poème du *Chevalier de Staufenberg*, confirmé par le texte significatif de Gervais de Tilbury, nous autorise à trancher la question négativement. La situation du héros présente, en effet, de part et d'autre une différence profonde : Olaf est un chevalier chaste et loyal, qui repousse, afin de garder la foi due à sa fiancée, les avances d'une inconnue rencontrée par hasard ; au lieu que l'infidèle Pierre de Staufenberg trahit, pour de nouvelles fiançailles, l'amante qui s'est abandonnée à lui. L'offense dès lors change de caractère, et aussi la vengeance de la fée. L'elfe scandinave est une capricieuse aux fantaisies homicides : celui qu'elle veut doit la vouloir, et s'il se dérobe, elle le tue. Mais la fée des bords du Rhin a son droit pour elle ; et punissant, d'une peine édictée d'avance, la violation d'un pacte où le coupable a librement souscrit, elle fait en somme acte de justicière. Cette manière d'entendre l'aventure, que les documents nous attestent plus ancienne, est aussi la plus logique, et nous devons la tenir pour originale. Aussi bien, dans la conception primitive du thème, il se peut que le but de la fée, en frappant son infidèle, fût moins d'en tirer une vengeance stérile, que de s'assurer, dans le monde des morts, la possession éternelle de l'être aimé[1]. Ainsi le poème allemand, la vise et le gwerz,

---

1. Cette conception, en tant que plus grossière et palpable, convient davantage à l'état d'esprit d'une race primitive. C'est sans doute ainsi que l'entendait un Canaque, dont l'Anglais J.-J. Atkinson témoigne ce qui suit (LANG, *Myth*, *Ritual*, *Religion*, I, p. 104). Ce Canaque, ayant rencontré un esprit des bois femelle, vint déclarer à Atkinson qu'il mourrait dans les trois jours. Par une coïncidence à peine croyable, soit qu'il se sentît déjà malade et cherchât dans un fait magique l'explication de son malaise, soit simple jeu du hasard, l'homme mourut dans le délai annoncé. Mais, quoi qu'en pense

rangés dans l'ordre même de cette énumération, représentent trois états successifs du vieux thème fantastique : thème que l'on reconnaît encore, très déformé, dans la ballade écossaise, et qui enfin, dans la chanson wendo-tchèque et dans la française, a totalement disparu.

Et maintenant nous pouvons résumer comme il suit tout le résultat de cet examen critique. Une même chanson, qui se peut intituler, selon la portion du sujet que l'on considère, « la Vengeance de la Fée » ou « la Mort secrète », a revêtu neuf formes et passé dans neuf idiomes divers. Cette plante poétique, merveilleusement vivace et qui étend ses rameaux à tous les bouts de l'Europe, nous la connaissons depuis la racine de la maîtresse tige jusqu'aux moindres pousses terminales ; et une analyse attentive nous a découvert avec netteté l'ordre de ses parties et la loi de sa croissance. Une semence légendaire, éparse dans le domaine germanique, — et dont quelque graine, tombée au bord du Rhin, donna naissance au poème plus ancien du *Chevalier de Staufenberg,* — se répand aussi en terroir scandinave, et le génie d'un poète danois, du xve ou du commencement du xvie siècle, l'y fait germer en une vise populaire ; cette première souche émet directement trois branches, une ballade écossaise, une chanson slave, un gwerz armoricain ; le gwerz à son tour produit la chanson française, de laquelle enfin sont issues les chansons basque, vénitienne, catalane et le

M. E. Monseur (*Bulletin de Folklore,* III, fasc. 2, *Rev. des Livres*), je doute fort qu'il soit demeuré trace de cette croyance en l'idée des auteurs du poème allemand, de la vise et du gwerz. Quand la fée dit au sire de Staufenberg : « Si jamais vous vous mariez à une autre, sous trois jours vous mourrez ! » ; quand l'elfe dit à Olaf : « Si tu ne veux pas danser avec moi, plaies et maladie seront sur toi ! » ; quand la korrigan dit au comte Nann : « Choisis donc de m'épouser, ou de languir pendant sept ans, ou de mourir aujourd'hui ! », il est impossible de méconnaître dans ces propos une menace dictée par la jalousie et la vengeance. Et d'ailleurs, bien habile, qui réussirait à démêler précisément la jalousie du désir de la possession exclusive !

romance hispano-portugais. Tout ce développement peut être figuré aux yeux par le tableau suivant :

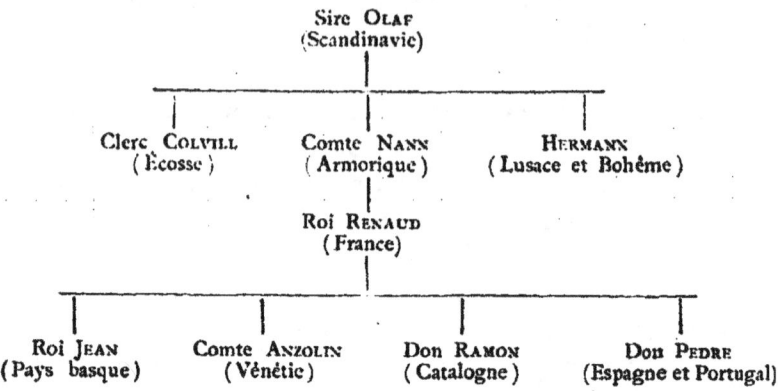

Ces neuf pièces n'ont certes ni la même valeur poétique, ni le même intérêt au point de vue de l'évolution du thème : six, qu'on négligerait sans grand inconvénient, consistent en des débris plus ou moins frustes ou des calques plus ou moins fidèles, soit de la vise scandinave, soit de la romance française. Mais les chants du *Sire Olaf*, du *Comte Nann* et du *Roi Renaud*, qui tiennent d'ailleurs l'un à l'autre par une filiation directe, forment une lignée de chefs-d'œuvre qu'on peut bien dire unique dans l'histoire de la poésie traditionnelle. Tous les trois portent à un égal degré la marque d'une main créatrice ; et si l'invention du sujet appartient au Scandinave, le Breton, qui transforma la vise danoise, le Français, qui développa ensuite le gwerz breton, ne lui cèdent en rien pour la richesse et la vigueur du génie.

Dans l'esprit de l'auteur danois, la rencontre du chevalier et de la fée est l'événement capital à quoi tout le reste est subordonné ; et c'est aussi où il a déployé la poésie la plus prestigieuse. Au lieu commun légendaire il ajoute cette chevauchée dans le crépuscule du matin, ce bal des elfes au pied de la colline, cette invitation à danser par où l'une d'elles signifie au chevalier son amour, et de tout cela compose une admirable scène, où le charme pénétrant du symbole s'unit à la beauté plastique de l'image. La suite humaine du drame n'est pas indigne de ce tableau féerique. Depuis le retour de sire Olaf jusqu'au trépas de sa fiancée, l'action se déroule suivant un rythme tragique, et comme poussée par un flot montant d'angoisse et de terreur ; et déjà les trois questions de la fiancée, touchant le son des cloches, le pleur des femmes, l'absence du chevalier, contiennent en germe tout cet entretien fameux, qui deviendra chez le Breton et le Français le point culminant de leur œuvre.

La korrigan celtique, énamourée de Nann, répond trait pour trait à l'elfe scandinave, sauf qu'elle ne danse point et n'invite pas aussi son favori à danser : « Il faut, dit-elle plus lourdement, que tu m'épouses ! » Mais si le gwerz n'est à son début qu'une traduction un peu affaiblie de la vise, son auteur y a imprimé par la suite un caractère tout à fait nouveau. L'idée du dialogue de la mort secrète, incidente chez le Scandinave et rudimentaire, le Breton s'en empare avec puissance ; il l'isole, il la multiplie, il l'accentue par l'exacte symétrie des phrases, tellement que c'est autour d'elle que gravite enfin tout son poème. Aussi bien, par le changement de situation du héros, qui n'est plus le fiancé d'une vierge, mais l'époux d'une femme accouchée d'hier, ce dialogue prend plus de vraisemblance (vu l'état de sa bru, pour qui une émotion subite pourrait n'être pas sans danger, il est naturel que la belle-mère lui taise la vérité pour un temps), et surtout plus d'intensité dramatique. C'est, sans doute, une chose imposante que cette entrée de la fiancée d'Olaf dans la maison à la fois nuptiale et mortuaire : mais les funérailles de Nann, coïncidant avec les couches de sa veuve, donnent lieu à un contraste bien autrement saisissant, et qui atteint au sublime. Représentez-vous toute la scène. L'accouchée immobile en son lit, sa belle-mère au chevet, dans la chambre au-dessous le corps du seigneur, qu'on vient enlever pour l'enterrement : des bruits lugubres parviennent à la pauvre femme, pleurs des gens, sons de cloches, psalmodies de prêtres; et elle s'étonne et s'inquiète de ces bruits, dont elle ne peut pas deviner la cause; et à chacune des questions qu'elle fait, la mère stoïque, dévorant sa propre douleur, lui donne le change par des explications feintes. Cette circonstance de l'accouchement retentit encore sur le dénouement, qu'elle déplace et qu'elle retarde. Dans la vise, tout le drame tient en fort peu d'heures : Olaf est trépassé de la veille; sa fiancée, une fois dans le château, le voit gisant sur le catafalque, et tout de suite elle rend l'âme aux pieds du mort. Mais le comte Nann est depuis une semaine au moins dans la sépulture, que sa veuve ne sait toujours rien; c'est seulement à l'église, pendant la cérémonie des relevailles, qu'elle apprend la fatale nouvelle et que son époux gît enterré là. Comme la fiancée scandinave, elle le rejoint aussitôt dans la mort; mais elle se souvient de plus qu'elle est mère; et son mot suprême est pour le petit orphelin, qu'elle confie aux soins de l'aïeule.

Quand à la chanson du *Roi Renaud*, elle serait de tout point conforme à son modèle armoricain, sans un retranchement qui constitue, de la part de l'auteur français, une innovation capitale. Le gwerz lui offrait un assemblage de deux thèmes joints bout à bout, et sans connexion nécessaire : il sacrifie décidément le premier, remplaçant les nombreux couplets relatifs à la rencontre de la korrigan par deux vers, d'une énergique brièveté, qui évoquent l'image d'un chevalier revenant de guerre et blessé à mort. Ce poème, à moitié flottant dans le monde du rêve, enfoncé à moitié dans la réalité humaine, il le ramène ainsi tout entier aux limites de la nature; et si par là son œuvre perd quelque chose du côté du merveilleux, il faut faire état de ce qu'elle gagne en unité d'intérêt, en solidité de composition. Encore que le Français, à partir de son 3e couplet, ne s'écarte pas sensiblement du gwerz, son imitation est toujours celle d'un vrai poète, et qui renouvelle par une continuelle création de détail le sujet qu'il a reçu d'autres mains. D'abord, aux scènes dialoguées dont le gwerz est composé presque uniquement, il entremêle des vers narratifs, pleins de couleur et de vie, qui précisent l'action et qui posent les personnages. Le dialogue même, qu'il ne fait le plus souvent que traduire, d'autres fois il le développe ou le retouche avec un singulier bonheur. C'est ainsi qu'il ajoute aux lamentations des valets et des servantes le plus affreux des bruits funèbres, ces coups de marteau clouant la bière, que la mère du défunt met sur le compte d'une vulgaire besogne de charpentier. De même il imagine le chuchotement des petits bergers sur le passage de la veuve. Enfin le son des cloches et le chant des prêtres sont déjà fournis par le gwerz : mais, au lieu que la mère de Nann les explique par le double décès d'un prince et d'un mendiant — explication trop voisine de la réalité, et qui, malencontreusement, suggère à l'esprit les pensées de mort qu'il en faudrait écarter, — la mère de Renaud allègue la plus joyeuse et la plus populaire des cérémonies catholiques, cette procession des Rogations qui, d'après le rituel, sort en effet de l'église au son des cloches, et fait le tour des maisons parmi les chants liturgiques.

On voit comment le thème poétique de la Mort secrète fut porté par l'auteur du *Roi Renaud* à son plus haut point de perfection. Mais ce n'est pas au Français tout seul qu'il faut faire honneur de son œuvre ; d'autant que nous y avons constaté la superposition de plusieurs chants et la collaboration de plusieurs poètes, divers de race, d'idiome et de génie. *Le Roi Renaud* n'existerait pas, si un Breton de langue française n'en eût emprunté la matière au gwerz d'un Breton celtique ; et celui-ci n'aurait jamais eu l'idée de son gwerz, sans la vise scandinave qui lui fournissait, avec les premières données et les personnages principaux de l'histoire, l'ébauche du dialogue caractéristique entre la belle-mère et la bru. Ainsi, dans la chanson du Français, ses deux devanciers ont leur part. Il n'avait pas sans doute l'imagination grandiose du Danois ; il le cédait à l'Armoricain pour l'invention dramatique ; mais ce par quoi il est vraiment admirable, et qui lui appartient en propre, c'est la beauté achevée d'un art quasi classique : la simplicité forte de l'expression, une vision nette et juste des choses, une façon de les peindre efficace et rapide ; avec cela, la belle ordonnance du sujet, l'exacte liaison des parties, l'équilibre du dialogue et du récit, la gradation savante des effets, enfin toutes ces qualités de composition et de style, qui ont coutume d'imprimer aux ouvrages d'esprit je ne sais quoi de définitif et d'universel. Bien que ce soit une pédanterie vaine de prétendre assigner des rangs aux poètes et classer leurs productions comme en un concours, il se rencontre cependant certains poèmes d'une si rare excellence — tel le *Roland* entre les chansons de geste, — qu'on les sent d'instinct supérieurs à toute comparaison, et qu'ils gardent dans l'histoire littéraire la valeur absolue d'un type. *Or*, ce qu'est la chanson de Roland à notre épopée médiévale, la chanson de Renaud l'est justement à notre romancéro populaire. Depuis des siècles qu'elle dure en la mémoire du peuple, nulle autre n'y a pénétré si fortement, ni si largement rayonné ; nulle n'a captivé à ce point le goût des artistes, nulle n'a autant occupé la curiosité des doctes ; et tant que de vieilles complaintes voleront chez nous sur des lèvres naïves, c'est celle-là que rediront les chanteurs et que les connaisseurs vanteront toujours, comme le joyau incontesté de la lyrique traditionnelle du pays de France.

VIII

L'ESCRIVETTE

CATALOGUE DES VERSIONS

France d'oc

*Taussac (Hérault) : ATGER, d'après CHAUVET, *Rev. des Langues romanes*, VI, réd. 1826, (version composite ; les variantes sont indiquées en note).

*Languedoc : GERMAIN, *Poés. pop. de la France*, II, mss. B. N., r. 1854. — Publ. par ROLLAND, *Romania*, XV.

*Béziers (Hérault) : DE PORTALOU, *ibid.*, II, r. 1854. — Publ. dans la *Romania*, XV.

*Ganges (id.) : *Ibid.* II, r. 1855. — Publ. dans la *Romania*, XV.

*Lodève (id.) : CALVET, *ibid.*, II, r. 1845. — Publ. dans la *Romania*, XV.

*Montauban (Tarn-et-Garonne) : *Ibid.*, II, r. 1857. — Publ. dans la *Romania*, XV.

*Périgord [fragm.] : DE GOURGUES, *ibid.*, VI, r. 1857. — Publ. dans la *Romania*, XV.

*Lozère : LIEBICH, *ibid.*, II [s. d.]. — Publ. dans la *Romania*, XV.

*Provence : ARBAUD, *Chants pop. de la Provence*, II, 1864.

Forez 1 : NOËLAS, *Essai d'un Romancéro forézien*, 1865.

Forez 2 : E. MULLER, *Mémorial de la Loire* (périodique), sept. 1867.

*Brassac (Tarn) : JOLIBOIS, *Rev. hist. du dépt du Tarn*, 1877. — Repr. dans la *Romania*, XV.

Marlhes (Loire) : Smith, *Romania*, VII, 1878.

* Panassac (Gers) : Bladé, *Poés. pop. de la Gascogne*, II, 1882.

*Montpellier : } Roque-Ferrier, *L'Escriveta*, Montpellier, 1882.
* Cévennes : } (La 1re version composée artificiellement, à l'aide
de fragments divers).

* Trièves (région dauphinoise) : Guichard, *Rev. des Langues romanes*, XXVIII, 1885.

* Brive (Corrèze) : Rolland, d'après G. de L'Epinay, *Romania*, XV, 1886.

* Lasalle (Gard) : Id., d'après Fesquet, *ibid.*, XV, 1886.

* Quercy [fragments] : Id., d'après Daymard, *ibid.*, XV, 1886.

* Bas-Quercy : Soleville, *Chants pop. du Bas-Quercy*, 1889.

Vallée d'Aoste : }
Bourg-Saint-Maurice (Savoie) : } J. Favre, *inédits*, r. 1896.

Hte-Savoie : Ritz, *Chans. pop. de la Haute-Savoie*, 1899.

Piémont

Montferrat : Ferraro, *Canti pop. monferrini* (no 33), 1870.

A Cintano, *B* Villa-Castelnuovo, *C D* Turin, *E* Valfenera, *F* La Morra, *G* Montaldo : Nigra, *Canti pop. del Piemonte* (no 40), 1888.

Catalogne

Cat. (*K*, *L*) : P. Briz, *Cans. de la Terra*, III, 1871.

Cat. *A*, *B*, *C*, *D*, *E*, *F*, *G*, *H*, *I*, *A'*, *B'*, *B''*, *C'*, *D'* : Milá, *Romancerillo catalan* (no 205), 1882.

Cat. (*M*, *N*) : Aguiló, *Romancer pop. d. l. Terra catalana* (noXX), 1893.

FORMULE RYTHMIQUE

Chanson à danser. Vers de 12 syl. = 6 + 6, masculins, uniformément assonancés en *i*; chaque vers, redoublé, forme couplet.

Dans les versions piémontaises et dans plusieurs des catalanes, le dodécasyllabe a été changé en vers de 14 syl. = 7 + 7.

TEXTE CRITIQUE

1 Maridon l'Escriveta (*bis*),   la flor de son païs (*bis*).

2 La maridon tan jove   que se sap pas vestir.

3 Son ome vai en guerra,   per la laissar nurir.

1. *Béziers, Trièves* (...Flurance...), *Lasalle* (...d. notre p.), *Taussac* (...d. ce p.), *Lodève*, *etc*. (id.), *Montpellier* (...d. tout p.); cf. *Brassac, Ganges, Provence, Montaldo, etc*. — Le nom de l' « Escrivette » (*Escriveta*) est assuré par l'ensemble des versions languedociennes et gasconnes, qui le donnent, ou littéralement, ou sous des formes dialectales telles que « Cribette », « Escribote », « Cribote »; aussi par la plupart des catalanes, qui ont « Escriva », « Escriveta », « Escrivana », « Escrivaneta ». « Lisette », « Jeannette », « Guinote » sont exceptionnels; « Arcise », « Carmésine », spéciaux à quelques versions catalanes; « Florence », aux versions de l'Est (Provence, Dauphiné, Savoie et Forez), par suite aux piémontaises : ce dernier nom s'est introduit par l'influence probable du mot « fleur » (*flor*), appliqué dans le même vers à la jeune femme. « Escrivette » est le même mot que le français « crevette » (comp. aussi « écrevisse »), et désigne métaphoriquement une personne menue et chétive.

Panassac a un vers-refrain, de même que *Catalogne A, D', G*. Dans *Aoste, Savoie* et *Saint-Maurice* le refrain consiste en un mot, « hélas! » ou « la violette! », placé intérieurement; dans *Ganges* et dans *Provence*, en des onomatopées, « *baraboum, boum, boum...* » ou « *liron—lalira* »; dans *Catalogne A'*, en une autre, « *langariguid* », consécutive au vers. Mais la plupart des versions remplacent le refrain par un redoublement du vers ou de chaque hémistiche.

2. *Ganges, Lasalle, Brive, Provence, Taussac, etc.*; cf. *Catalogne A, A', B, C, etc.; Cintano, Turin, etc.*

Suit, dans quelques versions, un vers parasite, glose du précédent.

3. *Lasalle, Trièves* (...grandir), *Lozère* et *Ganges* (S. mari...), *Languedoc, etc*. (S. mari... grandir); cf. *Brassac, Aoste, Lodève, Catalogne M, N, etc...* — Le mari de l'Escrivette n'est nommé, ni titré dans l'original; quelques versions isolées l'appellent « Pierre », « Petit-Jean », « Guillaume », ou « le comte Louis », ou « le vicomte joli ». — « Nourrir », au sens de grandir, prendre de la croissance.

Suit, dans *Provence, Trièves* (ensemble dans la rédaction artificielle *Mont-*

4 Al bot de sèt anadas,   son oine vai venir.

5 S'en vai picar la porta :   « Escriveta, drubis! »

6 Sa maire fa responsa :   « L'Escriveta es p' aici.

7 L'aven mandada a l'aiga,   la vesen pas venir :

8 Los Moros l'auran presa,   los Moros Sarasins. »

9 — « Io l'anarèi ben querre,   quan sapriei de morir!

10 Farèi fare una barca,   tota or e argen fin,

11 E la metrèi sus aiga,   per ela descrubir. »

pellier) et dans toutes les versions piémontaises, un vers étranger à la tradition languedocienne, et que je tiens pour une glose de quelque chanteur de l'Est :

Lou dilus fan la noça, lou dimas es partit.

4. *Lasalle, Ganges* (...s. mari...), *Taussac, etc.* (id.), *Brive* (...s. amant...); cf. *Provence, Trièves; Marlhes, Aoste, etc.; Catalogne, A A', B, C, etc.; Cintano, Turin C, D, etc.* — La locution « va venir » est, dans l'usage du Midi, synonyme de « s'en revient ».

5. *Lodève, Ganges, Montpellier* + *Montauban, Béziers, Lasalle, Brassac;* cf. *Brive, Taussac, etc.; Catalogne A, B, C, etc.; Cintano, Castelnuovo, etc.*

6. *Taussac, Montferrat, Brassac* (Son paire...), *Montauban* et *Bas-Quercy* (Mais... en fenestro resp. : E. p...); cf. *Cintano, Turin C, D, etc.*

7. *Lasalle, Languedoc* (...a p. sajut v.), *Lodève, etc.* (id.); *Béziers* et *Ganges* (Es anad 'querre d'a...).

8. *Lasalle, Béziers, Lodève, Taussac; Montauban, etc.* (... la t'an pr...), *Languedoc* (...nous l'an pr...); cf. *Lozère, Provence, etc.*

9. *Taussac, Lozère, Ganges, Lodève, Béziers* (Mais iou l'an. q...), *Montpellier* (E jou...), *Lasalle* (O! iou...), *Brassac* (Que l'an...); *Catalogne C, A', D, N;* cf. *Cat. D, etc.; Cintano, Castelnuovo, etc.*

10. *Languedoc, Brassac, Lodève, Provence, Lozère, etc.* (...barqueta...), *Béziers, etc.* (Faguet f...); cf. *Haute-Savoie.*

11. *Lozère* + *Lasalle;* cf. *Marlhes,* aussi *Ganges, Trièves* et *Montpellier.* — « Aiga » (eau) signifie souvent la mer, dans l'usage languedocien. — Dans

12 Lo ven la li trasporta   cen legas luenc d'aici.

13 Trobèt tres bugadieiras   que lavavon draps fins :

14 « Digas-me, bugadieiras,   qu'es lo castel d'aqui ? »

15 — « Es lo castel dels Moros,   dels Moros Sarasins. »

16 — « Digas come s'apela   la dama qu'es dedins ?

17 — « L'apelon l'Escriveta,   la flor de son païs. »

18 — « E come podriei fare   per ela entretenir ? »

19.— « Abilhas-vos en paure,   en paure pelegrin,

Lozère, le deuxième hémistiche est de pur remplissage : « sus aigo ou sus camin » ; celui de *Lasalle*, que j'adopte, est emprunté à un autre vers.

12. *Béziers, Lodève + Trièves, Provence, Catalogne D, A, etc., Languedoc* ; cf. *Lasalle, Brassac, Taussac* ; et, d'autre part, *Brive, Marlhes, etc.*

13. *Béziers, Lozère, Ganges, Brive + Marlhes et Haute-Savoie, Bas-Quercy* ; cf. *Brassac, Taussac, Lasalle, Aoste; Turin C, D, etc.; Catalogne B'.*

14. *Béziers, var. Taussac, Trièves* (…lavandieras,…); *Montauban, etc.* (…vos, lavairas,…), *Lodève* (…labaireta,…); cf. *Brive, Forez 1, etc.*

15. *Taussac, Béziers, Ganges, Languedoc, Provence, Trièves, Turin C, Valfenera, etc.* — Peut-être y a-t-il ici une allusion à la ville languedocienne de Castel-Sarrasin, dont le nom, contemporain sans doute de la conquête sarrasine, indique suffisamment un ancien établissement des envahisseurs? En ce cas, « l'aiga » ne devrait plus s'entendre de la mer, mais bien du fleuve de la Garonne, qui passe non loin de Castel-Sarrasin. Et ce souvenir d'histoire locale aurait pu contribuer à fixer dans la région le thème de *l'Escrivette.*

16. *Lasalle, Ganges, Taussac + Lozère, Lodève*; cf.*Brassac, Forez 1.*

17. *Lozère, Lodève, Lasalle + Marlhes, Haute-Savoie, Taussac, Brassac*; cf. *Brive, Trièves, etc.*

18. *Lasalle*; cf. *Lozère, Taussac, Brassac, Marlhes, Saint-Maurice, Trièves, etc.; Cintano, Turin C, etc.*

19. *Béziers, Montauban, Provence, Saint-Maurice; Lasalle, etc.* (Vous cal abh…), *Marlhes* (Faut s'hab…); cf. *Trièves, Forez 1, etc.; Gintano, Turin C, etc.; Catalogne A', etc.*

20 E demandas l'almoina   al nom de Jesu-Crist. »

21 L'Escriveta en fenestra   de luenc l'a vist venir.

22 « Fasés-me l'almoineta,   al nom de Jesu-Crist !

23 Fasés-me l'almoineta,   dama de mon païs ! »

24   « Ah ! come podrieis estre   dels gens de mon païs ?

25 Que los ausels que volon   n'en savon pas venir,

26 Son que las arondetas   que fan aici lor nis. »

27 — « Si soi io, l'Escriveta :   io soi lo teu marit ! »

28 — « Cambrieira, mè la taula   al bon pan, al bon vin,

29 E baila li a bèure   en tassa d'argen fin ! »

20. *Brive, Lodève, Béziers, Provence, Taussac, etc. ; cf. Catalogne, A', etc.*

21. *Montauban, Bas-Quercy + Turin C, D, Cintano, etc.; cf. Aoste, Ganges, Lodève, Catalogne G.*

22. *Quercy + Lodève, Taussac, Montauban ; cf. Béziers, Panassac, etc.*

23. *Quercy, Marlhes (D., don.-m. à boire,...); cf. Béziers, Aoste, Saint-Maurice, Provence, etc.; Castelnuovo, Turin C, D.*

24. *Languedoc, Lozère, Lodève + Lasalle, Taussac, Trièves, Aoste; cf. Marlhes, etc. ; Cintano, Castelnuovo, etc.*

25. *Brassac, Provence et Marlhes, Taussac (...sai podon...), Trièves (...cei sav...), Lodève, etc. (L. auselous... lai sav...); cf. Lozère, Périgord, etc.; Cintano, Castelnuovo, etc.*

26. *Brassac, Taussac, Lodève, Quercy + Béziers, Provence et Languedoc, Trièves, Saint-Maurice; cf. Lozère, Périgord, etc.; Cintano, Montaldo.*

27. *Brassac + Lozère, Lodève, Haute-Savoie ; cf. Languedoc, Béziers, Catalogne C.*

28. *Lozère, Lasalle (C , sus l. t. m. b. p...), Ganges (E se li m...), Brassac (L'Escr. m...); cf. Trièves, Taussac, Béziers, Catalogne B", etc., Turin D.*

29. *Lasalle, Marlhes (El l. apporte...), Catalogne A', M et N (b... d'or f.); cf. Provence, Trièves, Catalogne C.*

30 — « Diga-me l'Escriveta,   t'en voldrieis pas venir ? »

31 — « Voldriei pas l'ausir dire,   voldriei estre en camin ! »

32 Si lo mena a son cofre   [i] prene tot l'or fin.

33 Si lo mena a l'estable   causir dos bels roncins :

34 « Montarés sus lo roge,   e io dessus lo gris. »

35 Seguron pas a l'aiga,   lo Moro se f' ausir :

36 « Lo Diable lo te piale,   traitre de pelegrin !

37 Sèt ans la t'ai nurida   de bon pan, de bon vin,

38 Sèt ans la t'ai vestida   de seda e de satin,

30. *Brassac, Marlbes* (O d.-m. donc, Florence,... t'e. aller); cf. *Aoste, Briv,
Lodève, Trièves, Catalogne A, F, G, A', K'*, etc.

31. *Marlbes*; cf. *Brassac, Catalogne A, F, G, A'*, etc.

32. *Taussac, Ganges + Provence, Montauban et Bas-Quercy, Catalogne B"*
(or f.); cf. *Catalogne M* (or), *Lasalle* (louis d'or); *Catalogne A* et *Taussac*
(or et argent), *Béziers* et *Lodève* (argent f.).

33. *Taussac, Ganges + Lasalle, Brassac*; cf. *Lodève, Montauban, Provence,*
etc.; *Cintano, Catalogne A, D, A'*, etc.

34. *Ganges, Provence, Brassac* (Vous m. l. r., i. montarai...), *Taussac*
(Tu m. l. r., i. m...); cf. *Lasalle, Lodève*, etc.; *Cintano, Valfenera.*

35. *Taussac, Montpellier + Lasalle* ; cf. *Catalogne G, Lodève, Provence,* etc.

36. *Brive + Montauban, Catalogne A, A', M, N;* cf. *Bas-Quercy.* — Ici,
quelques versions, *Lasalle, Lodève, Taussac, Bas-Quercy* (cf. *Catalogne A*),
intercalent dans le discours du More un vers, ou mieux une couple de vers
parasites, suggérés par les vv. 32 et 33 : l'or enlevé par le pèlerin fait reluire
la mer, les chevaux emmenés par le pèlerin font frémir la terre !

37. *Brassac, Taussac, Brive, Lodève*, etc., *Catalogne*, A' B', M, N; cf.
Marlbes, Béziers, etc.

38. *Taussac* et *Bas-Quercy, Brassac* (...d. vair e d. s.), *Lasalle* (...d.
velour,...); cf. *Béziers, Provence, Trièves, Catalogne B"*, etc.

39 Sèt ans la t'ai caussada   de soliers maroquins.

40 Se la te podriei tène, la te fariei morir ! »

39. *Taussac, Marlhes, Provence* et *Béziers* (...de pel de m.); *Lasalle* (...ambe de m.), *Trièves* (...d. plus fin m.).

40. *Lasalle, Taussac. — Provence* dit pour finir :

    Se set ans l'ai gardada, es per un de mes fis.

De même *Brassac*. Ailleurs il y a d'autres terminaisons. Mais le vers adopté paraît probable.

La plupart des versions sous-entendent, et quelques-unes expriment, que l'Escrivette est demeurée vierge.

TRADUCTION

[On] marie l'Escrivette, la fleur de son pays.
2 [On] la marie tant jeune qu'[el ne] se sait pas vêtir.
Son homme va en guerre, pour la laisser nourrir.
4 Au bout de sept années, son homme s'en [re]vient.
S'en va frapper la porte : « Escrivette, ouvre[-moi] ! »
6 Sa mère fait réponse : « L'Escrivette [n']est pas ici.
[Nous] l'avons mandée à l'eau[1] [ne] la voyons pas [re]venir :
8 Les Mores l'auront prise, les Mores Sarrasins. »
— « Je l'irai bien chercher, quand [je] saurais d'[en] mourir !
10 Ferai faire une barque toute [d']or et [d']argent fin,
Et la mettrai sur [l']eau, pour elle découvrir. »
12 Le vent la lui transporte [à] cent lieues loin d'ici.
Trouva trois buandières[2] qui lavaient des draps fins :
14 « Dites-moi, buandières, qu'est-ce que ce château-là ? »
— « C'est le château des Mores, des Mores Sarrasins. »
16 — « Dites, comment s'appelle la dame qui est dedans ? »
— « [On] l'appelle l'Escrivette, la fleur de son pays. »

---

1. On dirait plutôt en français « envoyée ».
2. « Buandières » == lavandières, de « buée » == lessive.

18 — « Et comment pourrais[-je] faire pour elle entretenir ? »
— « Habillez-vous en pauvre, en pauvre pèlerin,
20 Et demandez l'aumône au nom de Jésus-Christ. »
L'Escrivette en fenêtre de loin l'a vu venir.
22 — « Faites-moi l'aumônette, au nom de Jésus-Christ !
Faites-moi l'aumônette, dame de mon pays ! »
24 — « Ah ! comment pourriez[-vous] être des gens de mon
[pays ?
[Puis]que les oiseaux qui volent n'en savent pas venir :
26 [N']y a que les hirondelles qui font ici leur nid. »
— « Si [le] suis-je, l'Escrivette, je suis le tien mari ! »
28 — « Chambrière, mets la table à bon pain, à bon vin,
Et baille-lui à boire en tasse d'argent fin ! »
30 — « Dis-moi, l'Escrivette, t'en voudrais[-tu] pas venir ?
— « [Ne] voudrais pas l'ouïr dire, voudrais être en
[chemin !
32 Si le mène à son coffre y prendre tout l'or fin,
Si le mène à l'étable choisir deux beaux roncins :
34 « [Vous] monterez sur le rouge, et moi dessus le gris. »
[Ne] furent pas à l'eau, le More se fait ouïr :
36 « Le Diable te le pèle, traître de pèlerin !
Sept ans [je te l'ai nourrie de bon pain, de bon vin,
38 Sept ans te l'ai vêtue de soie et de satin,
Sept ans te l'ai chaussée de souliers maroquins.
40 Si [je] la pouvais tenir, te la ferais mourir ! »

———

Étrangère à la France d'oïl, *l'Escrivette* est commune au pays d'oc, y compris le territoire franco-provençal, au Piémont et à la Catalogne. Que si l'on compare ensemble ces divers groupes de versions, il apparaît d'abord que les catalanes, les piémontaises, ainsi que les franco-provençales (celles-ci francisées au détriment de la rime) sont des formes secondaires d'un original d'oc, représenté par les versions dialectales de Provence,

Dauphiné, Languedoc, Gascogne et Guienne. Et entre ces différentes provinces, le foyer nettement circonscrit de la chanson indique pour sa patrie le littoral languedocien.

L'âge de l'*Escrivette* ne peut pas être fixé avec la même précision. Sous prétexte que les invasions sarrasines dans le midi des Gaules remontent jusqu'au viiiᵉ siècle, on l'a voulu faire contemporaine des premiers Carolingiens, vieille de quelque onze cents ans ! Il n'y a pas à discuter une hypothèse aussi énorme. En fait, la rythmique du poème, aussi bien que ses sources, qui seront étudiées tout à l'heure, posent le xvᵉ siècle comme une limite extrême et qu'il n'y a probablement pas lieu d'atteindre : on placerait plus volontiers l'*Escrivette* au siècle suivant, qui vit éclore par tout le territoire gallo-roman tant de belles « chansons d'histoire », *Dame lombarde*, *la Pénitence de Marie-Madeleine*, *la Porcheronne*, etc., pareilles à l'*Escrivette* par la franchise et la naïveté du coloris.

* * *

Il résulte d'une communication faite à D. Arbaud (voy. ses *Chants pop. de la Provence*, II, p. 79) par A. Germain, de Montpellier, qu'il vint habiter en cette ville, vers le milieu du dernier siècle, un marquis L'Escrivay de Monistrol, réfugié carliste, lequel prétendait descendre de l'Escrivette traditionnelle, et montrait une vieille tour qu'on voit au village de Mireval, près Montpellier, comme marquant l'emplacement du manoir de son aventureuse aïeule. Si habitué qu'on soit, dans le Midi, à ces généalogies fabuleuses, celle-ci peut sembler une « galéjade » un peu forte : il arrive tous les jours que des gens se rattachent sans preuve à la famille d'un homonyme illustre ; mais d'attribuer les ruines de Mireval et la lignée des Lescrivay à un personnage aussi évidemment imaginaire que l'Escrivette, c'est une idée, en vérité, qui sort de l'ordinaire. Ce surnom d'« Escrivette », — y a-t-il besoin de le dire ? — qui désigne, dans le parler de certaines provinces, une personne frêle et menue, est ici de pure fantaisie ; et les faits célébrés par le chansonnier ont tout juste autant de réalité que son héroïne.

En fait, nous voyons ici, accommodée à la lyrique populaire, une de ces « histoires d'outre-mer », fréquentes dans les littératures romanes du moyen âge, et qui devaient exciter chez les auditeurs un intérêt d'autant plus vif, qu'elles n'étaient point pour lors dénuées de vraisemblance. Le fond commun de ces histoires, c'est le rapt d'une femme chrétienne, épousée au pays d'outre-mer — ou bien dans l'Espagne moresque — par un prince sarrasin, puis retrouvée au bout de mainte année, par son époux légitime, qui la reprend et qui l'emmène. Tel est, en sa première partie, le sujet d'une chanson de geste du xiie siècle, *Aye d'Avignon* [1] (Cette princesse, femme du preux Garnier, enlevée d'abord par un chevalier félon, finit par tomber aux mains du roi de Majorque Ganor, qui l'enferme dans la merveilleuse tour d'Aufalerne. Cependant son mari, instruit de ces choses par le récit d'un pèlerin, a frété un vaisseau magnifique pour l'aller quérir ; il aborde à Majorque, et s'étant mis au service du roi Ganor, il guerroie et déconfit ses ennemis. Aye, dès le premier jour, l'aperçoit de la fenêtre de la tour et lui jette son anneau en signe de reconnaissance ; ainsi, voisins et séparés, les époux attendent une occasion favorable : quand enfin Ganor, victorieux de ses ennemis, entreprend un pèlerinage à la Mecque, après avoir fié à Garnier la garde de son royaume. Garnier aussitôt monte, avec ses compagnons, dans la tour, délivre la captive, et le couple réuni fait voile vers la Provence) ; ou bien celui d'une nouvelle en prose française, du xiiie siècle, *la Comtesse de Ponthieu* [2] (La comtesse,

---

1. GUESSARD-MEYER, *Aye d'Avignon, chanson de geste*, 1861. — La première partie forme un tout complet, à quoi un second trouvère a ultérieurement cousu une suite, de qualité très inférieure.

2. MOLAND-D'HÉRICAULT, *Nouvelles françaises du XIIIe siècle*, 1856.

abandonnée en mer, y a été recueillie par des marchands, qui
l'ont offerte en présent au soudan d'Aumarie (du Maroc);
celui-ci la fait musulmane, l'épouse et en a des enfants. Un
jour le comte de Ponthieu, parmi plusieurs captifs, est amené
devant le soudan; elle le reconnaît sans rien dire, lui obtient
la vie sauve, puis la faveur du maître; grâce à quoi ils réus-
sisent à s'embarquer tous deux sur une nef sarrasine, abordent
à Brindes, et regagnent finalement le Ponthieu, non sans avoir
pris à Rome la bénédiction du Saint-Père); ou celui de la légende
portugaise du *Roi Ramire* extraite d'un vieux « livre de lignages[1] »
(Le roi Ramire, dont l'épouse a été enlevée par le roi more
Abencadan, équipe une flotte et part à sa recherche; arrivé près
du château du More, il se couche, comme un homme malade,
au bord d'une fontaine, où une demoiselle de la reine ne tarde
pas à venir puiser de l'eau pour sa maîtresse; il demande à boire,
la fille lui présente l'outre; alors il met dans sa bouche une
bague qu'il a jadis partagée par moitié avec sa femme, et en
buvant il rejette l'anneau dans l'outre[2]. Quand on donne à
laver à la reine, l'anneau tombe en sa main, et elle apprend
ainsi la présence de Ramire, qu'elle envoie aussitôt chercher
par la demoiselle. Mais la méchante épouse le livre à Abencadan, qui s'apprête à le mettre à mort : Ramire s'échappe par
un subterfuge, rassemble les siens au son du cor, massacre
quantité de Mores, et ressaissit, pour la punir terriblement, la
reine renégate. Telle est encore l'aventure narrée au cours des
trois romances castillans de *Moriana y el Moro Galvan*[3], qui se
font suite (1º Moriane est dans un château, en train de jouer

---

1. *Libro velho das Linhagens*, dans *Portugaliæ Monumenta hist. Scriptores*, I.
Le *libro velho*, falsifié au commencement du XVIIᵉ siècle, peut remonter, si
l'on admet l'authenticité de ses éléments primitifs, au XIIᵉ ou XIIIᵉ siècle.

2. Ce joli trait paraît emprunté à la poésie arabe.

3. WOLF-HOFMANN, *Primavera y flor de romances*, II, nᵒˢ 121-123. — Le
romance de *Julianesa*, nᵒ 124, que les éditeurs du recueil ont placé à la suite,
n'est qu'une variante fragmentaire, avec changement de nom, du premier
romance de *Moriana*.

aux tables avec le roi more Galvan. Galvan s'endort. Un cavalier paraît sur la montagne : c'est le mari de Moriane, qui
pense à son épouse enlevée par les Mores. Elle le reconnaît de
loin, et se met à pleurer. Galvan, réveillé par les larmes qui
tombent sur son visage[1], demande la cause de ces pleurs ; et
sur la réponse de Moriane, qu'elle a vu passer son époux bien-
aimé, le More la soufflette jusqu'au sang et ordonne qu'elle ait
la tête tranchée. 2° Le bourreau, touché de la beauté de
Moriane, voudrait la sauver ; mais elle lui dit de faire son
office. Arrive en ce moment le cavalier, faisant un grand car-
nage des Mores ; il prend sa femme, et, avec elle et le bon
bourreau, il s'en retourne dans sa terre. 3° Galvan vient soupirer sous la tour du château de Moriane, et lui rappelle son
amour. « Va-t-en, chien de More ! s'écrie-t-elle. Les caresses
que je t'ai faites n'étaient que pour te tromper, en attendant la
venue de mon noble époux. » Celui-ci, qui n'est pas loin,
marche contre Galvan et le tue d'un coup de lance). Mais c'est
surtout le troisième romance castillan de *Gayferos* qui mérite
une attention particulière ; car si *Aye d'Avignon*, *la Comtesse de
Ponthieu*, *le Roi Ramire* et *Moriana* rappellent simplement
l'Escrivette par une affinité générale du thème, il y a entre
l'Escrivette et ce romance de *Gayferos* des ressemblances tellement précises, qu'elles impliquent l'étroite parenté des deux
poèmes.

Des quatre romances du cycle carolingien consacrés au personnage épique de Gayferos (= Gaifier, duc d'Aquitaine de

---

1. Ce motif épique — l'homme réveillé par l'effusion des larmes d'une
femme — se retrouve au moyen âge en des œuvres de langue diverse, par
exemple dans la version norvégienne du *Moniage Guillaume* et dans le conte
gallois de *Gereint* (*Mabonigion*, trad. LOTH, II); il a passé encore dans
la ballade hongroise de *Molnár Anna* (ARANY-GYULAI, *Magyar népköltési
Gyüjtemény*, I). De la présence simultanée de ce même trait chez des auteurs
castillan, scandinave et celtique, notoirement soumis à l'influence de notre
épopée, on peut inférer qu'il est d'origine française.

745 à 768)[1], le premier ni le quatrième ne nous importent en aucune façon. Le deuxième fait suite au premier ; mais, quoique son thème n'ait rien de commun avec un rapt mauresque, il sied d'y relever certains détails épisodiques, précieux pour l'étude de *l'Escrivette*. Selon ce romance, Gayferos et son oncle Roland partent pour Paris, habillés en pèlerins (cf. v. 19), mais leur épée cachée sous la robe. (L'objet de ce voyage est exposé tout au long dans le premier romance : Gayferos, encore enfant, a su que son parâtre Galvan avait tué son père et forcé sa mère à l'épouser, et il a juré, quand il serait en âge, de tirer vengeance du félon ; Galvan, instruit de ce dessein, a ordonné d'occire Gayferos ; mais, secrètement sauvé par les serviteurs qui devaient l'immoler, l'enfant, que l'on croit mort, s'est réfugié auprès de son oncle, auxiliaire futur au jour de la vengeance). Ce jour est arrivé. Les faux pèlerins se présentent au palais de Galvan ; ils demandent l'aumône à la dame, c'est-à-dire à la mère de Gayferos. Elle refuse, alléguant la défense du cruel Galvan. « Qu'elle leur fasse la charité, insistent-ils, comme elle ferait à Gayferos, vivant, en son pays ! » (cf. vv. 21 et 22). Émue à ce nom-là, elle leur fait servir du pain et du vin (cf. v. 27). Survient Galvan, qui la rudoie. Gayferos tire son épée, coupe la tête à Galvan, et se fait reconnaître de sa mère.

Le troisième romance, celui qui nous intéresse davantage, est le plus considérable à tous égards ; en voici l'argument. Gayferos est l'époux de Mélisende (*Melisenda* = Bélissant), fille de l'empereur Charles ; et Mélisende a été enlevée par les Mores. Le héros paraît d'abord assez oublieux de sa femme ; mais, rappelé à son devoir par un propos piquant de l'Empereur, il prend les armes et le destrier de Roland et, sans vouloir de compagnon, part pour la Sassoigne, qui est le pays des Mores (!). Là, questionnant un esclave chrétien, il apprend que

---

1. WOLF-HOFMANN, *loc. cit.*, nos 171-174.

Mélisende habite avec le roi Almanzor, lequel, au reste, la traite comme sa fille. Gayferos se rend au palais ; il aperçoit Mélisende à la fenêtre, qui, voyant à ses armes qu'il est chevalier de France, le charge d'un message pour Gayferos. Reconnaissance. Mélisende descend l'escalier et se jette dans les bras de Gayferos ; il l'emporte sur son cheval, hors de la ville. Mais Almanzor, avec ses soldats, court à la poursuite des fugitifs ; Gayferos fait volte-face, tient tête à tous les Mores, et en pourfend un si grand nombre que le roi s'émerveille de ce terrible preux. Gayferos se nomme, et tout son parentage. Almanzor se retire en sa ville. Les deux époux prennent leur chemin vers Paris, où ils font une entrée solennelle [1].

Ce romance, castillan d'origine, s'est répandu par toute la péninsule ibérique. Non seulement on le trouve dans la tradition asturienne (MENENDEZ PIDAL, *Collección de los viejos romances...*, III, n° 21), mais nous en possédons plusieurs rédactions portugaises (A. GARRETT, *Romanceiro*, II, n° 15. — BRAGA, *Romanceiro geral*, n°s 36 et 37), et deux catalanes (AGUILÓ, *Romancer popular*, n° XXI. — MILÁ, *Romancerillo catalan*, n° 247), dont la seconde recueillie dans le Roussillon, lequel est, comme on sait, un prolongement cispyrénéen de la Catalogne. Cette forme roussillonnaise, très abrégée, et qui compte sensiblement le même nombre de vers que *l'Escrivette*, s'en rapproche par des traits encore plus significatifs et plus nombreux que l'original castillan. Celui-ci nous montre déjà Gayferos interrogeant sur sa femme un esclave chrétien (comp. les lavandières de *l'Escrivette*, aux vv. 14-17), Mélisende à la fenêtre, au moment de l'arrivée du mari (cf. v. 21), le couple

---

1. Il semble qu'une version castillane de ce romance fut, au cours du XVIᵉ siècle, arrangée dramatiquement par des joueurs de marionnettes ambulants. En tout cas, Cervantes, au chap. 26 de la seconde partie du *Don Quichotte*, résume d'une façon humoristique ce petit spectacle. D'après l'adaptation populaire, Mélisenda est devenue *Mélisendra*, captive dans la ville moresque de Saragosse, et son possesseur more est le roi Marsile.

fuyant à cheval (cf. v. 33) : mais, de plus, le remanieur roussillonnais substitue au nom de « Melisenda » celui de « Lindaflor », dont on ne peut s'empêcher de discerner l'écho dans
l'expression « *flor* de son païs », appliquée à l'Escrivette ; et il
prête à Gayferos ce vers remarquable :

> Io haurè la Lindaflò, ancor sapiga matarme ? [1]

qu'on retrouve, traduit mot pour mot, dans notre vers 9. Il y a
donc entre le *Gayferos* roussillonnais et l'*Escrivette* languedocienne un contact géographique immédiat, une identité fon-
cière, d'incontestables similitudes de forme ; et c'est plus qu'il
n'en faut pour affirmer que l'un des deux poèmes est dans la
dépendance de l'autre. En quel ordre les ranger ? Si nous
manquons d'éléments externes pour fixer leur date respective
(les romances de *Gayferos*, qui nous sont connus par des documents du milieu du XVIe siècle, ne sauraient remonter, quant
à leur composition, plus haut que le XVe ; et l'*Escrivette*, a priori,
ne leur est pas nécessairement postérieure), la question n'en
est pas moins, par ailleurs, nettement résolue. L'on ne peut
douter, à envisager la série des trois poèmes apparentés
(*Gayferos* castillan, *Gayferos* roussillonnais, l'*Escrivette*), que le
roussillonnais, venu le second, fasse transition entre les deux
autres ; avec cela, il n'est pas moins certain que ce même
poème constitue une variante secondaire, abrégée et altérée, du
premier, à preuve les nombreux vocables castillans qui y ont
subsisté à travers le remaniement dialectal ; dès lors il s'ensuit
que l'*Escrivette* languedocienne termine la série, en d'autres
termes qu'elle est issue du *Gayferos* roussillonnais, tout de
même que celui-ci dérive, par l'intermédiaire d'une version
catalane, du *Gayferos* de Castille. Remarquons, par surcroît,
que l'*Escrivette* étant formée de l'assemblage de deux thèmes
évidemment séparés à l'origine, et dont l'un, celui du faux
pèlerin, ne s'adapte à la donnée principale que par un artifice

---

1. « J'aurai la Lindaflor, quand je saurais me tuer ! »

assez pénible [1], cela présuppose les deux romances (deuxième et troisième de *Gayferos*) où chacun de ces thèmes est traité isolément. Aussi bien ne veut-on pas dire que le chansonnier d'oc se soit borné à traduire, ni même à imiter certaines pièces du romancéro espagnol. Non seulement la facture rythmique lui appartient ; mais la combinaison d'éléments divers, l'agencement nouveau des circonstances, l'addition de maint détail inventé par lui ou emprunté çà et là (le mari de retour frappant à la porte de la maison vide, — l'enlèvement à la fontaine, — l'armement de la barque merveilleuse, — la rencontre des lavandières, — la visite des fugitifs au coffre et à l'écurie, — les invectives finales du Sarrasin joué, — l'idée surtout, qui est charmante, de ce pays si lointain que l'aile seule de l'hirondelle y peut atteindre), tout cela met à ses vers le sceau indéniable de la création poétique.

La muse populaire n'a rien produit dans le midi de la France qui égalât *l'Escrivette* en renommée, non plus qu'en valeur esthétique. Mistral nous apprend, au chant XI de son *Calendal*, que les faïenciers provençaux du dernier siècle peignaient sur la vaisselle de table l'histoire de l'Escrivette et du More sarrasin : forme fragile, mais signe certain de la gloire. Et ce n'est pas sans raison que M. Roque-Ferrier élève ce poème à la dignité d'une sorte de chant national des populations méditer-

---

1. Quand Gayferos, partant pour Paris afin d'y surprendre et d'y tuer son beau-père, se déguise d'abord en pèlerin et cache une épée sous sa robe, il ne fait rien là que de naturel. Mais que le mari de l'Escrivette, arrivé au pays more, y trouve à point nommé des habits de pèlerin, et que l'idée de ce travestissement lui soit suggérée par des lavandières indigènes, c'est une conception quelque peu bizarre.

ranéennes de Catalogne, de Languedoc et de Provence [1]. Si la beauté propre de *l'Escrivette* a de quoi justifier cette grande fortune, il convient aussi de faire au milieu historique où elle s'est développée une large part. Depuis l'époque de Charles Martel jusqu'au seuil des temps modernes, les rivages romans de la Méditerranée furent le théâtre de la piraterie musulmane; pendant dix siècles les écumeurs de mer turcs, arabes ou barbaresques ne cessèrent d'infester ces bords, ravageant les terres, pillant les bourgs, enlevant les garçons et les femmes. Un édit de Louis XI, daté de 1468, constate à propos du littoral de Frontignan que, « pour que les pirates, larrons de mer, qui souventes fois font descentes sur lesdits voisinages, prenoient les laboureurs cultivant lesdites terres, les emmenoient, rançonnoient et faisoient plusieurs maux et dommages, lesdits habitants ont cessé de labourer lesdites terres ». Au commencement du XVIIᵉ siècle, il y a une curieuse lettre de saint Vincent de Paul à un avocat de Dax, racontant comme quoi, dans la traversée de Marseille à Narbonne, il fut pris par des pirates turcs, vendu à un pêcheur, puis à un alchimiste, enfin à un renégat, qu'il convertit et avec lequel il put, l'an 1607, retourner en France. Un procès-verbal, signé par les consuls de Montpellier et conservé aux archives de cette ville, atteste l'arrivée, au printemps de 1674, de cinquante-six Français, tirés par les religieux de la Merci des mains des musulmans d'Afrique, moyennant une rançon de sept cents livres par tête. Ainsi le rapt de l'Escrivette devait avoir, en ce pays, la saveur d'une chose vécue. Ce n'est pas seulement une fable amusante que le peuple aimait dans cette aventure, mais bien la commémoraison d'une série de drames réels, où sa vie même était mêlée; et sans doute que l'émotion d'un souvenir véridique ou d'une

---

1. ROQUE-FERRIER, *Bibliographie*, dans la *Revue des Langues romanes* de janvier 1883. Plusieurs des renseignements qui suivent sont empruntés à l'article bibliographique de M. R.

terreur présente avivait, pour plus d'une chanteuse, le pathétique de la fiction.

Outre sa diffusion en Catalogne et en Piémont, *l'Escrivette* a passé aussi à d'autres idiomes. D'après quelque version d'un groupe languedocien (cf. *Brive*, *Cat. A, F, etc.*), propagée le long de le côte gasconne, un Armoricain composa le gwerz des *Sarrasins*, publié par LUZEL, *Gwerziou Breiz-Izel*, II, où l'on retrouve l'Escrivette sous le nom de Louise : au reste, à part l'altération du début, le sens général y est assez bien conservé. Et l'an 1882, se trouvant à Montpellier pendant une fête du félibrige, un lettré de Roumanie, M. T. Iliescu, rima du texte montpelliérain de Roque-Ferrier, une jolie traduction en dialecte macédo-roumain[1], non sans en rafraîchir et roumaniser un peu la couleur locale : l'héroïne est appelée « Dincea » (diminutif de Constance), « la fleur du monde » ; elle a été enlevée par « le sultan des Turcs », etc.

---

1. T. ILIESCU, *L'Escriveta, trad. en dialecte macédo-roumain*, Montpellier, in-8, 1882.

LA PÉNITENCE DE MARIE-MADELEINE

CATALOGUE DES VERSIONS

Catalogne

Catalogne (*K*) : P. BRIZ, *Cans. de la Terra*, II, 1867. — Repr. par ROLLAND, VI.

Catalogne *A, B, C, D, E, F, G, H, I, J*, : MILÁ, *Romancerillo catalan* (n° 12), 1882. — *A* repr. par ROLLAND, VI.

Rouergue (*R*) : CHABANEAU, *Cantiques pop. sur sainte Madeleine*, dans la *Rev. des Langues romanes*, XXIX, 1886, (version fragmentaire et contaminée) [1].

Urgel (*U*) : SEGURA, *Cans. catalanas aplegadas en la comarca d'Urgell*, 1887. — Repr. par ROLLAND, VI.

France (oc et oïl)

Sermoyer (Ain) : NYD, *Poés. pop. de la France*, I, mss. B. N., réd. 1854. — Publ. par ROLLAND, VI.

*Provence : ARBAUD, *Chants pop. de la Provence*, I, 1862. — Repr. par ROLLAND, VI.

---

1. Quoique recueillie en France, je range sous cette rubrique la version rouergate, parce qu'elle se rattache immédiatement à la tradition catalane et diffère de tout le reste des versions françaises d'oc ou d'oïl.

Ste-Eulalie (Ardèche) : SMITH, *Romania*, V, 1875. — Repr. par ROLLAND, VI.

*Panassac : ⎱ BLADÉ, *Poés. pop. de la Gascogne*, I, 1881. — Repr.
*Nérac : ⎰   par ROLLAND, VI.

*Narbonne : CHABANEAU, d'après GUIBAUD, *Cantiques pop. sur sainte Madeleine*, dans la *Rev. des Langues romanes*, XXIX, 1886. — Repr. par ROLLAND, VI.

*Belesta (Ariège) : CHABANEAU, *ibid.*, 1886. — Repr. par ROLLAND, VI.

Préporché (Nièvre) : ⎱ ROLLAND, d'après MILLIEN, *Rec. de Chans.*
Montigny (id.) :   ⎰   *pop.*, VI, 1890.

*Seilhac (Corrèze) : J. ROUX, *Écho de la Corrèze*, n° 15, 1893 (version contaminée).

Lyonnais : P. DE SAINT-VICTOR, *Rev. des Trad. pop.*, XIV, 1899.

Haute-Italie

Cuneo : BRAGGIO, *I Canti pop. del Piemonte*, 1889.
Parme [fragm.] : FERRARO, *Spigolat. di Canti pop. parmegiani*, in *Archiv. delle Trad. pop.*, 1889. — Repr. par ROLLAND, VI.

Les versions françaises, et partant les italiennes, n'étant que des dérivées incomplètes et altérées de la chanson catalane, il n'y a pas lieu de les employer dans l'établissement du texte. Celui-ci sera rédigé, comme il convient, en dialecte catalan.

FORMULE RYTHMIQUE

Chanson à danser. Vers de 14 syl. $= 7 + 7$, féminins, uniformément assonancés en *a* $+$ atone. Chaque groupe de deux vers, suivi d'un refrain, forme couplet.

Dans les versions françaises et nord-italiennes, le vers est réduit à 12 syl. $= 6 + 6$; l'assonance en *a* a généralement persisté, mais est devenue masculine; enfin, par la chute du refrain, la chanson s'est transformée en une complainte en distiques.

TEXTE CRITIQUE

1

Martra 's lleva demati;   dret á missa se n' anava ;
Quan ixia de la sgley',   passa á casa sa germana.
Dalt del cel,
Dalt del cel tinguem posada,
Dalt del cel !

2

Ya 's pentina Magdalen'   ab una pinta daurada.
« Deu te guart, la Magdalen' ! » — « Deu te guart, germana
[Martra ! »

3

— « Em dirías, Magdalen',   si has anat á missa ancara ? »
— « No hi he anat, germana, nó,   ni en tal cosa no pensava. »

4

— « Veshi, veshi, Magdalen',   quedarás enamorada,
Que 'n predica un jovenet,   que fa la cara d'un ángel. »

1. a) *U*, *K* et *F* (...á sermó...); cf. *A*, *B*. — b) *U*, *K* (Q. tornava d.
sermó...); cf. *B*. La césure de ces vers, féminins, est nécessairement masculine : pourtant les mots « sgleya », et, plus bas, « Magdalena » figurent
constamment à l'hémistiche. Il faudrait supposer des formes oxytoniques
« sgley' » (où l'*a* posttonique a été absorbe par le *y*), « Magdalen' » (analogue
à notre « Madelon »).
Le refrain est donné par *U*, *K*; aussi, avec une légère variante, par *A* et *F*.
2. a) *C* (M. se 'n p...), *K* (M. 's pentinava...). « Pentina » ni « pentinava »,
paroxytons, ne conviennent à l'hémistiche : je renverse la construction
moyennant l'addition de la particule « ya » (cf. stroph. 11 et 21). — b) *U*.
3. a) *K*; cf. *C* et *A*. — b) *K*; cf. *C*, *A*, *B*.
4. a) *K*; *C*, *A* et *B* ('neu-hi,... quedareu...). — b) *A*, *B* (...l. veu com
u. a.); cf. *K*, *U*, *C*, *D*, *E*, *J*.

5

— Magdalena se 'n va adalt, á posars' la seuas galas;
Se 'n posa los anells d'or, las manillas y arracadas,

6

Y també lo manto d'or que per terra arrosegava;
Y la prenda del orfi, al seu cor se la posava.

7

Magdalena se n' hi va ab sos criats y criadas,
A la porta de la sgley' deixa 'ls que l'acompanyavan.

8

« Valga 'm Deu, quin jovenet! llástima que siga frare ! »
Per sentir milló 'l sermó, sota la trona 's posava.

9

Al primer mot del sermó, dintre del cor ya li entrava ;
Al segon mot del sermó, Magdalena suspirava;

10

Al tercer mot del sermó, Magdalena cau en basca.
Acabat qu'es lo sermó, Magdalena se'n va á casa.

5. a) K, C. — b) K, C; cf. A, B, E.
6. a) K, C; cf. A, B, J. — b) K, C.
7. a) K; cf. A, B, J. — b) K; cf. A.
8. a) K; cf. C, D, E. — b) K, C; cf, A, B, U.
9. a) A ; cf. B ; K, C ; D. Je corrige ni en li, que réclame le sens. — b)
A + U.
10. a) U; cf. K, C, B. — b) K, C + A, U.

11

Ya se 'n treu los anells d'or,   las manillas y arracadas,
Y la prenda del or fí   als seus peus se la posava.

12

A la porta de la sgley'   un penitent n'encontrava :
« Em dirías, penitent,   lo bon Jesús hont anava ? »

13

— « A casa del Fariseu,   allí convidat estava. »
Magdalena se n' hi va,   sota la taula 's posava.

14

Ab llágrimas dels seus ulls   los peus de Cristo rentava,
Ab *los* cabells *del* seu *cap*   los peus de Cristo aixugava.

15

Bon Jesús se 'n va adonar,   prontament li preguntava :
« Que buscas-tu, Magdalen'   que buscas-tu per aquí ara ? »

11. a) *K, C*; cf. *A.* — b) *K, C.*

12. a) *C*; cf. *K, A, B.* — b) *K, C* + *A, B.* Quiproquo de *A*, qui au lieu de « pénitent » met « Pare Etern » (!)

13. a) *A*; cf. *B, U, K, C, E.* « El Fariseu », dans *A* et *U*; *D* le désigne par son nom de « Simo » ; *B*, confondant Simon le Pharisien avec S. le Cyrénéen, dit « Simo Cirineu » ; *E*, « N' Joan ». — b) *K, U*; cf. *A, B.*

14. a) *K, C*; cf. *A, B, U, R.* — b) *A, B*; cf. *K, C, R.* La leçon « Ab la seua cabellera », donnée par cinq versions, est néanmoins défectueuse, le 1er hémistiche ne devant pas avoir une désinence féminine. Je corrige : « Ab l. cabells del seu cap », qui est la traduction littérale de la phrase du 3e évangile, et symétrise bien avec le « ab llagrimas dels seus ulls » du vers précédent; ajoutez que les versions françaises *Provence* et *Narbonne* portent, dans le passage qui correspond à celui-ci : « chevus » ou « pels de ma testa ».

15. a) *K, C.* — b) *K* + *C*; cf. *U.*

16

— « Busco per aquí Jesús, si voldría confessarme. »
— « Alsa 't, alsa 't, Magdalen', que ya n'estás perdonada. »

17

« Pero haurás d'anar set anys al desert de la montanya,
Menjant herbas y fonolls, allí farás vida santa. »

18

Magdalena se n' hi va al desert de la montanya,
Menjant herbas y timons, allí feye vida santa.

19

Acabat de los set anys, Magdalena se 'n va á casa,
Quan ya n'era á mitj cami, una fonteta encontrava.

20

Ab l'ayga d'aquella font y cara y mans se 'n rentava :
« Ay ! mans, qui 'os ha vist y' os veu, qu'estau tant desfi-
[guradas ! »

21

Ya sent una veu que diu : « Magdalena, n'ets pecada ! »
— « Angel meu, si n'hi [ha] pecat, penitencia 'm siga dada ! »

16. a) *K*, *C*; cf. *V*. — b) *K*, *A*, *B*; cf. *U*.
17. a) *A*, *B* + *U* (hauras) ; cf. *K*, *C* ; *D*, *H*. — b) *A*, *B*, *U* + *K*, *C*; cf. *H*, *R*; *D* (... menjant herbas y beure aiga). — Le « timon » est une plante sauvage, aromatique, et qui sert dans la cuisine ; quelques versions ont à la place le mot « fonolls » (fenouil).
18. a) *B*. — b) *B*.
19. a) *A*, *B*, *C*, *U* ; cf. *K*, *R*. — b) *U* + *A*; cf. *K*, *C*.
20. a) *K*, *C* + *U*, *A*. — b) *U*; cf. *A*, *B*, *I*, *R*, *K*, *C*.
21. a) *K*, *C*; cf. *A*, *B*, *H*, *U*, *R*. — b) *P*, *C* ; cf. *U*.

22

— « Torna, torna altres set anys   al desert de la montanya. »
Acabat dels catorse anys,   Magdalena ya finava.

23

Los ángels li feyen llum,   la Verge l'amortellava,
Y ab gran cantarella al cel,   cap el cel se l'empujavan.

22. a) *A*, *B*, *C* + *K*; cf. *U*. — b) *C*, *K*; cf. *F*, *B*, *U*.
23. a) *B*, *C*, *U*. — b) *K*, *C*.

TRADUCTION

I

Marthe se lève matin, droit à la messe est allée. | En sortant
de l'église, elle passe chez sa sœur.

*Au haut du ciel, — Au haut du ciel nous faisons séjour, — Au
haut du ciel !*

2

Madeleine se peigne avec un peigne doré. | « Dieu te
garde, la Madeleine ! » — « Dieu te garde, sœur Marthe ! »

3

— « Veux-tu me dire, Madeleine, si tu es déjà allée à la
messe ? » | — « Je n'y suis pas allée, sœur, non, ni à telle
chose n'ai pensé. »

4

— « Vas-y, vas-y, Madeleine, tu tomberas amoureuse : |
car il prêche un jouvenceau qui a la figure d'un ange. »

5

Madeleine monte en haut pour mettre ses atours ; | elle met ses anneaux d'or, ses bracelets et boucles d'orcilles ;

6

Et aussi son manteau d'or qui traînait jusqu'à terre ; | et son bijou d'or fin, et l'a mis sur son cœur.

7

Madeleine s'en va avec ses valets et servantes, | à la porte de l'église laisse ceux qui l'accompagnaient.

8

« Vive Dieu ! quel jouvenceau ! c'est dommage qu'il soit frère [1]. » | Pour entendre mieux le sermon, sous la chaire elle s'est mise.

9

Au premier mot du sermon, dans le cœur cela lui entrait ; | au second mot du sermon, Madeleine soupirait ;

10

Au troisième mot du sermon, Madeleine tombe en pâmoison. | Le sermon fini, Madeleine s'en va chez elle.

11

Elle ôte ses anneaux d'or, ses bracelets et boucles d'oreilles ; | et son bijou d'or fin, elle l'a mis à ses pieds.

---

1. C'est-à-dire moine.

12

A la porte de l'église un pénitent a rencontré : | « Veux-tu me dire, pénitent, où est allé le bon Jésus ? »

13

— « A la maison du Pharisien, c'est là qu'il a été convié. » | Madeleine s'en va, sous la table elle s'est mise.

14

Avec les larmes de ses yeux les pieds du Christ elle lavait; | avec les cheveux de sa tête, les pieds du Christ essuyait.

15

Bon Jésus s'en aperçoit, promptement lui a demandé : | « Que cherches-tu, Madeleine, que cherches-tu par ici ? »

16

— « Je cherches par ici Jésus, s'il voudrait me confesser ? » | — « Lève-toi, lève-toi, Madeleine ! voici que tu es pardonnée.

17

— « Mais tu devras aller sept ans au désert de la montagne; | mangeant herbes et timons, tu y feras une vie sainte [1]. »

18

Madeleine s'en va au désert de la montagne ; | mangeant herbes et timons, elle y fait une vie sainte.

---

1. Var.:... manger herbes et boire [de l']eau.

19

Passés les sept ans, Madeleine s'en va chez elle ; | comme elle était à mi-chemin, une fontaine a rencontré.

20

Avec l'eau de cette fontaine visage et mains s'est lavé : | « Ah ! mains, qui vous a vues et vous voit, comme vous êtes défigurées ! »

21

Lors elle entend une voix qui dit : « Madeleine, tu es en péché ! » | — « Mon ange, s'il y a péché, pénitence me soit donnée ! »

22

— « Retourne, retourne sept ans de plus au désert de la montagne. » | Passé les quatorze ans, Madeleine a trépassé.

23

Les anges lui firent lumière, la Vierge l'ensevelit ; | et avec de grands cantiques, au ciel, au haut du ciel ils l'enlevèrent.

———

Il suffit de comparer à la forme catalane les versions d'oc et les nord-italiennes, toutes altérées rythmiquement et tronquées de la première moitié, pour s'assurer d'abord que *la Pénitence de Marie-Madeleine* a la Catalogne pour berceau. La légende mise en vers par le Catalan étant, comme on verra plus loin, en partie fondée sur un mystère français du xve siècle et sur un livre de spiritualité imprimé l'an 1502, il s'ensuit que son œuvre est postérieure au commencement du xvie siècle, mais non pas, je pense, de beaucoup d'années, la littérature catalane de sainte Madeleine ayant principalement fleuri durant la seconde moitié du xve siècle [1].

Marie de Magdala, confondue, selon la tradition de l'Église latine, avec Marie de Béthanie, sœur de Marthe et de Lazare, et avec la pécheresse innomée de Naïm, devint de bonne heure pour la chrétienté le type le plus expressif de la sainteté péni tente; et sa légende, humaine autant que pittoresque, ne pouvait manquer d'enrichir quelque jour le répertoire lyrique du peuple. L'originalité du rimeur populaire se manifeste par la couleur locale qu'il impose au sujet traditionnel, par l'outrance ingénue de ses simplifications et de ses raccourcis, par cette façon fantasque qu'il a de jouer avec les lois de l'espace et du temps; mais que lui-même ait peu de part soit dans la création du thème, soit dans l'invention des épisodes, c'est ce que vérifie pleinement *la Pénitence de Madeleine* : car des éléments variés où l'analyse résout cette chanson, très riche de faits, il ne s'en trouve point qui ne soit emprunté à quelque tradition préexistante, issue d'ailleurs de la littérature écrite.

Le motif central du poème est évidemment la scène du repas de Naïm, telle qu'elle est relatée en l'évangile de Luc (VI, 36 sq.). Jésus — transporté par l'auteur dans le milieu catalan — apparaît comme un beau jeune moine, qui vient prêcher, un dimanche matin, à l'église du bourg; après la messe, un notable de l'endroit, Simon le Pharisien, l'invite à dîner; et tandis qu'il est à table, la pécheresse entre dans la salle et se prosterne à ses genoux. Selon l'évangile, cette femme porte un vase de parfum, et se met à parfumer les pieds de Jésus, tout en les baignant de ses larmes et les essuyant avec sa chevelure. Au vase de parfum, à l'onction proprement dite, le chansonnier ne fait aucune allusion : ce trait de mœurs orientales devait offrir peu de sens à l'esprit d'un villageois catalan; mais les

---

1. Voy. la liste des *Pièces catalanes* dressée par M. CHABANEAU, *Sainte Marie-Madeleine dans la Litt. provençale*, Appendice, III (extrait de la *Rev. des Langues romanes*, 1884-87).

autres circonstances de cette action fameuse, — ces pleurs et
ces cheveux de femme épandus sur les pieds divins — ont passé
mot pour mot dans ses vers : aussi bien est-ce là une de ces
choses à la fois simples et singulières, dont l'âme la plus naïve,
sans distinction de race et de temps, sentira toujours l'im-
muable beauté. A ces marques d'amour de la pécheresse, Jésus,
dans l'évangile, répond en l'absolvant : « Tes péchés te sont
remis... Va en paix ! » Et comme, dans l'idée catholique, l'ab-
solution appelle nécessairement la pénitence, le chansonnier
rattache ici, sans transition, la légende de Madeleine au désert
de la Sainte-Baume, lieu de pèlerinage encore fréquenté, où se
fixa vers le xivᵉ siècle une fable de fabrication provençale. Cette
fable tire son origine des Actes de Marthe et de Marie-Madeleine,
soi-disant rédigés par un certain Syntique, leur compagnon, et
que recopièrent indéfiniment les hagiographes du xiiiᵉ au xviᵉ
siècle. Dès le xiᵉ, la croyance s'était établie que les deux sœurs
de Béthanie, accompagnées de plusieurs disciples du Seigneur,
avaient émigré en Judée, abordé à Marseille, et que là ces
divers saints s'étaient partagé l'apostolat des Gaules. A cette
donnée générale, le pseudo-Syntique ajoute des renseignements
précis sur le séjour de Marthe et de Madeleine en Provence :
tandis que celle-là, après avoir délivré Tarascon d'un monstre
fantastique, se retire aux environs de cette ville, Madeleine
s'en va passer trente années dans une solitude sauvage, quoti-
diennement visitée par les anges, qui à de certaines heures l'enlèvent dans les airs ; et quand elle y trépasse, Marthe a la
vision miraculeuse d'une troupe d'anges emportant l'âme de sa
sœur au ciel. Tous ces traits sont visiblement empreints dans
la romance catalane, sauf que l'auteur y a substitué à la pénitence trentenaire de la tradition écrite ¹ le laps plus populaire
de sept ans, qui est d'ailleurs celui que la légende assigne à la

1. On connaît les vers de la ballade de Villon contre *Qui mal vouldroit au
royaume de France* :

> Ou trente ans soit, comme la Magdeleine,
> Sans vestir drap de linge ne de laine.

retraite de Marthe. Quant au théâtre de cette pénitence illustre, encore indéterminé pour le rédacteur des Actes, un culte local le fixa bientôt entre Aix et Marseille, dans cette belle et abrupte caverne de la Sainte-Baume, qui semble un décor fait exprès pour une telle histoire : c'est là ce « désert de la montagne », où peut-être le chansonnier catalan, comme tant d'autres, a grimpé lui-même avec le bâton de pèlerin. Quant aux lieues de mer qui séparent la Palestine de la Provence, aux longs mois qu'il faudrait supposer entre le banquet de Naïm et l'émigration de Madeleine et des siens, laquelle eut lieu, selon la légende, un peu de temps après l'ascension du Christ, c'est de quoi le chansonnier ne s'inquiète guère. Pour lui, la pécheresse, confessée et absoute, n'a plus qu'à accomplir sa pénitence : Jésus relève Madeleine, elle se met en route sur l'heure, et va droit devant elle jusqu'à la Baume provençale.

Des deux épisodes extrêmes, qui mettent si joliment en relief la coquetterie de Madeleine, il n'y a pas de trace dans les anciennes vies de la sainte. Le premier est d'origine théâtrale : cette piquante et profane idée, de nous montrer Madeleine allant voir Jésus par une curiosité de coquette, rêvant de séduire le jeune prêcheur dont on lui a vanté la bonne mine, et finalement prise à son propre piège, apparaît pour la première fois dans *la Passion* de Jean Michel (xve siècle), lequel développe souvent les situations indiquées dans l'évangile avec un véritable instinct dramatique. Les sermonnaires à leur tour s'emparèrent de ce nouveau thème, et l'on en peut lire une curieuse amplification dans l'homélie sur sainte Madeleine du franciscain Menot († 1518). Ainsi le chansonnier le pouvait connaître, ou par un sermon, ou par une représentation de mystère.

La rechute finale de Madeleine semble quelque chose de plus singulier ; car nul texte hagiographique connu, qu'il s'agisse de Madeleine ou de toute autre pénitente, ne nous a rien conservé d'approchant. Toutefois, quelque bizarrement qu'il ait évolué, on peut, je crois, découvrir le germe initial de ce conte. Au début du xvie siècle, le dominicain Silvestre de Prière publiait dans son *Aurea Rosa* (1502), d'après le soi-disant manuscrit d'un marchand de Toscane, les révélations du F. Elie, prétendûment recueillies en 1370, à la Sainte-Baume, de la bouche de ce vieux moine moribond[1] : cet écrit, où l'on se proposait de narrer plusieurs particularités miraculeuses du séjour de Madeleine à la Baume, fut lu des gens de l'église, et fournit sans doute quelques traits aux homélies du temps. Or Madeleine, entre divers propos, raconte au visionnaire qu'un jour, ayant beaucoup pleuré, comme elle était allée se laver le visage à la fontaine de la grotte, Jésus lui apparut en son humanité, entouré d'une troupe d'anges, et lui adressa la parole :... *Cum lavandi vultus gratia fontem petivissem, obviam mihi humana forma Jesum, me his verbis alloquentem, vidi... Circumsteterant cœlestes militiæ regem suum.* Ce passage est assez insignifiant; et l'on ne voit pas trop quel rapport il y a entre ce visage lavé à la fontaine et la présence de Jésus. Mais c'est le propre des esprits simples de chercher dans l'apposition fortuite de deux circonstances une relation de cause à effet. Supposé que la phrase de Silvestre de Prière soit arrivée, par quelque citation de sermonnaire, à l'oreille du chansonnier, celui-ci dut s'imaginer que l'apparition divine était provoquée par l'acte même de Marie-Madeleine; et, par une méprise qu'on pourrait presque qualifier de trait de génie, il entendit que les paroles du Christ étaient des reproches, que la pénitente s'était lavé la figure — il y ajoute les mains — avec une complaisance toute charnelle, et qu'elle était ainsi retombée dans son péché. Cela posé, tout le reste s'ensuit naturellement, et l'exclamation dolente : « Ah! mes pauvres mains d'autrefois, comme vous voilà défigurées ! », et le remords soudain, et la pénitence doublée. Cette charmante scène, et si fine en sa

---

1. Il est à peine besoin de dire que ni le F. Elie, ni le marchand toscan n'ont jamais existé : Silvestre de Prière, si l'on ne veut suspecter sa bonne foi, fut la dupe d'un faussaire.

naïveté, est justement le produit d'un contresens enté sur une anecdote fort banale.

La chanson ainsi composée par un Catalan passa en pays d'oc, où elle subit des modifications rythmiques et perdit ses premiers couplets ; et elle atteignit, sous cette forme, le Piémont. Enfin quelque morceau de version piémontaise fournit à un chanteur de la Haute-Italie, la matière d'une « oraison de Marie-Madeleine », petite cantilène en décasyllabes, recueillie une fois en Istrie (IVE, *C. pop. istriani* ; repr. par ROLLAND, VI). Mandalena (Madeleine) la pécheresse habite un château d'or et d'argent, qu'elle a hérité de son père : c'est là qu'elle est aperçue par le bon Jésus qui passe. Toute honteuse, elle se cache dans l'intérieur. Simon l'interpelle. Elle se met à pleurer et lave de ses pleurs les pieds de Notre-Seigneur, puis les essuye de ses tresses blondes. Vient ensuite sa pénitence, qu'elle choisit elle-même, sans attendre qu'on la lui impose : elle ira dans une grotte obscure, — dormira sur la terre nue, — mangera de l'herbe crue, — boira un peu d'eau jaunâtre. « Voilà finie l'oraison de Madeleine ! »

Sous le titre de *la Samaritana*, on trouve dans les recueils catalans (MILÀ, *Romancerillo*, n° 11. — BRIZ, *Cans. de la Terra*, II) une petite romance religieuse, inspirée du chapitre IV de l'évangile de Jean. De même que dans le récit canonique, Jésus rencontre auprès d'une fontaine (d'un puits) une femme de Samarie, et lui demande à boire. La femme s'excuse ; mais n'entendant guère la réponse de timidité exquise, que l'évangile prête à cette femme : « Comment, toi qui es Juif, peux-tu me demander à boire ? car les juifs n'ont point de commerce avec ceux de Samarie », le chansonnier lui fait dire banalement que « l'eau du puits est basse et la corde trop courte ». Jésus alors se révèle à la Samaritaine comme un prophète, lui marquant tous les méfaits de sa vie : d'après l'évangile elle a vécu successivement avec six hommes, que le chansonnier réduit, selon l'usage populaire, au chiffre de trois; mais les « trois galants », au lieu de succéder l'un à l'autre, possèdent ensemble les faveurs de la Samaritaine. Toute troublée, celle-ci offre à boire à Jésus ; mais lui : « Je ne veux pas d'eau, je veux ton âme ! » (parole touchante, mais qui n'est pas dans l'évangile). Là-dessus, la femme s'en retourne à la maison, conte son aventure aux galants, puis vient derechef emplir ses seaux à la fontaine ; là, se frappant la poitrine avec une pierre, elle implore son pardon ; une voix d'en haut lui répond qu'elle est sauvée. Cette chanson est faite en vers de 10 syllabes = 5 + 5, mais précisément de même assonance (*a* féminin) que ceux de la chanson de *Marie-Madeleine* ; l'hémistiche final « *que n'estás salvada* » rappelle fort le demi-vers de *Marie-Madeleine*, « *que ya estás perdonada* » ; enfin il existe entre les deux femmes un rapport évident de caractère et de situation. Pour toutes ces raisons, une confusion de l'un et de l'autre chant pouvait très naturellement se produire ; et c'est aussi ce qui est arrivé, comme en témoigne la rédaction *E* de *la Samaritaine* dans Milá. Cette rédaction se compose du texte normal de *la Samaritaine*, sur quoi trois vers de *Marie-Madeleine*, relatifs à sa pénitence septénaire, se sont venus greffer [1]. L'interpolation une fois posée, il est vraisemblable qu'elle s'est étendue, en d'autres versions similaires, jusqu'à la mort de la sainte. Quant au nom de Madeleine, encore que *E* l'omette en sa finale, on supposera volontiers qu'ailleurs il est demeuré intact et que, par suite, entre les deux noms juxtaposés et contradictoires, le plus expressif et le plus populaire a absorbé l'autre : en somme, on peut induire de *E* une pièce catalane où toute l'aventure de la Samaritaine était attribuée formellement à la Madeleine légendaire.

---

1. Cf. les strophes 17 et 19 du texte critique. — L'interpolateur n'a pas même pris la peine de modifier la mesure des vers rajoutés, de sorte qu'on passe sans transition d'une série de décasyllabes à des vers de 14 syllabes.

Or, c'est précisément à la chanson bâtarde ainsi définie que se réfère la vise de *Maria-Mag·lena*, maintes fois recueillie dans les pays scandinaves : Danemark (GRUNDTVIG, *Danmarks gamle Folkeviser*, n° 98, II, d'après une feuille volante du XVIIᵉ ou XVIIIᵉ siècle. — KRISTENSEN, *Jyske Folkeviser*, I. — *Skattegraveren*, I); îles Færœ (GRUNDTVIG, II, et *ibid.*, en note); Norvège (BUGGE, *Gamle norske Folkeviser.* — GRUNDTVIG, III); Suède (AFZELIUS, I et II. — ARWIDSSON, I. — GRUNDTVIG, II, en note. — AXELSON, *Vesterdalarne.* — WIGSTRÖM, *Folkdiktning*), et Finlande suédoise (LAGUS, *Nyländska Folkvisor*, I)[1].

Voici la traduction de cette vise, d'après l'ancienne feuille volante danoise, corrigée à l'aide des deux autres versions danoises et d'une færœenne :

Une femme alla puiser de l'eau ; — *Jésus mon Seigneur !* — et Jésus[2] vint à la femme : — *Marie-Madeleine !*

« Écoute, Madeleine belle et fine, donne-moi à boire de ton broc. »

— « Je voudrais bien te donner à boire, si j'avais ici ma coupe d'argent. »

— « Si tu étais aussi pure que tu es née, alors je boirais dans ta main. »

La femme dit en jurant : « Je n'ai conscience d'aucun péché. »

— « Femme, femme, ne jure pas si fortement ! Tu as trois enfants dans la terre noire :

» Le premier de ton père, l'autre de ton frère,

Le troisième de ton curé, et c'est là le plus grand péché. »

La femme tomba aux genoux de Jésus : « Mon cher Jésus, confesse-moi ! »

— « Je ne puis te confesser autrement : pendant sept ans tu iras aux champs.

---

1. On a de plus un vestige d'une version islandaise, aujourd'hui perdue. — Les trois rédactions danoises, une færœenne et une suédoise d'Afzelius sont reproduites, avec traduction française, par ROLLAND, VI.

2. Dans certaines versions scandinaves, la personnalité divine a disparu, et l'interlocuteur de la pécheresse n'est plus qu' « un vieil homme ».

« Tu n'auras pas d'autre nourriture que l'herbe où tu es assise ;
« Tu n'auras pas d'autre boisson que la rosée qui tombe sur
l'herbe. » [1]

Quand les sept ans furent passés, Jésus alla à la femme :

« Écoute, Madeleine belle et fine, comment est allé ton jeûne ? »

— « Mon jeûne est allé ainsi : j'ai mangé ton pain et bu ton
vin. »

— « Voici ce que je te donne pour ta patience : Tu serviras ma
mère aux cieux! »

L'ensemble de la vise est, on le voit, conforme au thème
catalan, quelques variantes de détail exceptées. La femme à qui
Jésus demande à boire, allègue pour excuse, non plus que la
corde du puits est trop courte, mais qu'elle n'a point de vase.
Ses péchés vont toujours par trois, mais monstrueusement aggra-
vés, la triple fornication se compliquant d'inceste et d'infanticide. Au reste, arrivée à la finale (sept ans de pénitence au
désert, — l'herbe pour nourriture et l'eau pour breuvage, —
la visite de Jésus — le trépas de Madeleine et son assomption
céleste), la vise se moule sur le poème catalan avec une parfaite
exactitude.

La poésie populaire de Scandinavie rayonne largement sur
toute l'Europe septentrionale ; aussi cette vise de *Maria-Magda-
lena* se retrouve-t-elle plus ou moins modifiée, dans la tradition
finnoise, anglo-écossaise et slave. D'abord chantée en Finlande
par les colons suédois, un poète indigène la fit passer dans
l'idiome de sa race ; et nous possédons de cette imitation finnoise une version unique (publ. par GOTTLUND, *Otava*, II; de
nouveau par LÖNNROT, *Kanteletar*) [2], incomplète de la fin, mais
des plus intéressantes par l'éloquence emportée du discours, le
pittoresque des images et l'exotisme de la couleur locale.
Madeleine est une finnoise superbe et parée, qui use le seuil du

---

1. Cf. la variante *D* de MILÁ : « ...menjar herbas y beure ayga »
2. Reproduite, avec trad. française, par ROLLAND, VI.

bord de sa belle robe, qui use le plafond de sa couronne d'or, elle va puiser de l'eau avec un seau d'or ; Jésus vient la trouver, déguisé en berger carélien. Et Madeleine, soudain touchée de la grâce : « Fais de moi, lui dit-elle, ce que tu veux, une passerelle sur un marais, un bois pourri sur les vagues pour être le jouet des vents ! un charbon dans le feu, un tison dans le brasier ! etc... »

La ballade anglo-écossaise, *The Maid and the Palmer* (la Fille et le Paumier), connue par une version et un fragment (CHILD, *The engl. and scott. pop. Ballads*, n° 21, I), se rattache à la forme de tradition scandinave où le « vieil homme » a remplacé le personnage de Jésus : c'est, en effet, un vieux pèlerin qui rencontre à la fontaine la fille pécheresse, — innomée elle-même, et neuf fois infanticide ; — et la bizarrerie des pénitences variées qu'il lui donne est d'une saveur tout à fait anglaise : « Tu seras sept années seuil de porte, sept années battant de cloche, sept années portière de l'enfer !... »

Mais entre toutes les dérivées de la vise scandinave, la plus singulière est une chanson slave, recueillie, avec des variantes distinctives, chez les Tchèques de Silésie et de Moravie (SEMBERA, *Zeitschrift d. bömischen Museums*, 1842. — SUŠIL, *Písně národní moravské*, 1868), chez les Wendes de Lusace (HAUPT-SCHMALER, *Volkslieder d. Wenden i. d. Lausitz*, I, n° 290, et II, n° 197), et très abondante en Pologne (J. KARLOWICZ, communication écrite [1]). Non seulement ici la figure de Madeleine est tout à fait effacée ; mais les forfaits de la coupable, qui n'ont même plus le contrepoids du remords, l'entraînent tout droit en enfer ; et c'est une réprouvée qui prend la place de la pénitente. Le Seigneur, accompagné de ses apôtres (leçon tchèque), ou un vieil homme (leçon wende) demande à boire à une femme, qui répond que l'eau n'est pas pure, car des feuilles l'ont troublée. — « Elle est plus pure que

---

1. M. K. dit l'y avoir recueillie une quarantaine de fois,

toi ! tu as vécu avec neuf hommes, tu en as eu neuf enfants, et tu les as tués ! » Là-dessus il enjoint à l'infanticide de se rendre le dimanche matin à l'église. La fille obéit ; tandis qu'elle va, le gazon sèche derrière elle, les pierres saignent devant elle ; arrivée au cimetière, ses neuf enfants sortent de leur fosse et l'environnent, neuf enfants sans tête ! l'aîné se jette sur elle, et lui tord le col ; — ou bien elle entre à l'église, et, dans l'instant qu'elle s'agenouille au pied de l'autel, la terre s'ouvre et l'engloutit ; — ou encore, par une réminiscence biblique, elle est changée en statue de sel. — Selon les chanteurs polonais, ce n'est ni Dieu, ni un homme, c'est le Diable qui s'approche de l'infanticide, et, en fin de compte, l'emporte aux enfers. Mais les trois groupes s'accordent à vouer l'horrible mère aux supplices éternels. Étrange aboutissement d'une légende, qui, par des altérations successives, en vient à damner une sainte, métamorphose en un monstre de scélératesse la très suave amie de Jésus !

Comme le thème du chant slave, tout dépravé qu'il est, dépend de la vise scandinave de Marie-Madeleine, celle-ci, non moins certainement, prend sa source de la romance catalane que suppose la rédaction E de Milà. En effet, dans la vise, la confusion entre la Samaritaine et la Madeleine présente le caractère d'une donnée primitive et constante, au lieu que l'examen de E nous permet de prendre sur le fait cette contraction accidentelle de deux chansons nettement distinctes. Ces pièces sont catalanes, catalane leur résultante ; si la même forme hybride se rencontre en Scandinavie, c'est donc qu'elle y fut un jour importée de Catalogne ; et de fait, un contact entre marins scandinaves et catalans n'a rien que de fort vraisemblable.

Au résumé, joignant à la cantilène istrienne signalée plus haut les quatre formes septentrionales, — scandinave, finnoise, anglaise et slave, — du chant de Madeleine pénitente, et désignant par C' et C'' la chanson catalane de *la Madeleine*,

y compris ses rameaux languedociens et piémontais, et cell[e]
de *la Samaritaine*, on peut figurer ainsi l'évolution général[e]
de ce thème lyrico-épique.

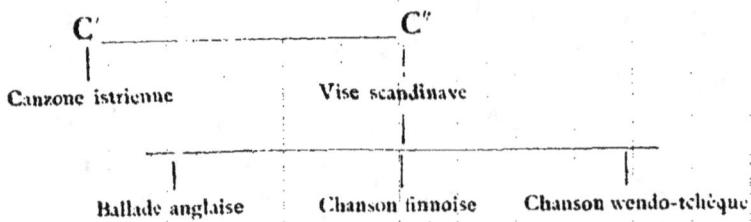

La conclusion où nous conduit une critique méthodique, est
celle aussi que l'esprit accueille le plus volontiers. Cette terre
d'Espagne, tout imprégnée du génie catholique, cette province
de Catalogne, où le culte de sainte Madeleine a fait épanouir
toute une littérature dévote, n'est-ce pas, pour un pareil
thème, la plus naturelle des patries ?

On a recueilli plusieurs versions d'un noël français, originaire d'oïl, mais popularisé surtout dans le Midi, qui pour le
fond a de grandes analogies avec la première moitié de cette
belle chanson catalane. Ce noël atteste d'ailleurs une rédaction
cléricale, autant par son style littéraire que par le rythme
savant et compliqué de ses couplets (sixains de vers masculins
rimant deux par deux, le 1ᵉʳ et le 3ᵉ de 7 syllabes, le 2ᵉ et le 4ᵉ
de 4 syl., les 5ᵉ et 6ᵉ de 14 syl. $= 7 + 4$, avec rime intérieure, féminine, à la césure et rejet dans le second hémistiche
de l'atone finale du premier). Le prototype de ce noël, où
plusieurs couplets, modifiés quant à l'ordre des rimes, décèlent
la main probable d'un interpolateur, se lit dans *la Grand Bible
des Noëls tant vieils que nouveaux* (Troyes, 1679); le noël a dû
être composé au commencement du XVIIᵉ siècle; et l'auteur usait
apparemment des mêmes sources où avait auparavant puisé le
chansonnier de Catalogne — quelque mystère ou sermon du
XVIᵉ siècle; — il traite d'ailleurs exclusivement de la conversion
de Madeleine, s'arrêtant à l'histoire de la pénitence, où se com-

plaît le Catalan. Dans les versions méridionales (Provence : ARBAUD, d'après PALABON, II. — Velay : SMITH, *Romania*, IV. — Nièvre : ROLLAND, d'après MILLIEN, VI), dont le type a subi en Provence une élaboration populaire, il y a un ou deux couplets, rajoutés à la fin, qui annoncent vaguement le départ de Madeleine pour la Baume et sa pénitence : cet épilogue, étranger à l'original français, provient d'une réminiscence de quelque dérivée provençale de notre chanson de Catalogne.

Il faut signaler enfin, parmi tant de cantiques ou cantilènes sur sainte Madeleine qui ont cours dans la chrétienté, deux ou trois chansonnettes françaises peu connues, qui sont pourvues d'un caractère épique : une relative à l'apparition dont Jésus ressuscité favorisa la sainte (R. DE GOURMONT, *Rev. indépendante*, 1890, d'après un *Recueil de cantiques*, publié à Marseille au XVIIᵉ siècle) ; une autre recueillie en Bourgogne, et consacrée à ce joli miracle de la Madeleine extasiée s'élevant sur les bras des anges (J. SURYA, *la Tradition*, IV) ; la troisième consiste en une petite complainte, publiée à deux exemplaires, tous deux très frustes (Bourgogne, ROLLAND, d'après BONNARDOT, VI. — Hainaut, G. WILLAME, *Wallonia*, I), complainte d'une conception fantastique et qu'on pourrait intituler *la Vocation de Marie-Madeleine*. Madeleine, encore jeunette, sommée par son père de prendre mari, refuse, et puis se retire en sa chambre pour lire dans son psautier ; après quoi elle quitte la maison et le pays. Elle fait en chemin la rencontre d'un aubépin ; cet arbuste merveilleux lui déclare qu'il n'est pas ce qu'il semble, mais bien la mère de Dieu elle-même ; que Madeleine doit aller tout de suite à Jérusalem, où elle trouvera son fils Jésus-Christ, et là lui lavera les pieds de ses larmes, lui essuiera les pieds avec ses cheveux. On voit qu'ici encore le célèbre verset du 3ᵉ évangile, relatif à la pécheresse de Naïm, forme le point culminant de l'étrange chanson.

X

LES ATOURS DE MARIE-MADELEINE

CATALOGUE DES VERSIONS

France (oc et oïl)

Indéterminé : *La grande Bible des Noëls*, Orléans, 1866 (réédition [1]).
— Repr. par ROLLAND, VI, d'après un recueil postérieur (*Vieux Noëls*, III, 1879).

Bourbonnais [fragm.] : A. MICHEL, *Voyage pittoresque dans l'ancien Bourbonnais*, II, 1838. — Repr. par ROLLAND, VI.

Ussel (Corrèze) : CLIGNY, *Poés. pop. de la France*, VI, mss. B. N., r. 1853. — Publ. par ROLLAND, VI.

Savenay : [PAVEC], *Chants pop. de la Haute-Bretagne*, 1884. — Repr. par ROLLAND, VI.

=Version semblable, recueillie à Guérande par Y. ROPARTZ, et publ. par DE LA VILLEMARQUÉ, *Bull. archéolog. de l'Assoc. bretonne*, VII, 1888.

Limousin : CHABANEAU, d'après D'AIGUEPERSE, *Revue des Langues romanes*, XXIX, 1886.

Puymèges (Corrèze) : ROLLAND, d'après DE LÉPINAY, *Rec. de Chans. pop.*, VI, r. 1887.

Meuse : ID., d'après QUÉPAT, *ibid.*, 1890.

---

1. Compilation moderne, mais exécutée d'après d'anciens recueils (Troyes, Orléans, etc.) des XVIIe et XVIIIe siècles. Ce n'est sans doute pas la première édition de ce recueil.

Pontorson (Manche) : Id., d'après O. HAVARD, *ibid.*, 1890.

Perche : FRET, *Rev. normande et percheronne*, 1893, (article transcrit d'une publication antérieure).

Seilhac (Corrèze) : J. ROUX, *Écho de la Corrèze*, n° 15, 1893, (version contaminée).

FORMULE RYTHMIQUE

Chanson à danser. Vers de 14 syl. = 7 + 7, masculins, uniformément assonancés en *ó* (*ou*); chaque vers, suivi d'un refrain, forme couplet.

TEXTE CRITIQUE

1　La Vierge anava a la messa　　lo jor de la Candelor,
　　　　Noël, noël, noël, no!

2　Rencontrèt la Madelena　　que jogava am los garsons.

3　« Volés venir, Madalena,　　a la messa quant e nos ? »

4　— « Non pas, non pas ! Santa Vierge,　　ne menas pas de garsons. »

5　— « Si fait, si fait ! Madalena,　　menan lo plus bèl de tos. »

6　— « Esperas-me, Santa Vierge　　io vau querre mes ators. »

7　Sa maire l'a penchenada　　amb un penche d'argenton.

---

1. *Indét.* (...allant...), *Savenay* (...vint...), *Meuse* (Madeleine s'en fut...); cf. *Ussel* et *Puymèges, Limousin, Seilhac, etc.*, où il est question de la Vierge et du bon Dieu.
Le refrain est donné par *Savenay*, et approximativement par *Puymèges, Ussel, Limousin, Perche*; cf. aussi *Pontorson*, qui a gardé le mot « noël ». — « Nouèl » ou « nouvèu », au lieu de « *nadal* », est un gallicisme très usité en Languedoc et en Provence.
2. *Ussel* et *Puymèges, Limousin, Pontorson, Bourbonnais* + *Indét.* (Rencontra).
3. *Puymèges* + *Perche, Savenay*; cf. *Indét., Meuse, Pontorson, etc.* — « Quant et... » = en même temps que...
4. *Ussel, Puymèges* (N. tóu certo,...), *Seilhac* (...d. fiers g.), *Limousin* (...d. béus g.); cf. *Meuse.*
5. *Ussel, Meuse* + *Puymèges, Limousin*; cf. *Seilhac* (... la flour de tous).
6. *Puymèges, Ussel* + *Seilhac, Pontorson, Perche, etc.*; cf. *Limousin.* — « Espérer » = attendre, en vieux français.
7. *Bourbonnais, Ussel* et *Seilhac* (Son paire...). — Le diminutif « argenton » = argent fin.

8 Los cabels qu'el a en testa   li penjon dusqu'als talons.

9 La corona que la cofa,   lo solèl raia dessos.

10 La rauba qu'el a sus ela   a set aunas de velour.

11 La cintura que la cinta   li fa ben quatre-vint tors.

12 E lo davantal qu'el porta   es de trenta-e-sieis colors.

13 Lo camin per ont el passa,   los albres florisson tos.

14 Quant foguèt al cimentèri,   los sins sonavon tretos.

15 Quant foguèt dedins la glèisa,   los ciris lusissieu tos.

16 Quant prenguèt l'aiga beneita,   lo beneitier fèc lo tor.

17 Quant metèt ginol en terra,   los autars tremblavon tos.

---

8. *Perche* + *Ussel*; cf. *Pontorson.*

9. *Indét.* et *Meuse* + *Puymèges, Ussel*; cf. *Perche.*

10. *Perche, Puymèges* + *Limousin* et *Ussel* (velour) ; cf. *Meuse.*

11. *Perche, Indét.* (...q. l'environne...), *Meuse* (...cinquante-deux t.), *Savenay* (...q. l. serre... dix mille t.); cf. *Puymèges, Ussel.*

12. *Ussel* + *Seilhac* ; cf. *Pontorson, Savenay.* — « Davantal » ou « devantier » = tablier.

13. *Perche, Savenay* + *Pontorson* (arbres).
Suit, dans la variante guérandaise de Ropartz, un vers parasite.

14. *Savenay, Perche* + *Ussel*; cf. *Pontorson, Meuse.* — « Sin » (lat. *signum*) = cloche.

15. *Savenay* + *Pontorson, Perche*; cf. *Meuse*, et, pour le 1er hémistiche, *Bourbonnais, Puymèges, Ussel, Limousin.*

16. *Pontorson* + *Puymèges, Ussel, Seilhac, Limousin.* — « Fit le tour » = se renversa.

17. *Pontorson* + *Puymèges, Ussel, Seilhac, Limousin* ; cf. *Meuse.*

18 Lo prestre oblidèt la messa,   mès lo clerget sa leiçon.

19 « Acabas, prestre, la messa,   vos, clerget, vostra leiçon ! »

20 — « Tot bèl, tot bèl ! Madalena,   abaissas vostra grandor. »

21 — « No l'abaisse per persona,   l'abaissarèi pas per vos :

22 Lo bon Dio la m'a donada,   la portarèi tos los jors ! »

18. *Ussel, Puymèges + Savenay, Pontorson*; cf. *Indét., Meuse, Limousin.* —
« Clerget », « clergeon » = petit clerc, l'enfant de chœur qui sert la messe.
« Mès » (*magis*) correspond à peu près à notre « bien plus ».

19. *Puymèges*; cf. *Ussel, Pontorson, Limousin.*

20. *Ussel, Pontorson*; cf. *Seilhac, Puymèges, Perche.*

21. *Seilhac, Perche + Ussel, Pontorson*; cf. *Seilhac, Puymèges.*

22. *Puymèges + Ussel*; cf. *Seilhac, Perche.*

TRADUCTION

1 La Vierge allait à la messe le jour de la Chandeleur.
   Noèl, noèl, noèl, no!
2 Rencontra la Madeleine, qui jouait avec les garçons :
   « Voulez-[vous venir, Madeleine, à la messe quand et nous ?
4 — « Non pas, non pas ! Sainte Vierge, [vous] ne menez pas
                                                    [de garçons. »
   — « Si fait, si fait, Madeleine, [nous] menons le plus beau
                                                    [de tous. »
6 — « Espérez-moi, Sainte Vierge, je vais quérir més atours. »
   Sa mère l'a peignée avec un peigne d'argenton.
8 Les cheveux qu'el a en tête lui pendent jusqu'aux talons.
   La couronne qui la coiffe, le soleil ray[onn]e dessous.
10 La robe qu'el a sur elle a sept aunes de velours.
   La ceinture qui la ceint lui fait bien quatre-vingts tours.

12 Et le devantier qu'el porte est de trente-six couleurs.
Le chemin par où el passe, les arbres fleurissent tous.
14 Quand [el] fut au cimetière, les sins sonnaient tretous.
Quand [el] fut dedans l'église, les cierges luisaient tous,
16 Quand [el] prit l'eau bénite, le bénitier fit le tour.
Quand [el] mit genou en terre, les autels tremblèrent tous
18 Le prêtre oublia la messe, aussi le clerget sa leçon.
« Achevez, prêtre, la messe, vous, clerget, votre leçon !
20 — « Tout beau, tout beau ! Madeleine, abaissez votre
[grandeur. »
— « [Je] ne l'abaisse pour personne, [ne] l'abaisserai pas pour
[vous :
22 Le bon Dieu me l'a donnée, la porterai tous les jours ! »

Le chant des *Atours de Madeleine*, avec son refrain typique,
appartient à la littérature des noëls; aussi bien ne peut-on lui
refuser ce caractère de fantaisie, plaisante et libre, qui est la
marque habituelle de ce curieux genre lyrique, plus fait pour
l'amusement que pour l'édification des fidèles. A défaut d'élément chronologique certain, le style donne l'impression d'une
époque plus récente que celle de la pièce qui précède et qui fait
partie du même cycle. Sans parler de son foyer principal, le
système de ses assonances (*ou, eu, on* français = *ó*) certifie que
le noël fut composé en langue d'oc, plus spécialement dans un
rayon assez rapproché des Pyrénées orientales, si l'on prend
garde que l'auteur imitait de fort près une chanson proprement catalane, qu'il devait tenir de quelque chanteur du
Roussillon. *Les Atours de Madeleine* se peuvent en effet considérer comme une adaptation à la légende de la sainte d'une
romance intitulée *la Dame d'Aragon*, fort répandue en Catalogne :
voy. Briz, *Cans. de la Terra*, I ; Milá, *Romancerillo catalan*
(n° 218 : *A-L*, quinze versions).
Ce romance, tout à fait semblable au noël par le mètre et
par la rime, célèbre une princesse d'Aragon qui est en même

temps du sang des rois de France : elle aussi, accompagnée de son frère, va ouïr la grand'messe, si radieusement belle et si magnifiquement parée, que les gens et les choses mêmes entrent en des transports d'admiration, que le chansonnier nous dépeint à grand renfort d'hyperboles. Plusieurs de ses vers se retrouvent, en entier ou par morceaux, dans les vv. 7, 8, 12, 14, 15, 16 et 18 des *Atours de Madeleine*, et le mot « grandeur » à la fin du v. 20, paraît être une réminiscence du mot « esplendó » que le Catalan met aussi à la rime. Prenant pour canevas le début de la légende de Madeleine — la pécheresse, gagnée à l'attrait de Jésus, se fait belle pour l'aller rejoindre à l'église, — le Languedocien a brodé là-dessus les fantaisies descriptives de *la Dame d'Aragon*; et comme il n'a pas poussé plus avant le développement du thème religieux, laissant sa Madeleine en deçà de la conversion, il ne reste plus rien de cette histoire d'une âme divinement touchée, que le tableau très profane des appâts et des atours d'une jolie fille toute cousue d'or. Et cette transformation ne doit pas nous surprendre. Car le personnage de la Madeleine est double : toute la charité fut en elle, mais aussi toute la volupté; et les cheveux épars et les cils mouillés de la pénitente ne déguisent qu'à demi une délicieuse courtisane. Celle-ci, pour des yeux un peu sensuels, n'aura jamais grand' peine à effacer l'austère vision décharnée, l'idéal vivant de renoncement et de mortification dont s'exaltent les âmes mystiques. La Madeleine, chez les artistes de la Renaissance ou dans la poésie raffinée des modernes[1], qu'est-elle, après tout, que la Vénus chrétienne, le symbole de la forme éternellement attirante et désirée, plus troublante encore peut-

---

1. Sans parler du *Parfum de Madeleine*, de V. de Laprade en ses *Poèmes évangéliques*, qui n'est qu'une paraphrase poétique du chap. VI de Luc, — du chant IX de la *Mirèio* de Mistral, tout entier consacré à la légende provençale de la Sainte-Baume, — du rôle de la *Magna Peccatrix* dans l'apothéose finale du second *Faust* de Gœthe, — des jolis vers latins de Pétrarque : « *Dulcis amica Dei, lacrimis inflectere nostris...* », inspiré par cette même légende : voy. plus spécialement *Marie-Madeleine*, petit drame artistement naïf de l'excel-

être par l'idée nouvelle du péché ? Telle est bien l'image que
notre chansonnier se formait de cette sainte extraordinaire.
Elle opère, comme font les autres saints, des miracles, mais qui
tiennent plus de l'enfer que du ciel. Elle passe, et l'aspect de sa
splendeur fascine les gens, fleurit les bois, bouleverse la nature
à la façon d'un sortilège ; jusque dans la maison de Dieu, elle
s'étale et se pavane ; même ses agenouillements font scandale ;
les prêtres, confondus, la rappellent en vain à l'humilité : c'est
elle qui a le dernier mot, et dans ce mot-là éclate toute la
superbe de la chair triomphante. Cette Madeleine, en vérité,
ne se repentira point ; elle est inconvertissable : toujours sa
beauté, grâce divine, comme elle ose dire, ou force de la
nature, dirait-on maintenant, sera quelque chose pour elle de
suprême et de fatal, par où il lui appartient de régner sur les
hommes et de posséder le monde.

---

lent poète Gabriel Vicaire, *l'Amante du Christ* de R. Darzens, la *Madeleine* de
Paul Bourget (*Revue indépendante*, nᵒ 17), et le gracieux poème en prose de
Magdeleine, dans les *Rythmes pittoresques* de Marie Krysinska.

Il y aurait aussi une curieuse revue à faire des Madeleines peintes, à dater
de la Renaissance, depuis celle de Memmling (Louvre), une fine et froide
courtisane, jusqu'à la rousse et voluptueuse nymphe de Henner ; en passant
par les Madeleines fameuses du Corrège (Dresde), du Titien (Florence), du
Guide (Paris), de l'Albane (Chantilly), de Carrache (Gênes), de Turchi
(Milan) et celles de Rubens, van der Werff, Crayer, etc. Le trait commun à la
plupart de ces images fort peu saintes, aux chairs d'ivoire, à la fauve crinière
ondée, aux yeux humides (de pleurs ou de jouissance ? on ne sait), c'est la
beauté mûrie et sensuelle, la volupté sublimée par la douleur, je ne sais
quelle mysticité païenne et charnelle. D'ailleurs inconnu aux grands Italiens
du xvᵉ siècle (Michel-Ange, Vinci, Raphaël, André del Sarto n'ont jamais
peint de Madeleines), ce type féminin n'entra dans l'art qu'à une époque
tardive, quand le génie de la Renaissance commençait à se fatiguer et à se
matérialiser : ce fut alors un véritable lieu commun pour les peintres de chairs
nues. Pour les primitifs, au contraire, l'idée chrétienne du repentir et de la
mortification domine sévèrement dans leur figuration de la Madeleine pénitente ; la sainte n'est plus ici qu'une vieille femme, affreusement flétrie,
déchevelée et desséchée : voir en ce genre, au Louvre, l'étonnante terre cuite
modelée par Benedetto da Majano (xvᵉ siècle) ; et plus tardive, mais traitée
dans le même style, la peinture de Ribeira (Marseille).

XI

DAME LOMBARDE

CATALOGUE DES VERSIONS

Haute-Italie[1].

Alexandrie : MARCOALDI, d'après BUFFA, *Canti pop. inedite...* (n° 20), 1855.

Vérone : RIGHI, *Saggio di Canti pop. veronesi*, 1863.

Vicence : WOLF, d'après WIDTER, *Volkslieder aus Venetien* (n° 72), 1864.

Montferrat 1 : FERRARO, *Canti pop. monferrini* (n° 1), 1870.

Viterbe : NANNARELLI, *Studio comp. sui Canti pop. di Arlena*, 1871.

Venise : BERNONI, *Canti pop. veneziani*, 1873.

Marches : GIANANDREA, *Canti pop. marchigiani*, 1875.

Émilie : FERRARO, *Canti pop. di Ferrara...*, 1877.

Florence :
Bénévent : } CORRAZINI, *I componimenti minori della lett. pop. italiana*, 1877.

Istrie : IVE, *Canti pop. istriani* (n° 7), 1877.

Rome 1 et 2 : SABATINI, *Saggio di Canti pop. romani*, dans la *Riv. di litt. popolare*, 1878. — Repr. par ROLLAND, III.

Rome 3 : PARISOTTI, *ibid.*, 1878. — Repr. par ROLLAND, III.

Lucques : GIANNINI, *Per nozze Finucci-Giannini*, 1887.

---

1. Avec émissions sporadiques dans l'Italie centrale et méridionale.

Montferrat 2 : Ferraro, *Canti pop. del Basso Montferrato*, 1888.
A A' A'' Sale-Castelnuovo, *A'''* Rocca di Corio, *B* Graglia, *C C'* Turi‑
nois, *C''* Valfenera, *D* Alexandrie, *E* Carbonara, *F* Novare, *G*
Cerano, *H* Brescia, *I* Parme, *J K* Venise, *L M* Lonigo, *N* Florence,
O P Mugello : Nigra, *Canti pop. del Piemonte* (n° 1), 1888.

Pistoie :   }
Bolonais : }   *Archivio p. l. studio delle Trad. pop.*, VII, 1889.

France d'oc

Mauriac (Cantal) : Delalo, *Poés. pop. de la France*, III, mss. B. N.,
réd. 1857. — Publ. par Rolland, III.

FORMULE RYTHMIQUE

Chanson à danser. Vers de 12 syl. $= 8 + 4$, masculins,
rimant deux par deux. Chaque vers forme couplet, la répétition
du 2e hémistiche tenant lieu de refrain.

TEXTE CRITIQUE

1 « Amei-me mì, dona Lombarda,   amei-me mi!
        amei-me mi! »

2 — « O cume mai volì chè fassa,   che j'ò 'l mari! »

3 — « Vostro mari, dona Lombarda,   féi-lo mürir. »

4 — « O cume mai volì che fassa,   fè lo mürir ? »

5 — « Ant el giardin del vostro pare   j'è 'n serpentin.

6 Pìei-je la testa e poi pìstei-la,   pìstei-la bin.

7 E poi bütei-l' ant una sana   di quel vin neir ;

1. *Castelnuovo A, Graglia, Vicence, Venise J* et *K, Lonigo L* et *M, Istrie,* etc. ; cf. *Montferrat, Alexandrie, etc.*
2. *Castelnuovo A, Graglia, Turinois C, Valfenera, Venise J, etc., Istrie* (... ch'i v'amo...) ; cf. *Carbonara, Florence, etc.*
3. *Castelnuovo A, Graglia, Montferrat* ; cf. *Alexandrie, Carbonara, Brescia.*
4. *Castelnuovo A, Graglia, Lonigo L* et *M, Venise J, etc.* ; cf. *Carbonara, Cerano, Alexandrie.*
5. *Castelnuovo A' Graglia* (.. l'orto d. v. p...), *Alexandrie, etc.* (... d. mio p...), *Turinois C* (... dla tua mama...), *Castelnuovo A* (...g. dare la casa...) ; cf. *Mugello O* et *P, Florence, Marches, etc.* ; aussi *Mauriac.*
6. *Castelnuovo A, Graglia, etc.* (... l. t. di quel serp.) ; cf. *Rome 1* et *2, Istrie, etc.*
7. *Castelnuovo A* + *Carbonara, Novare, Montferrat, Vicence* (quel v.) + *Castelnuovo A* et *Alexandrie* (sana) ; cf. *Graglia, Rome 1* et *2, Florence, Venise J* et *K, Mauriac, etc.* — Le vase qui contient le vin est dit « caraffa » (*Mugello O* et *P*), « caratello » (*Venise, Rome*), « bote » (*Vicence*), « bicchiere » (*Carbonara, etc.*), « bocal » (*Cerano*), « tassa » (*Florence*), « pinte » (*Mauriac*) : le mot piémontais « sana » = coupe, donné par trois versions et confirmé par le diminutif « sanin « (*Alexandrie D*) est la leçon la meilleure.

8 Che l’vos mari ven da la cassa, dè-je da beir. »

9 Lo so mari ven da la cassa cu ’na gran sei :

10 « Dei-me da beir, dona Lombarda, j’ò tanta sei ! »

11 Cor’ a sto vin, dona Lombarda ? l’è inturbidi. »

12 — « Sara stà ’l trun de l’altra scira, l’à inturbidi. »

13 Salta sù ’l fantolin di cüna, l’à avertì :

14 « Bevei-lo nen, o mio car pare ! ch’à ta mürir. »

15 — « Bevei-lo, vu, dona Lombarda, bevei-lo, vu ! »

16 La prima guta ch’à bevüta, c’ambia colur :

8. *Rome 2, Marches, Mugello* + *Castelnuovo A, Turinois, C*; cf. *Graglia, Brescia, Istrie, Mauriac, etc.*

9. *Turinois C, Alexandrie D, Carbonara* + *Brescia, Lonigo L et M, Venise J. Istrie, Mugello O, Florence, Rome 1, etc.*; cf. *Alexandrie, Mauriac, etc.*

10. *Graglia, Rome 1* et *Venise* (.., gran s.); cf. *Istrie, Florence, Mugello O, et P, etc.*; *Mauriac.*

11. *Parme, Mugello O, Venise K, Lonigo L et M, Istrie, etc., Vicence* (quel v...); cf. *Castelnuovo A, Alexandrie, Rome 1, etc.*

12. *Vicence, Marches, Venise J et K, etc.* (...i toni...), *Graglia* (... d. l’a. notte...); cf. *Alexandrie, Novare, Brescia, etc.*

13. *Carbonara, Cerano* + *Graglia, Turinois C*; cf. *Novare, Valfenera, Corio, Brescia, Marches, Rome 1 et 2, Mauriac, etc.*

14. *Graglia, Montferrat, Turinois C* (B. p. pi,...) + *Corio et Parme* (o m. p.); cf. *Carbonara, Brescia, Mugello O, Mauriac, etc.*

15. *Graglia, Venise J et K, Florence, Istrie, Castelnuovo A* (B. l., ti,...) *Mauriac* (... charmante brune,...), etc.; cf. *Carbonara, Cerano, Marches, etc.*

16. *Castelnuovo A, Alexandrie, Carbonara, etc., Istrie* (... mouta c.); cf. *Novare, Cerano, Rome 2, Mauriac, etc.* — Dans certaines versions, le développement de ce vers en a produit deux ou plusieurs autres du même type : la seconde goutte bue, ...la troisième goutte bue, etc...).

17 « O perchè voli ch'io lo beva,   che j'ò non sei ? »

18 — « E per la punta dla mia spaja,   lo beverei! »

19 — « Sensa la punta dla *tua* spaja,   lo beverò,

20 E per l'amur del rei de Franza,   io morirò ! »

17. *Vicence, Venise* K (Ma p. cosa v...); cf. *Florence, Castelnuovo A, Carbonara, Mauriac,* etc.

18. *Castelnuovo A, Monferrat* et *Alexandrie* D (Cun l. p...), *Turinois* C (Ma p. l'amur d'custa sp...,), *Carbonara* et *Cerano* (...t'lo farò b., ; cf. *Venise* J et K, *Florence, Lonigo,* M et N, etc.

19. *Carbonara*(... vostra sp.) ; cf. *Graglia, Venise* K, *Lonigo* L et M. « Tua », pour « vostra », qui donne une syllabe de trop.

20. *Lonigo* L et M, *Graglia, Parme, Florence* ; cf. *Mugello* O, *Brescia, Viterbe, Istrie, Mauriac.* — D'après ces dernières versions (ainsi que dans un vers rajouté de *Parme*, qui fait double emploi avec le précédent), l'empoisonneuse maudit le roi complice, au lieu de se glorifier de mourir pour lui. Mais la leçon adoptée, qui établit une symétrie exacte entre les vv. 19 et 20, est certainement la bonne.

TRADUCTION

« Aimez-moi donc [1], dame Lombarde, aimez-moi donc! »
2 — « O, comment voulez-vous que je fasse ? j'ai mon mari. »
— « Votre mari, dame Lombarde, faites-le mourir. »
4 — « O, comment voulez-vous que je fasse, [pour] le faire
[mourir? »
— « Dans le jardin de votre père, il y a un serpentin.
6 Prenez-lui ɔ tête, et puis pilez-la, pilez-la bien ;
Et puis boutez-la dans une coupe de ce vin noir,

---

1. Le redoublement du pronom régime *me* mi (moi, emphatique) est impossible en français. On peut en cherchant une tournure équivalente. suppléer au second *moi*, par la particule « donc ».

8 Quand votre mari [re]viendra de la chasse, donnez-lui à
[boire ! »

Son mari [re]vient de la chasse avec une grande soif :
10 « Donnez-moi à boire, dame Lombarde, j'ai si grand soif !
Qu'est-ce qu'a ce vin, dame Lombarde ? il est troublé. »
12 — « C'est le tonnerre de l'autre soir [qui] l'aura troublé. »
[Voilà que] sursaute l'enfant au berceau, l'a averti :
14 « [Ne] le buvez pas, ô mon cher père ! ça fait mourir. »
— « Buvez-le, vous, dame Lombarde, buvez-le, vous ! »
16 La première goutte qu'[elle] a bue, [elle] change de couleur :
« O, pourquoi voulez-vous que je le boive ? je n'ai pas soif. »
18 — « Et par la pointe de mon épée, [vous] le boirez ! »
— « Sans la pointe de ton épée, [je] le boirai,
20 Et pour l'amour du roi de France, je mourrai ! »

———————

De son foyer, qui est la Haute-Italie, et particulièrement
le Piémont, la chanson de *Dame Lombarde* s'est propagée par
toute l'Italie péninsulaire, où l'on sait que les romances lyrico-
épiques sont fort rares et toujours importées. On ne l'a
recueillie qu'une fois hors des frontières italiennes, en pays d'oc,
sous une forme française très fruste, et c'est ce cas isolé qui me
permet de la comprendre dans le présent recueil. Une aire géographique aussi bien délimitée, de même que le nom caractéristique de « dona Lombarda » qui désigne le personnage
principal de la chanson ne laissent point de doute sur son lieu
d'origine. L'allusion malveillante au roi de France — séducteur de la Dame lombarde — semble indiquer un auteur contemporain de l'occupation française du Milanais, c'est-à-dire
vivant au commencement du XVIᵉ siècle.

Le thème de la romance est historique ; et l'honneur appartient à M. Nigra d'avoir montré le premier l'identité de la
« dame lombarde » avec la tragique Rosmonde, morte à Ravenne

l'an 573[1], et dont l'histoire digne du théâtre de Shakespeare,
nous a été transmise par une série de chroniqueurs. Sans faire
état de la notice brève autant qu'erronée de Grégoire de Tours
(*Hist. Franc.*, IV, 41), contemporain des événements, mais à
coup sûr très mal renseigné, ni de la relation du dominicain Jacques d'Acqui (*Chronicon imaginis mundi*, fin du
XIIIe siècle) qui résume le texte antérieur de Paul Diacre, tout
en confondant la Rosmonde lombarde avec une Rosemonde
d'Angleterre, c'est aux récits de Paul Diacre (*de Gestis Lango-
bardorum*, II, 38)[2] et d'Agnellus de Ravenne (*Liber pontif.*, II,
Vita Petri Senioris, 4)[3] qu'il faut demander le détail de cette
histoire, où ne manque pas sans doute un noyau réel, mais
enveloppé d'une végétation légendaire qu'il n'est pas possible
de démêler.

Paul Diacre, de race lombarde, écrivait à la fin du VIIIe siècle ;
Agnellus, plus récent de quelques dizaines d'années, diffère de
son devancier en certains points ; néanmoins les deux chroniqueurs, qui peut-être se servaient des mêmes sources, concordent
assez bien dans l'ensemble des faits : voici, en substance, comme
ils les exposent.

Rosmonde, femme d'Alboin, roi des Lombards, contrainte
une fois par celui-ci de boire dans le crâne de son père, lui
avait voué une haine mortelle ; et, cherchant un instrument à
sa vengeance, elle avait jeté les yeux sur un officier du roi,
nommé Helmichis[4]. Afin de se mieux assujettir cet homme, elle

---

1. Étude parue dans la *Rivista contemporanea* de 1858. Il est vrai que deux
ans plus tôt, l'Italien Correnti, dans une publication milanaise alors ignorée
de M. Nigra, définissait la mélodie de *Dona Lombarda*, comme « *un languido
ricordo della terribile Rosmunda* ». Cette première intuition a son mérite : mais
il n'en reste pas moins que M. Nigra, qui de son côté avait conçu la même
idée, l'a seul mise en valeur par une étude méthodique et une démonstration
décisive.

2. Ap. Muratori, I.

3. Ap. Muratori, II.

4. Ce nom est incertain, étant donné par les mss. sous quantité de formes
différentes : *Helmichis, Elmegis*, etc.

se livra à lui, déguisée et sous le nom d'une autre ; puis, sortant de ses bras, elle se fait connaître, lui déclare son dessein de tuer le roi, qu'elle en attend l'exécution de lui-même, et qu'aussi bien, engagé déjà dans l'adultère, il n'a plus qu'à mener les choses jusqu'au bout. Helmichis, effrayé, résiste d'abord, mais finit par céder à l'ascendant de cette volonté terrible. Quelques jours après, Alboin, surpris dans son sommeil et dans le vin, tombait sous les coups des deux complices [1]. Le roi mort, Helmichis, devenu le second époux de Rosmonde, essaya de s'emparer du royaume ; mais tous les Lombards se soulevèrent contre le couple assassin qui, forcé de fuir, s'embarqua de nuit pour Ravenne, et Longin, le préfet de Ravenne, y fit accueil aux fugitifs. Mais l'état de reine sans royaume ne pouvait convenir à une Rosmonde ; Longin se mit à la solliciter de se rendre libre : elle deviendrait alors sa femme, et régnerait de nouveau. Rosmonde, qui avait l'assassinat dans l'âme, consentit volontiers, et elle se mit aussitôt en devoir d'expédier Helmichis, comme naguère elle avait fait Alboin. Cette fois, ce n'est pas au poignard qu'elle a recours : un bain fut préparé pour Helmichis, « et, dit Agnellus, quand il fut sorti du bain, suffoquant de chaleur, Rosmonde lui apporta une coupe remplie d'un breuvage prétendu bienfaisant, mais qui était empoisonné. Dès qu'il s'aperçut qu'il avait bu la mort, il retira la coupe de ses lèvres et la tendit à la reine, disant : « Bois toi-même ! » Elle ne voulut pas, mais tirant son épée, il se jeta sur elle et dit : « Si tu n'en bois pas, je te frappe ! » Bon gré, mal gré, elle but ; et dans l'instant ils moururent [2]. » Il importait de

---

1. Paul Diacre double le personnage d'Helmichis, par un certain *Peredeus*, qui est l'homme dont Rosmonde se sert pour assassiner Alboin ; cette complication n'est guère vraisemblable.

2. « ... Postquam egressus de balneo, in ipso fervore corporis quo calor obsederat, attulit Rosmunda calicem potione plenum, quasi ad regis opus ; erat veneno mixto. At ubi intelligens (*sic*) potum esse mortis, submovit ore suo poculum, et dedit reginæ, dicens : « *Bibe et tu mecum* ». Illa vero noluit,

citer en propres termes, cette finale d'Agnellus, car non seulement on en retrouve le fond dans le sujet de *Dame Lombarde*,
mais on remarque, entre les propos que le chroniqueur prête à
Helmichis : « *Bibe et tu mecum... Si non biberis de hoc, te percu-
tiam*[1] ! » et les vers 15 et 18 de la chanson, une coïncidence
telle qu'elle ne saurait s'expliquer que par un emprunt direct.
Toute la question est de savoir lequel du chansonnier ou du
chroniqueur a imité l'autre.

M. Nigra, conformément à l'idée qu'il se fait de la haute
antiquité de la romance *Dame Lombarde*, contemporaine pour
lui de l'événement, estime qu'Agnellus, venu deux siècles plus
tard, a glissé dans son texte une réminiscence des vers populaires : mais l'hypothèse de l'éminent critique me paraît manquer par la base. On peut penser ce qu'on voudra de l'évolution du vers rythmique chez les anciens Latins, et de l'état
phonétique de leur parler populaire ; mais, qu'une chanson si
nettement définie au point de vue rythmique, avec son dodécasyllabe, coupé à 8 + 4, ses rimes masculines accouplées et
sa césure féminine constante, puisse remonter au VIe siècle,
c'est ce qu'il me paraît tout à fait impossible d'admettre. Aussi,
l'hypothèse inverse est celle qui s'impose, et l'auteur de *Dame
Lombarde* doit avoir eu connaissance du texte d'Agnellus. Assurément, les chansonniers populaires n'ont pas eu entre les
mains les parchemins d'un *Liber Pontificalis*, mais des prêtres
et des moines lisaient ces parchemins et ce qu'ils y trouvaient
de curieux ou d'émouvant, ils le portaient ensuite, à titre
d'*exempla*, dans la chaire ; et ces *exempla*, de là tombés parmi
la foule, continuaient d'y circuler en forme de contes tradi-

---

evaginatoque gladio stetit super eam et dixit : « *Si non biberis de hoc, te per-
cutiam.* » Volens nolens bibit, et ea hora mortui sunt. » Tout le texte d'Agnellus est fort corrompu dans les mss., mais le sens, en dépit des phrases estro-
piées, reste des plus clairs.

1. Paul Diacre dit sensiblement les mêmes choses, mais en style narratif.
Agnellus pour dramatiser le récit, recourt volontiers à l'artifice du dialogue.

tionnels. C'est dire que l'histoire de Rosmonde avait dû perdre pour le chansonnier tout caractère historique, et qu'il n'y a vu qu'une belle et terrifiante aventure, autour d'une vague princesse lombarde.

Cette aventure, il l'a d'ailleurs simplifiée. Dans la chronique d'Agnellus, il y a une succession de crimes distincts : celui d'Helmichis qui, complice de Rosmonde, assassine Alboin ; puis celui de Rosmonde qui, à l'instigation de Longin, essaie d'empoisonner Helmichis. De ce fatal enchaînement de drames, le chansonnier ne voit que le dernier, la scène finale, l'empoisonneuse empoisonnée elle-même par celui dont elle voulait faire sa victime ; le mari n'est plus un criminel, il n'a plus rien d'antipathique, et toute l'horreur se concentre sur sa femme : aussi, prévenu à temps, il ne boit pas le poison et c'est elle qui trouve la mort dans le forfait qu'elle avait préparé. C'est là le dénouement moral cher au public de mélodrames : le coupable puni et l'innocent sauvé. On voit, d'après cela, que le chansonnier n'a point suivi le récit d'Agnellus ; il n'en a retenu qu'une partie, tout en l'amplifiant et en la dramatisant par un dialogue, dont quelques termes sont ceux mêmes du chroniqueur.

A ce thème ainsi restreint et modifié, il a su imprimer les couleurs et le mouvement de la vie, par des faits caractéristiques où se montre le génie du narrateur populaire. Les chroniques de Paul Diacre et d'Agnellus précisaient les circonstances où le poison avait été présenté à Helmichis : à sa sortie du bain ; mais la chaleur de l'étuve, pour expliquer la soif, est une idée moins familière aux gens du peuple que la fatigue d'une partie de chasse, et c'est ce dernier trait que marque le chansonnier. Les chroniqueurs ne spécifiaient pas le poison ; le chansonnier, lui, le connaît : c'est un verre de vin dans lequel est broyé un corps de serpent, poison mortel suivant les croyances populaires répandues en Italie, comme dans plusieurs autres contrées de l'Europe. Le miracle de l'enfant en bas âge (rapporté dans la légende religieuse) qui dans une circonstance grave se met à parler, est

aussi un lieu commun de la tradition populaire placé ici avec
à propos pour amener le dénouement voulu. Le nom, enfin, du
roi de France, allusion à François Ier, dont la galanterie était
connue, est un indice du temps où vivait le chansonnier.

Quoi qu'il en soit de l'origine du thème de *Dame Lombarde* et
de l'époque où elle fut composée, la chanson ne s'est point propagée en dehors de son lieu de naissance, où l'on en a noté plus
de trente versions, et c'est dans une seule localité de la France,
que l'on a recueilli une version française, d'ailleurs très déformée et tronquée.

La voici, telle que l'a publiée M. Rolland.

> « Allons au bois, charmante brune,   allons au bois.
> Nous trouverons le serpent *verde*,   nous le tuerons.
>
> « Dans une pinte de vin rouge   nous le mettrons ;
> Votre mari viendra de chasse,   grand soif aura.
>
> « Tirez du vin, charmante brune,   tirez du vin.
> — Oh ! par ma foi, mon amant Pierre,   *n*'y a de tiré. »
>
> L'enfant du *brès* jamais ne parle   a bien parlé :
> « Ne buvez pas de ça, mon père,   car vous mourrez. »
>
> « Buvez-le vous, charmante brune,   buvez-le, vous !
> —Ah ! par ma foi, mon amant Pierre,   n'ai point de soif. »
>
> Elle n'a pas bu demi-verre,   s'est renversée :
> Elle n'a pas bu le plein verre,   a trépassé.
>
> « Ah ! maudit soit le fils d'un prince,   le fils d'un roi !
> Il m'a fait prendre un *abivrage*,   mourir me faut ! »

On voit que si cette version reproduit une partie du texte
même de la chanson italienne, elle en a gravement altéré le
récit, dont le sens est presque inexplicable par suite de l'omission de tout le début ; il faut pour le compléter et l'éclaicir, le
rapprocher des versions italiennes. Il est évident, cependant
qu'elle en dérive directement.

XII

LA MAUMARIÉE VENGÉE PAR SES FRÈRES

———

CATALOGUE DES VERSIONS

France d'oc

* Lozère : CAYX, *Mém. de la Soc. des Antiquaires de France*, VIII, 1829. — Repr. par MANDET, *Hist. de la Langue romane*; par RATHERY, dans le *Moniteur* de 1853; par CHAMPFLEURY-WEKERLIN, *Chans. pop. des prov. de France* (en traduction française); et par ROLLAND, I.
* Provence 1 : *Poés. pop. de la France*, III, mss. B. N., réd. 1856. — Publ. par ROLLAND, II.
* Provence 2 : ARBAUD, *Chants pop. de la Provence*, I, 1862 (version avec variante).

Marlhes (Loire)
Yssingeaux (Haute-Loire) } SMITH, *Rom.*, VI, 1877 (en notes, des variantes d'Allègre, Chamalières,
Roche-en-Régnier (id.) } Fraisses, Dunières, Beausac, etc.).

* Bas-Quercy : SOLEVILLE, *Chans. pop. du Bas-Quercy*, 1889.

Haute-Italie

Montferrat : FERRARO, *Canti pop. monferrini* (n° 16), 1870.
Pontelagoscuro : ID., *Canti pop. di Ferrara...*, 1877.

A Montaldo, *B* Turinois (*B¹* Bene-Vagienna; *B²* Alba). *C* Valfenera :
NIGRA, *Canti pop. del Piemonte* (n° 2), 1888. — *A* et *B* publiés
premièrement dans la *Rivista contemporanea* de 1858.

FORMULE RYTHMIQUE

Chanson à danser. Vers de 12 syl. $= 4 + 8$, masculins,
assonant deux par deux. Le vers, dont chaque hémistiche est
redoublé, forme couplet.

TEXTE CRITIQUE

1 *N'an* son très fraires (*bis*),   *n'an* una suer a maridar (*bis*).

2 L'an maridada   cinquanta legas dila mar.

3 Li an dona 'n ome   lo plus marrit d'aqueù païs.

4 L'a tant batuda   emei un baston de verd-bouis,

5 Lo san li raia   de la testa dusqu'aus talons,

6 E lo li acampa   dins una tassa de laton :

7 « Vaqui, vilana,   vaqui lo vin que tu beùras ! »

1. *Provence* 1, *Yssingeaux*, *Valfenera*; *Provence* 2, *etc.* (... qu'una s...);
cf. *Lozère, Roche, etc.*

2. *Provence* 1 et 2, *Roche* + *Turinois*; cf. *Montaldo, Valfenera, etc.*

3. *Provence* 2, *Roche* + *Provence* 1 (marrit); cf. *Allègre, Lozère, Quercy,
Valfenera, etc.*

4. *Provence* 2 (... v.-bouisset), *Allègre* (... v.-buisson), *Marlhes* et *Roche*
(id.); cf. *Lozère* et *Quercy* (... de vert pommier), *Chamalières* (... d. griffon) et
Fraisses (... d. vert griffon), *Montaldo*. — « Verd-bouisset » ni « verd-buis-
son » ne sont possibles à la rime, laquelle doit être en *i*, mais ils impliquent
la forme simple « verd-bouis », qui est la vraie leçon : ce mot, en provençal,
signifie : petit houx, housson, et tel est aussi le sens du synonyme « griffon ».

5. *Quercy* (l. raia) + *Allègre, Provence* 2, *Lozère* et *Yssingeaux* (coulé);
cf. *Montaldo, Valfenera, Alba,*

6. *Lozère* + *Provence* 2; cf. *Valfenera* (tasse d'or), *Provence* 1 et *Montferrat* (bassin d'argent); *Lozère* donne aussi « tasse d'argent fin ».

7. *Lozère, Valfenera* + *Provence* 1 et 2 (Vaqui). — L'adjectif « vilana »
mal compris, est devenu le nom d' « Hélène » dans les versions vellaviennes.
D'autre part, la femme est appelée « Joana » dans les provençales, d'où
« Giuvana » dans les piémontaises.

8 — « Digas, mon ome,   un don vos voudrio domandar :

9 N'ai 'na camisa,   me la lairrieis anar lavar ? »

10 — « Anas, vilana,   prenès garda de trop parlar! »

11 Fut pas a l'aiga,   n'a vist venir très cavaliers :

12 « Semblon mes fraires,   lo plus petit es lo premier. »

13 — « Diga, servanta,   ont es la dama dou casteù ? »

14 — « Sieu pas servanta,   ieu sieu la dama dou casteù. »

15 — « O ma suereta,   ont a passat vostra beùtat? »

16 — « Los cops de verga,   los cops de baston l'an levat. »

17 — « O ma suereta,   ont es anat vostre marit ? »

8. *Yssingeaux, Roche* + var. *Provence* 2 ; cf. *Valfenera.*

9. *Provence 1* et 2 + *Marlhes, Roche, Yssingeaux;* cf. *Lozère, Turinois, Valfenera.*

10. *Provence* 2 + *Provence 1, Yssingeaux, Roche;* cf. *Marlhes, Turinois, Valfenera.* — Le lavoir est, comme on sait, le centre des commérages villageois.

11. *Marlhes* + *Lozère, Quercy, Montaldo, Valfenera;* cf. *Provence 1* et 2, *Roche, Yssingeaux.*

12. *Marlhes;* cf. *Montaldo, Valfenera; Roche, Yssingeaux; Provence 1* et 2.

13. *Provence 1* et 2, *Roche* (Oh! d...) *Lozère* et *Quercy* (Holà!...) *Yssingeaux, etc.* (Bonjour,...), *Montaldo* (O d., chamblèra,...); cf. *Valfenera.*

14. *Lozère, Turinois, Yssingeaux, etc.; Quercy* (... mais s. l. d...), *Marlhes* (... l. maîtresse d. c.), *Montaldo* (S. p. chamblèra,...); cf. *Provence 1* et 2, *Valfenera.*

15. *Lozère* + *Provence* 2, *Marlhes;* cf. *Montferrat, Montaldo, Valfenera, Roche.*

16. *Provence* 2; cf. *Marlhes; Montaldo, Valfenera.*

17. *Lozère* + *Provence 1* et 2, *Montaldo, Valfenera;* cf. *Marlhes, Yssingeaux, Roche, Turinois.*

18 — « Es ana 'n cassa,   n'en tardara pas de venir. »

19 — « N'es p'ana 'n cassa,   ses très chins blans n'en son aqui.

20 O ma suereta,   donas-nos las claus dóu logis ! »

21 [Si] lo plus jove   a pres las claus a son costat ;

22 De cambra en cambra,   a la plus auta n'a montat ;

23 De cambra en cambra,   a la plus auta l'a trobat.

24 N'a pres s'espasa,   lo cop de la mort li a donat.

---

18. *Provence 1 et 2* + *Yssingeaux, Roche, Montferrat;* cf. *Marlhes, Montaldo,* etc.

19. *Provence 1 et 2.*

20. *Provence 2* + *Marlhes.* — Le 1er hémistiche rétabli d'après les vv. 15 et 17. *Marlhes* (casteù).

21. *Fraisses, Beausac, Yssingeaux, Chamalières* (... s. tour); « A son côté » = au côté de la femme.

22. *Fraisses, Beausac, Yssingeaux.*

23. *Fraisses, Dunières, Yssingeaux;* cf. *Lozère et Quercy, Marlhes, Provence 1 et 2,* etc.

24. *Beausac* + *Provence 1, Lozère et Quercy, Montaldo* + *Roche;* cf. *Valfenera* (sa spadinha); *Yssingeaux* (son sabre); *Provence 2, Fraisses, Chamalières* (s. poignard), *Marlhes* (un coup de pistolet).

Suit, dans les versions du Velay et du Forez, une finale incohérente, empruntée à un couplet du *Roi Renaud.*

TRADUCTION

Ce sont trois frères, ont une sœur à marier.
2 L'ont mariée [à] cinquante lieues delà [la] mer.
Lui ont donné un homme le plus méchant de ce pays.

4 L'a tant battue avec un bâton de vert-buis,
|Que| le sang lui raye ¹ de la tête jusqu'aux talons ;
6 Et |il| le lui recueille dans une tasse de laiton :
« Voilà, vilaine, voilà le vin que tu boiras ! »
8 — « Dites, mon homme, un don |je| voudrais vous demander :
J'ai une chemise, me la lairriez |-vous] aller laver ? »
10 — « Allez, vilaine, prenez garde de trop parler ! »
|Ne| fut pas à l'eau, a vu venir trois cavaliers :
12 « Semblent mes frères, le plus petit est le premier. »
— « Dis [-moi], servante, où est la dame du château ? »
14 — « |Ne| suis pas servante, je suis la dame du château. »
— « O ma sœurette, où a passé votre beauté ? »
16 — « Les coups de verge, les coups de bâton l'ont [en]levée. »
— « O ma sœurette, où est allé votre mari ? »
18 — « [Il] est allé en chasse, n'en tardera pas de [re]venir. »
— « N'est pas allé en chasse, ses trois chiens blancs, ils sont ici.
20 O ma sœurette, donnez-nous les clés du logis ! »
[Si] le plus jeune a pris les clés à son côté ;
22 De chambre en chambre, à la plus haute il a monté ;
De chambre en chambre, à la plus haute l'a trouvé,
24 A pris son épée, le coup de la mort lui a donné.

La chanson de *la Maumariée vengée par ses frères* (fin du
XVIᵉ ou commencement du XVIIᵉ siècle) ne se rencontre que
dans la France du Midi et en Piémont. Nonobstant les formes
francisées, recueillies dans le Velay et le Forez, elle a été composée dans un dialecte d'oc, et le vers 2 paraît indiquer une
population voisine de la mer. Le texte de la chanson a été
établi ici en provençal, quoiqu'on manque d'éléments pour
décider si elle est née sur la rive gauche ou la rive droite
du Rhône.

---

1. Rayer, dans le sens de couler.

D'après son premier éditeur, Cayx (de Marvéjols), cette pièce, qu'il intitule « Romance de Clotilde », a trait à un événement de l'histoire mérovingienne relaté par Grégoire de Tours, et la mal mariée n'est autre que Clotilde, fille de Clovis, et femme du roi wisigoth Amalaric ; Arbaud et M. Nigra ont adopté cette identification. D'autre part, V. Smith et M. G. Paris, qui répugnent à l'admettre, rapprochent la donnée de la chanson du conte célèbre de la *Barbe-Bleue* : ce rapprochement, qui se justifie à première vue, n'est pourtant pas de grande conséquence. En effet, il faut observer d'abord que le conte de la *Barbe-Bleue*, tel que Charles Perrault le rédigea vers la fin du xviie siècle, d'après le récit fait par quelque servante à son fils, le petit d'Armancour [1], est formé, de même que la plupart des contes, par l'agrégation d'éléments complexes, qu'on peut ramener à trois : 1º le thème du Tueur de femmes, célèbre dans toute l'Europe (voy. plus loin, nº XXXI), ici rattaché au souvenir historique de ce Gilles de Retz, qui fut condamné à mort par le Parlement de Rennes et brûlé à Nantes, en 1440, pour d'innombrables assassinats d'enfants : sous le nom de Barbe-Bleue, dû au noir foncé de sa barbe, cet affreux personnage est devenu légendaire parmi les paysans de Retz et y survit encore dans mainte tradition locale [2]; 2º celui de la Curiosité punie ; 3º enfin, celui de la Maumariée vengée par ses frères.

1. L'édition originale des *Histoires du temps passé* porte la date de 1697, Perrault en a signé la dédicace du nom de D'ARMANCOUR, son fils encore tout jeune. Quant à l'origine de ces contes, quoique Perrault ne s'en explique point, un frontispice grossièrement gravé en tête du livret, en témoigne suffisamment ; on y voit figurés des enfants vêtus en gens de qualité, autour d'une servante qui file au rouet.

2. Il est évident que les crimes de Gilles de Retz n'ont pu servir de point de départ au thème du *Tueur de femmes*, car il n'y a point de rapport entre des meurtres d'enfants commis pour l'accomplissement de rites diaboliques, et le cas d'un amant ou d'un mari qui se débarrasse successivement de plusieurs femmes. Cette dernière espèce n'est pas absente de l'histoire, témoin Henri VIII d'Angleterre.

Mais tandis que les deux premiers thèmes, essentiels au conte, lui donnent par leur combinaison sa physionomie particulière, le troisième n'y joue qu'un rôle très accessoire : tellement que plusieurs versions modernes de *Barbe-Bleue* terminent l'histoire d'une façon tout à fait différente. Ce même thème remplit au contraire à lui seul toute la chanson ; il y est mieux conservé (les frères y sont trois, qui est le vrai nombre populaire, tandis que le conte les réduit à deux) ; il y paraît plus complètement conçu et plus logiquement déduit : car au lieu que dans le conte, les frères ne surviennent qu'à la fin, sans qu'on en ait entendu parler, comme le *deus ex machina*, la chanson expose dans les premiers vers que la sœur, apparemment orpheline, a été mariée par ses frères ; et cela, en donnant à ceux-ci une responsabilité dans ses malheurs, rend leur intervention plus attendue et plus naturelle. Il ne se peut donc en aucune manière que le thème ait passé du conte à la chanson ; le contraire ne serait pas impossible, et même n'empêcherait pas qu'un conteur du XVIIᵉ siècle eût modifié *Barbe-Bleue* par un dénouement emprunté à la chanson provençale. Ce qui est beaucoup plus probable, c'est que chansonnier et conteur ont développé, chacun de son côté, un thème général préexistant. Mais ce thème, d'où provient-il ?

Nous voilà, en somme, ramenés à la question d'origine et à la solution proposée par Cayx. Cette solution, dans les termes où il la formule n'est pas, à la vérité, soutenable : « Cette romance fort ancienne... passe généralement, dit-il, pour un récit des aventures de Clotilde, fille de Clovis, etc... » A qui fera-t-on croire cela ? Cette façon de parler n'est autre chose qu'un artifice commode, pour colorer, par la garantie d'une prétendue tradition populaire, la simple hypothèse d'un savant. V. Smith, le plus diligent et le plus expérimenté des collecteurs, et qui a recueilli de nombreuses versions de la chanson dans les montagnes du Gévaudan et du Forez n'y a pas relevé une seule fois le nom de Clotilde : ce nom ne se trouve pas dans la romance, pas même dans la version de

Cayx : tous les personnages y sont anonymes, et s'ils semblent bien faire partie de la noblesse de province, ils n'ont pas l'air d'appartenir à une dynastie royale ; enfin, il est permis d'affirmer que le chansonnier comme les chanteurs ignoraient le monde mérovingien, et que ni l'un ni les autres n'avaient ouï parler de Clotilde, de son frère Childebert et de son époux Amalaric. Ce nom même de Clotilde, moderne et refait maladroitement d'après les livres, du nom primitif Chlotechild, suffirait comme le dit M. G. Paris[1] à démontrer l'imposture : si ce nom eût passé dans la tradition, il aurait donné, en roman, quelque chose comme *Clouhaut* (cf. Mathilde = *Mahaut*, Brunehilde = *Brunehaut*). Ce n'est donc pas au VIᵉ siècle qu'a été composée cette chanson.

Mais certains événements historiques ont été recueillis et transmis par les chroniqueurs, et voici la fin du passage de Grégoire de Tours, relatif à la vengeance que Childebert tira de son beau-frère Amalaric[2] :

« … Videns autem (Amalaricus) se posse non evadere, ad ecclesiam christianorum confugere cœpit. Sed priusquam limina sancta contingerit. unus, *emissam manu lanciam eum mortali ictu sauciavit*, ibique recidens reddidit spiritum. »

Beaucoup d'autres chroniqueurs latins, postérieurs à Grégoire de Tours, ont fait le même récit ; dans la version des *Chroniques de Saint-Denis*, rédigées en français, je relèverai seulement cette phrase : « … Il (Amalaric) lui disait moult *vilenies*. »

La comparaison entre la chronique et la romance est-elle décisive en faveur d'un rapport effectif ? On peut, certes, objecter que le sujet est d'une vérité très humaine ; que de semblables épisodes ont dû plus d'une fois se répéter dans l'histoire, se transmettre par la tradition, mais il existe cer-

---

1. G. PARIS. *Les chants pop. du Piémont*, 1889.
2. GRÉGOIRE DE TOURS, *Historia Francorum*, liv. III, chap. 10.

taines coïncidences de détails, dans le thème et dans le choix même des mots, qui sont au moins singulières : Clotilde, mariée longtemps après la mort de Clovis, le fut, comme la belle de la romance, par ses frères. Amalaric, d'après les Chroniques, frappait sa femme jusqu'à ce qu'elle teignît un mouchoir de son sang, et lui disait force « vilenies » ; le mari de la Maumariée la bat aussi jusqu'au sang et l'appelle « vilaine ». Enfin le meurtre du mari est décrit dans Grégoire de Tours et dans la chanson en termes presque identiques : ... « cum mortali ictu sauciavit » ; « le coup de la mort lui donne. »

Je ne sache pas d'histoire qui ait été plus souvent relatée par les chroniqueurs du moyen âge. Clotilde, maltraitée et persécutée pour sa religion catholique, fut citée constamment comme une martyre de la vraie foi, et ce sujet traité en chaire ou faisant l'objet de quelque homélie, qu'il provienne de Grégoire de Tours ou des moines de Saint-Denis, a pu donner à un auditeur le germe de *la Maumariée vengée par ses frères.*

Une autre chanson beaucoup plus récente (c'est une complainte en tercets monorimes de décasyllabes = 4 + 6) a été composée dans la France d'oïl sur le même thème : on n'en connaît que deux versions, l'une de provenance indéterminée, réduite à quelques fragments, publiée dans le *R.....,* n°..., 1840 ; l'autre, incomplète, dans *Mélusine,* I, 435, 1878, et dont la finale a passé presque tout entière dans les versions piémontaises, précédemment citées, de la *Maumariée vengée.* Elle diffère de celles-ci, pour le fond, en deux points importants : d'abord le mari, non content d'insulter et de battre sa femme, lui a tué son enfant et s'apprête à la faire mourir elle-même ; en second lieu, la scène finale du meurtre est développée d'une autre façon : quand survient le frère vengeur, le mari cruel est caché, à toutes les questions de son frère la femme répond à haute voix par d'évasives et peu compromettantes paroles, tandis qu'à voix basse et par un signe elle révèle la vérité et indique finalement la cachette du misérable.

C'est d'une version inconnue de cette complainte que, dès le milieu du xviii⁰ siècle, l'agréable et faible Moncrif[1] a tiré une longue romance, décorée du titre de *Les infortunes inouies de tant belle, honnête et renommée comtesse de Saulx*. On peut juger par le début, dans quel goût elle est composée :

> Sensibles sœurs, je vais vous réciter,
> Mais sans pleurer, las! comment les conter ?
>
> Les déplaisirs, les ennuis et les maux
> Qu'a tant soufferts la comtesse de Saulx.

Moncrif a gardé le décasyllabe de l'origine, et le divisant en couplets de deux vers, il n'a fait qu'en régulariser et affadir l'expression.

---

1. *Œuvres de Monsieur de Moncrif*, t. III, 1751.

LA PORCHERONNE

CATALOGUE DES VERSIONS

France (oïl et oc)

* Taussac (Hérault) : Atger, d'après Chauvet, *Rev. des Langues romanes*, VI, réd. 1826.

* Provence : Arbaud, *Chants pop. de la France*, I, 1862.

Poitou : Bujeaud, *Chants pop. des prov. de l'Ouest*, II, 1866.

Fraisses (Loire) :   } Smith, *Romania*, I, r. 1868.
Roche-en-Régnier (Haute-Loire) : }

Vorey (id.) : = Id., *ibid.*, X, r. 1869 (version avec variantes de Monistrol, Chamalières, Marlhes 1, Retournaguet).

Fontenay-le-Marmion : Legrand, *Romania*, X, 1876.

Messin : Quépat, *Chants pop. messins*, r. 1877.

Marlhes (Loire) 2 : Smith, *Romania*, VII, 1878 (ce fragment sert de début à une version contaminée de *L'Escrivette*).

Ceyzériat : Guillon, *Chans. pop. de l'Ain*, 1883.

* Mens (Isère) : Guichard, *inédit*, 1896.

* Gard : Fesquet, *Mélusine*, VIII, 1896 [1].

Haute-Savoie [fragm.] : Ritz, *Chans. pop. de la Haute-Savoie*, 1899 (ce fragment sert de début à une version de *L'Escrivette*).

---

1. Version importée dans les Cévennes par des femmes du bas Languedoc.

Haute-Italie

Montferrat : FERRARO, *Canti pop. monferrini* (nᵒ 37), 1870.
Pontelagoscuro : ID., *Canti pop. di Ferrara*, ..., 1877.
A Moncalvo (*A* ¹ Turinois), *B* La Morra, *C* Sale-Castelnuovo,
 (*C* ¹ Cintano) : NIGRA, *Canti pop. del Piemonte* (nᵒ 55), 1888.

Catalogne

Cat. (*P*) : P.-BRIZ, *Caus. de la Terra*, l, (nᵒ 173), 1866.
Cat. *A, B, C, D, E, F, G, H, I, J, K, L, L', M, N* : MILÀ, *Romancerillo catalan* (nᵒ 234), 1882.
Cat. (*Q, R, S*) : AGUILÓ, *Romancer pop. d. l. Terra catalana* (nᵒ 27),
 1893.

FORMULE RYTHMIQUE

Complainte. Vers de 12 syll. $= 6 + 6$, masculins, uniformément assonancés en *é*, et groupés deux par deux; chaque
distique forme couplet.

Dans les versions piémontaises et catalanes, le vers est
devenu de 14 syll. $= 7 + 7$.

TEXTE CRITIQUE

I

C'est Guilhem de Beauvoire   qui se va marier ;
Prent femme tant jeunette,   ne sait pas habiller.

2

Le lendemain des noces,   le Roi l'a appelé,
Pour aller à la guerre   servir sa Majesté.

3

« A qui bairai ma mie,   ma mionne à garder ? »
— « Va, va, mon fils Beauvoire,   je te la garderai ! »

1. a) *Provence, Fontenay* (Ah! c'est le beau Carême...); cf. *Fraisses, Monistrol, Roche, Marlhes*, etc. ; *Montferrat, Moncalvo, La Morra ; Cat. C, D, E, F, G, L*. — b) *Fraisses, Monistrol* + *Provence, Gard ;* cf. *Marlhes, Savoie, Taussac,* etc.

A part les variantes accidentelles de quelques textes évidemment altérés, le seigneur est prénommé « Guilhem » « Guillaume » dans la plupart des versions françaises et piémontaises ainsi que dans les catalanes *A, B, Q :* d'où « Joussaume » dans *Poitou,* « (don) Jaume » dans *Catalogne D, N, R* (et par suite « (don) Juan » dans *Cat. C, E, F, S*). Son nom de famille « de Beauvoir », donné par *Mens, Provence, Fraisses, Chamalières, Monistrol,* est devenu par diverses altérations, « de Beaufort » (*Taussac et Gard*), « de Baume » (*Retournaguet*), enfin « le beau Roi », par une curieuse méprise du chanteur de *Vorey.* En somme, le nom historique de Guilhem de Beauvoir est très solidement établi.

2. a) *Fontenay ;* cf. *Monistrol, Taussac, Poitou, Messin, Cat. A, B, D, H, Q, R, S ;* aussi *Savoie, Ceyzériat.* — b) *Fontenay, Poitou* (... l. roi Constant...); cf. *Taussac, Cat. A, B, C, D,* etc. ; aussi *Fraisses, Provence, Mens,* etc.; *Montferrat, Moncalvo,* etc.

3. a) *Vorey* + *Fontenay, Ceyzériat ;* cf. *Taussac, Fraisses, Savoie, Marlhes 2, Monistrol, Cat. A, B, C, D, H, S,* etc. « Mie », par apocope pour « amie », existe dans l'usage populaire du Midi. Une autre strophe de *Vorey* fournit le diminutif « mionne », qui est nécessaire ici pour la mesure du vers, la simple répétition de « mie », rendant ce vers trop court d'une syllabe. — b) *Poitou* + *Fontenay, Ceyzériat ;* cf. *Fraisses, Vorey, Marlhes 2 ; Cat. H, S.*

4

A sa dame de mére   l'a bien recommandé' :
« Tous les jours à la messe   vous la ferez aller.

5

« Quand sera revenue,   la ferez déjeûner ;
Avec les autres dames   la ferez pourmener.

6

« Ne lui faites rien faire,   ni laver, ni pâter ;
Que filer sa quenouille,   quand el voudra filer. »

7

Quand Guilhem de Beauvoire   eut les talons tournés,
Dut s'habiller de serge   et les pourceaus garder.

8

A gardé sept années   sans rire ni chanter :
Au bout de la septième   el s'est mise à chanter.

4. a) *Provence, Mens* (A son père, à...) ; cf. *Gard, Roch* ; *Catalogne Q, Cat. A, B, C, M, P, R ; Moncalvo, Montferrat. La Morra ?* — b) *Fontenay* + *Fraisses* ; cf. *Roche, Vorey, Poitou, Savoie, Marlhes 2, Cat. R.*

5. a b) *Fontenay* + *Provence.* La graphie « pourmener » étant constante jusqu'à la fin du XVIᵉ siècle, c'est celle qu'il convient d'adopter ici.

6. a) *Vorey, Fraisses, Roche, Gard, Marlhes 2, Savoie* + *Mens* et *Cat. C* (laver), *Provence* (pâter) *Cat. F, D, Q* (id.), *La Morra* (id.) ; cf. *Cat. R.* — b) *Vorey, Gard* (... s. filousa...), *Marlhes 2* et *Roche* (... s. quenouillette,...) ; cf. *Savoie, Cat. C, D, E, F, H, Q, etc. ; Moncalvo, La Morra.*

7. a) *Fontenay* + *Poitou ;* cf. *Vorey, Fraisses, Taussac, Ceyzériat, Mens ; Moncalvo, La Morra ; Cat. D, Q.* — b) *Gard* + *Taussac ;* cf. *Poitou, Fontenay, Cat. A, B, H, K, M ;* aussi *Vorey, Provence, Fraisses, Moncalvo, etc.*

8. a) *Fraisses* et *Monistrol, Poitou* (La belle fut...), *Moncalvo* et *La Morra* (id.) ; cf. *Provence, Vorey, Mens, Fontenay, Montferrat.* « Garder », absolument, au sens de garder les bêtes, est une expression courante du langage rustique. — b) *Fraisses, Mens* + *Provence, Poitou ;* cf. *Vorey, Gard, Fontenay, Cat. A.*

9

Beauvoir est dela l'ève,   l'a entendu chanter :
« Arrête, arrête, page   entens-tu bien chanter ?

10

« Semble que c'est ma mie,   la faut aller trouver ! »
A traversé montagnes,   la mer a trépassé.

11

Quand fut dans le bocage,   la porchère a trouvé :
« Bonjour, la porcheronne,   pour qui dois-tu garder ? »

12

— « Pour Monsieur de Beauvoire,   qu'est [par] delà la mer;
Y a sept ans qu'est en guerre,   s'en entent plus parler. »

13

— « Dis-moi, la porcheronne,   me bairois ton goûter ? »
— « Nenni, mon gentilhomme,   n'en sauriez pas manger;

9. a) *Monistrol* + *Poitou, Fontenay, Taussac;* cf. *Mens, Provence, Gard, Cat. F, G, L.* — b) *Fraisses, Roche* + *Fontenay, Poitou;* cf. *Provence, Gard, Taussac, Cat. R.*

10. a) *Fraisses, Provence, Cat. R* + *Roche* et *Mens* (ma mie); cf. *Gard, Poitou, Monistrol; Cat., A, B, C, D.* Les deux hémistiches sont dans *Provence,* mais disjoints. — b) *Provence, Ceyzériat* + *Gard, Taussac;* cf. *Messin.*

11. a) *Taussac* (... va tr.); cf. *Gard, Fontenay, Messin, Cat. J. Q.* — b) *Vorey, Fraisses, Poitou* + *Gard;* cf. *Taussac,* var. *Provence; Moncalvo, La Morra; Cat. C, E, Q. S.* « Dois-tu garder ? » = Faut-il que tu gardes ?

12. a) *Fraisses, Vorey,* var. *Provence* + *Gard;* cf. *Cat. C, E, Q, R, S.* — b) *Vorey* + *Cat. Q, R, Fraisses;* cf. *Taussac, Gard.*

13. a) *Taussac* + *Gard;* cf. *Ceyzériat; Moncalvo, Castelnuovo; Cat, J, Q, R.* — b) *Poitou, Taussac* et *Gard* (.., lo pourr. p. m.); cf. *Cat. Q, R; Castelnuovo.* « Bairois », au conditionnel, forme contractée pour « baillerois ».

14

« N'est que de pain d'aveine,   qu'est pour les chiens lévriers. »
— « Dis-moi, la porcheronne,   t'en veus-tu pas aller ?

15

— « Devant, mon gentilhomme,   que [je] m'en puisse aller,
Mes sept fuseaus de soie   sont encore à filer ;

16

« Et mon fagot de verne   est encore à couper. »
Si tire son épée,   le fagot li a coupé.

17

« Dis-moi, la porcheronne,   où irai-je loger ? »
— « Au château de Beauvoire   pourrez vous arrêter. »

14. a) *Provence, Vorey, Poitou* + *Gard, Taussac* ; cf. *Ceyzériat, Roche, Castelnuovo, Cat. B, D, Q, R, S, etc.* « Lévriers » nécessaire à la rime ; *Ceyzériat* et *Poitou* donnent « chiens » : les deux mots doivent être réunis dans l'expression composée « chiens lévriers », que *Roche* fournit plus loin. — b) *Vorey* + *Roche* ; cf. *Fraisses, Provence, Taussac, Mens, Ceyzériat, Cat. A, B, Q, R, etc. ; La Morra, Castelnuovo.*

15. a) *Gard* (... d'ici m. p. a.) ; cf. *Ceyzériat, Poitou, Cat. Q, Moncalvo, etc.* — b) *Provence* ; cf. *Taussac, Vorey, Mens, etc. ; Cat. A, B, Q, R, S, etc. ; Moncalvo, etc.*

16. a) *Provence, Fraisses* (... d. bois... trancher) ; cf. *Gard, Mens, Poitou, etc. ; Cat. A, B, D, Q, etc. ; Moncalvo, etc.* — b) *Provence, Taussac* + *Fraisses ;* cf. *Mens, Gard, etc. ; Moncalvo, etc. ; Cat. A, B, D, Q, R, S, etc.* A la place de « tirer », la plupart des versions ont le verbe languedocien « rancar » = dégainer, commun aux parlers d'oc de Piémont et de Catalogne ; toutefois la version catalane *R* a conservé la forme française de « tire ».

17. a) *Vorey, Gard* (... pourrai !.). cf. *Provence, Fontenay, Cat. A, B, C, D, Q, R, S.* — b) *Provence* + *Gard ;* cf. *Cat. A, B, C, D, etc.*

18

« Bonsoir, dame l'hôtesse,   me voudriez-vous loger ?
— « Oui-da, mon gentilhomme, · il y a de quoi manger ;

19

« Il y a perdris et cailles,   chapons entrelardés,
Et une belle chambre,   monsieur, pour vous coucher. »

20

Quand ce vint la vêprée,   qu'il se fallut barrer :
« Suis-moi, la porcheronne,   et vien donc te chauffer. »

21

— « Nenni, mon gentilhomme,   n'ai pas accoutumé :
Je me chauffe à l'étable   avec les chiens lévriers. »

22

— « Vien donc, la porcheronne,   vien avec moi souper. »
— Me faut, mon gentilhomme,   les croûtets ramasser.

18. a) *Mens, Roche* (... pourriez-v...), *Provence* (... retirar ?) *Fraisses* et *Ceyzériat* (Bonjour ...); cf. *Cat. A, B, C, Q, R, S ; Moncalvo, La Morra.* — b) *Poitou* + *var. Velay, Taussac ;* cf. *Cat. R.*

19. a) *Taussac, Gard* + *Fraisses, Roche, Cat. C, R ;* cf. *Vorey, Cat. A, B, Q, S.* — b) *Vorey ;* cf. *Provence.*

20. a) *Gard ;* cf. *Taussac. Gard*, ici et plus haut, donne en fin de vers les deux verbes synonymes « se serrer » et « se barrer » c.-à-d. s'enfermer chez soi par le moyen d'une barre fixée en travers de la porte. « Barrer » semble d'une meilleure langue. — b) *Gard, Taussac* + *Mens* (v. donc); cf. *Fontenay.*

21. a) *Vorey, Fraisses, Roche* + *Poitou* et *Taussac* (Nenni). — b) *Mens* + *Roche, Fraisses ;* cf. *Vorey, Taussac, Cat. A, B, C, Q, S.* Au lieu de l'« étable », (*Mens* et *Roche*), devenue « l'écurie » dans *Fraisses,* quelques chanteurs français ont compris « (sous) la table », et quelques catalans « (sous) l'escala ».

22. a) *Roche* + *Provence ;* cf. *Fraisses, Vorey, Mens ; Cat. Q, R ; Moncalvo, La Morra.* — b) *Gard* + *Taussac ;* cf. *Cat. R.* « Croutet » = crouton.

23

« Y a bien sept années   qu'à table n'ai mangé,
Et bien autant encore   que mes mains n'ai lavé. »

24

« Or dites-moi, l'hôtesse,   avec qui coucherai,
Si d'une de vos filles   me pourrai accoster ? »

25

— « Nenni, mon gentilhomme,   me seroit reproché.
Prenez la porcheronne,   monsieur, si la voulez. »

26

La prent par sa main blanche,   en chambre l'a mené'.
Quand furent dans la chambre,   la porchère a crié :

27

« O Guilhem de Beauvoire,   qui es delà la mer!
Si ne viens tout à l'heure,   me vont déshonorer! »

23. a) *Fontenay* + *Taussac, Mens;* cf. *Cat. A, B, C, Q.* — b) *Fontenay.*
24. a) *Gard, Provence* + *Taussac* et *Cat. C* (coucherai), *Cat. S* (j. jauré);
cf. *Poitou, Mens, Provence, Cat. A, B, Q, R.* — b) *Gard* + *Taussac;* cf. *Vorey,
Roche.*
25. a) *Taussac;* cf. *Gard, Roche, Vorey, Poitou, Cat. B, C, S.* — b) *Vorey,
Fraisses, Roche;* cf. *Taussac, Gard, Ceyzériat, Messin, Poitou, Cat. B, C, Q,
R, S.*
26. a) *Vorey* + *Fraisses* et *Roche;* cf. *Cat. R* et *S.* — b) *Taussac, Mens*
+ *Fraisses* et *Vorey* (La porch.); cf. *Cat. R.*
27. a) *Provence* et *Taussac* (qu'es de delà...); cf. *Chamalières, Retournaguet.*
— b) *Vorey* + *Provence, Taussac, Gard, Mens;* cf. *Fraisses, Roche, Cat. F,
Q, R.*

28

Met son cœur en fenêtre,   en bas se veut jeter.
« Ne craignez pas, povrette,   à Guilhem vous parlez !

29

« Où sont les bagues d'ore,   que je vous ai baillé's,
Y a sept ans, à la guerre   quand je m'en suis allé ? »

30

— « Votre ingrate de mére,   el me les a ôté's,
Votre sœur la plus grande   les a toujours porté's. »

31

— « Où sont les belles robes   que je vous ai baillé's,
Y a sept ans, à la guerre   quand je m'en suis allé ? »

32

— « Votre ingrate de mére,   el me les a ôté's,
Votre sœur la cadette   les a toujours porté's. »

28. a) *Chamalières, Retournaguet, Vorey;* cf. *Gard, Cat. A, B, E, N, Q, R.* — b) *Gard* + *Taussac;* cf. *Vorey, Provence, Fraisses, Roche, Poitou; Cat. R, S, M.* Le diminutif « paurelle » corrigé en « povrette » d'après un vers précédent de *Mens.*

29. a) *Poitou, Mens* + *Fraisses* (b. d'or); cf. *Retournaguet, Roche, Fontenay, Cat. E, J, Q, S.* — b) *Poitou* + *Fontenay* et *Vorey* (à la guerre, *dans une strophe précédente).*

30. a) *Poitou* + *Cat. S* (Votre m.), *Fraisses* (ingrate, *à une autre strophe);* cf. *Cat. E, Q.* — b) *Poitou* et *Retournaguet* + *Cat. S* (Votre); cf. *Roche.*

31. a) *Poitou, Mens* + *Retournaguet, Vorey;* cf. *Fraisses, Roche, Taussac, Cat. S, C.* — b) *Poitou* + *Fontenay* et *Vorey* (à la guerre).

32. a) *Poitou* + *Cat. S* (Votre m.); *Fraisses* (ingrate). — b) *Poitou, Mens, Retournaguet* + *Cat. S* (Votre); cf. *Roche.*

33

Lendemain de bonne heure, d'en bas s'entent crier :
« Lève-toi, dame pute,   vien les pourceaus larguer ! »

34

— « Allez-y, vous, ma mère !   Les a que trop gardés.
Si vous n'étiez ma mère,   vous ferois étrangler ! »

33. a) *Fraisses, Turin* -- *Gard ;* cf. *Taussac, Mens, Provence, Fontenay, Cat.
A, B, C, Q, R.* (Il) « s'entend » = on entend. -- b) *Mens, Fraisses, Vorey*
+ *Taussac, Gard ;* cf. *Provence,* Cat. *A, B, C, Q, R, S.* « Larguer » =
mettre au large, lâcher, en parlant du bétail.
34. a) *Fraisses, Vorey, Provence* + *Roche ;* cf. *Taussac, Gard ;* Cat. *A, B, C,
Q,* etc. ; *Turinois.* — b) *Mens, Taussac, Roche, Fontenay,* Cat. *A, B, C, Q,*
etc. ; *Castelnuovo* + *Vorey* (étrangler) ; cf. *Fraisses.*

Cette belle et ample chanson, répandue par toute la France,
et qui abonde aussi en Catalogne et en Piémont, fut composée en français, ainsi qu'il appert de l'analyse linguistique, mais
par un habitant de la région franco-provençale, dans un rayon
rapproché de Beauvoir-de-Marc, en Viennois (Isère). D'ailleurs certains mots (*verne* = aune, *mionne* diminutif de [a]mie)
qu'on ne trouve pas dans l'usage du nord, indiquent le voisinage de la Provence.

La couleur archaïque de son style, certains traits de mœurs
d'une brutalité, primitive, peuvent la faire assigner au
xvie siècle.

Une singularité digne de remarque, c'est que le mari de la
Porcheronne, au lieu d'être déterminé, comme ont coutume
les héros de nos romances, par un prénom banal tel que Déon,
Renaud, Pierre, Loÿs, répond au nom complet de Guilhem
de Beauvoir, suivant les meilleures versions. Or ce nom est
celui d'un personnage historique du xiiie siècle, qui tenait la

terre de Beauvoir-de-Marc, en Viennois, et fut l'un des plus puissants barons du Dauphiné. Il se croisa (Valbonnais, t. II, p. 15) ; et nous avons son testament, en 1277, où est apposée, entre autres, la signature de Humbert de la Tour, futur dauphin. Ce voyage outre mer cadre bien avec la longue absence du mari de la Porcheronne. Ce n'est point que je croie que Guilhem de Beauvoir eut réellement l'aventure de famille retracée dans la chanson ; mais il est naturel que la mémoire du seigneur, revenu après des années de la croisade, soit demeurée dans son pays, et que, plus tard, le thème de la Bru persécutée se soit greffé sur ce souvenir séculaire. En somme, nous avons dans la Porcheronne, un personnage réel devenant le héros d'une action fictive.

La romance de la Porcheronne, propagée dans le nord-ouest fut traduite en un gwerz breton (HERSART DE LA VILLEMARQUÉ, *Barzaz-Breiz, I*). Là, la femme du seigneur est persécutée non plus par sa belle-mère, mais par ses deux beaux-frères...

. . . .

(*Inachevé.*)

XIV

LES ÉCOLIERS PENDUS

CATALOGUE DES VERSIONS

France (oïl et oc)

Hainaut : Barry, *Poés. pop. de la France*, I, mss. B. N., réd. 1857.
— Publ. dans *Mélusine*, I.
Seine-et-Oise : Rolland, *Mélusine*, I, 1877.
Aude : *Le bon sens* (périodique, publié à Carcassonne), n° du 10 août,
1878. — Repr. dans *Mélusine*, II.
Ille-et-Vilaine : Decombe, *Chans. pop. d'Ille-et-Vilaine*, 1884.

Piémont

Montferrat : Ferraro, *Canti pop. monferrini* (n° 23), 1870.
A A' Bra, *B* Sale-Castelnuovo, *B'* Villa-Castelnuovo, *C*, Cuneo,
D Mondovì, *E* La Morra : Nigra, *Canti pop. del Piemonte* (n° 4),
1888. — Deux de ces versions déjà publ. dans la *Rivista contemporanea* de 1860.

Catalogne

Cat. (M) : P.-Briz, *Cans. de la Terra*, I, (n° 101), 1866.
Cat. *A, B, C, D, E, F, G, H, I, J, K, L* : Milà, *Romancerillo cata-
lan* (n° 208), 1882.
Cat. (N, O) = Aguiló, *Romancer popular* (n° 26), 1893.

FORMULE RYTHMIQUE

Complainte : Vers de 14 syl. = 7 + 7, masculins, groupés
en tercets monorimes.

TEXTE CRITIQUE

I

C'étoit trois enfans d'école,   qui revenoient de Paris.
Rencontrent trois jeunes dames,   en ont fait à leur plaisir.
Les trois dames se sont plaintes ;   prisonniers ont été pris.

2

Dans la prison de Pontoise   tous les trois on les a mis.
Le plus jeune des trois frères   a grand regret de mourir ;
Le plus grand le reconsole :   « Taisez-vous, frère petit !

3

« Nous avons encore un frère   qu'est grand prévôt à Paris :
S'il savoit de nos nouvelles,   il seroit bientôt ici. »
Une vieille à la fenêtre,   qui entendoit leur devis :

1. a) *Ille-et-V.* -+- *Aude ;* cf. *Seine-et-Oise, Bra, Castelnuovo, Cuneo, Cat. A,
B,* etc. — b) *Aude* (... sont faites) ; cf. *Ille-et-V. ; Cat. A, B,* etc. (tr. don-
zellas), *Bra,* etc. (une fille). Le sens du 2ᵉ hémistiche, s'est bien conservé
dans les versions piémontaises (tûti tre l'an baze) : et cela permet d'en rétablir le texte, faussé par l'inintelligence des chanteurs d'*Ille-et-V.* et *Aude,* qui
disent « sont faites à leur pl. ». Les catalans réduisent l'injure à de simples
plaisanteries (*mofas*). — c) *Ille-et-V.* + *Hainaut, Seine-et-Oise ;* cf. *Aude, Cat.
A, B, C, M, Vagienna,* etc.

2. a) *Ille-et-V. ;* cf. *Hainaut, Bra* et *Castelnuovo, Cat. A, B,* etc. — b) *Ille-
et-V. ;* cf. *Hainaut, Bra, Cat. A, B, C, M.* — c) *Ille-et-V. ;* cf. *Hainaut,
Cat. A, C, L,* etc. — Le nom de la ville est assuré par les trois versions
d'oïl qui donnent ‹ Pontoise » et aussi par *Aude* (« Fontoise »), *La Morra*
(« Pintuza »), et *Catalogne G, H* (« Pontó », « Puntosa ») ; les autres piémontaises mettent à la place « Tulusa » et la plupart des catalanes
« Tolosa » ou « Tortosa ».

3. a) *Ille-et-V. ;* cf. *Aude, Hainaut, Cat. A, B, C, D, Bra.* — b) *Ille-et-
V. :* cf. *Hainaut, Cat. A, B, C, Bra, Castelnuovo.* — c) *Bra, Aude* + *Ille-et-
V. ;* cf. *Hainaut* (La servante), *Cat. H* (La dame), *Cat. B. C,* etc. (Le juge).

4

« Vous ne savez, notre maître,   que les prisonniers ont dit ?
Ils disent qu'ils ont un frère   qu'est grand prévôt à Paris,
S'il savoit de leurs nouvelles,   il seroit bientôt ici. »

5

— « Vite, sonnez la *grand* cloche,   [et] qu'on les fasse mourir! »
Si haut sonnoit la *grand* cloche   que le grand frère entendit :
« Qu'y a-t-il donc dedans Pontoise,   qu'on y mène si grand bruit? »

6

— « Monseigneur, ce sont vos frères   que l'on va faire mourir. »
— « Vite, sellez mon chevale,   que les aille secourir! »
Ne demeura [de]mi-heure   devant Pontoise arrivit.

7

« Dis-moi, portier de Pontoise,   arriv'rai-je encore à tems ? »
— « Par ma foi! mon gentilhomme,   votre cheval est trop lent. »
Trois coups d'éperon lui donne,   va plus vite que le vent.

4. a) *Hainaut* (... ô n. m., ce q...); cf. *Aude, Cat. H.* — b) *Ille-et-V.*;
cf. *Hainaut, Aude, Cat. H.* — c) *Ille-et-V.*; cf. *Aude, Cat. H.*

5. a) *Hainaut* + *Seine-et-Oise* (grosse cl.); cf. *Ille-et-V.*; *Cat. B.* — Au
lieu de « grosse cloche », qui donne une syllabe de trop, il convient de
rétablir « grand cl. ». — b) *Seine-et-Oise* (... grosse cl...); cf. *Hainaut, Cas-*
telnuovo. — c) *Hainaut*; cf. *Bra, Catstelnuovo, Cat. M.*

6. a) *Hainaut*; cf. *Seine-et-Oise, Bra, Castelnuovo.* — b) *Hainaut* + *Seine-*
et-Oise « Qu'on selle », corrigé en « sellez », par comparaison avec le
1ᵉʳ vers de la str. 5. — c) *Aude Cat. A, H* + *Seine-et-Oise, Ille-et-V.*; cf.
Hainaut, Cat. M. — « Arrivit » : Cette forme de prétérit en *i* courante
dans le Parisis, est ici commandée par la rime.

7. a) *Bra, Castelnuovo, Hainaut, Seine-et-Oise, Cat. H.* + *Aude*; cf. *Ille-et-*
V., Cat. A, B, C, M. « Arriv'rai » : cette forme élidée du futur est fréquente dans la langue du XVIᵉ siècle; comp. *lairrai* = laisserai, *dourai* =
donnerai, *etc.* — b) *Aude* + *Hainaut, Bra* et *Castelnuovo*; cf. *Ille-et-V.* —
c) *Aude* + *La Morra, Castelnuovo, Alba, Cat. M, O*; cf. *Cat. B, Ille-et-V.*

8

Quand il fut dessus la place,   vit ses trois frères pendans :
« Juge, juge, méchant juge,   t'as fait un faus jugement ! »
— « Par ma foi, mon gentilhomme,   *aucun* n'est de vos parens. »

9

— « T'en as menti par la gorge !   Sont tous mes frères germains. »
Il tire sa bonne épée,   coupe cordes et liens.
Il met *un* genou en terre   et le chapeau à la main :

10

« Dieu vous pardonne, mes frères,   les petits et le plus grand !
Ferai faire autant de cierges   que mes frères sont pesans,
Ferai dire autant de messes   qu'il y a de jours à l'an. »

11

Par la ville de [Pontoise] il fait publier [un ban] :
« Retir' ous, femmes enceintes,   et vous, enfans de sept ans !
Que la ville de Pontoise   soit mise à feu et à sang ! »

8. a) *Ille-et-V.* + *Hainaut*; cf. *Seine-et-Oise, Castelnuovo, Bra, La Morra*.
b) *Aude* + *Seine-et-Oise*; cf. *La Morra, Cat. A, I.* — c) *Aude*; cf. *La Morra, Cat. A.* — Le vers est dédoublé dans *Aude*; mais les deux versions piémon-montaise et catalane donnent la mesure exacte.

9. a) *Aude* + *Cat. A.*; cf. *Cat. I, N, O, La Morra, Bra.* Dans *Aude* et dans les versions piémontaises, le 2e hémistiche est délayé en un vers qui contient d'ailleurs un contresens ; les chanteurs n'ayant pas compris l'expression « frères germains » distinguant les écoliers en un cousin et deux frères; ou bien un frère et deux cousins du grand prévôt; mais les versions catalanes ont conservé le sens exact du vers (... que tots tres me son germans). — b) *Ille-et-V.* + *Aude* (... les c... les l.); cf. *Cat. A, C, H, etc., Bra.* — c) *Aude* (... son g...).

10. a) *Aude, Cat. A, C, M* + *Ille-et-V.* (hémistiche emprunté à une autre strophe). — b c) *Seine-et-Oise* + *Hainaut.*

11 a) *Aude.* Les mots entre crochets sont rétablis par conjecture. — b) *Aude* + *Bra, La Morra*; cf. *Cat. C, D, M, N, O.* — c) *Aude* + *Ille-et-V.*; *Cat. H, C, M, etc.*; *Cuneo*; cf. *Bra, Castelnuovo.*

Hainaut et *Ille-et-V.* ajoutent un dénouement de fantaisie : la résurrection miraculeuse des écoliers.

Cette complainte, par le caractère du style, ne semble pas postérieure au XVIᵉ siècle; et le lieu de la scène, situé entre Paris et Pontoise, indique pour sa patrie l'Ile-de-France.

M. Nigra, se fondant sur une leçon commune à beaucoup de versions piémontaises et catalanes, intitule cette complainte *Gli scolari di Tolosa*; et il la rapproche d'événements arrivés à Toulouse l'an 1331 ou 1335, et desquels on doit à Mary-Lafon une relation détaillée [1]. Le jour de Pâques, pendant l'office, une troupe d'écoliers ivres s'étant mis à faire du désordre dans les rues de la ville, un capitoul arrêta l'un d'eux de sa main; sur quoi, Aimeri de Bérenger, chef de la bande, frappa le capitoul d'un coup de poignard au visage. Saisi aussitôt, mis à la question et condamné à mort, Bérenger eut la tête tranchée, et son cadavre fut hissé aux fourches patibulaires. Mais le Parlement de Paris, à qui le malheureux en avait appelé, porta plainte au roi contre les magistrats de Toulouse pour avoir passé outre à cet appel et exécuté un clerc et un noble en violation de ses privilèges. La forfaiture des capitouls reçut un châtiment exemplaire : révoqués de leurs charges, ils se virent d'abord obligés à faire publiquement amende honorable, à détacher du gibet le corps du supplicié et à l'enterrer eux-mêmes en grande pompe; la cité de Toulouse fut frappée d'une forte amende et privée de ses libertés municipales.

L'analogie est sans doute assez vague (il s'agit là d'un seul écolier décapité, au lieu de trois écoliers pendus); et n'était le nom de Toulouse, il n'y a guère apparence que l'on s'en fût jamais avisé. Mais justement, ainsi que l'observe M. G. Paris, ce nom-là n'appartient pas à l'original. Dans les quatre versions françaises, y compris celle de l'Aude, il est question de Pontoise (le Languedocien prononce, par

---

1. Mary-Lafon, *Hist. du Midi de la France*, III, 1845; voir la même dans un article (*Revue de Toulouse*, juin, 1862) où la date diffère de quelques années.

ignorance, *Fontoise*); et, chose tout à fait significative, on relève aussi, concurremment avec *Toulouse*, en Piémont, *Pintuza*, en Catalogne, *Puntosa*, *Pontosa* et *Pontó*. Supposez que le lieu de la scène fût originairement Toulouse, la mention de Pontoise en des versions méridionales resterait sans explication possible, mais dans l'hypothèse contraire, c'est une chose des plus naturelles que certains chanteurs piémontais et catalans aient substitué à Pontoise une grande ville comme Toulouse, renommée dans tout le Midi : la variante *Tortose* est fournie de même par la tradition catalane [1] et *Nole* par la piémontaise.

Cette objection est décisive contre le système de M. Nigra. Mais M. G. Paris a découvert ailleurs le véritable point de départ de la complainte. « En 1259, dit-il [2], saint Louis fonda l'Hôtel-Dieu de Pontoise, avec l'argent qu'il avait fait payer à Enguerrand de Coucy, en expiation d'un odieux abus de la justice féodale : trois écoliers, confiés à l'abbé de Saint-Nicolas, près Laon, ayant par inadvertance, chassé dans les forêts de ce hautain baron, il les avait fait arrêter par ses forestiers et pendre aux créneaux de son fameux donjon... La cause de la fondation de l'Hôtel-Dieu de Pontoise était restée dans la mémoire; et il suffit qu'un poète populaire, accueilli peut-être dans cette maison, en ait entendu un récit plus ou moins altéré, pour qu'il ait bâti là-dessus sa chanson ». Ce fait est relaté dans les *Chroniques de Saint-Denis*, et plus tard et d'après ces chroniques, le poète Gringoire, dans son *Mystère de Saint-Louis*, l'a mis sur la scène, en mentionnant expressément la fondation de l'hôpital de Pontoise. Il serait possible que la chanson dérivât de l'une ou de l'autre de ces sources, et l'idée de M. G. Paris d'un récit écouté par le poète dans l'hôpital même est fort plausible. Quoi qu'il en soit, la pluralité des victimes,

---

1. On sait qu'il y a une Toulouse d'Espagne : la *Tolosa* des chanteurs catalans peut aussi bien s'entendre de cette ville que de la cité languedocienne.

2. G. PARIS, *Les Chants populaires du Piémont*, 1889.

le peu de gravité de leur faute, le genre de leur supplice sont conformes à la réalité de l'histoire. Quant aux divergences de détail, il n'y a rien d'étonnant à ce que les clercs de l'évêque de Laon, soient devenus dans le Parisis, des étudiants de Paris [1], (unis de plus par les liens du sang) ni que le délit de chasse ait été remplacé par un méfait galant, auquel la gent écolière est plus particulièrement encline ; enfin, si c'est sur la route de Pontoise qu'ils firent leur coup, et dans Pontoise qu'ils furent emprisonnés, jugés et condamnés, cela tient à une confusion très facile entre l'endroit où s'est passé l'événement et la ville où il est commémoré par une fondation expiatoire.

La ballade anglaise, *The two Clerk's sons of Oxenford* (les deux fils du clerc d'Oxford) publiée à 7 exemplaires par CHILD (*Engl. a. Scott. pop. Ballads* n° 11) est une élaboration ultérieure des *Écoliers pendus* de l'Ile-de-France. Les trois frères ne sont plus que deux ; ils habitent Oxford, et ils vont étudier à Paris. Leur père leur adresse, avant le départ, de sages conseils et leur recommande principalement de se garder de la fréquentation des femmes. Aussi, dès leur arrivée, ils n'ont rien de plus pressé que de séduire les deux filles du maire qui, leur double grossesse dévoilée, avouent tout. Les coupables, découverts, sont mis aux fers, jugés et condamnés à être pendus. Leur père les vient visiter dans leur prison ; mais malgré son intercession et en dépit des tendres prières des filles du maire pour leurs amants, ceux-ci sont hissés à la potence. Le clerc revient à Oxford, où il annonce la catastrophe d'une façon

---

1. Et non pas des « Écoliers de Pontoise » comme on l'a imprimé à tort. Le chansonnier, quelqu'illettré qu'il fût, savait bien qu'on n'allait pas étudier à Pontoise : les jeunes gens punis sont des clercs de l'Université de Paris, dont le procès est fait à Pontoise, parce que c'est près de là qu'ils ont été pris.

vraiment macabre, disant à la pauvre mère que ses fils étu-
dient maintenant à une école « supérieure ».

Le lied allemand *Der Schloss in Osterreich* (le Château en
Autriche) ainsi intitulé à cause de son premier vers, et qui
appartient sans doute à une chanson plus ancienne, n'a plus de
rapport appréciable avec notre complainte, mais décèle, par
endroits, une imitation de la ballade anglaise. Il ne s'agit plus
d'un jeune homme accusé d'un attentat aux mœurs, mais
emprisonné pour une chaîne qu'il a soi-disant volée à une
dame. Comme dans la ballade anglaise, son père vient le voir
dans sa prison, et il est finalement pendu. On trouvera une
version de ce lied dans ERK (*Die deutschen Volkslieder*, II) et
BŒHME.

XV

LES ANNEAUX DE MARIANSON

CATALOGUE DES VERSIONS

France (oïl et oc)

Normandie : Bouchaud, *Essai sur la poésie rythmique*, 1763 ; de nouveau dans les *Antiquités poétiques*, etc., du même. — Repr. par Fréron, *l'Année littéraire* de 1764 ; dans l'*Almanach de la Normandie pour 1846* ; par Amélie Bosquet, *La Normandie romanesque et merveilleuse* ; par Rathery, *le Moniteur* de 1853 ; par de Beaurepaire, *Étude s. la Poésie pop. en Normandie* ; par Nigra, *Rivista contemporanea* de 1858 ; par Le Héricher, *Litt. pop. de la Normandie* ; par de la Sicotière, *Bulletin de la Soc. hist. et archéol. de l'Orne*, I.

Caen : A. Le Flaguais (d'après Vaultier), *Les Neustriennes*, 2e éd., 1846 (version remaniée littérairement). — Repr. dans le *Bulletin de la Soc. hist. et archéol. de l'Orne*.

Alençon : De la Sicotière, *Poés. pop. de la France*, II, mss. B. N., réd. vers 1853 [1].

* Provence : Arbaud, *Chans. pop. de la Provence*, II, 1864.

Canada : Gagnon, *Chans. pop. du Canada*, 1865.

Auverné (Loire-Infre) : Pitre de Lisle, *Rev. des Trad. pop.*, XII, r. 1874.

---

[1]. Cette version composite se résout en une série de variantes alençonnaises puisées à trois sources différentes.

Fontenay-le-Marmion : LEGRAND, *Romania*, X, r. 1876.
   Ille-et-Vilaine : DECOMBE, *Chans. pop. d'Ille-et-Vilaine*, 1884 (version avec variantes).
* Seilhac (Corrèze) : J. ROUX, *Écho de la Corrèze*, n° 16, 1893 (version « restaurée ») [1].
Montigny-aux-Amognes (Nièvre) : MILLIEN, inédit, [s. d.], (version en prose, et fort abrégée).

Piémont

Montferrat : FERRARO, *Canti pop. monferrini* (n° 9), 1870.
A Sale-Castelnuovo, *B* Turin, *C* Valfenera, *D* La Morra : NIGRA, *Canti pop. del Piemonte* (n° 6), 1888. — *A* et *B* imprimés d'abord dans la *Rivista contemporanea* de 1858.

FORMULE RYTHMIQUE

Complainte. Quatrain d'octosyllabes, masculins, rimant deux par deux.

---

1. On a, dès le premier vers de son texte, un exemple des « restaurations » de M. l'abbé ROUX. Le chanteur de Seilhac lui fournissait l'expression « femme joli' », équivalente à la « dame gentil » de l'original : l'éditeur, mal satisfait du sens de ces mots, et alléguant que « joli' » n'est pas de bon limousin, écrit à la place : « femme de bien »(!)

TEXTE CRITIQUE

I

« Marianson, dame gentil,
Où est allé votre mari ? »
— « Il y a bien sis mois et demi
Que Renaud est *dedans* Paris. »

1. a) *Fontenay, Normandie* et *Canada* (... joli'), *Alençon* (id.), *Montferrat* (Mariana,...), *Turin* (... gentil); cf. *Caen, etc.* — « Gentil » au féminin, vestige de la 3ᵉ déclinaison latine des adjectifs : l'expression « gentil dame » ou « gentil femme » est courante au xvıᵉ siècle. — b) *Normandie, Canada;* cf. *Ille-et-V., Auverné, Moncontour.* — c) *Ille-et-V., Moncontour, Auverné* (... s. ans e. d.). — d) *Ille-et-V.* et *Moncontour* (Q. Clergenton... à P.); cf. *Normandie* et *Canada, Auverné;* aussi, pour le dernier mot, *Fontenay* et *Caen.*

Le nom de « Marianson » est donné exactement par *Fontenay, Normandie, Canada, Alençon* et par toutes les versions piémontaises ; sous la forme équivalente « Mianson » (*Mie*, en oc, = *Marie*), par *Provence* et *Seilhac*. La tmèse « Marie Anson », adoptée par La Sicotière d'après la tradition alençonnaise, n'est pas admissible : Marianson est, en fait, une forme dérivée de Marianne, par l'intermédiaire d'un diminutif « Marianiche », « Marianichon » (cf. les types analogues « Suzon », « Madelon », « Françon », « Fanchon »..., pour « Suzanne », « Madeleine », « Françoise », « [Sté]phanie ». Le nom du mari diffère selon les versions. Il est nommé « Renaud », dans *Fontenay, Caen,* et, au témoignage de La Sicotière, dans la tradition alençonnaise ; d'où, ce semble, par corruption, « Raimond » dans toutes les versions piémontaises. Il est devenu « Claris » dans *Seilhac*, « Clergenton » (= Kergenton, nom d'une famille bretonne?) dans *Ille-et-V., Moncontour, Auverné* (ici, par une bévue du chanteur, « clerc Genton »). « Renaud » donné par la plupart des versions normandes et appuyé par les piémontaises, est d'autant plus probable, que ce nom, fort répandu dans la région du nord-ouest, y fut souvent appliqué aux héros de la poésie populaire (voy. précédemment *le Roi Renaud*, et plus loin *la Blanche Biche* et *le Tueur de femmes.*

2

— « Puisque Renaud n'est plus ici,
Il vous faut faire un autre ami. »
— « Non, si longtemps que je vivrai,
Autre que Renaud n'aimerai! »

3

— « Marianson, dame gentil,
Prêtez-moi vos anneaus jolis,
Prêtez-moi vos anneaus de doit,
Que j'en fasse pareils pour moi.

4

« Je vous le jure sur ma foi,
Personn' ne le saura que moi. »
Marianson, mal avisé',
Ses trois anneaus lui a prêté.

2. a) *Moncontour* + *Auverné*; cf. *Ille-et-V*. — b) *Moncontour*, *Auverné*, *Ille-et-V*. (Belle, il f...). — c) *Ille-et-V*.; cf. *Auverné*. — d) *Ille-et-V*. + *Moncontour*, *Auverné*. — Les versions piémontaises, tout en conservant le sens général de la strophe, l'ont refaite en un style plus violent : le galant vient « tourmenter » Marianson de ses poursuites, et Marianson déclare au galant qu'elle lui fera, s'il insiste, couper la tête. *Normandie, Canada,* aussi *Provence* ont laissé tomber la strophe, d'où il suit que toute l'histoire (emprunt des anneaux, vengeance du traître) demeure inexpliquée. Enfin il y a une série de versions normandes (*Fontenay, Caen,* var. *Alençon*), qui n'ayant pas retenu l'entreprise galante du félon, inventent pour motiver la livraison des anneaux, une véritable histoire de brigands, lesquels dépouillent Marianson au coin d'un bois.

3. a) *Normandie, Canada* + *Montferrat* et *Provence* (gentil); cf. *Seilhac,* — b) *Normandie, Canada, Alençon, Provence* + *Fontenay* (jolis); cf. *Seilhac,* — c d) *Ille-et-V*.

4. a) *Ille-et-V., Auverné* (J. le j. dessus...). — b) *Ille-et-V*. c) *Fontenay, Normandie;* cf. *Provence, Montferrat.* — d) *Normandie, Provence* (... an. d'or a pr.); cf. *Montferrat.*

5

Quand les anneaus el eut donnés,
Chez l'argentier s'en est allé :
« Bonjour, bonjour, bel argentier,
Pren-moi ces trois anneaus dorés.

6

« Je te les donne à mon coucher,
Fais m'en pareils pour mon lever ;
Fais-les de la même façon
Comme ceus de Marianson. »

7

Quand il tint les anneaus [dorés],
Droit à Paris s'en est allé.
Qui trouva-t-il sur le pavé ?
Ce fut Renaud [tout] le premier.

5. a) *Normandie* + *Ille-et-V.* — b) *Fontenay* ; cf. *Ille-et-V.*, *Provence*, *Alençon*, *Moncontour*, *Montigny*. — c) *Ille-et-V.*, *Caen* (Salut, s., ...), *Normandie* (Bel arg. [bis]), *Fontenay* (Bel arg., fin arg.); cf. *Moncontour*, *Auverné*, etc. — d) *Fontenay* + *Ille-et-V.* ; cf. *Caen*, *Canada*, *Moncontour*, *Auverné*.

6. a) *Alençon*, *Fontenay* (J. vous...). — b) *Fontenay* + *Alençon* ; cf. *Caen*, *Provence*, etc. — c) *Ille-et-V.*; cf. *Moncontour*, *Auverné* ; aussi *Normandie*, *Canada*, *Provence*. — d) *Normandie*, *Canada*, *Provence*, *Montferrat* ; cf. *Moncontour* et *Auverné*, *Ille-et-V.*, *Montigny*.

7. a) *Normandie*, *Seilhac* ; cf. *Canada*. Suppléez « dorés », qui manque ici, par comparaison avec le 4e vers de la str. 5. — b) *Ille-et-V.*, *Alençon*, *Seilhac* (... devers P...); cf. *Turin*, etc. — c) *Ille-et-V.* + *Caen*. — d) *Caen* + *Normandie*, *Canada* ; cf. *Seilhac*, *Turin*, etc.

8

« O, Dieu te gart ! franc chevalier ;
Quels nouvelles m'as apporté ? »
— « Ta femme est accouché' d'un fils,
De moi el a fait son ami. »

9

— « T'en as menti, franc chevalier,
Ma femme m'est' fidèle assez ! »
— « Que tu le croi's ou le décroi's,
Voilà les anneaus de ses doits. »

10

Quand il a vu la vérité,
Contre la terre s'est jeté.
Il y fut trois jours et trois nuits,
Sans boire, manger ni dormir.

8. a) *Normandie, Canada* (Ah! bonjour donc,...), *Fontenay,* (Bonjour,
[*bis*]...); cf. *Alençon, Seilhac.* — b) *Normandie* et *Canada* (... m'as-t(u) ap.),
Alençon (id.); cf. *Caen, Provence.* « Quels » au féminin : vestige de la
3ᵉ déclinaison latine des adjectifs (*quales*). — c) *Fontenay, Caen* (... a mis au
monde, u. f.); cf. *Provence,* var. *Ille-et-V.* — d) *Normandie;* cf. *Fontenay,
Alençon, Caen, Provence, Turin, etc.*

9. a) *Fontenay; Normandie* et *Canada* (Tu as m...); cf. *Caen, Seilhac.* —
— b) *Fontenay, Canada, Alençon;* cf. *Normandie, Seilhac.* — c) *Seilhac* +
Canada; cf. *Ille-et-V., Provence, Valfenera, La Morra.* — d) *Canada;* cf.
Normandie (En v. l. an. dorés), *Fontenay* et *Caen, Provence* et *Seilhac; Ille-et-
V., Auverné, Valfenera, etc.*

10. a) *Normandie* + *Fontenay;* cf. *Auverne.* — b) *Normandie, Fontenay;*
cf. *Caen,* var. *Ille-et-V.* — c) *Normandie, Fontenay;* cf. *Caen.* — d) *Normandie* + *Caen;* cf. *Fontenay, Alençon.*

11

Au bout des trois jours et trois nuits,
Sur son cheval il remontit.
N'alloit pas comme homme de sens,
Il allait comme poudre et vent.

12

Sa mére étoit sur les *creneaus*,
Qui avisit de loin Renaud :
« Marianson, dame gentil,
Voici venir votre mari.

13

« Il ne vient pas en homme aimé,
Il vient en foudre courroucé. »

11. a) *Normandie, Fontenay*. — b) *Caen* (... remonta), *Fontenay* (... a remonté), *Ille-et-V.* (... est remonté), *Normandie* (... il a monté) + *Alençon* (... montit); cf. *Auverné*. La forme « montit », fournie par *Alençon* est nécessaire pour la rime. — c) *Fontenay*; cf. *Caen* (... h. sensé), *Moncontour*. — d) *Fontenay*; cf. *Alençon*.

12. a) *Normandie, Ille-et-V.* + *Fontenay* (les châteaux); cf. *Canada, Seilhac, Provence, Valfenera, etc. Normandie*, ainsi que toutes les versions piémontaises, met en fin de vers « les balcons », *Canada* « les remparts », *Fontenay* « les châteaux ». Les deux premières leçons ne riment pas; la 3e qui rime bien (avec le Renaud du 2e vers) est d'un sens tout à fait défectueux, et qui répugne au contexte. La correction que j'adopte s'impose, autorisée qu'elle est par un vers identique emprunté à la 1re strophe de la chanson du *Roi Renaud* : le rythme étant identique et la situation des deux Renaud analogue, le poète plus récent a, d'instinct, répété la formule du premier. — b) *Normandie* + *Canada* et *Fontenay*; cf. *Seilhac, Turin, etc.* — c) *Alençon* + *Provence, Turin*. — d) *Alençon, Fontenay, Provence* + *Normandie*; cf. *Turin, Castelnuovo*.

13. a) *Normandie, Provence* (... come u. o. a.); *Fontenay* (... en h. d'armée), *Alençon* (... e. h. aisé), *Caen* (... e. h. sensé). — b) *Fontenay, Caen* (Mais comme un f...) et *Provence* (Mai c. u. ome...); cf. *Normandie, Seilhac*,

— « Ma mère, montrez-lui son fils,
Cela le pourra réjouir. »

14

« Or tien, Renaud, voilà ton fils !
Quel nom lui donras-tu, mon fils ? »
— « A l'enfant, je lui donne un nom,
A la mère mauvais renom ! »

15

Il prent l'enfant par le maillot,
Le jette contre le carreau.
Prent sa femme par les cheveus,
A la queu' du cheval la neu'.

Alençon, Auverné, Canada. — c) *Caen, Fontenay* et *Alençon* (... présentez-
l...), *Canada* (Ah ! maman...), *Normandie* (M.-l. votre petit-fils) ; cf. *Provence, Moncontour, Turin,* etc. — d) *Normandie ;* cf. *Alençon, Canada, Provence, Turin,* etc.

14. a) *Alençon* + *Fontenay* (Renaud) ; cf. *Normandie.* — b) *Normandie ;*
Canada et *Alençon* (... d.-t. à ton fils). — c) *Canada* + *Fontenay ;* cf. *Alençon, Caen.* Seule, la version refaite de *Caen* porte négativement : « Cet
enfant pas de nom n'aura », mais les trois autres donnent bien : « je lui
donne *ou* donnerai un nom ». Entendez que Renaud donne à l'enfant le nom
de bâtard. — d) *Fontenay, Canada ;* cf. *Caen,* qui refait(!) le vers en cette
sorte : « La mère a trop mauvais renom. »

15. a) *Ille-et-V.* (Il prend), *Fontenay* et *Alençou* (Il prit) + *Canada, Normandie ;* cf. *Moncontour, Caen, Seilhac, Turin,* etc. — b) *Fontenay, Alençon,
Ille-et-V.* + *Normandie* et *Caen* (le carreau) ; cf. *Canada, Moncontour, Turin,*
etc. — c) *Ille-et-V., Auverné* (A pris...), *Normandie* et *Fontenay* (... la mère...) ;
cf. *Moncontour, Caen, Seilhac.* — d) *Ille-et-V., Moncontour, Auverné, Fontenay* + *Provence, Valfenera,* etc. (du chev.) ; cf. *Seilhac, Alençon, La Morra.*

16

Depuis les portes de Paris
Jusqu'aus portes de Saint-Denis,
N'y avoit brousse ni buisson
Que n'eût sang de Marianson.

17

« Renaud, Renaud, mon dous ami,
Pour Dieu ! arrêtons-nous ici ! »
— « N'est pas pour toi, franche putain,
C'est pour mon cheval qui a faim ! »

18

« Dis-moi, [dis-moi], franche putain,
Où sont les anneaus de tes mains ? »

16. a) *Alençon, Caen, Fontenay* (Dep. Paris); cf. *Ille-et-V., Auvergne, Moncontour* (dans Paris). — b) *Alençon* et *Caen*; *Fontenay* (J. à la Seine de S.-D = plaine de S.-D?). — c) *Fontenay, Alençon, Normandie* + *Ille-et-V.* (brousse); cf. *Caen, Provence, Turin, etc.* — d) *Normandie, Alençon, Caen, Fontenay* (... du s...); cf. *Provence, Turin, etc.*

Les vers *ab*, dont le texte paraît d'ailleurs suffisamment établi, ne vont pas sans difficulté. De la strophe I (Renaud, parti pour Paris, est absent depuis plus de six mois), il appert que son château est notablement distant de la capitale : or, Marianson ayant été attachée à la queue du cheval sous les murs mêmes du château, nous la voyons maintenant traînée entre Paris et Saint-Denis. Quoi qu'on doive passer en fait d'hyperbole à la poésie populaire, celle-ci a de quoi étonner.

17. a) *Caen, Fontenay* (M. beau R.,...), *Alençon* (M. bel ami,...). — b) *Alençon* + *Fontenay*; cf. *Ille-et-V., Caen.* — c) *Alençon.* — d) *Alençon, Fontenay* (... q. est lassé); cf. *Caen.*

18. a) *Fontenay, Seilhac* + *Alençon*; cf. *Normandie.* La leçon de *Fontenay* et *Normandie* (« franche *ou* rusée catin ») est évidemment un euphémisme, substitué par les chanteurs ou les rédacteurs au mot tout franc que la version alençonnaise a gardé à la str. 17. — b) *Normandie* (... vos m.), *Canada* (... tes doigts); cf. *Alençon, Fontenay, Caen; Moncontour, Auvergne.*

   — « Sont dans le coffre au pié du lit.
Voilà la clé pour les quérir. »

19.

   — « Marianson, dame gentil,
Pourquoi ne me l'as-tu pas dit? »
   — « Renaud, Renaud, mon dous ami,
M'en avez-vous donné loisir ? »

20

   — « N'est-il barbier ni médecin,
Qui puisse mettre ton cors sain ? »
   — « Il n'est barbier ni médecin
Qui puisse mettre mon cors sain. »

c) *Canada, Moncontour* (... de mon l.), *Ille-et-V.* (... de mon cof.); cf. *Provence, Valfe nera, etc.* — d) *Ille-et-V., Auverné, Moncontour* (Tenez,... allez...); cf. *Provence, Fontenay, Turin, etc.*

En *c d*, une variante alençonnaise (que le remanieur de *Caen* a amplifiée et modifiée de façon à la faire cadrer avec le contexte) prête à Marianson cette réponse d'une horreur tragique :

      « Ils sont là-bas, dans ces verts prés
      Où mes deux bras sont demeurés. »

La leçon est belle, mais évidemment étrangère à l'original ; car elle suppose les anneaux actuellement aux mains de Marianson, ce qui ôterait toute vraisemblance à la jalousie de Renaud.

   19. a b) *Alençon* + *Fontenay, Turin, etc.* (gentil, *aux strophes précéd.*) ; cf. *Caen.* — c d) *Alençon* + *Caen.*

   20. a b) *Normandie* (... t. c. en s.); cf. *Canada, Moncontour, Alençon, Turin, etc.* — c d) *Normandie* (... m. c. en s.); cf. *Ille-et-V., Alençon.* — La locution « mettre en sain » (= mettre en santé), outre qu'elle fausse les vers *b* et *d* n'est autorisée par aucun exemple; il faut supprimer la préposition *en* et écrire simplement « mettre ton *ou* mon corps sain », cet emploi du verbe « mettre » suivi d'un adjectif étant tout à fait populaire.

21

— « Marianson, dame gentil,
Que te faut-il pour te guérir ? »
— « Ne faut qu'une aiguille et du fil,
Et un drap pour m'ensevelir. »

22

— « Marianson, dame gentil,
Pardonnez à votre mari ! »
— « Oui, ma mort lui est pardonné ',
Mais non celle du nouveau-né ! »

21. a) *Fontenay, Montferrat, Canada* (... joli'). — b) *Fontenay;* cf. *Provence, Canada, Turin, etc.* — c d) *Normandie, Alençon, Ille-et-V.* (Il f...), *Fontenay* (Il me f... Un beau dr...); cf. *Caen, Canada.*
22. a) *Canada, Alençon, Seilhac* + *Fontenay, Turin, etc.* (gentil, *aux strophes précéd.*). — b) *Alençon, Fontenay* (A v. m. p.-lui) ; cf. *Canada, Caen, Seilhac.* — c) *Canada* + *Alençon* ; cf. *Fontenay* et *Caen.* — d) *Alençon, Canada, Fontenay* et *Caen* (... d. petit-né).
Alençon et *Fontenay* ajoutent ce vers, qui ne peut tenir dans le quatrain :

Qu'est mort sans être baptisé.

Provence et les versions piémontaises ne parlent point de pardon, et compliquent le dénouement par le suicide du mari, qui se perce de son épée; selon *Fontenay*, il se brûle avec un tison et meurt deux heures après sa victime : interpolations manifestes.

D'autres versions insèrent mal à propos un épisode qui remplit plusieurs vers; la mourante demande à se confesser : Renaud s'habille en cordelier, et entend ainsi la confession de sa femme et par conséquent sa justification. Ce moyen épique, fréquent chez les anciens trouvères ne se trouve dans la chanson que par une interpolation évidente.

———————

Une chose qui ne peut manquer de frapper le lecteur de cette belle complainte, c'est son air de famille avec celle du *Roi Renaud* : indépendamment de la similitude du rythme , de l'identité de nom du personnage principal, de la strophe 12 de

Marianson qui reproduit trait pour trait, les strophes 1 et 2 du *Roi Renaud*, il faut admirer de part et d'autre le même accent dramatique du dialogue, la même véhémence de souffle, la même intensité de coloris; si bien que l'on dirait presque deux chefs-d'œuvre jumeaux sortis d'une même tête. Mais il ne faut pas, je crois, toute spécieuse qu'elle soit, que l'on s'arrête à cette idée. Si l'auteur du *Roi Renaud* avait fait aussi les *Anneaux de Marianson*, il ne se fût pas imité lui-même à ce point; il eût choisi un autre nom que « Renaud » pour le mari de Marianson, et les mères des deux chevaliers n'auraient pas, pour voir venir leurs fils, monté d'un pas si pareil aux créneaux de la tour seigneuriale. Ce qui est infiniment probable, c'est que le chantre de Marianson, voisin par le temps et par le lieu de celui du Roi Renaud, savait par cœur l'œuvre de son devancier dont il subit, à son insu ou de parti pris, l'influence. Le foyer commun des deux complaintes est la région du Nord-Ouest; l'auteur du *Roi Renaud* qui travaillait sur un gwerz armoricain, vivait certainement aux confins des Bretagnes celtique et française; celui de *Marianson* semble plutôt natif de la Normandie, où sa chanson s'est plus profondément implantée et plus purement conservée que partout ailleurs: il devait être, en tout cas, un peu postérieur au xvi⁰ siècle.

Le thème fondamental de *Marianson* est de ceux qui ont fait la plus ample fortune dans les littératures du moyen âge. On peut le définir: la femme innocente dénoncée comme adultère à un mari jaloux, par un séducteur dont elle a repoussé les avances. Les faits que celui-ci rapporte ne sont que des apparences: le mari, cependant, croit à l'accusation, car, comme le dit Jago, ce grand maître de la trahison, « des bagatelles aussi légères que l'air sont pour les esprits jaloux des preuves aussi dignes de foi que les paroles de l'Évangile », et selon son humeur plus ou moins cruelle, il répudie, emprisonne, torture ou veut occire la malheureuse qu'il juge criminelle. La plupart du temps, l'aventure tourne bien; l'innocence de la victime qui a échappé au trépas ou survécu à ses tourments, éclate enfin à la confusion du traître, et l'épouse reprend sa place auprès de son seigneur désabusé et repentant.

Tel est le sujet d'une multitude d'ouvrages en vers ou en prose, écrits au cours de plusieurs siècles dans toutes les langues de l'Europe, et dont l'analyse et le classement ont fait l'objet d'un travail fort complet de M. Mussafia qui les répartit, selon leurs affinités, en cinq familles ayant pour souche commune un conte arabe des *Mille et une nuits*. Outre le dénouement dont le détail est fort variable, ces familles diffèrent surtout entre elles par le choix du complice que le traître impute à sa victime soi-disant infidèle. Tantôt le prétendu coupable est quelque seigneur rival qu'il enveloppe ainsi dans la vengeance du mari outragé ; tantôt c'est un homme vil, un esclave, qu'il force alors de se coucher aux côtés de la femme endormie, et faisant entrer le mari dans la chambre, il lui met son déshonneur sous les yeux. Mais dans le groupe des œuvres qui se rapprochent le plus de notre chanson, le traître, pour comble d'audace, ne va pas chercher ailleurs le complice de celle qu'il veut perdre, il se dénonce soi-même et étale au mari les preuves apparentes de l'outrage qu'il lui a fait. Cet excès de cynisme s'explique généralement par une gageure étrange : le mari vantant très haut l'impeccable vertu et la beauté sans pareille de sa femme, le séducteur se faisant fort de la posséder en un tour de main. Le pari, accepté par l'époux, est perdu naturellement par le séducteur, mais qui se vante de l'avoir gagné et invoque divers indices à l'appui de son dire : c'est un signe découvert sur le corps de la femme, ou c'est un bijou favori dérobé ou obtenu par ruse.

Voici le drame résumé de Cymbéline, qui représente la dernière élaboration du sujet de cette famille.

Pareille gageure a été faite à Rome, entre Léonatus et l'Italien Jachenio, au sujet de la chaste Imogène, femme de Léonatus et fille du roi breton Cymbéline. Jachenio passe en Grande-Bretagne afin de tenter la chance ; mais rebuté par la sage épouse, il s'introduit par ruse dans son appartement, l'observe pendant son sommeil, remarque un signe qu'elle a sur la gorge, lui prend le bracelet qu'elle porte constamment en souvenir de Léonatus, et revient se vanter à celui-ci de la nuit qu'il a passée près d'Imogène, du signe que ses yeux ont vu et du bracelet qu'on lui a donné. Crédule à ces preuves, Léonatus, hors de lui, mande à son serviteur l'ordre de tuer Imogène; cet ordre, par bonheur, n'est pas exécuté. Après des péripéties compliquées qui aboutissent à une grande bataille entre les Bretons de Cymbéline et les Romains envahisseurs, Imogène déguisée en page, Léonatus et Jachenio, tous prisonniers de guerre, sont amenés devant Cymbéline. Ils se reconnaissent; Jachenio confesse son crime que Léonatus pardonne généreusement, et les deux époux tombent dans les bras l'un de l'autre.

Le prologue de la gageure manque dans la chanson de *Marianson*, et isolée ainsi de cette circonstance, la bravade mensongère du traître apparaît comme la plus monstrueuse insulte que puisse inventer un scélérat; je ne la tiens certes pas pour invraisemblable, et ne doute pas que chez certaines natures brutales et haineuses, la rage du désir inassouvi et de l'orgueil humilié ne puisse emporter jusque là. Pour le reste, la situation est très analogue. Les anneaux d'or de Marianson rappellent fort le bracelet d'Imogène : c'est d'ailleurs un lieu commun de la tradition populaire que des bagues perdues ou volées excitant les soupçons d'un mari jaloux. Mais au prix des fureurs de Renaud, Léonatus passerait pour une âme froide. Quand Renaud aperçoit les anneaux de Marianson aux doigts du félon séducteur on croit assister aux transports d'Othello découvrant le mouchoir de Desdémone dans la main de Cassio : « Le mouchoir! Il avoue. — Le mouchoir! qu'il avoue tout et qu'il meure! Non, qu'il meure d'abord!....... Ah! est-il possible? Il avoue!..... le mouchoir!..... oh démon! »

Ainsi, avec l'hyperbole populaire en plus, Renaud, hagard, se roule par terre et y demeure trois jours et trois nuits. Mais ici ce n'est plus l'épilogue heureux de Cymbéline et de la plupart des poèmes: après la mort de son enfant assommé par son

père sur le sol, Marianson meurt elle-même d'une mort terrible ;
et, pour le genre de cette mort, le poëte n'a rien eu à inventer :
traîner une femme à la queue d'un cheval indompté était un
supplice usité chez les peuples barbares du Nord ; c'est ainsi que
le fils de Frédégonde fit périr la vieille reine Brunehaut et l'on
verra plus loin un chant danois où, pour ses maléfices, une
sorcière est vouée au même châtiment.

*
* *

La chanson de *Marianson* a joui, dans tout l'Ouest, d'une
popularité égale à son mérite et qui s'est attestée de deux ma-
nières.

Premièrement, des rimeurs en ont essayé des imitations litté-
raires(?). Sans parler de Le Flaguais qui a inséré dans ses *Neustriennes* en la gâtant de ses retouches, sous prétexte de la régulariser, une version alençonnaise du chant populaire, il y a lieu
de citer trois poèmes sur ce même sujet.

Le premier, vers la fin du xviiie siècle, intitulé *Adélaïde et
Ferdinand* ou *les Trois anneaux*[1], longue pièce en octosyllabes,
et d'un style troubadour que l'on pourra juger d'après cette
citation des strophes du début et de la fin :

. . . .
Jadis, vers l'antique Neustrie,
Adélaïde et Ferdinand
Payaient à leur chère patrie
Le tribut d'un amour constant.

---

1. Cette romance a eu, hors de France, une assez amusante destinée. Le
savant HOFFMANN VON FALLERSBEBEN, qui avait le goût et l'habitude des
chants traditionnels, l'entendit un jour, la retint et s'avisa d'en composer en
sa langue, un lied à la manière populaire, en se réservant de spécifier plus tard
les circonstances où il l'avait recueilli. Un critique avisé n'aurait pas eu de
peine à déceler le faux ; cependant les folk-loristes l'acceptèrent sans hésiter et
n'en firent point de doute ; le lied fut cité dans les recueils jusqu'à ce que,
vingt ans après, HOFFMANN avouât de lui-même sa mystification que rappelle,
dans des proportions superbement amplifiées, la *Guzla* pseudo-bulgare de
MÉRIMÉE.

Ferdinand, héros intrépide,
Se reposait sur des lauriers,
Et sur le sein d'Adélaïde
Comptait tous ses exploits guerriers.

. . . .

. . . .

D'un faux ami, voilà l'ouvrage :
Le trop farouche Ferdinand
Prend son épée avec courage,
Se la plonge, hélas ! dans le flanc ;
Il meurt auprès d'Adélaïde
Troublé de remords déchirants.
C'est ainsi que cet homicide
Termine ses derniers moments !

Vers l'an II de la République, un certain Louis du Bois, qui était une âme sensible en même temps qu'un cuistre jacobin, reprit sous les noms de *Laure et Lancrelle* la fiction de *Marianson*, y plaçant, dans les deux premières strophes, un acte d'accusation contre l'ancien régime et la barbarie féodale :

Au berceau de la Monarchie
Quand, sans défense et sans vengeurs,
Notre féodale anarchie
Nous livrait à mille oppresseurs,
Cœur froid, âme basse et cruelle,
Terreur du noble et du vilain,
D'Alençon l'horrible Lancrelle
Devint un jour le châtelain.

Laure, par des parents avares,
Laure, pure et douce beauté,
Fut livrée en ces temps barbares
Aux lois de Lancrelle enchanté.
Plus qu'aujourd'hui, par l'hyménée,
Objet d'un trafic criminel,
On enchaînait la destinée ;
Plutus régnait même à l'autel.

. . . .

Enfin, plus récemment, E. de Lonlay mettait la légende en de vagues alexandrins de l'effet de cet échantillon[1].

. . . .

Si j'en crois la légende à tout propos citée,
Cette tour devait être autrefois habitée
Par une jeune femme à la rare beauté.
Par son mari jaloux, digne de Barbe-bleue,
Elle fut méchamment attachée à la queue
Du coursier le plus vif et le plus indompté.

L'animal, emporté par sa fougue sauvage,
Traîne l'infortunée au séduisant visage
Dans les nombreux détours du grand parc d'Alençon,
Et les arbres altiers des puissantes futaies,
Aussi bien que la ronce et l'épine des haies,
S'empourprèrent du sang de Mariette Anson.

. . . .

En second lieu, Marianson jetait de si profondes racines dans le sol normand qu'elle y faisait pousser toute une floraison de légendes locales où certains ont voulu chercher le germe de la chanson, mais qui n'en sont, je crois, que la conséquence. A Alençon surtout la légende a pris une consistance particulière, mêlée à une histoire de Dame blanche ; on y montre, dans le Château, la « Tour couronnée » où l'on voyait, dit-on, apparaître vers minuit, une forme blanche qui s'évanouissait après avoir jeté un cri déchirant, et qui n'était autre que le spectre de Marianson. C'est dans les allées du parc qui l'entoure qu'elle aurait été traînée à la queue d'un cheval, laissant aux branches des arbres des lambeaux de sa chair[2]. Le lointain souvenir des

---

1. Voir ces trois pièces intégralement reproduites dans l'étude de L. DE LA SICOTIÈRE, sur *Marianson* (*Bulletin de la Soc. hist. et archéol. de l'Orne*, I, Alençon, 1883). Cette étude m'a aussi fourni les renseignements qui suivent sur les localisations normandes de la légende de Marianson.
2. La version nivernaise de Montigny-aux-Amognes a été résolue en un conte où il n'est plus trace de vers, et l'on fait aussi voir, aux environs de ce village, les taillis parmi lesquels fut traîné le corps sanglant de Marianson.

Talvas, dynastie de mauvais maris, qui, de père en fils, répudiaient, emprisonnaient ou tuaient leurs femmes, a pu servir de port d'attache à la légende. A Rouen, un Talvas fit subir à sa femme le même traitement. Enfin, près de Caen, on montre l'emplacement de la Croix pleureuse, monument édifié en souvenir de l'épouse de Guillaume le Bâtard, attachée à la queue d'un cheval, sur l'ordre de son mari qui suspectait sa fidélité.

En dernier lieu, la romance d'*Adélaïde et Ferdinand*, citée plus haut comme une forme affadie de *Marianson*, avait produit, en Suisse romande, la légende du *Sire de Vanel*, qui, transportée en Allemagne, est devenue la célèbre légende d'*Ida de Toggenburg*.

XVI

MARGUERITE OU LA BLANCHE BICHE

CATALOGUE DES VERSIONS

France d'oïl

Tourouv ~ (Orne) : VAUGEOIS, *Hist. des Antiquités de la ville de l'Aigle* (notes), 1841. — Repr. par DE BEAUREPAIRE, *Études sur la poés. pop. en Normandie*, et par ROLLAND, *Mélusine*, II.
Version dérivée dans E. SOUVESTRE, *Les derniers Paysans*, I, 1851.
— Repr. par HAUPT, *Franzœsische Volkslieder*; par ROLLAND, *Mélusine*, II; et par WEKERLIN, *L'Anc. Chanson pop. en France*[1].
Neufchâtel (Seine-Inf^{re}) : DE BECKER, d'après un imprimé de DECORDE, *Poés. pop. de la France*, II, mss. B. N., réd. avant 1854.
— Repr. par ROLLAND, *Mélusine*, II.
Bretagne 1 : J.-J. AMPÈRE, d'après ROULIN, *Poés. pop. de la France, Instructions*, 1853. — Version reprod. avec quelques inexactitudes par DECOMBE, *Chans. pop. d'Ille-et-Vilaine*.
Fontenay-le-Marmion (Calvados) : LEGRAND, *Romania*, X, r. 1876.
Bretagne 2 : DECOMBE, *Chans. pop. d'Ille-et-Vilaine*, 1884.

---

1. Je mentionne ici cette version, souvent citée; mais il n'y a aucun compte à en faire pour l'établissement du texte. Elle n'est qu'un remaniement littéraire de la rédaction de Vaugeois, imprimée dix ans auparavant : Souvestre s'est contenté de substituer des rimes variées à l'assonance uniforme et d'ajouter quelques vers à effet.

Poitou 1 : ROLLAND, *Mélusine*, II, 1885.

Saint-Denis-le-Vêtu (Manche) : COURAYE DU PARC, *Mélusine*, VI, r. 1890.

Poitou 2 : PINEAU, *Le Folk-Lore du Poitou*, 1892.

Sévigné (Vendée) : TRÉBUCQ, d'après MÉTAY, *La Chans. pop. en Vendée*, 1896.

FORMULE RYTHMIQUE

Complainte. Vers de 12 syl. = 6 + 6, féminins, uniformément assonancés en $i + e$. Ces vers sont normalement groupés en tercets (en distiques dans *Saint-Denis* et *Sévigné*; isolés, ailleurs).

TEXTE CRITIQUE

I

Celles qui vont au bois,   c'est la mére et la fille.
La mére va chantant,   et la fille soupire.
« Qu' av' -ous à soupirer,   ma fille Marguerite ? »

2

— « J'ai bien grande ire en moi,   et n'ose vous le dire :
Je sui fille sur jour   et la nuit blanche biche.
La chasse est après moi,   les barons et les princes,

3

« Et mon frére Renaud,   qui est encor le pire.
Allez, ma mére, allez   bien promtement lui dire
Qu'il arrête ses chiens   jusqu'à demain ressie. »

1. a) *Tourouvre ;* cf. *Fontenay, Sévigné, etc.* — b) *Tourouvre* (... y va...) ; cf. *Fontenay, Bretagne 1, Sévigné.* — c) *Poitou 1* et *Sévigné* (à soupire) + *Fontenay, Tourouvre.* — Le nom de la fille est nécessairement un mot de quatre syllabes, en *i* + *e :* la leçon normale « Marguerite » a été altérée en « Catherine » (*Neufchâtel*) et « Argentine » (*Saint-Denis*).

2. a) *Tourouvre* + *Bretagne 1* ; cf. *Neufchâtel.* « Ire » = = chagrin (voy. le *Glossaire* de LACURNE DE SAINTE-PALAYE, VI). *Tourouvre* met « *un* grand ire », mais « ire », au masculin, est sans exemple, d'où la correction proposée. — b) *Tourouvre, Poitou 1* et *Saint-Denis* (... le j...) ; cf. *Poitou 2, etc.* — c) *Tourouvre ;* cf. *Fontenay, Saint-Denis, Bretagne 1.* — « Princes », prononcez : *pri-nces,* la nasalisation de l'*i* s'étant faite tardivement dans la langue d'oïl. — L'alliance des mots « baron » et « prince » est traditionnelle : cf. le v. 8 de *la Pernette.*

3. a) *Saint-Denis, Tourouvre* (... m. fr. Lion...) ; cf. *Neufchâtel, etc.* — b) *Tourouvre ;* cf. *Sévigné, Neufchâtel, Poitou 1, Saint-Denis.* — c) *Tourouvre :* cf. *Saint-Denis, Poitou 2.*

Le nom du frère, nécessairement dissyllabe est « Renaud » dans *Neufchâtel, Saint-Denis, Poitou 1 ;* d'où « René » dans *Sévigné,* et, par une méprise

4

« Où sont tes chiens, Renaud,   et ta chasse gentille? »
— « Ils sont dedans le bois   à courre blanche biche. »
— « Arrête-les, Renaud,   arrête, je t'en prie! »

5

Trois fois les a cornés   o son cornet de cuivre ;
A la troisième fois,   la blanche biche est prise.
« Mandons le dépouilleur,   qu'il dépouille la biche ! »

6

Celui qui la dépouill'   dit : « Je ne sai que dire :
El a les cheveux blonds   et le sein d'une fille. »
A tiré son couteau,   en quartiers il l'a mise.

7

En ont fait un dîner   aus barons et aus princes.
« Nous voici tous illec :   faut ma sœur Marguerite? »
— « Vous n'avez qu'à manger !   Sui la première assise;

subséquente, dans *Poitou* 2 « frère aîné » (pour « frère René »). — « Ressie », « ressiée » vieux mot encore usité dans la France de l'ouest, signifie la
sieste et la collation que les paysans font sur le coup de midi; « une heure
de ressie » était synonyme de « une heure de relevée ».

4. a) *Bretagne* 2 (... Lion...); cf. *Sévigné, Tourouvre, Neufchâtel*. —
b) *Bretagne* 2, + *Neufchâtel*; cf. *Tourouvre, Sévigné*. — c) *Tourouvre*.

5. a) *Tourouvre* + *Bretagne* 1; cf. *Neufchâtel, Sévigné, Bretagne* 2. « O »
= avec. — b) *Bretagne* 2, *Neufchâtel* (Mais !...) ; cf. *Tourouvre, Bretagne* 1,
etc. — c) *Tourouvre*.

6. a b) *Tourouvre*. — c) *Bretagne* 2 + *Fontenay* et *Sévigné* (couteau); cf.
Poitou 2.

7. a) *Bretagne* 1 + *Bretagne* 2 ; cf. *Neufchâtel, Saint-Denis, Poitou* 2. —
b) *Bretagne* 1 + *Tourouvre*; cf. *Poitou* 2, *Saint-Denis, Fontenay*. « Faut »
au sens étymologique = [il] manque. — c) *Tourouvre* + *Bretagne* 2, *Fontenay, Sévigné*.

8

« Ma tête est dans le plat   et mon cœur aus chevilles,
Mon sang est répandu   par toute la cuisine,
Et sur *les* noirs charbons,   mes povres os y grillent. »

8. a) *Tourouvre;* cf. *Fontenay, Saint-Denis, Poitou* 2, aussi *Bretagne* 1 et 2.
— b) *Bretagne* 1, *Poitou* 2 (... sur t. l. c.); cf. pour le dernier mot *Tou-rouvre, Bretagne* 2, *Sévigné.* — c) *Saint-Denis* (.. s. vos n. ch...); cf. *Fontenay.*
— Le possessif « vos », étant ici dénué de sens, il convient de rétablir l'article.

Cette fin a semblé brusque à quelques chanteurs, qui ont ajouté, pour conclure, diverses platitudes négligeables.

——— ———

Cette chanson, par la couleur modérément archaïque du style, peut remonter jusqu'au XVIe siècle avancé. La patrie n'en est guère douteuse : des expressions telles que *o* (= avec) *illec, ressie,* un foyer nettement borné à la Bretagne et aux provinces limitrophes, tout déclare qu'elle est née en terre bretonne. D'autre part, comme les collections réunies de Dufilhol, La Villemarqué, Penguern, Luzel et Ernault ne contiennent pas trace d'un gwerz armoricain similaire, il est avéré que *la Blanche Biche* fut directement composée par un Breton de langue française. Mais d'où venait à ce Breton l'étrange et sauvage histoire qu'il a mise en vers ?

A première vue, le thème de la chanson, — une fille périodiquement métamorphosée en biche, et, sous cette forme, tuée à la chasse par son frère — n'est pas d'origine romane. Il est vrai que la croyance au « garou [1] » est répandue à peu près par toute l'Europe, et qu'il sévit, aux XVIe et XVIIe siècles, dans plusieurs de nos provinces françaises, d'effroyables épidé-

———

1. Encore faut-il observer que le mot « garou » n'est qu'une forme romanisée du scandinave *var-ulv* (= homme-loup) : c'est donc à tort que l'on dit loup-garou, le mot « garou » contenant à lui seul le mot loup.

mies de « lycanthropie »[1]. Déjà l'Odyssée homérique (chant X)
montre la divine Circé changeant par l'effet d'un breuvage
magique les compagnons d'Ulysse en loups, en porcs et en
lions. Mais c'est dans les races septentrionales que ces thèmes
de magie abondent. Parmi les *Lais* de Marie de France, —
qui ne sont que l'élaboration française d'une matière celtique,
— on trouve celui du *Bisclavaret*, où un chevalier est changé
en loup trois jours par semaine, et celui d'*Ywenec* dont le
héros prend chaque soir la forme d'un épervier, afin de voler
jusqu'à la fenêtre de sa belle, enfermée dans une tour. La ballade écossaise de *Kemp-Owyn* (CHILD, *The engl. and scott. pop.
Ballads*, n° 34, II : deux versions) nous montre une vierge
muée en bête marine qui jette du feu, jusqu'à ce que le baiser
d'un chevalier ait rompu le charme. Mais c'est chez les nations
scandinaves qu'on ferait en ce genre la plus abondante récolte :
les sagas de leurs anciens poètes, les vise de leurs chanteurs
populaires sont pleines d'êtres humains temporairement chan-
gés, par un maléfice, en oiseaux, en ours, en biches.

Pour en donner un exemple assez typique, j'emprunterai à la
saga norvégienne de *Hrólfr. Kraki*, rédigée vers le XVe siècle et
qui par ses sources peut remonter au XIIIe (publiée par RAFN,
Fornaldar Sögur, I, Copenhague, 1829), l'épisode de *Biörn*,
qu'on peut résumer comme il suit :

Hringo, roi de l'Upland, avait un fils unique, beau et brave,
nommé Biörn, qu'un mutuel amour attachait à Béra, fille d'un
guerrier. Or le roi, devenu vieux, s'éprit d'une magicienne et l'épousa.
Celle-ci conçut pour son beau-fils une passion criminelle, la lui
déclara pendant une absence du roi ; mais repoussée par Biörn et
furieuse de ses dédains, la Phèdre scandinave le frappa en disant :
« Fuis dans les bois !.. Vis poursuivant, et meurs poursuivi ! »
Après ces mots, Biörn disparut ; mais de ce jour, il n'était bruit que
des ravages exercés dans les troupeaux du roi par un ours noir d'une
stature et d'une férocité prodigieuses.

---

1. Les Grecs avaient leurs lycanthropes (λυκανθρωπος), qui verbalement et
physiquement sont identiques à nos « garous ».

Une fois que l'infortunée Béra se trouvait seule, elle vit soudain l'ours s'approcher d'elle ; d'abord épouvantée, les caresses de l'animal et la tendresse humaine de son regard lui firent deviner l'âme de Biörn ; elle le suivit jusqu'à son repaire, et là elle le vit reprendre, comme il arrivait à de certaines heures, son visage humain. Elle se donna donc à lui et vécut dans son antre. Mais Biörn un jour se sentit le cœur plus triste; il prédit à Béra sa mort prochaine, qu'on servirait sa chair sur la table du roi, et qu'on voudrait lui en faire manger à elle-même ; il ajouta qu'elle enfanterait bientôt trois fils. Puis, l'instant étant venu que le sortilège opérait, il s'élança pour chercher sa proie. Béra le suivait de loin. Et voici qu'un bruit de chasse se fit entendre : c'était le vieux roi, escorté de sa cour, qui marchait à la poursuite du monstre. L'ours se défendit tant qu'il put ; à la fin il succomba, percé de la main paternelle. Sa chair fut apprêtée pour le festin du roi, et la marâtre de Biörn, ayant fait saisir Béra, l'obligea par force d'avaler une bouchée de l'horrible viande. Béra dans la suite accoucha de trois enfants ; l'aîné fut un héros, vengea son père, et tua la magicienne.

Cet ancien thème de *Biörn* a d'évidentes affinités avec celui de *la Blanche Biche*. Mais il serait plus intéressant encore de retrouver la propre histoire de cette Fille-biche dans la tradition populaire scandinave : elle s'y trouve en effet.

Il existe une vise suédoise intitulée *Den förtrollade Jungfrau* (La vierge enchantée), dont ARWIDSSON (*Svenska Fornsänger*, n° 136, II) a publié deux versions rédigées au XVIIe siècle. En voici la traduction d'après la version *A*, qui dans l'ensemble est la meilleure, corrigée toutefois et complétée au moyen de la version *B*.

La mère recommandait à son fils — *Voyez les animaux dans l'île !* — de laisser paître la biche [1] — *Comme ils courent gaiement !* —

---

1. Ce 2e vers qui manque dans *A* est fourni par *B*; de même le refrain.

« Tire les cerfs et tire les chevreuils, mais la jolie biche laisse-la aller !

Tire les cerfs et tire les lièvres, mais la jolie biche, laisse-la fuir [1] ! »

Le jeune homme [2] mit son arc sur l'épaule, il s'en retourna au bois.

Quand il arriva dans le bois, la biche joua gaiement devant lui [3].

Le jeune homme banda son arc, il fit partir la flèche pointue ;

La flèche pointue qu'il a tirée blessa la jolie biche.

Le jeune homme ôta ses gantelets, et lui-même dépouilla la biche,

Il dépouilla la nuque de la biche, il y trouva les cheveux d'or de sa sœur [4].

Il dépouilla le flanc de la biche, il y trouva la cassette d'or de sa sœur.

Il dépouilla le poitrail de la biche, il y trouva les anneaux d'or de sa sœur.

Le jeune homme jeta son couteau sur le sol : « Voilà que j'ai oublié les paroles de ma mère ! »

Le jeune homme tendit son arc avec son pied, et lui-même perça son cœur rouge [5].

La caractéristique principale de la version *B* est que la Fille-biche, victime des maléfices d'une marâtre, est non point la sœur, mais la fiancée du jeune homme. Cette vise, allongée et déformée par un mélange d'éléments parasites hétérogènes, a été recueillie à plusieurs reprises en Danemark (GRUNDTVIG, *Danmarks gamle Folkeviser*, II, nº 58, et KRISTENSEN (*Jydske Folkviser*, III, nº 7). Comme dans *B*, le jeune homme a nom « sire Pierre » et comme dans *A*, il est le frère de la fille enchantée. Le drame est présenté de même : son noyau central demeuré à peu près intact, a subsisté d'une façon recon-

---

1. Strophe fournie par *B*.

2. Il se nomme « Sire Pierre » dans *B*.

3. D'après *B*, le chasseur est allé dans un « bosquet de roses » (*rosens lund*), et la biche joue « devant son chien ».

4. D'après *B*.

5. D'après *B*.

naissable, comme l'on peut en juger par ces six couplets empruntés au texte de Grundtvig :

Et [sire Pierre] se rendit à la Roseraie : la petite biche joua devant son chien.

La petite biche joua à ses pieds, il oublia de la laisser aller.

Il épaula son fusil, et ainsi il tua la petite biche.

Sire Pierre ôta ses gantelets, et se mit à dépouiller la biche.

Il dépouilla jusqu'à la nuque de la biche, et il y trouva les cheveux bouclés de sa sœur.

Il dépouilla jusqu'au flanc de la biche, et il y trouva les mains si blanches de sa sœur.

Mais à partir de ce vers, un interpolateur danois a soudé un dénouement compliqué, emprunté à divers thèmes magiques. La biche, bien que dépouillée, se met à parler à Pierre et lui conte comme quoi, par les méchants artifices de sa marâtre, qui est fée, elle a été successivement métamorphosée en ciseaux, en épée, en lièvre, enfin en biche : elle ne doit reprendre sa forme humaine, qu'après avoir bu du sang de son frère. Pierre aussitôt se coupe aux cinq doigts, et le sang avalé, la biche ressuscite.

On en a signalé aussi un vestige dans la poésie populaire d'Écosse. CHILD, n° 15, I, donne sous le titre de *Leesome Brand*, une ballade imitée d'une vise scandinave, et qui n'a pas de rapport avec les données de la Fille-biche (il s'agit d'un couple d'amants fugitifs, la femme qui meurt en couches, l'homme qui se tue) : or, suivant la rédaction de cette ballade (28ᵉ couplet) la femme fait à son époux cette recommandation :

> Prenez garde de ne pas toucher à la blanche biche,
> Car elle est de l'espèce femme.

Ce couplet, sans liaison avec le contexte, et qui paraît s'être implanté là par une association d'idées fortuite, répond assez bien au 4ᵉ vers de la vise suédoise :

Mais la jolie biche, laisse-la aller.

En somme, malgré les différences de thème qui existent entre *la Vierge enchantée* suédoise, et la *Blanche Biche* française, il y a tout lieu de croire que le chansonnier breton tenait tous les éléments de son œuvre de la tradition scandinave : quant à la migration d'un chant de cette langue, vers les côtes de Bretagne, c'est là un fait normal et dont nous retrouvons d'autres exemples; les populations maritimes n'échangent-elles pas leurs richesses poétiques avec la même facilité qu'elles font leurs autres produits, et n'est-ce point un merveilleux véhicule pour la chanson que les fleuves et la mer ?

XVII

LA COURTE PAILLE

CATALOGUE DES VERSIONS

France (oïl et oc)

Ossau : MAZURE, *Histoire du Béarn*, 1839 (trad. franç. d'un texte dialectal).

Indéterminé 1 : DE LA LANDELLE, *Les Fêtes à bord*, dans *le Prisme*, 1841. — Repr. par RATHERY dans *le Moniteur*, 1853.

Indét. 2 : CLAIRVILLE, *Méridien*, comédie-vaudeville, 1852.
— Version identique donnée comme dieppoise, dans les *Poés. pop. de la France*, III, mss. B. N., réd. 1855.

Loudéac (C.-du-N.) : ROUSSELOT, *Poés. pop. de la France*, III, mss. B. N., r. 1855. — Publ. dans *Mélusine*, II.

Blanc (Creuse) : *Ibid.*, III, r. 1855.

Vendée : *Ibid.* [s. d.].

Bretagne 1 : *Le Journal des Enfants*, 1861, repr. par ROLLAND, I.

* Provence : ARBAUD, *Chants pop. de la Provence*, I, 1862 (version avec variantes).
— Version presque identique dans les *Poés. pop. de la France*, III, mss. B. N., r. 1855.

Champagne¹ : C. MARELLE, *Bibliothèque univ. et Rev. suisse*, LV, 1876.

---

1. Mais recueillie de la bouche d'un matelot.

Bretagne 2 : ERNAULT, *Mélusine*, I, 1877 (version avec variantes).

Sérignac (Lot) : DAYMARD, *Vieux Chants pop. rec. en Quercy* (version légèrement patoisée). — D'abord imprimée par le même, en 1878.

Indét. 3 : KUHFF, *Les Enfantines du bon pays de France*, 1878.

Velay : SMITH, *Rev. des Langues romanes*, XVI, 1879.

Indét. 4 et 5 : *Intermédiaire des Chercheurs et des Curieux*, XII, 1879.

Neufchâtel (Suisse) : GODET, *Échos du bon vieux temps*, 1881.

* Cauzac (Lot-et-Gar.) : BLADÉ, *Poés. pop. de la Gascogne*, III, 1882.

Indét. 6 : ROLLAND, d'après DE L'ÉPINAY, *Rec. de Chans. pop.*, I, 1883.

Ille-et-Vilaine 1, 2 et 3 : DECOMBE, *Chans. pop. d'Ille-et-Vilaine*, 1884.

Montfort (Ille-et-V.) : ORAIN, *Mélusine*, II, 1885.

Nivernais : MILLIEN, *Mélusine*, III, 1886.

Indét. 7 : DE COLLEVILLE, *la Tradition*, VI, 1892.

Quercy : FROMENT DE BEAUREPAIRE, *ibid.*, VIII, 1894.

* Limousin : J. ROUX, *Lemouzi* (périodique), 1896.

Saint-Malo : HARVUT, *inédit* [s. d.].

Hondschoote (Nord), fragm. : *Inédit* [s. d.].

Catalogne

Cat. *K* :
Majorque : } BRIZ, *Cans. de la Terra*, IV, p. 33, 1874.

Cat. *A, B, C, D, E, F, G, H, I* : MILÀ, *Romancerillo catalan* (n° 215), 1882.

FORMULE RYTHMIQUE

Chanson à danser. Vers de 16 syl. = 8 + 8, masculins, uniformément assonancés en *é*; chaque vers, pourvu d'un refrain intérieur, forme couplet.

Dans les versions provençales et catalanes, par suite de la persistance de l'*a* tonique latin, les rimes en *é* sont devenues des rimes en *a*. De plus, certaines versions catalanes ont réduit le vers à 14 syl. = 7 + 7.

TEXTE CRITIQUE

Il étoit un petit navire,

1 Il étoit un petit navire, dessus la mer — *ma lon lon la!*
dessus la mer s'en est allé.

2 A bien été sept ans sur mere sans jamais la terre aborder.

3 Au bout de la septième année, les vivres vinrent à manquer.

4 Faut tirer à la courte paille, savoir lequel sera mangé.

5 Le maître qu'a parti les pailles, la plus courte lui a resté.

6 S'est écrié : « O Vierge Mére! sera donc moi sera mangé! »

1. *Indét.* 2, *Indét.* 3 et 5 (... qui sur l. m...), *Ille-et-V.* 2 (C'est u. joli... dedans l. m...); cf. *Champagne, Indét.* 1 et 7, *etc.*; aussi *Vendée, Loudéac, Provence, etc.* (où il est question de trois vaisseaux), *Cat. A, B, etc.* et *Majorque* (sept vaisseaux); *Ille-et-V.* et *Montfort* (trois marins). La forme du refrain, avec redoublement du 1er hémistiche, résulte de *Bretagne* 1, *Loudéac, Vendée. Indét.* 5 ; comp. aussi *Indét.* 1 et 2, *Saint-Malo, etc.*, où la structure strophique est la même, l'onomatopée étant remplacée par la répétition de la 4e syllabe du second hémistiche.

2. *Blanc, Nivernais* (A b. marché...) + *Ille-et-V.* 1, *Montfort, Vendée, etc.*, cf. *Loudéac, Velay, etc.*

3. *Montfort, Velay* (... nous ont m.) ; *Indét.* 4, 5, 6 et 7, *etc.* (...cinq à six semaines...); *Blanc, etc.* (... l. pain, l. vin leur ont m.); cf. *Provence, Ossau, etc.*

4. *Indét.* 1 et 6, *Ille-et-V.* 2 et 3, *etc.*, *Ille-et-V.* 1 ; cf. *Provence, Loudéac, etc.*

5. *Provence, Bretagne* 1 (... q. tenait...), *Ille-et-V.* 2 (Celui q. avait fait... tombé), *Ille-et-V.* 3, *etc.* (L. capitaine...) ; cf. *Quercy, Bretagne* 2, *etc.* « Le maître » du navire, expression plus ancienne que « le capitaine ».

6. *Indét.* 2 et 3, *Champagne, Ille-et-V.* 2 ; cf. *var. Bretagne* 2, *Indét.* 4, *Saint-Malo.* — Cinq versions donnent bien au 2e hémistiche, cette ellipse violente : « Sera donc moi (qui) sera(i) mangé » ; que l'on doit tenir pour la leçon originale.

7 Le mousse lui a dit : « Mon maître,　pour vous je me lairrai m[...]

8 Mais auparavant que je meure,　au haut du mât je veus mont[...]

9 Quand il fut dedans la grand hune,　a regardé de tous côtés.

10 Quand il fut monté sur la pomme,　le mousse s'est mis à cha[...]

11 « Je voi la tour de Babylone,　Barbari' de l'autre côté.

12 Je voi les moutons dans la plaine　o la bergère à les garder.

13 Je voi la fille à notre maître,　à trois pigeons donne à mang[...]

14 — « Ah! chante, chante, vaillant mousse,　[chante], t'as bien de
[quoi chanter :

15 T'as gagné la fille à ton maître,　le navire qu'est sous tes piés! »

7. *Montfort* + *Ille-et-V.* 1 et 3; cf. *Indét.* 1 et 7, *Bretagne* 2, *Ille-et-V.* 2, etc.

8. *Bretagne* 2 ; cf. *Bretagne* 1, *Ille-et-V.* 1, *Cauzac*, etc.

9. *Ille-et-V.* 1 + *Ille-et-V.* 3, *Indét.* 7, *Saint-Malo*, *Bretagne* 1, etc.; cf. *Loudéac*, *Limousin*, etc.

10. *Provence*, *Champagne* + *Cauzac*, *Sérignac* ; cf. *Indét.* 3 et 7 ; *Cat. A, B, C, G*.

11. *Vendée*, *Ille-et-V.* 2, *Indét.* 7 ; cf. var. *Bretagne* 2 (... et le Maroc des deux c.), *Montfort*, *Limousin*, *Bretagne* 2, *Nivernais*, etc., *Cat. A, D, K.* — D'après *Nivernais* et qq. autres versions, il est question au 2e hémistiche de pigeons « volant autour » (de la tour): ces pigeons proviennent sans doute du v. 13. — « Babylone » (d'Égypte) = le Caire, dans l'ancienne nomenclature géographique.

12. *Indét.* 1, *Ille-et-V.* 2 + *Ille-et-V.* 1 (o des berg.); cf. *Loudéac*, *Velay*, *Nivernais*, etc.

13. *Ille-et-V.* 2. *Quercy* + *Bretagne* 2, *Indét.* 7 ; cf. *Bretagne* 1, *Indét.* 4, etc. — D'après beaucoup de versions, la fille se peigne « sous un oranger », « un laurier » ou « un rosier », ou encore « à sa fenêtre ». D'après *Cat. D, F, I*, elle est au balcon. *Cat. G* a retenu le pigeon (« palometa »), en changeant complètement d'ailleurs le sens du vers.

14. *Provence* ; cf. var. *Provence* et *Cat. D, E, F, K* (gaillard mousse).

15. *Provence* + *Ille-et-V.* 2, *Bretagne* 2, *Indét.* 7 ; cf. *Vendée*, *Blanc*, *Nivernais*.

Cette célèbre chanson de matelots est évidemment originaire du littoral de la France d'oïl, et plutôt, à tenir compte de son principal foyer, du littoral breton ou poitevin. Le caractère assez archaïque du prototype français permet de la dater du XVIᵉ siècle. Au cours du XIXᵉ, chacun sait que la chanson, passée du peuple à des milieux lettrés, y fut tournée en « scie d'atelier »; cette forme parodique, dont *Bretagne 2, Indét. 1, Hondschoote*, etc. offrent des spécimens, est caractérisée par un vers de début ainsi dépravé :

> Il était un petit navire, qui n'avait jamais navigué,

par la formule finale :

> Si cette histoire vous emb...., nous allons la recommencer,

et par ce fait que le mousse est effectivement mangé à la sauce piquante ou à la sauce blanche [1].

La Courte Paille, apportée par des marins français aux côtes de Provence et de Gascogne, s'y est accommodée aux dialectes d'oc; enfin une version provençale a très naturellement fait souche en Catalogne. Ces versions méridionales présentent toutes, quant au sens, une altération caractéristique, par où le dévouement du mousse perd étrangement de sa valeur : ce garçon n'offre plus de se laisser manger à la place du capitaine, il se borne, sur les instances et les promesses de celui-ci, à grimper au mât pour observer l'horizon — ce qui d'un mousse n'a rien de bien méritoire; — il découvre la terre, et ainsi le capitaine a la vie sauve.

Le romance portugais *A nau Cathrineta* (la « Sainte-Catherine » fut un vaisseau fameux au XVIᵉ siècle, dans les fastes maritimes du Portugal), n'est qu'une adaptation dialectale de *la Courte Paille* catalane, a quoi les matelots portugais ont brodé une finale orgueilleuse à la gloire de leur illustre nef. Le capitaine sauvé énumère à son mousse les récompenses

1. Voy. *l'Intermédiaire des Chercheurs et des Curieux*, tom...

qu'il lui destine : sa fille en mariage, autant d'argent qu'il en voudra, un cheval qui n'a pas son pareil... — « Non, riposte l'autre, je veux la Catherinette ! » — « La Catherinette, ami, elle n'est à personne, elle est au roi de Portugal ! » (A. GARRETT, *Romanceiro*, III : version indéterminée, avec des variantes d'Estramadure, Minho, Lisbonne, etc. — BRAGA, *Romanceiro geral*, n° 23 et *Cant. pop. do Archip. açoriano*, n° 37, 5 versions).

Tel est le romance d'après les versions les plus sincères, celle de Lisbonne et les cinq des îles Açores. Mais il existe aussi, tant en Catalogne (BRIZ, *Cans. de la Terra*, IV, version majorquine) qu'en Portugal (GARRETT, *loc. cit.*, version principale), un type contaminé, caractérisé par un dénouement inattendu et fantastique : le sauveur du capitaine apparaît tout à coup comme le Diable en personne, et veut avoir son âme pour loyer ; à quoi le capitaine oppose le refus le plus édifiant [1]. La raison de cette bizarre variante ne doit pas être cherchée ailleurs que dans une petite cantilène espagnole, *El Marinero*, connue par une version asturienne (BRAGA, *Romanceiro geral*, en note) et plusieurs rédactions catalanes (MILÀ, *Romancerillo*, n° 34 : *A, B, C, A'*), celles-ci d'ailleurs, toutes mêlées de mots castillans qui la déclarent adventice : l'interlocuteur infernal du matelot, nommément désigné dans la tradition de Catalogne, laisse seulement deviner, d'après le chanteur asturien, sa qualité satanique. Voici la traduction du texte asturien :

Un matin de la Saint-Jean, un marinier tomba dans l'eau. « Que me donneras-tu, marinier, pour que je te retire de l'eau ? » — « Je te donne tous mes vaisseaux chargés d'or et d'argent. » — « Point ne veux de tes vaisseaux, de ton or ni de ton argent ; je veux avoir, quand tu mourras, ton âme. » — « Mon âme, je la livre à Dieu, et mon corps à la mer salée ! »

---

1. On trouve une traduction de la version-type de GARRETT et de la majorquine de BRIZ dans *Mélusine*, III, cc. 45-47.

Ces quelques vers, circulant le long du littoral ibérique dans les mêmes bouches que la chanson de *la Courte Paille* se sont incorporés plus ou moins intimement[1] à celle-ci, d'autant que la confusion était facile entre les vers où le capitaine en péril promet des récompenses à son mousse, et ceux où l'homme tombé à la mer fait de même à l'égard de l'apparition démoniaque. Faute d'avoir comparé leur romance aux poèmes analogues de la tradition des peuples étrangers, les critiques portugais se sont évertués à y découvrir toutes sortes de choses grandioses et nationales. Ils ont vu dans la *Catbrinetta* un monument populaire de célèbres catastrophes navales. Garrett la considère comme un embryon de l'épopée maritime du Portugal! Toute cette prétendue émanation du génie épique lusitanien se réduit en fait à une traduction, d'abord fidèle, ensuite altérée, d'une chanson de langue française, bretonne d'origine, puis chantée par des marins provençaux.

*
* *

Outre cette diffusion dans le domaine roman, *la Courte Paille* a pénétré en des idiomes très divers.

De quelque version de la Bretagne française est issu un gwerz armoricain, connu par 6 versions : une en traduction française, extraite de l'*École de Morlaix* [1842 ?] et insérée dans la collection PENGUERN, mss. B. N., puis reproduite dans *Mélusine*, IX ; quatre (texte celtique) de la collect. PENGUERN, dont la première publiée dans *Mélusine*, IX ; enfin la sixième dans LUZEL, *Gwerziou Breiz-Izel*, II. Le translateur breton, d'ailleurs assez fidèle, a donné à la fin de l'histoire un tour dévot et funèbre, qui n'est pas bizarre à demi : sous la tour de Babylone, il y a un cimetière où les indigènes font la pro-

---

1. Dans la version majorquine de BRIZ on observe une simple juxtaposition des deux thèmes, dont la soudure accidentelle est fort apparente ; il y a pénétration intime dans la portugaise de GARRETT. Ainsi prend-on sur le fait le travail progressif de la contamination.

cession; et le recteur de Babylone (!), qui est un homme excellent, témoigne sa charité aux matelots moribonds en leur administrant l'extrême-onction tous à la file.

Une vise scandinave connue par deux versions islandaises de l'extrême XVIe siècle (GRUNDTVIG-SIGURDHSON, *Islenʒk Fornkvædhi*, I), par une danoise du XVIIe (GRUNDTVIG, *Acta comparationis litt. universarum*, 1880) et une norvégienne contemporaine[1] (BUGGE, *Gamle norske Folkeviser*) est aussi apparentée à *la Courte Paille* française. Des deux côtés, le thème est foncièrement le même : un vaisseau qui n'atterrit jamais, les vivres qui manquent, un homme tiré au sort pour être mangé; mais il évolue, selon la tradition scandinave, dans un sens imprévu et des plus étonnants. D'abord la composition de l'équipage est extraordinaire : le roi commandant le vaisseau — c'est d'après la version danoise, le roi de Babylone(!) — se trouve être le cousin germain de tous ses hommes : le second seul n'appartient pas à la famille. Celui-ci, au moment du tirage au sort, et, ce semble, afin d'épargner à ses camarades l'horreur d'un fratricide, se dévoue spontanément. Il est sacrifié, dépecé; ses viscères sont d'abord servis au roi, qui refuse d'y toucher. Et voilà qu'une colombe surnaturelle se met à voleter sur le mât, et que s'élève un vent favorable. Que cette aventure, aussi incohérente qu'elle est atroce, procède par corruption des vers mêmes de notre *Courte Paille*, c'est ce que deux remarques suffisent à démontrer : la royauté de Babylone, attribuée par le Danois au commandant du navire, se réfère assurément à la « tour de Babylone » du v. 11; de même la mystérieuse colombe qui s'en vient voleter au-dessus du mât est là par une réminiscence des « pigeons » du v. 13, lesquels, selon une variante, voltigent eux aussi, au-dessus de la tour. Ces détails, parfaitement naturels dans l'ori-

---

1. Voir la traduction de toutes ces pièces par NYROP, dans *Mélusine*, II, cc. 476-478.

ginal français, d'une choquante gaucherie dans le texte scandinave, aussi bien que la déformation du thème en celui-ci, ne laissent pas le moindre doute sur la priorité de la forme française.

Il reste à signaler deux arrangements pseudo-populaires de la Courte Paille, dus l'un et l'autre à des lettrés d'Outre-Manche. Le grand romancier Thackeray s'amusa un jour à écrire dans un anglais populacier et poussé à la charge, une chansonnette humoristique intitulée Little Billee, qui n'est qu'une adaptation de notre Courte Paille. La version dont il s'est servi appartenait sans doute à la même famille que les deux bretonnes qui parlent d'abord de « trois marins » d'Espagne. Ces marins, chez Thackeray, sont devenus « trois matelots de Bristol », Jack, Jim et Bill le mousse. Bill découvre du haut du mât « Jérusasalem et Madagascar et l'Amérique du Nord et du Sud, et la flotte britannique chassant sur ses ancres, et l'amiral Napier K. C. B.[1] ». L'amiral, pour finir, le nomme « capitaine d'un [vaisseau de] soixante-treize ». Ce badinage, maintes fois imprimé, se peut lire dans les œuvres de Thackeray ; mais le texte le plus sûr et le plus savoureux à la fois, est celui qu'inséra en 1888 une revue américaine paraissant en Pensylvanie, the Bookmart, d'après une feuille écrite, avant 1869, de la propre main de l'auteur (il a été reproduit dans Mélusine, IX).

Une petite pièce grecque, publiée par la revue anglaise the Academy, XXVI, 1884, et qui se donne pour une forme ancestrale de la chanson française, n'est rien qu'une mystification, et très apparente, de scolar helléniste. Cette fois c'est du navarque athénien Tolmidès († 447 ans av. J.-C.) qu'il s'agit ; et du haut du mât le mousse aperçoit des pays décorés de beaux noms antiques, tels que Taprobane ou Epidaure.

C'est seulement par ces deux pastiches que la Courte Paille a pris contact avec l'esprit anglais.

---

1. « K. C. B » = Knight-Commander-Bath.

XVIII

LA BELLE BARBIÈRE

CATALOGUE DES VERSIONS

France (oïl et oc)

Franche-Comté 1 : *Poés. pop. de la France*, III, mss. B. N., réd. 1854.

Canouville (Seine-Inf^{re}) : JOUBIN, d'après HARDY, *ibid.*, IV, r. 1857.

Richelieu (Indre-et-Loire) : L. DE RILLÉ, *ibid.*, III [s. d.]. — Publ. par ROLLAND, I,

Franche-Comté 2 : BUCHON, *Noëls et Chants pop. de la Franche-Comté*, 1863.

Canada [fragm.] : GAGNON, *Chans. pop. du Canada*, 1865.

Gascogne : CÉNAC-MONCAUT, *Litt. pop. de la Gascogne*, 1868.

Vorey (H^{te}-Loire) 1 et 2 : SMITH, *Romania*, VII, 1878.

Lorient : ROLLAND, *Almanach des Trad. pop. pour l'an. 1882.*

Panassac (Gers) : BLADÉ, *Poés. pop. de la Gascogne*, III, 1882 (version contaminée).

Rossillon :
Villereversure : } GUILLON, *Chans. pop. de l'Ain*, 1883.

* Corrèze : ROLLAND, d'après G. DE L'EPINAY, *Rec. de chans. pop.*, I, 1883.

Franche-Comté 3 : BEAUQUIER, *Rev. des Trad. pop.*, II, 1887. — Repr. dans les *Chans. pop. rec. en Franche-Comté*, du même.

Quercy : DAYMARD, *Vieux Chants pop. rec. en Quercy*, 1889.

Milmort (Belgique) : COLSON, *Wallonia*, IV, 1896.

Piémont

Montferrat : FERRARO, *Canti monferrini* (nᵒ 14), 1870 (version contaminée).

Graglia :
Sale-Castelnuovo : } NIGRA, *Canti pop. del Piemonte* (nᵒ 33), 1888.

La 1ʳᵉ version avec variantes ; la 2ᵉ contaminée.

Catalogne

Catalogne : MILÀ, *Romancerillo catalan* (nᵒ 224). Version contaminée.

FORMULE RYTHMIQUE

Chanson à danser. Vers de 16 syl. $= 8 + 8$, masculins, uniformément assonancés en *ou* ; chaque vers, avec redoublement du 2ᵉ hémistiche, forme couplet.

Dans la version catalane, le vers est ramené à 14 syllabes.

TEXTE CRITIQUE

1

Dans Paris y a une barbière,   qui est plus belle que le jour,
Qui est plus belle que le jour.

2

Ce sont trois jeunes gentilshommes   qui voudroient lui faire
[l'amour.

3

Ils se disent les uns aus autres :   « Las ! comment lui parlerons-
[nous ? »

4

— « Il faut lui donner une aubade,   demain matin au point
[du jour. »

5

Aussitôt l'aubade jouée,   la barbière ouvre ses yeus dous,

1. *Villereversure*, *Vorey 1* et 2 (.. si b...), *Comté 3* (A P..., cent fois p. b...), *Milmort* et *Lorient* (A P... aussi b...), *Comté 1* et 2 (En France...); cf. *Quercy*, *Canouville*, *Canada*, etc ; *Graglia* et *Castelnuovo* (Dans Turin), *Turinois* et *Catalogne* (En France).

2. *Comté 2*, *Rossillon* + *Villereversure* et *Lorient* (f. l'amour); cf. *Vorey 1* (trois chevaliers), *Lorient* et *Canouville* (trois capitaines), *Gascogne* et *Panassac* (un capitaine), *Corrèze* (trois galants d'Allemagne), *Comté 3* (trois soldats), *Graglia* (deux officiers), *Canada* (trois bourgeois).

3. *Villereversure* et *Corrèze* (... les autr.), *Comté 3* et *Vorey 1* (En s. dis..) + *Comté 2* et *Quercy* ([Hé]las! com...) ; cf. *Comté 1*, *Vorey 2*, *Canada*, *Milmort*.

4. *Comté 1, 2* et *3*, *Villereversure* + *Quercy*; cf. *Vorey 1* et 2. *Corrèze*.

5. *Comté 2* + *Quercy*; cf. *Comté 3*.

6

El met la tête à la fenêtre :   « Beaus messieurs, que demandez-
[vous ? »

7

— « Bien le bonjour, belle barbière,   la barbe, la nous feriez-
[vous ? »

8

— « Oui-da ! l'ai faite au roi d'Espagne,   qui valoit bien autant
[que vous.

9

Entrez, entrez, mes gentilshommes,   mes rasoirs sont tout prêts
[pour vous. »

10

Si el appelle sa servante :   « Marguerite, allons, levez-vous !

11

Apportez-moi mon beau plat d'ore   et mes rasoirs qui sont autour,

---

6. *Comté 2* et *3*, *Quercy* (La belle... en croisée...), *Villereversure* (L. b...
en f., ... souhaitez-v.?), *Vorey 1* (L. b... en f., ... mess., de que (*sic*) d.-
v.?) ; cf. *Comté 1*, *Milmort*.

7. *Corrèze*, *Vorey 2*, *Richelieu*, *Rossillon*, *Lorient* + *Vorey 1* ; cf. *Comté 1*,
2 et *3*, *Villereversure*, *Quercy*, *Graglia*, *Catalogne*. — La construction pro-
nominale (« la nous feriez-v. ? »), que donne *Vorey 1* est conforme à l'ancienne syntaxe.

8. *Comté 1*, *2* et *3*, *Vorey 2* + *Canouville* et *Milmort* (Oui-da).

9. *Villereversure*, *Vorey 1*, *Rossillon* (Oh ! oui [*bis*], m. g...), *Richelieu*
(Ah ! oui [*bis*], mon charm. jeune h...) ; cf. *Comté 1*, *Milmort*, *Corrèze*, *Catalogne*.

10. *Vorey 2*, *Quercy* + *Comté 2* et *Milmort* (Marguerite, Margot) ; cf.
Comté 1 et *3*, *Canouville*.

11. *Vorey 2* (... mon grand pl. d'or), *Comté 1* et *3* (... m. pl. d'or), *Quercy*
(... m. pl. à barbe), *Comté 2* (Apprêtez m. b. plat à barbe) ; cf. *Vorey 1*,
Canouville, *Milmort*.

12

Aussi ma joli' serviette,   qui est pliée au pli d'amour. »

13

Le premier que rase la belle,   trois fois a changé de coulour.

14

« Sont-ce mes rasoirs qui vous blessent ?   monsieur, que ne le
[dites-vous ? »

15

— « Ce ne sont pas vos rasoirs, belle,   c'est que je songe à vos
[amours. »

16

— « Ah! mes amours, mes amourettes,   monsieur, els ne sont
[pas pour vous :

---

12. *Comté 1, Comté 3* (Et m. j. s...), *Comté 2* (Apprêtez m. j. s...),
Vorey 2 (Ainsi que mes j. s., sont pl...); cf. *Vorey 1, Milmort.* « Serviette »
est primitivement de trois syllabes.
   Comté 2 ajoute ici ce vers de remplissage :

   Le savon et la savonnette, et que chacun vienne à son tour !

13. *Comté 2 et 3, Canouville* + *Corrèze, Lorient* et *Rossillon* (a ch) ; cf.
Vorey 1 et 2, Comté 1, Villereversure, Quercy, Panassac, Catalogne; Graglia
et *Castelnuovo.*

14. *Quercy, Lorient, Comté 1 et 3, Canouville* + *Comté 2, Rossillon* ; cf.
Vorey 1 et 2, Villereversure, Catalogne, etc.

15. *Rossillon, Vorey 1 et 2, Comté 1, Quercy* + *Richelieu* ; cf. *Comté 2 et 3,
Canouville, Corrèze, Lorient, Catalogne.* — *Catalogue* recoud ici, absurdement,
une chanson de meurtre.

16. *Vorey 1, Comté 1 et 3* (... messieurs, ce n'e...), *Quercy* (Oh!... beaux
messieurs, n. s...), *Comté 2* (... s. à un autre qu'à v.), *Vorey 2* (M. am.,
mon cœur volage...); cf. *Rossillon, Lorient, Richelieu, Canouville, Milmort.*

17

Els sont embarqué's sur la Saône,   qui vont la nuit comme
                                                    |le jour. »

17. *Comté 1, 2 et 3, Vorey 2* (... qui voyagent n. et j.), *Vorey 1* (... sur
l. mer, q. voy. n. et j.), *Rossillon* (... s. l. mer, q. voguent autant l. n. que
l. j.) ; cf. *Canouville, Lorient, Villereversure, Richelieu.*

Richelieu ajoute une fin postiche.

La Belle Barbière, importée en Piémont et en Catalogne, est aussi adventice dans les pays d'oc (les versions *Vorey, Quercy* s'y chantent en français, les autres sont altérées). Il reste à déterminer, en oïl, son terroir natal. La mention de Paris au v. 1 ne suffit pas à démontrer une origine parisienne, d'ailleurs exclue par la forme *coulour* = couleur (v. 13) ; quant aux deux régions opposées où ce phonétisme convient pareillement : le Nord-Ouest (*Lorient, Richelieu*) et l'Est central (Franche-Comté, avec ramification méridionale dans la Bresse et le Velay), si l'on considère l'abondance relative des versions de l'Est, leur qualité, la mention de la rivière de Saône (v. 17) et celle du roi d'Espagne (v. 8) [1], on n'hésitera pas à situer en Franche-Comté le berceau de la chanson. Par le caractère de la langue, elle peut remonter au xvie siècle.

Un chroniqueur du commencement du xve, Guillebert de Metz, renommait déjà comme une merveille de son temps les belles femmes des corps de métier parisiens [2]. Un peu plus tard, qui ne se souvient de la belle Gantière, de la belle Hau-mière, célébrées par François Villon ? Et de la belle Ferron-

---

1. La Franche-Comté était espagnole au xvie siècle.
2. *Description de la ville de Paris, par Guillebert de Metz*, publ. par LEROUX DE LINCY, 1855. — Guillebert cite une belle Saunière, une belle Bouchère, une belle Charpentière et deux belles Herbières.

nière de Florence, éternisée par le pinceau de Vinci ? Lyon,
au siècle suivant, eut en la personne de Louise Labbé sa belle
Cordière. Enfin, voilà quelque douze ans, la belle Meunière
nous arrivait d'Auvergne. A toutes ces belles fameuses, avouées
par l'histoire, un chansonnier populaire a donné une sœur, la
belle Barbière. Celle-ci a-t-elle existé jamais, comme ces
authentiques Parisiennes de Guillebert ou de Villon ? L'on ne
sait ; mais enfin, dans ce monde de la fantaisie où vont, se donnant la main, fictions et réalités, elle n'apparaît pas moins
vivante ni moins jolie que les autres.

Pour le fond, l'historiette contée à sa gloire n'est qu'une
variation sur le thème du seigneur rebuté par une fille du
peuple, qui veut rester fidèle à l'ami de son choix : thème
d'ailleurs commun à quelques vieilles pastourelles françaises[1].
Le gentilhomme donneur d'aubade et que l'amour fait changer de couleur, vaut le chevalier « pensif amoureusement »,
qui chevauche au matinet ; et comme celui-ci perd sa peine
auprès de la bergère éprise de son bergereau, la barbière aussi,
vainement requise d'amour, garde son cœur à quelque batelier
de la Saône.

---

1. Voy. K. BARTSCH, *Romances et Pastourelles françaises des XIIe et
XIIIe s.*, liv. 2 et 3, *passim*.

XIX

LA FILLE AUX ORANGES

CATALOGUE DES VERSIONS

France (oïl et oc)

Indéterminé 1 : O'SULLIVAN, *Chefs-d'œuvre de Shakespeare* (*Hamlet*, notes). L'annotateur a extrait ce texte d' « un album ayant appartenu en 1598 à une dame hollandaise, Théodora van Wassenaër ». — Repr. dans *la Tradition*, III.

Indét. 2 : BARTSCH, *Zeitschrift für romanische Philologie*, V ; d'après un cahier ms. du commencement du xviie siècle.

Paris : *Poés. pop. de la France*, IV, mss. B. N. Le rédacteur tient cette version d'une personne qui la chantait vers 1800. — Publ. par ROLLAND, I.

Vendée : *Ibid.*, VI. Le rédacteur marque l'année 1809. — Publ. par ROLLAND, I.

Indét. 3 : *Ibid.*, IV, réd. 1854.

Canouville (Seine-Infre) : JOUBIN, d'après HARDY, *ibid.*, VI, r. 1855.

Ardennes : NOZOT, *ibid.*, IV, r. 1856.

Normandie 1 [fragm.] : E. DE BEAUREPAIRE, *Étude sur la Poés. pop. en Normandie*, 1856.

* Provence 1 et 2 : TISSERAND, *Poés. pop. de la France*, III, mss. B. N., r. 1857. — Publ. par ROLLAND, I.

Bretagne : ROSENZWEIG, *ibid.*, V, r. 1857.

Saint-Dié (Vosges) : PAPIGNY, *ibid.*, IV [s. d.].

Normandie 2 : CHAMPFLEURY, d'après LE VAVASSEUR, *Chans. pop. des prov. de France* (Préface), 1860.

Nice : NEGRIN, *Les Promenades de Nice*, 1862.

Franche-Comté 1 : Buchon, *Noëls et Chants pop. de la Franche-Comté*, 1863.

* Provence 3 : Arbaud, d'après Castel, *Chants pop. de la Provence*, II, 1864.

Cambrésis : Durieux-Bruyelle, *Chants pop. du Cambrésis*, 1864.

Meuse : *Mém. de la Soc. d'archéologie lorraine*, 1865. — Repr. par Rolland, II.

Canada : Gagnon, *Chans. pop. du Canada*, 1865.

Messin [fragm.] : de Puymaigre, *Chants pop. rec. dans le pays messin* (notes), 1865.

Bas-Poitou : ⎰
Angoumois : ⎱ Bujeaud, *Chants pop. des prov. de l'Ouest*, I, 1865.

Fontenay-le-Marmion (Calvados) : Legrand, *Romania*, X, r. 1876.

Bourg : Guillon, *Chants pop. de l'Ain*, 1883.

Lorient : Rolland, *Rec. de Chans. pop.*, I, 1883.

La Hague 1 et 2 : Fleury, *Litt. orale de la Basse-Normandie*, 1883 (la 2e version, fragmentaire).

Châteauneuf : Decombe, *Chans. pop. d'Ille-et-Vilaine*, 1884.

Finistère : Rolland, d'après Guichoux, *Rec. de Chans. pop.*, II, 1886.

Damas (Vosges) : Tiersot, *Rev. des Trad. pop.*, II, 1887.

Paimpont (Ille-et-Vilaine) : Rolland, d'après Orain, *Rec. de Chans. pop.*, V, 1887.

Sérignac (Lot) : Daymard, *Vieux Chants pop. rec. en Quercy*, 1889.

Launois : Meyrac, *Traditions des Ardennes*, 1890.

Indét. 4 : de Colleville, *La Tradition*, VI, 1892.

Indét. 5 : Id., *ibid.*, VII, 1893.

Franche-Comté 2 : Beauquier, *Chans. pop. rec. en Franche-Comté*, 1894.

Catalogne

Cat. (*H*) Briz, *Cans de la Terra*, III (p. 141), 1871.

Cat. *A, B, C, D, E, F, G* : Milà, *Romancerillo catalan* (n° 550), 1882. Le début seul se rapporte à la chanson française.

FORMULE RYTHMIQUE

Chanson à danser. Vers de 12 syl. = 6 + 6, masculins, uniformément assonancés en *a* ; chaque vers, muni d'un refrain tripartit, forme couplet.

TEXTE CRITIQUE

1 Au jardin de mon pére   ⟩
    Vive la rose ! ⟩ *(bis)*

       un orangier il y a,

  Vive ci, vive là,

  un orangier il y a,

Vive la rose et le damas !

2 Qu'est si chargé d'oranges   qu'on croit qu'il en rompra.

---

1. *Indét.* 1 et 2, *Paris, Finistère, Angoumois, Canada, Provence* 2, *Catalogne, etc.*; cf. *Cambrésis, Vendée, Sérignac, etc.* — « Orangier » est la graphie normale du mot au XVIᵉ siècle ; l'orange douce a été introduite en Europe à la fin du XVᵉ siècle.

Le refrain est donné par *Paris, Cambrésis, Ardennes* et *Messin* ; aussi, sauf le dernier mot, par *Hague* 1, *Meuse, Saint-Dié, Indét.* 4, *Provence* 1, *Comté* 1, *Châteauneuf, Fontenay, Damas, Bourg* (cf. *Bas-Poitou*). Le nom de « lilas », qui termine plus ordinairement ce refrain, est trop récent pour l'âge de la chanson (cet arbuste ne fut importé de Turquie à Vienne qu'à la fin du XVIᵉ siècle) : il a supplanté « damas », moins universellement compris. « Damas » s'est dit au XVIᵉ siècle de plusieurs végétaux de provenance orientale : prunes, raisins, et surtout une espèce de giroflée très odorante, appelée *viola damascena* dans la nomenclature latine, *damasblume* (ou formes analogues), dans les idiomes germaniques, néerlandais et scandinaves, *damas* dans les parlers français de l'Est (comp. ce texte de Palissy : « ... la senteur de certains *damas*, violettes, marjolaines et autres espèces d'herbes... »). L'alliance des mots « rose et damas » est donc toute naturelle.

Au lieu de ce refrain tripartit, il y a un vers-refrain de même rime dans *Indét.* 1 et *Normandie* 2 :

    Mignonne, je vous aime, et vous ne m'aimez pas !

un autre dans *Hague* 2 et *Comté* 2, un autre dans *Indét.* 2, un autre dans *Finistère, etc.*

2. *Comté* 2, *Canada, Indét.* 2 (... je cr..), *Châteauneuf* et *Finistère* (... qu'on dit..); cf. *Indét.* 2 (Si très ch...), *Angoumois* et *Vendée, Hague* 1, *Catalogne* C, *etc.* — A partir du 3ᵉ vers, dans la chanson catalane, le sujet devient complètement différent.

3 Marguerite demande   quand on les cueillera.

4 « A la Saint-Jean, ma fille,   quand la saison viendra. »

5 — « La saison est venue,   les cueillerons-nous pas ? »

6 El prent une échelette,   un panier à son bras ;

7 El cueillit les plus mûres,   les verdes el laissa.

8 Les alla porter vendre   au grand marché d'Arras.

9 En son chemin rencontre   le fils d'un avocat.

---

3. *Fontenay;* cf. *Normandie 1.* Dans *Indét.* 1 et 2, *Paris, Normandie 2, etc.:* « El demande à son père... » (mais « elle » ne se rapporte à personne). Dans *Launois, Bretagne, Lorient, Hague 1, etc.* : « La belle dem. à s. p... » (mais l'hémistiche est trop long). Dans *Bourg, Comté 1* et *2, Canada, Meuse, etc.* : « Je dem. à mon p. », mais cette première personne ne s'accorde pas avec le contexte.

4. *Châteauneuf, Hague 1* et *2, Canouville* + *Indét. 1, Paris, Meuse, Damas, Saint-Dié, Launois, Lorient;* cf. *Normandie 2, Cambrésis, Bretagne, etc.* — « La Saint-Jean » d'été, 24 juin.

5. *Indét. 1, Saint-Dié, Launois* (.. on ne l. c. p.); cf. *Meuse, Châteauneuf, Paris, Cambrésis, Damas, Canada, etc.*

6. *Indét. 1, Launois, Paris, Lorient, etc.* + *Normandie 2* (échelette), *Angoumois* (id.), *Comté 2* (id.), *Meuse* (id.), *Damas* (id.).

7. *Indét. 1* et *2, Lorient, Paimpont, Fontenay, Paris, Cambrésis, etc.* — La forme archaïque « verdes » est donné par *Indét. 1.*

8. *Indét. 1, Vendée, Paimpont, etc.* + *Indét. 2* et *Cambrésis* (au grand m. d'Arras), *Damas* (a. gr. m. du Roi = d'Arra(s), mal entendu), *Paris* (sur le m. d'Arras) et *Meuse* (s. l. m. du Roi). — Il y a, en fin de vers, un nom de ville généralement en *a*, différent selon le pays des chanteurs : « Porba(il) », « Lohéa(c) », « Loudéa(c) », » Lina(rs) », « Jonza(c) », « Teroa(r) » (= Troarn), « Thoua(rs) », « Lava(l) », « Oriva(l) », « Damas », « Foissiat », etc... « Arras » donné par 3 versions, ou même 5 en tenant compte de la variante par homophonie doit être tenu pour la leçon originale.

9. *Indét. 1, Normandie 2, Paris, Launois, Lorient, Hague 1, etc.*

10 « Que portez-vous, la belle,   dedans ce panier-là ? »

11 — « Monsieur, sont des oranges,   ne vous en plait-il pas ? »

12 Il en prit une couple   et point ne les paya.

13 « Vous prenez mes oranges   et ne les payez pas ? »

14 — « Montez dedans ma chambre,   maman vous les paiera. »

15 Quand el fut dans la chambre,   de mère il n'y avoit pas.

16 Il la prent, il l'embrasse,   sur son lit la jeta.

10. *Indét. 4. Comté 2, Saint-Dié, Launois, Normandie 2* (d. c. beau p.-là), *Indét. 1* (dans c. p. couvert), *Bourg* (dans c. p. cabas); cf. *Indét. 2 et 5, Cambrésis, Provence 1, 2 et 3, etc.*

11. *Indét. 1, Normandie 2, Canouville, Fontenay et Comté 2* (.. c'est..), *Saint-Dié* (id.) ; *Cambrésis, etc.* (... faut-il p. ?) ; cf. *Hague 1, Indét. 2, Provence 1, 2 et 3.*

12. *Indét. 1, Canouville, Launois + Indét. 4, Vendée, Comté 2;* cf. *Hague 1, Châteauneuf, Canada, etc.* — La plupart des versions chiffrent par douzaines : « 1/2, 1, 2, 3, 4, 5, 6 douzaines ».

13. *Hague 1, Normandie 2, Canada* (Ah ! monsieur, m. or., vous n'me l..); cf. *Vendée, Provence 1, 2 et 3, Nice.*

14. *Châteauneuf, Normandie 2* (Entrez...), *Fontenay* (.. ma mère...), *Hague 1* (id.), *Lorient* (id.); cf. *Finistère, Canada, Bourg, Indét. 1 et 2, etc.*

15. *Bretagne, Hague 1, Lorient* (Et q... montée...), *Paimpont* (.., elle n'y était p.); cf. *Comté 2, Finistère, Fontenay, Châteauneuf.*

Indét. 1 résume la fin en ce vers expressif :

Elle entra demoiselle, et dame elle en sorta,

16. *Bretagne, Hague 1, Fontenay, Normandie 2, Launois* (.. prit, l'embrassa ... porta), *Lorient* (Il l'attrappe et...).

17 « Ah! que dira ma mére,   quand el saura cela ? »

18 — « Vous lui direz, la belle,   que c'est d'un avocat. »

17. *Lorient, Fontenay, Hague 1, Angoumois, Indét. 3* (.. mon père... il verra...).

18. *Fontenay, Angoumois* (.. l' fils d'un av.), *Hague 1* (Tu l. d.... l' fils, d'un av.) ; cf. *Indét. 3, Comté 2.*

Les rédactions manuscrites de O'Sullivan et de Bartsch nous montrent la chanson déjà existante à la fin du xve siècle[1]; comme, d'autre part, le mot « oranger » est de ceux que le même siècle a vu naître (anciennement « orange » se prenait pour l'arbuste lui-même, et les fruits étaient dits « pommes d'orange »), on ne se trompera guère en la plaçant aux environs de 1550.

A prendre les premiers vers au pied de la lettre, elle viendrait de l'extrême sud de la France, où l'oranger pousse en pleine terre; mais il faut faire ici la part de la fantaisie; et tout indique au contraire que sa patrie est une province d'oïl, où chacun connaissait dès lors, sinon l'oranger[2], du moins les oranges de provenance espagnole. Le nom d' « Arras » au vers 14, qu'on doit tenir pour la leçon originale, définit cette province : c'est l'Artois.

On a dit que l'objet de ces vers était de satiriser les gens de loi, leur duplicité et leur avarice. Je n'y vois pas précisément de satire. Faites état que ce fils d'avocat, et qui chasse de race,

---

1. Ajoutez qu'au témoignage de M. Loquin (*Mélusine*, IV, c. 54), les derniers recueils de noëls du xvie siècle mentionnent comme timbre la chanson : *Au jardin de mon père un orangier y a.*

2. Le premier oranger importé dans la France du Nord le fut, sous François Ier, à Fontainebleau ; il y existe encore.

n'est pas le moins du monde, aux yeux du chansonnier, haïssable ni ridicule : avoir la marchandise pour rien, et la marchande par-dessus le marché, voilà-t-il pas un admirable tour ? Et si quelqu'un ici prête à rire, ce n'est point ce garçon plein de subtilité, c'est la pauvre ingénue qui se laisse en un tourne-main soulager de ses oranges et du reste. Cette ronde populaire se réduit, dans le fond, à un petit conte libertin, un échantillon de cette gausserie quelque peu basse et cruelle, qu'on va nommant l'esprit gaulois et qui se donne carrière aux dépens d'un mari trompé, d'un créancier fourbé, d'une fille mise à mal. Des histoires de cette espèce, il y en a par douzaines chez nos vieux conteurs ; on voit très bien Bonaventure des Périers accommodant celle-ci en sa claire et fine prose : elle ferait figure dans les *Joyeux Devis*, avec un titre dans ce goût : *D'une pucelle de l'Artois qui portait des oranges au marché, et du fils d'un avocat et du bon tour qu'il fit à ladite pucelle.*

XX

LA MARCHANDE D'ORANGES
ET LE FILS DU ROI

CATALOGUE DES VERSIONS

France d'oïl

Poitou 1 : BOUCHET-FILLEAU, *Poés. pop. de la France*, IV, mss. B. N., réd., 1854.

Mayenne : FEDERICI, *ibid.*, IV, r. 1854.

Charente-Infre : *Ibid.*, IV, r. 1855.

Bretagne : *Ibid.*, V, r. 1856. — Publ. par ROLLAND, I.

Aunis :
Poitou 2 : } BUJEAUD, *Chants pop. des prov. de l'Ouest*, I, 1865.

Fontenay-le-Marmion : LEGRAND, *Romania*, X, r. 1876.

Lorient : ROLLAND, *Rec. de Chans. pop.*, I, 1883.

Rennes : ID., d'après ORAIN, *ibid.*, V, 1887.

Beaujolais : COLARD, *Rev. des Trad. pop.*, XV, 1900.

FORMULE RYTHMIQUE

Chanson à danser. Vers de 8 syllabes, féminins, uniformément assonancés en *an* + *e*; le couplet est formé de deux vers, suivis d'un refrain, le 2e vers de chaque couplet devenant le 1er du couplet suivant.

TEXTE CRITIQUE

1 A Paris y a une marchande (*bis*)
  Qu'a de belles, etc.........
    L'herbe est coupé, coupé l'herbe,
    On la fène (bis).

2 Qu'a de belles pommes d'orange.

3 Au marché el s'en va les vendre.

4 Le fils du Roi les lui marchande :

5 « A combien vos pommes d'orange ? »

6 — « Pour cinq sous vous en aurez trente. »

7 — « Portez-les, belle, dans ma chambre. »

8 Tout en montant, la belle tremble.

9 « Ah ! qu'avez-vous, belle marchande? »

10 — « C'est la fièvre qui va me prendre ! »

1. *Rennes, Mayenne, Aunis;* cf. *Beaujolais, Lorient.*
Le refrain adopté résulte de *Poitou 2, Charente-Inf^re, Bretagne* et *Fontenay.*
2. *Rennes + Lorient;* cf. *Mayenne; Poitou 2* (pommes rouges et blanches),
etc.
3. *Bretagne;* cf. *Fontenay, Poitou 2, etc.*
4. *Lorient, Bretagne, Mayenne;* cf. *Aunis, Rennes, etc.*
5. *Aunis + Rennes;* cf. *Bretagne, Lorient, etc.*
6. *Rennes, Poitou 1;* cf. *Bretagne et Lorient, etc.*
7. *Rennes, Bretagne; Aunis, etc.* (Montez-1...).
8. *Lorient, Aunis, Poitou 2, etc. ;* cf. *Fontenay.*
9. *Poitou, Fontenay;* cf. *Aunis, etc.*
10. *Rennes, Poitou 1, Lorient* (Je sens l. f...); cf. *Aunis, Poitou 2, etc.*

11 — « Ah! sortez vite de ma chambre. »

12 En descendant, la belle chante :

13 « Quand on tient l'oiseau, faut le prendre! »

11. *Rennes, Mayenne + Lorient, etc.*
12. *Rennes, Lorient, Poitou 2, etc.; cf. Bretagne, Fontenay.*
13. *Mayenne, Aunis, Poitou 1 + Poitou 2* (l'oiseau).

La Marchande d'oranges, malgré le 1er vers qui localise l'aventure à Paris, peut sembler plutôt, vu l'abondance des versions normandes, bretonnes, poitevines, originaire de la France du nord-ouest; elle ne saurait, par l'évidente modernité de la langue, remonter plus haut que le xviiie siècle. Cette spirituelle petite ronde est faite sur la même donnée que celle (voy. n° XIX) de *la Fille aux oranges*, mais pour aboutir à une conclusion tout à fait contraire : là, une pauvre innocente se faisait enlever par un polisson d'avocat ses oranges et le reste; ici, c'est un prince étourdi qui laisse envoler l'imprudente mais subtile oiselle : d'où il s'ensuit que parfois les fils de roi n'ont pas tant d'esprit que les fils d'avocat.

La Marchande d'oranges rappelle davantage encore, par sa moralité finale, une autre chansonnette monologuée [1], qui conclut en termes pareils :

> Quand vous teniez la poule, il fallait la plumer !

Toutes deux appartiennent au cycle grivois des occasions manquées.

---

1. Elle a été maintes fois publiée : Valois (G. DE NERVAL). — Ardennes et Comté (ROLLAND, I, p. 255 et II, p. 148, d'après les *Poés. pop. de la France*, mss. III, IV, V, VI.) — Champagne (TARBÉ, II). — Poitou (BUJEAUD, I). — Etc., mais sa forme de monologue l'exclut du présent recueil.

XXI

CELLE QUI FAIT LA MORTE

POUR SON HONNEUR GARDER

CATALOGUE DES VERSIONS

France (oïl et oc)

Bourbonnais : A. ALLIER, *La jolie fille de La Garde* [feuille volante, s. d. = entre 1830 et 1837]; version gravement altérée. — Reproduite (expurgée en partie) par A. MICHEL, *L'ancien Bourbonnais*, II, 1838, et par RATHERY, *le Moniteur*, 1853; textuellement, par CHAMPFLEURY-WEKERLIN, *Chans. pop. des prov. de France*, et par ROLLAND, III.

Castres : F. THOMAS, *la Mosaïque du Midi* (période.), 1841.

Beauvoisis : G. DE NERVAL, *la Sylphide* (période.), VI, 1842. — De nouveau dans *Les Filles du feu* et *La Bohême galante*, du même.

Vendôme : A. GENDRON, *Poés. pop. de la France*, IV, mss. B. N., réd., 1854. — Publ. par ROLLAND, III.

Franche-Comté 1 : *Ibid.*, III, r. 1854.

Chinon (Indre-et-Loire) : SOLAIRE, *ibid.*, III, r. 1855.

Provence 1 : *Poés. pop. de la France*, III, mss. B. N., r. 1855.

Allier : BOUDANT, *ibid.*, III, r. 1857. — Publ. par ROLLAND, III (sauf le 2e couplet omis).

*Provence 2 : ARBAUD, d'après MARTINI, *Chans. pop. de la Provence*, I, 1862.

Franche-Comté 2 : BUCHON, *Noëls et Chants pop. de la Franche-Comté*, 1863.

Longwy (Moselle) :   ) DE PUYMAIGRE, *Chants pop. rec. dans le pays*
Montoy (id.) :   )   *messin*, 1865.

Poitou : BUJEAUD, *Chants pop. des prov. de l'Ouest*, II, 1866.

Velay : SMITH, *Romania*, IV, 1875.

Fontenay-le-Marmion (Calvados) : LEGRAND, *Romania*, X, r. 1876.

Villereversure : GUILLON, *Chans. pop. de l'Ain*, 1883.

Rennes : DECOMBE, *Chans. pop. d'Ille-et-Vilaine*, 1884.

Redon (Ille-et-Vilaine) : ROLLAND, *Rec. de Chans. pop.*, III, 1887.

Journans (Ain) : |
Damas (Vosges) : | TIERSOT, *Rev. des Trad. pop.*, III, 1888.

Sérignac (Lot) : DAYMARD, *Vieux Chants pop. rec. en Quercy*, 1889.

Franche-Comté 3 : BEAUQUIER, *Mém. de la Soc. d'émulation du Doubs*,
    1890. — Réimpr. dans les *Chans. pop. rec. en Franche-Comté*, du
    même.

Annoville (Manche) : COURAYE DU PARC, *Mélusine*, V, 1892.

Soumagne (Belgique) : J. FELLER, dans un almanach belge de 1893.
    — Repr. dans *Mélusine*, VI.

Milmort (Belgique) : O. COLSON. *Wallonia* (périod.), II, 1893.

Séez (Savoie) 1, 2 et 3 :   (J. FAVRE, *inédits*, r. 1896.
Bourg-St-Maurice (id.) 1 et 2 : (

Épiniac (Ille-et-Vilaine) : DUINE, *Ann. de Bretagne*, XIV, 1898.

Nivernais 1 et 2 : MILLIEN, *Rev. du Nivernais*, 1898.

Henanbihen (Côtes-du-Nord) : Mᵐᵉ L. DE V. *Rev. de Trad. pop.*,
    XV, 1900.

Piémont

Alexandrie : MARCOALDI, d'après BUFFA, *Canti pop. inediti...*, 1855.
    — Repr. par CASELLI, *Chants pop. de l'Italie*.

Montferrat : FERRARO, *Canti pop. monferrini* (n° 31), 1870.

A Bra, B Cintano, C Sale-Castelnuovo, D Alba, E Moncalvo,
    F Turinois : NIGRA, *Canti pop. del Piemonte* (n° 53), 1888.

Catalogne

Cat. [fragm.] : MILÀ, *Romancerillo catalan* (n° 264), 1882.

FORMULE RYTHMIQUE

Complainte. Tercets de vers de 12 syl. $= 6 + 6$, le premier, féminin, qui ne rime pas, les deux autres, masculins, rimant ensemble.

Plusieurs versions françaises de l'Est (*Soumagne, Longwy, Comté, Villereversure, Velay, Provence 1* et *2*) offrent cette particularité, que le second vers, par un abrégement du 1er hémistiche, est réduit au décasyllabe coupé à $4 + 6$.

Dans les versions piémontaises, le second vers, subissant un retranchement plus fort, est réduit à un seul hémistiche. En outre, dans beaucoup de ces versions, le dodécasyllabe est remplacé par un vers de 14 syl. $= 7 + 7$.

TEXTE CRITIQUE

I

Dessous le rosier blanc   la belle se promène,
Blanche comme la neige,   belle comme le jour;
Trois jeunes capitaines   lui vont faire l'amour.

2

Le plus jeune des trois   la prent par sa main blanche :
« Montez, montez, la belle,   dessus mon cheval gris,
Qu'à Paris je vous mène,   dans un fort beau logis. »

3

Aussitôt arrivé',   l'hôtesse la regarde :
« Ah! dites-moi, la belle,   dites-moi sans mentir,
Etes-vous ci par force   ou bien pour vo plaisir ? »

1. a) *Beauvoisis, Chinon, Nivernais 1, Séez 1 ;* cf. *Rennes, Poitou, etc.* ; et *Redon, etc.* (... laurier blanc...). — b) *Beauvoisis, Chinon, Nivernais 1, Vendôme, etc.* — c) *Sérignac, Henanbihen, Bra* et *Cintano; Fontenay, etc.* (... jolis cap...); cf. *Longwy, Vendôme, Catalogne, etc.* — Au début de plusieurs versions le « rosier blanc » est remplacé par un nom de château : « château de Chantelle » (*Allier*) ; « de La Garde » (*Bourbonnais*), « de Belfort *ou* Beaufort » (*Comté 1, 2, 3, etc.*), « de Monfort » (*Nivernais 2*), « de Romans » (*Journans*), « de Paris » (*Velay*) ; la plupart des versions piémontaises mettent « Turin » ; la catalane « ville de Paris ».

2. a) *Allier, Nivernais 1, Saint-Maurice 1, Beauvoisis* (... prit...), *Chinon, etc.* (id.); cf. *Longwy, Poitou, etc.* — b) *Fontenay, Henanbihen, Poitou, Sérignac, etc.* ; cf. *Nivernais 2, etc.* — c) *Fontenay, Chinon, Nivernais 1, etc.* + *Redon* et *Comté 2* (Qu'à P...). — *Fontenay, Redon, Poitou, Provence 1* et *2, Journans, etc.* s'accordent à désigner « Paris » ; *Beauvoisis* met « à Senlis » ; *Comté 1* « à Besançon » ; *Villereversure, etc.* « en Flandre » ; les versions piémontaises « en France ».

3. a) *Beauvoisis, Bourbonnais ;* cf. *Nivernais 1, Chinon, Poitou, Provence, etc.* — b) *Fontenay, Vendôme, Longwy, Velay, etc.* — c) *Rennes, Allier, Chinon, Castres, etc.* Il faut lire « vo plaisir » au singulier : *vo = votre*, forme dialectale du N.-E.

4

La belle lui répont,   comme une fille sage :
« Je suis ici par force   et non pour mon plaisir,
Au jardin de mon pére   trois cavaliers m'ont pris. »

5

N'eut pas fini ces mots,   les capitaines rentrent :
« Soupez, soupez, la belle,   ayez bon appétit,
Avec trois capitaines   vous passerez la nuit. »

6

Au milieu du souper,   la belle tombe morte :
« Sonnez, sonnez, trompettes,   tambours et violons!
Puisque la belle est morte,   ah ! nous l'enterrerons. »

4. a) *Chinon, Epiniac, Henanbihen* (... a répondu...), *Longwy* (La fille...), *Nivernais 1* (... u. f. honnête) ; cf. *Journans, Poitou, Velay*. — b) *Velay, Henanbihen, Chinon* et *Nivernais* (.. mes pl.); cf. *Fontenay, Journans*, etc. — c) *Chinon, Redon, Epiniac* + *Bourbonnais* (tr. cavaliers), *Nivernais 1* (tr. capitaines); cf. *Longwy, Journans*.

5. a) *Velay*; cf. *Chinon, Longwy*; *Fontenay, Annoville* et *Sérignac* (le cap.). — b) *Vendôme, Journans* ; cf. *Poitou, Fontenay, Nivernais 1*, etc. — c) *Beauvoisis, Poitou, Annoville, Montoy*, etc.; *Fontenay*, etc. (Entre tr...); cf. *Provence, Montferrat*, etc. — Quelques versions, d'une moralité plus scrupuleuse, parlent seulement d' « un capitaine »; mais à tort, comme le démontre l'accord de tous les autres.

6. a) *Vendôme, Comté 2* (... tomba...), *Poitou* (... est tombé...); cf. *Damas, Montoy, Sérignac*, etc. — b) *Villereversure, Nivernais 1* (... t. du régiment); cf. *Vendôme, Damas, Chinon, Henanbihen*, et, d'autre part, *Allier, Poitou, Journans*. — c) *Poitou, Journans* + *Allier*; cf. *Rennes, Nivernais 1* et 2, etc.

7

« Où l'enterrerons-nous,   cette aimable princesse ?
Au jardin de son père,   dessous les fleurs de lys.
Nous prierons Dieu pour elle,   qu'el aille en paradis. »

8

Mais au bout de trois jours   la belle ressuscite :
« Ouvrez, ouvrez, mon père,   ouvrez, si vous m'aimez !
J'ai fait trois jours la morte   pour mon honneur garder. »

7. a) *Vendôme, Chinon, Annoville, Fontenay, etc. Nivernais* (... joli' pr.) ;
cf. *Montoy, Poitou, etc.* — b) *Poitou, Nivernais 1, Annoville* et *Vendôme*
(... trois fl. d. l.), *Redon, etc.* (... la fl. d. l.), *Chinon* et *Epiniac* (... un' fl. d.
l.) ; cf. *Henanbihen, Nivernais* ; aussi *Provence 1* et *2* et les versions piémontaises, qui mettent « à l'ombre d'un jasmin ». — c) *Poitou, Vendôme, Damas,
Sérignac, etc.* ; cf. *Epiniac, etc.*
    8. a) *Allier, Annoville, Beauvoisis* (Et...) ; cf. *Poitou, Fontenay, etc.* —
b) *Beauvoisis* + *Annoville, Montoy, Damas* ; cf. *Comté 2* et *3*, *Rennes, etc.* —
c) *Vendôme, Nivernais 1, Redon, Damas, Fontenay, Rennes, Provence 1* et *2, etc.*
    Nombre de chanteurs ont compris que la belle, du fond de sa tombe,
priait qu'on la déterrât ; dans ce cas, le vers serait, conformément à *Rennes,
Nivernais 1, Comté 2* :

Ouvrez, ouvrez ma tombe, mon père, s' ous m'aimez !

Mais selon la leçon vraie, la fille ressuscitée, et qui n'a pas eu grand' peine
à écarter les fleurs de lys où elle repose, s'en vient frapper à la porte de la
maison paternelle et demande qu'on lui ouvre.
    Quelques versions, après ce 8e couplet, qui est manifestement le dernier,
en ajoutent un ou plusieurs autres, diversement ineptes.

————

La chanson est d'une langue assez moderne, et un vers comme
celui-ci :

Où l'enterrerons-nous, cette aimable princesse ?

défendrait à lui seul d'en reculer la date au delà du XVIIe siècle.
Quant au pays d'origine, sans parler de la mention de Paris

et de ses « beaux logis » la forme dialectale *vo* == « votre » témoigne que l'auteur était natif de l'Ile-de-France, de la Picardie ou de la Flandre. Il est aisé de spécifier sa condition. Ces capitaines ravisseurs, ces trompettes et ces tambours sonnant pour le trépas de la belle, le ton singulièrement vif du 5ᵉ couplet, je ne sais quelle désinvolture à la fois naïve et goguenarde, tout cela dénonce une littérature soldatesque; joignez que le rythme, bon pour la marche, est identique ou analogue à celui d'autres chansons évidemment militaires (*la Fille soldat, le Déserteur fusillé*); et aussi que les noms de châteaux, substitués dans maintes versions au « rosier blanc » du premier vers, indiquent des villes de garnison comme les centres d'où elles ont rayonné. Au reste, la popularité de cette chanson de marche est extrême. Non seulement elle a couvert toute la France romane, gagné le Piémont et la Catalogne, mais les Armoricains l'ont accommodée en un petit gwerz (LAURENT, *Mélusine*, VI), et ce qui est beaucoup plus rare, un chanteur basque l'a traduite en euskarien (CHAHO, *Biarritz*, II).

Sortis d'un corps de garde, ces couplets de *la Fausse Morte* n'en sont pas moins un chef-d'œuvre en leur genre; et le conte que nous fait ce soldat rimeur est le plus absurde du monde, mais le plus charmant. Ne demandez point par quel art sa belle expire au milieu du souper, ni pourquoi elle demeure trois jours entiers dans sa tombe, comme en souvenir du *Resurrexit tertia die* de l'Écriture; ce n'est pas que l'hôtesse, suivant la glose bien trop raisonnable d'un chanteur de Provence, l'ait gratifiée d'un narcotique : elle meurt parce qu'elle veut mourir, et parce qu'il le faut, et il est clair que nos communes lois physiologiques ne sont point pour elle. Ne vous étonnez pas non plus des galanteries un peu macabres de ces larrons d'honneur : il leur faut apparemment un goût fantasque, pour célébrer en musique les funérailles de leur victime; et de choisir, pour l'y enterrer, les plates-bandes du « jardin de son père », c'est une idée qui ne viendrait pas à tout le monde : aussi bien ces trois capitaines ne sont pas tenus de

raisonner à notre guise, ils viennent d'un pays qui n'est pas le
nôtre, d'un pays lointain, et fort voisin du royaume des fées.
Et puis l'auteur prenait plaisir à mêler d'un peu d'extravagance une si pathétique histoire; il n'est pas, dans le fond,
naïf; c'est un ingénu narquois, qui s'amuse de sa propre émotion, et ne prend pas ses personnages bien au sérieux. Mais il
est sur toute chose un charmant poète; il a, ce qui n'est
accordé qu'aux élus de la muse, le don de susciter le sentiment
par l'image, d'exalter par la signifiance mystique du décor l'intérêt du drame humain. Tout immaculée est son héroïne, en
un paysage tout virginal. Entre le rosier blanc où d'abord elle
mène sa rêverie et les lys suprêmes de sa sépulture, elle apparaît, cette belle aux mains blanches, couleur de neige et de
jour, comme un symbole de chasteté dans une harmonie de
blancheur. Voilà ce qu'en effet ne désavouerait pas le plus
raffiné de nos symbolistes, voilà ce qui répand sur la gaucherie
un peu puérile de cet art une indéfinissable grâce; voilà pourquoi, entre tant de chansons diversement belles, il faudrait
donner à celle-ci une place de choix, comme à la plus *poétique*
peut-être qui soit dans la poésie populaire de France.

GRUNDTVIG (*Danmarks g. Folkeviser*, n° 235, IV) a publié,
d'après le cahier manuscrit d'une chanteuse, une vise danoise
qu'il intitule *Kvindelist* (Ruse de femme), et dont voici la traduction :

Le roi[1] fit commander dans son pays : — *Fussé-je aussi belle que
vous l'êtes maintenant,* — « La sœur du chevalier Pierre est-elle
encore vierge ? » — *Les deux belles vierges !*
— « Oui certes, elle l'est encore; aucun chevalier ne peut l'avoir.

---

1. Le « duc » dans le texte danois : interpolation évidente, car dans toute
la suite il s'agit du « roi ».

« Elle ne veut d'aucun chevalier, pas même du roi avec tous ses présents. »

Le roi fait seller son coursier rouge : « J'irai voir cette vierge-là ! »

Le chevalier Pierre se lève vivement : « Je manderai un mot à ma sœur.

« Prie-*la* de *se* mettre *comme* un cadavre en bière, dis-*lui* que le roi a dessein de *la* séduire[1]. »

Quand ils arrivèrent près de la ville, ils entendirent sonner les cloches du couvent.

Lors dit le chevalier Pierre : « Plaise au Christ que ma sœur ne soit pas morte ! »

Quand ils arrivèrent à l'escalier, ils rencontrèrent une bière dorée.

« D'où vient ce corps mort, que portent ces très nobles chevaliers ? »

Lors répondit le page, vêtu d'écarlate rouge : « C'est la sœur du chevalier Pierre. »

Le roi mit sur l'épaule son manteau d'écarlate, il porta *le* corps autour et au dedans de l'église.

Le roi fit présent d'or rouge, il donna à tous ses serviteurs des coupes pleines d'or.

Voici ce que dit le roi en se levant : « *Ce* corps, n'est-il pas temps de *le* mettre en terre? »

— « C'est la coutume dans cette île de veiller neuf nuits pour une vierge.

« C'est la coutume dans notre pays de veiller neuf nuits pour une jeune fille. »

Le roi s'en alla sur son cheval gris, la vierge se leva et peigna ses cheveux.

Cela fut connu par tout le pays, que la sœur du chevalier Pierre n'était point morte.

---

1. Dans le texte : Prie-les de mettre des corps morts en bière, Dis-leur q. l. r. a. des. de les. séduire », et plus bas « ces corps ». Ces pluriels d'une absurdité manifeste, puisqu'il ne peut s'agir que d'une seule fausse morte, se sont certainement introduits sous l'influence du refrain : *Les deux belles vierges!*

Pour tout mon or rouge, je ne voudrais pas être de la sorte trompé par une femme !

Avant que le roi fut de retour, la vierge était envoyée au couvent.

La même ballade existe encore sous une forme suédoise, avec des variantes notables (ARWIDSSON, *Svenske formsänger*, I). Le duc Hildebrand tient la place du chevalier Pierre ; dès qu'il apprend les mauvais desseins du roi, il mande à sa sœur de quitter le pays, et c'est la fille elle-même qui imagine le stratagème de la mort simulée (ce trait, fort naturel, pourrait bien être primitif). Enfin, dans la rédaction du moins qu'on possède — car ce médiocre dénouement a tout l'air d'être le résultat d'une interpolation accidentelle, — le roi, connaissant la ruse de la jeune fille, se décide à l'épouser en justes noces.

La ballade scandinave a passé chez les Slaves de Bohême, de qui elle reçut naturellement une autre couleur locale : dans la chanson tchèque, c'est une fille moldave qui fait la morte, pour échapper à un amant turc (CELAKOWSKY, *Slovanske narodni pisne*, III, [traduction anglaise dans BOWRING, *Cheskian Anthology*] ; aussi ERBEN, *Prostonarodni ceske pisne*), toute la fable étant du reste modelée sensiblement sur l'original dano-suédois.

Au demeurant les deux poètes ont traité leur sujet d'une façon indépendante et même opposée. L'enlèvement, qui fait le fond de l'aventure dans la chanson française, n'existe dans l'autre qu'à l'état de projet. Réciproquement, les funérailles de la belle en quoi le Scandinave concentre tout l'intérêt du récit, ne sont pas relatées par le Français, qui se borne à les annoncer dans le discours des capitaines. Et non seulement les circonstances de la narration diffèrent, mais le dénouement aussi n'est pas conçu de même : tandis que la belle au rosier blanc est censée dormir un long somme en sa tombe fleurie, la sœur du chevalier Pierre attend tout juste, pour ressusciter, la fin de la cérémonie et que ce sot de roi ait le dos tourné. La ruse de cette fille du Nord est, après tout, vraisemblable ; la Française, avec la façon qu'elle a de tomber morte à volonté, et, pour un laps de trois jours, ni plus ni moins, n'appartient pas au monde sublunaire. L'un des poètes veut nous conter un bon tour de femme, et que l'on croie que c'est arrivé ; l'autre se meut en pleine fantaisie ; aucun des deux certainement n'a influé sur l'autre.

L'idée première qu'ils ont arrangée chacun à sa guise dut s'offrir à eux sous forme d'un de ces petits contes errants qui vont partout et viennent d'on ne sait où. Le thème de la mort feinte est d'ailleurs des plus familiers qui soient à la littérature traditionnelle : nous l'avons déjà rencontré dans *la Fille du roi Loys*; et, liée à plusieurs histoires d'amour, plusieurs chansonniers français ou étrangers l'ont mise en œuvre. Peut-être ce thème a-t-il pris sa source dans quelques faits réels de léthargie, transformés par l'interprétation populaire? Quant à l'histoire, en particulier, de notre belle, c'est un jeu d'esprit tout pur. Je ne pense pas qu'une fille, en pareille occurrence, ait jamais hasardé de faire la morte « pour son honneur sauver »; d'aucunes l'ont bien fait, mais c'était pour le contraire.

XXII

LE FLAMBEAU D'AMOUR

CATALOGUE DES VERSIONS

France (oïl et oc)

Chissey (Jura) : A. Marquiset, *Statistique de l'arrondissement de Dôle*, II, 1842. — Repr., avec des retouches, par Buchon, *Noëls et Chants pop. de la Franche-Comté.*

Bourbonnais : G. de Soultrait, *Poés. pop. de la France*, III, mss. B. N., réd. 1857. — Publ. par Rolland, III.

Forez [fragm.] : Noëlas, *Légendes et Traditions foréziennes*, 1865.

Poitou : Bujeaud, *Chants pop. des prov. de l'Ouest*, II, 1866.

Fontenay-le-Marmion (Calvados) : Legrand, *Romania*, X, r. 1876.

Fraisses (Loire) : Smith, *Romania*, VII, 1878.

Lorient : Rolland, *Almanach des Trad. pop. pour l'an. 1882*, réd. 1879. — Repr. dans son *Rec. de Chans. pop.*, III.

Ain : Guillon, *Chans. pop. de l'Ain*, 1883.

Nivernais : Rolland, d'après Millien, *Rec. de Chans. pop.*, IV, 1887.

Indéterminé : de Sivry, *la Tradition*, II, 1888.

Warloy-Baillon (Somme) : Carnoy, *ibid.*, IV, 1890.

Quercy : Froment de Beaurepaire, *ibid.*, VI, 1892.

Côtes-du-Nord : Mme P. Sébillot, *Rev. des Trad. pop.*, VII, 1892.

Annoville (Manche) 1 et 2 : Couraye du Parc, *inédits*, 1892.

Ile de Bréhat : Luzel, d'après Ary Renan, *Rev. des Trad. pop.*, IX, 1894.

Franche-Comté : BEAUQUIER, *Chans. pop. rec. en Franche-Comté*, 1894.

Séez (Savoie) : J. FAVRE, *inédit*, r. 1896.

Piémont

A Turin, *B* Sale-Castelnuovo : NIGRA, *Canti pop. del Piemonte* (n° 7), 1888.

FORMULE RYTHMIQUE

Complainte. Tercets composés d'un vers de 16 syl. $= 8 + 8$, féminin, qui ne rime pas, et de deux vers de 8 syl., masculins, rimant ensemble.

———

TEXTE CRITIQUE

1

C'est une fille de quinze ans   ou quelque chose davantage.
    Son père l'a mise en la tour,
    De peur que l'on lui fit l'amour.

2

Son cher amant, qui étoit là,   avait les yeux baignés de larmes :
    « Belle, si vous m'ouvrez la tour, .
    Je vous irai voir tous les jours. »

3

— « Mon cher amant, si vous venez,   je mettrai flambeau
                                     [pour enseigne :
    Quand le flambeau s'allumera,
    Je vous pri' d'avancer le pas. »

1 a') *Bréhat, Warloy, Ain, Forez.* — a") *Bréhat, Séez, Lorient* (et q. c.) ;
cf. *Fontenay, Warloy, Forez, etc.* — b) *Fraisses, Nivernais, Séez, Forez, etc.*
+ *Poitou* (en l. t.). — *Côtes-du-Nord* (fait) ; cf. *Lorient, Poitou, Comté, etc...*
— *Turin*, dans un vers interpolé, nomme l'amant de la fille « son cher
Léandre ».

2 a') *Bréhat, Lorient* (... par là), *Forez* (...q. la suivait), *Annoville* 1 (Mais
s. a...), *Poitou* (S. beau galant...) ; cf. *Warloy, Fontenay,* — a") *Forez* (en
av.), *Comté* (ayant), *Bréhat* (les yeux [*bis*]...) ; cf. *Lorient, Fontenay, etc.* —
b) *Annoville* 1 (... s. tu veux m'o...), *Annoville* 2 (... s. tu voulais m'o...) ;
cf. *Warloy, Chissey, etc.* Le vouvoiement est dans *Chissey, Ain, etc...* —
c) *Comté, Annoville* 1 (J'irai te v...), *Warloy* (J. t'y viendrai v...), *Fontenay, etc.*
(J'irais v. v...) ; cf. *Bourbonnais, Nivernais, etc.*

3 a' a") *Lorient, Séez, Poitou* (O. b. galant...) ; cf. *Chissey, Fraisses, Turin,*
etc. — b) *Poitou, Fontenay, Séez, Turin* + *Bourbonnais* (s'allumera) ; cf.
Nivernais, etc. — c) *Bourbonnais ;* cf. *Indét., Poitou, Fontenay, etc.*

4

Entre onze heures et la minuit,   que le flambeau d'amour
[s'allume,
Le bel amant s'est mis sur l'eau,
N'a plus vu ni ciel ni flambeau.

5

La mer farouche l'emporta   parmi les eaus, parmi les ondes ;
Et quand la mer eût fait son tour,
El le mit au pié de la tour.

6

Quand ce vint sur le matin jour,   la belle mit tête en fenêtre.
Regarde en haut, regarde en bas,
Voit son cher amant au trépas :

---

4 a') *Nivernais;* cf. *Lorient, Annoville 1, Warloy, etc.* — a") *Poitou, Anno-ville 1, Comté ;* cf. *Lorient, Nivernais, etc.* — b) *Côtes-du-Nord* et *Chissey* (Le bel am.) + *Fraisses;* cf. *Annoville 1, Quercy, Castelnuovo.* — c) *Chissey;* cf. *Quercy, Annoville 1, Fontenay, Fraisses.*

5 a') *Fraisses, Quercy* (l'entreprend); cf. *Chissey, Annoville 1, Bréhat.* — a") *Chissey, Fraisses* (contre les flamb'...); cf. *Annoville 1, Bréhat.* — b) *Annoville 1 ;* cf. *Bréhat, Chissey, Quercy.* — c) *Annoville 1* (... l'a m...) + *Bréhat, Lorient, Chissey, Nivernais.*

6 a') *Nivernais, Poitou* (Et q. c. fut au m. j.); cf. *Annoville 1 et 2, War-loy.* — a") *Lorient, Annoville 1 et 2, Ain, etc.* — L'article « la », qui se trouve partout devant « tête » est à supprimer. — b) *Bréhat, Poitou, Chissey, etc.;* cf. *Forez, Lorient, etc.* — c) *Nivernais, Bréhat, etc.* (El. v. s. a...). *Forez* (A vu s. a...); cf. *Annoville 2, etc.* Dans *Turin,* « son cher Léandre ».

7

« O mon amant, mon cher amant,   que ta mort me cause
[de peine !
S'il ne falloit que de mon sang
Pour ressusciter mon amant,

8

« De la pointe de mes ciseaux   je me percerois une veine,
Je ferois couler tout mon sang,
Pour ressusciter mon amant.

9

« Si j'étois fille en liberté,   je m'en irois dans le bocage;
Je prierois Dieu pour mon amant,
Celui que mon cœur aime tant.

10

« Je m'en irois parmi le bois,   faire comme la tourterelle :
Quand el a perdu son ami,
Sur la branche s'en va mourir. »

7 a' a") *Annoville 1* + *Fontenay, Comté;* cf. *Annoville 2, Côtes-du-Nord, Nivernais.* — b c) *Annoville 1 et 2, Fontenay, Comté;* cf. *Côtes-du-Nord, Poitou, etc.*

8 a' a") *Séez, Annoville 2* (Avec l. p...), *Fontenay* (id.), *Comté* (id.), *Nivernais* (id.); cf. *Annoville 1, Warloy, etc...* — b c) *Annoville 1 et 2, Warloy, Chissey* + *Ain et Quercy* (tout m. s.); cf. *Lorient, Bréhat, etc.*

9 a' a" *Bréhat* (... un b.), *Annoville 1* (... la plaine), *Nivernais* (... le désert); cf. *Ain* (... dans un couvent de religieuses) et *Annoville 2.* — b c) *Annoville 1 et 2, Bréhat;* cf. *Nivernais, Ain.*

10 a' a") *Chissey* (... les b.), *Bourbonnais* (... ded. le b.), *Quercy* (... d. un b.); cf. *Fraisses, Bréhat.* — b) *Bourbonnais* + *Bréhat* (... Quand). — c) *Bourbonnais;* cf. *Bréhat.*

Le Flambeau d'amour n'est, comme on voit, qu'un arrangement populaire de l'aventure fameuse de Héro et Léandre. Rare en Piémont, à peine connue en pays d'oc et toujours sous forme française, cette romance est certainement l'œuvre d'un chansonnier d'oïl ; et, si l'on envisage d'un côté son foyer principal, qui couvre la région du Nord-Ouest, d'autre part les circonstances mêmes du récit, et singulièrement la phrase « quand la mer eut fait son tour », qui indique une population voisine de la Manche ou de l'Atlantique, ce chansonnier était un Normand, un Breton ou un Poitevin du littoral.

Cependant il convient de signaler telles particularités des versions piémontaises, qui pourraient donner une autre impression. *Turin*, par deux fois donne à l'amant son nom classique de « Léandre » ; et l'une et l'autre version, au lieu des jérémiades fort oiseuses qui remplissent les quatre derniers couplets de la chanson française, s'accordent à rétablir en un demi-vers final le dénouement authentique (la belle se précipite dans la mer). Ainsi, plus rapprochées de la donnée légendaire, il semble que les versions transalpines représentent la chanson originale, corrompue dans toute la tradition française. Mais ce sont là des apparences qui ne doivent pas en imposer. Dans le fait, pour peu qu'on les examine au point de vue et du sens et du rythme, on s'assure que les textes piémontais constituent des formes secondaires, et très frustes, d'un original français ; que les deux vers de *Turin* où figure le nom de Léandre sont interpolés ; et qu'enfin ces variantes spécieuses, loin qu'il y faille voir le vestige d'un texte primitif, ne sont rien de plus que les gloses d'un chanteur d'outre-monts, qui avait quelque teinture de la fable antique de Héro et de Léandre, maintes fois vulgarisée par ailleurs.

Quant au chansonnier français, il ignorait sans doute le nom de Léandre, et il n'a même pas su retenir le dénouement, si simple à la fois et si dramatique de la fable. La langue de ses

couplets, d'une fadeur assez moderne, défend d'en porter la
date plus haut que le xviie siècle avancé. Ajoutez qu'un choix
de tours et de vocables peu usités du populaire, « les yeux
baignés de larmes » — « parmi les ondes » — » que ta mort
me cause de peine ! »..., trahit un auteur semi-lettré et qui a
des prétentions au beau style.

Milá, *Romancerillo catalan* (n° 217), a publié, sous le titre
de *El Caballero de Malaga*, une chanson que l'on n'a pas comprise dans l'énoncé des sources du *Flambeau d'amour*, parce
qu'elle en diffère complètement par la facture rythmique (vers
de 14 syllabes $= 7 + 7$, uniformément assonancés en $a +$
atone), mais qui n'en dérive pas moins d'une façon immédiate,
témoin ce vers :

Ay ! bon comte de ma vida, de quantas penas n'ets causa !

traduit presque littéralement du premier vers de notre 4e couplet. Une noble dame est enfermée par son père dans une tour
que la mer environne ; son galant, « le bon comte », s'approche
(en barque ?), portant une lumière (on voit le contresens). Un
coup de vent éteint la lumière. La dame est en fenêtre :
« Hélas ! voilà le comte noyé ! » Ici un dénouement fantastique et infernal, qui est tout à fait dans le goût espagnol. Le
comte, tout noyé qu'il est, monte l'escalier de la tour. « Ah !
comte, quelles peines vous me faites ! » — « Plus grandes
sont les miennes, car l'enfer est ma demeure. Dame, pour
venir jusqu'à vous, je me suis donné aux démons ! » Et les
amants, se prenant par la main, plongent dans la mer salée.

L'histoire de Héro et Léandre ne s'est pas implantée seulement dans la poésie populaire romane. Sur ce même thème
il existe un très beau lied, qui a pour foyer et, selon toute
vraisemblance, pour patrie les Pays-Bas. Hollande : Hoffmann
v. Fallersleben, *Hollændische Volkslieder*, d'après un vieux

chansonnier local, *Amsterdamsze Liedboeck*. —Frise : FIRMENICH, *Germaniens Vœlkerstimmen*, I. — Flandre : WILLEMS, *Oude vlæmsche Liederen* (repr. par ROLLAND, IV). Version identique dans DE COUSSEMAKER, *Chansons pop. des Flamands de France*, 1856; LOOTENS FEYS, *Chants pop. flamands* (repr. par ROLLAND, IV). De nombreux exemplaires de ce lied ont été recueillis en Westphalie et dans le reste de l'Allemagne : G. FÖRSTER, *Frische Liedlein*. II. Nüremberg, 1540 [fragment]. Repr. par BŒHME, *Alt deutsches Liederbuch*, puis par ROLLAND, III [1]. — BÜSCHING V. DEN HAGEN, *Sammlung deutscher Volkslieder*, 1807. — MEINERT, *Alte teutsche Volkslieder i. d. Mundart des Kuhlænd-chens*. — MONE, *Anzeiger f. kunde d. teutschen Vorzeit*, VI, 1837 (version westphalienne); celle de REIFFERSCHEID, *Westfælische Volkslieder*, en est évidemment dérivée. — KRETZSCHMER, *Deutsche Volkslieder* I (plusieurs versions). — ERK, *Die deutschen Volkslieder*, I et II. — UHLAND, *Alte deutsche Volkslieder*, I (version westphalienne). — SIMROCK, *Die deutschen Volkslieder*.

Et il a passé dans les pays scandinaves : Danemark, NYERUP, *Udvalg af danske Viser*, I, d'après un imprimé du XVIIᵉ siècle. — KRISTENSEN, *Jyske Folkeviser*, I, nᵒ 103 (*A*, *B*) et IV, nᵒ 64 (*A*, *E*), et Suède : AFZELIUS, *Svenska Folkvisor*, I et II [2]. — ARWIDSSON, *Svenska Fornsanger*, III, d'après un document du XVIᵉ siècle, repr. avec traduction par ROLLAND, IV.

Voici la traduction du poème, d'après la rédaction flamande de WILLEMS, corrigée à l'aide de celles de MONE et de SIM-ROCK :

Il était deux enfants de roi, qui s'aimaient l'un l'autre si fort; mais ils ne pouvaient se joindre, l'eau était bien trop profonde.

---

1. Le lied du *Wunderhorn* (t. II) intitulé : « Der verlorne Schwimmer » et qu'on déclare recueilli oralement, n'est pas autre chose que ce fragment initial pris au chansonnier du XVIᵉ siècle, à quoi l'éditeur a ajouté une suite pseudo-populaire de sa façon : aussi bien la supercherie saute aux yeux.

2. Une de ces versions a été traduite en français par MARMIER, *Chants pop. du Nord*.

Que fit-elle? Elle alluma trois flambeaux, le soir, après la chute du jour : « O chéri, viens vers moi à la nage! » Ainsi fit le fils du roi, il était jeune.

Une vieille femme vit cela, une très méchante mégère [1] ; elle alla souffler les lumières, alors fut noyé le jeune héros.

« O mère, ma mère chérie, la tête me fait si mal! laissez-moi aller me promener un peu, me promener le long de la mer ! »

— « O fille, ma fille chérie, seule tu ne dois point aller là : mais éveille ta jeune sœur, qu'elle aille se promener avec toi. »

— « O mère, ma jeune sœur est encore une si petite enfant : elle cueille toutes les fleurs qu'elle trouve sur son chemin ! »

— « O fille, ma fille chérie, seule tu ne dois point aller là ; mais éveille ton jeune frère, qu'il aille se promener avec toi. »

— « O mère, mon jeune frère est encore un si petit enfant, il court après tous les oiseaux qu'il trouve sur son chemin ! »

La mère alla à l'église, la fille alla de son côté, tant qu'au bord de l'eau un pêcheur, le pêcheur de son père, elle trouva :

« O pêcheur, ce dit-elle, pêcheur, petit pêcheur de mon père, jette ton filet dans l'eau et tu en seras récompensé ! »

Il jeta son filet dans l'eau, les plombs touchèrent le fond ; il pêcha et pêcha tant, que le fils du roi fut sa prise.

Qu'est-ce qu'elle ôta de sa tête ? une royale couronne d'or : « Tiens dit-elle, brave pêcheur, voici la récompense que tu as gagnée [2]. »

Qu'est-ce qu'elle tira de son doigt ? un anneau d'or rouge : « Tiens, dit-elle, brave pêcheur, tu achèteras du pain à tes enfants. »

Lors elle prit son amant dans ses bras, et le baisa sur la bouche : « O petite bouche, si tu pouvais encore parler ! O petit cœur, si tu étais maintenant en vie [3] ! »

Elle tint son amant dans ses bras, et sauta avec lui dans la mer : « Adieu, ô mon père et ma mère, vous ne me verrez jamais plus ! »

---

1. Dans certaines versions, « une perfide nonain », qui faisait semblant de dormir.

2. Ce couplet, qui manque dans la rédaction de WILLEMS, est fourni par celles de MONE, SIMROCK, etc.

3. Dans plusieurs versions : « O petite bouche, si tu pouvais..., mon cœur serait maintenant en santé » ; leçon qui me paraît très inférieure à celle de WILLEMS.

La plupart des versions allemandes reproduisent exactement le modèle néerlandais. Les scandinaves, traitées avec un peu plus de liberté de style, ne s'en écartent pas davantage pour le fond : toutefois un trait distinctif de la tradition dano-suédoise, c'est qu'elle place entre la noyade de l'amant et les paroles de la fille à sa mère, l'arrivée d'un page annonçant qu'il a vu noyer un fils de roi : addition d'ailleurs superflue, car la fille n'a nul besoin qu'on l'instruise d'un malheur qu'elle ne sait que trop bien par les lumières éteintes, et parce que le nageur n'a pas abordé.

Des contrées germaniques, le lied des *Deux enfants de roi* s'est propagé dans le monde slave. TCHOUBINSKY (*Troudi ethnograf-statist. expeditii v zapadno–rousskiy Krai*, V, n°s 609 et 643, 1874) a recueilli deux variantes d'une chanson de l'Ukraine, que voici traduite d'après la première (l'autre, contaminée, est négligeable).

Au delà de la rivière [1], un jeune Cosaque parle :
« Allume, ma fillette, un cierge,
Afin que je puisse passer cette rivière rapide ! »
— « Je suis prête, mon cher Cosaque, à en allumer deux,
Mais j'ai peur de te faire noyer dans l'eau. »
Il s'est noyé, il s'est noyé le jeune Cosaque, et seul son mouchoir surnage.
La jeune fille va le long de la rive et tord ses mains blanches :
. . . .
« C'est ce même mouchoir en soie noire !
Il n'est plus, mon Cosaque du régiment de Soumy !
Tenez, mes jeunes pêcheurs, voilà une pièce d'or pour chacun de vous,
. . . .
Repêchez mon jeune Cosaque, afin que je puisse au moins le voir. »

On retrouve là, réduite à des proportions plus vulgaires,

---

1. Dans la 2ᵉ version, ce cours d'eau est « le Danube ».

toute la tragédie seigneuriale du lied; il se peut seulement que, dans l'esprit des chanteurs cosaques, la signification du flambeau se soit perdue : ce cierge allumé dans la nuit, est-ce un rite superstitieux pour conjurer le mauvais sort ? Ni de flambeau, ni de pêcheur, il ne reste plus aucun vestige en cette courte chanson de Slovènes de Carniole, que je cite d'après la traduction allemande de A. Grün, *Volkslieder aus Krain* et qui pourrait bien passer pour un dernier écho du chant de l'Ukraine :

Par le sentier chemine une fille, une toute belle jeune fille.

Et elle regarde dans l'eau tranquille, l'eau tranquille, le clair Danube.

Dans le Danube, dans le Danube, est-ce la lune, est-ce le soleil qui luit ?

Ce n'est pas la lune, ce n'est pas le soleil, dans le fleuve nage un jeune guerrier.

« Nage, nage, jeune guerrier! Nage, et atteins en nageant le bord ! »

« O jeune fille, mon cher amour! oh! puissé-je en nageant l'atteindre !

« Mais mon beau sabre tranchant me fait enfoncer dans le Danube,

Mon beau fusil brillant m'entraîne au fond du gouffre. »

D'autre part, le lied a pénétré chez les Wendes de la Lusace, et nous connaissons l'imitation qu'ils en ont faite par deux versions : Haupt-Schmaler, *Volkslieder d. Wenden in d. Lausitz*, II (n° 1). — Rolland, d'après W. v. Schulenburg, IV. Le dialogue de la fille avec sa mère, sa sortie sur le rivage, la pêche de l'amant noyé, ont subsisté dans la chanson wende; mais la donnée première du nageur nocturne et du flambeau a disparu (au lieu de cela, l'amant est allé sur l'eau avec dix-huit musiciens, et, par une saute de vent, la barque chavire). Au surplus, on a l'étonnement de trouver soudée à cette chanson la propre finale de *la Pernette* française : au moment de se tuer, la jeune fille demande à être ensevelie avec son amant, près du grand chemin, et qu'on plante sur eux un lys blanc, un lys rouge. « Les passants diront : Ici gisent deux jeunes gens, morts à cause de leur fidèle amour ! »

Les Hongrois enfin, de même que les Slaves occidentaux, se sont assimilé ce poème : la ballade de *La petite Julia* (ARANY LÁSZLO, *Magyar Népköltési Gyüjtemény*, I), est visiblement modelée sur quelque version allemande des *Deux Enfants de roi*, quoiqu'elle ait aussi une connexion partielle avec la chanson wende, dont elle répète la finale caractéristique :

> On les enterra l'un près de l'autre.
> Sur l'un l'on planta
> Une tulipe blanche rayée,
> Sur l'autre on planta
> Une tulipe toute rouge.

En somme, l'analyse ramène toute cette riche floraison lyrique dont l'Europe centrale et septentrionale est couverte à une tige unique, savoir le lied néerlandais : « *Het waren twee Konincskinderen* [1]. » Ce lied, à tenir compte du *liedlein* imprimé à Nüremberg en 1540, ainsi que la rédaction suédoise d'Arwidsson, existait avant le milieu du XVIe siècle ; suivant les rivages de la mer du Nord, il a gagné le Danemark et la Suède ; remontant la vallée du Rhin, il s'est répandu en Allemagne, et de là chez les Slaves occidentaux (Lusace, Ukraine,

---

1. Il y a aussi des pays où l'histoire poétique du *Flambeau d'amour*, empruntée peut-être au lied populaire, peut-être issue par tradition savante, du poème de Héro et Léandre, s'est résolue en un conte ; et le conte, comme il arrive, poussant des racines dans le terroir où le hasard l'avait semé, s'y est fixé en légende locale. Le cas a été constaté deux fois dans la Bavière (PANZER. *Bayer-Sagen*, I, 1848). Près de Murnau, il existe un étang, le Staffelsee, aux pieds du château d'Osberg. Une demoiselle habitait ce château, et un chevalier de Cech, son amoureux, venait de nuit la visiter à la nage ; une fois, elle s'endort, laisse tomber son flambeau de la fenêtre et le nageur se noie. — Au Chiemsee, la légende revêt un caractère monacal : on conte que le moine Berthold, du cloître de Herrenwerd, aimait une jeune none de noble race, Mathilde, cloîtrée dans l'île de Frauenwerd ; il s'y rendait la nuit, en barque, et la lumière de la cellule lui servait de phare. Une nuit de violente tempête, que la lumière n'était pas allumée, Mathilde, agitée d'un pressentiment, regarde du haut du mur : la nacelle dansait sur

Carniole), et chez les Magyars. Quant à la romance française
du *Flambeau d'amour*, avec ses ramifications piémontaise et
catalane, rien ne laisse supposer qu'elle en dépende en aucune
sorte; au contraire, le tour très différent donné au sujet commun, l'absence de ces similitudes de détail par où se révèle la
parenté des œuvres traditionnelles, montrent que l'auteur du
lied et le chansonnier français de l'Ouest, s'ignorant l'un et
l'autre, ont simplement travaillé sur le même thème. Et ce
thème n'est autre que la fable classique de Héro et Léandre,
célébrée par Musée, et parvenue, nous allons voir comment,
jusqu'au peuple.

*
* *

La légende de Héro et Léandre est strictement topique
et tous les auteurs qui la citent, la rattachent invariablement
aux villes de Sestos et d'Abydos, sur les rives de l'Hellespont.
Mais, d'autre part, il existe dans l'Inde une légende semblable,
et l'on montre dans le Pendjab, à Hir-Rânjha le tombeau de
deux amants morts comme Héro et Léandre; cela ne fait que
prouver que la fable hellespontienne, comme tant d'autres
productions du génie et de l'art grecs, suivant la voie ouverte
par la conquête d'Alexandre, avait pénétré jusque dans l'Inde [1].
C'est dans les poètes latins du siècle d'Auguste qu'il faut

---

les vagues. Elle s'évanouit; quand elle a repris connaissance, la none aperçoit
à la clarté de la lune le cadavre de Berthold étendu sur la grève, et meurt
près de son amant. — Qu'elle soit d'origine populaire ou d'élaboration
savante, la sombre légende dalmate de Clarissa, chantée par un poète bohé-
mien, Maurice Hartmann, paraît être aussi un ressouvenir altéré du même
conte : mais ici la situation est renversée, et c'est la jeune fille qui chaque
nuit, nage vers une île, pour y trouver le beau prêtre qui est son amant; ses
frères poignardent d'abord le prêtre, puis, montant dans une barque avec le
fanal, ils attirent tout doucement la nageuse en pleine mer, où, à bout de
forces, elle s'engloutit.

1. BŒHME, qui paraît ne pas se douter de cette pénétration de l'hellé-
nisme dans la civilisation hindoue, en fait deux traditions, remontant chacune à une antique légende aryenne.

chercher les plus anciens documents sur notre légende. Virgile au chant III des *Géorgiques* (vers 258-263) fait allusion à un jeune amant qui « sur la mer soulevée par les tempêtes sauvages, nage dans la nuit noire », puis Ovide, en maint endroit, parle de l'histoire tragique des rives de Sestos et l'une de ses Héroïdes est consacrée à la correspondance amoureuse de Léandre avec la prêtresse de Sestos. Viennent ensuite des vers de Lucain dans la *Pharsale*, de Stace, et deux épigrammes de Martial. Ces fragments ou ces poèmes ne font que des allusions à une histoire supposée connue de chacun. La littérature grecque n'a point traité longuement ce sujet, et, à part deux courtes notes géographiques de Strabon et de Pomponius Mela, elle ne nous a laissé que des épigrammes des poètes de l'*Anthologie*, Antipater de Macédoine et Agathos le Scolastique.

Enfin, au Vᵉ siècle, Musée le Grammairien écrivit cette épopée en miniature avec un art exquis et d'un classicisme merveilleusement imité : c'est lui qui créa le titre symbolique « ςῶς ερστος » qu'on retrouve dans le *Flambeau d'amour* de la complainte française.

Le poème de Musée mentionné par Tzetzès, disparut dans la barbarie, et fut exhumé, avec d'autres belles œuvres du génie grec, au XVᵉ siècle. Cependant le moyen âge avait eu un poème français d'*Éro et Léandre* ainsi que nous l'apprend le roman de *Flamenca* écrit au XIᵉ siècle. Quelle en pouvait être la source ? Comme l'auteur de *Flamenca*, à côté des titres de poèmes, citait quantité d'autres titres relatifs à des personnages mythologiques célébrés par Ovide et quelques-uns par lui seul, il y a toute apparence que les Héroïdes ovidiennes en aient servi; toutefois, comme ces pièces développent bien moins des événements que des sentiments, et que rien en particulier n'y laissait soupçonner le dénouement tragique de ces amours, M. G. Paris a conjecturé que l'exemplaire même d'Ovide qui servit au trouvère du moyen âge devait contenir dans quelque note de scoliaste un résumé de l'histoire. Cela n'est pas impossible, mais ne connaissant absolument rien du poème cité dans *Fla-*

menca, nous ne pouvons dire s'il ne consistait point dans une paraphrase pure et simple des Héroïdes, et dans ce cas, l'hypothèse de la scolie est superflue.

Je ne pense pas d'ailleurs que ce poëme disparu, et dont il ne subsiste nulle trace autre que la mention de *Flamenca*, soit la souche de la complainte tragique du *Flambeau d'amour*, dont les végétations se sont répandues à travers toute l'Europe, soit sous forme de légende locale, soit comme chanson populaire. Ce n'est qu'au xvie siècle, bien avant que la chanson française qui nous occupe ne soit née, que le poëme de Musée avait été traduit d'abord en latin, et un peu plus tard en français [1] par Marot, et c'est ainsi que du monde savant il put arriver au milieu populaire. Il me paraît donc que c'est dans la traduction de Marot qu'est le point d'origine de notre complainte.

Mais à la délicieuse légende païenne, le chansonnier a donné un tour féodal, et la prêtresse d'Aphrodite n'est plus que la fille de quelque baron ; puis, à la fin, pitoyable à la belle, il lui garde la vie sauve, et au lieu de se briser sur le roc, auprès du corps inanimé de son amant, il la fait exhaler son désespoir en longues protestations et en regrets [2].

---

1. La première traduction imprimée à Paris et à Lyon en 1541 portait pour titre : *Histoire de Léander et Héro*. Plus tard, en 1681, parut une version en prose, de traducteur inconnu. Il fut aussi traduit en anglais : mais là, le sujet n'a rien donné dans la tradition populaire.

2. On trouve dans DE PUYMAIGRE, *Chants pop. rec. dans le pays messin*, I, p. 82, une complainte qui est une parodie de la fable grecque. C'est près d'Arles, un « père barbare » qui contrarie les amours de sa fille, et l'enferme dans une tour, au bord d'une rivière : l'amant traverse celle-ci à la nage, mais il disparaît entraîné par le courant, et la belle éplorée, se jette à l'eau.

La morale, d'un tour tant soit peu narquois est contenue dans ce dernier couplet :

> Exemple bien rare
> En France à présent !
> J' connais bien des filles
> Qui n'en f'raient pas tant.

XXIII

LA MARQUISE EMPOISONNÉE

CATALOGUE DES VERSIONS

France (oïl et oc)

Sologne : LEROUX DE LINCY, d'après TEULET, *Rec. de Chants histo-riques français*, II (Introduct.), 1842.

Saintonge : BUJEAUD, *Chants pop. des prov. de l'Ouest*, II, 1886.

Ossau : DE PUYMAIGRE, *Romania*, III, 1874.

Forez : SMITH, *ibid.*, III, 1874.

Fontenay-le-Marmion (Calvados) : LEGRAND, *ibid.*, X, réd. 1876.

Bivès (Gers) : BLADÉ, *Poés. pop. franç. rec. dans l'Armagnac et l'Age-nais*, 1879.

Ceyzériat : GUILLON, *Chans. pop. de l'Ain*, 1883.

FORMULE RYTHMIQUE

Complainte. Vers de 14 syl. = 8 + 6, féminins, assonant deux par deux ; le distique forme couplet.

TEXTE CRITIQUE

I

Quand le Roi entra dans la cour   pour saluer ces dames,
La première qu'il salua,   el a ravi son âme.

2

Le Roi demanda au Marquis :   « A qui est cette dame ? »
Le Marquis lui a répondu :   « Sire Roi, c'est ma femme. »

3

— « Marquis, t'es plus heureux qu'un roi,   d'avoir femme
                                            [si belle.
Si tu voulois, j'aurois l'honneur   de coucher avec elle. »

4

— « Sire, vous avez tout pouvoir,   tout pouvoir et puissance ;
Mais si vous n'étiez pas le Roi,   j'en aurois ma vengeance ! »

1. a) *Ossau, Bivès* + *Fontenay, Ceyzériat, Forez* et *Saintonge* (ces d.). —
b) *Ossau, Fontenay* (... a saluée...) ; cf. *Saintonge, Sologne, Bivès, Ceyzériat*.
    2. a) *Ossau, Fontenay* + *Bivès* ; cf. *Saintonge*. — b) *Saintonge, Fontenay*.
(... O sire, ci est...), *Bivès* (... Celle-là, c'est...), *Ossau* (... S., elle est...).
    3. a) *Sologne, Saintonge* (... q. moi,...), *Bivès* (... s. b. dame) ; cf. *Ossau,
Fontenay*. — b) *Sologne, Fontenay* (Quand tu voudras...) ; cf. *Saintonge, Ossau,
Bivès*.
    4. a) *Ossau ;* cf. *Fontenay, Sologne*. — b) *Ossau* et *Fontenay* (... la v.).
Sologne (... mon roi...) ; cf. *Saintonge*. — Dans *Bivès*, couplet différent, mais
sur une idée analogue.

5

— « Marquis, ne te fâche donc pas,   t'auras ta récompense :
Je te ferai dans mes armé's   beau maréchal de France. »

6

— « Adieu, m'amie, adieu, mon cœur,   adieu mon espérance !
Puisqu'il te faut servir le Roi,   séparons-nous d'ensemble. »

7

Le Roi l'a prise par la main,   l'a menée en sa chambre.
La belle, en montant les degrés,   a voulu se défendre.

8

« Marquise, ne pleurez pas tant !   Je vous ferai princesse,
De tout mon or et mon argent   vous serez la maitresse. »

9

La Reine lui fit un bouquet   de toutes fleurs jolies,
Et la senteur de ce bouquet   fit mourir la Marquise.

5. a b) *Saintonge, Sologne* (Mari,...). — Suit, dans ces deux versions, ce couplet que je tiens pour parasite :

— Habille-toi bien proprement,   coiffure à la dentelle,
Habille-toi bien proprement,   comme une demoiselle.

6. a b) *Sologne, Saintonge ;* cf. *Fontenay.*
7. a) *Bivès, Ossau* et *Ceyzériat* (la mena dans...), *Forez* (la monta dans...). — b) *Bivès* + *Ossau ;* cf. *Forez, Ceyzériat.*
8. a) *Bivès, Ossau, Ceyzériat* + *Forez* (Je vous ferai). — b) *Bivès, Ossau ; Forez* (D. t. l'o. e. l'a. que j'ai...).
9. a) *Ossau ;* cf. *Bivès, Forez, Ceyzériat, Sologne, Saintonge.* — b) *Saintonge, Ossau* + *Sologne ;* cf. *Bivès, Forez, Ceyzériat.*

10

Le Roi lui fit faire un tombeau   tout en fer de Venise,
Sur sa tombe mit un écrit :   « Adieu, belle Marquise! »

10. a) *Ossau* ; cf. *Bivès, Sologne* ; *Forez, Ceyzériat.* — La leçon d'*Ossau* est seule plausible (la ferronnerie vénitienne est, en effet, renommée) ; et les mauvaises leçons « de pierres de lyse(?) » (*Sologne*), « en terre de Baïse » (*Bivès*), semblent en être issues par homophonie. — b) *Forez* + *Ceyzériat* (un écrit) ; cf. *Ossau, Bivès.* « Mit » à la place du futur « mettra ».

Après le 4e couplet jusqu'à la fin, *Fontenay* offre cette variante remarquable :

Marquis s'est fait vêtir de noir,   à la cour s'en fut rendre,
Où le Roi lui a demandé   le sujet de ce change.

Le Marquis lui a répondu :   « O Sire, ci est ma femme.
Puisqu'elle est morte pour moi,   le deuil j'en dois prendre. »

Le Roi prit son manteau royal,   au Marquis le présente ;
Le Marquis en a fait refus,   l'exila de la France.

Suit le 6e couplet (Adieu...), transposé et altéré. Toute cette fin, d'ailleurs fort incorrecte, est interpolée pour les raisons suivantes : 1o l'exil du Marquis constitue un dénouement particulier, qui se concilie mal avec le dénouement véritable, donné par toutes les autres versions : la mort de la Marquise ; 2o l'assonance *femme : prendre* suppose une prononciation nasale *fen-me*, qui est exclue par le 2e couplet de l'original, où *femme* rime avec *dame.*

Cette chanson anecdotique a trait aux amours d'un roi de France, et, vu la langue qui ne saurait être sensiblement plus vieille que le XVIIe siècle, d'un roi Bourbon. L'on ne peut hésiter ici qu'entre deux monarques, dont les galanteries furent pareillement fameuses : Henri IV et Louis XIV ; et entre deux favorites : Gabrielle d'Estrées, faite marquise de Monceaux et qu'on avait coutume à la cour d'appeler simplement « la Mar-

quise », et Mᵐᵉ de Montespan, marquise du chef de son mari[1].
Si la version de *Fontenay-le-Marmion* était originale, il n'y
aurait même pas d'hésitation possible, car les derniers couplets
que j'en ai cités font une allusion évidente à M. de Montespan,
qui porta, dit-on, et fit prendre à sa maison le deuil de la marquise, devenue la maîtresse du Roi : mais j'ai montré que ces
couplets étaient le produit d'une interpolation ; et tout ce qu'il
en faut conclure, c'est qu'un certain chanteur, postérieurement
à l'an 1668 où commença la liaison du Roi, rapportait notre
complainte au cas de M. de Montespan, ou l'y adapta, comme
il arrive, après coup. Revenons, cette version écartée, au texte
authentique.

La première partie de la pièce s'entendrait sans difficulté de
la Montespan : celle-ci, au moment qu'elle fut distinguée par
Louis XIV entre les dames de la reine, était déjà femme du
marquis ; et, à l'isoler du reste, le propos violent «... j'en
aurais ma vengeance ! » conviendrait assez bien au caractère de
ce mari peu résigné, et qui eut l'étrange mauvais goût de faire
un éclat. Mais la fin ne cadre plus aucunement : Mᵐᵉ de Montespan mourut vieille, pénitente, éloignée depuis longtemps et
oubliée de la cour, sans regrets du Roi, et sans nul bruit de
poison.

Il n'en va pas de même de l'autre « marquise ». Observons,
d'abord, qu'elle appartient à la légende plus que pas une des
favorites royales, et que la belle Gabrielle, par un rejaillisse-
ment de la popularité du grand Henri, est devenue aussi une
façon de personnage populaire. A la vérité, Mˡˡᵉ d'Estrées était
encore fille, et chez son père, lorsqu'elle vit Henri IV pour la

---

1. De Puymaigre nomme Gabrielle ; Bladé tient pour certain que la Montespan est en cause. Il faut écarter l'hypothèse de Bujeaud, qu'il s'agirait de
Mᵐᵉ de Vintimille, fille du marquis de Nesle et maîtresse de Louis XV, qui
mourut en couches (1741), avec des soupçons — mal fondés — d'empoisonnement : outre que cela donnerait à la complainte une date bien moderne,
la comtesse de Vintimille fut assurément peu connue du peuple et ne porta
point le titre de marquise.

première fois ; ce fut lui-même qui la maria, pour la forme, à
un sieur de Liancourt (point marquis), dont il fit ensuite casser
le mariage par un arrêt du parlement. Aussi bien le vers de la
complainte :

Puisqu'il te faut servir le Roi, séparons-nous d'ensemble !

exprime naïvement la situation de cet époux dérisoire. Que le
chansonnier se soit trompé sur la chrononologie de ces épou-
sailles, qu'il ait attribué au mari le marquisat qui appartenait
personnellement à la favorite, ce sont là des inexactitudes sans
portée : mais la teneur des derniers couplets est décisive. Met-
tons-les en regard de l'histoire.

L'an 1599, aux approches de Pâques, les deux amants se
séparèrent pour une huitaine, selon les us monarchiques, afin
de vaquer aux dévotions pascales. Gabrielle, grosse de quatre
mois, était fort triste, larmoyante, pleine de pressentiments
funestes ; elle quitta Fontainebleau le lundi saint, prit la Seine
à Melun, et descendit à Paris, près de l'Arsenal, dans la jolie
maison du financier toscan Zamet. Le mercredi, après un dîner
délicat, elle va entendre ténèbres au petit Saint-Antoine, une
chapelle voisine de chez Zamet, et qu'on renommait pour sa
musique ; au sortir de l'office, la voilà prise d'éblouissements,
puis d'une syncope ; elle revient à elle, veut qu'on la porte à
l'hôtel de sa tante, Mme de Sourdis, pour lors absente de Paris ;
là des convulsions se déclarent, qui la tiennent, avec des rémis-
sions et des redoublements, pendant quarante heures. Agonie
terrible : on l'accoucha d'un enfant mort, qui vint par morceaux ; enfin, elle expira, le matin du samedi, tordue et défigurée
affreusement. Une foule anxieuse entourait la maison, et tout
le jour défila devant ce cadavre. Toute mort subite qui remue
des intérêts d'État ou des intrigues de cour, est invariablement
soupçonnée de poison ; celle-là, mystérieuse et d'horreur tragique, servait trop bien le parti du mariage italien, les gens des
Médicis, pour ne pas leur être imputée : le bruit courut sur-le-

champ que Gabrielle avait été empoisonnée à la table de Zamet; des historiens l'ont répété ; Michelet, croyant toujours au pire, n'en fait aucun doute. Rien, en réalité, n'est moins sûr ; et il y a toute apparence qu'elle succomba naturellement à une éclampsie puerpérale. Au surplus, le fait ici n'importe pas, mais l'opinion des contemporains.

La reine était encore, de nom, Marguerite de Valois (car le divorce royal ne fut obtenu à Rome que sept à huit mois plus tard); mais, depuis tant d'années étrangère à la cour et confinée en son château d'Usson, elle ne pouvait en aucune manière être impliquée dans cette mort, où d'ailleurs elle n'avait point d'intérêt [1]. En l'introduisant ici, le chansonnier obéit aux lois simples de la psychologie populaire : dès l'instant qu'une maîtresse du roi meurt par le poison, il faut que sa rivale naturelle, que la reine, soit l'empoisonneuse. Quant aux fleurs léthifères, elles constituent un mode d'empoisonnement très usité dans les récits traditionnels. Dans un chant historique basque [2] (*La veuve du même jour*) relatif au seigneur Pierre d'Irigaray, décédé en 1633, le jour même de ses noces, le mourant dit à sa femme :

J'avais une bien-aimée en secret de tout le monde.
. . . .
Elle m'a envoyé un bouquet fait de fleurs rares,
Fait de fleurs rares et dont le milieu était empoisonné.

Voyez aussi la légende d'Adrienne Lecouvreur, mise à la scène par Scribe. La douleur de Henri fut violente et publiquement étalée; il fit à sa maîtresse des funérailles pompeuses; il porta

---

1. Il y a des lettres de Marguerite à Gabrielle d'Estrées, plus que courtoises, pleines de flatteries et de prières. Celle écrite à Sully au lendemain de sa mort, et qui contient des expressions injurieuses pour la défunte (« cette décriée bagasse... ») pourrait bien être apocryphe.

2. SALLABERRY, *Chants pop. basques* (Texte et traduction).

son deuil, et en noir, contrairement à l'étiquette : tout cela, pour finir, s'accorde bien avec notre 10ᵉ couplet, où le détail est autre, mais de signification pareille.

La mort de Gabrielle étant arrivée le 10 avril 1599, la complainte est postérieure, et sans doute de peu de jours, à cette date ; à considérer les lieux où vécut la favorite (Paris, Fontainebleau, Monceaux...) et où sa fin dut faire plus d'impression sur le populaire, l'auteur ne pouvait être qu'un habitant de l'Ile-de-France.

XXIV

LE MARIAGE ANGLAIS

CATALOGUE DES VERSIONS

France (oïl et oc)

Saint-Valéry-en-Caux 1 : Amélie Bosquet, d'après Thinon, *La Normandie romanesque et merveilleuse*, 1845 (version très fortement altérée). — Repr. par Rathery dans *le Moniteur* de 1853 ; par de Beaurepaire, *Étude sur la Poés. pop. en Normandie;* par Rolland, V.

Velay :

Basse-Auvergne : } Smith, *Romania*, III, 1874.

Fontenay-le-Marmion (Calvados) : Legrand, *Romania*, X, réd. 1876.

Messin : Quépat, *Chants pop. messins*, r. 1877.

Ceyzériat : Guillon, *Chans. pop. de l'Ain*, 1883.

Bain (Ille-et-Vilaine) : Rolland, d'après Orain, *Rec. de Chans. pop.*, V, 1887.

Saint-Valéry-en-Caux 2 : A. Bernard, *Rev. des Trad. pop.*, IV, 1889.

Penguily (Côtes-du-Nord) : Mᵐᵉ P. Sébillot, *ibid.*, IV, 1889.

Nohant (Indre) : Tiersot, *inédit*, r. 1889.

Poitou : Pineau, *Le Folk-Lore du Poitou*, 1892.

Franche-Comté : Beauquier, *Chans. pop. rec. en Franche-Comté*, 1894.

Cervières (Hᵗᵉˢ-Alpes :

Ayse (Hᵗᵉ-Savoie) : } Tiersot, *inédit*, r. 1895.

Lamure (Isère) :

Piémont

Montferrat : Ferraro, *Canti pop. monferrini* (n° 34), 1870.
A, C, La Morra, *B* Valfenera, *D* Montaldo : Nigra, *Canti pop. del Piemonte* (n° 46), 1888.

FORMULE RYTHMIQUE

Complainte. Couplet de 6 vers, masculins, rimant deux par deux (*aabbcc*); les 1ᵉʳ, 2ᵉ, 3ᵉ et 5ᵉ octosyllabes, le 4ᵉ et le 6ᵉ tétrasyllabes.

Dans les versions piémontaises, les tétrasyllabes ont subi un allongement.

TEXTE CRITIQUE

I

C'étoit la fille au Roi françois,
Que l'on marie o un Anglois.
« O mes chers fréres, empêchez
De m'emmener !
J'aimerois mieus soldat françois
Que roi anglois. »

2

Et quand ce vint pour épouser,
Dedans Paris fallut passer ;
Il n'y a[voit] dame de Paris
Qui ne plorit,
De voir partir la fille au Roi
O un Anglois.

1. a') *Caux 2, Bain* (... d'un r. fr.), *Ayse* (id.); cf. *Penguily.* – a") *Penguily, Bain* (Qu'on veut m...); cf. *Caux 2, etc.; La Morra, Valfenera, Montferrat.* — b') *Cervières, Auvergne* + *Lamure* et *Ayse* (mes fr.); cf. *La Morra.* — b") *Ceyzériat, Nohant;* cf. *Ayse, Cervières, Auvergne.* — c' c") *Velay, Auvergne* (... qu'un r...), *Fontenay* et *Ceyzériat* (... que cet A.); cf. *Bain, Penguily, Caux 2.*

2. a') *Penguily* (E. q. c. fut...), *Bain* (Oh, q. c. fut...); cf. *Ayse, Caux 2.* L'expression « ce vint » se conclut des phrases similaires des couplets suivants. — a") *Nohant* (... l'a fallu p.), *Auvergne* (... si l'ont p.), *Velay* (Dessous... on l'a vu p.). — b' b") *Comté* (Il n'y a ni grand ni petit Q. n'en pleurait) + *Velay, Auvergne* et *Nohant* (Toutes l. dames de Paris Se sont mis' à pl.); cf. *Ceyzériat.* Le 3ᵉ vers se terminant par « Paris », cela suppose au 4ᵉ la forme « pleurit » ou « plorit » *pour* pleurât. — c' c") *Auvergne* + *Ceyzériat* (partir); cf. *Velay, Nohant.* Les textes donnent ici « fille du Roi », « à un Anglois », mais les deux premiers vers du précédent couplet suggèrent les corrections « f. au R. », « o (= avec) un A. »

3

Et quand ce vint pour embarquer,
Les yeus lui a voulu bander.
« Bande les tiens, et laisse-moi,
    Maudit Anglois !
Puisque la mer me faut passer,
    Je la verrai. »

4

Et quand ce vint pour débarquer,
Tambours, violons, de tous côtés.
« Retirez-vous, ô tambourniers
    Et violonniers !
Ce n'est pas le son des hautbois
    Du Roi françois. »

5

Et quand ce vint pour le souper,
Du pain lui a voulu couper.
« Coupe pour toi, et non pour moi,

3. a') *Caux 1*, *Fontenay* (Q. ce v...), *Lamure* (Q. il en v.), *Caux 2* (Q. c'est venu...), *Bain* (Oh! q. c. fut...); cf. *Cervières, etc.* — a") *Fontenay, Caux 1* (on l. voulut) ; cf. *Bain, Caux 2, Velay*. — b' b") *Fontenay, Velay, etc.* — *Caux 2* et *Ayse*. — c') *Velay, Cervières, Bain* (il f.), *Ceyzériat* (il m. f.). — c") *Bain* ; :f. *Velay* (J. l. veux voir), *Cervières, etc.* (id.), leçon aussi admissible moyen at la rime normande : « ver » = voir.

4. a') *Caux 1* (... p. arriver, *Fontenay* (Quand c. v...), *Lamure* (Q. il en v...); cf. *Ceyzériat, Cervières* (départ *pour* débarquer). — a") *Fontenay, Velay, Ceyzériat*; cf. *Nohant, Cervières*. « Violons », dissyllabe, selon la pronorciation italienne, c.-à-d. originale. — b' b") *Velay*; cf. *Caux 2, Auvergne*. « Tambournier », pour *tambourinier* = joueur de tambourin; cf. le provençal *tambourinaire*. — c') *Ceyzériat, Bain* + *Penguily* (hautbois); cf. *Fontenay, Nohant, Velay, etc.* — c") *Ceyzériat, Velay, Cervières, Caux 1, etc.*

5. a') *Caux 1, Fontenay* et *Cervières* (Q. c. v...), *Bain* (Oh, q. c. fut...); cf. *Velay, Ceyzériat, etc.* — a") *Fontenay, Cervières* (... le roi veut l. c.): cf.

Maudit Anglois!
Je ne pui boire ni manger,
Quand je te vé. »

6

Et quand ce vint pour le coucher,
L'Anglois l'a voulu déchausser.
« Déchausse-toi, et laisse-moi,
Maudit Anglois!
J'ai bien des gens de mon pays
Pour me servir. »

7

Et quand ce vint sur la minuit,
La belle n'est pas endormi' :
« Retourne-toi, embrasse-moi,
Mon cher Anglois!
Puisque Dieu nous a assemblés,
Faut nous aimer. »

Nohant, Messin, Velay, etc. — b' b") Ceyzériat + Bain (et non p. m.) ; cf.
Velay, Auvergne. — c' c") Fontenay, Velay, Cervières (J. n. p. plus...) ; cf.
Ayse, Caux 1 et 2. — « Vé » (= voi) : « manger », rime normande.

6. a') Caux 1, Fontenay (Q. c. v.), Cervières (id.), Bain (Oh, q. c. fut) ;
cf. Penguily, Ceyzériat, etc. — a") Caux 1, Ceyzériat, Velay (... la voulant d.),
Bain (... voulut la d.) ; cf. Comté, Ayse, etc. — b' b") Ceyzériat (... mais l.
m.), Ayse (Déshabill'-toi...) ; cf. Caux 2, Bain, Velay, etc. — c' c") Fontenay,
Velay, Auvergne, Poitou ; cf. Nohant, Cervières, Valfenera, etc.

7. a') Caux 1, Comté, Fontenay (Q. ce v.) ; cf. Caux 2, Nohant, Messin, etc.
— a") Velay ; cf. Ceyzériat, Comté, Nohant, Fontenay. — b') Caux 2, Fontenay,
Auvergne ; cf. Bain, Ayse, Comté, etc. — b") Messin, Velay (mon bon A.),
Caux 2 (mon p'tot A.) ; cf. Poitou, Auvergne, Lamure, etc. — c' c") Velay,
Auvergne, Nohant (P. hier n. a rass) ; cf. Bain, Fontenay, Montferrat, La
Morra, Valfenera.

Ces couplets, comme il apparaît d'abord, furent inspirés par les noces, naturellement impopulaires, de quelque fille de France avec un roi anglais. Or, sans parler d'une princesse mérovingienne et d'une carlovingienne qui épousèrent des souverains anglo-saxons, il y eut, depuis l'établissement des Normands dans la Grande-Bretagne, jusqu'à six unions de cette sorte : Marguerite de France, mariée à Henri Court-Mantel vers 1160; une autre Marguerite à Édouard Ier en 1299; Isabelle à Édouard II en 1308; une autre Isabelle à Richard II en 1396; Catherine, sœur puînée de la précédente, à Henri V en 1420; enfin Henriette à Charles Ier en 1625.

Les mariages antérieurs à la guerre de Cent ans ne peuvent être ici en cause, attendu que la phrase, où se résume tout l'esprit de la pièce, « J'aimerais mieux soldat français que roi anglais » serait, avant cette époque, dépourvue de sens. Des trois autres, Mlle Bosquet a retenu le second, celui-là même qui évoque les plus sombres heures de notre histoire : l'épousée, c'est la dernière fille de Charles le Fou et de l'infâme Isabeau, on la livre à l'Anglais Henri V, régent du royaume de France; et plusieurs critiques (Rathery, de Beaurepaire, Nigra) n'ont rien objecté contre cette identification. Cependant les circonstances historiques du fait sont en complet désaccord avec les données du poème. D'abord, ce n'est point à Paris que les noces de Catherine furent célébrées, mais à Troyes; et loin que son embarquement pour l'Angleterre ait eu lieu, comme la chanson le suppose, avant la consommation du mariage, le couple royal séjourna en France tout l'été et tout l'automne, et ne passa le détroit que près de sept mois plus tard.

Moins admissible encore serait l'hypothèse qu'il s'agit d'Isabelle, autre fille de Charles VI; quand celle-ci, vingt-quatre ans plus tôt, reçut à Calais la bénédiction nuptiale, c'était une enfant de six ans, précocité un peu excessive, on l'avouera, pour la gaillardise qui clôt, en guise de moralité, cette histoire saupoudrée de sel gaulois. Que si, au contraire, nous arrivons aux noces d'Henriette de France et de Charles Ier, toutes choses y cadrent avec une singulière précision. La cérémonie se fit à Paris. Épousée le 11 mai, au porche de Notre-Dame [1], par le duc de Chevreuse ayant procuration du roi Charles [2], Henriette se mit en route peu après, sous la conduite de Buckingham; elle traversa la Picardie en grande pompe, s'embarqua le 22 juin à Boulogne et débarqua le lendemain à Douvres, au milieu de réjouissances extraordinaires : c'est là que la rejoignit son époux et que le mariage fut consommé. Le gazetier du *Mercure de France* (t. XI, pp. 353 et suiv.) fit une ample relation de l'événement, qui paraît avoir occupé fortement la curiosité publique. Henriette était fille de Henri IV, que le couteau de Ravaillac avait depuis quinze ans mis au tombeau, sœur de Louis XIII qui régnait, et de Gaston d'Orléans : cela explique pourquoi le texte original (*Bain, Penguily*) porte simplement que « l'on marie » la fille au Roi, sans faire mention de la volonté paternelle, mention qu'un poète populaire n'aurait eu garde d'omettre, si l'épousée n'eût pas été orpheline; pourquoi aussi, d'après la meilleure leçon, ce n'est pas à son père, mais bien à ses frères [3], qu'elle adresse ses doléances et ses supplications. Des indices d'un autre ordre confirment ces arguments tirés de l'histoire. Le hautbois, dont il est parlé au 4e couplet, n'apparaît qu'au XVIe siècle, dans la nomenclature des instruments de musique; et la langue de la complainte est d'un caractère si moderne qu'on ne saurait faire remonter celle-ci plus haut que l'époque des derniers Valois ou des premiers Bourbons.

Ainsi la date exacte de la chanson nous est donnée par

---

1. Et non dans l'église même parce que l'époux n'était pas de la confession catholique.

2. La relation du *Mercure* porte que « le Roi et Monsieur son frère », qui la tenaient chacun par une main, « mirent la Reine de la Grande-Bretagne entre les mains de M. le duc de Chevreuse ».

3. D'où, par corruption, dans les versions piémontaises « ses sœurs ».

celle du mariage d'Henriette de France : fin juin, 1625. Sa patrie n'est point difficile à déterminer. D'une part la région du Nord-Ouest forme son foyer principal; de l'autre, les termes techniques d' « embarquer » et « débarquer », et cette curieuse phrase des « yeux bandés », laquelle a bien l'air d'une plaisanterie de matelot à l'adresse des terriens qui ont peur de la mer, indiquent une population maritime ; enfin la rime *manger* : *vé* (= *voi*) est normande. Il est donc très vraisemblable que la complainte naquit dans un de ces ports de Normandie où la haine héréditaire de l'Anglais s'est tant de fois traduite, sur mer, autrement que par des chansons. Cependant le 4ᵉ couplet où il est question des « hautbois du Roi françois », offre une si frappante analogie avec la relation précitée du *Mercure*, qui signale, en troisième lieu, dans le cortège nuptial « les douze hautbois vêtus des livrées de sa Majesté », que l'on est amené à penser que l'auteur de la chanson a pu être lui aussi un témoin oculaire de la cérémonie parisienne; et tout se concilie, si l'on fait cette supposition très plausible qu'un Normand, batelier de Seine, de passage à Paris, ait assisté aux noces d'Henriette de France, et qu'il en ait ensuite fixé le souvenir dans les couplets du *Mariage anglais*.

Le premier éditeur (1845) de cette jolie pièce l'avait dénaturée le plus absurdement du monde ; non content d'y passer partout un insupportable vernis de style troubadour, il s'avisa, dans une finale de sa façon, d'ennoblir le dénouement et de tourner l'histoire au tragique. A l'entendre, la jeune épouse une fois couchée, invoque pieusement « le Roi des rois » (!), et soudain elle expire, plutôt que d'appartenir à l'étranger. Patriotisme de mélodrame, sublime pour pensionnats ! Le poète populaire n'y eût rien compris. De vrai, quand sa princesse entre au lit nuptial, ce n'est rien moins que pour y mourir. A l'animosité nationale — et plutôt encore provinciale — contre les gens d'outre-Manche, ce poète alliait un sentiment très juste des réalités de la vie, cette résignation au fait accompli qui fait la solidité des mariages aussi bien que la force des gouvernements. O la bonne Française que cette fille de France, et comme elle déteste les Anglais de tout son cœur! Mais quoi ? elle est femme, et couchée, et l'Anglais peut-être est joli garçon. Une telle morale, en son réalisme ironique, est tout justement de même niveau que celle de La Fontaine ; et je me persuade que si d'aventure il avait connu la complainte du *Mariage anglais*, le bonhomme y eût trouvé l'étoffe d'une excellente fable. Il nous a montré quelque part comment les plus éplorées des veuves se consolent du mari perdu; ceci n'était-il pas pour faire pendant, comme quoi la vierge la plus rétive s'accommode parfois, après le sacrement, du mari qu'on lui imposa ?

Il a été fait plus tard, en Piémont (voy. NIGRA, n° 144), une chanson sur le mariage de Caroline de Savoie avec le duc de Saxe (1781). L'occasion des deux pièces fut analogue ; mais elles n'ont, ni pour le rythme, ni pour le développement du sujet, aucun rapport.

XXV

LE PLONGEUR NOYÉ

CATALOGUE DES VERSIONS

France (oïl et oc).

Indéterminé : A. Chamisso, lettre à Fouqué, 1810 (dans *Chamisso's Werke*, V, Leipzig, 1839). — Repr. dans *Mélusine*, II.

* Ossau : Mazure, *Hist. du Béarn*, 1839.

Charente-Infre 1 : Federici, *Poés. pop. de la France*, III, mss. B. N., réd. 1853 (version contaminée) [1].

Côtes-du-Nord 1 : Marre, *ibid.*, 1854. — Publ. dans *Mélusine*, III.

Finistère 1 : Palut, *ibid.*, IV, r. 1854. — Publ. dans *Mélusine*, II.

Finistère 2 : *Ibid.*, IV, r. 1854. — Publ. dans *Mélusine*, II.

Loudéac (Côtes-du-Nord) : Rousselot, *ibid.*, IV, r. 1855. — Publ. dans *Mélusine*, II.

Charente-Infre 2 : *Ibid.*, IV, r. 1855. — Publ. dans *Mélusine*, III.

Normandie : de Beaurepaire, *Étude sur la Poés. pop. en Normandie*, 1856 (version contaminée).

Périgord : de Gourgues, *Poés. pop. de la France*, III, mss. B. N., r. 1857. — Publ. dans *Mélusine*, II.

Vendée : *Ibid.*, VI, [s. d.]. — Publ. dans *Mélusine*, II.

Maine [fragm.] : de Montesson, *Vocabulaire du Haut-Maine*, 1859.

Royan (Gironde) : J. Michelet, *La Mer*, I, ch. vii, 1859. — Version résumée en prose [2].

---

1. Cette version et toutes les suivantes, qu'on note comme contaminées, sont composées partie de la chanson du *Plongeur*, partie d'une autre, la *Fille aux chansons*, qui a même mètre, même rime, et un hémistiche commun, par où s'est opérée la soudure. Cette dernière pièce est étudiée ci-après.

2. C'est dans le chapitre consacré à la grande tempête du golfe de Gascogne en l'automne de 1859, que Michelet fait mention du *Plongeur*. Comme

Champagne : CHAMPFLEURY-WEKERLIN, *Chants pop. des prov. de France*, 1860 (version contaminée).

Étretat (Seine-Inf^re) : NICOLE, *Sur la plage*. Étretat, 1861.

Vernéville : DE PUYMAIGRE, *Chants pop. rec. dans le pays messin*, 1865.

Canada 1 et 2 : } GAGNON, *Chants pop. du Canada*, 1865 (la 1re
Fragm. canadien : } version contaminée).

Bas-Poitou : }
Angoumois : } BUJEAUD, *Chants pop. des prov. de l'Ouest*, II, 1866.

Fontenay-le-Marmion : LEGRAND, *Romania*, X, r. 1876 (version contaminée).

Marlhes (Loire) : SMITH, *Romania*, VII, 1878 (version contaminée).

Bivès (Gers) : BLADÉ, *Poés. pop. franç. rec. dans l'Armagnac et l'Agenais*, 1879 (version contaminée).

Paimpont (Ille-et-Vilaine) : ORAIN, *Romania*, X, 1881. — De nouveau dans *Mélusine*, II.

Portrieux (Côtes-du-Nord) : TAUSSERAT, *Romania*, XI, 1882.

* Cauzac (Lot-et-Garonne) : BLADÉ, *Poés. pop. de la Gascogne*, III, 1882.

La Hague : FLEURY, *Litt. orale de la Basse-Normandie*, 1883 (version contaminée).

Châteauneuf : DECOMBE, *Chans. pop. d'Ille-et-Vilaine*, 1884 (version contaminée).

Lorient : ROLLAND, *Mélusine*, II, 1884.

Dourdain (Ille-et-Vilaine) : ORAIN, *ibid.*, II, 1884 (version contaminée).

Bréhal (Manche) : COURAYE DU PARC, *ibid.*, II, 1884.

Saint-Malo : HARVUT, *ibid.*, II, 1884.

Côtes-du-Nord 2 : SÉBILLOT, *Rev. des Trad. pop.*, I, 1886.

Paris : CERTEUX, *ibid.*, I, 1886.

* Quercy 1 : }
Quercy 2 : } DAYMARD, *Vieux chants pop. rec. en Quercy*, 1889.

Réthel : MEYRAC, *Tradit. des Ardennes*, 1890.

---

il était assis dans une pinède derrière la dune, il entendit sur le chemin les sons d'une voix jeune et forte. C'était une fillette qui passait accompagnée de sa mère. Elle s'arrêta, sur la prière de l'étranger, et lui redit tout du long « cette ballade du naufragé, chantée dans cette forêt gémissante d'orage imminent... ».

Albret : DARDY, *Anth. pop. de l'Albret*, I, 1891.
Murlin (Nièvre) : MILLIEN, *Étrennes nivernaises*, 1895.
Nolay (id.) : ID., *inédit*, [s. d.].

Haute-Italie[1].

Venise 1 (?) : *Altdeutsche Wælder*, I, 1816.
Venise 2 et 3 : MÜLLER-WOLFF, *Egeria*, 1829.
Vérone : RIGHI, *Canti pop. veronesi*, 1863.
Vicence 1 et 2 : WOLF, d'après WIDTER, *Volkslieder aus Venetien*, 1864.
Montferrat 1 : *Canti pop. monferrini*, 1870.
1° Montella, 2° Romagne, 3° Naples, 4° Venise 4, 5° Pistoie : CASETTI-IMBRIANI, *Canti pop. delle prov. meridionali*, II, 1872. — Le 3ᵐᵉ texte antérieurement publié par COTTRAU, *Mélodies de Naples*.
Venise 5 : BERNONI, *Canti pop. veneziani*, 1873.
Marches : GIANANDREA, *Canti pop. marchigiani*, 1875.
Florence : } CORRAZINI, *I componimenti minori della lett. pop. ital.*,
Bénévent : } 1877.
Émilie 1 et 2 : FERRARO, *Canti pop. di Ferrara...* 1877.
Rovigno : IVE, *Canti pop. istriani*, 1878.
Ombrie [fragm.] : MAZZATINTI, *Canti pop. umbri*, 1883.
Montferrat 2 : FERRARO, *Canti pop. del Basso Monferrato*, 1888.
A Canavais, *B*, *D*, *E*, *F* Piémont, *C* Montferrat 3, *G* Pise, *H* Lucques : NIGRA, *Canti pop. del Piemonte* (n° 66), 1888.
Pignerol : ID., *ibid.* (n° 77), 1888.

FORMULE RYTHMIQUE

Chanson à danser. Vers de 12 syl. = 6 + 6, masculins, uniformément assonancés en *é*; chaque vers, muni d'un refrain tripartit, forme couplet.

1. Accessoirement, quelques versions importées dans l'Italie centrale ou méridionale. Ces versions italiennes, issues d'un type français, sont inutiles pour l'établissement du texte.

TEXTE CRITIQUE

La fille au roi d'Espagne,
lon la,
1. La fille au roi d'Espagne   veut apprendre un métier,
Vogue, marinier, vogue!
veut apprendre un métier,
Vogue, beau marinier!

2. A faire la lessive,   la couler, la laver.

3. El a pris sa courgette,   son beau battoir doré ;

4. S'en va à la rivière,   tout auprès de la mer.

5. Du premier coup qu'el frappe   son anneau a sauté.

1. *Loudéac, Vendée* (... du r...), *Angoumois* (id.), *fragm. canadien* (id.), *Maine* (id.), *Indét.* (id.) ; cf. *Côtes-du-Nord 2, Portrieux* (...au roi de France...), *Charente 2* (d'un prince...). — En guise d'exposition (vv. 1-5), mainte version donne les premiers vers de l'*Embarquement de la Fille aux chansons* (voy. plus loin). Ailleurs, un début banal : « Dessus le pont de Nantes... ».

Les formes du refrain sont nombreuses. En écartant les leçons visiblement accidentelles, on peut hésiter entre ces deux types, autorisés l'un et l'autre par une importante série de textes : 1º une couple d'onomatopées telles que *falira dondaine — falira dondé,* ou *luron malurette — luron maluré,* chacune attachée à un hémistiche ; 2º l'onomatopée *lon la,* après le premier hémistiche, et les phrases *Vogue, marinier, vogue! — Vogue, beau marinier!* consécutives au 2e, répété. Ce dernier refrain est fourni, plus ou moins textuellement, par *Normandie, Bréhal, fragm. canadien, Nolay, Albret, Finistère, 1* et *2, Quercy 2,* et peut-être par *Indét.* ; c'est celui qu'il convient d'adopter...

2. *Charente 2, Angoumois + Vendée* et *Portrieux* (A faire); cf. *fragm. canadien, Maine,* et aussi *Indét., Loudéac, Côtes-du-Nord 1* et *2.*

3. *Vendée + Loudéac* (El. a) ; cf. *Portrieux, Charente 2,* etc. — « Courgette », de « courge » = bois recourbé aux bouts duquel deux seaux sont suspendus, et qui se porte sur l'épaule.

4. *Vendée, Charente 2 + Périgord, Quercy 1* ; cf. *Ossau, Canada 2.*

5. *Côtes-du-Nord 1* et *2, Vendée + Loudéac, etc... Charente 2* et *Angoumois* (son an.); cf. *Paimpont, Paris,* etc.

6. La belle se désole,   el se met à plorer.

7. Par le chemin il passe   un jeune cavalier :

8. « Ah ! qu'avez-vous, la belle,   qu'avez-vous à plorer ? »

9. — « L'anneau de ma main droite   dans la mer est tombé. »

10. — « Que donriez-vous, la belle,   qui vous l'iroit chercher? »

11. — « Cent écus de ma bourse   avec un *dous* baiser. »

12. Le galant se dépouille,   dans la mer a plongé.

6. *Côtes-du-Nord 2, Angoumois, Paimpont* et *Paris* (...est désolée,. .) ; cf. *Indét.* et *Loudéac, Vendée*, etc. — La vieille forme « plorer » est dans *Nolay* et *Murlin*. — C'est à l'hémistiche de ce vers que s'est faite, dans les versions contaminées, la soudure des deux chansons.

7. *Côtes-du-Nord 1* et *2* + *Angoumois, Charente 2* et *Paris;* cf. *Indét., Loudéac, Portrieux, Vendée*. — *Côtes-du-Nord 2* et *Loudéac* mettent « trois » cavaliers.

8. *Normandie, Fontenay ; Angoumois* et *Bas-Poitou* (Oh ! qu'av...), *Lorient* et *Etretat* (Qu'av.-v...), *Finistère 1* et *Saint-Malo* (Qu'av. v. donc...).

9 *Angoumois, Périgord, Albret* (...m. m. gauche...); *Indét.* (...m. blanche), *Bivès* et *Quercy 2* (id.); cf. *Fontenay, Canada 1* et *2, Réthel, etc.* — Quelques versions mettent le synonyme « bague » ; d'autres parlent de « clés », de « glands », etc.

10. *Canada 2* (...qu'ir. v. le c...) ; *Loudéac* (...à qui ir. l'c...) ; *Côtes-du-Nord 2* (...qu'ir. l. v. pêcher); *Côtes-du-Nord 1* (...q. v. l. tirerait) ; *Nolay* et *Lorient* (... je v. l'ir.); cf. *La Hague, Périgord, etc.*

11. *Lorient, La Hague, Bréhal* et *Nolay* (...d. m. poche), *Finistère 2* (...éc. d'or, dit-elle) + *Ossau;* cf., pour le 1er hémistiche, *Côtes-du-Nord 1, Portrieux, Albret;* et pour le 2e, *Paris, Indét., Etretat, Angoumois*, aussi *Périgord, Cauzac* et *Quercy 1*. — *Ossau* dit « un beau baiser », mais « doux b. » est, dans la lyrique de France, l'épithète traditionnelle.

12. *Lorient, Fontenay, Albret ; Paimpont* (...a sauté), *Normandie* et *Canada 2* (...s'est jeté), *Cauzac, Périgord* (...s'est lancé), *Marlhes* (...dans l'eau il...); cf. *Bas-Poitou, Paris, Côtes-du-Nord 1* et *2, etc.*

13. A la première plonge,   le sable il a touché.

14. A la seconde plonge,   l'anneau a brandillé.

15. A la troisième plonge,   le galant s'est noyé.

16. Sa mére à la fenêtre   le regardoit driver :

17. « Faut-il, pour une fille,   que mon fils soit noyé! »

13. *Indét.*, *Canada 1*, *Albret*, *Canada 2* (De l...), *Lorient* (De sa...) *Finistère 1*
(...plongeade) + *Finistère 2*; cf. *Vendée*, *Saint-Malo*, *Bréhal*, *La Hague*, *etc* ,
14. *Indét.*, *Canada 1* (...voltigé); cf. *Lorient*, *Loudéac*, *Canada 2*, *Vendée*
Saint-Malo, *etc*. — A « brandillé » (et non « brindillé », mot inexistant écrit
à tort par Chamisso), plusieurs chanteurs ont substitué les équivalents moins
bons «fringué », « voltigé », qui expriment aussi un mouvement de l'objet ;
davantage ont mis « sonné », « ferliné.», « derliné », leçons peu admissibles,
en ce qu'elles supposent que l'anneau, tout immergé qu'il est, rend un son
perçu par le plongeur.
15. *Canada 1*, *Albret*, *Canada 2* (De l...); *Lorient* (Et de sa tr...), *Finis-*
tère 1 (plongeade); cf. *Indét.*, *Angoumois*, *Périgord*, *etc*.
16. *Murlin*, *Fontenay*, *La Hague*, *Périgord*, *Cauzac* et *Quercy 1* (...ero en
fen...) + *Canada 2*; cf. *Châteauneuf*, *Charente*, *Finistère 1* et *Vendée*, *Lorient*,
etc. — « Driver », ancienne forme, et probablement étymologique, du verbe
dériver (allemand *trifen*); conservée encore dans plusieurs provinces. — Les
versions ici se partagent à peu près par moitié, les unes faisant intervenir la
mère, les autres le père du noyé.
17. *Fontenay*, *La Hague*, *Canada 2*, *Charente 2*; cf. *Normandie*, *Murlin*,
Périgord, *Nolay*, *etc*.; *Côtes-du-Nord 1* et 2, *Loudéac*, *etc*. — Dans un certain
nombre de versions bretonnes, l'épisode de la mère est remplacé absurdement
par un discours final du noyé (!), qui recommande de « ne point dire à ses
parents qu'il s'est noyé, mais plutôt qu'il s'est marié à une belle fille, etc... ».

Cette ronde, moins connue dans le reste de la France, a été
recueillie quantité de fois en Bretagne et dans les provinces
limitrophes; de plus, par sa couleur locale, elle indique bien une
population maritime (c'est à l'embouchure de la rivière que la
belle s'en va laver; c'est dans la mer que tombe l'anneau et que

le cavalier plonge); et les couplets se chantent avec un refrain
de mariniers; d'où il suit qu'elle fut composée par un habitant
du littoral breton. Quant aux versions de la Haute-Italie (Piémont, Vénétie, avec émission sporadique dans l'Italie centrale
et méridionale), toute nombreuse qu'en est la liste, elles sont
très certainement secondaires : à preuve l'extrême désordre des
rimes (la rime en *é* s'y trouve confondue avec mainte autre), et
ce fait significatif qu'elles ignorent toutes la noyade du galant,
qui est le dénoûment traditionnel de l'histoire : dans ces versions italiennes, le dialogue, un peu allongé par un développement gracieux, termine la pièce, laquelle se réduit ainsi à une
simple chansonnette d'amour.

Il est fort problable que la légende italienne du *Plongeur* pénétra en France par une traduction de Simon Goulart au t. II de
son *Thresor des Histoires admirables,* imprimé à Genève en 1620 :
notre chanson doit donc être postérieure à cette date ; conclusion conforme au caractère de la langue, qui n'est pas fort
archaïque.

La grande popularité du *Plongeur* dans la Bretagne française a
eu cet effet naturel qu'un Breton bilingue fit passer aussi la
chanson dans l'idiome armoricain. Et ce gwerz est connu par
trois rédactions peu différentes :

Léon : collect. PENGUERN, I, mss. B. N., réd. 1850; publ.
par ERNAULT, *Mélusine,* III. — Locmaria : BOURGAULT-DUCOU-
DRAY, *Mélodies pop. de Basse-Bretagne,* 1885. — Goulien (Finistère) : GUICHOUX, *Mélusine,* III.

Le translateur celtique a interprété chaque vers exactement;
même on peut dire à quelle famille particulière appartenait son
original : c'était une de ces versions qui commencent par « Dessus le pont de Nantes... », car tel est aussi le début du gwerz.

Il existe encore de la même chanson deux imitations beaucoup
plus lointaines et plus curieuses. Une lithuanienne, donnée à
deux exemplaires par NESSELMANN, *Littauische Volsklieder* (nᵒˢ 88

et 89), qui non seulement se réfère dans les grandes lignes au *Plongeur* français, mais qui va jusqu'à reproduire certaines variantes caractéristiques d'un groupe déterminé de versions : de même que *Côtes-du-Nord* 1 et *Loudéac*, le lithuanien a « trois cavaliers » au lieu d'un seul ; de même il fait tenir au plongeur qui se noie une espèce de discours testamentaire : « Dites à mes père et mère, etc... » Et de même encore que dans *Loudéac*, la fille promet non seulement un baiser, mais le don de son cœur. Au demeurant, le traducteur a modifié la fable en quelques points : la fille ne va point laver, mais puiser de l'eau ; et ce n'est plus son anneau qui lui glisse du doigt, c'est sa couronne, enlevée par un coup de vent, qui tombe dans les flots.

La deuxième imitation s'est rencontrée dans l'Asie Mineure. A Havatan, région de Césarée, J. NICOLAÏDÈS a entendu une cantilène grecque dont il omit d'abord de fixer la teneur, mais qu'il cite de mémoire dans la *Revue des Tradit. pop.*, I, 1886, sous forme de traduction approchée. Il s'agit d'un prince qui vient d'Égypte et d'une jeune fille au bain qui perd son anneau d'or... Elle pleure, elle gémit : « J'ai perdu mon bel anneau d'or fin ! » Le prince d'Égypte saute dans l'eau profonde et voit l'anneau d'or : par trois fois il plonge, mais à la troisième il meurt.

Pour finir, on sait que le poète UHLAND a fait l'honneur à notre romance, qu'il connaissait par Chamisso, de la traduire en allemand vers pour vers.

Quant au sujet 1 qui servit de source à tous ces poèmes ou récits traditionnels, nous le trouvons dans l'histoire d'un certain Nicolas, fameux plongeur sicilien, qui vivait à la fin du XIIe siècle

---

1. V. dans *Mélusine* (II, col. 223, et III, col. 37) les études fort complètes du Dr H. ULRICH (Dresde, 1884) et de M. BENEDETTO CROCE, sur la légende du *Plongeur*, et où j'ai puisé pour les renseignements qui suivent.

ou au commencement du XIIIe, selon les chroniqueurs, qui lui
donnent pour lieu de naissance Messine, Catane ou une ville
de la Pouille, et le désignent sous des noms de formes différentes,
mais qui tous rappellent son extraordinaire faculté de vie aqua-
tique.

Les premiers chroniqueurs qui le citent (WALTER MAPES, *de
Nugis curialium* [entre 1188 et 1193], qui le nomme « Nicolas
Pisce ». — GERVAIS DE TILBURY, *Otia imperalia* [1210]. — Le
F. PIPINO, de Bologne [1320], dont la chronique est reproduite
dans MURATORI, IX), lui attribuent divers traits légendaires.
Vivant dans l'eau comme les poissons, il participait à leur nature
par une peau écailleuse ; il séjournait fort longtemps dans la
mer, dont il explorait et décrivait les profondeurs merveilleuses ;
pour ses voyages sous-marins, il se faisait avaler par un gros
poisson, dont il ouvrait ensuite le ventre, à l'aide d'un poignard
qui ne le quittait pas, etc.

PONTANUS (1426-1503) qui fit un poème latin sur « Cola
Piscis », TOMMASO FAGELLO (1498-1558), traduit plus tard en
français par SIMON GOULART (1620) dans son *Thresor des Histoires admirables*, et le P. KIRCHER qui rapporte l'histoire de
« Pescecola » dans son *Mundus subterraneus* (1678), sont
d'accord pour relater les circonstances de sa mort, dont voici
le sommaire exposé :

Un jour de fête, l'empereur Frédéric II fit jeter dans le gouffre
de Charybde une coupe d'or, la promettant au plongeur Nicolas
s'il allait la chercher : celui-ci plongea et la rapporta. Une
deuxième coupe fut jetée dans la mer, accompagnée d'une bourse
pleine d'or ; Nicolas plongea encore, mais cette fois ne reparut
pas.

Telle est l'anecdote d'où provient la chanson qui n'a retenu
du sujet lui-même que le dénouement : et, comme je l'ai dit en
commençant, c'est par la traduction française de Simon Goulart, qu'elle se répandit dans le milieu populaire.

XXVI

LE PRISONNIER DE NANTES

CATALOGUE DES VERSIONS

France (oïl et oc)

Côtes-du-Nord 1 : MARRE, *Poés. pop. de la France*, III, mss. B. N., réd. 1855.

Indéterminé 1 : DE PÉTIGNY, *ibid.*, III, [s. d.].

Bretagne : ROSENZWEIG, *ibid.*, V, [s. d.|.

Normandie : DE BEAUREPAIRE, *Étude sur la Poés. pop en Normandie*, 1856.

Coume : DE PUYMAIGRE, *Chants pop. rec. dans le pays messin*, 1865.

Canada : GAGNON, *Chans. pop. du Canada*, 1865.

Ossau : DE PUYMAIGRE, *Romania*, III, 1873 (version légèrement patoisée).

Rennes : ORAIN, *ibid.*, X, 1881. — De nouveau dans ROLLAND, V.

Lorient : ROLLAND, *Rec. de Chans. pop.*, I, 1883.

Loiret : ID., d'après BEAUVILLARD, *ibid.*, I, 1883.

Ville-ès-Nonais : DECOMBE, *Chans. pop. d'Ille-et-Vilaine*, 1884.

Ille-et-Vilaine : ID., d'après ROULIN, *ibid.*, 1884.

Finistère : ROLLAND, d'après SAUVÉ, *Rec. de Chans. pop.*, II, 1884.

Indét. 2 : DE SIVRY, *la Tradition*, I, 1887.

Préfailles (Loire-Infre) : A. CERTEUX, *Rev. des Trad. pop.*, V, 1890.

Côtes-du-Nord 2 : Mme P. SÉBILLOT, *ibid.*, V, 1890.

Perros-Guirec (Côtes-du-Nord) : G. VICAIRE, *ibid.*, XII, 1897.

FORMULE RYTHMIQUE

Chanson à danser. Vers de 12 syl. = 6 + 6, masculins, uniformément assonancés en *é*; chaque vers, muni d'un refrain intérieur, forme couplet.

TEXTE CRITIQUE

Dans les prisons de Nantes,
Houp lala, lala, ...
1. Dans les prisons de Nantes   il y a un prisonnier,
il y a un prisonnier.

2. Person' ne le va voir*e*   que la fille au geôlier.

3. El lui apporte à boire,   à boire et à manger,

4. Et des chemises blanches   quand il en veut changer.

5. Un jour il lui demande :   « De moi oy'ous parler ? »

6. — « Le bruit court par la ville   que demain vous mourrez. »

1. *Côtes-du-Nord 1, Indét. 1* et *2, Canada, Préfailles* (... il est...), *Lorient*
(D. la pr,..), *Loiret* (id.), *Bretagne* (id.), *etc.* — Dans *Rennes* et qq. autres versions, la ville est « Rennes », dans *Normandie* « Avranches », dans *Ossau*
« Marmande » ; « Nantes » est la leçon originale.
Le refrain par onomatopée (du type *tralala...* ou bien *houp lala...*) résulte
de *Rennes, Finistère, Ville-ès-Nonais, Perros, Normandie, Loiret, Coume.*
2. *Loiret, Indét. 1, Normandie* (... hors l. f...), *Lorient, etc.* (... n. va l. v.)
+ *Ville-ès-Nonais* (au g.) ; cf. *Canada, Coume, etc.* — « Voire », avec *e* additionnel, est fréquent dans la poésie populaire (cf. *croire, boire*).
3. *Perros, Coume, Indét. 1* (... et aussi à m.), *Ville-ès-Nonais* (Qui l...);
Finistère (Elle l. porte...) *Loiret* (id.). *etc...* ; *Lorient* (Celle-là l. porte...),
Bretagne (id.), *etc.* ; *Indét. 2* (Va l. porter...).
4. *Loiret, Lorient, Rennes* (... tant qu'i...), *Normandie, etc.* (id.); *Perros*
(...il faut e...) ; cf. *Indét. 1, Ossau, Ille-et-Vilaine.*
5. *Côtes-du-Nord 2* ; cf. *Préfailles, Ville-ès-Nonais, Rennes, Loiret, Canada,
Ossau, Normandie.*
6. *Ville-ès-Nonais, Canada* (... dans l. v...), *Loiret* (... c. fort en v...),
Côtes-du-Nord 2 (Ils disent p. l. v...), *Indét. 2* et *Ille-et-Vilaine* (On dit...);
cf. *Normandie, Bretagne, etc.*

7. — « Ah! s'il faut que je meure,   déliez-moi les piés! »

8. La fille étoit jeunette,   les piés lui a lâchés.

9. Le galant, fort alerte,   dans la Loire a sauté.

10. Quand il fut sur la grève,   il se mit à chanter :

11. « Dieu bénisse les filles,   surtout celle au geôlier !

12. Si je reviens à Nantes,   oui, je l'épouserai. »

---

7. *Rennes* et *Canada* (Puisqu'il f.), *Bretagne* (... démarrez-m...); cf. *Ville-ès-Nonais, Loiret, Côtes-du-Nord 2, Finistère, etc.*

8. *Côtes-du-Nord 2, Loiret, Côtes-du-Nord 1* (La f. fort charitable...) *Préfailles* (L. f. qui ét. bonne... déliés); *Rennes, Indét. 2, Normandie, etc.*

9. *Loiret, Canada* + *Préfailles, Indét. 2*; cf. *Coume, Ville-ès-Nonais, Ossau.* — Plusieurs versions portent « dans la mer » pour « dans la Loire », ce qui est géographiquement absurde.

10. *Normandie, Loiret, Côtes-du-Nord 1 et 2* (s. les landes), *Canada* (s. ces côtes), *Perros* (s. la rive), *Bretagne* (s. le sable), *Rennes* (s. la place); cf. *Coume* et *Ville-ès-Nonais, Préfailles.* — La « grève », qui se dit spécialement des bancs de sable de la Loire, est le mot propre.

11. *Côtes-du-Nord 1, Canada, Indét. 1* + *Ville-ès-Nonais* (au g.); cf. *Lorient.* — *Côtes-du-Nord 2, Préfailles, etc.*, donnent le vers sous cette forme, qui est inférieure :

Dieu bénisse les filles, les fill's à marier !

12. *Préfailles, Canada, Côtes-du-Nord 1* (... en France); cf. *Coume, Ville-ès-Nonais, Rennes, etc.*

Outre qu'elle s'est peu répandue hors de la péninsule armoricaine, les circonstances locales de cette chanson (les prisons de Nantes, — la Loire) nous la certifient originaire de la Bretagne française, et plus spécialement nantaise. Pour son âge, il ne paraît pas qu'on la puisse reculer au delà du XVIIe siècle avancé.

Dans ce cycle des prisonniers sauvés, dont elle fait partie, d'autres légendes (*la Fille en page, Pierre et Françoise*) sont notables par des péripéties dramatiques, par de touchants dévouements d'amante : celle-ci n'est rien qu'un badinage assez simplet, l'histoire d'une geôlière naïve jouée par un prisonnier malin. Et le mot de la fin n'est pas fort généreux : quoiqu'on puisse, après tout, passer une mauvaise plaisanterie à qui eut, la minute d'avant, le col si près de la cravate de chanvre.

XXVII

PIERRE DE GRENOBLE ET S' AMIE

CATALOGUE DES VERSIONS

France d'oc

* Agenais : CHARBEL, *Recueil mss.* 1806, Archiv. départ. du Lot-et-Garonne, sér. T). — Publ. par BLADÉ, *Poés. pop. de la Gascogne*, II.

Languedoc : GERMAIN, *Poés. pop. de la France*, III, mss. B. N., réd. 1854.

Castrais : COMBES, *Chants pop. du pays castrais*, 1862.

* Provence : ARBAUD, *Chants pop. de la Provence*, I, 1862 (version avec variante).

Marlhes (Loire) : SMITH, *Romania*, VII, 1878 (version avec variantes).

Indéterminé : Mme R. MILLET, *Rev. des Trad. pop.*, IX, 1894.

Piémont

Oleggio : MARCOALDI, *Canti pop. inediti,...* (n° 13), 1855.

FORMULE RYTHMIQUE

Complainte. Vers de 13 syl. $= 8 + 5$, masculins, rimant deux par deux : chaque distique forme couplet.

TEXTE CRITIQUE

I

Quand Pierre partit pour l'armée   sept ans demeurer,
A laissé s'amie à Grenoble,   qui fait que pleurer.

2

Pierre a envoyé une lettre   qu'est pleine d'amours ;
La belle a fait une réponse   qu'est pleine de plours.

3

S'en va trouver son capitaine :   « Donnez-moi congé
D'aller voir m'amie à Grenoble,   qui meurt de regret. »

4

Quand Pierre fut sur la montagne,   entendit sonner ;
Pierre a mis le genou en terre,   s'est mis à prier.

1. a) *Indét.*, *Provence*, *Castrais* (trois a.) + *Languedoc*, *Marlhes* et *Agenais* (demeurer). — b) *Marlhes*, *Provence* (à Brignoles); cf. *Castrais*, *Agenais*, *Indét.* — « Pierre » est commun à toutes les versions d'oc. ; « Grenoble » aussi, excepté dans *Provence* et *Languedoc*, où il est remplacé par « Brignoles ».

2. a) *Marlhes* + *Provence*, *Languedoc*, *Agenais*; cf. *Indét.* (l'était plein' de fleurs). — b) *Languedoc*, *Provence*, + *Marlhes* (La belle a... qu'est...): cf. *Indét.*, *Agenais*.

3. a) *Languedoc*, *Provence* (Va...), *Castrais* et *Agenais* (...d. moi mon c.), *Indét.* (id.), *Marlhes* (...d. mon c.); cf. *Oleggio*. — b) *Castrais* et *Indét.* (Pour aller... se meurt...); cf. *Provence*, *Agenais*, *Oleggio*. Il faut rétablir « d'aller » en rapport avec « congé » et « meurt » pour « se m. ».

4. a) *Castrais*, *Indét.* (s. l. colline...); cf. *Provence*, *Marlhes*, *Agenais*, *Oleggio*. — b) *Marlhes*, *Provence* + *Castrais*; cf. *Languedoc*.

5

Quand Pierre fut dedans Grenoble,   s'amie a trouvé
Accompagné' de trente dames,   de vint cordeliers :

6

« Vous qui portez m'amie en terre,   laissez-moi la voir ! »
A découvert son blanc visage,   l'a baisé' deus fois.

7

La première fois qu'il la baise,   Pierre a soupiré.
La seconde fois qu'il la baise,   Pierre a trépassé.

8

Que diront les gens de Grenoble   de ces amoureus ?
Diront : Ils s'aimoient trop l'un l'autre,   sont morts tous les
deus !

5. a) *Marlhes, Provence* et *Languedoc* (Quand P...). — b) *Marlhes* + *var.
Provence* (cordeliers) ; cf. *Provence, Languedoc, Oleggio.*
6. a) *Var. Marlhes ;* cf. *Marlhes* (Vous autres q. p...), *Agenais* (Gens q.
p...), *Languedoc* et *Provence* (Dames q. p...), *Castrais Indét.* — b) *Provence*
(Descouvre...) ; cf. *Languedoc, Castrais, Agenais, Marlhes.* Il faut rectifier
l'ordre des derniers mots dans *Provence,* où l'inversion « deux *fois* l'a baisé »
détruit la rime, et mettre le premier verbe au passé.
7. a) *Indét., Castrais* + *Provence* et *Languedoc* (baise). Il faut mettre le
passé indéfini « a soupiré », par analogie avec la phrase parallèle du vers suivant. — b) *Castrais* + *Provence, Languedoc ;* cf. *Marlhes, Indét.*
8. a) *Marlhes, Provence* (d. Brignoles...), *Castrais* (d. deux a.) ; cf. *Indét.
Languedoc.* — b) *Castrais, Indét.* + *Marlhes* (Diront :) ; cf. *Provence, Languedoc.*

La chanson, dont l'âge ne peut être précisé, paraît du moins
assez moderne (XVIIᵉ siècle avancé). Elle-même, ce qui est peu
commun, déclare expressément son lieu d'origine. Le chanson-

nier situe l'événement à Grenoble [1], et il termine par une apostrophe aux gens de Grenoble : c'était donc un Grenoblois, mais qui versifiait en français, comme le prouvent et le détail des rimes, et la persistance de plusieurs vocables français dans les deux versions dialectales (*Provence*, *Agenais*); quant à la forme non française *plour* (rimant avec *amour*), elle n'a rien ici que de naturel, d'autant que ce provincialisme avait jadis droit de cité même dans notre poésie savante.

Sur ce thème élégiaque d'un amant qui s'absente et trouve au retour son amie morte, il existe en France, outre *Pierre de Grenoble*, deux autres chansons.

L'une, la plus ancienne de toutes (XVIᵉ siècle ?), apparemment native de la Bretagne française, est commune à la France d'oïl et d'oc, au Piémont (par suite à la Vénétie et l'Émilie) et à la Catalogne (par suite au Portugal) [2]; elle se compose de vers de 16 syl. = 8 + 8, masculins et rimant deux par deux (oïl, oc, Piémont) ; en confrontant les divers groupes de rédactions, l'on peut en restituer comme il suit la teneur originale. L'amant — c'est lui qui parle, et tout le récit est construit à la première personne (oïl, oc, Catalogne) — chevauche loin du pays, quand un oiseau l'avertit qu'il est arrivé malheur à sa fiancée. En approchant, il entend sonner les cloches, il voit des cierges briller, et arrivé au logis de la fiancée, les parents lui répondent qu'à cette heure même on porte leur fille au cimetière. L'amant court à l'église, frappe le cercueil, supplie la morte de lui parler. Et celle-ci en effet se met sur son séant, ouvre la bouche :

---

1. Pour le nom de la ville, l'accord des versions diverses est probant ; seuls *Languedoc* et *Provence* mettent « *Brignoles* », qui est quasi homophone.

2. Haute-Bretagne : AMPÈRE, d'après ROULIN. — Id. : DECOMBE, Avranchin : DE BEAUREPAIRE. *La Hague* : LE HÉRICHER. — Franche-Comté : BEAUQUIER.

Languedoc (3 vers.) : *Rev. des langues romanes*, I, II et VI.

Piémont (7 vers.) : NIGRA — Montferrat (2 vers.). : FERRARO, *Canti pop. monferrini, et Canti del Basso-Monferrato*. — Vénétie : BERNONI. — Émilie : FERRARO, *Canti. di Ferrara...*

Catalogne : BRIZ I. — Id. (11 vers.) : MILÁ (nº 327). — Portugal, GARETT, *Romanceiro*, II.

c'est pour dire au jeune homme de prendre l'anneau d'or qu'il lui avait mis au doigt, et de le donner à quelque autre, qu'il aimera et qui priera pour elle[1].

La seconde pièce, répandue par toute la France, mais non au dehors, est une chanson en tercets de dodécasyllabes (le premier féminin, sans rime, les autres masculins, rimant ensemble) ; elle a, pour le fond, d'évidentes affinités avec la précédente. Un soldat, tourmenté du regret de sa mie, demande aussi pour l'aller voir un congé à son capitaine. Arrivé au village, il va saluer ses père et mère, sans oublier celle « que son cœur aime tant ». Elle est morte, annonce le père :

> Son corps est dans la terre, son âme en paradis !

Le pauvre amant s'en va droit à la tombe de l'aimée, lui adresse un triste discours, et désespéré, retourne au régiment. Cette complainte, d'une forme assez plate, mais naïve et touchante, est à peu près contemporaine de *Pierre de Grenoble,* à quoi elle ressemble par le début.

L'auteur de *Pierre de Grenoble* doit sans doute quelque chose à la première chanson bretonne ; peut-être s'est-il aussi ressouvenu du convoi mortuaire de la *Fille du roi Loÿs,* et son couplet final semble imité de *la Pernette* ; avec tout cela, c'est lui le plus original, car il a donné à l'histoire un beau dénoûment, et le seul vrai selon la logique poétique, en faisant mourir l'amant sur le corps de l'amante, et s'exhaler son âme dans ce dolent baiser d'adieu. Le chansonnier breton a montré une imagination plus forte, mais son fantastique lugubre et compliqué étonne plutôt qu'il ne touche ; le dauphinois, plus humain et d'une simplicité exquise, nous fait doucement rêver à Juliette et à Roméo, et si le thème populaire a revêtu sa forme définitive, c'est de lui qu'il l'a reçue.

---

1. Quelques versions (bretonnes et catalanes) ont une conclusion plus sinistre : la morte déclare qu'elle est en enfer. Réminiscence d'une autre chanson de fille damnée.

XXVIII

PIERRE ET FRANÇOISE

CATALOGUE DES VERSIONS

(*France oïl et oc*)

Flandre : Büsching v. den Hagen, *Sammlung deutscher Volkslieder*, 1807. — Repr. par Wolf, *Altfranzœsische Volkslieder*.

Franche-Comté 1 : X. Marmier, *Chants pop. du Nord* (Introduction), 1842.

Bourbonnais : *Poés. pop. de la France*, III, mss. B. N., réd. 1854.

Orléanais : *Ibid.*, III, r. 1855.

Indét. 1 : *Ibid.*, III, r. 1855.

Mortain (Manche) : Joubin, *ibid.*, VI, r. 1855.

Franche-Comté 2 : Buchon, *Noëls et Chants pop. de la Franche-Comté*, 1863 (version refaite littérairement, et dans un sens tout différent). — Repr. par Beauquier, *Chans. pop. rec. en Franche-Comté*.

Vorey (Hte-Loire) :
Chamalières (id.) : } Smith, *Romania*, VII, 1878.

Ceyzériat : Guillon, *Chans. pop. de l'Ain*, 1883.

Millery (Rhône) : Bonnardot, *Mélusine*, II, 1884.

Indét. 2 : de Sivry, *la Tradition*, I, 1887.

Franche-Comté 3 et 4 : Beauquier, *Chans. pop. rec. en Franche-Comté*, 1894.

Nivernais 1 et 2 : Millien, *Étrennes nivernaises*, 1895.

Haute-Italie

Montferrat : FERRARO, *Canti pop. monferrini*, 1870.
Cento : ID., *Canti pop. di Ferrara...*, 1877.
La Morra : NIGRA, *Canti pop. del Piemonte* (n° 56), 1888.

FORMULE RYTHMIQUE

Complainte. Tercets composés d'un vers de 14 syl. $= 8 + 6$, féminin, qui ne rime pas, et de deux vers de 8 syllabes, masculins, rimant ensemble.

TEXTE CRITIQUE

1

C'est la fille d'un geolier,   grand Dieu! qu'el est donc belle!
El est belle comme le jour;
Un prisonnier lui fait l'amour.

2

Si se lève de grand matin,   s'en va droit chez son père :
Dessous le traversin du lit
Les clés de la prison a pris.

3

A son amant les a porté's :   « Pierre, mon ami Pierre,
Sortez, sortez hors de prison,
Les portes sont à l'abandon. »

1. a) *Millery, Comté 4, Chamalières* (Oh! c'... oh! gr...), *Nivernais 1* (C'était...), *Orléanais*, etc. (C'était... el était b.); cf. *Vorey, Mortain*, etc.; *Flandre, Comté 1, Indét. 1, La Morra.* « Ge-o-lier », en trois syllabes, selon la prononciation primitive. — b) *Nivernais 1, Vorey, Comté 4, Millery* et *Comté 3* (... plus b. que...), *Chamalières* et *Indét. 2* (... si b. que...), *Bourbonnais* (... jolie...); cf. *Ceyzériat, Mortain,* etc. — c) *Vorey, Nivernais 1, Ceyzériat, Millery, Bourbonnais,* etc. (... la cour); *Mortain*, etc. (Un grenadier...); cf. *Flandre, Comté 1, La Morra,* etc.

2. a) *Flandre, Comté 1 et 4, La Morra + Indét. 1* (... droit chez s. p.), *Nivernais 2, Orléanais* et *Bourbonnais* (chez s. p.), *Vorey* (Si... chez s. p.); cf. *Chamalières, Mortain,* etc. — b) *Flandre, Comté 1* et *Vorey* (Sous... de son l.); cf. *Orléanais,* etc. (sous l'oreiller), *Nivernais 1* (sous la tête d. lit), *Ceyzériat* (dans la ruelle d. l.), *Indét. 1* (tourne autour d. l.) — c) *Ceyzériat, Chamalières, Flandres, Nivernais 2, Vorey* (La cl...), *Comté 1* (... a mis); cf. *Indét. 1 et 2, Comté 3 et 4,* etc.

3. a) *Mortain, Orléanais, Comté 1 + Ceyzériat*; cf. *La Morra, Flandre, Bourbonnais, Indét. 1 et 2.* — b) *Ceyzériat + Flandre* (hors d. p.); cf. *Vorey, Nivernais 1 et 2, La Morra,* etc.; *Mortain, Indét. 2,* etc. Le pléonasme « sortir hors » est fréquent dans la langue du XVIIe siècle. — c) *Mortain, Orléanais, Ceyzériat, La Morra,* etc.; cf. *Comté 1, Indét. 1.*

4

— « Hors de prison ne sortirai,   François', belle Françoise,
      Hors de prison ne sortirai,
      Que mon procès ne soit jugé.

5

Tout en causant, en devisant,   ont *vu* venir le juge,
      Accompagné du grand prévôt,
      [De] quatre archers et *du* bourreau.

6

La belle, quand a vu cela,   s'en va trouver le juge.
      A ses genous el s'est jeté' :
      « Ayez pitié du prisonnier ! »

4. a) *Comté 4, Mortain, Vorey, Orléanais* + *Flandre* (Hors d. pr.) ; cf. *Ceyzériat, Indét.* 2, *Bourbonnais, Comté 1, etc.* Peut-être faudrait-il supposer en premier lieu, pour éviter l'élision de « François(e) », une forme oxytonique telle que « Françon » ? — b) *Flandre, Comté 4* (D. la pr...), *Mortain* (id.), *Orléanais, etc.* (id.) — c) *Comté 4, Mortain, Orléanais;* cf. *Bourbonnais, Indét.* 2, *La Morra, etc.*

5. a) *Indét.* 1 (... el voit...), *Vorey* (Tout e. parlant... on voit...); cf. *Mortain, Bourbonnais, Millery, Comté 3 et 4, Ceyzériat, etc.*—b) *Vorey, Indét.* 1. — c) *Indét.* 1, *Vorey* (Trois cavaliers...); cf. *Chamalières;* aussi *Mortain, Millery, Comté 3 et 4, etc.*, qui ne mentionnent que le bourreau. Vraisemblablement, il ne s'agit ici ni du « grand Prévôt de France », juge d'épée qui avait juridiction dans la maison du Roi (*Dict. de Trévoux,* VI), ni du « grand Prévôt de la Connétablie », juge d'épée (au degré suprême) qui instruisait les procès des gens de guerre à l'armée (*ibid.*), mais plutôt d'un « grand prévôt des maréchaux »; les prévôts des maréchaux étaient des officiers royaux établis pour la sûreté de la campagne contre les vagabonds et les déserteurs (leur juridiction fut réglée par une ordonnance de 1670); dans quelques provinces, comme le Lyonnais et l'Auvergne, il y eut des grands prévôts des maréchaux, qui en avait d'autres sous eux (*ibid.*).

6. a) *Nivernais* 1 (quande l. b..); *Chamalières, Ceyzériat* (Q. la b. (*n*)'a v...) + *Comté* 1 et *Flandre, La Morra;* cf. *Mortain, Orléanais.* — b) *Orléanais, Nivernais* 1 et 2, *Comté* 1 et 4, *Vorey* (A leurs g...), *Mortain, etc.* (A deux

7

Le juge la prent par la main :   « Relevez-vous, Françoise !
            Ce prisonnier vous n'aurez pas,
            Il est jugé, il en mourra. »

8

— « C'est aujourd'hui qu'il faut mourir,   François', belle
                                                    [Françoise,
            Prenez l'anneau que j'ai au doit,
            Et faites autre amant que moi ! »

9

— « Un autre amant ne ferai pas,   Pierre, mon ami Pierre,
            Un autre amant ne ferai pas,
            Je veus mourir entre tes bras ! »

g...); cf. *Chamalières, Indét.* 2. — c) *Orléanais, Comté 1, Vorey, La Morra, Chamalières* (Prenez p...), *Mortain* (... du grenadier) ; cf. *Ceyzériat, Indét.* 1 et 2, *etc.*

7. a) *Nivernais 1, Mortain, Indét.* 2. *Flandre* et *Comté 1* (... la belle!), *Ceyzériat* (... p. le bras...) *Vorey* et *Chamalières* (... Relève-toi, F.); cf. *Indét.* 1. — b) *Flandre, Comté 1*; cf. *Chamalières.* — c) *Flandre, Comté 1* et 4, *Vorey, Ceyzériat, etc.*; cf. *Indét.*

8. a) *Orléanais, Nivernais 2, Mortain, Ceyzériat, Millery* (C'e. à présent...) ; cf. *Chamalières, Comté 4, Nivernais 1.* — b) *Orléanais, Nivernais 2, Mortain, Vorey, Millery, Bourbonnais* (Tirez...), *Ceyzériat* (Tire...); cf. *Comté 1* et 4. — c) *Mortain, Comté 1, Bourbonnais* (Faites un...), *Millery* (Cherchez...), *Nivernais 2* (E. vous chercherez...), *Nivernais 1* et *Comté 4* (Et fais...), *Orléanais* (Et prens...); cf. *Vorey, La Morra.*

9. a) *Nivernais 1, Comté 4, Bourbonnais* et *Vorey* (... je n'en veux p...), *Orléanais* (... je n'en aurai...), *Mortain* (... Blaise m. a B.); cf. *Comté 1.* — b) *Nivernais 1, Comté 4, Bourbonnais* et *Vorey* (... je n'en veux p.), *Orléanais* (... je n'en aurai). — c) *Comté 4, Nivernais 1, Bourbonnais, Mortain, Indét.* 2, *Flandre* (... vos br.); cf. *Nivernais 2.*

Dans *Comté 1, Flandre, Millery, La Morra*, la fille répond mal à propos par ce distique :

            « Je m'en irai dans un couvent,
            Je prierai Dieu pour mon amant. »

10

Quand il fut dessus l'échafaud   et tout prêt à s'étendre,
    Le patient dit au bourreau :
    « Couvrez m'ami' de mon manteau. »

11

Le juge, en les regardant, dit :   « Voilà des amans tendres !
    Hé ! qu'on les aille marier,
    Et qu'il n'en soit plus reparlé ! »

---

10. a) *Comté 3* et *4*, *Nivernais 1*, *Indét. 1*, *Mortain* + *Bourbonnais*, *Indét.*
2; cf. *Vorey*. « Prêt à s'étendre », c'est-à-dire : à incliner sa tête sur le billot.
Nivernais 1 met « prêt à se laisser pendre », qui me semble moins bon. —
b) *Vorey, Mortain, Bourbonnais* (avec ce contresens du chanteur ou du rédacteur : « Patience ! dit-il a. b. »), *Nivernais 1* (L. prisonnier...) ; cf. *Indét. 1* et
2, Comté 4. — c) *Mortain, Bourbonnais, Nivernais 1, Vorey, Comté 3* et *4*,
Indét. 1 (... votre m.); cf. *Chamalières, Indét. 2, Nivernais 2*.

11. a) *Indét. 2, Vorey* + *Comté 2, Bourbonnais* (... des amours t.), *Comté 4*
+*Chamalières* (des amoureux), *Nivernais 2* (que leur amour est t...) ; cf. *Indét.*
1 Mortain. — b) *Vorey, Comté 4* (Qu'o. a. donc...), cf. *Mortain* et *Chama-*
lières, Bourbonnais, Comté 2, etc. — c) *Comté 2, Bourbonnais* (... pl. parlé),
Comté 4 (... jamais p.), *Mortain* et *Indét. 2* (Afin ... pl. p.); cf. *Vorey*.

Cette complainte a pris naissance en territoire d'oïl, dans une
province de l'Est ou du Centre qu'on ne saurait préciser ; par
sa couleur générale (notez « le grand Prévôt »), elle se peut
approximativement dater du XVIIe siècle.

Le gwerz armoricain publié par Luzel, *Gwerziou Breiz-Izel*,
II, sous ce même titre de *Petite Françoise et petit Pierre*, n'est pas
autre chose qu'une traduction, le plus souvent littérale, de la
chanson française, et qui en a conservé jusqu'à la facture rythmique. Quelques altérations néanmoins sont à signaler dans ce
gwerz : l'absence (accidentelle ?) du dénouement heureux ; et

que l'amante n'est plus la fille du geôlier, mais bien une personne du dehors qui obtient l'accès de la prison : par où l'épisode des clés dérobées est rendu peu vraisemblable.

Je ne sais si l'on pourrait citer, dans tout le romancéro de France, une poésie plus vivement et plus naïvement touchante que cette complainte des amours d'un prisonnier et d'une geôlière. L'auteur avait l'imagination dramatique, et l'on trouverait dans ce peu de couplets la matière d'une scène de théâtre [1]. Et son tour d'esprit était d'un idéaliste : car ses personnages font assaut de beaux sentiments, se répandent en générosités sublimes. Un captif tellement respectueux de la justice ou délicat sur le point d'honneur, qu'il refuse de s'évader avant le jugement de son procès ; — qui, prêt à marcher au supplice, rend à son amie l'anneau des fiançailles, en l'exhortant à chercher d'autres amours ; — qui, dans l'instant suprême, la fait envelopper de son manteau afin de lui épargner le spectacle de sa mort : tout cela part d'une âme vraiment cornélienne. Et la fille est à la hauteur d'un tel amour, qui, tout espoir étant perdu, n'aspire

---

1. Voici un rapprochement assez imprévu. Mais il est de fait que Victor Hugo, dans le 5e acte de *Marion Delorme*, a rencontré une situation de tout point semblable à celle où se fonde la complainte populaire, quoique motivée par des sentiments tout autres ; et que Marion y est précisément à Didier ce que Françoise est ici à Pierre. Didier, condamné à mort, attend sa dernière heure, lorsque Marion, par la connivence du geôlier, pénètre dans sa prison ; l'évasion est assurée ; mais Didier, obstinément, la refuse :

LE GEÔLIER

L'heure passe.

MARION

Viens! fuis!

DIDIER

Je ne veux pas!...

Entre, au milieu de ce débat poignant, le « conseiller de la grand'chambre, accompagné de pénitents, du bourreau, et suivi de soldats... ». Marche au sup-

plus qu'à mourir entre ses bras. La clémence attendrie du juge termine congrûment ces péripéties; et la grâce plénière par où tant de vertu est récompensée ne messiérait pas au dernier tableau d'un bon mélodrame.

---

plice. Toute la différence est que le cardinal-ministre, qu'on voit passer alors dans sa litière écarlate, est plus impitoyable aux amants que le juge de la complainte :

MARION

Grâce ! grâce pour eux, Monseigneur !

UNE VOIX, *sortant de la litière.*

Pas de grâce !

XXIX

LES TRISTES NOCES

CATALOGUE DES VERSIONS

France (oïl et oc)

Bretagne : J.-J. AMPÈRE, d'après ROULIN, *Poés. pop. de la France, Instructions*, 1853.

Bourgogne : J.-E. BON, *Poés. pop. de la France*, III, mss. B. N., réd. 1853.

* Languedoc [fragm.] : *ibid.*, III, r. 1854.

Normandie : DE BEAUREPAIRE, *Étude sur la poés. pop. en Normandie*, 1856.

* Naves (Lozère) : LEYMARIE, *Poés. pop. de la France*, I, mss. B. N., r. 1857.

Franche-Comté 1 : BUCHON, *Noëls et Chants pop. de la Franche-Comté*, 1863.

* Provence 1 :⎫
* Provence 2 et 3 [Fragm.] :⎭ ARBAUD, *Chants pop. de la Provence*, II, 1864.

* Menton (Alpes-Mar^mes) : J.-B. ANDREWS, *Essai de grammaire du Dialecte mentonnais*, 1875.

Fontenay-le-Marmion : LEGRAND, *Romania*, X, r. 1876.

Vagney (Vosges) : THIRIAT, *Mélusine*, I, 1877.

Saint-Just-Malmont (Loire) : SMITH, *Romania*, VII, 1878.

Ceyzériat : GUILLON, *Chans. pop. de l'Ain*, 1883.

Lorient : ROLLAND, *Recueil de Chans. pop.*, I, 1883 (version fragmentaire et contaminée).

Sérignac (Lot) : DAYMARD, *Vieux Chants pop. rec. en Quercy*, 1889.
H^tes-Alpes : R. BLANCHARD, *Rev. des Trad. pop.*, V. 1890.
Morvan : TIERSOT, *ibid.*, V, 1890.
Franche-Comté 2 : BEAUQUIER, *Chans. pop. rec. en Franche-Comté*,
  1894.
Vallée d'Aoste : ⎰ J. FAVRE, *inédits*, r. 1895.
Tarentaise : ⎱
Bonneville (H^te-Savoie) : TIERSOT, *inédit*, r. 1895.

Piémont

Montferrat : FERRARO, *Canti pop. monferrini* (n° 7), 1870.
A Turinois, *B* Graglia. *C* Valfenera : NIGRA, *Canti pop. del Piemonte*
  (n° 20), 1888.

Catalogne

Cat. : MILÀ, *Romancerillo catalan* (n° 262), 1882.

FORMULE RYTHMIQUE

Chanson à danser. Vers de 12 syl. $= 6 + 6$, féminins, assonant deux par deux ; chaque vers, suivi d'un refrain, forme
couplet.

Dans la version catalane (ensemble la languedocienne) et
dans les piémontaises, le vers est devenu de 14 syl. $= 7 + 7$;
dans *Sérignac*, de 16 syl. $= 8 + 8$.

TEXTE CRITIQUE

1. Qui veut ouïr chanson,   chansonnette nouvelle ?
     Chante, rossignolet !
   Qui veut ouïr, etc. . . . .

2. C'est d'un jeune garçon   et d'une demoiselle.

3. Ont fait l'amour sept ans,   sept ans sans en rien dire.

4. Mais au bout des sept ans,   le galant se marie.

5. Au jardin de *son père*   y a un buisson d'orties.

6. En a fait un bouquet   pour porter à s'amie :

1. *Tarentaise, Bonneville, H*tes*-Alpes* + *Ceyzériat.*
Le refrain, donné par *Ceyzériat* et *Morvan*, résulte aussi, quant au mot principal, « *rossignolet !* », de *H*tes*-Alpes, Aoste, Provence 2, Bourgogne, Comté 2, Vagney, Catalogne,* aussi *Montferrat* et *Turinois.* Le vers est répété à la suite du refrain.
2. *H*tes*-Alpes, Lorient* + *Ceyzériat.*
3. *Ceyzériat, Vagney, Lorient* et *Bonneville* (...sans jamais r. se d.); cf. *Tarentaise, H*tes*-Alpes, Aoste.*
4. *Ceyzériat, Bonneville,* cf. *Lorient, Aoste, Tarentaise.*
5. *Graglia* + *Provence 2* (u. bouquet d'orties), *Bretagne* (u. buisson); cf. *Turinois, Fontenay, Comté 1* et *2, Vagney, Catalogne.* — Je corrige le « mia mama » de la version piémontaise en « son père », conformément au v. 8. — Il est question dans *Fontenay* de « brins de lavande », dans *Bretagne, Vagney, Comté 1* et *2* de « roses » ou d' « une rose », dans *Turinois,* d' « une blanche fleur », dans *Catalogne* de « pommettes d'or »; mais le fragment provençal donne la vraie leçon, « orties », car selon le symbolisme des fleurs, très familier aux populations méridionales, l'ortie signifie rupture, de même que le thym déclaration, la violette soupçon, etc.
6. *Fontenay, Graglia* + *H*tes*-Alpes* (Il a... s'amie); cf. *Turinois, Bretagne, Vagney, Provence 1* et *2, Comté 1* et *2, etc.*

7. « Tenez, m'ami', tenez,   voici la départie !

8. A une autre que vous   mon pére me marie. »

9. — « Celle que vous prenez   est-elle bien jolie ? »

10. — « Pas si joli' que vous,   mais el est bien plus riche. »

11. — « Vous quittez la beauté   pour prendre la richesse ! »

12. — « La belle, en vous priant,   viendrez-vous à mes nœces ?

13. La belle, s'ous venez,   venez-y donc bien propre. »

14. La belle n'y a manqué,   s'est fait faire trois robes :

7. *Fontenay, Provence 1* et *2, Naves* (T., belle...); cf. *Turinois* et *Valfe-nera.*

8. *Fontenay* + *Provence 1, Naves, Valfenera, Catalogne* ; cf. *Turinois, Tarentaise, Aoste.*

9. *Aoste* (...belle), *Comté 1* et *2, etc.* (La femme...), *Vagney, etc.* (La fille...), *Bonneville* et *Tarenteis.* (L'amie...).

10. *Comté 1* et *2, Bourgogne, Vagney, Ceyzériat, Morvan;* cf. *Catalogne, Provence 1, Turinois, etc.*

11. *Bourgogne, Aoste* (Je quitte...); cf. *Ceyzériat, St-Just, Tarentaise.*

12. *St-Just, Fontenay* + *Comté 1* et *2, Bourgogne, Provence 1, Ceyzériat, etc.* ; cf. *Bretagne, Sérignac, Languedoc* et *Catalogne, Turinois, etc.* — La rime suppose ici, pour le mot « noces », une prononciation « nuèces », fréquente en Provence, et dont nous avons des exemples en oïl.

La plupart des versions mettent cette réponse dans la bouche de la fille :

> Aux noces n'irai pas, mais j'irai à la danse (*ou* au branle, *ou* au bale).

vers que je tiens pour parasite, vu qu'il ne peut assoner en aucune façon ni avec le précédent, ni avec le suivant.

13. *Provence 1, Vagney, St-Just* + *Ceyzériat* (b. propre); cf. *Fontenay, Naves, Bonneville, Morvan, etc.* — « Propre » (= élégant, paré) d'un usage courant aux XVIe et XVIIe siècles.

14. *Morvan, St-Just, Ceyzériat, Fontenay* + *Bretagne, Normandie* et *Bourgogne;* cf. *Provence 1, Htes-Alpes, Catalogne, etc.*

15. L'une de satin blanc,   l'autre de satin rose,

16. Et l'autre de drap d'or,   pour marquer qu'el est noble.

17. Du plus loin qu'on la voit :   « Voici la mariée ! »

18. — « La marié' ne sui,   je sui la délaissée. »

19. L'amant, qui la salu',   la prent par sa main blanche,

20. La prent pour faire un tour,   un petit tour de danse.

21. Au premier tour qu'el fait,   la belle tombe morte.

22. « O belle, levez-vous !   Voulez mourir par force ?

23. Si mourez pour m'amour,   moi, je meurs pour la vôtre ! »

24. [Il] a pris son couteau,   se le plante en les côtes.

---

15. *Normandie, Bretagne* + *St-Just ;* cf. *Bourgogne, Comté 1* et *2, Sérignac, Catalogne, Turinois, etc.*

16. *Normandie, Bretagne* + *St-Just ;* cf. *Comté 1* et *2, Morvan, Bourgogne* (brodée d'or), *Turinois* et *Montferrat* (brocard d'or) ; *Menton* et *Catalogne* (de couleur verte). — L'o de « noble » doit être prononcé fermé, ce qui est phonétiquement normal.

17. *Bourgogne, Bretagne, Sérignac ;* cf. *Comté 1* et *2, Naves, Aoste.*

18. *Bretagne, Bourgogne, Comté 1* et *2 ;* cf. *Sérignac.*

19. *Normandie* + *St-Just ;* cf. *Sérignac, Bretagne, Bourgogne.*

20. *Vagney, Aoste* + *St-Just ;* cf. *Bourgogne, Bretagne, Fontenay.*

21. *Provence 1, Naves, Fontenay, Tarentaise, Htes-Alpes ;* cf. *Bourgogne, Aoste, etc., Turinois, etc. ;* aussi *Provence 3, Menton, Languedoc* et *Catalogne* (où le « tour de danse » est remplacé par un « coup de tambour »).

22. *Graglia, Valfenera, Provence 3, Menton* (O Sabé, b. Sabé...). — Suit, dans ces versions, un vers parasite, suggéré par le v. 23.

23. *Menton, Provence 3 ;* cf. *St-Just, Valfenera.*

24. *Menton, Provence 3* + *St-Just* (a pris) ; cf. *Montferrat* (il se perce le cœur de son épée), *Vagney* (il se coupe la gorge) ; dans *St-Just,* il prend son pistolet et se brûle la cervelle. — Selon la plupart des chanteurs (*Bretagne, Comté 1, Provence 1, Catalogne, Turinois, etc.*), le discours de l'amant (vv. 22

25. Les gens s'en vont disant :   « Grand Dieu, quels tristes
nueces !

26. O les povres enfans, tous deus morts d'amourette ! »

et 23) a disparu, et son suicide est remplacé par une mort subite et inexpliquée : pendant que la délaissée tombe d'un côté, il tombe de l'autre, et c'est
tout. Il n'y a pas d'hésitation possible entre cette dernière leçon et celle que
l'on a adoptée.

25. *Htes-Alpes* + *Vagney, Fontenay, Normandie* : cf. *Comté 1* et *Bretagne,
Catalogne*. — « Quels » au féminin, vestige de la 3e déclinaison latine des
adjectifs. — Pour « noce » rimant avec « amourette », même observation
qu'au v. 12.

26. *Provence 1, Htes-Alpes* + *Tarentaise* et *Sérignac* (tous deux) ; cf.
Aoste, Lorient, Fontenay, Catalogne, Graglia.

Dans *Normandie* et *Lorient*, il y a une finale ajoutée, relativement à la
sépulture des deux amants et aux arbres sympathiques qui poussent de leurs
tombes.

————————

A défaut d'élément précis qui permette de dater la chanson
des *Tristes Noces*, le style, peu archaïque en somme, pourrait
lui faire assigner le xviie siècle. Il est remarquable que cette
chanson, sporadique dans le reste de la France, couvre tout le
territoire de l'Est depuis la Méditerranée jusqu'aux Vosges
(Provence, Dauphiné et Savoie, Bresse, Comté, Bourgogne,
Lorraine), et que c'est en particulier les versions provençales —
ensemble leurs dérivées piémontaises, — qui en ont mieux
conservé le début (bouquet de rupture) et la conclusion (suicide
de l'amant). Toutefois, nonobstant les six versions patoises du
Midi (*Provence, 1, 2* et *3, Menton, Languedoc* et *Naves*), j'estime
probable que la pièce fut composée en français [1] sur un point

————————

1. On ne voit pas bien, en effet, ce que deviennent dans un parler provençal ou franco-provençal, — qui n'admet point l'élision de l'atone finale, —
des hémistiches tels que : « La marié' ne suis... », « L'amant qui la salu'... »,
« Tenez, m'ami', tenez... », lesquels, en français, n'ont rien que de légitime.

du domaine franco-provençal, certains mots étant d'ailleurs
modifiés par l'influence du parler local.

*
* *

Ce thème de deux amants séparés par un mariage forcé, et
qui se réunissent dans la mort, est trop naturel et trop touchant pour n'avoir pas été traité maintes fois par les poètes
populaires. Et de fait, une des ballades les plus belles de la tradition anglo-écossaise, ainsi qu'une vise scandinave, sont en
rapport avec la chanson française. De la ballade, CHILD (*The
engl. and scott. pop. Ballads*, nᵒ 73, III et IX), a publié huit
versions : une anglaise, *Lord Thomas and fair Ellinor* (Lord
Thomas et blonde Ellinor), pourvue de nombreuses variantes —
tous ces textes proviennent de feuilles volantes imprimées dans
la deuxième moitié du xviiᵉ siècle, ou en sont des répétitions
orales; — et sept écossaises [1], *Lord Thomas and fair Annet*, dont
la première (*A*) fut d'abord mise au jour par PERCY, *Reliques*,
II (1765). Voici la traduction de l'ancien texte anglais, que
CHILD désigne par D :

Lord Thomas était hardi forestier et royal veneur. Blonde Ellinor
était une belle femme et lord Thomas l'aimait chèrement.

« O conseille-moi, mère chérie, dit-il, conseille-moi sans détour :
dois-je épouser la blonde Ellinor et délaisser la jeune fille brune ? »

« — La jeune fille brune a des maisons et des terres, la blonde
Ellinor n'a rien ; aussi je te prie, en te bénissant, de m'amener ici la
jeune fille brune. »

Et certain jour de fête, lord Thomas alla chez la blonde Ellinor,
qui avait dû être sa fiancée.

Quant à la prononciation *nuèces* (qui rime avec *richesse* et *amourette*) elle règne
sur la côte provençale, mais on la trouve aussi en pays d'oïl : voy. le *Glossaire*
de LACURNE DE SAINTE-PALAYE (*Nuesces*).

1. Dans la plupart de ces versions, « lord Thomas » est devenu le « doux
Guillaume » (*Sweet Willye*). Il semble d'ailleurs, selon l'observation de PERCY,
qu'il y ait dans la série écossaise un mélange de deux chansons.

Et quand il arriva à la chambre de la blonde Ellinor, il frappa un coup ; avec quel empressement blonde Ellinor fit entrer lord Thomas !

« Quelles nouvelles, quelles nouvelles, lord Thomas, dit-elle, quelles nouvelles m'apportes-tu ? » — « Je viens t'inviter à mes noces : voilà pour toi de mauvaises nouvelles ! »

— « A Dieu ne plaise, lord Thomas, dit-elle, que pareille chose se fasse ! Je pensais que ce serait moi l'épousée, et que ce serait toi l'époux. »

« O conseille-moi, mère chérie, dit-elle, conseille-moi sans détour : dois-je aller aux noces de lord Thomas, ou bien demeurer à la maison ? »

— « Tu ne manques pas d'amis, ma fille, et tu ne manques pas d'ennemis ; aussi je te prie, en te bénissant, de ne point aller aux noces de lord Thomas. »

— « Je ne manque pas d'amis, mère : mais quand ils seraient tous mes ennemis (que m'importe la vie ! que m'importe la mort !), aux noces de lord Thomas je veux aller. »

Elle se mit en galant costume, et tous ses gens de vert se vêtirent ; et partout où passait le cortège, on la prenait pour une reine.

Et quand elle arriva à la porte de lord Thomas, elle frappa un coup ; avec quel empressement lord Thomas fit entrer la blonde Ellinor !

« Est-ce là ta fiancée ? dit blonde Ellinor, elle me semble étrangement brune ! Tu aurais pu épouser la plus blonde des blondes. »

— « Ne la méprise pas, blonde Ellinor, dit-il, ne la méprise pas devant moi. J'aime mieux ton petit doigt que son corps tout entier. »

La fiancée brune avait une petite dague, une dague effilée et pointue ; et, entre les petites côtes et les côtes longues, elle perça le cœur de la blonde Ellinor.

« Oh ! le Christ te garde ! dit lord Thomas, il me semble que tu es étrangement pâle, toi qui avais les plus fraîches couleurs du monde. »

— « Oh ! es-tu aveugle, lord Thomas ? dit-elle, ou ne peux-tu vraiment pas voir ? Oh ! ne vois-tu pas le sang de mon cœur qui tombe goutte à goutte sur mes genoux ? »

Lord Thomas avait une épée au côté ; ayant traversé la salle, il trancha la tête de l'épousée et la jeta contre le mur.

Puis il planta la poignée dans le sol, et la pointe, il la planta dans son cœur. Jamais il n'y eut trois amants assemblés, qui fussent plus vitement séparés[1].

La finale des arbres sympathiques, relevée exceptionnellement dans deux versions des *Tristes Noces*, conclut d'ordinaire la ballade écossaise (voy. les rédactions *A, B, E, F, G* de CHILD) :

Lord Thomas fut enterré dans le pourtour de l'église, blonde Annette dans le chœur; et de l'un sortit un bouleau, et de l'autre un bel églantier.

Et ils poussèrent, et ils jetèrent leurs branches comme s'ils voulaient s'embrasser; et à cette vue l'on put connaître que c'étaient deux tendres amants. »

Plusieurs circonstances communes : l'invitation aux noces de l'amant, — les pompeux atours de la délaissée — le coup de poignard ou d'épée dont l'amant se perce le cœur, certifient la parenté des *Tristes Noces* et de la ballade anglaise. Quant à la nature de cette parenté, il n'est guère douteux que ce soit du poème français que l'autre procède. En effet, le bouquet de rupture, spécial au début des *Tristes Noces*, a tout l'air d'un trait primitif. Et de même pour le dénouement : que la délaissée, comme c'est le cas dans les *Tristes Noces*, expire soudain de douleur et de saisissement, et que le fiancé, plein de remords, se tue aussitôt après, cela fait une gradation très simple et très naturelle ; au contraire, il y a dans la catastrophe de *Lord Thomas* je ne sais quoi d'extrême et de forcé, soit qu'elle se termine par un double suicide (variante de *D*), soit que, suivant la leçon ordinaire, elle nous mette sous les yeux une scène de tuerie sauvage, la belle poignardée par l'épouse, l'épouse déca-

---

1. CHILD mentionne une copie particulière de cette rédaction *D*, où le dénoûment, plus simple, se rapproche davantage de la forme française : Ellinor se poignarde elle-même, puis lord Thomas se frappe de la même arme.

pitée par lord Thomas, et celui-ci se frappant lui-même entre deux cadavres. Ainsi le poète français doit être le premier en date; et il fut imité librement par un Anglais, d'une imagination forte, et qui s'est rendu pour la vigueur du trait et pour l'intensité du coloris, supérieur à son modèle.

La ballade de *Lord Thomas et blonde Ellinor* a son équivalent dans la chanson scandinave de *Herr Peder og liten Kerstin* (Sire Pierre et petite Christine), répandue en Danemark (GRUNDTVIG, *Danmarks gamle Folkeviser*, IV : 4 versions, dont 3 copies de feuilles volantes ou de manuscrits des xviie et xviiie siècles; KRISTENSEN, *Jyske Folkeviser*, I), en Norwège (LANDSTAD, *Norske Folkeviser*) et en Suède (AFZELIUS, *Svenska Folkevisor*, I : ancienne version identique à la première de GRUNDTVIG — ARWIDSSON, *Svenska Fornsånger*, I). Cette vise, en général un peu plus éloignée des *Tristes Noces* que n'est la ballade anglo-écossaise, dérive probablement de celle-ci; quoiqu'il ne soit pas non plus impossible, vu certaines coïncidences de détail, qu'elle se réfère directement à un type français[1].

Sire Pierre informe Christine de son mariage avec une autre; et Christine déclare qu'elle ne manquera pas d'y assister. Avant la noce, elle commande des habits magnifiques, tout de perles et d'or. Le jour venu, quand elle entre dans la salle, filles et femmes se lèvent; l'épousée demande qui elle est, et s'émerveille de tout l'or qu'elle porte sur soi. Christine, cependant, comme une demoiselle d'honneur, verse le vin aux invités, elle accompagne l'épouse à la maison nuptiale, même c'est elle qui la met au lit.

---

1. Dans cette recommandation de Pierre à Christine : « Si vous venez à ma noce, ne mettez pas votre habit d'or », on serait tenté de reconnaître, traduit avec un contresens, le v. 13 des *Tristes noces* ? Et le passage où il est dit que Christine « commande de riches vêtements, brodés de perles et d'or » rappelle assez bien les vers 14-16 «... s'est fait faire trois robes » la troisième « de drap d'or... » Mais tout cela n'est pas assez net pour qu'on puisse rien affirmer.

A la catastrophe finale, les versions bifurquent. D'après les
unes, Christine au désespoir sort de la chambre des époux, et
se pend avec ses cheveux, à un arbre du jardin ; Pierre la
voyant morte, se jette sur son épée, ou bien il se pend au
même arbre (comp. pour ce double suicide, la variante précitée de la version anglaise *D*). D'après d'autres versions, la jalousie de la jeune fille s'assouvit par une vengeance atroce : elle
poignarde Pierre ; ou bien l'épousée dans les bras de Pierre,
dénoûment qui fait une sorte de symétrie inverse avec la conclusion habituelle de la ballade anglo-écossaise, où l'on voit
Ellinor égorgée par l'épouse, comme ici l'épouse est égorgée par
Christine. Dans les deux cas, cette férocité de femme aggrave
d'une poignante horreur la tragédie pathétique du poète français : l'âme des races du Nord, travaillée de passions plus
âpres, demande aussi à la fiction de plus sombres peintures et
des émotions d'un caractère cruel.

Il faut enfin mentionner deux gwerz armoricains, qui, tout
indépendants qu'ils sont de la chanson française, la rappellent
par une certaine affinité de thème. Le premier, dont il existe
une version publiée par DE LA VILLEMARQUÉ, *Barzaz-Breiz*, II,
sous le titre d'*Azénor la Pâle*, et deux autres publiées par LUZEL,
Gwerziou Breiz-Izel, I, sous le titre de *Renée Le Glaz*, présente
la même situation que les *Tristes Noces*, mais renversée : c'est
l'amante qui est mariée contre son cœur. Les parents de Renée
l'ont à son insu promise à un nommé Yves, qui a du bien,
mais elle aime en secret un jeune clerc du village de Kerversault. Un matin, Renée voit à la maison les préparatifs d'un
banquet ; elle demande ce que cela signifie ? — « C'est vos noces
qui se font aujourd'hui ! » — Aussitôt la jeune fille envoie sa
petite servante porter une lettre au clerc de Kerversault. Le
clerc est au lit, malade du regret de sa douce Renée ; il lit la
lettre : « D'après ce qu'elle me mande, je n'ai plus longtemps à

vivre! » Cependant Renée aperçoit le fiancé qui vient la quérir en grand cortège; comme il approche, elle le charge de malédictions; quand il la salue : « Bonjour à vous, jeune veuf! » répond-elle. — « Me prenez-vous donc pour un veuf? » — « Si vous ne l'êtes, bientôt vous le serez! » — Ils vont à l'église, et passent devant Kerversault. Renée veut à toute force voir son ami; elle entre, le corps du pauvre clerc gît sur les tréteaux funèbres; alors elle pose sa tête sur les genoux du mort, et rend le dernier soupir. La version du *Barzaz-Breiz* et l'une de celles de Luzel donnent un dénouement plus compliqué : Renée ne s'arrête point à Kerversault; mais, pendant la messe de mariage, elle entend frapper les coups de mort; et c'est le soir qu'elle expire, dans la chambre nuptiale, après avoir dicté au mari son testament.

Dans le deuxième gwerz, connu par une version de DE LA VILLEMARQUÉ, *Barzaz-Breiz*, II, intitulée : *Geneviève de Rustéfan*, et par trois autres de Luzel, *Gwerziou Breiz-Izel*, I, intitulées : *Jeanne le Iudec* et *Jeanne le Marec*, il s'agit, tout de même que dans *les Tristes Noces*, d'une fille délaissée; mais ce n'est point une femme qu'elle a pour rivale, et son amant épouse l'Église. Jeanne et un jeune *cloarec* sont épris d'un amour mutuel. Celui-ci rend un jour visite aux parents de son aimée : c'est pour les inviter tous à sa première messe, hormis Jeanne, qu'il prie de ne pas venir. Mais elle, au contraire, tient à voir son malheur en face, et elle assiste à la messe. Tandis que le prêtre fait le tour de l'église, Jeanne le tire par son surplis, avec des reproches et des plaintes; quand il élève l'hostie, le cœur de Jeanne bat si fort, qu'on croit que c'est la charpente qui craque. Elle retourne à la maison. J'ai eu, dit-elle, maint amoureux clerc; mais celui-ci, le dernier, me brise le cœur! Et elle trépasse. Le jeune prêtre, sa messe finie, rentre chez sa mère; il se met au lit, navré de douleur, et meurt à son tour[1]. Tous deux gisent

1. Dans la dernière version de Luzel, le dénoûment (altéré) est un peu différent : le prêtre apprend la mort de Jeanne en voyant sa tombe au cime-

sur les tréteaux funèbres. Puisqu'ils n'ont pu aller dans le même lit, on les a mis dans la même fosse ! Touchante formule, où se condense l'essence mélancolique de ce thème éternel des *Tristes Noces*, et qui rappelle aussi la finale de *la Pernette*.

tière, et lui-même trépasse au bout de trois jours. — DE LA VILLEMARQUÉ a remanié, à son ordinaire, le texte de *Geneviève de Rustéfan*, dont le dénoûment est visiblement postiche.

XXX

RENAUD LE TUEUR DE FEMMES

———

———

1, 2 et 3. Les trois versions de *Valois, Auvergne et Vorey* présentent cette
particularité curieuse que la complainte du *Tueur de femmes* est soudée par le
chanteur à celle de *la Fille du roi Loÿs*, comme si celle-là faisait suite à celle-
ci ; mais les deux pièces n'ont aucun rapport que l'identité du rythme ; et
cette forme de tradition repose uniquement sur la méprise accidentelle du
chanteur.

Journans : Guillon, *Chants pop. de l'Ain*, 1883.
Hᵗᵉ-Bretagne 1 : Decombe, *Chans. pop. d'Ille-et-Vilaine*, 1834 (version très mutilée).
Ath (Belgique) : A. Gittée, *Rev. des Trad. pop.*, II, 1887.
Morvan : Dʳ Collin, d'après Millien, *Guide à Sᵗ-Honoré-les-Bains*, 1888.
Hᵗᵉ-Bretagne 2 : Mᵐᵉ P. Sébillot, *Rev. des Trad. pop.*, VI, 1891.
Quercy : Froment de Beaurepaire, *la Tradition*, VI, 1895.
Glandage (Drôme) : Tiersot, *inédit*, réd. 1895.
Champsaur (Orne) : Id., *inédit*, r. vers 1897 [1].

FORMULE RYTHMIQUE

Complainte. Quatrains d'octosyllabes, masculins, rimant deux par deux.

---

[1]. Child (I, nᵒ 4) mentionne en outre une version ms. extraite du t. III des *Poés. pop. de la France* (mss. B. N.), et dont il donne le premier vers :

Allons, mie, nous promener.

Cette version n'existe pas à la feuille indiquée du t. III, et je ne l'ai pas davantage trouvée ailleurs. D'après Child, elle serait fort approchante de *Poitou*.

TEXTE CRITIQUE

I

Renaud a de si grans appas
[Qu']il a charmé la fille *au* Roi.
L'a bien emmenée à sept lieu's,
Sans qu'[il] lui dit un mot ou deus.

2

Quand sont venus à mi-chemin :
« Mon Dieu ! Renaud, que j'ai grand faim ! »
— « Mangez, la belle, votre main ;
Car plus ne mangerez de pain. »

3

Quand sont venus au bord du bois :
« Mon Dieu ! Renaud, que j'ai grand soif! »

1. a) *Ath* + *Charleville ;* cf. *Morvan.* Le nom du séducteur est « Renaud »,
selon la leçon originale (*Ath, Charleville, Morvan*), d'où « Jeannot » dans
Quercy ; il est devenu « Dion » dans *Auvergne* (par suite d'une confusion avec
la romance de *la Fille du roi Loÿs*), et tombé ailleurs. « Appas », au sens de
charmes magiques. — b) *Ath* (... du R.); cf. *Charleville.* « Fille au R. »,
selon l'usage de la vieille langue, plutôt que « fille du R. », qui donne une
syllabe de trop. « Roi », prononcé *roa* ou *ra.* — c) *Ath, Charleville, Morvan*
+ *Auvergne.* — d) *Auvergne* + *Ath, Charleville.*

2. a) *Charleville* + *Ath ;* cf. *Morvan, Champsecret, Journans.* — b) *Auvergne*
+ *Ath, Charleville ;* cf. *Morvan, Bretagne 2.* — c) *Morvan* (... vos m.), *Ath*
(M. donc, b...), *Charleville* (B., m.-y...) et *Auvergne* (m.-y, b., v. poing); cf.
Bretagne 1 et 2. — d) *Auvergne, Morvan* (Jamais v...), *Charleville* (C. jamais
v...), *Ath* (Plus jamais...); cf. *Bretagne 1 et 2.*

3. a) *Charleville ;* cf. *Ath, Bretagne 1, Morvan.* — b) *Auvergne* + *Ath,
Charleville ;* cf. *Bretagne 1 et 2, Morvan, etc.* — c) *Auvergne, Charleville*
+ *Morvan ;* cf. *Ath, Bretagne 1 et 2, Lyonnais, Glandage, etc.* — d) *Auvergne,
Morvan* (Jamais v...), *Ath* (Pl. jamais...), *Bretagne 1 et 2, Lyonnais, etc.*

— « Buvez, la belle, votre sang ;
Car plus ne boirez de vin blanc. »

4

« Il y a là-bas un vivier
Où treize dames sont noyé's.
Treize dames y sont noyé's,
La quatorzième vous serez. »

5

Quand sont venus près du vivier,
Lui dit de se déshabiller.
— « N'est pas affaire aux chevaliers
« De voir dame déshabiller.

6

« Mets ton épé' [des]sous tes piés
[Et] ton manteau devant ton nez. »

4. a) *Auvergne, Ath* ; cf. *Bretagne 2, Charleville* et *Morvan* (où « vivier » est remplacé par « rivière »). *Valois* (où le rédacteur, dans son résumé en prose, parle d'un « lac »). Pour *Poitou, Lyonnais, etc.*, la fille a été emmenée « le long de la mer courante ». — b) *Ath + Auvergne, Charleville, Bretagne 2, Morvan.* Le nombre des dames noyées varie de 3 à 15 : « treize », le chiffre fatal, paraît probable. — c) *Charleville + Bretagne.* — d) *Ath, Morvan, Bretagne 2* (La quatrième...), *Charleville* (La quinzième...), *Auvergne* (Et. v. l. seizième...)

5. a) *Charleville + Ath, Auvergne, Bretagne 1* ; cf. *Poitou, Lyonnais, Vorey, etc.* — b) *Auvergne, Ath* (Il d. : Faut s. d.) ; cf. *Charleville, Morvan.* — c) *Charleville, Ath, Morvan, Auvergne* (... l'honneur des ch.) ; cf. *Bretagne 2.* — d) *Charleville, Bretagne 2, Auvergne, Morvan + Ath.*

6. a b) *Auvergne* (Mettez votre... vos p., votre m... v. n.), mais le tutoiement résulte des autres versions. — c d) *Auvergne* (Il m...). D'après *Charleville, Morvan, Ath* et *Bretagne 2*, le stratagème est conçu un peu différemment : la belle demande à Renaud qu'il se bande les yeux, et Renaud prend son mouchoir et obéit. La variante propre à *Poitou, Lyonnais, Vorey, etc.*, est encore plus puérile : la belle prie l'assassin de la « déchausser » ou de « tirer ses bas ».

Mit son épé' [des]sous ses piés
Et son manteau devant son nez.

7

La belle l'a pris, embrassé,
Dans le vivier el l'a jeté :
« Venez, anguill's, venez, poissons,
Manger la chair de ce larron ! »

8

Renaud voulut se rattraper
A une branche de laurier.
La belle tire son épé',
Coupe la branche de laurier.

9

« Belle, prêtez-moi votre main,
Je vous épouserai demain ! »
— « Va-t'en, Renaud, va-t'en au fond
Épouser les dames qu' y sont ! »

7. a) *Charleville* + *Bretagne*, *Ath* et *Morvan* (embrassé); cf. *Auvergne* et *Valois*. D'après *Lyonnais*, *Vorey*, etc., elle « lui avance un coup de pied » pendant qu'il la déchausse. — b) *Ath*, *Bretagne* 2, *Charleville* et *Morvan* (D. la rivière...), *Vorey* (id.), *Glandage* (id.); *Quercy* et *Champsecret* (Dedans la mer...); cf. *Auvergne*, *Poitou*. — c d) *Vorey*; cf. *Lyonnais*, *Valois*, *Quercy*, *Glandage*.

8. a) *Bretagne* 1, *Charleville* + *Morvan*, *Quercy*, *Poitou*; cf. *Lyonnais*, *Journans*, etc. — b) *Bretagne* 2, *Morvan* (Prend...), *Charleville* (... d'olivier); (cf. *Poitou*, *Lyonnais*, *Glandage*, etc. — c) *Charleville*, *Morvan* (...sa claire ép.); *Vorey*, etc. (... son couteau); cf. *Bretagne* 1 et 2 (son sabre). « Son épée » = l'épée de Renaud. — d) *Charleville*, *Glandage*, *Vorey*, *Poitou*, *Quercy* + *Bretagne* 2, *Morvan*; cf. *Lyonnais*, *Bretagne* 1.

9. a) *Bretagne* 2, *Ath* (... donne-m.), *Morvan* (... donnez-m...), *Charleville* (... donnez-m. v. m. blanche); cf. *Poitou*, *Vorey*. — b) *Bretagne* 2, *Morvan*, *Charleville* (... dimanche); cf. *Champsecret*. — c) *Var. Charleville* ; cf. *Morvan* (Plonge,... pêche donc...), *Ath* (Allez,... pêchez...); cf. *Bretagne* 2, *Poitou*, *Quercy*, *Champsaur*. — d) *Charleville* + *Bretagne* 2, *Ath*, *Morvan*.

10

— « Belle, qui vous remmènera,
Si me laissez dans ce lieu-là ? »
— « Ce sera ton cheval grison,
Qui suit fort bien le postillon. »

11

— « Belle, que diront vos parens,
Quand vous verront sans votre amant ? »
— « Leur dirai que j'ai fait de toi
Ce que voulois faire de moi ! »

10. a) *Lyonnais, Bretagne 2* (... te r.), *Journans* (Dites,...) ; cf. *Morvan.* —
b) *Bretagne 2* (... tu m. laisses...) — c) *Bretagne 2, Ath, Morvan* et *Charleville* (... mon ch...) — d) *Charleville* ; cf. *Ath, Bretagne 2, Morvan.*
    11. a) *Charleville, Bretagne 2* (...nos p.), *Vorey* (Mie, q...), *Morvan* (Q. d.
donc tous v. p.); cf. *Auvergne.* — b) *Vorey, Bretagne 2* + *Charleville, Morvan.*
« Amant », au sens ancien de prétendant, fiancé. — c d) *Bretagne 2* (... tu
v. f...), *Charleville* (... t'as voulu f...), *Morvan* (... t. creyais f...); cf.
Auvergne, Vorey.

————————

Cette complainte fut composée par un Français d'oïl (province incertaine). La prononciation de « roi » (*roa* ou *ra*),
rimant avec « appas » est ici de peu de conséquence, la diphtongue *oi* ayant fait, chez nous, la même évolution, aussi bien
sur la frontière de l'est qu'en pays gallo ou à Paris. Tout au
plus pourrait-on voir dans le terme de cette évolution phonétique le signe d'une époque plutôt rapprochée [1]. Le style aussi
n'est pas des plus anciens, et permettrait difficilement de porter
la chanson au delà du XVIIe siècle.

————————

1. Il y a déjà dans une pièce de Villon des traces de cette prononciation
oi = *a*, usitée du populaire parisien, tandis que la société polie continuait jusqu'à la fin de l'ancien régime de prononcer *oè*. Toutefois, hors du Parisis, il
est probable que le phénomène se produisit bien plus tardivement.

Renaud le Tueur de femmes offre ce contraste singulier d'une
forme énergique et pittoresque et de vers très bien frappés,
avec une énorme gaucherie dans la conduite de la fable et des
naïvetés vraiment puériles. Le thème est visiblement fatigué.
Et de fait, il avait déjà beaucoup servi, quand il arriva aux
mains du chansonnier français. Car entre tous les sujets traités
par la poésie populaire, je n'en sache point, hormis ceux de *la
Mort secrète* et du *Flambeau d'amour*, qui aient passé par autant
d'idiomes, ni couvert autant de pays. Quant à l'ensemble de ces
chants, faits sur le thème d'un tueur de femmes tué par une
ruse de femme, et recueillis à tous les bouts de l'Europe, l'analyse les ramène à neuf types rythmiques et linguistiques distincts, savoir :

1° Un lied néerlandais, représenté par trois versions : a) une
publiée par WILLEMS, *Oude vlzemsche Liederen*, d'abord communiquée par lui à MONE, qui l'inséra dès 1836 dans l'*Anzeiger f.
Kunde d. teutschen Vorzeit;* reproduite textuellement par
UHLAND, I; par HOFFMAN V. FALLERSLEBEN, *Niederlœndische
Volkslieder* (2ᵉ édit.), 1856 ; par DE BÆKER, *Chants hist. de la
Flandre*; par DE COUSSEMAKER, *Chants pop. des Flamands de
France* [1] ; et contaminée avec la suivante, par SNELLAERT, *Or de
en nieuwe Liedjes*; — b) une hollandaise (feuille volante
d'Anvers), donnée par HOFMANN à la suite de la précédente; —
c) une flamande, de Bruges, publiée par LOOTENS-FEYS, *Chants
pop. flamands* (n° 37).

2° Un lied allemand, à peu près identique au néerlandais et
fréquent surtout dans la Basse-Allemagne : REIFFERSCHEID, II,
3 versions, d'après GRIMM. — UHLAND, I (n° 74). — ZUCCAL-
MAGLIO (n° 28). — ID., *D. deutsche Volksfeste.* — LONGARD

---

1. Il est regrettable que cet auteur, au lieu de donner les versions entendues
par lui dans la Flandre française, se soit borné à recopier le texte connu de
WILLEMS. Il nous apprend seulement que, d'après une variante de Bailleul
(Nord), le héros du lied a nom « Abram ».

(n° 24). — Simrock (n° 7). — Kretzschmer, d'après Zuccalmaglio (n° 92) [1].

3° Une vise scandinave, commune au Danemark : Grundtvig, *Danmarks gamle Folkeviser* (n° 183), IV ; — à la Norvège :
Landstadt, *Norske Folkeviser*, I ; Bugge, versions mss. ; — et à
la Suède : Afzelius, *Svenska Folkevisor*, III ; — Arwidsson,
Svenska Fornsänger, I.

4° Une ballade anglo-écossaise, connue par six variantes :
Child, *The engl. and scott. pop. Ballads* (n° 4), I.

5° Une chanson hongroise, connue par cinq variantes :
Arany-Gyulai, *Magyar népköltési Gyüjtemény*, I.

6° Une chanson slave.

7° Une canzone de la Haute-Italie, recueillie plusieurs fois :
a) en Piémont : Marcoaldi, d'après Buffa, *Canti pop. inediti*
(n° 12). — Ferraro, *C. pop. monferrini* (n° 3). — Nigra,
C. pop. del Piemonte (n° 13, A, B, C, D, E, F) ; b) en Vénétie
et Émilie : Widter-Wolf, *Volkslieder aus Venetien* (n° 73, a b).
— Righi, *C. pop. Veronesi* (n° 94) ; Bernoni, *C. pop. veneziani*
V (n° 2). — Ferraro, *C. pop. di Ferrara* (n° 2).

8° Un romance hispano-portugais, représenté par une rédaction castillane antérieure à 1550 : Wolf-Hoffmann, *Primavera
y flor de romances*, II (n° 119) ; et deux portugaises, contemporaines, des Açores : Braga, *C. pop. do Archipel. açoriano* (n°s 48
et suiv.).

9° Enfin la complainte française représentée par les quatorze
versions énumérées plus haut.

Que ces neuf pièces, étroitement apparentées entre elles,
forment une famille issue d'une seule et même souche, c'est là,

---

1. Plusieurs de ces versions sont réimprimées dans le recueil compilé par
Mittler. — Child répartit les versions allemandes en trois classes : mais il
n'y a que les versions de la première que l'on doive considérer comme similaires du lied néerlandais ; les autres chants sont relatifs à des thèmes différents, plus ou moins modifiés par des infiltrations de celui-ci.

pour un lecteur critique, l'évidence même. Quant à dresser exactement la généalogie de cette famille, à marquer son premier auteur et tout l'ordre de sa descendance, l'entreprise, assez délicate à la vérité, n'a rien d'impossible. D'abord, il apparait que la forme primordiale du thème doit être cherchée dans le riche groupe des rédactions néerlandaises, allemandes et scandinaves, voisines par le sens, comme elles sont contiguës dans l'espace. Dans les allemandes, une étude un peu plus poussée nous montre de simples adaptations dialectales du lied de Flandre, remontant, comme il arrive, la vallée du Rhin. Ainsi la question de priorité ne se peut débattre qu'entre ce lied et la vise danoise, répandue aussi, secondairement, en Norvège et en Suède ; mais, comme l'empreinte du thème primitif, dont on étudiera tout à l'heure la substance et l'origine, parait bien plus nette et plus vive dans celui-là que dans celle-ci, c'est en dernière analyse au lied néerlandais (*Heer Halewijn*) qu'une saine critique nous conduit, comme à l'auteur commun de toute la tradition européenne.

Voici ce lied, tel qu'il résulte des versions néerlandaise (A) et flamande (B) :

Sire Halewijn chantait une chanson : tous ceux qui l'oyaient voulaient être auprès de lui.

La chanson fut ouïe par une fille de roi, que ses parents chérissaient fort [1].

Et elle alla se mettre devant son père : « O père, puis-je aller vers Halewijn ? »

— « Oh ! non, ma fille, non, n'y va pas ! Ceux qui vont là ne reviennent point.

« Il a une épée nue dans la main, des soldats cuirassés l'entourent. »

— « J'ai vu Halewijn maintes fois ; ce n'est pas une fois que je l'ai vu, ni deux.

---

1. Ce début dans *A* seulement.

« Il n'a point d'épée nue dans la main, il n'y a point de soldats qui l'entourent[1]. »

Et elle alla se mettre devant sa mère : « O mère, puis-je aller vers Halewijn ? »

— « Oh! non, ma fille, non, n'y va pas! Ceux qui vont là ne reviennent point. »

Et elle alla se mettre devant sa sœur : « O sœur, puis-je aller vers Halewijn ? »

— « Oh! non, ma sœur, non, n'y va pas! Ceux qui vont là ne reviennent point. »

Et elle alla se mettre devant son frère : « O frère, puis-je aller vers Halewijn ? »

— « Peu me chaut où tu ailles, pourvu que tu gardes bien ton honneur!

« Peu me chaut où tu ailles pourvu que tu portes haut ta couronne! »

Elle monta dans sa chambre, elle mit ses plus beaux habits.

Que mit-elle sur son corps? Une chemise plus fine que la soie.

Que mit-elle à son beau corsage? Des bandes d'or resplendissant.

Que mit-elle à sa robe rouge? De point en point un bouton d'or.

Que mit-elle à son *kerel* ? De point en point une perle.

Que mit-elle sur ses beaux cheveux blonds? Une couronne d'or massif.

Elle alla dans l'écurie de son père et choisit le meilleur coursier.

Elle monta sur le coursier, et chantant et sonnant du cor, elle chevaucha par le bois.

Quand elle fut au milieu du bois, elle rencontra sire Halewijn[2]

« Salut, dit-il en l'abordant, salut, belle vierge aux clairs yeux bruns! »

Ils chevauchèrent ensemble, et pendant la route maintes paroles furent dites.

Ils arrivèrent près d'un gibet où pendaient maints cadavres de femmes.

---

1. Ces trois couplets fournis par *B*, qui les répète identiquement dans le dialogue de la fille avec sa mère, puis avec sa sœur.

2. Ce couplet et les cinq suivants fournis par *A*.

« Comme tu es la plus belle des vierges, choisis ta mort : l'heure est venue. »

— « Hé bien ! puisque je peux choisir, je choisis la mort par l'épée.

« Mais ôte d'abord ta tunique ; car le sang de vierge jaillit très loin. »

Et avant qu'il eût ôté sa tunique, sa tête vola à ses pieds.

Sa tête tomba à ses pieds ; sa langue dit encore ces mots :

« Va donc dans le guéret, [et souffle dans mon cor,]

« Et souffle dans mon cor, que tous mes amis l'entendent ! »

— « Je n'irai pas dans le guéret, [je ne soufflerai pas dans ton cor,]

« Je ne soufflerai pas dans ton cor, je n'exécute pas l'ordre d'un assassin. »

— « Va donc au pied du gibet, et prends là le vase d'onguent,

« Et frottes-en mon cou rouge, ma blessure sera guérie. »

— « Je n'irai pas au pied du gibet, je ne prendrai pas le vase d'onguent ;

« Et je ne frotterai pas ton cou rouge ; je n'exécute pas l'ordre d'un assassin. »

Elle prit la tête par les cheveux, et la lava dans la claire fontaine.

Elle remonta sur son coursier, et joyeusement chevaucha par le bois.

Quand elle fut à mi-chemin, la mère d'Halewijn vint à passer :

« Belle fille, d'où venez-vous ? n'avez-vous pas vu mon fils ? »

« — Ton fils, sire Halewijn, est allé chasser, tu ne le verras plus de ta vie.

« Ton fils, sire Halewijn, est mort ; Dieu a son âme et moi sa tête.

« J'ai sa tête dans mon giron, et de sang mon tablier est rouge [1]. »

Quand elle fut arrivée dans la ville, tambours et trompettes se mirent à sonner.

Elle tendit la tête [coupée] hors de la fenêtre, elle cria : « Maintenant je suis la fiancée d'Halewijn ! »

Elle retira la tête de la fenêtre, elle cria : « Maintenant je suis une héroïne ! [2] »

---

1. Dans *B*, la belle rencontre tour à tour le père, le frère, la sœur d'Halewijn ; et à chaque rencontre, le même dialogue se répète, fastidieusement.

2. Toute cette fin, qu'on donne ici d'après *B*, est évidemment corrompue

*
* *

Le thème épisodique des cadavres de femmes pendus au gibet, qui rappelle de façon frappante la légende de Barbe-Bleue, a eu un grand succès chez les chanteurs et a passé dans toutes les imitations étrangères. Cependant il n'est pas, à mon sens, original, et quelque gâtée qu'elle ait été par les temps, c'est la version B qui nous donne la conception première de l'aventure. Mais il faut reconnaître que l'interpolation a supplanté la leçon authentique, et cela n'est pas étonnant : elle est d'un grand effet et donne au passé d'Halewijn une sorte de prolongement fantastique. C'est cette forme seconde, qui, fixée par l'imprimerie populaire, fut colportée dans les Flandres et finalement traduite par les populations voisines; et la persistance de ces déviations et déformations du thème principal indique bien leur unité d'origine.

Du lied néerlandais sont issus immédiatement le lied allemand (*Gert Olbert*), et aussi la vise scandinave (*Kvindesmorderen*), mais celle-ci caractérisée par une altération notable : au lieu de prier l'assassin d'ôter sa tunique, afin de le frapper dans cet instant, l'héroïne l'amène à poser la tête sur ses genoux, puis elle l'endort par une incantation, lui lie les membres et le tue à son réveil. Cette variante, assez peu vraisemblable, de l'épisode, se retrouve et dans la chanson magyare (*Molnar Anna*), et dans les versions les plus pures de la ballade écossaise (*Lady Isabel and the Elf-Knight*) : par où est établie sûrement la commune filiation de ces deux pièces. D'autre part, que la ballade écossaise, fille de la vise danoise, ait à son tour engendré la chanson française (*Renaud le Tueur de femmes*), cela n'est pas moins évident, car si deux des six versions de Child (A, B) se réduisent à une adaptation pure et simple du scandinave, les

---

dans *A*. Selon *A*, la belle elle-même « sonne du cor, comme un homme » ; son père lui fait fête ; et, pour finir, un banquet a lieu, pendant lequel la tête coupée est posée sur la table.

quatre autres (C, D, E, F), par le fait de quelque remanieur
inventif, présentent une nouvelle édition de l'histoire, qui
est trait pour trait conforme à la tradition de notre chansonnier
(noyade dans un étang, remplaçant la mort par le fer ; et le
meurtrier jeté dans l'eau par sa victime). A côté de cette
branche scandinave, le lied allemand a produit la chanson slave
(où la ruse de la femme est expliquée selon la tradition originale) et la canzone nord-italienne (*La Monferrina*), dont le
romance espagnol (*Rico Franco*) peut passer pour une dernière
forme très abâtardie. Au résumé, désignant par le nom de l'assassin les chansons néerlandaise, scandinave, hongroise, écossaise, française, allemande, slave, italienne et espagnole, on
peut figurer en cette sorte le rapport généalogique de tous ces
poèmes :

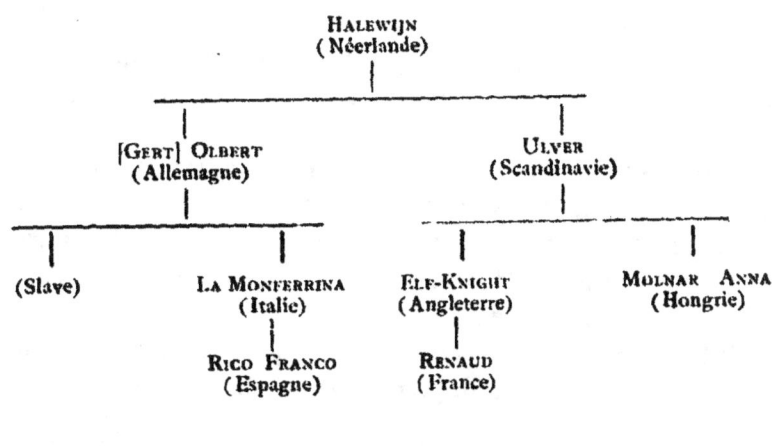

*
* *

Et maintenant, d'où venait au poète néerlandais le thème
tragique qu'il a mis en œuvre ? Le thème fondamental est, en
réalité, celui-ci : une femme rusée et hardie, au moment d'être
mise à mort par un séducteur sanguinaire, le désarme par artifice, et le tue de sa main. Or, l'origine de ce thème, singulièrement lointaine et antique, a été mise en lumière par

l'éminent philologue norvégien S. Bugge, avec une admirable sagacité.

Bugge fut d'abord frappé des noms assignés au séducteur assassin dans les divers idiomes germano-scandinaves : suivant les rédactions néerlandaises, il est nommé *Halewijn* ou *Roland* ; en Danemark, *Hollemen* (d'où, en Norvège, *Rulleman* et *Normann*), *Ulver*, *Oldemor*, *Olmor* (de là, par corruption, *Romor*, et consécutivement, en Suède, *Rymer*) ; en Allemagne [*Gert*] *Olbert* ; en Écosse, enfin, *Elf*[-*Knight*]. Or, il est à remarquer, selon l'induction de Bugge, que ces noms, où l'on discerne un noyau commun : *olv* et une désinence qui oscille de (*e*)*n* à (*e*)*r*, convergent tous vers le mot *Holevern* ou *Olevern* ; en telle sorte que ce type verbal, et nul autre, étant présupposé, toutes les formes susdites s'ensuivent par des dérivations très explicables. Mais cet *Holevern*, ce « brigand qui apparaît, l'épée nue, au milieu de ses soldats », qu'une vierge courageuse et splendidement parée visite un jour et trouve sur son lit ; à qui, pour échapper au déshonneur, elle coupe la tête d'un coup de son propre glaive ; cette vierge, ensuite, prenant la tête coupée par les cheveux, et l'emportant dans son tablier, et la suspendant à sa fenêtre ; le peuple enfin accueillant l'héroïne au son des trompes et des tambours : qu'est-ce autre chose que l'histoire biblique de Judith et Holopherne [1], réfractée dans le cerveau naïf d'un poète populaire ?

Il suffit de mettre en regard des atours, de la chevauchée, de la sanglante prouesse et du retour triomphal de la princesse

---

1. M. L. PINEAU, très versé dans les littératures scandinaves, et d'ailleurs folkloriste zélé, fait allusion, dans son récent livre, *Les vieux chants populaires scandinaves*, I, à la belle étude critique de BUGGE ; mais il en estime les conclusions tellement insoutenables qu'il ne s'arrête même pas à les combattre. Pour lui, attaché qu'il est inébranlablement aux rêveries müllériennes, il préfère voir dans la vise danoise de *Kvindesmorderen* le développement d'un mythe solaire, âryen ou pré-âryen ! C'est là un goût particulier, et dont je ne prétends pas disputer.

néerlandaise, les apprêts de Judith avant son départ de Bétulie :

Elle s'oignit d'un parfum précieux, arrangea ses cheveux, mit un turban et revêtit ses habits de fête. Puis elle mit des sandales à ses pieds ; elle prit ses bracelets, colliers, bagues et boucles d'oreilles, et elle se fit très belle, afin de fasciner les yeux des hommes qui la verraient.

son arrivée au camp assyrien et son entrée chez Olopherne :

Cependant les chambellans d'Olophernès l'introduisirent dans la tente où il reposait sur son divan...

la décollation du généralissime païen :

Elle détacha son cimeterre qui était au chevet du lit, puis l'ayant tiré du fourreau, elle saisit Olophernès par les cheveux... elle le frappa deux fois au cou, et lui coupa la tête ; et elle jeta le corps par terre. Elle sortit ensuite, et donna à sa servante la tête d'Olophernès, lui commandant de la mettre dans le sac [aux provisions]...

enfin la rentrée de Judith dans Bétulie délivrée, l'ostension du chef d'Holopherne et le cantique d'actions de grâces de la belle veuve :

Alors Judith dit aux peuples : « Écoutez-moi... suspendez cette tête au haut de nos murailles... » Aussitôt que le jour parut, ceux de Bétulie suspendirent au haut des murs la tête d'Olophernès...

Alors Judith chanta au Seigneur, et elle dit : « Chantez à la gloire de Dieu, au son des tambours et des cymbales ! »

C'est ainsi que le général assyrien qui, d'après un roman patriotique écrit en Judée et tardivement reçu dans la Bible, mit le siège devant Bétulie et fut décollé par la main de la très belle, très pieuse et très rusée Judith, finit par devenir, à la longueur du temps, ce cruel chevalier et perfide enchanteur Renaud, qui, ayant noyé treize dames dans un vivier, y fut noyé par la quatorzième !

XXXI

JÉSUS-CHRIST EN PAUVRE

CATALOGUE DES VERSIONS

France (oïl et oc)

Sermoyer (Ain) 1 et 2 : Nyd, *Poés. pop. de la France*, I, mss. B. N., réd. 1854. — Publ. dans *Mélusine*, VIII.

Picardie : Champfleury-Wekerlin, d'après Mᵐᵉ P. Dupont, *Chans. pop. des prov. de France*, 1860.

* Provence, Arbaud, *Chants pop. de la Provence*, I, 1862.

Roche-en-Régnier (Hᵗᵉ-Loire) 1 et 2 : ⎰ Smith, *Romania*, II, 1873.
Sᵗ-Maurice-en-Gourgois (Loire) : ⎱

Messin : ⎱ Rolland, *Mélusine*, VIII, r. 1878 (la 2ᵐᵉ version conta-
Paris : ⎰ minée).

Armagnac : Bladé, *Poés. pop. franç. rec. dans l'Armagnac et l'Agenais*, 1879.

Ceyzériat : Guillon, *Chans. pop. de l'Ain*, 1883.

* Albret : Dardy, *Anthologie pop. de l'Albret*, I, 1891.

* Lubersac (Corrèze) : Lemovix (pseudonyme), *Écho de la Corrèze*, nᵒ 3, 1892.

* Tulle : J. Roux, *Écho de la Corrèze*, nᵒ 18, 1893. — Repr. dans *Mélusine*, VIII.

Franche-Comté : Beauquier, *Chans. pop. rec. en Franche-Comté*, 1894 [1].

---

[1]. Cette version comtoise paraît directement issue de la picarde de Mᵐᵉ Dupont et, partant, peut être négligée.

Nivernais 1 et 2 : MILLIEN, *inédits*, r. 1894.
Touraine :
Séez (Savoie) 1 : } J. FAVRE, *inédits*, r. 1895.
Val-de-Tignes (Tarentaise) : }
Séez 2 : } ID., *inédits*, r. 1896.
Chamonix : }

FORMULE RYTHMIQUE

Complainte. Vers de 14 syl. $= 7 + 7$, masculins, rimant
deux par deux ; chaque distique forme couplet.

————————

TEXTE CRITIQUE

I

Jésus-Christ s'habille en povre,   l'aumône va demander :
« Monsieur qu'êtes sur la porte,   faites-moi la charité. »

2

— « Ah ! va-t'en, coquin de povre,   je n'ai rien à te donner. »
— « Des miettes de vo table,   je ferois bien mon dîner. »

3

— « Les miettes de ma table,   je les garde pour mes chiens :
Mes chiens m'apportent des lièvres,   toi tu ne m'apportes rien. »

4

— « Dame qu'êtes en fenêtre,   faites-moi la charité. »
— « Entrez, entrez, mon bon povre,   un bon souper trouverez. »

1. a) *Provence, Séez* 2, *St-Maurice* (Jésus s'h...), *Messin* (...s'en va chercher); cf. *Paris, Picardie*, etc. — Dans *Lubersac* et *Tulle*, Jésus est remplacé par « trois anges ». — b) *Ceyzériat, Séez* 2 (...à l. p...), *Messin* (L'homme qui est...); cf. *Provence, Armagnac, Tignes, Paris*.

2. a) *Provence* + *Albret, Tignes, Messin*; cf. *Sermoyer* 1, *Ceyzériat, Armagnac*. — b) *Picardie* + *St-Maurice* (vo t.); cf. *Provence, Ceyzériat, Sermoyer* 1 et 2, etc.

3. a) *Armagnac, Picardie* + *Albret* (ma t.); cf. *Ceyzériat, Sermoyer* 1 et 2, *Provence*, etc. — b) *St-Maurice, Sermoyer* 1 et 2, etc. (...me prennent...) *Provence* (... m'aduson...), *Albret* (Car... me port. l...), *Roche* 1 et *Séez* 2 (Les ch...) *Paris* (Mon ch...), *Armagnac* (Le ch...) + *Paris* (Et t. tu m'ap...), *Picardie* (Et t. ne rap...), *Armagnac* (Toi, pauvre, n'ap...).

4. a) *Picardie* et *Sermoyer* 1 (Mad...) *Nivernais* 2 (O la d...), *Ceyzériat* (Mad... à la f...); cf. *St-Maurice, Messin, Paris, Tignes*. — b) *Messin, Roche* 1 (...le b. p...), *Roche* 2 (E., pauvre, m. b. p. .), + *Picardie*; cf. *Albret, Armagnac, Tulle, Lubersac*.

5

Quand le povre sort de table,   il demande à se coucher.
« Montez, montez, mon bon povre,   un bon lit frais trouverez. »

6

Tout en entrant dans la chambre,   ils ont vu grande clarté :
« Oh! dites-moi, mon bon povre,   la lune qui s'est levé'! »

7

— « Oh! non, ce n'est pas la lune,   sont vos bonnes charités,
Vos bonnes œuvres, madame,   qui sont partout épanché's. »

8

— « Oh! dites-moi, mon bon povre,   vous me semblez Jésus-
                                                   Christ? »
— « N'ayez pas peur, bonne dame,   je sui roi du paradis.

---

5. a) *Armagnac* + *Picardie, Séez 2, Tignes* ; cf. *Albret.* — b) *Picardie* +
Ceyzériat et *Sermoyer 1* (mon b. p.); cf. *Provence, Armagnac, Tignes, etc.* —
Ici, dans plusieurs versions, un épisode interpolé.

6. a) *Ceyzériat, Sermoyer 1, Séez 2, Armagnac* + *Provence* (..an v.), *St-Maurice* (ils virent...) ; cf. *Touraine, Albret, Lubersac, etc.* — b) *Ceyzériat, Sermoyer 1* (Or, dites...) + *Albret, Séez 2*; cf. *Picardie, St-Maurice, Roche 1,
Chamonix, etc.*

7. a) *Roche 1, St-Maurice* (...c'est v. b. ch.); cf. *Séez 1, Chamonix, Nivernais 1* et *2.* — b.) *Ceyzériat, Sermoyer 1*; cf. *Sermoyer 2, Provence.*

8. a) *Séez 1, Chamonix* + *Roche 2* (dites-moi). — b) *Armagnac* + *Roche 2*;
cf. *Sermoyer 1, Séez 1, Chamonix.*

9

« Dans trois jours vous serez morte,   en paradis vous irez.
Et votre mari, madame,   en enfer ira brûler. »

9. a) *Picardie + Messin* et *Roche* (vous serez morte); cf. *St-Maurice, Albret, Tignes,* etc. — b) *Picardie, Tignes ;* cf. *Messin, Sermoyer 1* et *2, Ceyzériat, Albret, Armagnac, Roche 2, St-Maurice, Provence.*

Maintes versions mentionnent de plus la servante, qui, ayant refusé de coucher le pauvre, sera damnée de même que le mauvais riche. Cet épisode, qui allonge la chanson de trois ou quatre vers, doit être tenu pour parasite : il rend la fable traînante et affaiblit l'anthitèse essentielle entre le mari et la femme. — Dans certaines versions, le divin pauvre, en annonçant à la dame sa mort prochaine, l'invite à se confesser : addition de quelque chanteur aussi maladroit que dévot.

———

Cette complainte, à en juger par son style, ne saurait remonter plus haut que le XVIIe siècle. Il ressort des rimes qu'elle fut composée dans la France d'oïl, et la forme de l'adjectif possessif *vo* (= votre) indique une province du Nord-Est : Ile-de-France septentrionale, Picardie ou Flandre.

Le thème est dans un rapport manifeste avec la parabole du Mauvais Riche, qui se lit au chapitre XVI de l'évangile de saint Luc :

Il y avait un homme riche qui s'habillait de pourpre et de fin lin, et banquetait chaque jour magnifiquement. Et il y avait un mendiant, nommé Lazare, qui gisait à sa porte, tout plein d'ulcères, désirant se rassasier des miettes qui tombaient de la table du riche ; et personne ne lui donnait, mais les chiens venaient et léchaient ses ulcères. Or, il arriva que le mendiant mourut et fut porté par les anges dans le sein d'Abraham. Le riche mourut aussi et fut enseveli dans l'enfer...

La suite de la parabole, savoir le dialogue du riche défunt avec Abraham, la mention que fait celui-ci de Moïse et des

Prophètes, est chose d'une couleur trop spécialement israélite pour intéresser le commun des fidèles : mais on sent comme la première partie, avec sa morale si simple et si humaine, sa conclusion du riche puni et du pauvre glorifié, s'harmonise bien à l'esprit populaire, quel succès surtout elle dut obtenir dans le monde des pauvres gens. Tombée des centaines de fois de la chaire chrétienne à l'oreille des foules, mise à la scène, au cours du XVe siècle, dans une *Nouvelle moralité du Mauvais Riche et du Ladre, à douze personnages* (incunable), cette parabole, mieux que pas une autre de l'Écriture Sainte, devait donner matière aux faiseurs de complaintes et figurer en première ligne dans le répertoire des chanteurs mendiants.

Mais s'il est certain que ce chant de *Jésus-Christ en pauvre* se rattache au 3me évangile, c'est en somme par un lien assez lâche ; tant la parabole évangélique, hormis cette donnée constante du riche avare et damné, se trouve modifiée dans la complainte par un mélange d'éléments nouveaux. Or il existe, à côté de cette forme hybride, une chanson du même type (vers de 14 syllabes, masculins), commune à la Catalogne, au Piémont, à la France d'oc et à la France d'oïl [1] qui offre, sans

---

1. Catalogne : BRIZ, II. — MILÁ, nº 16 (6 versions).
Turin : NIGRA, nº 150.
*Brivadais ; P. LE BLANC, *Mélusine*, VII (réd. 1854). — *Provence 1 : *Poés. pop. de la France*, I, mss. B. N. — Provence 2 : ARBAUD, I. — *Ste-Eulalie (Ardèche) et Retournaguet (Hte-Loire) : SMITH, *Romania* II. — *Quercy: DAYMARD. — *Landes : FOIX. — *Albret : DARDY. — *Tulle : J. ROUX, *Écho de la Corrèze*, 1893.
Cher (2 versions) : R. DE LAUGARDIÈRE, *Poés. pop. de la France*, I, mss. B. N., r. 1857 : publ. dans *Mélusine*, VIII. — Yonne : QUÉPAT, *Mélusine*, I. — Poitou (3 versions) : DESAIVRE, *Chants pop. des Rois en Poitou*. — Nivernais : MILLIEN, *inédit*. — Dans mainte version d'oc ou d'oïl, le vers est réduit au dodécasyllabe.
Le vieux cantique réimprimé par SOCARD, *Noëls et Cantiques imprimés à Troyes* et que cite CHILD, n'a aucun rapport avec la complainte populaire ; c'est une paraphrase fort plate de l'évangile, de main lettrée et sur un rythme savant.

plus, la paraphrase fidèle du Mauvais Riche de l'Écriture et pa
cela même déclare sa priorité. Ici, comme dans saint Luc, u
pauvre, arrêté devant la porte du riche, demande à se nourrir
des miettes de sa table ; le riche le rebute en le menaçant de
ses chiens. Peu de temps après, le pauvre meurt et se présente
à la porte du Paradis, que saint Pierre lui ouvre incontinent
le riche meurt à son tour, demande l'entrée du ciel, mais il est
précipité en enfer. Tel est le contenu des versions catalanes,
dont la simplicité et la pureté relatives donnent à croire que la
chanson eut la Catalogne pour berceau. Elle cadre de façon
curieuse avec le prologue de la moralité française du *Mauvais
Riche et du Ladre* ; même les deux pièces ont en commun certain
trait qui manque dans l'évangile : le riche menaçant de lancer
aux trousses du mendiant les chiens qui tout à l'heure lèche-
ront ses ulcères ; d'où l'on peut inférer que la moralité fut
jouée quelque jour dans la région des Pyrénées, devant un
rimeur populaire de Catalogne, qui s'avisa d'en faire une chanson. Ces couplets, propagés en pays d'oc et de là en Piémont,
gagnèrent aussi les provinces d'oïl, tout en prenant en route
des accroissements divers : tel l'interrogatoire du Riche défunt
par saint Pierre, et surtout ce distique plaisant où le Riche
déclare sa préférence pour les chiens qui lui « apportent des
lièvres », au lieu que le pauvre « ne lui apporte rien ».

Une ballade anglaise du XVIe siècle, *Dives and Lazarus*, dont
trois versions ont été publiées par CHILD, *The engl. and scott.
pop. Ballads*, nº 56, III, ressemble beaucoup à la chanson
romane du Mauvais Riche, sans toutefois en être issue.
L'auteur de cette ballade, qui prend le mot latin *Dives* pour
un nom propre, a conservé d'une façon plus complète que
le Catalan l'épisode, originairement dramatique, des chiens
lancés sur le pauvre : il devait se servir, lui aussi, de quelque
pièce de théâtre plus ou moins approchante de notre moralité
du XVe siècle, et où le Riche, dans la liste des personnages,
était désigné en latin.

Le thème du Mauvais Riche a été pareillement exploité dans

la poésie populaire de l'Allemagne (*Des dälkener Fiedlers Liederbuch*, n° 53) et dans celle des Slaves (*Sutil Moravské národni
Pisně*. — BEZSONOV, *Kaliski Perechožie*, I).

Revenons à la complainte purement française de *Jésus-Christ
en pauvre*. Postérieure à celle du *Mauvais Riche*, il est sûr aussi
qu'elle en est dépendante : car elle reproduit mot à mot (3me couplet) le distique des chiens et des lièvres, qui caractérise les
versions françaises de cette chanson [1]. L'auteur de *Jésus-Christ
en pauvre*, connaissait quelque version du *Mauvais Riche*; il en
gardait du moins en sa mémoire le rythme (vers de 14 syllabes, masculins), la teneur d'un couplet remarquable et le
thème essentiel. Mais ce thème, il le transforma profondément
par l'adjonction d'une donnée commune à toutes les mytholo-
gies du monde, celle d'un être surhumain qui voyage ici-bas
déguisé en simple mortel. Pour lui, le pauvre innommé, c'est
Jésus-Christ. Et là encore, le chansonnier n'avait guère à se
mettre en frais d'invention : car les apparitions angéliques ou
divines, sous les traits d'un pauvre homme, sont un lieu commun des vies de saints du moyen âge. Saint Yves nourrit un
pauvre affamé (DOM LOBINEAU, *Vies des Saints de Bretagne*),
saint Julien l'Hospitalier accueille et soigne un pauvre lépreux
(*Légende dorée*) : et voilà que l'homme misérable se transfigure
à leurs yeux en un ange resplendissant. Toujours selon la
Légende dorée, saint Martin et saint Jean l'Aumônier de rechef,
donnent leur manteau à un pauvre, qui est nu : le Christ leur
apparaît en songe, vêtu du même manteau qu'ils avaient
dépouillé la veille. Et saint Josse s'étant privé de tout son pain

---

1. Comp. aussi le gwerz armoricain de *la Mort de l'Usurier*, dont la collection PENGUERN contient deux rédactions mss., l'une publiée par LUZEL,
Ann. de Bretagne, V, l'autre par ERNAULT, *Mélusine*, VIII. Dans ce gwerz,
d'ailleurs absolument distinct du *Mauvais Riche*, l'usurier répond aux supplications du pauvre : « Mes chiens sont à chasser le lièvre : quand ils revien-
dront, ils trouveront bon tout cela. » Cette réplique provient à coup sûr d'une
infiltration de la complainte française.

pour apaiser la faim d'un mendiant, ce mendiant se révèle à
lui comme la personne même du Sauveur. Si parfois encore
des chemineaux à longue barbe reçoivent de nos paysans le
sobriquet de Jésus-Christ, c'est là un ressouvenir inconscient de
ces histoires de sainteté : l'on ne croit plus aujourd'hui que le
Fils de Dieu se promène sur les routes « habillé en pauvre »,
mais des générations l'ont cru; l'ancienne foi évanouie a laissé
dans l'imagination du peuple des empreintes qui durent, et la
tradition maintient encore comme une forme de langage ce
qui fut la vivante pensée des ancêtres. Ainsi le pauvre de la
complainte une fois devenu Dieu, voici que disparaît l'antithèse
entre le riche damné et le pauvre bienheureux, qui fait le fond
de la parabole. Cette antithèse nécessaire, le chansonnier la
rétablit pourtant par un autre biais : ne pouvant plus oppo-
ser le bon pauvre au mauvais riche, il oppose au mari avare
la femme charitable; l'une sera sauvée, l'autre sera damné
comme devant, et le ciel et l'enfer y ont toujours leur compte.
Le pauvre, qui est Jésus-Christ, rentre dans son personnage
divin en prédisant au couple la punition et la récompense
prochaines. Il confirme d'ailleurs son discours d'un fort beau
miracle : cette clarté soudaine épandue dans la chambre,
cette lumineuse émanation d'une âme, qui traduit aux
yeux les ferveurs de la charité [1]; et cela forme un tableau
qu'on dirait conçu par le génie de Rembrandt : une face triviale

---

1. On a recueilli quelquefois une chanson médiocre, *le Miracle du Crucifix*
dont la donnée n'est pas sans analogie avec celle de *Jésus-Christ en pauvre*
(Velay : SMITH, *Romania*, II. — Poitou 1 et 2 : DESAIVRE. — Belgique :DOU-
TREPONT, *Bulletin de Folk-Lore*, II). Il s'agit d'un pauvre qui demande la charité à une dame; il est logé pour la nuit, dans une chambre; le lendemain
matin, le pauvre a disparu, mais on trouve un grand crucifix à sa place. Le
prototype de ce miracle est dans la légende de sainte Élisabeth de Hongrie :
Cette reine ayant fait un jour coucher un lépreux dans le lit conjugal, son
mari, pris de colère, soulève le drap et découvre l'image du Crucifié (voy.
DE MONTALEMBERT, *Hist. de S*ᵗᵉ *Élisabeth de Hongrie*, ch. VIII, d'après le
dominicain THÉODORIC DE THURINGE, qui écrivait à la fin du XIIIᵉ siècle).

de vieille et un gueux en haillons, transfigurés par un grand
coup de lumière; sous le rayonnement du météore surnatu-
rel, la nuit déchirée et béante, des frissons de lueur mystérieuse
au travers, et se collant aux murs, tapie dans les recoins de la
chambre nocturne, la masse foisonnante et refoulée des
ombres...

Tout ceci est fort loin de la parabole évangélique, mais la
parabole n'égale point ceci en naïveté ni en merveilleux. Le
chansonnier catalan a le mérite de l'exactitude; mais qu'il reste
loin de la libre fantaisie du Français! Celui-ci est mieux qu'un
traducteur, c'est un modeste artiste qui, de morceaux pris çà et
là, a composé une mosaïque un peu barbare, mais d'une
vive couleur et d'un dessin ayant du caractère. Humble est sa
création, mais il a créé quelque chose.

XXXII

SAINT NICOLAS
ET LES ENFANTS AU SALOIR

CATALOGUE DES VERSIONS

France d'oïl

Valois : G. DE NERVAL, *la Sylphide* (périodique), VI, 1842. — De nouveau dans *Les Filles du feu* et *La Bohême galante*, du même.
Version reproduite par TARBÉ, *Romancéro de Champagne*, I ; par BUCHON, *Noëls et Chants pop. de la Franche-Comté* ; par BERTHOU-MIEU, *Fêtes et Dévotions populaires* ; par ROLLAND, III. C'est elle encore que A. GOUZIEN a donnée sous le titre de *la Légende de saint Nicolas* [1864], avec une mélodie composée, ou plutôt arrangée par lui ; toutefois ce compositeur a altéré le texte de Nerval par la suppression d'un couplet et par l'addition d'un couplet factice.
Monthermé (Ardennes) : NOZOT, *Poés. pop. de la France*, VI, mss. B. N., réd. 1857. — Publ. par ROLLAND, III, et par MEYRAC, *Traditions des Ardennes*[1].

---

1. Il est surprenant que cette complainte n'ait été recueillie que deux fois, en somme, dans la tradition populaire : d'abord par Gérard de Nerval (qui déclare la citer incomplètement), puis par le Champenois Nozot. Quant aux innombrables rédactions imprimées de la chanson qui circulent en France, ce sont tout bonnement des copies de la version Nerval, ou plus souvent de la version Gouzien, laquelle se réduit elle-même, comme on vient de dire, à une

FORMULE RYTHMIQUE

Complainte. Quatrains de vers octosyllabiques, masculins, rimant deux par deux.

---

forme remaniée de la version Nerval. La mélodie de Gouzien, chantée par les frères Lionnet, eut beaucoup de vogue en son temps ; et la chanson rentra ainsi dans la tradition orale, j'entends celle des lettrés : par exemple, une version recueillie de la bouche du caricaturiste Léonce Petit, et que M. P. Sébillot m'a communiquée, n'est rien autre chose que le texte donné par Gouzien, avec d'insignifiants lapsus et le rétablissement du couplet de Nerval supprimé.

TEXTE CRITIQUE

1

Il étoit trois petits enfans,
Qui s'en alloient glaner aux chams.
Ils sont tant allés et venus
Que le soleil on n'a plus vu.

2

S'en sont allés chez un boucher :
« Boucher, voudrois-tu nous loger ? »
— « Allez, allez, mes beaus enfans,
Nous avons trop d'empêchement. »

3

Sa femme, qu'étoit derrier lui,
Bien vitement le conseillit :
« Ils ont, dit-elle, de l'argent,
Nous en serons riches marchans. »

4

« Entrez, entrez, mes beaus enfans !
Y a de la place assurément.

1. a b) *Valois. Montbermé* parle mal à propos de « trois enfants de saint Nicolas ». — c d) *Montbermé. Valois* résume le sens de ces deux vers en ajoutant « un soir » au couplet suivant.

2. a b) *Valois* + *Montbermé* (sont allés). — c d) *Montbermé*. Ce distique et tout le couplet suivant manquent dans *Valois*.

3. a b c d) *Montbermé* (...conseillant...) : la rime exige la correction *conseillit*, forme d'ailleurs usuelle.

4. a b) *Valois* + *Montbermé* (mes beaux e.). — c d) *Montbermé* (On les a fait...). Je corrige « on les a fait » en « nous vous ferons », cette phrase faisant naturellement partie du dialogue, et non du récit.

Nous vous ferons fort bien souper,
Aussi bien blanchement coucher. »

5

Ils n'étoient pas sitôt entrés,
Que le boucher les a tués,
Les a coupés *tout par* morceaus,
Mis au saloir comme pourceaus.

6

Quand ce *fut* au bout de sept ans,
Saint Nicolas vint dans ce champ.
Il s'en alla chez le boucher :
« Boucher, voudrois-tu me loger ? »

7

— « Entrez, entrez, Saint Nicolas !
De la place, il n'en manque pas. »
Il n'étoit pas sitôt entré,
Qu'il a demandé à souper.

8

« Voul'ous un morceau de jambon ? »
— « Je n'en veus pas, il n'est pas bon. »
— « Voulez-vous un morceau de veau ? »
— « Je n'en veus pas, il n'est pas beau.

---

5. a b) *Valois ;* cf. *Montbermé.* — c d) *Valois* (...c. en petits m.) ; cf. *Montbermé.*

6. a) *Montbermé* (Q. c'est venu...) ; cf. *Valois.* — b c d) *Valois ;* cf. *Montbermé.*

7. a b c d) *Valois* (Il y a d. l. pl...) ; cf. *Montbermé.*

8. a b) *Valois* (Voulez-v...) ; cf. *Montbermé.* — c d) *Valois. Montbermé* donne ici deux mauvaises variantes : «..rôti.. pas cuit, — ...lapin... pas faim ». — Couplet supprimé par Gouzien.

9

« De ce salé je veus avoir,
Qu'y a sept ans qu'est dans le saloir. »
Quand le boucher entendit ça,
Hors de sa porte il s'enfuya.

10

« Boucher, boucher, ne t'enfuis pas !
Repens-toi, Dieu te pardonra. »
Saint Nicolas posa trois doits
Dessus le bord de ce saloir.

11

Le premier dit : « J'ai bien dormi ! »
Le second dit : « Et moi aussi ! »
A ajouté le plus petit :
« Je croyois être en paradis ! »

---

9. a) *Valois* + *Monthermé* (de ce s...). — b) *Valois ;* cf. *Monthermé.* — c) *Valois, Monthermé.* « Ça », au lieu de « cela », qui fait une syllabe de trop. — d) *Valois ;* cf. *Monthermé.*

10. a) *Valois, Monthermé.* — b) *Valois ;* cf. *Monthermé.* — c d) *Valois.*
Gouzien, travaillant sur *Valois*, modifie ici le 3me vers, puis ajoute cette strophe de sa façon, pour faire transition entre la 10e et la dernière :

> « Petits enfants qui dormez là,
> Je suis le grand saint Nicolas ! »
> Et le saint étendit trois doigts,
> Les p'tits se relèv'nt tous les trois.

11. ab) *Valois ;* cf. *Monthermé.* — c) *Monthermé ;* cf. *Valois.* — d) *Valois, Monthermé.*

Comme les deux seules versions que nous possédions de cette complainte ont été recueillies aux deux bouts de la Champagne ; qu'il existe dans les Ardennes et aux environs de Reims d'autres cantiques semi-populaires, où le même miracle est relaté sommairement[1] ; et qu'enfin saint Nicolas, patron de la Lorraine, est aussi en grand honneur dans la Champagne, son culte ayant rayonné tout autour du sanctuaire de Saint-Nicolas-de-Port (Meurthe-et-Moselle), qui en est le centre : tout cela porte à assigner à la pièce une origine champenoise. Il ne semble pas, à la tournure du style, qu'on la puisse reculer au delà du XVIIe siècle, et avancé. Une note de Nozot nous apprend que cette complainte fut usitée comme chant de quête aux alentours de Mézières, et que les enfants de chœur l'allaient réciter dans les veillées et les auberges pendant le mois qui précède la Saint-Nicolas (6 décembre) : la coutume s'est perdue vers 1850.

Saint Nicolas est, comme le dit son nom (Νικόλαος) un saint grec. Né dans l'Asie-Mineure, au milieu du IIIe siècle, il fut évêque de Myre en Lycie, et peut-être assista, très âgé, au concile de Nicée. Historiquement, c'est tout ce qu'on en peut dire. Suivant une tradition, d'ailleurs dénuée de toute autorité, ce docteur fut animé d'un tel zèle pour la foi et le manifestait si vivement, qu'un évêque arien, dont l'argumentation l'indignait, fut par lui souffleté en plein concile. Au demeurant, toute incertaine que soit son histoire, l'Église grecque n'eut pas de saint plus renommé. Docteur, il devint le patron des étudiants ; évêque d'une ville maritime, il le fut des gens de mer. Thaumaturge, avec cela, du premier ordre, le nombre et la qualité de ses miracles certifient mieux que tout sa grande popularité.

Le culte de saint Nicolas, d'abord spécial aux Grecs, passa en Occident à l'époque des Croisades. Sur la fin du XIe siècle,

---

1. Voy. TARBÉ, *Romancéro de Champagne*, I. — Le cantique des Ardennes porte :

« Trois garçons, dedans un tonneau — coupés et meurtris par morceaux, — par la saint' croix que vous portez — vous les avez ressuscités. »

Et le cantique rémois :

« Trois pauvres enfants attrapés — furent par un boucher méchant, — par morceaux ils furent coupés — et moururent cruellement. »

L'on voit que ces deux pièces sont faites sur un rythme identique à celui de notre complainte.

les gens de Bari en Sicile feignirent qu'ils possédaient son corps, premièrement enseveli au mont Sion près de Myre, et dont ils alléguaient une prétendue translation. De Bari, en 1098, un croisé lorrain, seigneur de Varangeville, rapporta chez lui une phalange d'un doigt du corps saint : la relique, déposée dans une chapelle qui devint le sanctuaire de Saint-Nicolas-de-Port, attira un grand concours de pèlerins, et c'est ainsi que le culte du saint se propagea en France, dans les Pays-Bas et dans l'Allemagne.

Sa légende compilée par Siméon le Métaphraste et transcrite en latin par les hagiographes du moyen âge (*Miroir historial, Légende dorée*, etc.), contient tout le détail de ses prodiges. Cependant, celui des enfants au saloir ne se trouve point dans la légende grecque, non plus que dans aucun des légendiers latins qui l'ont reproduite ou amplifiée. Les plus anciens documents que nous ayons de ce miracle datent des XIIe et XIIIe siècles; ils consistent dans :

1º un passage de la *Vie de saint Nicolas*, poème en octosyllabes du trouvère Wace : c'est un énoncé sommaire du miracle (14 vers en tout), sans aucun détail. La *Vie de saint Nicolas* étant la dernière œuvre de Wace, lequel mourut vers 1175, on la peut fixer au troisième quart du XIIe siècle.

2º un petit mystère latin (*Secundum miraculum Sti Nicholaï*), qui fait partie d'un recueil mss. du XIIIe siècle intitulé *Mysteria et Miracula ad scenam ordinata*; recueil provenant de l'abbaye de Saint-Benoît-sur-Loire, conservé actuellement à la Bibliothèque d'Orléans, et publié par Monmerqué et Bouderie à la suite du *Jus* SANCTI *Nicolai* de J. Bodel (Didot, 1834) [1]. Ce recueil de drames, en vers latins rythmiques et rimés, est évidemment d'origine et de destination cléricales. Voici l'analyse de celui qui nous intéresse.

---

1. Ce *Secundum miraculum* en particulier avait été déjà publié par l'abbé LEBEUF, avec une notice, dans le *Mercure de France* de décembre 1729. Publication reproduite au t. III des *Variétés historiques, physiques et littéraires...* [de l'abbé LEBEUF], 1752.

Trois clercs, voyageant pour leurs études et surpris par la nuit, frappent à la porte d'un certain vieillard, à qui ils demandent à loger. Et comme celui-ci fait des difficultés, ils s'adressent à sa femme, non moins vieille, lui promettant qu'en récompense Dieu peut-être bien, lui accordera de mettre au monde un fils (!). La vieille consent, les clercs sont reçus et couchés. Mais pendant qu'ils dorment, l'hôte se prend à soupeser leurs bourses pleines d'écus et trouve qu'il y aurait là une belle occasion de s'enrichir. A la bonne heure, approuve la femme, coupe-leur donc le col ! (ou plutôt — car l'auteur affecte le style noble — *Evagines ergo gladium !*). Ce qui est fait. Là-dessus arrive saint Nicolas, que l'hôte accueille sur sa bonne mine. Il lui offre quantité de plats 'différents ; mais le saint refuse toujours, il ne veut que de la « chair fraîche ». — Je n'en ai pas. — Voilà un grand mensonge ! Tu en as de toute fraîche, et que tu as saignée pas amour de l'argent. L'hôte et sa femme atterrés se jettent aux pieds du saint. Celui-ci les exhorte au repentir, il se fait apporter les trois corps et prie Dieu de les rappeler à la vie. Les clercs ressuscitent. *Te Deum.*

3° un sermon attribué à saint Bonaventure [1] (✝ 1274) [*S^ti Bonaventuræ Opera*, t. III, édit. de 1609]. D'après le récit du sermonnaire, court et peu circonstancié, deux (*sic*) écoliers nobles et riches, faisant route vers Athènes, s'arrêtent à la ville de Myre. L'hôte qui les héberge (il n'est pas fait allusion à sa femme), après les avoir occis dans leur sommeil, « les taille en morceaux comme viande de porc et met leurs chairs au saloir ». Saint Nicolas, averti par un ange, les vient ressusciter.

4° une verrière de la cathédrale de Bourges (voy. la monographie des PP. MARTIN et CAHIER, *Vitraux peints de Saint-Étienne de Bourges*, planche XIII). Le miracle y est figuré dans un médaillon en deux parties : à gauche, trois enfants couchés, un homme qui s'apprête à les navrer à coups de hache, une

---

1. Attribution sans doute fausse ; mais le morceau ne saurait être d'une époque notablement postérieure.

femme auprès, tenant une corbeille (pour recevoir les corps dépe-
cés ?); à droite, les trois enfants debout dans une sorte de huche
(le saloir) et saint Nicolas qui les bénit. Cette verrière est du
XIIIᵉ siècle [1].

Encore n'est-il pas exact de dire que cette floraison soit finie.
La complainte, mise au jour par Gérard de Nerval, et répandue
dans le monde lettré, y devint l'objet d'adaptations littéraires.
L'excellent poète Gabriel Vicaire l'a mise à la scène dans son
Miracle de saint Nicolas (1888), une féerie religieuse de naïveté
exquise et toute parée de rythmes charmants. Plus récemment
aussi (1898), le P. Delaporte, S. J., en a fait un acte en vers,
à l'usage des collégiens, mais la féerie de Vicaire est une autre
chose.

Ces divers documents, issus plus ou moins directement d'une
source commune, sont indépendants les uns des autres. En
effet, le plus ancien, qui est la *Vie* de Wace, offre un narré
trop succinct pour avoir rien pu fournir aux suivants. Il manque
au mystère latin le trait essentiel des corps hachés et salés ; et
le sermon de saint Bonaventure, qui a bien gardé ce trait,
passe sous silence le rôle de l'hôtesse, exactement développé
dans le mystère. Enfin le vitrail de Bourges supposant, à ce
qu'il semble, un récit complet, le peintre verrier n'a pu se servir
d'aucune des rédactions précitées. Du rapprochement de ces
quatre formes secondaires, il est facile d'induire les éléments
du récit original, qui étaient tels : trois écoliers ambulants sont

---

1. J'ai remarqué à Vendôme, dans l'église de la Trinité, une verrière beaucoup plus moderne (XIVᵉ ou XVᵉ siècle), où le même sujet est traité. L'église
de Saint-Nicolas, au bourg breton de Montfort-la-Cane, qui a pris cet évêque
pour patron, renferme des vitraux, datant de la Renaissance, qui montrent
pareillement les trois enfants dans la huche, et auprès, l'évêque bénissant.
Aussi bien, la représentation de saint Nicolas avec les trois enfants dans un
cuvier est un lieu commun de l'iconographie catholique : Molanus la note
en son *Historia SS. Imaginum* (édit. de 1771, Louvain, annotée par Paquot);
il ajoute que l'histoire des trois enfants ressuscités par saint Nicolas, était de
son temps (XVIᵉ siècle) familière aux gens du peuple.

logés un soir dans une auberge ; — l'hôte, par le conseil de sa
femme, les tue pendant leur sommeil, puis les dépèce et les
sale ; — saint Nicolas, averti surnaturellement, entre dans
l'auberge, demande à manger de la chair fraîche, et avec une
telle insistance que le meurtrier éperdu confesse son crime ; —
repentir des deux coupables, résurrection des jeunes gens.

Ce prototype du miracle coïncide, comme on voit, de tous
points avec notre complainte, sauf que le chansonnier a remplacé
les clercs voyageurs par des enfants qui glanent aux champs
(influence probable du *Petit Poucet*, où les sept frères, avant
d'être hébergés par l'ogre, « ramassent des broutilles au
bois »), et qu'il a mis, très absurdement, entre le forfait du
boucher et la visite de l'évêque, un intervalle de sept années.
Quant au canal par où l'ancien conte est parvenu jusqu'à lui,
ce peut être ou l'homélie d'un prêcheur, ou encore une de ces
représentations dramatiques, analogues au mystère du manuscrit d'Orléans, et dont on sait que la vie du saint a souvent
fourni la matière.

L'origine de ce conte pieux, tardivement greffé sur la légende
de saint Nicolas, n'est pas impossible à déterminer. Le résumé
de Wace suppose une rédaction plus complète du miracle exis-
tant vers le milieu du XIIe siècle ; d'autre part ce même miracle
n'a pu commencer à circuler avant l'introduction du culte de
saint Nicolas en Occident, qui eut lieu à la fin du XIe. C'est
donc dans la première moitié du XIIe siècle qu'il en faut placer
la fabrication ; mais comment s'est-il formé ? et pourquoi l'a-t-
on attribué justement à l'évêque de Myre ? Ici, je pense, doit
intervenir le facteur iconographique, si puissant dans l'élaboration des mythes et des légendes populaires. Un des principaux miracles de saint Nicolas rapportés par les hagiographes
consiste dans ce fait : l'évêque, invoqué par des matelots en
péril de naufrage, leur apparaît soudain sur le navire et les sauve
de la tempête. Cet épisode, vu son caractère à la fois simple et
saisissant, dut être très anciennement figuré en peinture ou
en bas-relief. Or, étant donnés les moyens de représentation

dont dispose un artisan primitif, trois matelots debout dans une nef ne diffèrent pas beaucoup de trois enfants se levant du fond d'un cuvier. Avec un thaumaturge de la force de saint Nicolas, l'idée d'une résurrection se présente naturellement, et l'interprétation particulière du saloir est en rapport avec cette créance courante au moyen âge, que des personnes étaient parfois tuées, et leurs chairs apprêtées en guise de comestible par des hôteliers, bouchers ou pâtissiers : créance, à ce qu'il semble, en partie fondée sur des faits réels de cannibalisme, et qu'on retrouve çà et là fixée en mainte légende locale. Cette interprétation une fois posée, il s'en est suivi un conte *ad explicandum*, et c'est ainsi que l'œuvre mal comprise de quelque imagier naïf aura engendré l'historiette prodigieuse dont notre complainte est l'épanouissement final.

XXXIII

SAINT NICOLAS

ET LE NOURRISSON BRULÉ

CATALOGUE DES VERSIONS

France (oïl et oc)

* Provence 1 : J.-J. AMPÈRE, d'après BLANC, Poés. pop. de la France, Instructions, 1853 (trad. française). — Le texte dialectal dans les Poés. pop. de la France, IV, mss. B. N. ; publ. par ROLLAND, III.

Indéterminé : BOUCHER D'ARGIS, Poés. pop. de la France, IV, mss. B. N., réd. 1853.

* Languedoc : GERMAIN, ibid., IV, r. 1854. — Publ. par ROLLAND, III.

Anjou : J. PINEAU, ibid., IV, r. 1855. — Publ. dans la Rev. des Trad. pop., I ; et par ROLLAND, III.

* Provence 2 : ARBAUD, Chants pop. de la Provence, I, 1862.

Dunières (Hte-Loire) :
Retournaguet (id.) :   } SMITH, Romania, X, 1881.
Marlhes (Loire) :

Ille-et-Vilaine : DECOMBE, Chans. pop. d'Ille-et-Vilaine, 1884.

Baslieux (Meurthe-et-Moselle) : SELTER, la Tradition, IV, 1890.

FORMULE RYTHMIQUE

Chanson à danser. Vers de 12 syl. = 6 + 6, masculins, uniformément assonancés en *a*. Le couplet est formé de deux vers, suivis d'un vers-refrain ; le 2e vers de chaque couplet devenant le 1er du couplet suivant.

TEXTE CRITIQUE

1 C'étoit une nourrice,   la nourrice du Roi,
Et el s'est, etc...
Ah! mon Dieu, aidez-moi, ne m'abandonnez pas!

2 Et el s'est endormie,   l'enfant entre ses bras.

3 Quand el s'est réveillée,   en cendre le trouva.

4 La Reine est en fenêtre :   « Apportez-moi le Roi! »

5 — Oh! non, Madame, il dor[t]e,   je ne l'éveill'rai pas. »

6 La belle a pris des hardes,   à la rivière el va.

7 Dans son chemin rencontre   monsieur Saint Nicolas

---

1. *Baslieux, Ille-et-V.* (... qui nourrissait Isa), *Anjou* et *Indét.* (id.); cf. *Dunières, Retournaguet, Marlhes, Provence* 1 et 2, *Languedoc.* — « Roi », prononcé *roa* ou *ra*. Ce petit roi, « le Dauphin » dans les versions dialectales d'oc, est devenu « Isac » (prononcé *Isa*), dans *Anjou, Ille-et-V.* et *Indét.*

Le vers-refrain est donné par *Indét.*, et à peu près par *Anjou* et *Ille-et-V.*; cf. aussi *Provence* 1. Il y en a un autre dans *Baslieux* :

Jésus, Maria ! O grand Saint Nicolas !

2. *Retournaguet, Marlhes, Anjou* (... Isa...), *Provence* 1 (... l. Dauphin dans s. b.) + *Ille-et-V.* (Et e.); cf. *Provence* 2, *Languedoc,* etc.

3. *Ille-et-V., Indét., Baslieux* et *Anjou* (...s'éveille...); cf. *Marlhes, Retournaguet, Provence* 1 et 2, *Languedoc.*

4. *Dunières* + *Anjou, Ille-et-V.*; cf. *Provence* 1 et 2, *Languedoc* et *Retournaguet.*

5. *Anjou;* cf. *Dunières, Retournaguet, Ille-et-V.* — « Dor(t)e », avec *e* additionnel consécutif à *r* final, le *t* ne se prononçant pas. « Eveill'rai », avec la chute de l'*e* intertonique, fréquente aux formes futures.

6. *Ille-et-V.* + *Baslieux* et *Anjou* (rivière).

7. *Ille-et-V., Baslieux* et *Anjou* (... le grand S. N.).

8 « Où vas-tu donc, nourrice,   où vas-tu de ce pas ? »

9 — « Je vai à la rivière   laver les draps du Roi. »

10 — « T'en as menti, nourrice,   te noyer tu t'en vas.

11 Retourne-t'en bien vite !   Ton enfant est chez toi :

12 Dans les bras de la Vierge   tu le retrouveras. »

13 Voilà les grans miracles   que fait Saint Nicolas.

8. *Indét.*, *Anjou* (... donc si tard ?), *Ille-et-V.* (... t'en v. t. si tard ?); cf. *Provence 1* et *2*, *Dunières*, *Retournaguet*.

9. *Dunières*, *Retournaguet*, *Anjou* (... d'Isa); cf. *Languedoc*, *Ille-et-V.*, *Baslieux*.

10. *Anjou*, *Ille-et-V.* (... t. y v.), *Baslieux* (... car noy...); cf. *Languedoc*.

11. *Anjou* + *Ille-et-V.*: cf. *Baslieux*, *Indét.*, *Retournaguet*, *Dunières*. — « Toi », prononcé *toi* ou *ta*.

12. *Anjou*, *Ille-et-V.* (... qui le divertira); cf. *Indét.* Ici, *Baslieux* met ce vers narratif :

Tout en ouvrant la porte, l'enfant cria : Mama(n) !

13. *Baslieux* ; cf. *Anjou*.

————————

Cette chanson de nourrice fut composée dans la France d'oïl, et probablement en Lorraine, aux environs du bourg de Saint-Nicolas-du-Port, qui est, comme je l'ai dit précédemment, le centre du culte de ce saint. Toutes les versions méridionales sont secondaires, d'autant que le 1er vers n'y rime pas et que la fin en est complètement altérée. Pour la date, elle ne saurait être antérieure au XVIIe siècle avancé.

Il n'y a trace du prodige du nourrisson brûlé et ressuscité dans aucune vie de saint Nicolas, ancienne ni moderne. Mais il existe d'ailleurs une chanson catalane fort répandue (BRIZ, *Cans. de la Terra*, I. — MILÁ, *Romancerillo catalan*, n° 33,

quinze versions), où l'évêque de Myre n'intervenant en aucune
sorte, le même miracle est formellement attribué à la Madone.
Si, comme il y a tout lieu de le croire, l'une des deux chansons est imitée de l'autre, la catalane circonstanciée plus ingé-
nieusement que la française, et où l'accident essentiel se motive
mieux, doit être tenue pour la primitive. Justement la Catalogne possède un des sanctuaires de Notre-Dame les plus
fameux qui soient dans la chrétienté : c'est l'abbaye de Montserrat, près Barcelone, où une vierge noire, portant l'enfant
Jésus, attire depuis le xiiie siècle un grand concours de pèlerins[1]. Il est probable que le chant catalan a dû partir de ce
sanctuaire et rayonner alentour. Quant à son introduction en
France, il se peut également qu'un pèlerin catalan l'ait importé
à Saint-Nicolas-du-Port, ou bien qu'un paumier lorrain soit
allé le chercher à Montserrat. Quoi qu'il en soit, il appert
qu'un dévot au grand saint Nicolas a, un jour, insinué son
saint favori dans le miracle du nourrisson brûlé, sans pourtant
oser en déposséder tout à fait la Sainte Vierge (v. 12), de qui
l'évêque de Myre apparaît plutôt comme le coopérateur ou le
messager. Il y a ainsi plusieurs exemples de ces miracles
volants, qui, suivant les temps ou les lieux, s'attachent à l'un
ou à l'autre thaumaturge.

---

1. Saint Ignace, qui n'était encore que Iñigo de Loyola, fit en 1522, après
sa conversion, le pèlerinage de N.-D. de Montserrat ; et en partant, il y
suspendit à l'autel de la Vierge son épée de chevalier.

XXXIV

LE MARTYRE DE SAINTE CATHERINE

CATALOGUE DES VERSIONS

France d'oïl

Recouvrance (faubourg de Brest) : BLÉAS, *Poés. pop. de la France*. I,
    mss. B. N., réd., 1854.

Givet (Ardennes) 1 et 2 : NOZOT, *ibid.*, I, r. 1854. — La 1ʳᵉ version
    publ. par TARBÉ, *Romancéro de Champagne*, I.

Indéterminé 1 : *Ibid.*, I, r. 1855.

Ardennes : NOZOT, *ibid.*, I, r. 1856.

La Neuville (Ardennes) : *Ibid.*, I, r. 1857.

Bourges : R. DE LAUGARDIÈRE, *ibid.*, I, r. 1857.

Brest : MILIN, *ibid.*, I, r. 1857.

Bourgógne : *Ibid.*, V, [s. d.].

Franche-Comté : BUCHON, *Noëls et Chants pop. de la Franche-Comté*,
    1863. — Repr. par BEAUQUIER, *Chans. pop. rec. en Franche-Comté*.

Reims : TARBÉ, *Romancéro de Champagne*, I, 1863.

Chamalières (Loire) : SMITH, *Romania*, IV, 1875 (version avec
    variante).

Landerneau (Finistère) : SAUVÉ, *Mélusine*, I, 1877.

La Mothe-Sᵗ-Héraye : ⎫ DESAIVRE, *Les Chants pop. des Rois en Poitou*,
Lusignan :   ⎭   1888.

Baslieux (Meurthe-et-Moselle) : SELTER, *la Tradition*, IV, 1890.

Indét. 2 : DE COLLEVILLE, *ibid.*, VI, 1892.

FORMULE RYTHMIQUE

Chanson à danser. Vers de 12 syl. = 6 + 6, masculins, uniformément assonancés en *a*; le couplet est formé de deux vers, suivis d'un refrain, le 2ᵉ vers de chaque couplet devenant le 1ᵉʳ du couplet suivant.

TEXTE CRITIQUE

1 C'est sainte Catherine,   la fille d'un grand roi.
Sa mére étoit chrétienne,   son pér' ne l'étoit pas.
     Ave Maria,
  Sancta Catharina !

2 Sa mére étoit chrétienne,   son pér' ne l'étoit pas.

3 Un jour, dans sa prière,   son pére la trouva :

4 « Que fais-tu, Catherine,   dis-moi, que fais-tu là ? »

5 — « J'adore Dieu, mon pére,   mon Sauveur que voilà. »

6 — « Quitte ce dieu, ma fille,   adore celui-là. »

7 — « Plutôt mourir, mon pére,   qu'adorer celui-là ! »

1. *La Neuville, Ardennes, Landerneau* et *Baslieux* (C'était...), *Brest* (...d'u. très-gr. r.); cf. *Bourgogne, Bourges, Recouvrance, etc.* — « Roi », prononcé *roa* ou *ra*.
   Le refrain est donné par *Reims, Ardennes, Givet* 1 et 2, *Bourges, Brest, Recouvrance, Landerneau, La Mothe, Lusignan*; aussi, avec variantes, par *Bourgogne, La Neuville* et *Baslieux* (Jésus, Maria!...), et par *Comté.*
   2. *Bourges, Indét.* 2, var. *Chamalières*; cf. *Brest, Givet* 1 et 2, *Ardennes, etc.*
   3. *Bourges, Indét.* 1 et 2, *Bourgogne, Comté; Recouvrance* et *Brest* (... à la pr...), *Landerneau* (id.), *Lusignan* (d. ses pr.); cf. *La Neuville, Givet* 2, *Reims.*
   4. *Recouvrance, Brest* (... ma fill', q. f.-t. l.), *La Neuville* (... Cath'rin', q. f.-t. l.); cf. *Landerneau, La Mothe, Indét.* 1, *Reims, etc.*
   5. *Recouvrance, Landerneau* (J'a. D. m. maître,...), *Reims* (J'a. le Sauveur,...); cf. *Givet* 2, *Ardennes, La Mothe, etc.*
   6. *La Neuville* (Quittez...), *La Mothe* (Laissez cela...), *Indét.* 1 (...,Catherine, va-t'en ad. Judas!); cf. *Ardennes* et *Givet* 2; *Landerneau, Recouvrance* et *Brest, Indét.* 2.
   7. *Brest, Landerneau, Indét.* 1 + *La Neuville;* cf. *Ardennes, Givet* 2, *La Mothe, Recouvrance, Bourgogne.*

8 — « Qu'on m'apporte ma hache   et mon grand coutelas!

9 C'est pour trancher la tête   à qui n'obéit pas. »

10 Trois anges descendirent,   chantant alleluia :

11 « Courage, Catherine!   couronné' tu seras.

12 Aussi ta bonne mére   en paradis ira ;

13 Mais ton bourreau de pére   en enfer brûlera. »

8. *Recouvrance, Ardennes, La Mothe* + *Brest, Chamalières, Landerneau;* cf. *Lusignan, Givet* 1 et 2, *Comté, Baslieux.*

Givet 1. *Baslieux, Bourgogne, Reims, Bourges, Brest, Landerneau, Indét.* 2, ont ici qq. vers relatifs au supplice de la roue, qui rompent la liaison des vv. 8 et 9 : cette addition est du reste empruntée à la légende connue de sainte Catherine et conforme à son iconographie (la sainte est figurée avec une roue à son côté).

9. *La Mothe* + *Chamalières* (C'est p.); cf. *Recouvrance, Landerneau, Lusignan; Ardennes, Givet* 1 et 2, etc.

10. *Indét.* 1, *Givet* 1 + *Ardennes* et *Chamalières* (Trois a.); cf. *Givet* 2, *Recouvrance,* etc.; *La Mothe* et *Reims* (Quatre ang.).

11. *Givet* 1 et 2, *Baslieux,* (Endure...); cf. *Ardennes, Recouvrance, Brest, Landerneau, Chamalières, Indét.* 1, *Bourgogne.*

12. *La Mothe, Givet* 1 (Mais pour t...); cf. *Ardennes, Landerneau, Brest, Indét.* 1.

13. *Lusignan, Indét.* 1 + *Givet* 1 (Mais); cf. *Ardennes, Baslieux, La Mothe, Landerneau, Brest* et *Recouvrance.*

Outre la qualité générale du style, la prononciation « roi », rimant en *a*, indique plutôt pour cette ronde une époque peu ancienne : on la peut croire de l'extrême XVIIe ou du XVIIIe siècle. Elle a son principal foyer dans la Champagne, province où le culte de sainte Catherine est d'ailleurs populaire : il y avait au bourg de Vertus (Marne), avant la Révolution, une église de Saint-Jean qui possédait de ses reliques ; et Catherine, on s'en souvient, fut une des « voix » de Jeanne d'Arc, Lorraine ; ainsi la chanson est apparemment d'origine champenoise. Le caractère édifiant du sujet, les paroles latines et liturgiques du refrain montrent qu'elle fut composée dans le monde clérical, peut-être en quelque communauté de religieuses enseignantes, et pour y servir aux rondes des écolières, qui partout invoquent sainte Catherine pour leur patronne.

L'auteur, quel qu'il soit, nous donne une curieuse preuve de son ignorance, en transférant à sainte Catherine la propre légende de sainte Barbe [1]. De Catherine (Ecaterina) d'Alexandrie, fille de roi [2], les hagiographes relatent seulement, qu'après avoir supporté miraculeusement les supplices du fouet et de la roue, elle fut décapitée par ordre de l'empereur Maxence. C'est une autre vierge, Barbe (Barbara), de qui le martyre se raconte à peu près comme dans la chanson : d'après ses Actes, non moins fabuleux que ceux de Catherine, Barbara ayant été torturée, puis condamnée à mort par le gouverneur Marcien, son père Dioscore sollicita la faveur d'être le bourreau de sa fille et il lui trancha la tête d'un coup de glaive ; cependant une voix céleste se fit entendre, qui la conviait à recevoir là-haut la récompense méritée par sa vertu. Sainte Barbe, comme sainte Catherine, est fort célébrée dans la région de

---

1. Voir, relativement à ces saintes, les textes grecs fondamentaux, publiés par M. l'abbé J. Viteau, *Passions des saints Ecaterina et Pierre d'Alexandrie, Barbara, etc...*, 1897. — Le nom grec *Aicaterina* a été déformé en *Catharina*, sous l'influence évidente de l'adjectif καθαρός, καθαριός (pur).

2. La filiation royale d'Ecaterina est un exemple significatif de la façon dont se développe une légende par des altérations et amplifications successives. Dans une première rédaction, Ecaterina est dite de naissance illustre (« née dans la pourpre ») et fille d'un certain Costos. Une deuxième qualifia ce Costos, devenu Κώνστος, de Βασιλεύς : mot équivoque s'appliquant, dans l'usage byzantin, à un seigneur puissant aussi bien qu'à la personne royale. Enfin, d'après la rédaction la plus récente, le père d'Ecaterina est un empereur, le prédécesseur de Maxence : invention à quoi ce nom de Coastos (comp. Constance, Constantin) a évidemment contribué.

l'Est, d'autant que la ville de Metz revendique son patronage. Certain air de famille entre les légendes de ces vierges et martyres, aussi le voisinage de leurs fêtes dans le calendrier (Ste-Catherine, 25 novembre,— Ste-Barbe, 4 décembre — expliquent la confusion commise par le chansonnier.

La ronde du *Martyre de sainte Catherine* est usitée en Champagne comme chant de quête, et s'y rattache à une jolie coutume enfantine. Le 25 novembre, en divers endroits, les petites filles s'en vont quêter de porte en porte ; l'une d'elles, élue par ses compagnes, fait le personnage de la sainte : c'est la reine ou la *Catherinette*; elle est vêtue de blanc, toute enrubannée, et porte une quenouillette surmontée d'une pomme vermeille ; elle entonne la chanson, qui est reprise en chœur ; et les bonnes gens lui remettent quelques menues offrandes, destinées aux apprêts du dîner de la Sainte-Catherine.

On a recueilli plusieurs fois en Catalogne un romance de sainte Catherine (vers de 14 syl., assonancés en a + atone), qui est d'origine castillane : voy. MILÁ, *Romancerillo catalan*, n° 24 : *A, B, C, D, E, F, G, H.* Distincte de versification et de style, cette pièce, pour le fond, est avec la nôtre dans un rapport très étroit. La Catherine du rimeur espagnol est fille d'un roi maure et d'une renégate, c'est sa nourrice qui lui a enseigné la foi du Christ. De quoi son père étant avisé, il la veut faire luthérienne(!). Refus de Catherine, à qui le roi inflige le supplice de la roue (comp. les versions françaises de *Bourgogne*, *Bourges*, etc.). Dans ce moment, un ange descend du ciel avec une couronne, et promet à la patiente la gloire du paradis, l'enfer à ses mauvais parents. Ce simple énoncé éclaire suffisamment l'origine du romance, imité d'une version interpolée de notre *Martyre de sainte Catherine*.

XXXV

LA BELLE HÉLÈNE

OU LA DANSEUSE NOYÉE

———

CATALOGUE DES VERSIONS

France d'oïl

Ardennes 1 : Nozot, *Poés. pop. de la France*, II, mss. B. N., réd. 1854.

Côtes-du-Nord : Marre, *Ibid.*, II, r. 1854.

Bretagne 1 : *Ibid.*, II. r. 1855. — Publ. par Rolland, II.

Bouches-du-Rhône : *Ibid.*, II, r. 1855 [1].

Touraine : Champfleury-Wekerlin, *Chans. pop. des prov. de France*, 1860.

Indéterminé 1 : Deforges-Gastineau, *Croquignole XXXVI*, opérette [vers 1860]. — Repr. par Rolland, II.

Vernéville : de Puymaigre, *Chants pop. rec. dans le pays messin*, 1865.

Angoumois : Bujeaud, *Chants pop. des prov. de l'Ouest*, I, 1865.

Genève : Blavignac, *L'Emprô genevois*, 1865.

Fontenay-le-Marmion (Calvados) : Legrand, *Romania*, X, r. 1876.

Indét. 2 : Kuhff, *Les Enfantines du bon pays de France*, 1878.

Lorient : Rolland, *Rec. de Chans. pop.*, I, 1883.

Clayes1 et 2 : Decombe, *Chans. pop. d'Ille-et-Vilaine*, 1884.

Finistère : Rolland, d'après Guichoux, *Rec. de Chans. pop.*, II, 1886.

———

1. Version d'oïl, importée sans doute par un matelot de l'Ouest.

Sainte-Anne-s.-Vilaine : ORAIN, *Glossaire patois du dép' d'Ille-et-Vilaine*, 1886.

Versailles : CHABOSEAU, *la Tradition*, II, 1888.

Parisis : DE SIVRY, *ibid.*, III, 1889.

Ardennes 2 : MEYRAC, *Traditions des Ardennes* (liv. I), 1890.

Champagne : MARIE GUYOT, *Rev. des Trad. pop.*, V, 1890.

Bretagne 2 : Mᵐᵉ P. SÉBILLOT, *ibid.*, V, 1890.

Poitou : PINEAU, *Le Folk-Lore du Poitou*, 1892 (version avec variante).

Franche-Comté : BEAUQUIER, *Chans. pop. rec. en Franche-Comté*, 1894.

Paris : ROLLAND, *inédit* [s. d.].

Loiret : POQUET, *inédit* [s. d.].

FORMULE RYTHMIQUE

Chanson à danser. Vers de 10 syl. = 4 + 6, masculins, uniformément assonancés en *é* ; chaque vers, redoublé, forme couplet, ce redoublement tenant lieu de refrain.

TEXTE CRITIQUE

1. Au pont de Nantes   un bal est assigné. (*bis*)

2. La belle Hélène   voudroit bien y aller :

3. « Ma chére mére,   m'y lairrez-vous aller ? »

4. — « Non, non, ma fille,   vous n'irez point danser. »

5. El monte en chambre   et se met à plorer.

1. *Finistère, Clayes 1, Bretagne 1* (... annoncé), *Côtes-du-Nord* et *Lorient* (Ce soir à N...) ; cf. *Indét.* 1, *Clayes 2, Bouches-du-Rhône, etc.* — La coutume était autrefois de danser sur les ponts, ainsi qu'il appert de nombreux textes du moyen âge, sans parler de la ronde connue : *Sur le pont d'Avignon,* — *on y danse tout en rond.* Le « pont de Nantes » est sans nul doute la leçon originale, assurée par les huit versions précitées ; ailleurs, le « pont de Londres » (*Champagne*), le « pont des Morts » (*Vernéville* : c'était le nom du pont principal du vieux Metz), le « pont du Nord » (*Poitou, Fontenay, Ardennes 1* et *2, Genève, etc.*). *Angoumois* dit simplement « A La Rochelle ».

Il résulte de la généralité des versions que la strophe est exclusivement formée par la répétition de chaque vers, sans refrain.

2. *Clayes 1, Bouches-du-Rhône* (... prend envie d'...) ; cf. *Lorient* et *Côtes-du-Nord, Angoumois.* — La fille a nom « Hélène » dans six versions (*Finistère, Bretagne 1, Clayes 1, Lorient, Côtes-du-Nord, Bouches-du-Rhône*), confirmées par *Champagne* qui dit « Aline » ; dans mainte autre (*Poitou, Fontenay, Ardennes 1* et *2, etc.*) « Adèle » ; dans *Vernéville* et *Comté* « Annette », et dans *Angoumois* « Jeannette ».

3. *Clayes 2, Indét.* 1 (M. m. [*bis*]...), *Côtes-du-Nord* (Dit à son père : ...) ; cf. *Bouches-du-Rhône, Saint-Anne, Angoumois* et *Bretagne 2* ; aussi *Fontenay, Bretagne 1, Touraine, etc.*

4. *Indét.* 1, *Bouches-du-Rhône, Ardennes 1* et *2, Vernéville, etc.* ; *Poitou, etc.* (... tu n'iras p...) ; cf. *Bretagne 1, Finistère, Clayes 1* et *2, etc.*

5. *Lorient, Ardennes 1* et *2, etc.* (M. à sa ch...), *Sainte-Anne* et *Clayes 2* (M. dans sa ch...), *Côtes-du-N.* et *Angoumois* (Va dans sa ch...) ; cf. *Finistère, Poitou, Touraine, etc.* — La vieille forme « plorer » dans *Clayes 1.*

6. Son frére arrive   dans un bateau doré :

7. « Qu'as-tu, ma sœure,   qu'as-tu donc à plorer ? »

8. — « Hélas ! mon frére,   je n'irai point danser ! »

9. — « Oh ! si, ma sœure,   moi, je t'y conduirai.

10. Mets robe blanche   et ceinture doré'. »

11. El fit trois toures,   le pont s'est défoncé.

12. La belle Hélène   dans la Loire est tombé' :

13. « Hélas ! mon frére,   me lairras-tu noyer ? »

6. *Poitou, Fontenay, Indét.* 2, *Champagne, Versailles, Paris, Loiret, Genève, Touraine* (... u. joli b.), *Parisis* (... l'emmène...); cf. *Bretagne* 1 et *Angoumois; Finistère, Lorient, Indét.* 1, etc.

7. *Poitou* + *Sainte-Anne, Touraine, Vernéville;* cf. *Finistère, Bretagne* 1, *Clayes* 2, etc. — « Sœure », avec l'e muet additionnel.

8. *Finistère* + *Clayes* 2; cf. *Sainte-Anne, Bretagne* 1, *Champagne,* etc..., *Ardennes* 1 et 2, *Touraine,* etc.

9. *Poitou* + *Bretagne* 1, *Côtes-du-Nord;* cf. *Clayes* 1 ; *Ardennes* 1, *Bretagne* 2, *Angoumois, Indét.* 1, *Clayes* 2, *Bouches-du-Rhône.*

10. *Touraine, Paris, Champagne, Ardennes* 1, etc.; *Poitou,* etc. (Prens...), *Ardennes* 2 et *Vernéville* (Mettez votre...); cf. *Bretagne* 1, *Finistère* et *Bouches-du-Rhône, Lorient* et *Côtes-du-Nord.* — Le possessif « ta » qui précède partout les mots « robe » et « ceinture » doit être supprimé pour la mesure du vers.

11. *Fontenay, Indét.* 2, *Sainte-Anne* (.. un t.) + *Finistère, Versailles, Bretagne* 2 (les p...), var. *Poitou* (1. bal...), *Clayes* 1 et *Loiret* (... écroulé); cf. *Bretagne* 1, *Clayes* 2, *Indét.* 1, *Bouches-du-Rhône, Lorient,* etc. — « Toures » avec l'e additionnel.

12. *Lorient, Côtes-du-Nord* + *Clayes* 1 (d. l. Loire); cf. *Bretagne* 1, *Vernéville, Ardennes* 1 et 2.

13. *Fontenay* + *Sainte-Anne, Bretagne* 1 (... lairrez-vous...), *Lorient,* etc. (id.); cf. *Genève.*

14. « Non, non, ma sœur,   je vai te retirer ! »

15. Dans l'eau se jette,   et les voilà noyés.

16. Toutes les cloches   se mirent à sonner.

17. La mér' demande :   « Qu'a-t-on à tant sonner ? »

18. — « C'est pour Hélène   et votre fils ainé. »

19. Voilà le sore   des enfans ostinés !

14. *Sainte-Anne, Fontenay* (... vous r.), *Vernéville, etc.* (id.), *Bretagne 1* (N. n., Hélène,...); cf. *Lorient, Paris.*

15. *Bretagne 1* + *Clayes 2, Poitou, etc., Fontenay* et *Genève* (e. le v. n.), *Sainte-Anne, etc.* (e. la v. n.); cf. *Clayes 1.*

16. *Indét. 1, Clayes 2, Finistère* (Alors l. c...), *Sainte-Anne* (L. c. bientôt...), *Bretagne 1* (L. c. de Nantes...), *Champagne* (L. c. de Londres... toutes à s.), *Vernéville* (L. c. des morts...), *Poitou, etc.* (L. c. du Nord...); cf. *Fontenay.*

17. *Bretagne 1, Finistère* et *Vernéville* (... qu'ont-ell' donc à s.); cf. *Fontenay, Sainte-Anne, Champagne, Versailles, Paris, etc.*

18. *Bretagne 1, Touraine, etc.* (... p. Adèle...), *Fontenay* (... p. votre fille...), *Finistère, etc.* (C'e. votre fille...); cf. *Poitou, Ardennes 1, Sainte-Anne, Vernéville, Champagne, etc.*

19. *Fontenay, Indét. 2, Touraine, Vernéville, Versailles, Champagne, Ardennes 1, Paris, Loiret, Clayes 2* (... entêtés), *Parisis* et *Comté* (Tel est...); cf. *Ardennes 2, Lorient* et *Côtes-du-Nord.* — « O(b)stinés », selon la prononciation populaire bien connue.

Cette chanson, particulière à la France d'oïl, y a pour foyer les provinces de l'Ouest, et la mention du pont de Nantes (v. 1) et de la Loire (v. 12) achève d'en préciser l'origine nantaise. Eu égard à la modernité de la langue et à l'emploi du décasyllabe coupé à 4 + 6, la date ne s'en peut reculer au delà du XVIII⁰ siècle, plutôt avancé.

La Danseuse noyée, avec sa morale naïve à l'usage des « enfants obstinés », semble tout à fait proportionnée à l'intelligence

d'une petite fille, et c'est aussi une des rondes les plus célèbres
dans les pensionnats de France. Sa valeur poétique est certes
des plus minces; mais un intérêt singulier, qu'elle ne mérite
point par elle-même, s'attache à sa généalogie. Car elle apparaît, cette *Danseuse noyée*, comme la fille dégénérée d'une très
noble mère, de cette vise danoise d'*Agnete og Havmanden* (Agnès
et l'Homme des eaux), qui compte entre les plus belles inven-
tions de la poésie populaire des Scandinaves (GRUNDTVIG,
Danmarks gamle Folkeviser, nº 38, II et IV, douze versions[1]. —
KRISTENSEN, *Jyske Folkeviser*, nº 3, III, trois versions). M. L.
Pineau le premier, tout en expliquant cet air de famille par des
hypothèses où je m'abstiendrai de le suivre, a bien démêlé dans
la vise les principaux traits de notre ronde enfantine[2]. La version qu'il cite, notamment, recueillie de la bouche d'un pêcheur
de Kœrrebræck (GRUNDTVIG, II, *Appendice*), rend cette parenté
manifeste par la ressemblance du début, qui est tel :

Agnès va trouver sa mère nourricière : « Ne puis-je pas sortir un
peu sur le rivage ? »

— « Non tu n'iras pas! Autrement l'Homme de mer viendra te
chercher. »

Agnès est sur le pont d'Hœjeloft, soudain elle voit un homme de
mer voguer vers elle :

« Écoute, Agnès, veux-tu être ma bien-aimée? »

Elle accepte, et l'Homme des eaux l'emmène en son palais
sous-marin. Ils y vivent ensemble huit ans, elle lui donne sept
fils. Un jour,

Agnès était assise près du berceau [du dernier-né] et chantait; voilà
qu'elle entendit son ... :r les cloches d'Angleterre...

Le reste de la vise se développe longuement, hors des limites
de la chanson française. A l'appel de ces cloches — que la plupart

---

1. L'une d'elles, publiée pour la première fois par NYERUP, a été traduite
en français par MARMIER, *Chants pop. du Nord*.
2. *D'sur l' pon. du Nord*, essai de litt. populaire comparée, dans la *Rev. des
trad. pop.*, IX, nº 6.

des versions s'accordent à situer en Angleterre, parce que c'est
le royaume du père d'Agnès — l'exilée ressent le mal du pays ;
et elle demande à remonter sur terre afin d'aller prier à l'église.
Son mari le lui permet, à condition qu'elle ne s'attarde point
là-haut ; il lui bouche les oreilles, il lui clôt les lèvres et l'emporte à la nage sur la grève. Elle entre à l'église, où elle aperçoit ses parents. L'Homme des eaux entre à son tour, lui dit de
revenir, que ses enfants la réclament. Mais ni son époux, ni
ses enfants, ne lui tiennent plus au cœur : Agnès se refuse à
quitter de nouveau la vie terrestre. D'après quelques versions,
le délaissé se venge en tuant l'infidèle.

Cette partie de la vise, d'ailleurs très poétique, ne nous
importe pas. Mais à n'en considérer que le commencement :
la permission de sortir demandée par la fille et refusée par la
mère (cf. v. 3 et 4 de la chanson française), le pont où elle se
promène (cf. v. 11), l'arrivée d'un homme voguant (cf. v. 6),
la disparition du couple sous les flots (cf. vv. 12 et 15), enfin
la sonnerie des cloches (cf. v. 16), nous discernons nettement
dans la *Danseuse noyée* une forme aplatie et tronquée de l'*Agnete*
danoise, telle qu'on la chante à Kœrrebræck. A la vérité, l'imitateur français, outre qu'il ignorait la seconde moitié de la vise,
en a fort mal compris la première. Esprit simple et court, inca-
pable de ces rêveries fantastiques dont se berce volontiers l'imagination des hommes du Nord, deux choses seulement l'ont
frappé dans l'histoire d'Agnès : d'abord l'infraction de la fille à
la défense maternelle, puis sa présence sur un pont et sa chute
dans l'eau. Il n'a pas oublié tout à fait le personnage qui s'approche d'elle en voguant ; mais, d'autant que le caractère sur-
naturel de ce personnage lui échappait, il l'a pris tout bonnement
pour le frère de l'héroïne. Par suite, l'engloutissement
d'Hélène devient un accident banal, et qu'il faut expliquer naturellement : si Hélène et son frère sont précipités dans l'eau,
c'est à cause que le pont s'écroule ; et comme autrefois la coutume populaire était de danser sur les ponts, il suppose que
celui-là s'est rompu sous les pieds des danseurs, et que c'est

pour l'amour de la danse qu'Hélène avait demandé à sortir. Et
cette interprétation était singulièrement facilitée au Français par
la préexistence d'un thème familier à la vieille lyrique romane,
celui de la danse défendue. Que l'on compare en effet à notre
ronde cette chansonnette courtoise de l'extrème xiiᵉ siècle,
extraite par Jubinal d'un ms. de la B. N. et d'un ms. de l'Arsenal :

> C'est la jus c'on dit es prés,
> Jeu et bal i sont criés.
> Emmelos i veut aller,
> A sa mère en requiert gré [1].
> Par Dieu, fille, vous n'irés!
> Trop i a de bachelers
>   Au bal.

Le récit mythologique de la tradition scandinave se réduit
dès lors à une historiette morale touchant les funestes effets de
la désobéissance. Quant au son des cloches, il subsiste encore
dans la mémoire du Français, à l'état de souvenir isolé et flottant : les cloches de la ville entrent (d'elles-mêmes ?) en branle;
mais au lieu de cet appel mystérieux et lointain qui éveillait la
nostalgie dans l'âme d'Agnès exilée, ce n'est plus qu'une sonnerie funèbre pour annoncer la mort de deux noyés.

La vise d'*Agnete*, passée du Jutland à l'Allemagne du Nord,
s'y est accommodée en un lied, recueilli dans mainte province
par les éditeurs de chants populaires (HOFFMANN V. FALLERSLE-
BEN-RICHTER, *Schlesische Volkslieder*. — ERK, *Deutsche Volkslieder*,
II (version de Magdebourg). — FIEDLER, *Volksreime u. Volkslieder in Anhalt-Dessau*. Repr. par SIMROCK. — ERK, *Deutscher
Liederhort* : versions de Silésie, d'Uckermark et de Lusace; la
silésienne également dans le *Wunderhorn* d'ARNIM-BRENTANO,

---

1. « Aquiert grés » dans le texte ; mais *aquiert* pour *requiert* est évidemment
une bévue de scribe; et le *s* final dans *gré*, régime, ferait solécisme.

IV)[1]. Le nom de l'héroïne est resté « belle Agnete » ou « Agnese » (variantes : « belle Agnina », « belle Hannele », « belle Dorothée »); et « Wassermann » (homme des eaux)[2] est la traduction littérale du danois « Havmand ». Le translateur, au surplus, a suivi jusqu'au bout la fable danoise, et sans altération grave; notons seulement que son « Wassermann » bâtit le pont lui-même, et par ruse, afin d'y attirer la belle Agnès et de le faire effondrer sous ses pas.

Pénétrant à son tour dans les idiomes slaves, le lied allemand a passé aux Wendes de Lusace (HAUPT-SCHMALER, *Volkslieder d. Wenden in d. Lausitz*, I, n° 34) et de là aux Slovènes de Carniole (KORITKO, *Slovenske Pĕsmi krainskiga naroda*, I). La rédaction wende reproduit sensiblement la physionomie du lied (le pont bâti par l'Homme des eaux, etc.). Pour la slovène, elle a un début différent, où domine, de même que dans la chanson française, l'idée de la danse défendue. Mizika (c'est le nom de la belle) est allée danser malgré sa mère, qui l'a maudite; un danseur vient à elle et l'invite. Il la fait tourner si fort qu'elle s'en plaint; mais la danse devient de plus en plus rapide, Mizika devine à qui elle a affaire : « Le Nix est après moi! » Sur quoi le Nix l'emporte par la fenêtre et tous deux s'abîment dans les flots.

L'on trouve enfin un vestige reconnaissable, quoique très fruste, de la chanson slovène dans une ballade hongroise dont le recueil d'ARANY-GYULAI fournit deux exemplaires, l'un sous le titre de *le beau Palbeli Antal*, traduit en français par J. DE NÉTHY dans ses *Ballades et Chans. pop. de la Hongrie* (n° XXII).

La vise d'*Agnete og Havmanden*, fréquente en Danemark, ne se rencontre point dans le reste du domaine scandinave. En

---

1. Aussi une ancienne version fragmentaire d'Oldenbourg, dans FIRMENICH, *Germaniens Vœlkerstimmen*, III; mais il ne semble pas sûr qu'elle se rapporte au lied d'*Agnete*.

2. Les Allemands ont le mot « nix » au masculin; « nixe » au féminin, pour désigner un génie des eaux, ondin ou ondine.

revanche, la poésie populaire de la Suède (AFZELIUS, *Svenska Folkvisor*, I. — ARWIDSSON, *Svenska Fornsänger*, I) et de la Norvège (LANDSTAD, *Norske Folkeviser*) possède un thème, assimilé aussi par la traduction danoise (GRUNDTVIG, *Danmarks g. Folkeviser*, n° 37, II. — KRISTENSEN, *Jyske Folkeviser*, I, n°,...; II, n° 28; III, n° 2), qui rappelle trait pour trait, en le changeant de milieu, celui de la *Danseuse noyée*. Il s'agit là encore d'une vierge du nom d'Agnès enlevée par un esprit ; mais c'est un esprit des montagnes; il l'emmène dans sa demeure souterraine et en a des enfants; au bout de sept ans, elle obtient la permission de revoir le jour, etc. Toute la différence des deux thèmes, c'est, comme l'observe Landstad, que les chanteurs norvégiens et suédois placent dans les antres rocheux de leurs montagnes le monde merveilleux que les insulaires de l'archipel danois mettent au fond de la mer. Mais tel est, dans le détail de la fable, le parallélisme de ces thèmes, qu'il faut de nécessité que l'un ait été modelé sur l'autre; et comme les rédactions du poëme proprement danois appartiennent toutes à une époque récente, que d'autre part, il est moins naturel de feindre un être humain vivant sous les eaux que de le supposer abrité dans une caverne, la forme suédo-norvégienne doit être en toute vraisemblance tenue pour la primitive. C'est l'opinion d'Alfzelius; et Arwidsson, de même, pose que la « chanson danoise est une espèce d'imitation faite par une population maritime d'après les chants d'un peuple montagnard » [1].

Au résumé, un thème fantastique, formé dans les montagnes de la Norvège, subit sur le littoral danois une métamorphose et y donna naissance à la vise marine d'*Agnete og Havmanden*. Celle-ci, propagée le long des côtes d'Allemagne, y produisit un lied, souche lui-même d'une chanson wendo-slovène qui bourgeonna en terre hongroise, et, parvenue jusqu'à la Bretagne française, elle y poussa tardivement ce rejeton abâtardi qui est notre ronde de *la Danseuse noyée*.

---

1. Ceci exclut la conjecture de Grundtvig, que la vise danoise serait d'importation germanique, conjecture qui ne résiste d'ailleurs pas à une comparaison attentive du lied et de la vise.

XXXVI

LE RETOUR DU MARI SOLDAT

CATALOGUE DES VERSIONS

France (oïl et oc)

Retonfey : DE PUYMAIGRE, *Chants pop. rec. dans le pays messin*, 1865.

Aunis, etc. : BUJEAUD, *Chants pop. des prov. de l'Ouest*, II, 1866.

Forez 1, 2 et 3 : SMITH, *Romania*, IX, 1880 (la 3ᵉ version, fragmentaire, en note de la 1ʳᵉ).

Ceyzériat : GUILLON, *Chants pop. de l'Ain*, 1883.

Damas (Vosges) : TIERSOT, *Hist. de la Chanson pop. en France*, 1889.

Maine : Mᵐᵉ DESTRICHÉ, *Rev. des Trad. pop.*, V, 1890.

Poitou : PINEAU, *Le Folk-Lore du Poitou*, 1892.

Franche-Comté : BEAUQUIER, *Chans. pop. rec. en Franche-Comté*, 1897.

Thônes (Hᵗᵉ-Savoie) : VALENTINE LEIRENS, *Rev. des Trad. pop.*, XII, 1897.

Piémont

Montferrat : FERRARO, *Canti pop. monferrini*, 1870 (version fragmentaire et contaminée avec la chanson de *la Belle Barbière*).

A Cintano, *B* Turin, *C* La Morra, *D* Pignerol : NIGRA, *Canti pop. del Piemonte* (nº 28), 1888.

Sale-Castelnuovo : ID., *ibid.* (nº 33), 1888 (version fragmentaire et contaminée).

FORMULE RYTHMIQUE

Complainte. Tercets de vers octosyllabiques, le premier. féminin, qui ne rime pas, les deux autres, masculins, rimant ensemble.

TEXTE CRITIQUE

1

Povre soldat revient de guerre,
Tout mal équipé, mal vêtu,
Un pié chaussé et l'autre nu.

2

S'en va trouver dame l'hôtesse :
« L'hôtesse, avez-vous du vin blanc ? »
— « Soldat, avez-vous de l'argent ? »

3

— « Pour de l'argent, je n'en ai guère ;
J'engagerai mon blanc chevau,
Mon équipage et mon manteau. »

1. a) *Comté, Cintano, Pignerol* + *Aunis* et *Maine* (revient); cf. *Ceyzériat, Damas, Poitou, Retonfey, Turin, La Morra.* — b) *Thônes, Ceyzériat, Damas* + *Aunis, Maine;* cf. *Comté.* — c) *Retonfey, Poitou, Forez 3, Maine, Cintano;* cf. *Turin, Pignerol, Comté, Aunis.* Selon la version d'*Aunis,* pays maritime, le « pauvre soldat » est devenu un « brave marin ».

D'après *Aunis* et *Maine,* le 1er et le 3e vers sont suivis d'une sorte de refrain : *Tout doux !;* d'après *Retonfey* et *Thônes,* de la phrase burlesque : *Coucou, cornaricoucou* (= cocu, cornard et cocu) ou : *coukette, coucou,* devenue dans une version piémontaise signalée par Nigra : ... *cocon, cocot et capun.* Au reste, ni l'un ni l'autre de ces ornements rythmiques ne semble faire partie de la strophe originale, qui ne comporte point de refrain.

2. a) *Comté, Poitou* (S'e. v. chez mad...) et *Pignerol* (Sun anda da mad...); cf. *Ceyzériat, Thônes, Cintano; Maine, Turin, La Morra.* — bc) *Comté, Thônes, Retonfey, Maine* (Beau s...), *Ceyzériat* (Jeune s., as-tu...); cf. *Aunis, Poitou, Turin, Pignerol.*

3. a) *Ceyzériat, Thônes, Retonfey, Velay, etc.;* cf. *Cintano.* — bc) *Ceyzériat, Comté* (...m. beau ch...), *Thônes* (... Ma valise e. m. m.); cf. *Retonfey, Poitou, Maine, Velay, Cintano.*

4

Povre soldat se mit à table,
Se mit à boire et à chanter,
L'hôtesse se mit à plorer.

5

« Qu'avez-vous donc, dame l'hôtesse?
Regrettez-vous votre vin blanc,
Que le soldat boit sans argent? »

6

— « N'est point mon vin que je regrette,
C'est la perte de mon mari.
Monsieur, vous ressemblez à lui. »

7

— « Ah! dites-moi, dame l'hôtesse,
Vous n'aviez de lui qu'un enfant :
Et en voilà quatre à présent ? »

4. a) *Cintano, Ceyzériat* (Jeunes...), *Thônes* et *Retonfey* (Soldat...); cf. *Poitou, Aunis, Comté, Maine, Pignerol, Turin*, etc. — b) *Ceyzériat, Aunis*; cf. *Comté, Poitou*, etc. ; *Turin, La Morra, Pignerol*. — c) *Ceyzériat, Comté, Thônes, Maine, Aunis* (Et la belle h...), *Cintano* (... s'bût' a pl.), *Turin*, etc. (id.); cf. *Poitou*.

5. a) *Ceyzériat, Maine* et *Poitou* (Ah !... madame...), *Aunis* (Ah !..., la belle h.); cf. *Comté, Damas, Cintano, Turin*, etc. — b) *Aunis, Maine, Poitou* (Pleurez-v...), *Ceyzériat*, etc. (id.); cf. *Pignerol*. — c) *Comté, Poitou, Thônes; Ceyzériat* (... en payant), *Aunis* (... en passant), *Maine* (... en chantant); cf. *Pignerol*.

6. a) *Aunis, Maine* (... le v...), *Comté*, etc. (... pas... q. j. pleure). — bc) *Aunis*; cf. *Ceyzériat, Retonfey, Damas, Poitou, Maine, Thônes, Turin*. etc.

7. a) *Aunis* + *Turin, La Morra, Pignerol*; cf. *Sale*. — b) *Aunis, Pignerol* + *Maine, Poitou, Retonfey, Comté*; cf. *Ceyzériat, Cintano, Turin*, etc. — c) *Damas, Comté, Retonfey* + *Ceyzériat, Maine, Poitou, Pignerol, Forez 1* et *2;*

8

— « L'on m'a écrit de ses nouvelles,
Qu'il étoit mort et enterré,
Et je me sui remarié'. »

9

— « Dedans Lyon, y a grand' guerre.
Adieu, la femme et les enfans!
Je m'en retourne au régiment. »

cf. *Aunis, Cintano, Turin, etc.* Le nombre des enfants varie de deux (c'est trop peu) à six (qui est beaucoup); « quatre » autorisé par la plupart des versions doit être tenu pour la leçon originale.

8. a) *Aunis, Ceyzériat* et *Thônes* (... de fausses lettres); cf. *Comté, Maine, Poitou, Cintano, Turin, etc.* — b) *Aunis, Thônes, Pignerol, Cintano* (...sepeli); cf. *Ceyzériat, Poitou, Maine, Turin, etc.* — c) '*Aunis, Poitou, Ceyzériat* et *Thônes* (Moi, je...), *Maine, etc.* (Que j...); cf. *Pignerol, Turin, etc.*

9. a) *Poitou.* — b) *Poitou, Maine* (... ma f... mes e.), *Comté* (.., ma f... mon e.); cf. *Cintano, Turin, etc.* — c) *Comté, Damas* (J. r'tournerai...); cf. *Ceyzériat, Sale, Cintano, Turin* et *Maine*, qui parle d' « embarquement ».

Bujeaud — ou son fournisseur — a remanié complètement cette dernière strophe, en remplaçant les simples adieux du mari par un narré pathétique de son départ :

> Pauvre marin vida son verre;
> Sans regarder, tout en pleurant,
> S'en retourna au régiment.

Outre que la conclusion dialoguée est presque de règle dans la romance populaire, on ne relève ailleurs que chez Bujeaud nulle trace de ce dénoûment narratif assez bien tourné, mais qui trahit une main lettrée.

Dans *Comté, Ceyzériat, etc.*, il y a, pour finir, des menaces de mort du mari contre son rival; dans *Ceyzériat, Forez 1* et *2*, ainsi que dans les versions piémontaises, un partage d'enfants entre le père et la mère : évidentes interpolations, qui gâtent le vrai dénoûment, admirable en sa simplicité.

———

Cette complainte militaire, d'allure assez moderne, peut avoir été composée dans les armées de Louis XIV ou de Louis XV. Les versions françaises, toutes recueillies en oïl ou dans les limites du domaine franco-provençal, se partagent entre deux régions opposées, celle de l'Ouest (Aunis, Poitou, Maine) et la frontière de l'Est (Savoie, Bresse, Comté, Lorraine). Au demeurant, la vocalisation de *l* final (*chevau* = cheval) ne suffit pas pour déterminer l'origine, de telles formes ayant cours dans tous les parlers de l'Est, de la Bresse à la Picardie, aussi bien qu'en pays gallo, en Poitou, etc.

Un lied allemand, publié à … exemplaires par ERK et BŒHME (*Deutsche Volkslieder*, I), n'est que la traduction quasi littérale du *Retour du mari*, d'après une version de même type que *Maine* et *Aunis*. Le tercet français a été maintenu, et le refrain dissyllabique « Tout doux! » se retrouve dans l'équivalent « Hurrah! ». Le « vin blanc », par une adaptation locale, s'est changé en « bonne bière ». Le vers final de *Maine* : « A Brest est mon embarquement » est devenu : « A Hambourg je m'embarquerai ». L'on voit qu'une version française de l'Ouest a dû être importée par quelque matelot sur le littoral de la mer du Nord, d'où elle a pénétré en Allemagne.

Le cycle des retours du mari est un des plus importants qui soient dans la poésie traditionnelle, et il comprend plusieurs thèmes distincts, selon les situations particulières où se peut supposer la femme de l'absent. Quand l'époux rentre dans ses foyers après une longue absence (généralement une guerre de sept ans) il se peut : que sa femme ait été enlevée par des pirates, et c'est le cas de l'*Escrivette*; — ou bien qu'il la trouve en butte aux mauvais traitements de la belle-mère, c'est le cas de *la Porcheronne*; — ou en train de se remarier, conjoncture qui fait le sujet d'une autre complainte; — ou depuis long-

temps remariée et entourée d'enfants du second lit, et c'est sur
ce thème-ci, le plus saisissant de tous, qu'a travaillé l'auteur de
la présente chanson. De telles situations se retrouvent dans la
réalité de la vie : après de longues guerres, des navigations ou
des expéditions lointaines, il n'est pas rare que des maris passés
pour morts reviennent après des années et soient obligés de
revendiquer leur place au foyer conjugal. Nous en trouvons de
temps à autre des exemples dans les faits divers des journaux et
les arrêts des tribunaux. De tous les accidents capables de bou-
leverser l'existence humaine, j'en connais peu d'une fatalité plus
pathétique : car il met aux prises les passions les plus puissantes et les intérêts les plus profonds qui soient dans la
société : l'amour et la famille. Il faut que de deux foyers, tous
deux légitimes, l'un soit détruit ou sacrifié à l'autre ; il faut
enlever au mari sa femme, ou séparer la mère de ses enfants.
Aussi les romanciers modernes, observateurs professionnels de
la vie humaine, ne pouvaient manquer de donner place à ce
cas émouvant dans leurs études de mœurs ; c'est ce qu'ont fait,
entre autres, trois maîtres du roman au xixe siècle : Balzac,
dans le Colonel Chabert, Zola dans Jacques Damour, et Guy de
Maupassant dans le Retour, un de ces contes brefs et incisifs
qui sont dans sa manière.

Chabert, colonel de cavalerie sous l'Empire, est tombé sur
le champ de bataille d'Eylau ; le crâne fendu d'un coup de sabre,
foulé aux pieds des chevaux, il est ramassé pêle-mêle avec les
morts et jeté à la fosse. Il revient à lui, pressé par une voûte de
cadavres, parvient à force d'efforts à s'en dégager et peut appeler des paysans qui le recueillent, le soignent et le portent à
un hôpital où il parvient à être guéri. Mais l'affreuse blessure
a rendu son visage méconnaissable et affaibli son cerveau.
Quand, après des années, cette ruine humaine, au retour de
Prusse, arrive en France pour se faire rendre sa femme, son
grade et sa fortune, personne ne veut le prendre au sérieux.
Cependant, la veuve de Chabert, après avoir réalisé sa succession, s'est remariée au comte Ferraud, et en a deux enfants.

Cette femme, qui n'entend pas être troublée dans sa vie nouvelle, feint d'abord de ne pas reconnaître son premier mari ;
puis, voyant l'empire qu'elle a gardé sur lui, elle s'en sert pour
lui persuader de renoncer à ses droits ; elle parle enfin de le
faire enfermer comme fou. Le malheureux Chabert, dégoûté et
désespéré par un si atroce égoïsme, s'abandonne entièrement à
la fatalité, renonce au procès engagé pour faire annuler son
acte de décès, et roulé aux derniers bas-fonds de la misère, il
finit par échouer à l'asile de Bicêtre.

Jacques Damour, ouvrier parisien, s'est battu aux rangs des
insurgés de la Commune : fait prisonnier au Père-Lachaise, il est
déporté à Nouméa et réussit à s'en évader : on a cru le reconnaître parmi les cadavres décomposés de trois fugitifs et l'on a
dressé son acte de décès. Cependant, après avoir tenté fortune
en Amérique, il échoue en Belgique, et à l'amnistie rentre en
France. Il se présente à son ancien logis, n'y trouve plus sa
femme et apprend qu'elle s'est remariée à un boucher. Atterré
à cette nouvelle, il ne sait que résoudre, mais poussé par les
conseils d'un ancien camarade de la Commune, rencontré par
hasard, et excité par la boisson, il se rend à la boutique du
boucher, farouchement décidé à faire valoir ses droits et à
reprendre sa femme. Celle-ci, restée fraîche et belle, dans sa
vie devenue confortable et facile, finit par reconnaître son premier mari dans ce misérable sordide et vieilli avant l'âge. La
stupeur et la crainte se mêlent à ses larmes de regret et à ses
demandes de pardon. Jacques cependant a demandé sa fille : et
quand la mère lui avoue qu'elle n'est plus à la maison et qu'elle
a mal tourné, c'est avec une sombre fureur qu'il repousse tout
accommodement et maintient ses prétentions de rentrer dans
l'entière possession de son bien ; il part cependant, la bouche
pleine de menaces. Pendant quelque temps il songe à les mettre
à exécution ; il a même acheté un couteau « pour saigner le
boucher ». Puis, un jour, il retourne chez sa femme et lui
propose simplement de choisir entre ses deux maris. Avant
même qu'elle n'ait répondu, son attitude l'a fixé sur son choix,

et il lui promet de disparaître à jamais de sa vie. Recueilli par sa fille, tombée dans la galanterie et richement entretenue, il est installé par elle dans une propriété, dont il devient le gardien, et engourdi par le bien-être d'une vie assurée et oisive, désormais sans rancune et sans révolte, il refuse de revendiquer son nom et son état civil.

Le matelot de Maupassant, parti pour Terre-Neuve sur le trois-mâts *les Deux sœurs*, a échoué sur un banc; jeté à la côte d'Afrique, il est capturé par des sauvages et après bien des années finit par s'échapper. Rapatrié par un bateau anglais, il reparaît dans son village et rôde autour de sa maison, où il n'ose entrer, ayant retrouvé sa femme au milieu de nombreux enfants. Celle-ci cependant, après le naufrage des *Deux sœurs*, dont personne n'est revenu, avait attendu pendant dix ans, puis s'était remariée à un pêcheur dont elle a des enfants.

La présence obstinée de ce vieux qui semble la guetter, la gêne et l'inquiète; et quand son mari rentre de la pêche, elle l'envoie lui parler; tous deux rentrent à la maison, et le premier mari se fait reconnaître : plus surpris qu'émus, hommes et femme sont bien embarrassés. Que faire? on peut bien partager et reprendre chacun ses enfants, mais la femme? et surtout la maison qui est le patrimoine du disparu et « qui a des papiers chez le notaire »? Ils se décident, pour régler la question à l'amiable, à s'en remettre au curé, et en passant devant le cabaret, ils entrent pour y « prendre une goutte ». Quelle sera la solution? Maupassant ne nous le dit pas : il laisse le problème posé au moment de le résoudre. S'il avait conclu, comment l'aurait-il fait? Comme Balzac et Zola, je crois, et le premier mari eût cédé sa place à l'autre.

En cette occurrence, il y a conflit entre les sentiments instinctifs de notre être et la loi, fille de la raison : quand le mari disparu vient réclamer sa place, le droit civil et religieux ne peut manquer de lui donner gain de cause; mais, si tel est l'arrêt de notre justice, la nature souvent juge autrement. Elle ne crée qu'en tuant : c'est mourir que d'être cru mort, et les liens du présent sont plus forts que les souvenirs du passé. Voilà pourquoi Balzac et Zola ont, comme l'auteur de notre chanson, obéi à la réalité de la vie, en laissant subsister le nouveau ménage, tandis que le premier mari se résigne à disparaître et va se replonger dans cette espèce de mort sociale où il est condamné.

« Adieu, la femme et les enfants ! »
Et le soldat retourne au régiment...

Ce n'est pas le plus mince mérite de l'artisan de cette ronde que d'avoir vu si justement et si simplement exposé ce caractère profond de la nature humaine : que les morts les mieux pleurés, s'ils revenaient chez eux, n'y trouveraient bien souvent plus de place !

XXXVII

LE MERVEILLEUX NAVIRE

CATALOGUE DES VERSIONS

France d'oïl

Indéterminé 1 : A. JAL, *Scènes de la vie maritime*, III, 1832.

Indét. 2 : G. DE NERVAL, *la Sylphide* (périodique), VI, 1842 (version incomplète). — De nouveau dans *Les Filles du feu* et *La Bohême galante* du même.

La même version, résumée, mais avec le refrain et la mélodie en plus, par DE LA LANDELLE, *Les fêtes à bord* (dans *le Prisme*), 1841 [1].

Bretagne 1 : J.-J. AMPÈRE, d'après DE LA VILLEMARQUÉ, *Poés. pop. de la France, Instructions*, 1853. (Le texte ms. est conservé dans les *Poés. pop. de la France*, I, mss. B. N.) — De nouveau dans le *Bulletin archéol. de l'Assoc. bretonne*, VII.

La Rochelle : FEDERICI, *Poés. pop. de la France*, IV, mss. B. N., réd. 1855.

Vendée : *Ibid.*, VI [s. d.]. — Publ. dans *Mélusine*, II.

Indét. 3 : LETERRIER-VANLOO, *Le Roi de carreau*, 1883 (version fragmentaire et remaniée).

Omonville-la-Rogue : FLEURY, *Litt. orale de la Basse-Normandie*, 1883 (version avec variantes).

---

1. Il est évident que les textes de NERVAL et de LA LANDELLE, dont aucun ne peut dériver de l'autre, ont été puisés à une même source.

Savenay (Loire-Infre) : [Pavec], *Chants pop. de la Hte-Bretagne*, 1884.
Bretagne 2 : E. d'Élie, *la Tradition*, VIII, 1895.
Ploumanac'h (Côtes-du-Nord) : G. Vicaire, *Rev. des Trad. pop.*, XII,
    1897.

FORMULE RYTHMIQUE

Chanson à danser. Vers de 14 syl. = 7 + 7, masculins,
uniformément rimés en *an*. Le couplet est formé de deux vers,
suivis d'un vers-refrain, le 2ᵉ vers de chaque couplet devenant
le 1ᵉʳ du couplet suivant.

TEXTE CRITIQUE

1. Les dames de La Rochelle   ont armé un bâtiment,
   Pour aller, etc.............................
   La feuille s'envole, vole,   la feuille s'envole au vent.

2. Pour aller faire la course   dedans les mers du Levant.

3. La coque en est en bois rouge,   travaillé fort proprement.

4. La mâture est en ivoire,   les pouli's en diamant.

5. La grand voile est en dentelle,   la misaine en satin blanc.

6. Les cordages du navire   sont de fil d'or et d'argent.

7. L'équipage du navire,   c'est tout filles de quinze ans.

---

1. *Ploumanach, Vendée* (... fait u. armement); *Indét.* 2, et *Bretagne* 1
(C' sont les filles...); cf. *La Rochelle, Savenay, Omonville, Indét.* 1, *Bretagne* 2.
— Il y a à l'hémistiche un nom de port terminé en *e* muet : « Le Hâvre »
(*Omonville*); « Bayonne » (*Indét.* 1), « La Rochelle » partout ailleurs, qui est
sûrement la leçon originale; la version rocheloise parle mal à propos des
« dames de Bourgogne ».
Le refrain consiste dans un vers qui rime aussi en *au* (*Indét.* 1 et 2 et
Bretagne 1, *Vendée* et *La Rochelle; Savenay; Omonville* et *Indét.* 3) : la forme
adoptée résulte de *Omonville* et *Indét.* 3.
  2. *Indét.* 2, *Bretagne* 1; cf. *Indét.* 1, *Savenay, Ploumanach, Omonville.*
  3. *Indét.* 2, *Bretagne* 1; cf. *Bretagne* 2, *Omonville, Ploumanach, Indét.* 1. —
« Bois rouge » s'est dit de plusieurs essences de bois des Iles (entre autres du
campêche); il faut ici l'entendre probablement de l'acajou, qui est en effet
d'une couleur rouge tirant sur le brun.
  4. *Indét.* 2, *Bretagne* 1 (La grand vergue...), *Ploumanach* (Le navire...);
cf. *Omonville, Indét.* 1, *Bretagne* 2.
  5. *Indét.* 2, *Bretagne* 1, *Bretagne* 2 (la misaine... la gr. voile), *Ploumanach*
(L. gr. mât...); cf. *Omonville, La Rochelle, Vendée, Indét.* 3.
  6. *Indét.* 2, *Bretagne* 1 (s. tout f. d'o...); cf. *Indét.* 1 et 3.
  7. *Indét.* 2, *Omonville* (... sont des f.); cf. *Vendée, Savenay.*

8. Les gabiers de la grand hune   n'ont pas plus de dix-huit ans.

9. Le captain' qui les commande   est le roi des bons enfans.

10. Hier, faisant sa promenade   dessus le gaillard d'avant,

11. Aperçut une brunette   qui ploroit dans les haubans.

12. Il lui dit : « Gentil brunette,   qu'avez-vous à plorer tant?

13. Av'-ous perdu pére et mére,   ou quelqu'un de vos parens? »

14. — « N'ai perdu pére ni mére,   ni aucun de mes parens.

15. Je ploure mon pucelage,   qui s'en va la voile au vent. »

16. — « Il est parti vent arrière,   reviendra en louvoyant! »

8. *Indél.* 2, *Savenay* (... sont des filles de vingt a.); cf. *Vendée, La Rochelle.*
9. *Ploumanach, Savenay, Omonville*; cf. *Bretagne 2, Vendée, La Rochelle.* — « Captaine », ancienne forme du mot, conservée dans l'usage populaire.
10. *Bretagne 1* + *Ploumanach* (sa); cf. *Bretagne 2, Savenay, Vendée.* — *Ploumanach, Bretagne 2, Omonville* et *Vendée* rapportent l'histoire au capitaine, comme il est logique; dans les deux autres versions le récit est à la 1re personne.
11. *Bretagne 1* (J'aperçus...); *Bretagne 2* et *Ploumanach* (... la belle Hélène...); cf. *Vendée, Savenay.* — La brunette anonyme est devenue « Madeleine » dans *Savenay*, « la belle Hélène » dans *Ploumanach, Bretagne 2.*
12. *Bretagne 1* (Je l. d...), *Savenay* (Il l. demande : La belle...); cf. *Ploumanach, Vendée, La Rochelle.* — « Gentil » au féminin, vestige de la vieille langue.
13. *Bretagne 1;* cf. *Ploumanach* et *Bretagne 2, Omonville.*
14. *Bretagne 1* + *Ploumanach* et *Bretagne 2* (p. ni mère); cf. *Vendée.*
15. *Omonville* + *Savenay;* cf. *Ploumanach, Bretagne 1.* — L'objet perdu que *Omonville* désigne franchement par son nom, est nommé dans *Savenay* « mon innocence », dans *Bretagne 1* « ma rose blanche », dans *Ploumanach* « mon trictrac (!) ».
16. *Omonville, Ploumanach* (... plein v. ar...); cf. *Bretagne 1.*

Cette jolie chanson de matelots n'est pas antérieure au XVIIIe siècle. Le premier vers montre qu'elle fut composée soit à La Rochelle, soit du moins par un marin de l'Ouest à qui ce port était familier. Elle s'est répandue sur tout le littoral de l'Atlantique et de la Manche, et ne parait pas avoir pénétré plus avant dans les terres.

Si la chute en est grivoise [1], le début, purement descriptif, peut passer pour un bijou de fantaisie pittoresque. L'on songe un peu à la Cruche cassée de Greuze ; mais on se rappelle surtout Watteau et l'Embarquement pour Cythère, tant le coloris de ces vers est frais, poétique et brillant ; tant le gréement du merveilleux navire s'harmonise à un décor de fête galante. Au reste le décor fait ici le prix de la pièce ; et la facétie dialoguée de la fin compterait assez peu, sans la féerie de cette nef nonpareille, tout dentelle et satin, tout acajou et ivoire, tout fil d'or et diamants, que manœuvre un équipage folâtre de jouvencelles [2].

---

1. La finale (vers 15 et 16) a un air de famille avec cette chansonnette d'atelier souvent entendue à Paris :

> Madeleine, qu'as-tu fait de ton pucelage ?
> — En passant près d'un ruisseau,
> Je l'ai laissé tomber dans l'eau :
> Il nage (bis) !

2. On m'avait signalé un rapport entre la chanson du *Merveilleux navire* et certaine poésie sanscrite insérée dans l'*Anthologia sanscritica* de Lassen : chose, à priori, surprenante. Il se trouve, après examen, que ce morceau est tiré d'un épisode du Râmâyana (liv. I, chap. 9), l'épisode dit de Rishyaçringa, et se réduit à ceci. Un roi, voulant attirer à sa cour l'ascète Rishyaçringa, équipe à cette fin « de très beaux navires, sur lesquels il fait charger des arbres aux fruits rares et aux fleurs odorantes ; et il y embarque de belles filles habiles à chanter et à danser et expertes dans l'art des courtisanes » (traduction due à l'obligeance de M. Ch. Michel). En somme, dans le poème indien il ne s'agit nullement d'une nef fantastique, mais d'un bâtiment ordinaire, où l'on a pris soin de rassembler divers engins de séduction entre lesquels une troupe de courtisanes. S'il y a là quelque ressemblance avec notre chanson, elle est, comme on voit, toute fortuite et superficielle.

XXXVIII

LA FILLE DU MARÉCHAL DE FRANCE

CATALOGUE DES VERSIONS

France (oïl et oc)

Haute-Bretagne : H. DE BALZAC, *Les Chouans*, 1827.

Valois : G. DE NERVAL, *la Sylphide* (périodique), VI, 1842. — De nouveau dans *Les Filles du feu* et *La Bohème galante* du même.

Franche-Comté 1 : RICHARD, *Poés. pop. de la France*, III, mss. B. N. [s. d.].

Bourbonnais : *Ibid.*, VI [s. d.].

Dauphiné : CHAMPFLEURY-WEKERLIN, *Chans. pop. des prov. de France*, 1860.

Franche-Comté 2 : BUCHON, *Noëls et Chants pop. de la Franche-Comté* 1863.

Picardie : H. MENU, d'après un ANONYME, *la Tradition*, V, réd. vers 1864.

Cambrésis [fragm.] : DURIEUX-BRUYELLE, d'après DELATTRE, *Chants pop. du Cambrésis*, I, 1864.

Retonfcy : DE PUYMAIGRE, d'après AURICOSTE, *Chants pop. rec. dans le pays messin*, 1865.

Angoumois, etc. : BUJEAUD, *Chants pop. des prov. de l'Ouest*, II, 1866.

Amphion (Savoie), [fragm.] : Mme E. QUINET, *Mémoires d'exil*, Nelle série, 1870.

Fontenay-le-Marmion : LEGRAND, *Romania*, X, r. 1876.

Ceyzériat : GUILLON, *Chans. pop. de l'Ain*, 1883.

Lorient : ROLLAND, *Rec. de Chans. pop.*, I, 1883.

Ille-et-Vilaine 1 : DECOMBE, *Chans. pop. d'Ille-et-Vilaine*, 1884.

Normandie : ROLLAND, *Rec. de Chans. pop.*, II, 1886.

Scaër (Finistère) : GUICHOUX, *inédit*, r. vers 1886.

Attigny : MEYRAC, *Trad. des Ardennes*, 1890.

Loubeyrat (Puy-de-Dôme) : POMMEROL, *Rev des Trad. pop.*, VI, 1891.

Ille-et-Vilaine 2 : Mᵐᵉ P. SÉBILLOT, *ibid.*, VI, 1891.

Poitou : PINEAU, *Le Folk-Lore du Poitou*, 1892.

Guéméné-s.-Scorf ; LUZEL, *Rev. des Trad. pop.*, IX, 1894.

Franche-Comté 3 : BEAUQUIER, *Chans. pop. rec. en Franche-Comté*, 1894.

Chambéry-le-Vieux, FERROUD, *inédit*, r. 1895.

Lincé-Sprimont (Belgique) : F. SLUSE, *Wallonia*, IV, 1896.

Séez (Savoie) : }
Vallée d'Aoste : } J. FAVRE, *inédits*, r. 1896.

Dol (Ille-et-Vilaine) : DUINE, *Annales de Bretagne*, XIV, 1898.

FORMULE RYTHMIQUE

Complainte. Sixains de vers de 5 syllabes (strophe couée : *aabccb*), le 3ᵉ et le 6ᵉ masculins, les autres féminins.

TEXTE CRITIQUE

1

Brave capitaine,
Revenant de guerre,
Cherchant ses amours,
Les a tant cherchées
Qu'il les a trouvées
Dedans une tour :

2

« Dites-moi, la belle,
Qui vous a fait mettre
Dedans cette tour ? »
— « C'est mon cruel pére
Qui m'y a fait mettre
Par rapport à vous. »

1. a' a") *Dauphiné, Aoste, Retonfey, Picardie, Cambrésis, etc.; Guéméné, etc.* (Jeune c..); *Comté 1, 2, 3, etc.* (Joli c..); *Lorient et Fontenay* (Br. militaire...). — b) *Angoumois, Valois, Dauphiné, Comté 1 et 3, Ille-et-Vil. 1, etc.* — c' c") *Dauphiné, Aoste, Ceyzériat, Comté 1 et 3, Normandie, Lorient* (Il les a..), *Guéméné* (id.), *etc.* — d) *Normandie, Dauphiné, Aoste, Comté 2 et 3, Retonfey, etc.*

2. a') *Angoumois, Cambrésis, Comté, 1, 2, 3, Séez, Loubeyrat, etc.;* cf. *Amphion.* — a" b) *Picardie, Normandie, Fontenay, Séez, Comté, 1, 2, 3, etc.* — c') *Lorient, Dauphiné, Attigny, Ceyzériat* (...maudit p.); *Ille-et-Vil. 1,* (... cher p.), *Comté 1, 2, 3 et Séez* (... très cher p.); *Amphion* (...tendre p.), *etc...* — c" d) *Picardie, Normandie, Séez, Comté 1, 2, 3, etc.*

3

« Maréchal de France,
Votre fill' demande
Quand el sortira ? »
— « Brave capitaine,
Ne t'en mets en peine,
Tu ne l'auras pas ! »

4

— « Si ne l'ai par plaire,
Je l'aurai par guerre
Ou par trahison.
Allons, partons, belle,
Partons pour la guerre,
Car il y fait bon ! »

3. a') *Guéméné, Chambéry, Angoumois* (Beau m...), *Ille-et-Vil.* 1, (Grand m...), *Normandie* (Gr. sénéchal...), *Scaër* (Chevalier...) ; cf. *Lorient, Fontenay, Comté,* etc. — a" b) *Normandie, Dol, Fontenay, Guéméné, Chambéry,* etc., *Dauphiné,* etc. (Ta f.). Le vouvoiement est donné par la plupart des versions. — c') *Picardie, Normandie, Retonfey, Ceyzériat* ; cf. *Dauphiné,* etc. — c" d) *Normandie, Valois, Ille-et-Vil.* 1, *Comté* 2 (N'en sois point...), *Scaër* et *Comté* 3 (Te mets pas...), *Guéméné et Chambéry* (Ne sois pas...) ; cf. *Dauphiné, Dol,* etc.

4. a') *Dauphiné, Attigny, Comté* 3, *Bourbonnais* (... p. peine); cf. *Chambéry.* — a" b) *Dauphiné, Séez, Attigny, Comté* 1 et 3, *Ceyzériat, Retonfey, Comté* 2 (J. l. par force...); cf. *Chambéry.* Dans toutes les autres versions, notamment celles de l'Ouest, le « par plaire » de a' n'ayant pas été compris, a entraîné dans sa chute le « par guerre » de a"; et il s'est substitué une autre antithèse de son pareil, mais qui fait un sens bizarre « par mer(e) — par terre », b demeurant intact. — c' c") *Bretagne, Retonfey, Ille-et-Vil.* 1, 2 et *Picardie* (Partons, part.). — b) *Comté* 1 et 3 (..Allons à l. g.) ; cf. *Loubeyrat, Angoumois,* etc. — d) *Ille-et-Vil.* 2, *Comté* 1 et 3, *Retonfey* et *Ille-et-Vil.* 1; (... beau); cf. *Picardie, Loubeyrat,* etc. — Ce couplet a été généralement coupé en deux, et la seconde moitié rejetée plus loin.

5

Le père, de rage,
Prent sa fill', l'embrasse
Et la jette à l'eau.
Son amant si brave
Se jette à la nage,
L'attrape aussitôt.

6

La première ville,
Son amant l'habille
Tout en satin blanc.
La seconde ville,
Son amant l'habille
En or et argent.

7

La troisième ville,
Son amant l'habille

5. a') *Comté* 2 et 3, *Chambéry, Ceyzériat, Lorient* (Son p...), *Dauphiné* (id.), etc.; cf. *Retonfey, Guéméné*, etc. — a") *Chambéry, Ceyzériat, Lorient*; cf. *Dauphiné*, etc. « L'embrasse » = la prend à bras-le-corps. — b) *Bretagne, Lorient-Comté*, 2 et 3, *Ceyzériat, Chambéry*, etc. — c') *Guéméné, Fontenay* (jeune et br.), *Lorient* (si sage), *Séez*, etc. (id.)..; cf. *Loubeyrat* (L'am. en courage), *Ceyzériat*, etc. — c") *Bretagne, Guéméné, Ille-et-Vill.* 1 et 2, *Séez, Comté* 2, etc. — d) *Lorient*; cf. *Guéméné* (p. la rattraper), *Loubeyrat, Retonfey, Fontenay, Chambéry, Sprimont*, etc.

6. a' a") *Lorient, Retonfey, Picardie, Valois* (A la...), *Ille-et-Vil.* [1 et 2, etc. (id.). — b) *Lorient, Ille-et-Vil.* 2, *Valois, Dauphiné, Comté* 2 et 3, etc. — c' c") *Retonfey, Picardie, Lorient*, etc. (Le deuxième...), *Valois* (A l. sec.), *Bretagne*, etc. (id.). — d) *Picardie, Sprimont, Lorient*, etc. (... et en arg.), *Loubeyrat* et *Chambéry* (E. o., en arg.), *Dauphiné*, etc. (Tout d'o. et d'arg.).

7. a' a") *Retonfey, Lorient, Valois* (A la...), *Guéméné* (id.), etc. — b) *Comté* 3, *Ceyzériat* (D'un ép...), *Guéméné* (E. robe d'ép.); cf. *Retonfey, Dauphiné, Loubeyrat*, etc. — c' c") *Valois, Comté* 3, *Retonfey, Chambéry*

En épousement.
El étoit si belle,
Qu'el passoit pour reine
Dans le régiment.

(... semblait la r.), *Aoste* (Ress. la r.), *Comté 2* (...était la r.), *Scaër* (.. devint l. r.), *Lorient* (.. qu'on la croyait r.), *Guémené* (.. qu'on la nomma r.), *etc...* — d) *Valois, Retonfey, Comté 2* et *3*, *Ille-et-Vill. 1, Ceyzériat ;* cf. *Angoumois, Scaër,* etc.

Chansonnette de soldats, composée dans la France d'oïl (province incertaine), et qu'à son style on doit croire du xviiie siècle. La facture en est remarquable : c'est ici un rythme d'odelette savante, familier aux poètes de la Renaissance (Cl. Marot), connu aussi des lyriques du xviiie siècle (J.-B. Rousseau, Gentil Bernard, Désaugiers), mais sans autre exemple, que je sache, dans la poésie populaire.

Le thème est celui de la belle emprisonnée par son père, finalement réunie à son amant ; le même sur lequel travaillait l'auteur plus ancien de *la Fille du roi Loÿs*. Mais ici les choses sont arrangées à la mode militaire, un maréchal de France tient lieu du roi. Le franc chevalier est devenu un brave capitaine.

Au reste, la réunion des amoureux s'opère par des moyens différents : un plongeon dans l'eau des douves remplace pour la belle captive le stratagème de la mort feinte.

XXXIX

JOLI TAMBOUR

CATALOGUE DES VERSIONS

France (oïl et oc)

Urçay (Allier) : A. MICHEL, *Voyage pittoresque dans l'ancien Bour-bonnais*, II, 1838.

Valois : G. DE NERVAL, *la Sylphide* (périodique), VI, 1842. — De nouveau dans *Les Filles du feu* et *La Bohême galante* du même.

Indéterminé 1 : DUMERSAN, *Rondes et Chans. enfantines*, 1845.

Calais : P. DE BEAUPRÉ, *Poés. pop. de la France*, IV, mss. B. N., réd. 1853. — Publ. par ROLLAND, I.

La Réole (Gironde) : ARCHY, *ibid.*, IV, r. 1854. — Publ. par ROLLAND, I.

Indét. 2 : *Ibid.*, IV, r. 1854.

Bouches-du-Rhône : *ibid.*, II, r. 1855.

Uzès (Gard) : AUTRAN, *ibid.*, IV, r. 1855. — Publ. par ROLLAND, I.

Meurthe : *Ibid.*, IV, r. 1855. — Publ. par ROLLAND, I.

Givry (Ardennes) : NOZOT, *ibid.*, IV, r. 1856 (version contaminée). — Publ. par ROLLAND, II.

Bengy-s.-Craon (Cher) : R. DE LAUGARDIÈRE, *ibid.*, III, r. 1857. — — Publ. par ROLLAND, II.

Bourges : BOYER, *ibid.*, III, r. 1857. — Publ. par ROLLAND, II.

Bourgogne : *Ibid.*, V [s. d.].

Languedoc : CHAMPFLEURY-WEKERLIN, *Chans. pop. des prov. de France*, 1860.

Champagne 1 : TARBÉ, d'après FAURE, *Romancéro de Champagne*, II, 1863.

Cambrésis: DURIEUX-BRUYELLE, *Chants pop. du Cambrésis*, I, 1864.

Indét. 3 : *Magasin pittoresque* (périodique), 1865. — Repr. par ROLLAND, I.

Malavillers : } DE PUYMAIGRE, d'après MAIGRET et AURICOSTE, *Chants*
Retonfey : } *pop. rec. dans le pays messin*, 1865.

Poitou 1 : BUJEAUD, *Chants pop. des prov. de l'Ouest*, I, 1865.

Courseulles-s.-Mer : BENOIST, *Romania*, XIII, r. 1882.

Lorient 1 : ROLLAND, *Almanach des Trad. pop. pour l'an. 1882*.

Eure-et-Loir : }
Lorient 2 [fragm] : } ID., *Recueil de Chans. pop.* I, 1883.

Épinal: ID., *ibid.*, I, 1883 (d'après une image d'Épinal de la collection Pellerin).

Ceyzériat : GUILLON, *Chans. pop. de l'Ain*, 1883.

Finistère 1 et 2 : ROLLAND, d'après GUICHOUX et SAUVÉ, *Rec. de Chans. pop.*, II, 1886.

Haute-Bretagne : SÉBILLOT, *Annuaire des Trad. pop.*, nº 2, r. 1884.

Sérignac (Lot) : DAYMARD, *Vieux Chants pop. rec. en Quercy*, 1889.

Champagne 2 : MARIE GUYOT, *Rev. des Trad. pop.*, V, 1890.

Paris : GABRIELLE WALLÈNE, *ibid.*, V, 1890.

Vire (Calvados) : COURAYE DU PARC, *Études romanes déd. à G. Paris*, 1891.

Albret : DARDY, *Anthologie pop. de l'Albret*, I, 1891.

Quercy : FROMENT DE BEAUREPAIRE, *la Tradition*, VI, 1892.

Poitou 2 et 3 : PINEAU, *Le Folk-Lore du Poitou*, 1892.

Franche-Comté : BEAUQUIER, *Chants pop. rec. en Franche-Comté*, 1894.

La Roche-s.-Yon : TRÉBUCQ, *La Chans. pop. en Vendée*, 1896.

Dol (Ille-et-V.) [fragm.] : DUINE, *Ann. de Bretagne*, XIV, 1898.

Indét. 4 : DE REFFYE, *Rev. des Trad. pop.*, XV, 1900.

Haute-Italie

Montferrat 1 : FERRARO, *Canti pop. monferrini*, 1870.

Montferrat 2 : ID., *Canti pop. del Basso-Monferrato*, 1888.

A Sale-Castelnuovo, *B* Altare, *C, D, E, F, G, H, I, K*, variantes diverses : NIGRA, *Canti pop. del Piemonte* (nº 73), 1888.

Vicence : WOLF, d'après WIDTER, *Volkslieder aus Venetien*, 1864.
Toscane : NERUCCI, *Saggio di un. st. sopra i parlari della Toscana*, 1865.
Venise : BERNONI, *Canti pop. Veneziani*, 1873.

Catalogne

Cat. (E) : BRIZ, *Cans. de la Terra*, III, 1871.
Cat. *A, B, C, D* : MILÁ, *Romancerillo catalan* (nº 214), 1882.

FORMULE RYTHMIQUE

Chanson à danser. Vers de 10 syl. $= 4 + 6$, féminins, assonant deux par deux ; chaque vers, muni d'un refrain intérieur, forme couplet.

Dans les versions catalanes, le vers, par allongement du 1er hémistiche, est ramené au type de 12 syl $= 6 + 6$; et l'assonance est uniformisée en *é* $+$ atone.

TEXTE CRITIQUE

1. Sont trois tambours   revenant de la guerre,
   Ran, ran, pataplan.....
   revenant de la guerre.

2. La fille au Roi   étoit à sa fenêtre.

3. Le plus jeune a   à sa bouche une rose.

4. « Joli tambour,   donnez-moi votre rose! »

5. — « Fille du Roi,   donnez-moi votre cuer*e*! »

6. — « Joli tambour   demandez-l' à mon pére. »

1. *Albret, Castelnuovo, Uzès* (N. sommes...), *Catalogne A, B* (Si n'eran...): cf. *Indét. 3, Lorient 2, Calais*, etc. — Au lieu de tambours, il s'agit en des versions isolées de « dragons » (*Champagne 1, Bourgogne*, etc ..), de « lanciers » (*Sérignac*), de « grenadiers » (*Poitou 2*), de « soldats » (*Champagne 2, St-Blaise*, etc.), de « marins » (*Vire, Poitou 1*), de « tailleurs » (*Piémont* ?), d'un « fendeur » = bûcheron (*Poitou 3, Indét. 3*). Le refrain (onomatopée du tambour) est donné par la presque totalité des versions françaises (*Indét. 3, Lorient 2, Calais, Malavillers, Champagne 1 et 2, Sérignac*, etc., etc..), par les piémontaises (*Castelnuovo, Altare*), par une catalane (*Cat. B.*).

2. *Bretagne, Champagne 2; Calais* (du R..), *Valois* (id.), *Épinal* (id.), *Castelnuovo* et *Altare* (id.), *Catalogne B* (id.), etc.

3. *Bretagne, Champagne 2, Courseulles* (porte u. r. à s. b.); cf. *Albret* et *Retonfey* (dans sa main..), *Bengy* (à sa m..) et *Comté* (s. m. tient...); *Calais, Lorient 2, La Réole, Uzès* etc., *Castelnuovo* et *Altare, Catalogne A* et *B*.

4. *Calais, Cambrésis, Retonfey, Ceyzériat*, etc.; *Champagne 2* (Petit t...), *Castelnuovo* (Gentil t...), *Indét. 2* et *Comté* (J. dragon...), *Champagne 1* (Petit drag...); cf. *Catalogne A* et *B*.

5. *Cambrésis, Piémont I, Montferrat 1, Bretagne* (Jeun' demoiselle,...), *Courseulles* (Petit' princesse,...); cf. *Indét. 2* (vot. amour), *Cat. A* et *B* (l'amoreta), *Castelnuovo* (v. persona); aussi *Sérignac, Comté*, etc. — La rime suppose ici la prononciation ancienne : *cuer*.

6. *Bretagne, Cambrésis, Épinal, Sérignac*, etc.; *Champagne 2* et *Indét. 3* (Petit t...), *Indét. 2* (J. dragon...), etc.; cf. *Castelnuovo, St-Blaise*, etc.

7. — « Sire le Roi,   donnez-moi votre fille. »

8. — « Joli tambour,   comment oses-tu dire ?

9. Joli tambour,   quelles sont tes richesses? »

10. — « Sire le Roi,   ma caisse et mes baguettes. »

11. — « Joli tambour,   tu n'es pas assez riche,

12. N'as pas vaillant   la robe de ma fille. »

13. — « Sire le Roi,   ne sui bien que trop riche :

14. J'ai trois vaisseaus   dessus la mer jolie,

15. L'un chargé d'or,   l'autre d'argenterie,

---

7. *Bretagne, Vire, Calais, Meurthe, Cambrésis, La Réole, Uzès, etc., Castelnuovo et Allare* ; cf. *Catalogne A, B.*

8. *Ceyzériat + Comté* ; cf. *Valois.*

9. *Calais, Castelnuovo, Quercy* (où donc s. t. r. ?), *Allare* (id.) ; cf. *Eure-et-Loir, Épinal, Catalogne B.*

10. *Épinal, Quercy, Piémont D, Catalogne C, D* ; cf. *Eure-et-Loir, Castelnuovo et Allare, Catalogne B.*

11. *Retonfey, Valois, Uzès, La Réole, Ceyzériat, etc.* ; cf. *Bengy, Poitou 2 et 3, etc.*

12. *Poitou 2 et 3, Bengy, Bourges, La Roche, Comté* (la jupe), *Meurthe* (la coiffure) ; *Poitou 1, Urçay, Piémont C.*

13. *Vire ; Lorient 1 et La Réole* (je n. s. que...), *Malavillers* (... plus r. que vous) ; cf. *La Roche, Meurthe, Finistère 2, etc.*

14. *Bretagne, Vire, La Réole, Ceyzériat, Cambrésis, Sérignac, Piémont D, etc. ; Dol et Valois* (.. l. m. gentille), *Paris, etc.* (.. l. m. qui brille) ; cf. *Urçay, Castelnuovo, etc.*

15. *Bretagne, Vire, Ceyzériat, Retonfey, Bourgogne, Givry ; Castelnuovo, etc.* ; cf. *Champagne 1 et 2, Calais, Indét. 3, etc.* Quelques versions remplacent « argenterie », qui est la leçon originale, par « pierreries » « ou perles fines ».

16. Le troisième est   pour promener m'amie. »

17. — « Joli tambour,   dis-moi quel est ton père ? »

18. — « Sire le Roi,   c'est le roi d'Angleterre,

19. Et ma mère est   la reine de Hongrie. »

20. — « Joli tambour,   je te donne ma fille. »

21. — « Sire le Roi,   je vous en remercie :

22. Dans mon pays   y en a de plus jolies! »

---

16. *Cambrésis, Indét.* 3, *Bretagne* (Et l. tr. p...), *Courseulles, etc.* (id.), *St-Blaise* (... p. transporter...), *Champagne* 2 (...m. belle); *Vire, etc.* (L'autre de fleurs, p...), *La Réole* (L'a. d'argent, p...); cf. *Castelnuovo, Languedoc, Poitou* 1, *etc.*

17. *Calais, Cambrésis, Épinal, Retonfey, Catalogne A* (Digas, t...); *Castelnuovo* et *Altare* (Di-m., t...).

18. *Cambrésis, Retonfey, Castelnuovo, Altare, 'Piémont C, Catalogne A, B*; cf. *Quercy, Piémont H, Cat. C.; Épinal* (...l'empereur Auguste), *Vire* (...l'emp. de Russie), *Piémont K* (..le r. de Lombardie).

19. *Vire, Calais* (J. suis l. fils de...); cf. *Piémont C.*

20. *Épinal, Eure-et-Loir, Ceyzériat, Languedoc* (J. dragon), *etc.* ; cf. *Retonfey, Champagne* 1, *Castelnuovo* et *Altare* ; *Catalogne A, B, C.*

21. *Bretagne, Lorient, Vire, Champagne* 1 et 2, *Retonfey, Finistère* 2, *etc...* ; cf. *Catalogne B.*

22. *Bretagne, Finistère* 2, *Champagne* 2, *Retonfey, La Réole, Altare, etc.,* *Castelnuovo* (... gentille), *Catalogne A* (... bonicas); cf. *Indét.* 2, *Courseulles, etc.*

Cette chanson est répandue si également par toute la France du nord, qu'on ne peut en particulariser le foyer; mais « la mer jolie », ces « trois vaisseaux » prestigieux en quoi consiste la fortune du tambour, sont des signes presque certains qu'elle est née au sein d'une population maritime, conséquemment sur le littoral du Poitou, de la Bretagne ou de la Normandie.

L'allure du style, surtout l'emploi du décasyllabe à 4 + 6,
attestent sa modernité. De fait, c'est vers le milieu du XVIIIe
siècle qu'il convient de la placer ; car la filiation fantastique du
jeune tambour (vv. 18 et 19) équivaut pour la chanson à un
acte de naissance positif. Si « le roi d'Angleterre » est un personnage vague, il n'a existé, depuis des siècles, qu'une seule
femme à qui pût convenir le titre de « reine de Hongrie » : c'est
Marie-Thérèse d'Autriche, couronnée reine de Hongrie à la
diète de Presbourg, en septembre 1741, dans des circonstances
étrangement dramatiques et qui firent sur les contemporains
la plus vive impression ; ajoutez que le nom de cette grande
reine, pendant vingt ans que ses armées se rencontrèrent avec
les nôtres, ou comme adversaires, ou comme alliées, devait
fréquemment revenir dans les propos des Français [1].

Le jeune homme à la rose est, à l'origine, un tambour. Et
de même que son premier état, ses métamorphoses variées en
« dragon », en « lancier », en « grenadier », en « soldat »
montrent assez dans quel monde la chanson s'est propagée.
Toutefois, que ce tambour servît dans l'armée de terre, il ne
semble pas. Ce n'est point, je pense, un terrien qui parlerait de
la mer jolie, qui posséderait des cargaisons en patrimoine, qui
armerait un vaisseau pour promener sa belle. Et comme on sait
que dans la marine de l'État les exercices et les manœuvres se
font au son du tambour, le héros de la chanson — et le chansonnier, car l'un ici entraîne l'autre, — devait être plutôt un
tambour de la flotte royale.

Maintenant, ce matelot poète, qu'avait-il au juste dans l'esprit, en composant cette scène à trois personnages d'une si
gentille extravagance ? Le soi-disant rejeton du roi George et de
la reine Marie-Thérèse n'est-il, à son idée, qu'un simple tam-

---

1. J'ai trouvé dans le recueil des *Poésies pop. de la France*, mss. B. N., une
autre pièce, d'ailleurs sans intérêt, où « la reine de Hongrie » est associée
au « roi de Prusse » : il s'agit là, bien évidemment, de Marie-Thérèse et de
Frédéric II.

bour, un fieffé hâbleur qui se moque effrontément du roi et de sa fille ? Ou plutôt, ce fantasque tambour, ne serait-ce pas quelque prince déguisé, comme on en voit dans les contes des fées ou les comédies de Marivaux, qui s'en vient incognito éprouver les cœurs et veut être aimé pour lui-même? Que si le « jeune premier » de la comédie offre un caractère ambigu, l'ingénue, en revanche, et le père noble sont d'un type très pur; et leur simplicité se passe de commentaire. Quant au lieu de la scène, c'est un royaume où les infantes à leur balcon font des agaceries aux tambours qui passent, où les tambours, sans sourciller, demandent au Roi la main de sa fille, où le Roi leur réplique sur l'heure en s'enquérant du chiffre de leur fortune : et voilà tout ce qu'on en peut dire.

Le *Joli Tambour* a été traduit, mot pour mot dans l'idiome armoricain : voyez la version trégoroise, publiée par ERNAULT, *Mélusine*, VI, 1893.

XL

LA FEMME DU ROULIER

———

CATALOGUE DES VERSIONS

France (oïl et oc)

Berry : J.-J. Ampère, d'après Sainte-Beuve, *Poés. pop. de la France.
Instructions*, 1853. (Le texte autographe de S.-B est conservé dans
les *Poés. pop. de la France*, II, mss. B. N.) — Repr. par Champfleury, *Chans. pop. des prov. de France*.

Loiret : *Poés. pop. de la France*, II, mss. B. N., réd. 1854.

Anjou : *Ibid.*, II, r. 1855.

Saint-Dié (Vosges) : Papigny, *ibid.*, II [s. d.].

Bain (Ille-et-Vilaine) : Rolland, d'après Orain, *Rec. de Chans. pop.*,
V, 1887.

Roquecor (Tarn-et-Garonne) : Daymard, *Vieux Chants pop. rec. en
Quercy*, 1889.

Attigny : Meyrac, *Tradit. des Ardennes*, 1890.

La Roche-s.-Yon : Trébucq, *La Chans. pop. en Vendée*, 1896.

Séez (Savoie) : J. Favre, *inédit*, r. 1896[1].

———

[1]. *Les Nouvelles Parodies bachiques* de Ballard, 1700, contiennent une
chanson dont le premier vers « Mon mari va à la taverne » pourrait faire
croire à quelque parenté avec celle-ci ; mais dans le fait, ces deux pièces n'ont
pas de rapport.

Une chanson ardennaise, recueillie par Nozot (*Poés. pop. de la France*,
II, mss. B. N.) est aussi, de fond et de forme, distincte de *la Femme du roulier*, quoi qu'il s'y en soit probablement glissé quelque réminiscence.

Piémont

Montferrat : FERRARO, *Canti pop. monferrini* (n° 48), 1870.

FORMULE RYTHMIQUE

Complainte. Tercets composés d'un vers de 10 syl. $= 4 + 6$, masculin, qui ne rime pas, et de deux vers de 12 syl. $= 6 + 6$, féminins assonant ensemble.

TEXTE CRITIQUE

1

Triste et dolente,   la femme du roulier
S'en va dans le pays   de taverne en taverne,
Pour chercher son mari — *lalira* — avec une lanterne.

2

« Bonsoir, l'hôtesse,   mon mari est-il là ? »
— « Oui, madame, il est là,   dans la plus haute chambre,
A prendre ses ébats   avec une servante. »

3

— « Ah ! chien d'ivrogne,   pilier de cabaret !
Tu manges tout ton bien   avecque des canailles,
Et moi et tes enfans   nous sommes sur la paille. »

1. a) *Roquecor, Saint-Dié* (.. d'un bambocheur), *Attigny* (... d. tambour);
cf *Berry*. — b) *Saint-Dié, Roquecor, Attigny* + *Berry*; cf. *La Roche, Monferrat,
Bain.* — c) *Berry, Anjou, Roquecor, Saint-Dié* (Recherchant...), *La Roche* (En
ch...), *Attigny* (Ch. après...) ; d'après *La Roche, Anjou, Attigny* et *Montferrat*,
la « femme du roulier » est devenue « femme du tambour ».
   La généralité des versions coupent le 3e vers, à l'hémistiche, par une
onomatopée du type « lalira » (*La Roche, Anjou, Roquecor, Saint-Dié; Séez,
Berry*; cf. *Attigny*), ou « nom de nom ! » (*Bain*). Cet ornement rythmique
ne constitue pas à proprement parler un refrain.
   2. a) *Saint-Dié, Roquecor, Bain* + *La Roche, Montferrat*; cf. *Berry, Anjou,
Loiret, Séez.* — b) *Berry* + *La Roche, Roquecor, Anjou, Séez*; cf. *Saint-Dié,
Bain.* — c) *Anjou, Berry* (Et qui pr...); cf. *Roquecor, La Roche, Saint-Dié,
Séez, Bain.*
   3. a) *Roquecor* (allons v...), *Attigny* (Te voilà..), *Anjou* (O ch...), *La Roche*
(Ah ! gueux d'iv., coureur de c.); cf. *Saint-Dié, Séez, Loiret, Bain.* —
b) *Berry, La Roche* (...mon. b. av. les jeunes filles); cf. *Anjou, Saint-Dié,
Attigny, Roquecor, etc.* — c) *Roquecor* + *Berry*.

4

— « Dame l'hôtesse,   apportez-nous du vin !
Apportez-nous du vin   dessus la table ronde,
Pour boire à la santé   de ma femme qui gronde. »

5

La pauvre femme   s'en retourne au logis,
El dit à ses enfans :   « Vous n'avez plus de pére !
Je l'ai trouvé couché   avec une autre mére. »

6

— « Hé ! bien, ma mére,   hé ! bien, que dites-vous?
Nous savons bien [*pour*] sûr   que nous avons un pére :
Il fait le libertin,   nous ferons tout de même! »

---

4. a) *Roquecor*, *La Roche* (...qu'on m'app...), *Berry* (...ap.-moi d. bon v.).
— b) *Berry* + *Roquecor* ; cf. *La Roche*, *Saint-Dié*. — c) *Roquecor* ; cf. *Berry*,
La Roche, *Saint-Dié*.

5. a) *La Roche*, *Berry* (... à son l.), *Attigny* (... va tout en pleurant); *Bain*
(L. bonne f... en pleurant); cf. *Roquecor*. — b). *La Roche*, *Bain*, *Berry*; cf.
Roquecor, *Attigny*, *Séez*. — c) *Berry*, *Attigny* (... av. sa commère) ; cf. *Saint-
Dié*, *Roquecor*, *Montferrat*, *Bain*.

6. a) *Berry* + *La Roche*; cf. *Roquecor*, *Saint-Dié*, *Bain*. — b) *Saint-Dié*,
Roquecor, *Séez* + *La Roche*. Dans toutes ces versions il manque deux syllabes
au 1er hémistiche du vers, à quoi je supplée par une expression conjecturale.
— c) *La Roche* + *Berry* ; cf. *Saint-Dié*, *Roquecor*, *Bain*, *Séez*, *Montferrat*.

La Femme du roulier, que le Midi connaît peu, et seulement
sous forme française, fut composée dans la France d'oïl (province incertaine). Quant à la date, l'emploi du décasyllabe
coupé à 4 + 6, la tendance de l'assonance féminine vers la
rime, le caractère de la langue (le mot « libertin[1] » pris dans le

---

1. Si l'on admettait la variante « bambocheur », donnée par quatre versions, le mot serait encore plus moderne.

sens vulgaire de débauché, se trouverait à peine au xvii^e
siècle), sont autant de signes concordants d'une époque assez
récente; d'autre part le rédacteur de la version angevine
témoigne qu'elle était chantée, vers la fin du xviiie siècle, par
de jeunes garçons qui, sans doute, la tenaient de soldats (selon
cette version, le mari est tambour, et la femme vivandière);
ainsi elle peut remonter au milieu du xviiie siècle.

Cette chanson, belle en sa brutalité, et qui ne déparerait
point *la Chanson des Gueux* de Richepin, représente un côté
tout à fait rare de la poésie populaire. Elle est réaliste. Nul vestige de ce naïf idéal, ni de cette morale élémentaire, qui ont
coutume de charmer ou de consoler l'esprit du peuple. Même
la pitié ne s'y sent point. La grande peine de cette pauvre
femme nous apparaît comme écrasée entre l'abrutissement de
son mari et la perversité précoce de sa géniture; et la compassion qu'elle inspire s'efface presque dans l'ironie noire de ce
tableau de mœurs. Celui qui a vu et qui a peint cela, quelle
était sa condition sociale? quel était son état d'âme? Quoi qu'il
en soit, cet homme sans lettres exprimait à sa façon, et rude-
ment, des choses profondes, la fatalité de la misère et du mal,
l'injustice éternelle des Destinées.

LA BELLE AU JARDIN D'AMOUR

CATALOGUE DES VERSIONS

France (oïl et oc)

Bourges : BOYER, *Poés. pop. de la France*, III, mss. B. N., réd. 1856.

Picardie : CHAMPFLEURY-WEKERLIN, d'après Mme P. DUPONT, *Chans. pop. des prov. de France*, 1860.

Bas-Poitou :
Aunis et Saintonge : } BUJEAUD, *Chants pop. des prov. de l'Ouest*, I, 1865[1].

Saint-Just-Malmont (Hte-Loire) : SMITH, *Romania*, VII, 1868.

Lorient : ROLLAND, *Rec. de Chans. pop.*, I, 1883.

Boulonnais : Id., d'après DESEILLE, *ibid.*, 1883.

Ceyzériat : GUILLON, *Chans. pop. de l'Ain*, 1883.

Indéterminé : DE COLLEVILLE, *la Tradition*, VII, 1893.

Franche-Comté : BEAUQUIER, *Chans. pop. rec. en Franche-Comté*, 1894.

Champsaur (région dauphinoise) : TIERSOT, *inédit*, r. 1895.

FORMULE RYTHMIQUE

Complainte. Vers de 16 syl. = 8 + 8, féminins, rimant deux par deux : le distique forme couplet.

---

1. La version *Aunis* n'est qu'un *rifacimento* partiel, en vers plus courts, de *Bas-Poitou*.

TEXTE CRITIQUE

I

La belle est au jardin d'amour,   el y a passé la semaine.
Son père la cherche partout   et son amant qu'en est en peine.

2

« Faut demander à ce berger   s'il l'a pas vu' dedans la plaine.
Berger, berger, n'as-tu point vu   passer ici la beauté même ? »

3

— « Comment est-elle donc vêtu'?   est-ce de soie ou bien de
[laine? »
— « El est vêtu' de satin blanc   dont la doublure est de futaine. »

4

— « El est là-bas, dans ce vallon,   assise au bord d'une fontaine :
Entre ses mains tient un oiseau,   la belle lui conte ses peines. »

1. a) *Boulonnais, Saint-Just, Bas-Poitou* (… c'est pour y p. l. s.); cf. *Comté, Ceyzériat,* etc. — b) *Boulonnais, Bas-Poitou, Comté* (… am. en est…); *Champsaur* (… qui est…); cf. *Bourges, Saint-Just, Picardie,* etc.

2. a) *Boulonnais, Ceyzériat* + *Comté, Champsaur* et *Lorient* (dedans la plaine); cf. *Saint-Just.* — b) *Boulonnais, Comté, Picardie* (… n'as-t. p. v. (*bis*) l. b. m.?), *Bas-Poitou* (id.), *Ceyzériat* (… une fille, l. b. m.?); cf. *Indét., Saint-Just, Lorient,* etc.

3. a) *Picardie, Saint-Just* (Oh, com…); *Bas-Poitou* (Comment (*bis*)…) + *Boulonnais, Lorient* (est-el en s… en l…), *Comté* (était-ce en s….). — b) *Boulonnais;* cf. *Bas-Poitou* (tablier de sat. bl… jupon de tiretaine), *Picardie* (…, blanches mitaines), *Saint-Just* (… bl. en satin… mouchoir couleur de rose), *Comté* (… sat. bl… robe en soie rose).

4. a) *Boulonnais, Comté, Picardie* (ces v..), *Saint-Just* (id.), *Indét.* (id.); cf. *Bas-Poitou, Lorient,* etc. — b) *Ceyzériat, Champsaur* (E. s. bras… el l. rac..), *Saint-Just* (… à qui l. b…), *Comté* (… est u. o., à qui), *Picardie* et *Boulonnais* (Dans ses mains… à qui…), *Lorient* (Et dans sa m… à qui…); cf. *Bas-Poitou, Bourges.*

5

— « Petit oiseau, que t'es heureus   d'être entre les mains de
|ma belle !

Et moi qui sui son amoureus,   je ne pui pas m'approcher d'elle. »

6

« Faut-il être auprès du ruisseau,   sans pouvoir boire à la fon-
|taine ? »

— « Buvez, mon cher amant, buvez,   car cette eau–*là* est sou-
[veraine. »

7

— « Faut-il être auprès du rosier,   sans en pouvoir cueillir la
|rose ? »

— « Cueillez, mon cher amant, cueillez,   car c'est pour vous qu'el
[est éclose. »

5. a) *Saint-Just, Ceyzériat* (... d. la b.), *Picardie* (d'êt. ainsi près d. m. b...),
Comté et Lorient (P. ois., tu es... dans la main...); cf. *Bas-Poitou; Indét.*
— b) *Bas-Poitou, Picardie, Champsaur, Lorient, Bourges* (.. j. n'oserais..); cf.
Ceyzériat, Comté, Saint-Just, Indét.

6. a) *Ceyzériat* + *Saint-Just* (auprès du ruisseau). « Faut-il » est fourni
par *Comté* au couplet suivant. — b) *Ceyzériat* + *Saint-Just* (mon ch.). Je
supplée « là », au lieu de la cheville « en » que donne le texte.

Ce couplet donné seulement par *Ceyzériat* et *Saint-Just*, est représenté en
outre dans *Indét.* et *Bourges* par une variante du 7e.

7. a) *Picardie, Ceyzériat, Saint-Just* + *Comté* (Faut-il); cf. *Indét., Bourges.*
— b) *Ceyzériat* + *Comté, Picardie, Saint-Just, Indét.;* cf. *Bourges.*

Cette chanson est originaire d'une province d'oïl (Est?),
mais on ne saurait dire laquelle. De tous les poèmes notables,
que nous a conservés la tradition populaire, c'est sans doute un
des plus récents. Tout moderne de langue, il y règne encore
une sorte de préciosité sentimentale, qui date. Cela sonne à
l'unisson des romances de Berquin, des bergerades de Florian;

et ce jardin d'amour hanté par des belles en robe de satin blanc, vous a je ne sais quel air du parc du Petit-Trianon. Il est vrai aussi qu'une idylle de Mme des Houlières donne à peu près la même note[1]. En somme, il faut assigner le xviiie siècle à une telle complainte, ou bien le xviie siècle finissant. Observez au demeurant que l'auteur est, comme poète, un raffiné : il ne se contente pas pour ses vers féminins de l'assonance coutumière, il les rime fort exactement (sauf au 2e couplet, l'assonance *plaine : même*, qui peut passer encore pour une rime négligée), et cette exactitude-là n'est sans doute point le fait du hasard.

Les vers sont jolis, et plaisent par une grâce langoureuse et mièvre. D'action, il n'y en a guère, ou le peu qu'on en voit est énigmatique : pourquoi s'est-elle réfugiée, cette belle, toute une semaine au jardin d'amour? quelles sont ces grandes peines qu'elle y va conter à un oiselet? Questions, sur quoi le monde ne sera jamais fixé; questions aussi difficiles à résoudre qu'il l'est de savoir pour quel délit fut emprisonné l'amant de la Pernette, et si la Pernette épousa son Pierre. Le plus clair, ici, c'est que l'amant appartient à l'espèce des amoureux timides : il se plaint, il soupire, il n'ose s'approcher; il faut que la fugitive encourage ce pauvre galant, qu'elle le convie elle-même à boire à la fontaine d'amour, à cueillir la rose d'amour. Car c'est ainsi, je suppose, qu'il faut entendre le dialogue de la fin. Et cette extrême discrétion de l'amant, ne serait-ce point justement là le secret des mélancolies de la belle? Mais il ne convient pas de presser trop fort une fable si vaporeuse. Ne cherchez rien davantage, en ce pastel un peu flou, qu'un paysage idyllique et rococo où se groupent joliment quelques figures indécises.

---

1. Comp. à la strophe 4 ce début d'un madrigal adressé par elle à une « agréable prairie » :

> Comme vos fleurs, *mes ennuis* sont sans nombre,
> Je voudrais *vous les raconter.*

Et à la strophe 5, ce vers de l'idylle des *Moutons* (164) :

> Hélas : *petits* moutons, *que vous êtes heureux*

XLII

L'EMBARQUEMENT
DE LA FILLE AUX CHANSONS
ET SA DÉPLORABLE MORT

———

CATALOGUE DES VERSIONS

France (oïl et oc)

Indéterminé : DE LA LANDELLE, *Les Fêtes à bord*, dans *le Prisme*, 1841 (version incomplète). Repr. par ROLLAND, II.

Charente-Inf^{re} : FEDERICI, *Poés. pop. de la France*, III, mss. B. N., réd. 1853 (version contaminée).

Valois : G. DE NERVAL, *La Bohème galante*, 1854 (narré en prose d'une version analogue à *Malavillers* et *Messin* [1].

Normandie : DE BEAUREPAIRE, *Étude sur la Poés. pop. en Normandie*, 1856 (version contaminée).

Granville (Manche) : ID., d'après LE HÉRICHER, *ibid.*, 1856.

Berry 1 : BOYER, *Poés. pop. de la France*, IV, mss. B. N., r. 1857 (version incomplète).

Berry 2 : R. DE LAUGARDIÈRE, *ibid.*, III, r. 1857 (version incomplète).

Bretagne : *Ibid.*, III [s. d.] (version incomplète).

———

1. Les versions dites contaminées le sont avec une partie de la chanson du *Plongeur noyé*. — Les versions dites incomplètes ont perdu la 2e moitié de la chanson, à quoi elles suppléent par une petite conclusion postiche. — Enfin il y a certaines versions de l'Est (*Malavillers*, *Messin*, *Valois*), tronquées du début : par où le caractère maritime de l'histoire a disparu.

Champagne : Champfleury-Wekerlin, *Chans. pop. des prov. de France*, 1860 (version contaminée).

Malaviilers : de Puymaigre, d'après de Maigret, *Chants pop. rec. dans le pays messin*, 1865.

Maizeroy : Id., *ibid.*, 1865 (version incomplète).

Canada : Gagnon, *Chans. pop. du Canada*, 1865 (version contaminée).

Aunis : Bujeaud, *Chants pop. des prov. de l'Ouest*, II, 1866.

Savoie 1 : Dupuis, *Journal pour tous*, 1867 (version incomplète). Repr. par Rolland, II.

*Savoie 2 : Despine, *Rev. savoisienne*, 1869 (version incomplète).

Fontenay-le-Marmion : Legrand, *Romania*, X, r. 1876 (version contaminée).

Chamalières (Hte-Loire) :
Fraisses (Loire) :   } Smith, *ibid.*, VII, 1878.
Marlhes (Loire) :

Bivès (Gers) : Bladé, *Poés. pop. rec. dans l'Armagnac et l'Agenais*, 1879 (version contaminée).

Courseulles-s.-Mer : Benoist, *Romania*, XIII, r. 1882 (version incomplète).

Ceyzériat (Ain) : Guillon, *Chans. pop. de l'Ain*, 1883 (version incomplète).

La Hague : Fleury, *Litt. orale de la Basse-Normandie*, 1883 (version contaminée).

Châteauneuf : Decombe, *Chans. pop. d'Ille-et-Vilaine*, 1884 (version contaminée).

Dourdain (Ille-et-Vil.) : Orain, *Mélusine*, II, 1884 (version contaminée).

Valogne (Manche) [fragm.] : Le Héricher, *Litt. pop de la Normandie*, 1885.

Scaër (Finistère) : Rolland, d'après Guichoux, *Rec. de Chans. pop.*, II, 1886 (version incomplète).

Messin : Rolland, *inédit* [s. d.], (version tronquée).

Piémont

A, B Turin, *C* Turinois, *D* Bene-Vagienna, *E* Sale-Castelnuovo : Nigra, *Canti pop. del Piemonte* (n° 14), 1888.

FORMULE RYTHMIQUE

Chanson à danser. Vers de 12 syl. = 6 + 6, masculins, uniformément assonancés en *é;* chaque vers, muni d'un refrain bipartit, forme couplet.

Dans les versions piémontaises, le vers est devenu de 16 syl. = 8 + 8.

———

TEXTE CRITIQUE

1 La belle se promène   tout le long de la mer,
   tout le long de la mer,
   Sur le bord de l'île,
   tout le long de la mer,
   Sur le bord de l'eau,
   Tout auprès du vaisseau.

2 Voit venir une barque   de trente mariniers.

3 Le plus jeune des trente,   il se mit à chanter.

4 « La chanson que vous dites,   la voudrois bien savoir[1] ? »

5 « — Entrez dedans ma barque   et je vous l'apprendrai. »

6 Quand el fut dans la barque,   au large il a poussé.

---

1. *Courseulles, Scaër* + *Chamalières; Aunis* et *Fontenay, etc.;* cf. *Canada* (Isabeau), *Bivès,* (Marion), *etc.*
 Le refrain bipartit est donné par *Marlhes, Canada, La Hague, Courseulles, Bivès;* moins exactement par *Bretagne, Fraisses* et *Maizeroy, Scaër, etc.;* cf. *Turin A* et *B.*
 2. *Chamalières, La Hague* et *Bivès* (... tr. matelots); cf. *Savoie, Fraisses, Marlhes, Scaër, etc.*
 3. *Canada;* cf. *Aunis* et *Fontenay* pour le 2e hémistiche; et, pour le 1er, *Scaër, La Hague, Bretagne, etc.*
 4. *Fraisses, Champagne, etc.* (... voud. b. l. s.); cf. *Courseulles, Marlhes, etc.; Granville, Aunis; Turin A* et *B.*
 5. *Indét., Courseulles, La Hague* (Montez...), *Aunis* (E., bell', d...) et *Châteauneuf* (Belle, e. d...); cf. *Fraisses, Chamalières, etc.; Turin A* et *B, etc.*
 6. *Dourdain, La Hague, Canada, Fraisses, etc.* + *Aunis;* cf. *Savoie 1, etc.*

---

1. Savoir doit se prononcer ici « *savou-er* ».

7 Au bout de cent lieu's d'aive,   el se mit à plorer.

8 « Ah! qu'avez-vous, la belle,   qu'avez-vous à plorer ? »

9 — « Hélas! j'entens mon pére   m'appeler pour souper. »

10 — « Ne pleurez pas, la belle,   avec moi souperez. »

11 –- « Hélas! j'entens ma mére   m'appeler pour coucher. »

12 — « Ne pleurez pas, la belle,   avec moi coucherez. »

13 Quand el fut dans la chambre   son lacet a noué :

14 « Prêtez-moi votre dague,   pour mon lacet couper. »

15 Quand la belle eut la dague,   au cœur s'en est donné.

16 « Maudite soit la dague,   celui qui l'a forgé'!

---

7. *Aunis, Berry* 2 + *La Hague, Indét.; Chamalières* et *Marlhes* (... s'est mise...), *Bretagne* et *Scaër* (... s. met...); cf. *Berry* 1, *Fraisses,* etc... — « Aive » = eau.

8. *Courseulles, Aunis* (Oh! q...), *Granville* (Eh ! q...), *Bretagne,* etc. (Qu'av.-v. donc...) ; cf. *Scaër, Savoie,* etc.

9. *Aunis* + *Granville;* cf. *Fraisses.*

10. *Aunis* (... vous s.); cf. *Granville ; Scaër, Fraisses,* etc.

11. *Aunis;* cf. *Turin A, B.*

12. *Aunis* (... vous c.); cf. *Turin A* et *B, Turinois.*

13. *Aunis;* cf. *Granville, Turin A* et *B.*

14. *Normandie, Granville* + *Aunis, Malavillers ;* cf. *Fraisses, Messin, Turin A* et *B,* etc.

15. *Malavillers, Turin A* et *B* + *Normandie, Granville ;* cf. *Messin, Aunis, Fraisses.*

16. *Aunis* (... l'épée,...), *Turin A* et *B* (... l'épée... prêté). — « Dague » plutôt que « épée » par comparaison avec les vv. 14 et 15.

17 Si ne l'ai baisé' vive,   morte la veus baiser. »

18 La prent par sa main blanche   dans la mer l'a jeté'.

17. *Turin A* et *B*.

18. *Chamalières; Turin A* et *Turinois* (A l'a pr... campé). On admet ici cette finale narrative, sans en garantir l'authenticité.

L'Embarquement de la Fille aux chansons, qui a pour principal foyer les provinces de l'Ouest, décèle de plus, par son sujet comme par son refrain, une population littorale. Il ne semble pas qu'il y ait lieu d'en reculer la date au delà du XVIIIe siècle.

Toute répandue que la montre la liste des rédactions ci-dessus mentionnées, elle est rare en sa forme intégrale et primitive. A part les versions importées en Piémont et quatre ou cinq françaises, on la trouve tantôt contaminée avec une autre ronde rythmiquement pareille, sa première moitié (vv. 1-8) s'adaptant a la seconde partie du *Plongeur noyé* par le moyen du vers 8, commun aux deux pièces et qui fait soudure ; tantôt (*Bretagne, Courseulles, Scaër*, etc.) tronquée à partir du même v. 8, et pourvue, au lieu du dénouement tragique, d'une conclusion plaisante en forme de dialogue : Je pleure, répond la fille au marinier « mon cœur volage » (il y a quelquefois, sur la même rime, un mot plus franc), que vous m'allez ôter. — Ne pleurez pas, je vous le rendrai. — Ça ne peut pas se rendre, comme de l'argent prêté ! » Une de ces versions incomplètes, passée littéralement dans l'idiome armoricain, a été recueillie près de Tréguier (ERNAULT, *Mélusine*, VI).

Pour le thème — enlèvement d'une fille par des gens de mer, et suicide consécutif — il se rencontre aussi, mais tout différemment circonstancié, dans un gwerz bas-breton connu par trois versions (Trégorois : LEJEAN, *Poés. pop. de la France*, II, mss. B. N.; publ. par ROLLAND, III. — Keramborgne : LUZEL, *Gwerziou Breiz-Izel*, I. — Lesneven : ROLLAND, III). Des corsaires anglais, descendus sur la côte bretonne y enlèvent une jeune fille; désespérant de sauver son honneur, elle demande au capitaine à se promener sur le pont du navire, et se jette dans la mer. D'après *Keramborgne* et *Lesneven*, un poisson vient soutenir la jeune fille à fleur d'eau et la ramène au rivage : dénouement, peut-être, rajouté par un chanteur, afin que l'histoire finît bien.

XLIII

LE BATEAU DE BLÉ ET LA DAME TROMPÉE

CATALOGUE DES VERSIONS

France (oïl et oc)

Indéterminé 1 : J.-J. Ampère, d'après de Corcelle, *Poés. pop. de la France. Instructions*, 1853.

Indét. 2 : Fertiault, *Poés. pop. de la France*, III, mss. B. N., réd. 1854.

Dinan (Côtes-du-Nord) : De Bæcker, *ibid.*, IV, r. 1854.

Valmont (Seine-Inf^re) : Joubin, *ibid.*, III, r. 1855.

Loudéac (Côtes-du-N.) [fragm.] : Rousselot, *ibid.*, IV, r. 1855.

Bretagne : Roulin, *ibid.*, III [s. d.].

Sens : Tarbé, *Romancéro de Champagne*, II, 1863.

Canada : Gagnon, *Chans. pop. du Canada*, II, 1865.

Ossau : de Puymaigre, *Romania*, III, 1874.

Vorey (H^te-Loire) : Smith, *ibid*, VII, 1878.

Normandie : Fleury, *Litt. orale de la Basse-Normandie*, 1883.

Lorient : Rolland, *Rec. de Chans. pop.*, I, 1883.

Avranchin [fragm.] : Le Héricher, *Litt. pop. de la Normandie*, 1885.

FORMULE RYTHMIQUE

Chanson à danser. Vers de 8 syllabes, masculins, uniformément assonancés en *é;* le couplet est formé de deux vers, suivis d'un refrain, le 2e vers de chaque couplet devenant le 1er du couplet suivant.

TEXTE CRITIQUE

1 Devant Bordeaux est arrivé
  Un beau, etc.........
  Nous irons sur l'eau nous y promener,
  Nous irons jouer dans l'île !

2 Un beau bateau chargé de blé.

3 Trois dames le vont marchander :

4 « Bon marinier, combien ton blé ? »

5 — « Je l' vens diz-huit francs la perré'. »

6 — « Ce n'est pas cher, si c'est bon blé. »

7 — « Entrez, Mesdames, vous verrez ! »

8 La plus jeune a le pié léger,

---

1. *Lorient* et *Normandie* (A Bordeaux) + *Ossau, Loudéac, Indét.* 2 ; cf. *Dinan, Avranchin* et *Canada* (Saint-Malo), *Indét.* 1 et *Bretagne* (Nantes), *etc.* — La leçon « Bordeaux » est assurée, la ville devant être tout ensemble un port marchand (v. 2) et une ville de parlement (v. 13).
Le refrain est donné par *Bretagne, Ossau* et *Canada.*

2. *Indét.* 1 et *Bretagne* + *Normandie* ; cf. *Indét.* 2, *Canada, Valmont, etc.* — La plupart des versions mentionnent, à tort, trois bateaux (influence des « trois dames » du v. 3).

3. *Ossau, Canada, Lorient* ; cf. *Indét.* 1, *Normandie.*

4. *Vorey* + *Indét.* 1, *Canada, etc.* ; cf. *Ossau, Normandie.*

5. *Indét.* 1, *Lorient* (Nous l' vendons six fr...) ; cf. *Canada.* — « La perrée » (voy. le *Glossaire* de Du CANGE, V. v^is *perea, petrata*) est une auge de pierre qui sert à mesurer le grain : sa contenance équivaut à quatre boisseaux. La perrée était et est encore usitée particulièrement en Bretagne.

6. *Indét.* 1, *Canada.*

7. *Indét.* 1 (... v. le v.), *Canada* (id.), *Lorient, etc.* (id.) ; cf. *Valmont, etc.* — « Le » à supprimer pour la mesure du vers.

8. *Indét.* 1, *Bretagne, Lorient* ; cf. *Dinan, Ossau, etc.*

9 Dedans le bateau a sauté.

10 Voilà que le vent a soufflé.

11 Le bateau s'est mis à voguer.

12 « Arrête, arrête, marinier!

13 Je sui femme d'un conseiller. »

14 — « Quand vous seriez femme du Roë,

15 Avecque vous je coucherai! »

---

9. *Indét.* 1, *Bretagne, Lorient; Dinan* + *Vorey* (bateau); cf. *Sens.*
10. *Normandie;* cf. *Sens.*
11. *Ossau* + *Vorey;* cf. *Lorient.*
12. *Ossau, Lorient;* cf. *Sens, Vorey,* etc.
13. *Ossau, Valmont* et *Dinan* (... fille d'u. c.); cf. *Sens.* — « D'un conseiller » sous-entendez : au Parlement.

A partir du v. 13, *Indét.* 1, *Bretagne* et *Lorient* présentent autrement les protestations de la dame : elle a sa mère (ou son mari) qui l'appelle, des enfants qui la réclament. — Vous mentez, riposte le marinier,

> jamais enfant n'avez porté.
> S'il plaît à Dieu, vous en aurez
> Avec un maître marinier !

14. *Ossau, Valmont* et *Dinan* (fille d'u. r.). — « Roë », prononciation originale, d'après le rédacteur de *Valmont.*
15. *Ossau;* cf. *Valmont.*

Cette chansonnette gaillarde de matelots a fort navigué, comme on voit par l'énoncé des versions recueillies, le long des côtes bretonnes et normandes : au reste son origine bordelaise résulte nettement des vers 1 et 13. Quant à son âge, le style assez moderne, d'une part, et de l'autre l'allusion (v. 13) au parlement de Bordeaux permettent de la dater du XVIIIe siècle..

(Inachevé.)

XLIV

LE CONVOI DE MALBROUGH

CATALOGUE DES VERSIONS

France d'oïl

A : *Triomphe de la Folie*, Amsterdam et Paris, 1784.

B : *Almanach à la Malborough, Calendrier pour* 1784.

C : DE LA PLACE, *Pièces intéressantes et peu connues*, III, 1785. (Texte fortement altéré et où le nom du duc de Guise a remplacé celui de Marlborough.) — Repr. par LEROUX DE LINCY, *Rec. de Chants histor. français*, II.

D : DELLOYE, *Chants et Chans. pop. de France*, I, 1843[1].

Canada 1 et 2 : GAGNON, *Chans. pop. du Canada*, 1865.

La Roche-sur-Yon : TRÉBUCQ, *La Chans. pop. en Vendée*, 1892.

Murlin (Nièvre) : MILLIEN, *inéd.* [s. d.], (version fragmentaire et contaminée).

---

1. Cette version, fort répandue par l'imagerie d'Épinal, est inutile pour l'établissement du texte : elle reproduit *A*, avec un mélange de *B* sur la fin, et l'addition de trois couplets évidemment parasites. — La chanson de *Malbrough* est tellement répandue par la presse populaire que la plupart des collecteurs provinciaux ont négligé, et avec raison, de la comprendre en leurs recueils.

Catalogue

Cat. (E) : BRIZ, *Cans. de la Terra*, II, 1867.
Cat. *A, B, C, D, A'* : MILÁ, *Romancerillo catalan* (nº 235), 1882.
Cat. (F, I, J) : AGUILÓ, *Romancer pop.* (nº 23), 1893.

Piémont

Montferrat : FERRARO, *Canti pop. del Basso-Montferrato*, 1888 (version fragmentaire et contaminée).

FORMULE RYTHMIQUE

Chanson à danser. Vers de 12 syl. $= 6 + 6$, masculins, uniformément assonancés en *é* : chaque vers pourvu d'un refrain intérieur forme couplet.

TEXTE CRITIQUE

Malbrough s'en va en guerre,
Mironton, tonton, mirontaine,
1. Malbrough s'en va en guerre : « Ne sai quand reviendrai,
Ne sai quand reviendrai (*bis*).

2. [Je] reviendrai à Pâques ou à la Trinité. »

3. Les Pâques sont passées, aussi la Trinité.

4. Madame à sa tour monte, si haut qu'el peut monter.

5. El voit venir son page, tout de noir habillé :

6. « Beau page, ah ! mon beau page, quel' nouvelle apportez ? »

7. — « Nouvelle que j'apporte, vos beaus yeus vont pleurer.

---

1. *A, B, Canada 1, La Roche, Cat. J, Cat. A'* et *E* + *Cat. I* (tornaré); cf. *Canada 2, Cat. A, B, F, I*, qui introduisent « le comte » ou « prince d'Orange ». — Toutes les versions françaises et trois catalanes portent « n. sait q. reviendra », qui ne rime pas ; il faut donc construire la phrase à la 1e personne, suivant la leçon de *Catalogne I*, confirmée par *Cat. A, B, F* au vers suivant.

Le refrain — une sonnerie de cor — à peu près constant dans la tradition française, est aussi certifié par *Catalogne A'* (« virondom — virondeta ») et *B* (« birondon — birondena »).

2. *A, B, Canada 1, Cat. A, Montferrat* + *Cat. A, F, I* (tornaré); cf. *Cat. B, E* et *J*.

3. *Cat. A* et *A'* + *A, B, Canada 1, La Roche*. — Il faut, conformément à la plupart des versions catalanes, finir le vers par le mot « Trinité ».

4. *A, Canada 1, La Roche*; cf. *B, Canada 2, Cat. A, A', F*.

5. *A, Canada 1*, et *La Roche*; (E. aperçoit...); cf. *B, Cat. A, A', B*, etc. (deux *ou* trois pages).

6. *A, Canada 1* et *La Roche*; cf. *Cat. A, B*, etc. (Ay ! p., los m. p...), *B*.

7. *A, Canada 1, La Roche*; cf. *B, Cat. A, B*, etc.

8. Quittez vos habits roses   et vos satins brochés,

9. Prenez la robe noire   et les souliers cirés.

10. Malbrough est mort en guerre,   est mort et enterré.

11. L'ai vu porter en terre   par quatres officiers :

12. L'un portoit sa cuirasse   et l'autre son bouclier,

13. Le troisième son casque   et l'autre son épé'.

14. A l'entour de sa tombe   romarin fut planté.

15. Sur la plus haute branche   rossignol a chanté.

16. Disoit en son langage :   *Requiescat in pace !*

17. La cérémoni' faite,   chacun s'en fut coucher. »

---

8. *A, Canada 1*, cf. *B, La Roche, Cat. A.*

9. *La Roche*; cf. *B, Cat. A, F* pour le 1ᵉʳ hémistiche, *C* pour le 2ᵉ.

10. *La Roche* et *Cat. J*: cf. *A, B, C, Canada 1, Montferrat, Cat. A, E.*

11. *A, B, Canada 1, La Roche*; cf. *C, Murlin, Canada 2.* — « Officiers » ne peut être que trissyllabe, et il faut admettre, pour la mesure, la liaison traditionnelle « quatre-s-offi. ».

12. *A, B, Canada 1, La Roche* + *C* (Et l'a.). — Il est préférable de suivre la version *C*, qui fait, selon l'usage ancien, « bouclier » de deux syllabes.

13. *B* + *C* (épé'); cf. *A, Canada 1, La Roche* (...s. grand sabre) : le mot « épée », donné seulement par *C*, est nécessaire pour la rime.

14. *B, Canada 1* (... l'on planta); cf. *A* (lauriers), *Cat A* et *F* (un cyprès), *E, I, C* (orangers), *D* (rosier).

15. *B, Murlin, Canada 1*; cf. *A* ; *Cat. A, C, E* ; *Cat. D* et *F*; *Cat. J.* — Ce vers est emprunté à la chanson de *la Claire Fontaine*, certainement antérieure (voy. à l'Appendice). Le texte de celle-ci fournit la correction, d'ailleurs obvie : « rossignol a chanté » pour « le rossignol chanta. »

16. *B* + *Murlin* et *Cat. C* et *J* (...dit... language).

17. *C, B* et *Canada 1* (...s'en fut c.); cf. *A.*

A, B, C, ajoutent ici cette platitude qui ne rime pas :

Les uns avec leurs femmes et les autres tout seuls.

Et *D,* trois couplets parasites.

Du fameux John Churchill, duc de Marlborough, défunt depuis plus d'un demi-siècle, il n'était guère question en France ni ailleurs, quand vers la fin de 1781, son nom fit dans Paris une résurrection éclatante et soudaine. Une chanson opéra ce miracle, et voici par quelle aventure. La reine Marie-Antoinette accouchait du premier dauphin, le 22 octobre 1781. Or, quelques mois plus tôt, ayant eu bruit de cette grossesse, une paysanne, nommée Poitrine, s'était mis en tête de devenir la nourrice de l'enfant royal. Dans cette idée, elle arrive, accompagnée de son mari, à Versailles, intéresse des médecins à sa cause, trouve moyen d'être présentée au Roi, enfin s'évertue de telle sorte qu'elle obtient la préférence. Logée dès lors dans les appartements du château, il arriva un jour que cette dame Poitrine se mit à fredonner une ronde qui se chantait en son pays : c'était celle de *Malbrough*. La reine par hasard l'entendit; l'air naïf et tendre lui plut; elle le voulut chanter elle-même, et toute la cour fit comme elle. En ce temps-là, Beaumarchais achevait son *Mariage de Figaro*, il eut l'idée d'écrire sur cet air la romance du Page; et la romance comme la comédie alla aux nues. *Malbrough* fut partout chanté, glosé, parodié. On le mit en almanach, en vaudeville, en éventail; enfin il n'y eut chose au monde, cette année-là, qui ne fût à la Malbrough.

Mais cette renaissance fortuite de la chanson ne nous apprend rien sur sa date d'origine. Elle ne saurait commémorer le trépas réel du capitaine anglais, arrivé en 1722, dans des circonstances qui n'ont aucun rapport avec les données des couplets : Marlborough ne mourut pas en guerre, mais dans son lit, en état de démence sénile, et cette fin obscure n'avait pas de quoi frapper l'attention populaire. On a rattaché la chanson avec plus de vraisemblance, à la meurtrière journée de Malplaquet (11 sept. 1709), où les Anglais qui formaient la droite de l'armée alliée, furent un moment bousculés par le maréchal de Villars, en sorte que le bruit put courir un instant de la mort de Marlborough, : c'en était assez pour qu'un troupier en verve improvisât ce chant plaisamment funèbre. Est-ce alors, peu après sa naissance, ou bien au moment de sa résurrection sous Louis XVI, que le chant de *Malbrough* passa les Alpes et les Pyrénées? Tout ce que nous savons, c'est qu'il existe dans la tradition moderne du Piémont et surtout de la Catalogne, où le nom de Marlborough conservé dans quelques versions est devenu « Mambru[1] », pour la plupart des chanteurs, et « le comte d'Orange[2] » pour d'autres.

Il importe, en finissant, de faire justice d'une erreur fondée sur un texte daté à la légère par Leroux de Lincy, et d'après quoi le *Convoi de Malbrough* ne serait qu'un remaniement récent du *Convoi du Duc de Guise*, composé après le meurtre de celui-ci, tué devant Orléans l'an 1563.

Le recueil du compilateur La Place, d'où cette pièce est extraite, ne fournit aucune date que le millésime même du livre : 1785; et le titre de « chanson des rues » dont il la désigne, témoigne assez qu'il l'a prise dans la tradition orale la plus récente. C'était justement l'époque, où *Malbrough*, ressuscité par dame Poitrine, faisait fureur à la cour et à la ville. Quant au premier vers, où il est question du duc de Guise, ce vers (en *ise*), ne se rapportant à la suite des autres (en *é*) ni pour le sexe, ni pour la rime, n'est là que par une interpolation, dont un hasard m'a fourni la preuve. En feuilletant le tome I des *Poés. pop. de la France*, mss. B. N., j'y rencontrai une chansonnette, d'ailleurs insignifiante, en cinq ou six couplets, dont voici les premiers vers.

> Voul'ous ouïr chanson? C'est du grand duc de Guise.
> *Par le froid, par le vent, par la bise!*

On retrouve là, mot à mot, le vers initial de *C*, mais au lieu qu'en *C* il ne rime avec aucun autre, il rime ici très exac-

---

1. Le paradoxal GÉNIN, non content de faire remonter la chanson de Malbrough au grand Guise, assure vaillamment qu'elle remonte aux Croisades : le héros est un croisé (et il sait son nom) surnommé « le Membru »!.

2. El conte de l'Aronje.

tement avec le suivant (*bis*). Le chanteur de *C* qui n'avait qu'un souvenir partiel de *Malbrough* se jette de suite et avec force incorrections et altérations dans la description des funérailles, qui dans l'original commence au vers 12. Il a cherché un vers de début et il a mis celui qu'un souvenir lui a fourni : faisant ce que font tant de chanteurs de mémoire peu sûre, qui mêlent inconsciemment aux couplets d'une chanson des réminiscences d'une autre.

APPENDICE I

LA CLAIRE FONTAINE

CATALOGUE DES VERSIONS

France (oïl et oc)

Indéterminé 1 : CHRIST. BALLARD [édit.], *Brunettes et petits Airs tendres*, II, 1704. — Repr. par RATHERY dans le *Moniteur* de 1853; et par ROLLAND, I.

Bretagne : *Les Français peints par eux-mêmes*, 1842. — Repr. par ROL-LAND, I.

Canada 1 : HUTSON, *Le Répertoire canadien* (Montréal), 1848. — Repr. par RATHERY dans le *Moniteur* de 1853.

Canada 2 : X. MARMIER, *Lettres sur l'Amérique*, I, 1851.

Indét. 2 : J.-J. AMPÈRE, d'après DE CORCELLE, *Poés. pop. de la France. Instructions*, 1853. — Repr. par COMBES, *Chants pop. du pays castrais*.

Bergues (Nord): DE BÆCKER, *Poés. pop. de la France*, III, mss. B. N., réd. 1854.

Côtes-du-Nord : MARRE, *ibid.*, III, r. 1854.

Cambrésis : *Ibid.*, III, r. 1854.

La Réole (Gironde) : ARCHY, *ibid.*, III, r. 1854.

Yvetot (Seine-Infre) : JOUBIN, *ibid.*, VI, r. 1855.

Sancerrois : *Ibid.*, III, r. 1855. — Publ. par ROLLAND, I.

Gascogne : TRÉZÉGUEN, *ibid.*, III, r. 1855.

La Rochelle : FEDERICI, *ibid.*, III, r. 1855.

Ardennes : NOZOT, *ibid.*, III, r. 1856. — Publ. par ROLLAND, I.

Givet (Ardennes): *Ibid.*, VI, r. 1856. — Publ. par MEYRAC, *Tradit. des Ardennes*.

Moulins-s.-Yèvre (Cher) : R. DE LAUGARDIERE, *ibid.*, III, r. 1857.

Périgord : DE GOURGUES, *ibid.*, III, 1857.

Sarzeau (Morbihan) : GALLES, *ibid.*, V, r. 1857. — Publ. par ROL-
LAND, I.

Vendée 2 : *Ibid.*, VI [s. d.]. — Publ. par ROLLAND, I.

Caen : DE BEAUREPAIRE, *Étude sur la Poésie pop. en Normandie*, 1856.

Normandie : CHAMPFLEURY-WEKERLIN, *Chans. pop. des prov. de
France*, 1860.

Étretat (Seine-Inf^re) : NICOLE, *Sur la plage. Étretat*, 1861.

Franche-Comté 1 : BUCHON, *Noëls et Chants pop. de la Franche-Comté*,
1863.

Yonne : TARBÉ, *Romancéro de Champagne*, II, 1863.

Messin : DE PUYMAIGRE. *Chants pop. rec. dans le pays messin*, 1865.

Canada 3 : GAGNON, *Chans. pop. du Canada*, 1865.

Angoumois, etc. :
Poitou :   { BUJEAUD, *Chants. pop. des prov. de l'Ouest*,
La Rochelle [fragm.] : } I, 1865.

Genève : BLAVIGNAC, *l'Emprô genevois*, 1865.

Fontenay-le-Marmion (Calvados) : LEGRAND, *Romania*, X, r. 1876.

Monistrol (H^te-Loire) : SMITH, *ibid.*, VII, 1878.

Armagnac : BLADÉ, *Poés. pop. franç. rec. dans l'Armagnac et l'Agenais*,
1879.

Yverdon (Suisse) : A. GODET, *Les Chansons de nos grand'mères*, 1879.

Bourg : GUILLON, *Chans. pop. de l'Ain*, 1883.

Warloy-Baillon (Somme) : ROLLAND, d'après H. CARNOY, *Rec. de
Chans. pop.*, I, 1883.

Lorient : ROLLAND, *ibid.*, I, 1883.

Ouest : { G. HANOTAUX, *Inédits*, cités par GILLIÉRON, dans la
Centre : }   *Romania*, XII, 1883.

Suisse :
Seine-et-Oise : { GILLIÉRON, *Inédits*, cités dans la *Romania*
Bayeux (Somme) : }   XII, 1883.

Savenay : PAVEC, *Chants pop. de la H^te-Bretagne*, 1884.

Arzon (Morbihau), [fragm.] : ROLLAND, *Rec. de Chans. pop.*, II, 1886.

Rennes 1 et 2 : DECOMBE, *Chans. pop. d'Ille-et-Vilaine*, 1884.

Indét. 3 : DE SIVRY, *la Tradition*, I, 1887.

Basse-Auvergne : ROLLAND, *Rec. de Chans. pop.*, IV, 1887.

Morvan : A. BULLIOT, *Rev. des Trad. pop.*, III, 1888.

St-Brieuc : (Côtes-du-N.) : E. Durand, *ibid.*, III, 1888.

Dinan (id.) : P. Sébillot, *ibid.*, III, 1888.

Bresse : Tiersot, *Hist. de la Chans. pop. en France*, 1889.

Sérignac (Lot) : Daymard, *Vieux Chants pop. rec. en Quercy*, 1889.

Mézières : Meyrac, *Traditions des Ardennes*, 1890.

Indét. 4 : de Colleville, *la Tradition*, VII, 1893.

Franche-Comté 2 : Beauquier, *Chans. pop. rec. en Franche-Comté*, 1894.

Vendée 2 : Trébucq, *La Chans. pop. en Vendée*, 1896.

H^{te}-Savoie : Ritz, *Chans. pop. de la H^{te}-Savoie*, 1899, avec deux variantes rythmiques (dont la 1re recueillie à Sevrier).

FORMULE RYTHMIQUE

Chanson à danser. Vers de 12 syl. = 6 + 6, masculins, uniformément assonancés en *é*; le couplet est formé de deux vers, suivis d'un refrain, le 2me vers de chaque couplet devenant le 1er du couplet suivant.

TEXTE CRITIQUE

1. En revenant de noces,   j'étois bien fatigué'.
   Au bord d'une, etc...........................
                Tra la la, la la......

2. Au bord d'une fontaine   je me sui reposé'.

1. *Lorient, Moulins, Warloy, etc.; Givet* (... d'la noce...), *Comté, etc.*
(...des n...); cf. *La Réole* (... de fête...),*Monistrol, etc.* (... de Nantes...).
Bien que la strophe, selon plusieurs chanteurs, se réduise à un seul vers,
coupé par un refrain-onomatopée (*madondaine — madondé*, ou bien *houp lala,
lala,...*), il est constant, par la grande majorité des versions, qu'elle est
formée de deux vers accouplés, suivis d'un refrain. Ce refrain consiste, soit
dans un grand vers ou un système de petits vers :

> Il y a longtemps que je l'aime, jamais je ne l'oublierai.
>
> > (*Canada 1, 2, et 3.*)
>
> Adieu, je pars, mignonne ! encore, encore à t'aimer !
>
> > (*Lorient.*)
>
> > Ah ! j'l'attens j'l'attens j'l'attens,
> > Celui que j'aime,
> > Que mon cœur aime.
> > Ah ! j'l'attens, j' l'attens, j'l'attens,
> > L'attendrai-je encore longtems ?
> > Celui que mon cœur aime tant !
>
> > (*Ouest, Givet, Comté 1 ; Rennes 1, Sérignac, Sevrier.*)
>
> Que ne m'a-t-on donné — Celui que j'ai tant aimé !
>
> > (*Indét. I, Étretat.*)
>
> Vous m'avez tant aimé, — Et vous m'avez délaissé !
>
> > (*Messin.*)
>
> Vous m'avez *lon lan la*, — Vous m'avez laissé' là !
>
> > (*Bergues, La Rochelle, Gascogne, etc.*)

soit dans l'onomatopée « *tra la la, lala...* » (*Angoumois, Normandie, Ardennes,
Comté, 2, Bresse, Yverdon, etc.*). C'est cette dernière forme que j'adopte,
comme plus fréquente et plus simple.
   2. *Ouest, Warloy, Yonne, Sancerrois, etc. ; Vendée 1* (...arrêté), *Givet, etc.*
(Auprès...).

3. L'eau en étoit si claire   que je m'y sui baigné'.

4. A la feuille d'un chêne   je me sui essuyé'.

5. Sur la plus haute branche   rossignol a chanté.

6. Chante, rossignol, chante,   toi qu'as le cœur tant gai!

7. Le mien n'est pas de même,   il est bien affligé :

8. C'est de mon ami Pierre,   qui ne veut plus m'aimer,

9. Pour un bouton de rose   que trop tôt j'ai donné.

3. *Angoumois, Moulins, Bourg, Monistrol, etc.; Yvetot, etc.* (Et l'e. ét...); cf. *Ardennes, Sancerrois, etc.*

4. *Vendée 1, Yvetot, Angoumois, etc.; Canada 2* (Sous les f...), *Normandie, etc.* (... du ch.); cf. *Indét. 1, Cambrésis, Bretagne, etc.* — « S'essuyer » (*se exsiccare*) au sens étymologique = se sécher : on dit encore, en certains endroits, « se mettre à l'essui ».

5. *Côtes-du-Nord, Poitou, Ardennes* (... l' ros...); *Normandie, etc.* (... le r. chantait); *Angoumois, etc.* (... le r. chanta); cf. *Cambrésis, Yonne, Cayeux, etc.*

6. *Bresse, Indét. 1* (... tu as...), *La Rochelle* (... si g.), *Comté 1* et *Yverdon* (id.), *Canada 1, 2, 3, etc.* (... t. qui as l. c. g.); cf. *Indét. 2, Yvetot, Moulins, etc.*

7. *Côtes-du-Nord, Savenay, Bretagne, etc.; Sarzeau* (...fort. affl.); cf. *Indét. 1* et *Etretat, Suisse, Yonne, etc.*

8. *Côtes-du-Nord, Lorient* et *Bretagne* (... pour m. a... P...), *Indét. 1* (... s'en est allé); cf. *Dinan, etc.* — Plusieurs versions, contractant ce vers avec le précédent, suppriment l'« ami Pierre », dont la mention ici n'en est pas moins assurée (cf. le v. 11).

9. *Warloy, Normandie, Bresse, Bourg, Auvergne;* cf. *Yonne* (... q. j. lui dérobai), *Yvetot, Angoumois, etc.* (... q. j. l. refusai); et, pour le mot final *Mézières* (... qu'une autre lui a donné) et *Fontenay* (r.. qu'un. a. m'a donné). La plupart des chanteurs ont été induits à un contresens qui rend toute la chanson inintelligible, en remplaçant le bouton « trop tôt donné » par le bouton « refusé »; la première leçon, établie ou confirmée par sept versions, s'impose.

10. Je voudrois que la rose   fût encore au rosier,

11. Et que mon ami Pierre   fût encore à m'aimer!

10. *Bretagne, Sarzeau, Yvetot, Bergues, Comté 1 et 2, etc.*

11. *Bretagne, Sarzeau, Bergues, Fontenay, etc.; cf. fragm. rochelois, etc.*
A la place de ce vers, un grand nombre de versions (*Sancerrois, Cayeux, La Rochelle, Yonne, etc...*) portent :

    Et que le rosier même fût encore à planter.

De l'expression *fût encore à...*, prise ici et plus haut dans un sens diamétralement opposé, il s'ensuit 1° que le vers « Et que mon ami — à m'aimer » et le vers « Et que le rosier — à planter » s'excluent l'un et l'autre, et constituent deux suites différentes données au v. 10; 2° que la première leçon est sans conteste la bonne, « fût encore à m'aimer » cadrant exactement avec le « fût encore au rosier » du v. 10, au lieu que « fût encore à planter » ne s'y rapporte ni pour le sens, ni pour la syntaxe. Une autre série de versions cumule les deux variantes contradictoires (*Yvetot, Ouest, Bourg, Comté 1, etc.*). Enfin quelques chanteurs, qui ont adopté la variante du rosier à planter, ajoutent encore d'autres vers en manière de tirade énumérative :

    Et que la terre même fut encore à *piocher*,
    Etc....

Le poème original s'arrêtait indubitablement au v. 11, tel que nous le donnons.

———

La Claire Fontaine est assez rare dans le pays d'oc, et n'y fut jamais recueillie que sous forme française. Quoique fort répandue dans toutes les parties de la France d'oïl, nos provinces de l'Ouest, y compris le Canada, qui en dépend, forment son foyer principal; on peut donc la supposer, en toute vraisemblance, native de la Bretagne, de la Normandie ou du Poitou. Un mot qui termine sans doute possible le premier vers, fournit pour son âge une limite maxima : « fatiguer » est un verbe de formation savante et d'usage noble, emprunté au latin par les écrivains du XVIᵉ siècle; et c'est plus tard, au cours du siècle suivant, que le participe « fatigué », pris absolument au sens de las, recru de fatigue, apparaît dans la langue. D'autre part, le chansonnier de Ballard, où se lit pour la première fois, et dans un état assez fruste, le texte de *la Claire Fontaine*, porte le millésime de 1704. Ainsi, la chanson doit avoir été composée vers le milieu du XVIIe siècle, ou peu après.

La Claire Fontaine n'est pas « une romance », mais bien une chanson de femme, monologuée, tels que *les Maumariées*, *les Filles à marier*, *la Fille au cresson*, *En venant de la Lorraine*, etc. ; et j'ai expliqué dans l'Introduction pourquoi je l'ai jointe, par exception, à cette série lyrico-épique.

On a jugé, bien à tort, que cette charmante élégie était difficile à entendre, et son sujet plein d'obscurité : cela, faute d'avoir su discerner la bonne leçon du vers 9, lequel en effet, s'il est pris de travers, rend toute la pièce incompréhensible. On s'est imaginé que l'héroïne était une « maumariée ». Rien moins ; la phrase « en revenant de noces » ne voulut jamais dire « en venant de me marier ». Dans le fait, la belle a été conviée aux noces de quelque compagne ; elle s'y est fatiguée à danser ; elle s'en revient toute seule. Une fontaine est sur son chemin, l'eau coule limpide, l'arbre verdoie, l'oiseau chante gaiment sur la branche : le spectacle du bonheur d'autrui et toute cette joie de la nature qui l'environne font faire à l'esseulée un triste retour sur elle-même. Et ce n'est pas d'être mariée contre son cœur, qu'elle se plaint ; c'est de ne plus pouvoir épouser celui qu'elle aime, parce qu'elle a donné trop tôt ce bouton de rose, qu'il ne faut laisser cueillir qu'au mari, le soir des noces. Et sa rêverie se perd en regrets impuissants : il n'est point de mots magiques pour ressusciter le passé, et le bourgeon une fois déclos ne se refermera jamais plus !

APPENDICE II

INDEX MUSICAL

PAR

JULIEN TIERSOT

I

LA PERNETTE

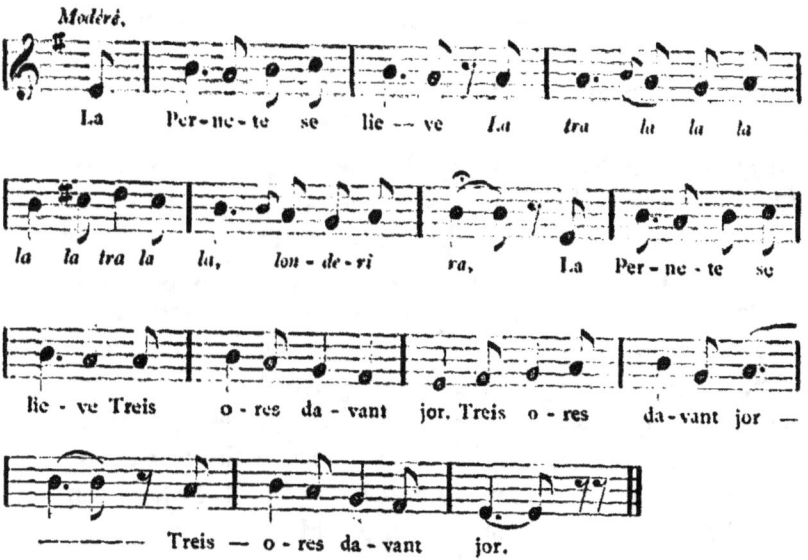

La Per-ne-te se lie--ve La tra la la la la la tra la la, lon-de-ri ra, La Per-ne-te se lie-ve Treis o-res da-vant jor. Treis o-res da-vant jor — Treis — o-res da-vant jor.

Cette chanson est une de celles sur lesquelles nous possédons les renseignements les plus abondants au point de vue musical.

Elle a déjà donné lieu à des observations (qui n'ont d'ailleurs pas un caractère d'étude d'ensemble) de la part de M. Vincent d'Indy, dans le recueil de *Ch. pop. du Vivarais*, et, antérieurement, de moi-même, dans le recueil de *Ch. pop. du Vivarais et du Vercors* publié en collaboration avec le même V. d'Indy.

Sur les 42 var. françaises mentionnées comme ayant servi à l'établissement du texte littéraire [1], 18 ont leur mélodie, l'une avec 3 variantes, ce qui nous donne tout d'abord 20 mélodies.

Il faut en ajouter plusieurs autres, publiés postérieurement à la rédaction du *Romancéro*, ou inédites. Elles se décomposent ainsi :

2 dans V. D'INDY, *Vivarais* (l'une antérieurement donnée dans nos *Ch. du Vivarais et Vercors*, 1892);

2 dans un récent recueil de *Vieilles chansons patoises du Périgord*.

J'en ai noté moi-même 1 en Franche-Comté, 1 en Bresse (inédites), et 9 dans les diverses régions des Alpes françaises (2 seulement ont été insérées dans le recueil). Je dois ajouter que la chanson est si répandue dans ces régions que je néglige depuis longtemps d'en prendre note : si je l'avais continué, le nombre de ces versions serait bien plus considérable encore.

Enfin, il faut spécifier, comme une particularité assez rare, que la mélodie-type de la chanson, appliquée à de tout autres paroles, se trouve notée par deux fois au XVIIIᵉ siècle, dans un opéra-comique de Mᵐᵉ Favart, *Annette et Lubin* (1762), et dans un *Recueil de romances historiques*, etc. par M. D. L. (1767).

Au total, 36 versions mélodiques.

Pour la détermination du type, les 6 premières versions, tirées

---

1. En principe, nous ne répéterons pas ici les indications bibliographiques contenues dans les catalogues des versions littéraires, et désignerons simplement les versions auxquelles nous aurons à faire des allusions directes par les mêmes indications, plus abrégées encore, de provenance, d'auteur et de date.

de manuscrits ou d'imprimés du xv au xvii siècle, doivent être écartées d'abord : elles pourraient donner lieu à une étude intéressante, mais étrangère à notre sujet, aucune de ces versions n'ayant le moindre rapport avec la mélodie populaire.

Celle-ci se dégage donc des 30 versions traditionnelles (y compris la notation du xviii° siècle). Sur ces 30 versions, 5 sont absolument distinctes les unes des autres : ce sont les versions *Bas-Poitou*, Bujeaud, 1866; *Vivarais*, Chaussinand, 1874; *Puygiron, Drôme*, Viel, 1875, et les deux *Périgord*. Notons en passant que trois de ces versions appartiennent à la région où la chanson est le moins répandue (ouest), tandis que c'est dans les provinces de l'est, du Midi et du centre, où elle est extrêmement populaire, que le type s'est conservé sous les formes les plus pures.

Il ne reste donc pas moins de 25 versions dans lesquelles nous retrouvons ce type. Sans entrer dans le détail des différences qu'elles présentent, nous dirons seulement que ces différences consistent principalement en un développement plus ou moins écourté. En effet, la mélodie intégrale nécessitant d'assez nombreuses répétitions de paroles, plusieurs versions l'interrompent avant la fin, s'arrêtant parfois sur une note autre que la tonique (tantôt la dominante, tantôt même la sous-dominante), ce qui donne à la tonalité de la vieille mélodie un caractère parfois étrange. Mais d'assez nombreuses variantes la donnent complète pour que nous n'ayons pas d'hésitation à en déterminer la véritable forme : nous la trouvons, presque identique (à quelques nuances d'inflexion près, lesquelles portent surtout sur le refrain : *Tra la la la*, et sur la cadence suspensive de l'avant-dernière reprise du second hémistiche) dans les versions *Dauphiné*, Champ-fleury-Wekerlin, 1860; *Provence*, Arbaud, 1862; *Vivarais*, d'Indy, 1892; *Franche-Comté*, Beauquier, 1894; *Alpes françaises*, Tiersot, 1903, et d'autres inédites. Nous avons choisi la première de ces versions.

II

LA PÉRONNELLE

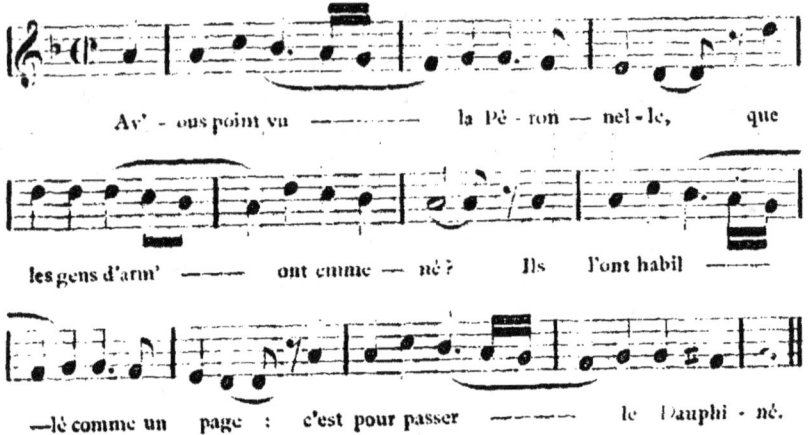

Av' - ous point vu ———— la Pé - ron — nel - le,   que

les gens d'arm' ———— ont emme — né ?   Ils   l'ont habil ———

—lé comme un   page :   c'est pour passer ————   le Dauphi - né.

2 versions mélodiques complètes : *Ch. du XVᵉ siècle*, et
Mayenne, plus 2 fragments : *La Fricassée*, par H. Fresneau
(*Parangon des chansons, tiers livres*, 1538), et *Meslanges de mus.*
de J. Le Fèvre, 1613.

La version moderne (Mayenne), quoi qu'ayant un bon caractère de mélodie populaire, doit être écartée, n'ayant aucune
ressemblance avec les 3 notations anciennes. Celles-ci, au contraire, appartiennent toutes trois au même type, dont la forme
originale se dégage facilement par la comparaison des deux plus
anciennes notations : il suffit, pour cela, d'enlever de la notation du XVᵉ siècle la vocalise parasite qui l'alourdit, et de rétablir la ligne plus simple qui nous est donnée par la notation
de 1538.

J'ai déjà eu l'occasion d'étudier les formes mélodiques de
cette chanson dans les trois écrits suivants : *Histoire de la chanson populaire en France*, pp. 12, 340, 341 ; *Mélusine*, VII, 12,

1895; *Ch. pop. des Alpes françaises*, pp. 12-13. La comparaison de ces diverses études montrera les hésitations successives par lesquelles j'ai passé en traitant ce sujet délicat, sur lequel je n'oserais affirmer être en possession d'une certitude absolue.

III

LES PRINCESSES AU POMMIER DOUX

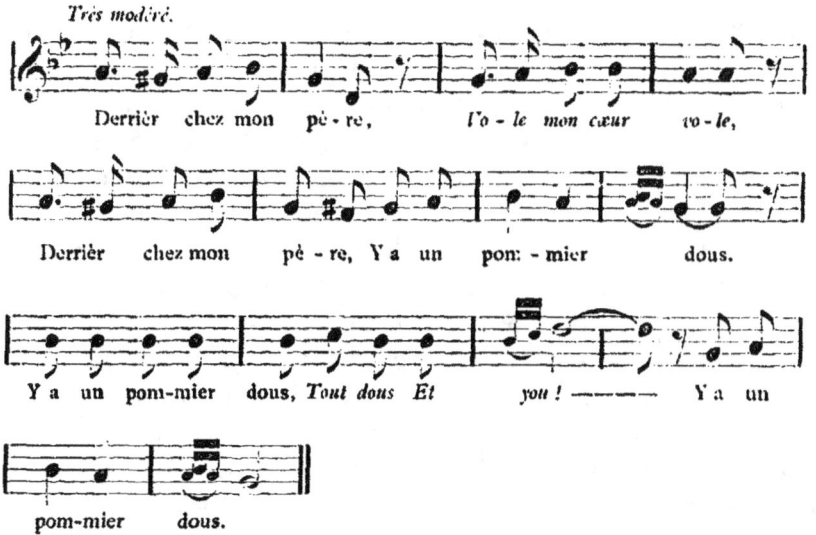

Derrièr chez mon pè-re, l'o-le mon cœur vo-le,

Derrièr chez mon pè-re, Y a un pon:-mier dous.

Y a un pom-mier dous, *Tout dous Et* you! ———— Y a un

pom-mier dous.

Sur les 17 versions mentionnées au catalogue, 7 ont la mélodie. Ajouter : *Échos du temps passé* (WEKERLIN), mélodie différente de celle des *Chans. pop. des prov. de France*; 2 mélodies notées par moi dans le Jura; une 3ᵉ notée sous la dictée du peintre FRANÇAIS (provenant des traditions d'ateliers de peintres vers 1840, les mêmes auxquelles Gérard de Nerval a dû de connaître les textes littéraires); cette dernière a été publiée dans mon 3ᵉ recueil de *Mélodies populaires des provinces de France*. Le récent recueil de *Chansons populaires du pays de France*, de WEKERLIN (1903), après avoir réédité une des mélodies précédemment données par cet auteur, en ajoute une autre, de la Franche-Comté, plus conforme aux thèmes de même provenance publiés en ces dernières années. Enfin les *Mémoires de la Société d'Émulation de Montbéliard* (vol. XVI, 1er fascicule, 1897) donnent trois versions mélodiques respectivement identiques à celles de *Franche-Comté 2*, CHAMPFLEURY-WEKERLIN ; *Franche-Comté 4*, BEAUQUIER, et *Mézières*, MEYRAC, et que nous pouvons croire copiées dans ces recueils mêmes. Les écartant, il nous reste donc 12 mélodies. 5 sont différentes entre elles et d'avec les 7 autres; ces dernières, appartenant toutes aux régions de l'est (Franche-Comté, Pays messin, Ardennes), y compris la version FRANÇAIS (qui fut mise en circulation dans Paris par un franc-comtois nommé Baron), constituent un type dont le meilleur échantillon nous paraît être cette version FRANÇAIS (presque identique à la version BEAUQUIER, et à une de celles que j'ai notées dans le Jura). C'est donc celle que nous avons choisie.

Si les études de l'avenir permettaient d'établir que l'ensemble de nos mélodies populaires peut être réduit à un certain nombre de types, je croirais volontiers que cette mélodie des *Trois Princesses* devrait être considérée comme la variation d'un thème primordial qui a servi à un grand nombre d'anciennes chansons de danse, et dont nous connaissons déjà une notation très pure datant du commencement du XVIII siècle (*Martin prit sa serpe*, dans les *Rondes* de Ballard, 1724, t. II). Les versions *Givry*, NOZOT, et *Audun-le-Roman*, DE PUYMAIGRE, serviraient d'intermédiaire entre ce thème et sa variation, qu'enjolive surtout le refrain intercalé : *Tout dous !*

IV

LA PRISON DU ROI FRANÇOIS

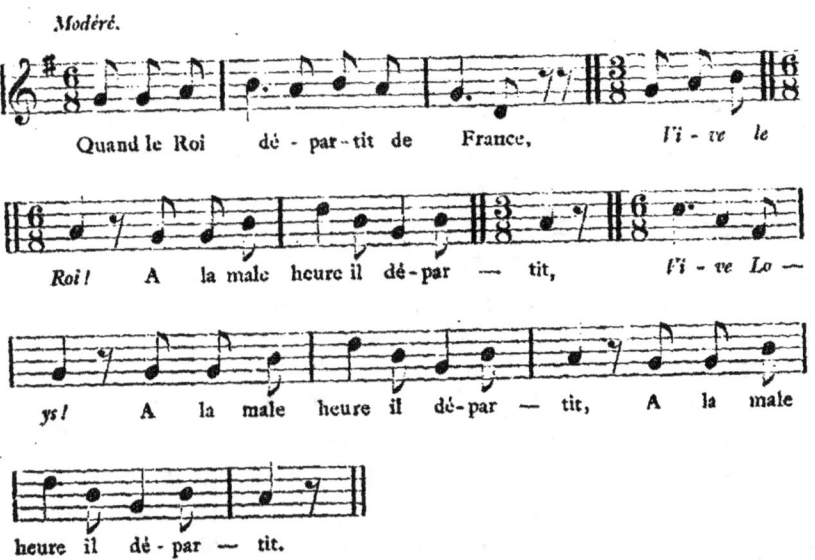

Modéré.

Quand le Roi dé-par-tit de France, l'i-ve le Roi! A la male heure il dé-par — tit, l'i-ve Lo — ys! A la male heure il dé-par — tit, A la male heure il dé-par — tit.

2 versions mélodiques seulement, de même forme, et, au fond, de même type, bien que l'une soit majeure et l'autre mineure. On retrouve le refrain, qui a certainement imposé sa forme à la mélodie, dans une chanson notée au XVIIIe siècle *La Clef des chansonniers*, Ballard, 1717). Voir à ce sujet un article que j'ai donné dans la *Rev. des trad. pop.*, IV, 1889. J'ai adopté la version en majeur (*Côtes-du-Nord*, CARLO, 1889). en précisant le rythme à l'aide de l'autre version (*Bretagne*, DE LA VILLEMARQUÉ, 1854, mélodie notée par moi vers 1886).

V

LA PASSION DE JÉSUS-CHRIST

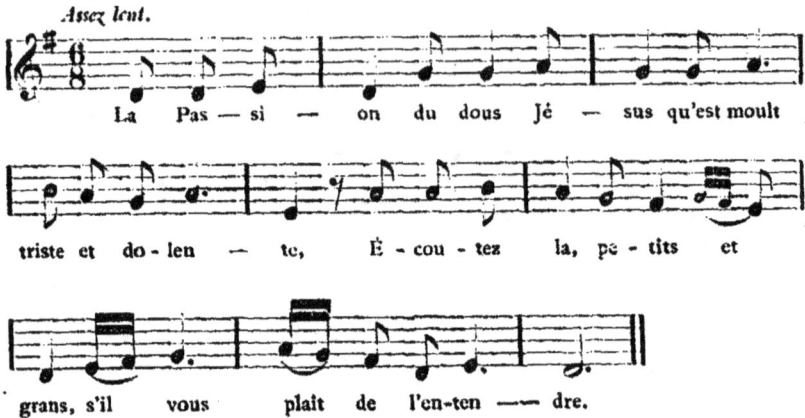

Assez lent.

La Pas — si — on du dous Jé — sus qu'est moult triste et do - len — te, É - cou - tez la, pe - tits et grans, s'il vous plaît de l'en-ten —— dre.

Sur les 29 versions mentionnées au catalogue, 7 ont la mélodie. Ajouter : *Ch. du Périgord*, 5; inédites, 5 notées par moi, l'une provenant de la Haute Bretagne (paroles dans SÉBILLOT, 1886), une seconde recueillie dans le Morvan (paroles dans SIMON, *Statistique de Fretoy*, vers 1883), trois autres dans les Alpes françaises (à ajouter à *Chamonix*, FAURE, 1896). Au total, 17 mélodies. Toutes ont le même caractère de chant lié. Mais 3 sont d'un dessin différent du type (*Belgique*, DOUTREPONT, 1890; *Vendée*, TRÉBUCQ, 1896; *Périgord*, 5me version, caractère de pastourelle). Les 14 autres appartiennent à un type commun, qui est celui de la chanson : 3 sont incomplètes ou altérées; 11 sont complètes et semblables à quelques notes près (*Provence*, ARBAUD, 1864; *Vosges*, LOOTENS-FEYS, 1879 (celle-ci ajoutant une cadence finale étrangère à l'esprit et à la modalité du chant); *Basse-Normandie*, FLEURY, 1885; 2 *Périgord*; *Haute Bretagne*; *Morvan*, et les 4 *Alpes françaises*, parfaitement semblables entre elles). J'adopte la version notée dans mes *Ch. pop. des Alpes françaises*.

VI

LA FILLE DU ROI LOYS

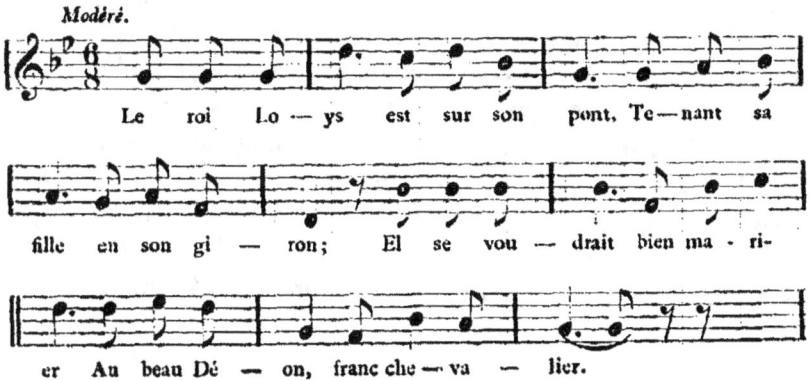

Le roi Lo — ys est sur son pont, Te — nant sa
fille en son gi — ron; El se vou — drait bien ma - ri-
er Au beau Dé — on, franc che — va — lier.

Sur les formes mélodiques de cette chanson, voy. *Notes et notules sur nos mélodies populaires*, *par* A. LOQUIN, *Mélusine*, II, 15 (mai 1885) et III, 1 (janv. 1886), et *La Chanson « du Roi Loys », formes mélodiques*, par JULIEN TIERSOT, *Rev. des trad. pop.*, X, 12 (décembre 1895).

Sur les 25 versions mentionnées au catalogue, 8 ont leurs mélodies imprimées. Ajouter : 3 essais de notations de la version G. de Nerval; 1 version du Berry, notée par Mme VIARDOT; 1 version de la Bresse; 2 versions des Alpes françaises (à ajouter à *Seez*, TIERSOT, 1895); enfin une version d'origine indéterminée dans VERRIMST, *Rondes et ch. pop.*, 1876. Total, 16 mélodies. Le rythme est identique dans toutes, réserves faites pour quelques notations saccadées, variantes qui proviennent uniquement des interprètes. L'on peut avancer que ces 16 versions appartiennent toutes au même type. Leur principale différence réside dans la tonalité : 6 sont en majeur, une 7me, commencée en majeur, s'achève en mineur, et une 8me inversement; les 8 autres appartiennent au mode mineur, tantôt admettant les altérations

propres à la tonalité moderne, tantôt gardant la pureté des
échelles antiques. Bien que quelques-unes des versions majeures
aient grand caractère (notamment une version de la Bresse), il
n'en est pas moins évident que le mineur, ou pour mieux dire
le 1ᵉʳ ton du plain-chant, représente la véritable modalité de
ce chant. Sur les 8 versions de ce mode, une seule (*Berry*,
Vitu, 1853) est d'un dessin vraiment différent des 7 autres.
L'ensemble de ces dernières constitue le véritable type mélodique, qui se dégage facilement, notamment, des versions
Valois, G. de Nerval, 1842 (dont j'ai noté la mélodie sous la
dictée de M. Français); *Auvergne*, Ampère-Mérimée, 1853
(mél. dans Loquin, *loc. cit.*); *Cherbourg*, Tiersot-d'Indy, avant
1875; *Berry*, Mᵐᵉ Viardot. J'adopte la première de ces quatre
versions, déjà parue dans mes *Mél. pop. des provinces de France*,
3ᵐᵉ série.

VII

LE ROI RENAUD

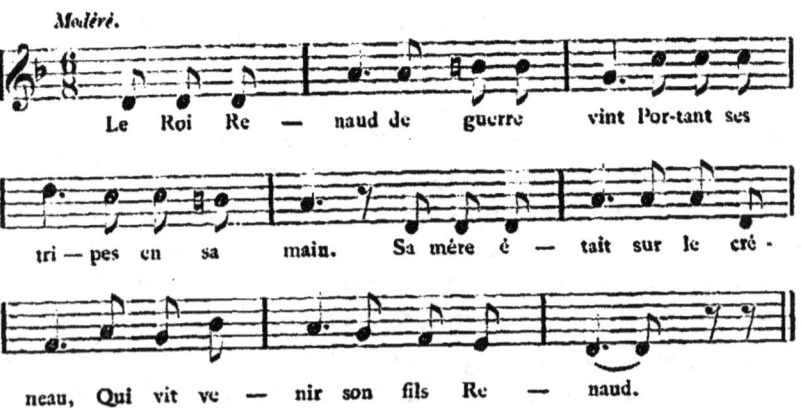

Sur les 59 versions françaises mentionnées au catalogue, 24
ont la mélodie. Il faut en ajouter une inédite, des Alpes françaises, et une autre, de l'Aveyron, que j'ai notée sous la dictée

de M. Joseph FABRE. Enfin, il convient encore de mentionner une chanson basque, notée par M. Ch. BORDES, où nous retrouvons le type de la mélodie française (nous en négligeons une autre, de même provenance (notée par Mme de la Villehélio) qui n'a pas ce type, de même que nous ne nous occupons pas des mélodies de la chanson bretonne sur le même sujet).

Sur ces 27 mélodies, 3 se séparent d'abord nettement des autres : de tonalité majeure, tout en conservant un caractère grave, elles ont moins d'âpreté, plus de douceur. Ce sont les versions *Vendée*, NOBLET, 1857; *Angoumois*, BUJEAUD, 1866; *Haute-Bretagne*, SÉBILLOT (mélodie notée par moi), 1888. Notons que les régions où cette forme est populaire sont voisines : toutes sont limitrophes des côtes de l'ouest.

Les 24 autres, de même rythme, de même forme et en général de même tonalité (1er ton du plain-chant) sont répandues sur tout le territoire français, depuis les provinces de l'ouest jusqu'aux frontières de l'est : Pays messin, Vosges, Franche-Comté, Bresse, Savoie, Dauphiné, Provence, Alpes-Maritimes, — du nord au sud, depuis Boulogne jusqu'au Quercy et au pays basque. Il serait curieux d'étudier, sur les diverses variantes de ce thème, les nuances, introduites au contact des dialectes et des accents locaux; mais ce n'est pas ici qu'il convient de faire ces observations. Nous devons nous borner à rechercher la version la plus pure, celle qui peut être présentée comme type; et ici nous n'avons que l'embarras du choix, entre plusieurs variantes excellentes et presque semblables. Je m'en tiens au choix que j'avais fait dès 1886, en publiant le premier, dans la *Rev. des trad. pop.*, la mélodie de *Rouen*, JUE, *Poés. pop. de la France*, 1853, fréquemment rééditée depuis lors par divers folkloristes, et par moi-même.

VIII

L'ESCRIVETTE

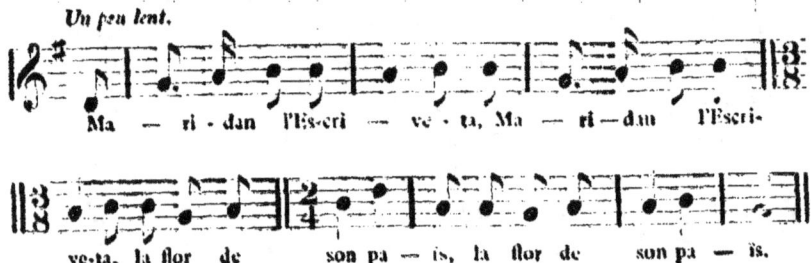

Sur les 24 versions mentionnées au catalogue, 11 ont la mélodie; une 12me, recueillie à *Clelles* (Dauphiné) est dans mon recueil de *Ch. pop. des Alpes françaises*. 4 se distinguent de l'ensemble par un rythme de danse parfois caractéristique (*Ganges*, 1855; *Lodève*, CALVET, 1845; *Brive*, ROLLAND, 1884; *Quercy*, SOLLEVILLE, 1889, ces deux dernières d'une jolie tournure mélodique). Les 8 autres sont d'un style plus lié et soutenu, avec moins de gravité pourtant que les chants précédents, un style en quelque sorte plus fluide, un caractère de douceur qui témoigne de l'origine méridionale de la chanson; sans pouvoir être absolument ramenées à un seul type, elles ont un air de famille. Les versions dauphinoises et savoyardes ont des analogies, surtout les leçons françaises; toutes ont pour refrain : *La violette*, qu'on ne retrouve pas ailleurs. Les versions *Lozère* LIEBICH; *Languedoc*, GERMAIN, 1854; *Clelles (Alp. fr.)*, 1895, offrent un type commun, surtout dans la première partie du développement musical. Nous choisissons la première des trois.

IX

LA PÉNITENCE DE MARIE-MADELEINE

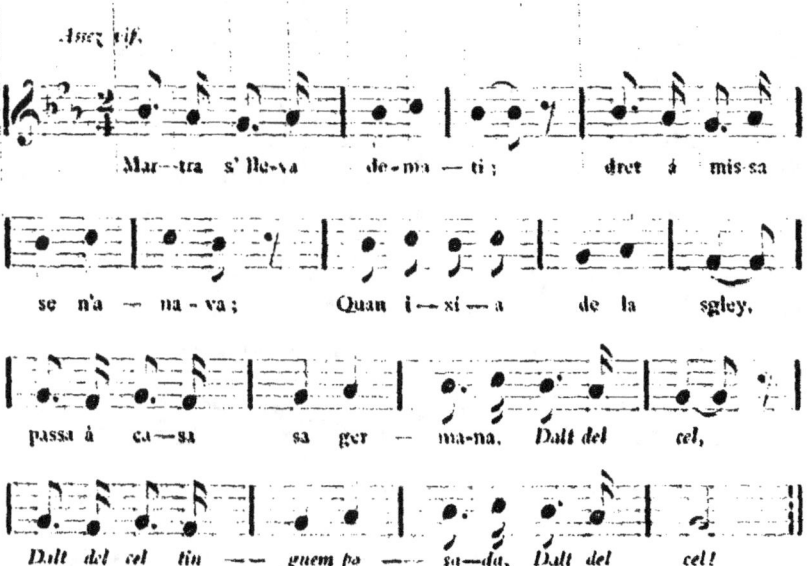

Sur les 4 textes catalans inscrits au catalogue, 2 ont la mélodie ; sur les 11 textes français, 6 ont la mélodie. Toutes ces formes musicales sont entièrement différentes : à peine pourrait-on trouver dans 2 versions françaises (*Ain*, NYD, 1854, et *Nièvre*, MILLIEN, 1890) une ressemblance lointaine avec le noël « Chantons je vous en prie, » dont elles paraissent dériver. Pour les versions catalanes, il nous est impossible de trouver aucun sens tonal à *Urgel*, SEGURA, 1887, manifestement mal notée ; l'autre au contraire : *Catalogne*, P. BRIZ, 1867, a un caractère musical bien défini ; comme c'est d'après cette version et son refrain que le texte critique a été établi, nous en choisissons tout naturellement aussi la mélodie, adoptant seulement pour la notation une disposition métrique différente de la première notation, et qui nous semble donner du chant une idée plus facilement saisissable.

X

LES ATOURS DE MARIE-MADELEINE

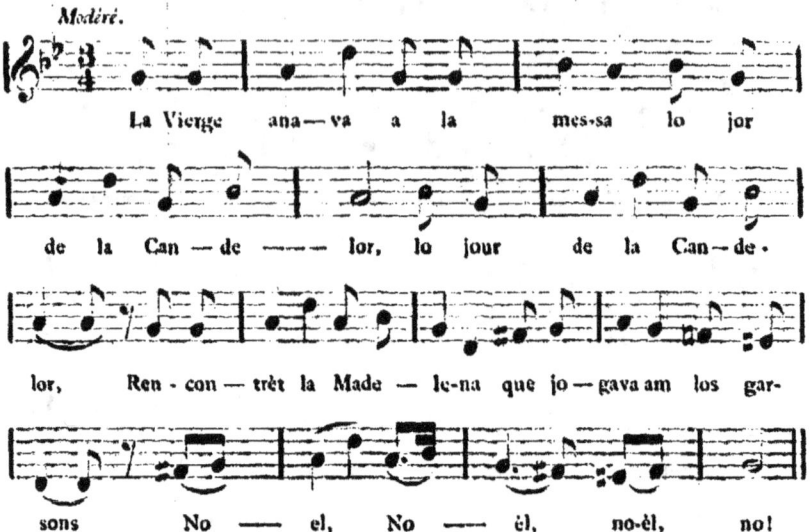

2 mélodies (*Savenay*, PAVEC, 1884, et *Corrèze*, ROLLAND, 1887), de rythme semblable (c'est par erreur que la seconde est notée à deux temps, du moins au début), mais de dessin, de mode et de refrain différents. Nous adoptons la première, dont le refrain est celui du texte critique.

XI

DAME LOMBARDE

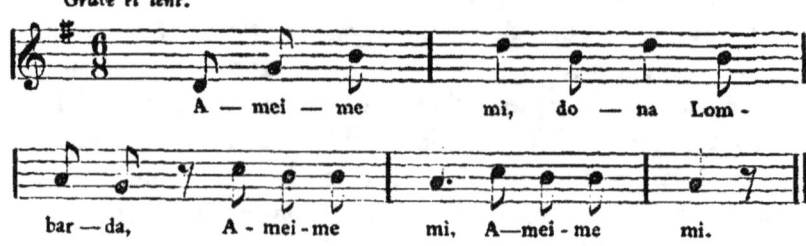

4 mélodies connues, entièrement différentes. Nous choisissons celle de NIGRA, *Canti pop. del Piemonte.*

XII

LA MAUMARIÉE VENGÉE PAR SES FRÈRES

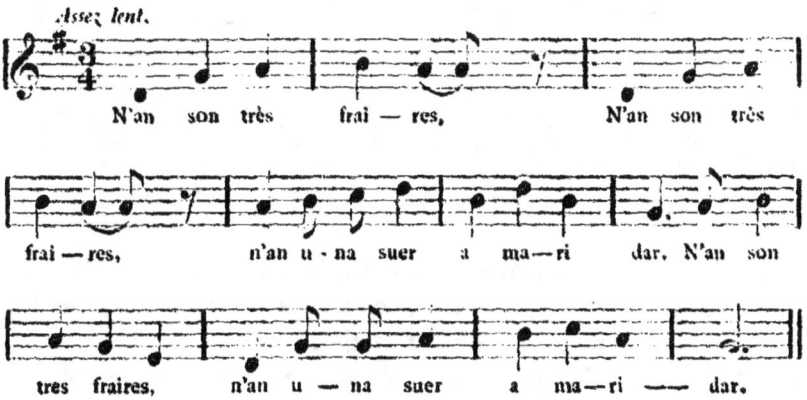

Assez lent.

N'an son très frai — res, N'an son très

frai — res, n'an u - na suer a ma — ri dar. N'an son

tres fraires, n'an u — na suer a ma — ri —— dar.

4 mélodies, 2 de Provence (ARBAUD et ROLLAND), une du Quercy (SOLLEVILLE), la quatrième de la Lozère (notée pour la première fois en 1829, et rééditée par plusieurs auteurs). Les deux premières sont si semblables (bien qu'il y ait quelque diversité entre les notations) que nous pouvons croire qu'elles ont été prises à la même source. Les deux autres, également semblables entre elles, offrent avec le type précédent des différences plus marquées. Nous adoptons ce second type sous la forme qui nous en est donnée par la version *Lozère*, la plus ancienne, et l'une des premières mélodies populaires françaises qui aient été notées.

XIII

LA PORCHERONNE

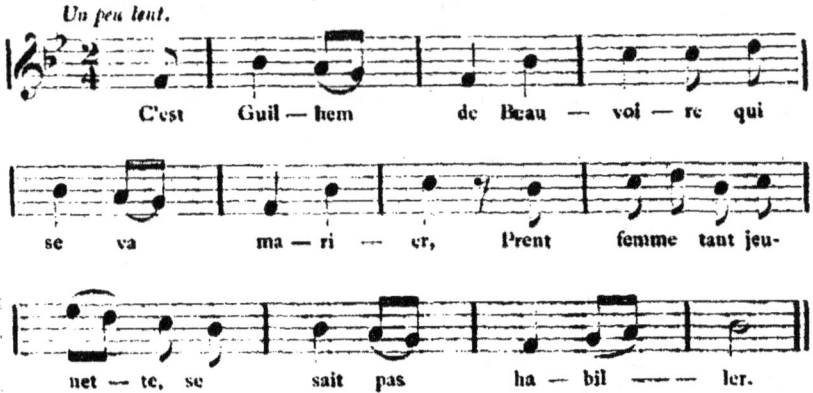

Un peu lent.

C'est Guil — hem de Beau — voi — re qui se va ma — ri — er, Prent femme tant jeu — net — te, se sait pas ha — bil — — — ler.

2 mélodies, entièrement différentes (*Provence*, ARBAUD, 1862; *Poitou*, BUJEAUD, 1866). Nous choisissons la première, plus conforme au rythme de la version critique.

La chanson de GERMAINE, dont le sujet est le même, est plus connue au point de vue musical; mais nous n'avons pas à tenir compte de ses mélodies, les poésies des deux chansons étant de formes entièrement différentes.

XIV

LES ÉCOLIERS PENDUS

L'on ne connaît de cette chanson qu'une seule version musicale (*Mélusine*, 1877), insignifiante, et d'un autre rythme que la version critique. Dans ces conditions, il est préférable de ne pas donner de mélodie.

XV

LES ANNEAUX DE MARIANSON

Les deux seules mélodies connues sont celles du *Canada*, GAGNON, 1865, et de la *Loire-Inférieure*, PITRE DE LISLE, 1874. Elles n'ont aucun rapport; ni l'une ni l'autre n'a de caractère (celle du Canada, remplie d'incertitudes, avec des doubles notes dont il est impossible de comprendre la raison, est en outre si mal imprimée qu'elle est, en plusieurs endroits, illisible). Il vaut donc mieux ici encore nous abstenir.

XVI

MARGUERITE OU LA BLANCHE BICHE

Une seule des versions portées au catalogue a la musique : c'est la plus récente, *Vendée*, TRÉBUCQ, 1896. Or, cette mélodie n'appartient pas en propre à la chanson ; c'est celle de l'antique chanson de noce : « Sur le pont d'Avignon j'ai ouï chanter la belle. » Par une coïncidence curieuse, au moment même où j'entreprenais la rédaction de ces notes (novembre 1903), je recevais communication d'une version lorraine avec la mélodie, alors que nous étions restés si longtemps sans rien savoir de la forme musicale de la chanson. Mais celle-ci même ne peut pas nous servir, le rythme de la poésie (décasyllabique) n'étant pas celui de la version critique. Cette fois encore il faut renoncer à donner une mélodie.

XVII

LA COURTE PAILLE

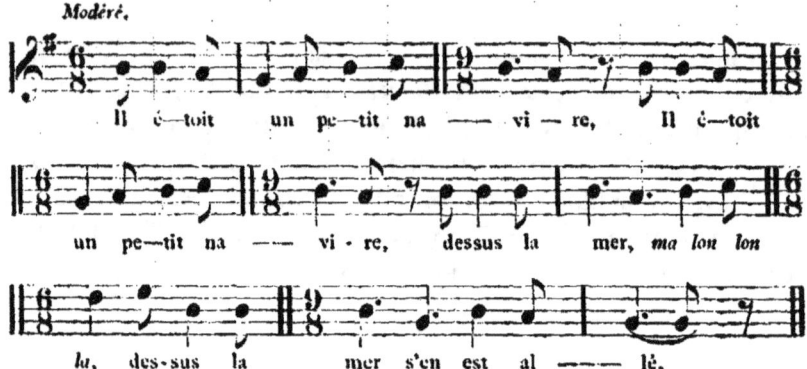

3 mélodies connues : Indét. 6, ROLLAND, 1883; *Montfort*, ORAIN, 1885; *Nivernais*, MILLIEN, 1886. Celle-ci est curieuse comme forme, rythme et tonalité, mais n'a pas les qualités qui constituent un type; la précédente ressemble à un air de romance; la première seule, dont le refrain est celui qu'adopte la version critique, mérite de retenir l'attention; c'est celle que nous choisissons.

XVIII

LA BELLE BARBIÈRE

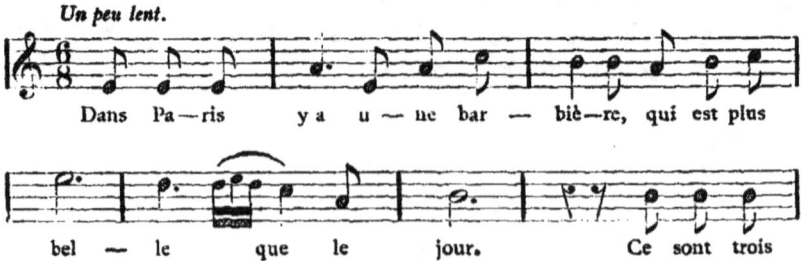

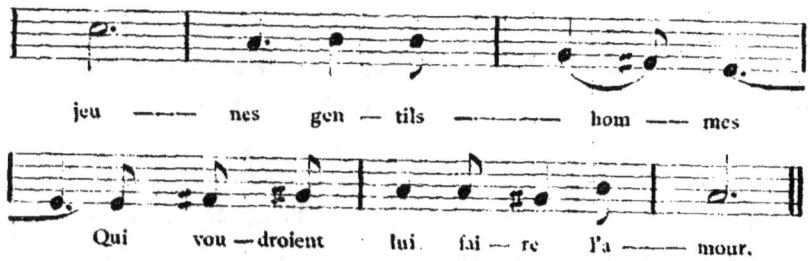

jeu — nes gen — tils — hom — mes
Qui vou — droient lui. fai — re l'a — mour.

3 mélodies connues: *Richelieu*, L. DE RILLÉ; *Canada*, GAGNON; *Franche-Comté* 3, BEAUQUIER. La mélodie du Canada, bien rythmée, est d'une forme originale. Elle est en majeur. Les deux autres, plus rustiques (la première surtout a un caractère de lente mélopée champêtre), sont en mineur: bien que très différentes, elles ont pourtant assez d'analogie pour qu'on puisse croire qu'elles procèdent d'un type commun. La version franccomtoise, avec un peu plus de précision rythmique, semblant se rapprocher davantage de ce type, c'est elle que nous adoptons.

XIX

LA FILLE AUX ORANGES

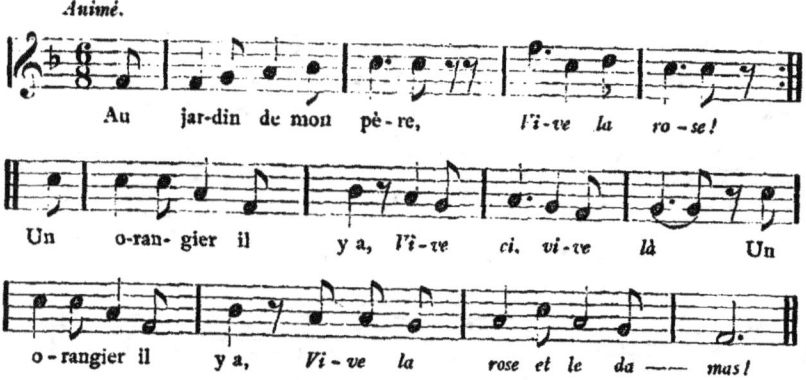

Au jar-din de mon pè-re, *l'i-ve la ro-se!*
Un o-ran- gier il y a, *l'i-ve ci. vi-ve là* Un
o-rangier il y a, *Vi-ve la rose et le da — mas!*

Sur les 34 versions inscrites au catalogue, 10 avec musique;

une 11me dans un recueil musical de *Vieilles Chansons Vendéennnes;*
d'autres encore dans des recueils de rondes enfantines. La plupart des mélodies qui proviennent du manuscrit de *Poésies populaires de la France*, de la Bib. nat., sont mal notées. La version
du Canada, avec un très long refrain, a de l'originalité, mais est
peu confori. e au véritable type de la chanson française. Deux
versions provençales (1 et 2), appartenant au type essentiel de
la mélodie, ont en même temps un accent caractéristique. Le
type mélodique de la ronde à danser, à *six-huit*, ressort surtout
des versions *Meuse*, 1865 ; *Poitou*, BUJEAUD, 1865 ; *Damas*,
TIERSOT, 1887; *Franche-Comté 2*, BEAUQUIER, 1894; *Ch. vendéennes*. Nous choisissons la version *Damas*.

XX

LA MARCHANDE D'ORANGES ET LE FILS DU ROI

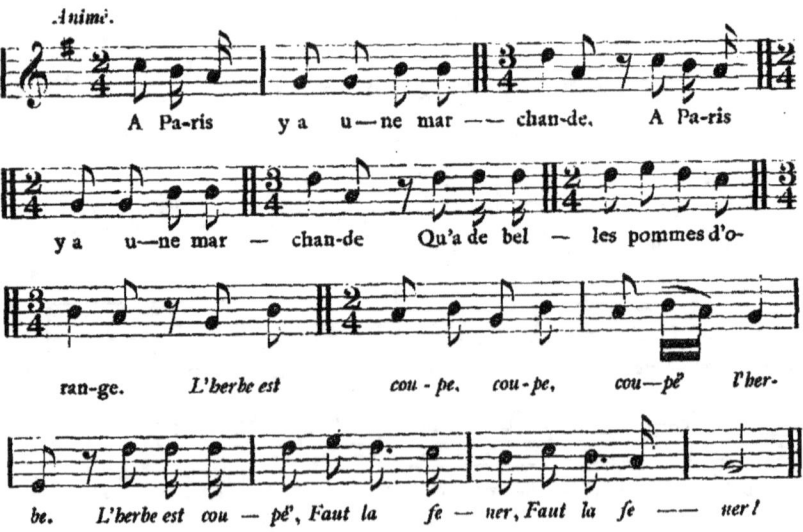

5 mélodies, non semblables (nous retrouvons dans l'une le
thème de la chanson de danse : « La boulangère a des écus »),

mais de même rythme et de forme analogue. Nous choisissons la version BUJEAUD, dont le refrain est celui qu'a adopté la version critique.

XXI

CELLE QUI FAIT LA MORTE POUR SON HONNEUR GARDER

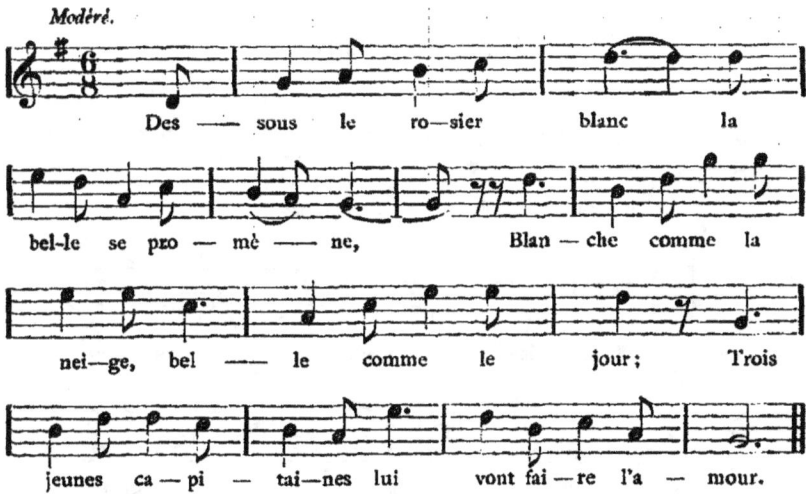

Des — sous le ro—sier blanc la bel-le se pro — mè — ne, Blan — che comme la nei—ge, bel — le comme le jour; Trois jeunes ca — pi — tai—nes lui vont fai — re l'a — mour.

Sur les 32 versions inscrites au catalogue, 16 ont la mélodie; ajouter une 17me, notée dans le recueil musical des *Vieilles chansons Vendéennes*, et 2 autres encore, inédites, notées par moi, l'une dans le Morvan, l'autre dans le Bourbonnais (var. de *Allier*, BOUDANT, 1857).

Ces 19 mélodies se partagent en trois groupes : 7 sont différentes entre elles (plusieurs insignifiantes ou mal notées, une, des Alpes françaises, appartenant à une autre chanson); 2 (*Franche-Comté* 3, BEAUQUIER, 1890 et *Belgique*, FELLER, 1893) se groupent entre elles pour former un type caractérisé par cette particularité que le 2me vers de chaque couplet est décasyllabique; 9 enfin constituent un type commun, surtout au point de vue

rythmique, car, au point de vue modal, 4 mélodies (dont 3
proviennent des régions de l'ouest) sont mineures, les 5 autres,
de l'est et du centre, sont majeures. Nous pensons devoir adopter ce dernier mode, et empruntons la version mélodique de
cette chanson à nos *Ch. pop. des Alpes françaises.*

XXII

LE FLAMBEAU D'AMOUR

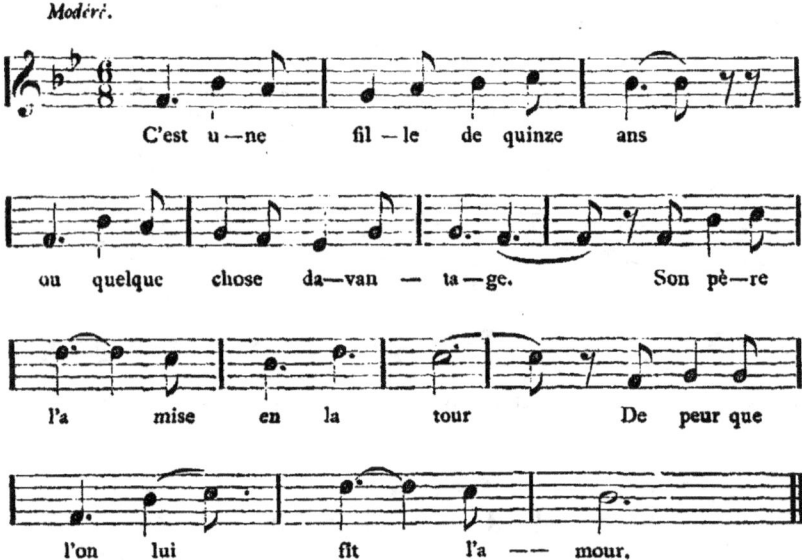

4 mélodies, plus une inédite, des Alpes françaises. Toutes
appartiennent au même type, et sont aussi proches que possible
les unes des autres, bien qu'on les ait recueillies dans des provinces distantes comme le Bourbonnais de la Savoie, le Poitou
et le Nivernais de Lorient. Cette mélodie est pourtant assez
médiocre. Nous donnons la version que nous avons recueillie
dans les Alpes françaises (inédite).

XXIII

LA MARQUISE EMPOISONNÉE

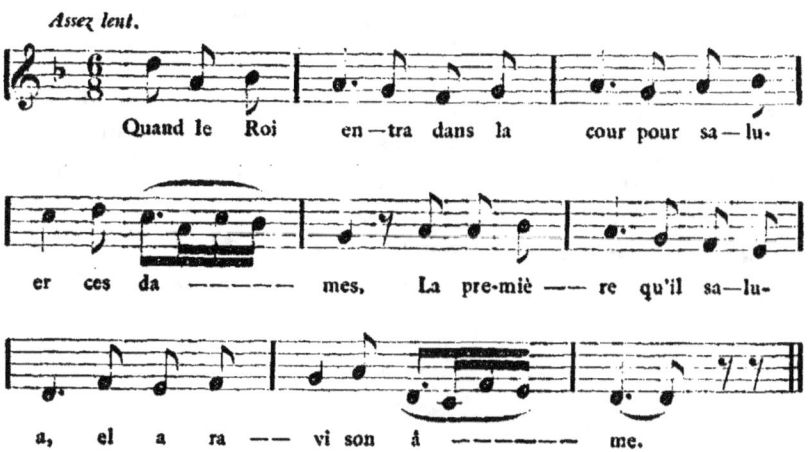

Une seule mélodie de cette chanson était connue jusqu'ici, celle de *Saintonge*, BUJEAUD, 1886. Une seconde vient de nous être communiquée de Lorraine (cf. ci-dessus, XVI, *Marguerite ou la Blanche biche*); mais la version antérieure est plus caractéristique; c'est celle que nous donnons.

XXIV

LE MARIAGE ANGLAIS

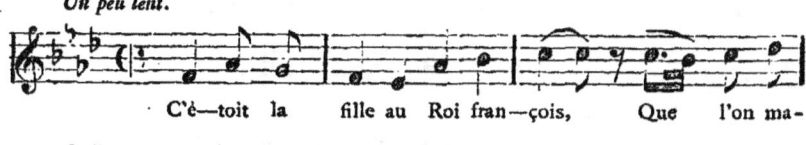

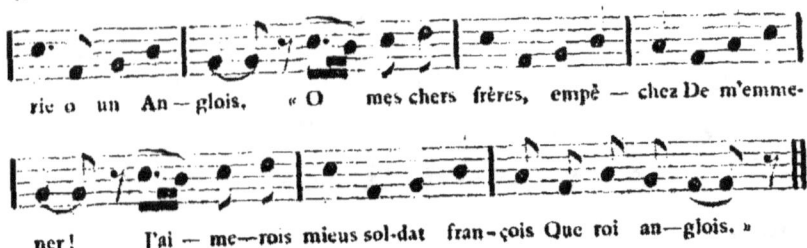

rie o un An — glois. « O   mes chers frères, empê — chez De m'emme-

ner !   J'ai — me — rois mieus sol-dat fran - çois Que roi an — glois. »

6 mélodies, dont 5 appartiennent à des versions mentionnées au catalogue, la 6me, inédite, notée par moi en Normandie (Domfront). Plusieurs sont très altérées : pourtant il est facile de reconnaître qu'elles appartiennent toutes à un même type, et ce type nous est fourni dans toute sa pureté par la version *S. Valery-en-Caux* 2, A. BERNARD, 1889. C'est cette mélodie que nous donnons.

XXV

LE PLONGEUR NOYÉ

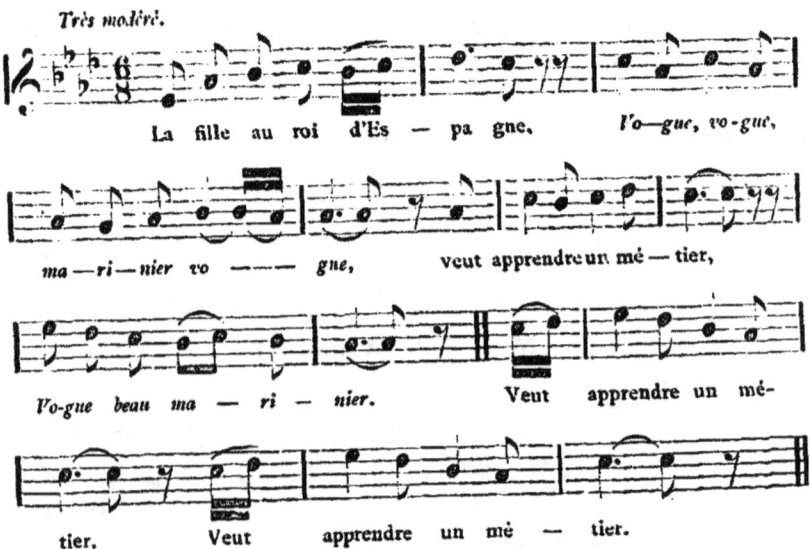

Très modéré.

La fille au roi d'Es — pa gne, *l'o-gue, vo-gue,*

ma — ri — nier vo ——— gne, veut apprendre un mé — tier,

Vo-gue beau ma — ri — nier. Veut apprendre un mé-

tier, Veut apprendre un mé — tier.

La plus compliquée, sans doute, de toutes ces chansons au point de vue de la détermination du type mélodique.

Chamisso, qui en a le premier recueilli le texte, en explique ainsi qu'il suit l'interprétation :

« Voici comment on chante. Après le second vers, on intercale un refrain final ; au deuxième couplet on reprend les deux derniers vers du premier, auquel on ajoute deux nouveaux vers, et ainsi de suite. »

Cela est très exactement observé. Mais quel est ce refrain intercalé, qui a une si grande importance dans le couplet, et qui, en réalité, impose la mélodie?

C'est ici que la difficulté commence. Elle s'accroît si l'on songe qu'ainsi qu'il a été dit dans l'étude du texte, un grand nombre de versions mêlent ensemble cette chanson du *Plongeur* et celle de la *Fille aux chansons* « qui a même mètre, même rime, et un hémistiche commun, par où s'opère la soudure ». Avec cela, comment n'aurait-on pas chanté les deux chansons sur la même mélodie, ou l'une sur la mélodie de l'autre, et réciproquement?

Étudions pourtant les textes. Sur les 41 versions inscrites au catalogue, 17 ont la mélodie; j'en ajoute une 18ᵐᵉ, inédite, que j'ai recueillie dans le Morvan[1]. Ces 18 versions peuvent être distribuées en plusieurs groupes mélodiques, entièrement distincts, et qui sont caractérisés chacun par un refrain.

1º *Vogue marinier, vogue* (refrain adopté pour le texte critique du *Plongeur*);

2º *Sur le bord de l'île* (refrain adopté pour le texte critique de La Fille aux chansons) ;

3º *Vive l'amour... Digue don ma dondaine.*

---

1. Je signale en passant plusieurs mélodies de la même chanson, avec paroles. en bas-breton, notées dans le tome III de *Mélusine*. L'une, entre autres (col, 454), entremêle les vers bretons avec le refrain français *Vive l'amour*. Une autre (col. 260) reproduit en partie la mélodie française : *Sur le bord de l'île.* Voir enfin, col. 182, une autre mélodie bretonne d'un beau caractère, large et fortement rythmée.

D'autres enfin présentent des particularités différentes, que nous signalerons tout d'abord, ces versions devant être éliminées les premières. Deux, *Vendée* 1857 (*Mélusine*, II) et *Canada*, (GAGNON), se chantent sur un autre air, celui de la chanson : « Dans les prisons de Nantes. » Une des versions BUJEAUD (*Bas-Poitou*) se chante sur l'air : « Mon mari est bien malade. » L'autre version du même recueil (*Angoumois*) est sur un air de danse animée, tout différent des autres formes mélodiques.

Ces 4 versions étant écartées, il en reste 14, qui se décomposent ainsi :

2 se chantent sur le refrain : *Vogue marinier, vogue* (*Canada* 3, GAGNON, 1865, et *Manche*, COURAYE DU PARC, 1884).

6 se chantent sur le refrain : *Sur le bord de l'île* (*Champagne*, CHAMPFLEURY-WEKERLIN, 1860 ; *Canada* 1, GAGNON, 1865 ; *Basse-Normandie*, J. FLEURY, 1883 ; *Dourdain*, ORAIN, 1884 ; *Rethel*, MEYRAC, 1890 ; *Château-Chinon*, inédit).

6 se chantent sur le refrain : *Vive l'amour... Digue don ma doudaine* (*Finistère* 1 et 2, PALUT, 1854 ; *Paimpol*, ORAIN, 1881 ; *Saint-Malo*, HARVUT, 1884 ; *Côtes-du-Nord*, SÉBILLOT (mélodie notée par moi), 1886 ; *Paris*, CERTEUX, 1886). Les formes mélodiques de ce dernier groupe sont parfois incertaines, surtout dans la première période de la chanson, où l'on retrouve des formules d'autres chansons à danser, — par exemple dans les deux versions Finistère, où j'ai reconnu la formule mélodique qui est la base commune de la ronde de la *Carmagnole*, du début du *timbre* : « A la façon de Barbari », et de plusieurs autres chansons à danser. La seconde période, au contraire, où le refrain se développe et joue un rôle important, est conservée purement dans la plupart des versions.

Il résulte de ces observations que la forme adoptée pour le texte critique est celle pour laquelle nous possédons le plus petit nombre de mélodies : deux seulement, dont nous sommes obligés d'aller chercher l'une jusqu'au Canada ! Mais nous connaissons d'autre part la confusion qui s'est établie entre la chanson du *Plongeur* et celle de *la Fille aux chansons ;* de même que la première nous a fourni des mélodies qui pourront être utilisées pour la seconde, de même nous allons chercher dès à présent dans celle-ci une mélodie pour la première. Notre espoir ne sera pas trompé : le recueil de Bujeaud donne, sous le titre de l'*Enlèvement en mer*, une variante de *la Fille aux chansons*, mêlée au *Plongeur*, sur la meilleure mélodie connue correspondant au refrain : *Vogue marinier, vogue*. Elle s'applique à merveille au texte critique; c'est celle que nous avons choisie.

XXVI

<h2 style="text-align:center">LE PRISONNIER DE NANTES</h2>

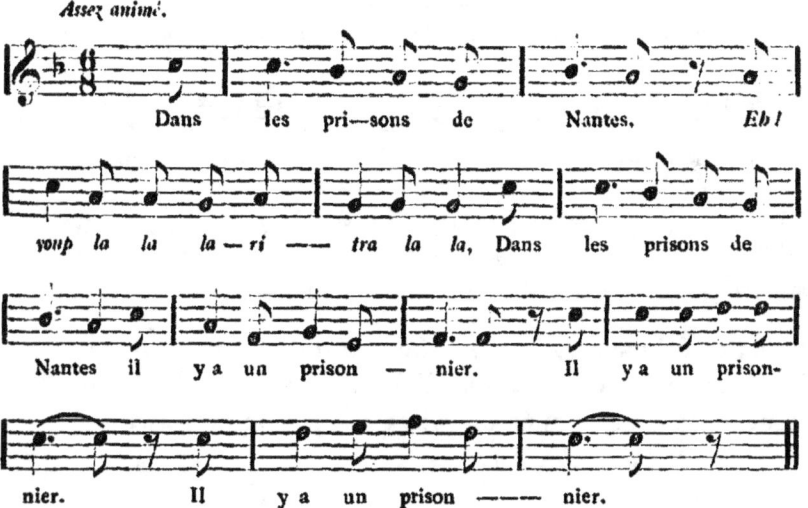

Assez animé.

Dans les pri—sons de Nantes, Eh !
youp la la la — ri — — tra la la, Dans les prisons de
Nantes il y a un prison — nier. Il y a un prisonnier. Il y a un prison — — — nier.

10 mélodies. L'une (*Côtes-du-Nord 2*, Mme Sébillot, 1890, mélodie notée par moi) est celle au refrain : *Vive l'amour, Digne don ma dondaine*, dont il a été parlé pour *le Plongeur*. Les autres se partagent en deux groupes comprenant chacun des variantes de deux mélodies vraiment distinctes, bien que de même caractère, notablement différentes d'ailleurs dans chaque groupe : ces deux mélodies sont caractérisées principalement, l'une par

Puymaigre, 1865, confronté avec *Canada*, Gagnon, 1865, l'autre par *Finistère*, Rolland, II, 1884, confronté avec *Perros-Guirec*, G. Vicaire, 1897 (l'une majeure, l'autre mineure, mais dessin presque identique). J'adopte la version *Finistère*, Rolland, dont la mélodie est franche, et le refrain proche de celui de la version critique.

XXVII

PIERRE DE GRENOBLE ET S'AMIE

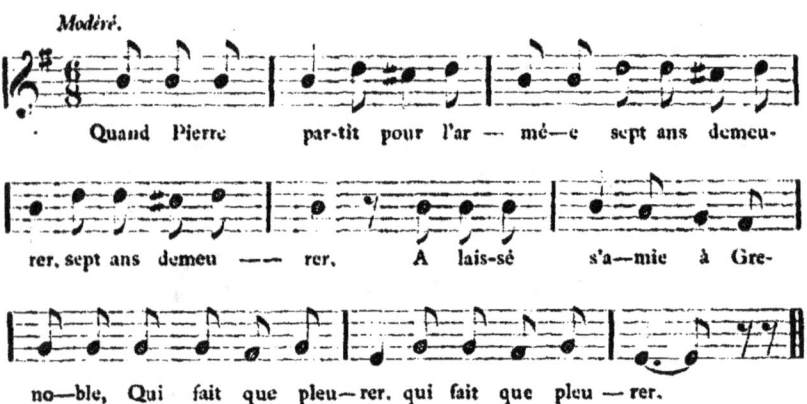

2 mélodies (*Provence*, Arbaud, 1862, et *Indét.*, Mme Millet, 1894). J'adopte la seconde, que j'ai notée sous la dictée de Mme René Millet, et publiée dans la 3me série de mes *Mélodies populaires des provinces de France*.

XXVIII

PIERRE ET FRANÇOISE

Une seule mélodie (*Franche-Comté*, Beauquier, 1894). Insignifiante: ne mérite pas d'être donnée.

XXIX

LES TRISTES NOCES

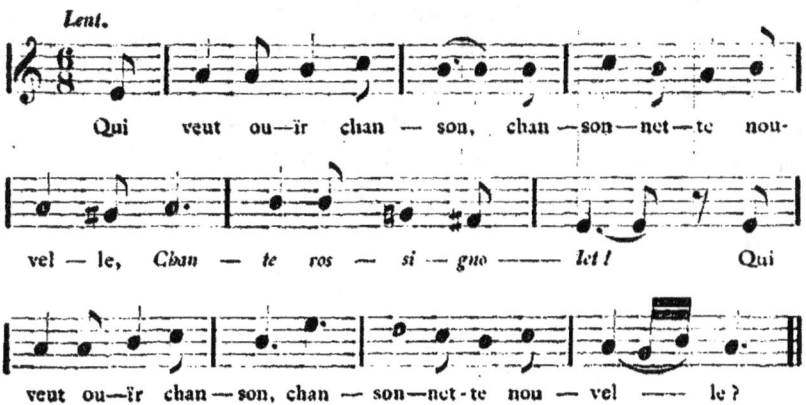

Lent.

Qui veut ou—ïr chan — son, chan —son—net-te nou-vel — le, Chan — te ros — si — gno ——— let ! Qui veut ou—ïr chan — son, chan — son—net-te nou — vel —— le ?

Sur les 21 versions inscrites au catalogue, 9 ont leurs mélodies (dont 3 des Alpes françaises, inédites). Ajoutez une 10me, inédite, notée par moi en Bresse. Sauf *Provence*, ARBAUD, 1864, qui commence par le vers : « Le premier jour de mai » et dont la mélodie est un air gai de danse à deux temps, toutes ces mélodies appartiennent au même type, que caractérise principalement le refrain : *Chante rossignolet !* D'autre part, cette mélodie, avec son refrain, a été appliquée à d'autres chansons ; voyez par exemple : « J'entends le rossignolet » dans BUJEAUD, I, 199. George Sand a composé sur elle une chanson imitée des chansons populaires (et prise pour telle par les auteurs de certains recueils) dont le texte figure dans son roman des *Maîtres Sonneurs*, et qui se répandit dans les milieux artistiques de son temps : M. FRANÇAIS me l'a chantée, en même temps que les chansons populaires provenant de Gérard de Nerval ; la forme mélodique en est excellente. Toutes ces mélodies, de dessin presque identique, ne diffèrent entre elles que par le mode, les unes se chantant en mineur, les autres en majeur : l'une même (*Morvan*,

TIERSOT, 1890), offre un mélange très caractéristique et expressif, autant que rare, de majeur et de mineur (je l'ai harmonisée dans mon 3ᵉ recueil de *Mélodies populaires des provinces de France*). Bien que les versions majeures conservent un grand fond de mélancolie (voir notamment la version que j'ai donnée dans mes *Ch. pop. des Alpes françaises*), les versions mineures, en grand nombre (notamment *Vosges*, THIRIAT, 1887; *Franche-Comté 2*, BEAUQUIER, 1894; la mélodie dictée par M. FRANÇAIS), semblent mieux convenir, par leur accent, au sentiment de la complainte. Nous choisissons la version franc-comtoise, en en rectifiant le rythme d'après la généralité des autres leçons, notamment la version FRANÇAIS.

XXX

RENAUD LE TUEUR DE FEMMES

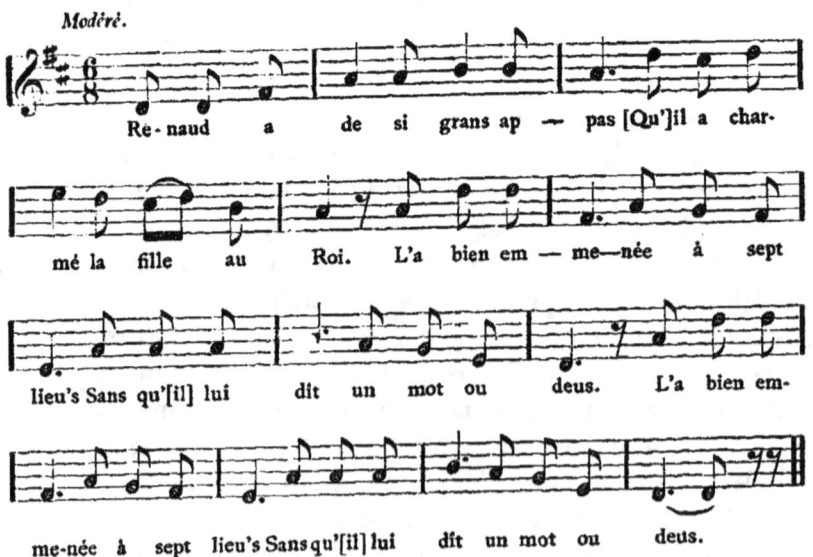

5 mélodies, dont 2 inédites (*Normandie* et *Alpes françaises*).
Toutes du même type, fort plat. Je choisis la version que j'ai
notée dans les Alpes. — Qu'il soit permis à l'auteur de ces notes
de mentionner à ce propos le poème symphonique qu'il a composé sur le sujet de la variante flamande : *Sire Halewyn*, œuvre
qui fut exécutée pour la première fois au Conservatoire de
Nancy, puis aux concerts Lamoureux, en 1898.

XXXI

JÉSUS-CHRIST EN PAUVRE

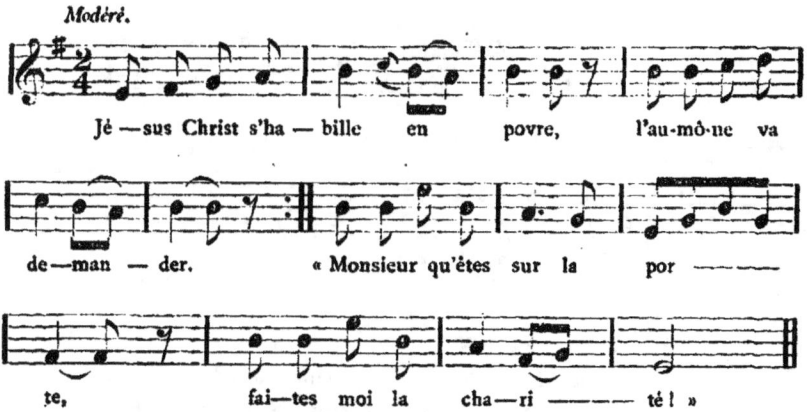

5 mélodies. Sauf *Picardie*, CHAMPFLEURY-WEKERLIN, 1860,
et *Franche-Comté*, BEAUQUIER, 1894, au sujet desquels l'observation faite dans le catalogue des versions (que la seconde est
issue de la première et peut être négligée) est applicable à la
musique aussi bien qu'aux paroles, toutes ces versions mélodiques sont absolument différentes. Nous adoptons la mélodie
picarde, à cause de son beau caractère, encore que d'autres aient
peut-être plus qu'elle les apparences du chant populaire.

XXXII

SAINT NICOLAS ET LES ENFANTS AU SALOIR

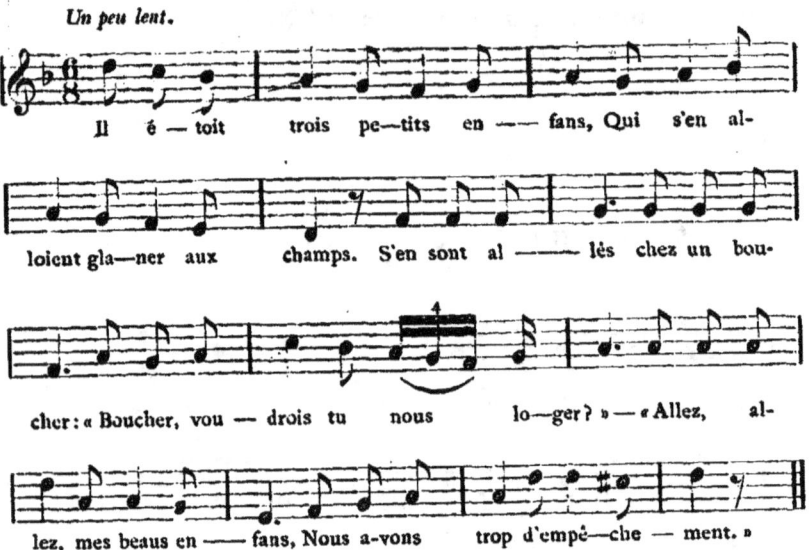

2 mélodies, dont l'une (*Ardennes*, Nozot, 1857) n'est autre que le chant de l'hymne *Tantum ergo*. Une troisième, d'un beau caractère, mais aux formes visiblement retouchées et modernisées, a été notée récemment dans Wekerlin, *Ch. pop. du pays de France*, 1903. L'autre mélodie a été publiée sous le nom de M. A. Gouzien; mais je puis attester qu'elle n'est pas de la composition de ce dernier, et que, sauf les quelques retouches qu'il a cru devoir y apporter, elle n'est autre que la mélodie populaire mise en circulation par Gérard de Nerval et ses amis dans le monde d'artistes où il fréquentait. Cela m'a été affirmé par M. Français, qui m'a chanté cette mélodie en m'en indiquant la source : je la transcris telle que je l'ai notée sous sa dictée.

XXXIII

SAINT NICOLAS ET LE NOURRISSON BRULÉ

3 mélodies, de type incertain, et peu correctement notées. Nous n'en donnons aucune.

XXXIV

LE MARTYRE DE SAINTE CATHERINE

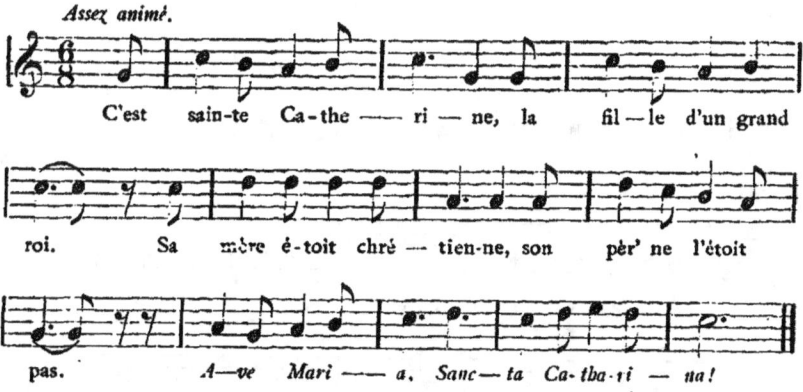

Assez animé.

C'est sain-te Ca-the —— ri — ne, la fil — le d'un grand roi. Sa m're é-toit chré —— tien-ne, son pèr' ne l'étoit pas. A—ve Mari —— a, Sanc—ta Ca-tha-ri — na!

Une des mélodies les plus dédaignées des collectionneurs : aucune des versions portées au catalogue n'en donne la musique. Je pense en avoir publié la première notation en l'insérant dans mes *Ch. pop. des Alpes françaises*, d'après lesquelles je la reproduis. Au reste, la chanson est bien connue dans le petit monde enfantin, où on la chante presque toujours sous la forme exacte de notre notation.

XXXV

LA BELLE HÉLÈNE OU LA DANSEUSE NOYÉE

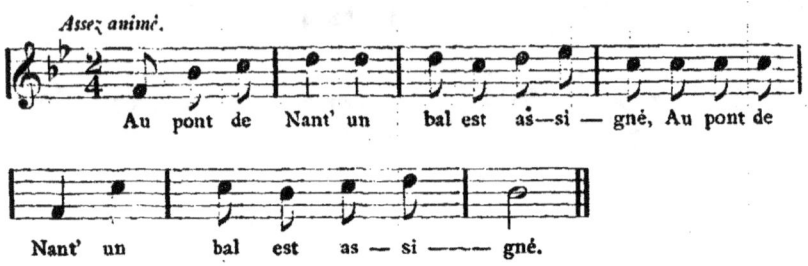

Assez animé.

Au pont de Nant' un bal est as—si — gné, Au pont de Nant' un bal est as — si ——— gné.

Encore une petite chanson du répertoire enfantin, où sa brève formule mélodique se chante à peu près partout sans altérations notables.

XXXVI

LE RETOUR DU MARI SOLDAT

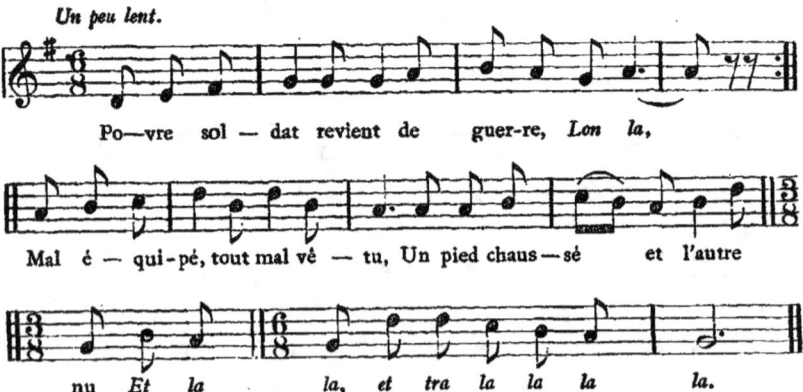

Un peu lent.

Po—vre sol — dat revient de guer-re, *Lon la*, Mal é — qui-pé, tout mal vê — tu, Un pied chaus—sé et l'autre nu *Et la la, et tra la la la la.*

Sur les 11 versions inscrites au catalogue, 5 ont leur mélodie. En ajouter 3 inédites, recueillies par moi dans les Alpes françaises. La plupart sont dissemblables ; pourtant un type se dégage, malgré des différences assez sensibles, des trois versions suivantes : *Aunis*, BUJEAUD, 1866 ; *Maine*, Mme DESTRICHÉ, 1890 ; *Alpes françaises*, inédite. C'est cette dernière que nous avons adoptée.

XXXVII

LE MERVEILLEUX NAVIRE

Chanson peu connue au point de vue musical : on en a publié seulement 3 mélodies, dissemblables, sans caractère, et dont aucune ne saurait être présentée comme type.

XXXVIII

LA FILLE DU MARÉCHAL DE FRANCE

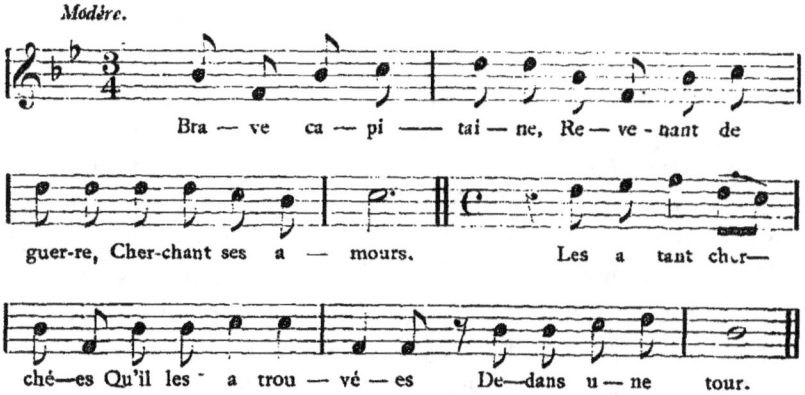

Celle-ci au contraire est des plus connues, et le type mélodique s'en dégage facilement par la comparaison d'un grand nombre de versions notées, qui, malgré les variantes, s'y rattachent presque toutes. Sur les 28 versions inscrites au catalogue, 9 ont la mélodie, et j'en ai entendu, d'autre part, un si grand nombre, presque toujours semblables, que j'ai depuis longtemps négligé d'en prendre note. A la vérité, la division des vers en mesures à trois temps dans la première partie, tandis que la seconde partie les divise en mesures à quatre temps, a embarrassé beaucoup de notateurs novices. Je donne une version que j'ai recueillie en Normandie.

XXXIX

JOLI TAMBOUR

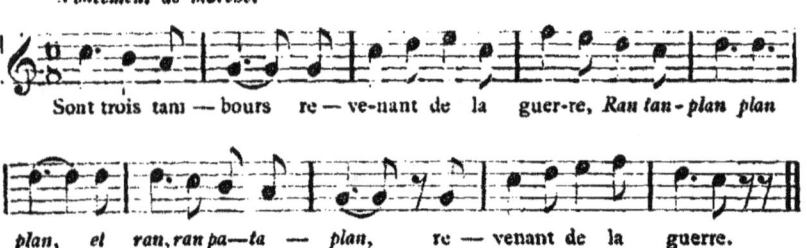

Sont trois tam — bours re — ve-nant de la guer-re, *Ran tan-plan plan plan, et ran, ran pa—ta — plan,* re — venant de la guerre.

Encore une chanson dont on a noté un grand nombre de versions mélodiques. Sur les 40 textes indiqués au catalogue, 17 ont la musique (il est vrai que plusieurs mélodies sont bien mal transcrites), et il serait facile d'augmenter le nombre des notations en recourant aux recueils musicaux de chansons enfantines. Toutes ces chansons sont en rythme d'ancienne marche française, le plus généralement à *six-huit*; le refrain imitatif : *Ran pataplan*, tient habituellement une large place dans le développement du couplet. Mais beaucoup de mélodies n'ont d'autre ressemblance que celle de la mesure et du rythme. Un type se dégage pourtant de la comparaison des versions suivantes : *Meurthe*, ROLLAND, 1855 ; *Pays messin*, DE PUYMAIGRE, 1865 ; *Finistère*, ROLLAND, 1886 ; *Montbéliard, Mémoires de la Société d'Émulation*, 1897; enfin une version inédite que j'ai notée sous la dictée de M. Français, lequel l'avait entendue dans les ateliers de peintres, où elle avait principalement Nanteuil pour interprète. C'est cette dernière que nous avons choisie.

XL

LA FEMME DU ROULIER

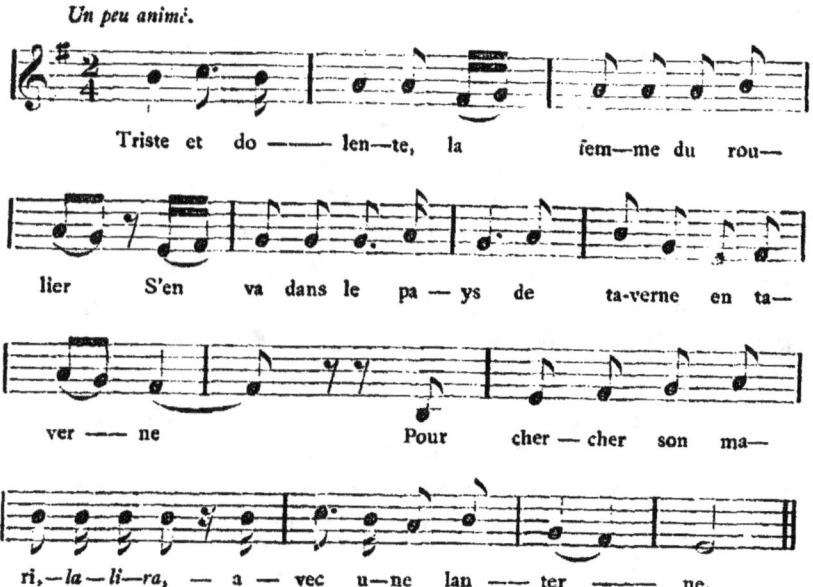

Un peu animé.

Triste et do — len—te, la fem—me du rou—
lier S'en va dans le pa—ys de ta-verne en ta—
ver — ne Pour cher — cher son ma—
ri,—la—li—ra, — a — vec u—ne lan — ter — ne.

3 mélodies : 2 de même type (*Berry*, Ampère, 1853, reproduite par Champfleury- Wekerlin ; *Ardennes*, Meyrac, 1890); la troisième toute différente (*Vendée*, Trébucq, 1896). Nous donnons la première.

XLI

LA BELLE AU JARDIN D'AMOUR

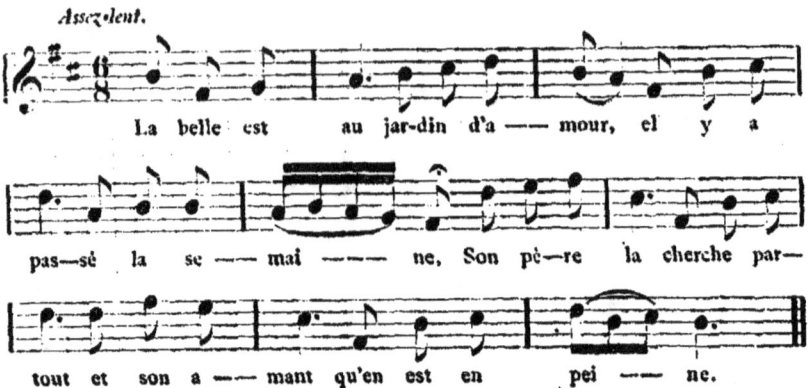

Sur les 11 versions inscrites au catalogue, 7 ont la musique; ajouter 2 mélodies inédites, notées par moi, l'une dans le Morvan, l'autre, à Paris, sous la dictée de M. FRANÇAIS. Celle-ci dérive de la même source que la version *Picardie*, CHAMPFLEURY-WEKERLIN, d'après Mme PIERRE DUPONT, 1860. Les versions *Ceyzériat*, GUILLON, 1883, et *Morvan*, *inéd.* appartiennent à ce type, qui peut être tenu pour celui de la chanson, encore que des versions de l'ouest (*Poitou*, BUJEAUD, 1865, et *Lorient*, ROLLAND, 1883) offrent un autre type qui n'est pas sans valeur. Les autres mélodies sont de forme différente. Nous choisissons la version inédite FRANÇAIS.

XLII

L'EMBARQUEMENT DE LA FILLE AUX CHANSONS

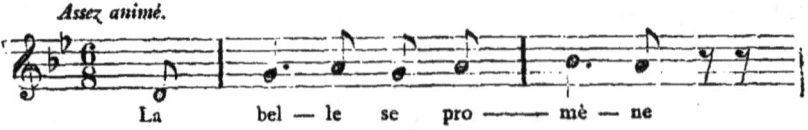

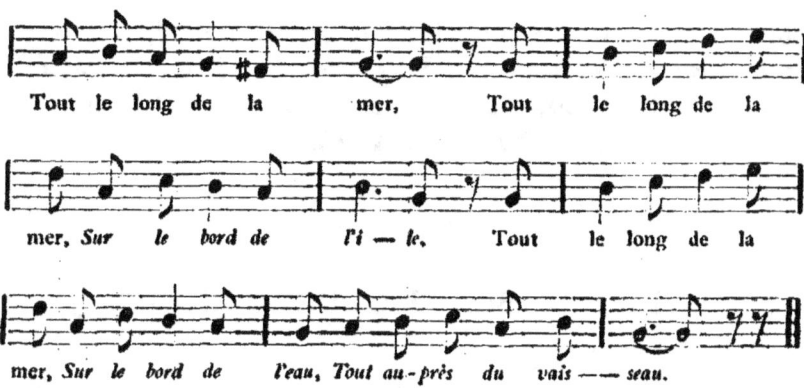

Sur 28 textes indiqués au catalogue, nous avons 9 mélodies ; il en faut ajouter 3 inédites, des Alpes françaises ; au total, 12. Il convient d'y joindre des chansons d'une toute autre forme au point de vue de la mélodie et du refrain, mais dont la poésie n'est autre que celle de cette chanson, par exemple *Petite marjolaine*, dont plusieurs versions de Savoie et du département de l'Ain sont reproduites ou mentionnées dans mes *Ch. pop. des Alpes françaises*, et *C'était la fille d'un prince*, version de la Sologne, publiée dans mon 3me recueil de *Mélodies populaires des provinces de France* (une variante de cette version est signalée par George Sand comme populaire dans le Berry).

Au sujet de cette chanson, voir les explications données sur le n° XXV : *Le Plongeur noyé*. Éliminant tout d'abord les formes particulières citées en dernier lieu, ainsi que celles que nous offrent 2 mélodies sur les 12 signalées, nous restons en présence des deux types qui nous sont déjà connus par la chanson du *Plongeur*, savoir le refrain : *Sur le bord de l'île*, et cet autre : *Vogue marinier, vogue*.

La première de ces mélodies nous est donnée (plus ou moins purement) par 8 versions ;

La seconde, par 2 seulement.

La première comportant le refrain adopté par la version critique, nous avons donc, pour déterminer le type mélodique, à choisir entre les 8 versions, plus 6 qui nous sont déjà connues par *le Plongeur*, au total 14. Plusieurs étant d'ailleurs parfaitement semblables entre elles, nous avons choisie la première en date : *Champagne*, CHAMPFLEURY-WEKERLIN.

XLIII

LE BATEAU DE BLÉ ET LA DAME TROMPÉE

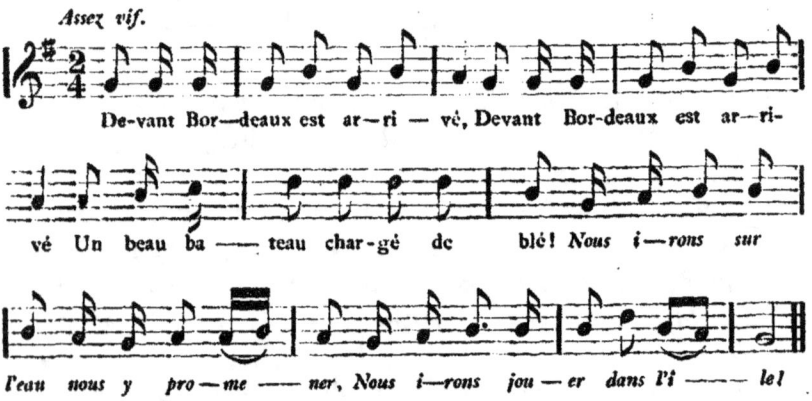

4 mélodies : *Canada*, GAGNON, 1865, et 3 mélodies de *Lorient*, ROLLAND, 1883. Toutes de type à peu près pareil, mais les trois dernières insignifiantes, tandis que la version *Canada*, qui d'ailleurs a le refrain adopté par le texte critique, est d'une forme mélodique plus heureuse. C'est donc celle-ci que nous avons choisie.

XLIV

LE CONVOI DE MALBROUGH

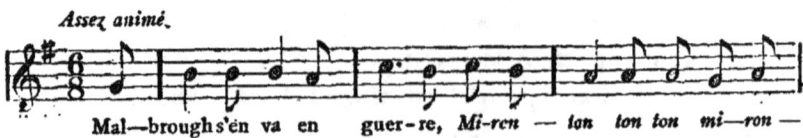

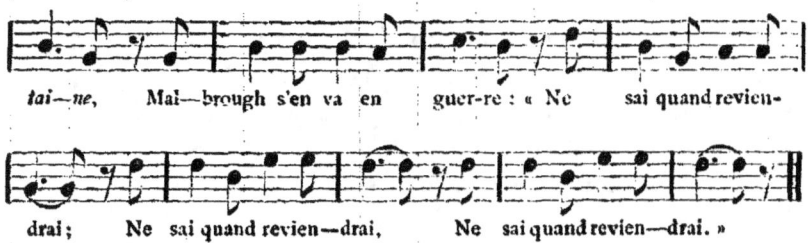

tai—ne,   Mal—brough s'en va en   guer-re : « Ne   sai quand revien-

drai;   Ne sai quand revien—drai,   Ne sai quand revien—drai. »

On pourrait multiplier les indications musicales de l'époque
où la chanson s'est répandue dans Paris (règne de Louis XVI).
Quant aux recueils modernes, le commentaire littéraire constate
avec raison qu'ils ont pour la plupart négligé cette chanson, si
répandue par ailleurs : nous ne la trouvons, pourvue de sa
mélodie, que dans deux : *Canada*, GAGNON, 1865, qui ne fait
que reproduire l'air connu, et *Vendée*, TRÉBUCQ, 1892, qui donne
un air traditionnel tout différent. Nous ne pouvons que réédi-
ter l'air tel qu'il s'est chanté à Paris et dans toute la France
depuis la naissance du dauphin, fils de Louis XVI.

LXV

LA CLAIRE FONTAINE

Très modéré.

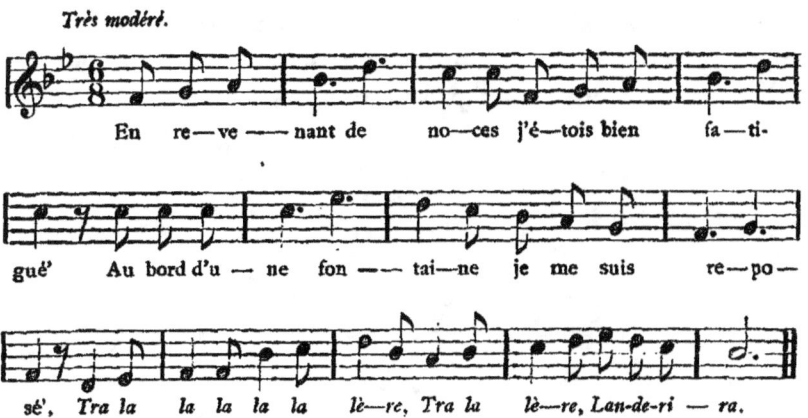

En   re—ve ——— nant de   no—ces j'é—tois bien   fa-ti-

gué'   Au bord d'u — ne   fon ——— tai—ne   je me suis   re-po—

sé',   Tra la   la la la la   lè—re, Tra la   lè—re, Lan-de-ri — ra.

Chanson dont un très grand nombre de variantes, littéraires et musicales, nous sont connues. Écartant d'abord les notations anciennes, qui ne sont probablement pas populaires, ainsi qu'un certain nombre de mélodies particulières, nous nous trouvons en présence de deux formes principales, dont la musique correspond à l'un de ces deux vers par lesquels commencent la plupart des versions :

1º *En revenant de noces*;
2º *A la claire fontaine.*

La deuxième forme, la moins répandue, localisée aux régions de l'ouest, et n'ayant laissé qu'un petit nombre d'échantillons, est, mélodiquement, peu caractérisée : à peine trois versions, qu'on trouvera dans les recueils de M. Eugène Rolland, pourraient-elles être groupées pour en représenter le type.

En revanche, la forme « En revenant de noces » est des plus répandues, et je ne crois pas exagérer en avançant que la chanson qui commence ainsi, sur une mélodie toujours pareille (à quelques inflexions et au refrain près) est la plus populaire qui soit en France, chantée de la Normandie, la Bretagne, la Vendée, jusqu'aux Ardennes, aux Vosges, à la Franche-Comté et au fond des vallées alpestres. Je l'ai recueillie et entendue si souvent que j'ai depuis longtemps renoncé à la noter, ne trouvant plus rien de nouveau dans des versions toujours semblables. Celle qu'on a reproduite m'est connue depuis mon enfance : je l'ai entendue en Bresse ; elle ne diffère en rien d'un grand nombre de celles que j'ai trouvées un peu partout depuis lors.

ADDITIONS

BIBLIOGRAPHIE

RECUEILS LOCAUX DE LA FRANCE

Page 5. Le considérable et si intéressant *Recueil de chansons des Alpes françaises* de M. Julien Tiersot, publié en 1903, n'avait donc pas paru au moment où l'auteur a commencé l'impression du présent Romancéro; mais M. J. Tiersot lui avait obligeamment communiqué nombre de ses manuscrits, ainsi que les cahiers d'un collecteur savoisien, M. J. Favre; c'est ainsi que plusieurs versions inédites, extraites de ces documents, sont citées dans cet ouvrage.

Page 6 (note 3). Il n'a paru, jusqu'à présent de ce Recueil en préparation que : *La Musique pop. des Basques*, cinquante-quatre chansons, noëls, mélodies, airs nationaux, avec musique (publié dans *la Tradition au pays Basque*, 1897).

A ajouter aux RECUEILS D'ALLEMAGNE.
FLÜGE, *Volkslieder der Engadin*, 1884.
VON ERLACH, *Die Volkslieder der Deutschen*, 1834-37, 5 vol.

ERRATA

Page VI, ligne 18, au lieu de *rédigé, scénario*, lire ..., *le scénario*
— 2 — 13, *au lieu de* jusqu'à Bugey, *lire* jusqu'au Bugey
— 6 — 1, au lieu de *Barza-Breiz*, lire *Barzaz-Breiz*
— » — 10, *au lieu de* N. QUELLEN, *lire* N. QUELLIEN
— » — 8 de la note 1, *au lieu de* philosophe, *lire* philologue
— » — 17 de la note 1, *au lieu de* dane ce, *lire* dans ce
— 11 — 2, au lieu de *spreske*, lire ~~spreske~~
— » — 6, au lieu de *Troudny etnografičesco statiti'eskoj...* lire [*Troudy etnografičesco-statisticeskoj...*
— » — 10, au lieu de *wirsiā, a...*, lire *wirsiā,*
— 64, vers 8, *au lieu de* deux, *lire* deus
— 67, ligne 11, *au lieu de* troupes d'enfant, *lire* troupes d'enfants
— 80 — 24, *au lieu de* se résout alors de donner, *lire* ...alors à donner
— 81 — 23 } *au lieu de* Shakspeare, *lire* Shakespeare
— 82 — 2 }
— 88, vers 7 } *au lieu de* tens, *lire* tems
— 89 — 3 }
— 103, vers 4, au lieu de *Portelagoscuro*, lire *Pontelagoscuro*
— 122 ligne 18, *au lieu de* quand à la chanson, *lire* quant à la...
— 155 — 18, *au lieu de* émigré en Judée, *lire* émigré de Judée
— 164 — 17, *au lieu de* 14 syl. = 7 + 4, *lire* 14 syl. = 7 | 7
— 172 — 17, *au lieu de* appâts, *lire* appas
— » — 6 de la note, *au lieu de* inspiré, *lire* inspirés
— 174 — 1, au lieu de *inedite*, lire *inediti*
— 195 — 12, *au lieu de* et le divisant en... il n'a, *lire* en le groupant [en... et il n'a...
— 200 — 1, *au lieu de* ève, *lire* aive
— 202, vers 6 et 9, *au lieu de* vien, *lire* viens
— 204 — 4 et 8, *au lieu de* suis, *lire* sui
— 205 — 2, *au lieu de* vien, *lire* viens
— 213, ligne 14, au lieu de *(Eng. a. Scott...*, lire *(The eng. a. scott...*

Page 219, vers 1, *au lieu de* donnés, *lire* donné

—   »   — 4, *au lieu de* Pren-moi, *lire* Prens-moi

— 221 — 4, *au lieu de* allait, *lire* alloit

— 222 — 3, *au lieu de* tien, *lire* tiens

—   »   ligne 4 de la note 4, *au lieu de* pas de nom n'aura, *lire* n'aura pas
                                                          [de nom

— 223, vers 4, *au lieu de* que, *lire* qui

— 226, ligne 29, *au lieu de* Jago, *lire* Iago

— 227   —   27, *au lieu de* découvrant, *lire* croyant voir

— 227   —   32 et 33 } *au lieu de* Jachenio, *lire* Jachimo
— 228   —   10 et 11 }

— 251   —   15, *au lieu de* Jérusasalem, *lire* Jérusalem

— 256   —   3 de la note 12, *au lieu de* est, *lire* était

— 262   —   2 de la note 7, *au lieu de* donné, *lire* donnée

— 273   vers 2, *au lieu de* suis, *lire* sui

— 278, ligne 5, au lieu de *Svenske formsänger*, lire *Svenska Fornsånger*

—   »   — 18 et 19, au lieu de *pisne*, lire *Pisne*

— 279, — 13 et 14, *au lieu de* et, liée à... l'ont mise..., *lire* et, lié...
                                                       [l'ont mis...

— 282, vers 4, *au lieu de* avait les yeux, *lire* avoit les yeus

— 285, ligne 30, *au lieu de* de Héro et de Léandre, *lire* de Héro et Léandre

— 286   —   15, *au lieu de* notre 4ᵉ couplet, *lire* notre 7ᵉ couplet

— 292   —   7, *au lieu de* s'ignorant l'un et l'autre, *lire* ...l'un l'autre

— 313   —   3, au lieu de *Sur la plage. Étretat*, lire *Sur la plage, Étretat.*

— 320 — 18, *au lieu de* FAGELLO, *lire* FAZELLO

— 323, vers 2, *au lieu de* a lâchés, *lire* a lâché

—   »   — 6, *au lieu de* je reviens, *lire* je revien

— 365, ligne 7, *au lieu de* Olopherne, *lire* Holopherne

— 382   —   28, au lieu de *Jus SANCTI Nicolaï*, lire *Jus Sancti Nicolai*

— 383   —   16, *au lieu de* saignée pas amour, *lire* ... par amour.

— 402, note 2, au lieu de *D' sur l' pon du N...*, lire *D' sur l' pont...*

— 416, ligne 7, *au lieu de* cette ronde, *lire* cette complainte

— 420, vers 8, *au lieu de* dix-huit ans, *lire* diz-huit...

— 425   —   8 de la note 4, avant *Comté 1*, supprimer -b)

— 426   —   3 de la note 6, *au lieu de* (Le deuxième...), *lire* (La
                                                     [deuxième)

— 440 ligne 21, *au lieu de* des Destinées, *lire* des destinées

— 476   —   9, *au lieu de* publiés, *lire* publiées

— 477   —   6, *au lieu de* ces 30 ve sions, *lire* versions

TABLE DES MATIÈRES

MACON, PROTAT FRÈRES, IMPRIMEURS

La vie et l'œuvre du troubadour Raimon de Miraval. Étude sur la littérature et la société méridionales à la veille de la guerre des Albigeois, par P. ANDRAUD. Un vol. gr. in-8. — Prix................. **6 fr.**

Études sur le théâtre français du XIVᵉ et du XVᵉ siècle. La comédie sans titre, publiée pour la première fois d'après le manuscrit 8163 de la Bibliothèque nationale et les miracles de Notre-Dame par personnages, par F. ROY. Un fort vol. in-8. — Prix .... **10 fr.**

Études sur le théâtre français au XIVᵉ siècle. Le jour du jugement. Mystère français sur le grand schisme, publié pour la première fois d'après le manuscrit 579 de la Bibliothèque de Besançon et les mystères Sainte-Geneviève, par le même. Un vol. in-8. — Prix............. **6 fr.**

Les éléments latins de la langue roumaine. Le Consonantisme, par J.-A CANDREA-HECHT. Un vol. gr. in-8. — Prix.................. **5 fr.**

Togail bruidne Da' Derga The destruction of Dá Dergas Hostel. edited with Translation and Glossarial Index, by WHITLEY STOKES, D. C. L. Un volume in-8. — Prix. **8 fr.**

Les influences celtiques avant et après Colomban, par C. ROESSLER, Un vol. in-8, avec huit planches hors texte. Prix...................... **10 fr.**

Celtica. Recueil semestriel de Mémoires relatifs à l'archéologie, à la numismatique et au folklore celtique, publiés par le même, avec le concours de plusieurs amis des Études celtiques. Tomes I et II. In-4 avec pl. dans le texte et hors texte. — Prix du volume............ **6 fr.**

Essai sur un patois vosgien (cinquième section). Supplément au dictionnaire phonétique et étymologique par N. HAILLANT, in-8. — Prix.................. **0 fr. 75**

Sobriquets, prénoms et noms de famille patois d'un village vosgien (Urimenil, près Epinal, par le même. Brochure gr. in-8. — Prix .... **0 fr. 50**

Choix de proverbes et dictons patois de Damas (près de Bompaire) (Vosges), par N. HAILLANT et A. VIRTEL, précédé d'un avant-propos de M. E. Fleuriel. Brochure in-8. — Prix................. **1 fr. 50**

Le Roman de Flamenca, publié d'après le manuscrit unique de la Bibliothèque de Carcassonne, traduit et accompagné d'un vocabulaire. Deuxième édition entièrement refondue, par P. MEYER, membre de l'Institut. Tome I, contenant le texte et le vocabulaire. Un vol. petit in-8. — Prix.................... **9 fr.**

Les plus anciens mots d'emprunt du français, par G. PARIS, membre de l'Institut. In-4. — Prix............................... **2 fr.**

Le roman du Comte de Toulouse, par le même. Gr. in-8. — Prix............ **1 fr. 50**

La littérature normande avant l'annexion (912-1204). Discours lu à la séance publique de la Société des antiquaires de Normandie le 1ᵉʳ décembre 1898, par le même. Brochure in-8. — Prix... **2 fr. 50**

Mémoires de la Société de linguistique de Paris. Tome XII, complet en 6 fascicules. Gr. in-8. — Prix........................ **36 fr.**

MACON, PROTAT FRÈRES, IMPRIMEURS.